한말 의병의 구국성전

박민영(朴敏泳)

경남 함양 출생. 인하대 역사교육과를 졸업한 뒤 한국학중앙연구원 한국학대학원에서 문학석사, 문학박사 학위를 받았다. 인하대, 단국대, 충남대에 출강하였고, 청계사학회 회장, 한국근현대사학회 편집이사, 국무총리실 광복60년기념사업추진위원회 상임연구위원, 국가보훈처 국가보훈위원회 실무위원, 경북정체성포럼 호국분과위원 등을 역임하였다. 독립기념관 한국독립운동사연구소 수석연구위원을 지냈으며, 국가보훈처 독립유공자공적심사위원으로 있다. 상훈으로는 대통령표창(2006), 의암학술대상(2008)을 수상하였다.

주요 저서

『러시아지역의 한인사회와 민족운동사』(공저, 1994), 『중국동북지역 한국독립운동사』(공저, 1997), 『대한제국기 의병연구』(1998), 『노백린의 생애와 독립운동』(공저, 2003), 『한말 중기의병』(2009), 『거룩한 순국지사 향산 이만도』(2010), 『대한 선비의 표상 최익현』(2012), 『기록으로 보는 재외한인의 역사 - 아시아 - 』(공저, 2016), 『만주 연해주 독립운동과 민족수난』(2016), 『나라와 가문을 위한 삶 곽한소』(2017), 『의병전쟁의 선봉장 이강년』(2017), 『화서학파 인물들의 독립운동』(2019)

한말 의병의 구국성전

초판 1쇄 발행 2020년 8월 31일

지은이 박민영
펴낸이 주혜숙

펴낸곳 역사공간
등 록 2003년 7월 22일 제6-510호
주 소 04000 서울특별시 마포구 동교로 19길 52-7 PS빌딩 4층
전 화 02-725-8806
팩 스 02-725-8801
전자우편 jhs8807@hanmail.net

ISBN 979-11-5707-410-5 93910

• 책값은 뒤표지에 있습니다. 잘못된 책은 바꾸어 드립니다.
• 이 도서의 국립중앙도서관 출판예정도서목록(CIP)은 서지정보유통지원시스템 홈페이지 (http://seoji.nl.go.kr)와 국가자료종합목록 구축시스템(http://kolis-net.nl.go.kr)에서 이용하실 수 있습니다.(CIP제어번호: CIP2020035316)

표지 삽화 | 프랑스 잡지 르 프티 쥬르날(Le Petit Journal, 1907.8.4)에 실린 대한제국 시위대의 시가전 광경

한말 의병의 구국성전

박민영 지음

책머리에

한말 의병을 공부하던 중 의병전쟁이 문득 '구국의 성전'으로 와닿은 것은 2003년이었다. 의병전쟁을 결행케 한 내적 동인의 순결성, 곧 정의와 자유, 평화라는 인간의 보편적 가치를 견지한 의병의 사상과 이념, 그리고 그들이 보여준 살신성인의 고결한 실천성 등 여러 면에서 그 속성이 거룩한 사명을 띤 성전으로 와닿았다. 그해에 발표한 논고 「민족 성전으로서의 의병전쟁」(본서 제1부 수록)은 그러한 생각을 담은 것이었다. 그날 이후 언젠가는 이러한 제목을 달아 책을 내리라 내심 다짐하였다. 적지 않은 부담감을 무릅쓰고 이 책의 제목에 굳이 '성전'을 넣은 연유가 여기에 있다.

이 책은 지난 20년 동안 여러 지면에 발표한 의병전쟁 관련 학술논고 16편을 모아 묶은 것이다. 근년 들어 학문 도정道程을 중간 점검하고 정리하는 차원에서 『만주·연해주 독립운동과 민족수난』(2016)과 『화서학파 인물들의 독립운동』(2019)을 출간하였고, 그에 이어 이 책을 낸다.

안중근의 사례에서 선명하게 드러나듯이, 의병전쟁이 우리의 국권 수호와 더불어 인류의 보편적 가치 수호를 표방하고 결행한 거룩한 전쟁이었다는 믿음은 내게 여전히 유효하고 더 강하다. 상론할 자리는 아니기에 차치하더라도, 독립운동의 발원이라 할 의병이 지닌 이상과 포부가 정의롭고 위대한 만큼, 1945년 해방 때까지 장기적으로 지속된 독립운동사가 그 정당성을 담보할 수 있었고, 그 효용성과 가치가 더욱 빛을 발할 수 있다고 믿는다. 책명에 걸맞게 체재와 구성, 내용과 논지를 정연하게 갖추지 못하였음에도 불구하고, 이렇게 책을 내는 것은 앞으로 계속될 독립운동사, 특히 의병전쟁사 연구에 영감과 시사를 주어 더 정치하고 세밀한 논지와 내용을 갖춘 연구가 이루어지기를 기대해서이다.

이 책에서는 16편의 논고를 그 주제와 성격에 따라, 의병전쟁의 성격과 의의, 전개양상, 대마도 피수 의병, 의병 참여자들의 투쟁과 수난의 실상, 의병 자료 등 크게 5개 분야로 유형화하여 부를 설정하였다. 일정한 원칙에 따른 기준을 먼저 제시하고 이에 맞게 부제部題를 설정한 것이 아니라, 논고의 내용과 성격을 우선 분류한 다음에 제목을 부여하였기 때문에 각 부에서 논급한 주제를 하나로 묶어 일정한 결론을 제시하기는 어렵고, 또 그러한 작업이 크게 유의미하지 않다는 점을 미리 밝혀둔다. 이런 점을 전제하고 이 책에서 다룬 주제와 그 특징을 각 부별로 개관하면 다음과 같다.

의병전쟁을 구국의 성전으로 규정한 제1부에서는 의병전쟁의 역사적 전개과정을 살피고 그 성격과 의미를 구명하는 데 주안점을 두었다. 이어 제2부에서는 의병전쟁의 전개양상을 파악하는 데 연관된 몇 가지 특정 주제를 다루었다. 전기의병(을미의병) 시기에 중부권역에서 활동한 여러 의진이 외형적으로는 고립 분산되어 활동한 것으로 보이지만, 내적으로는 상호 긴밀하게 연관되어 있었음을 구명하였다. 제3부에서는 최익현을 비롯한 의병 11명이 일본 대마도로 유폐되는 경위와 피수생활의 실상을 논급하였다. 여기서는 특히 대한침략정책을 추진하는 과정에서 일제의 고도한 정책적 판단과 결정에 따라 의병들이 대마도에 유폐되었음을 논증하였고, 아울러 유폐생활의 실상과 그 고초도 밝혔다. 제4부는 주로 의병 참여자의 항일투쟁과 그로 인해 입은 수난의 참상을 언급하였다. 여기에는 이만도·최익현·민종식·이남규 등과 같이 대표성을 가진 저명한 인물도 다루었지만, 강원도의 권형원, 경기도의 남상목, 그리고 시위대 시가전 때 순국한 이충순과 같이 특정한 사례연구로 제시한 인물도 포함되었다. 이들 가운데 특히 권형원의 경우는 일본군에 의한 수난의 참상을 구명한 것이며, 이충순의 사례는 비록 의병의 범주에는 벗어나 있으나 의병전쟁의 결정적 전기가 된 군대해산 때 순국한 인물이기에 그 상징성이 갖는 의미를 상기하고자 한 것이다. 끝으로 제5부에서는 송상도가 지은 『기려수필』에 입전立傳된 의병을 추출하여 그 내용과 성격을 분석하였고, 이어 전국 의병들이 남긴 창의 일기류의 범주와 내용을 간략히 논급하였다.

처음부터 출간을 염두에 두고 집필하지 않은 만큼, 재차 상기하거니와 이 책은 체재와 구성 면에서 완결을 기할 수 없었다. 더욱이 글을 발표한 세월의 20년 편차는 원고 정리 과정에서 표현과 서술 등 여러 면에서 예상보다 큰 제약이 되었다. 나의 역량이 미치는 만큼 바로잡으려 힘썼지만, 더러는 현재적 관점에서 보아 내용과 서술 면에서 적잖이 어색한 대목도 산견된다. 하지만, 의병과 그들이 결행한 전쟁이 우리 역사와 문화에 대한 무한한 긍정과 강한 애착의 소산임을 밝히려 한 관점과 주장은 일관되었다. 이러한 믿음이 부끄럼을 무릅쓰고 이 책을 낼 수 있게 한 용기를 주었다.

정보화·다변화 시대를 맞은 작금의 세태는 독립운동사의 가치와 효용성을 크게 희석시켰다. 애국선열의 의로운 기상이 세월이 지날수록 여러 가지 이유로 안타깝게도 오히려 그 빛을 잃어가고 있다. 독립운동의 역사를 연구하고 또 선양하는 데 참여하는 사람들이 한없이 공허함을 느끼는 이유이기도 하다. 독립운동사가 지닌 소중한 역사 자산을 외면하는 현실이 개탄스럽기만 하다. 이처럼 어려운 현실이지만, 독립운동사의 참된 가치를 발양하는 데 조금이라도 보탬이 될 수 있기를 바라는 소박한 바람으로 이 책을 낸다.

책의 출간이 임박하여 은사 윤병석尹炳奭 선생님께서 고인이 되셨다. 선사先師께서는 오래전 내가 학문의 길로 들어선 이래 지금까지 나의 공부를 계도하고 면려해주셨다. 가없는 학은學恩을 기리면서 이 작은 책자를 영전에 올리고 명복을 빈다. 또 심중의 한편으로, 이 책은 정년을 맞아 그동안 나의 공부 도량이 된 독립기념관 한국독립운동사연구소를 떠나면서 남기는 한 징표이기도 하다. 독립기념관의 무궁한 발전과 연구소 동료 후배 여러분의 건승을 진심으로 축원한다. 아울러 내가 학문의 길로 들어선 이래 나의 공부를 성원해준 동문 선후배, 그리고 27년 동안 학문 역정歷程을 함께해온 한국근현대사학회의 여러분께도 깊이 감사드린다.

2020년 8월
서울 문정동에서 박민영

책머리에 4

1부   의병전쟁, 구국의 성전

구국의 성전 의병전쟁
한말 의병의 봉기   12
의병의 재기항전   16
구국의 성전; 대일전면전 시기의 의병전쟁   21
일제의 의병 탄압과 독립군으로의 전환   31
의병전쟁의 역사적 의의   33

의병의 국가·민족의식
머리말   36
전기의병의 국가의식   38
중기의병의 활동과 국가의식 심화   46
후기의병의 국가의식 고양   53
맺음말   63

2부   의병전쟁의 전개양상

제천·춘천·강릉의병의 상호관계
머리말   68
거의과정   70
활동과정   76
북상·망명과정   83
맺음말   86

경기 남부지역의 을미의병
머리말   89
경기 남부 연합의진의 활동   90
여주지역의 의병 동향   105
맺음말   114

을사의병의 전국적 전개
의병의 재기   117
전국 의병의 활동   119
을사의병의 역사적 의의   150

서북지역 정미의병의 항일전
머리말   153
관북지역의 정미의병   155
양서지역의 정미의병   174
맺음말   185

3부   대마도에 유폐된 의병

의병의 대마도 피수 경위
머리말   190
일제의 의병 유폐계획 수립   192
의병의 대마도 피수과정   204
일본군의 유폐의병 감시   213
유폐의병의 석방과정   218
맺음말   229

의병의 대마도 유폐생활
머리말   233
유폐시설과 일상물품   236
유폐의병의 일상   258
유폐의병과 접촉한 일본인   272
맺음말   294

차례

4부 의병 참여자의 항일투쟁과 수난

선성의병장 이만도의 생애와 순국
- 머리말 304
- 가계와 수학 306
- 출사와 관력 310
- 은둔과 항일 317
- 순국과 유훈 332
- 맺음말 340

최익현과 민종식의 의병투쟁
- 머리말 343
- 최익현의 의병투쟁 344
- 민종식의 의병투쟁 360
- 맺음말 381

수당 이남규의 항일투쟁과 수난
- 머리말 383
- 가계와 수학 385
- 관력과 절의정신 389
- 항일투쟁과 순국 400
- 맺음말 413

고성高城 의병장 권형원의 단두 '부전釜煎' 수난
- 머리말 418
- 출신가문과 고성민란 421
- 1896년 강릉의진의 고성 유진장 428
- 후기의병 투쟁과 단두 '부전' 수난 445
- 맺음말 466

남상목 의병장의 경기 남부지역 항일전
- 머리말 469
- 출생과 성장 471
- 활동영역과 항일전 473
- 이강년 의병장과의 관계 484
- 의병 동지들 487
- 맺음말 490

대한제국 시위대의 시가전과 이충순의 순국
- 머리말 493
- 가세와 성장과정 495
- 대한제국 군무 봉직 500
- 시위대의 시가전과 순국 513
- 순국에 대한 논찬 526
- 맺음말 530

5부 의병 자료

송상도 『기려수필』의 의병 기술
- 머리말 534
- 약전 수록 의병 536
- 『기려수필』에 나타난 의병관 542
- 맺음말 555

창의일기류와 『적원일기』
- 머리말 559
- 창의일기류에 대한 일반적 검토 561
- 『적원일기』의 사료적 가치 573
- 맺음말 581

참고문헌 584   원제목 및 게재지 591   찾아보기 593

1부

의병전쟁,
구국의 성전

구국의 성전
의병전쟁

한말 의병의 봉기

19세기 후반부터 20세기 전반기에 이르는 기간은 반만년 민족사에서 최대의 시련기였다. 1868년 이른바 명치유신明治維新 이래로 강력한 군국주의를 표방한 일제가 우월한 군사력을 앞세우고 대륙팽창정책을 추진하면서 대한침략을 감행해 왔기 때문이다.

일제는 1876년 강화도조약을 체결함으로써 침략의 교두보를 확보한 이래 청나라와 러시아 세력을 차단하기 위해 1894년 청일전쟁, 1904~1905년 러일전쟁 등 침략전쟁을 연이어 도발하며 대한식민지화에 박차를 가하였다. 1910년 경술국치로 인해 한국은 결국 '인혈人血을 빨다가 골수骨髓까지 깨무는' 일제의 식민지로 전락하고 말았던 것이다.

그러나 한민족은 이러한 일제 침략과 지배를 결코 좌시하지 않았다. '강도 일본'으로부터 국가와 민족을 수호하기 위해서 집요하고도 처절한 투쟁을 벌였던 것이다. 일제의 침략 야욕이 특히 노골화되는 청일전쟁 이후부터는 '고심혈통苦心血痛'의 노력이 경주되었다. 의병전쟁을 비롯하여 개화지식인을 중심으로 한 정치사회단체의 계몽운동, 교육 언론활동, 산업진흥을 통한 실력양성운동 등 이 시기에 다양한 형태로 추진된 국권회복운동이 그

것이다. 그 가운데서도 청일전쟁 직후부터 국치 이후까지 전후 20여 년간 지속된 의병전쟁은 한국 근대사의 전개과정에서 한민족이 보여준 주체성의 정화精華였다. 곧 의병전쟁은 전 민족의 힘이 결집된 대일전면전인 동시에 민족의 성전聖戰으로 승화되었던 것이다.

의병은 일제의 침략이 본격화되는 1894년 청일전쟁을 계기로 처음으로 봉기하였다. 곧 이 시기에 일본군이 경복궁을 무단 점거하는 갑오변란을 일으켜(1894년 음 6월 21일) 조선에 대한 군사적 압박이 본격화되고 이를 필두로 김홍집 친일내각이 들어서 갑오경장을 추진함으로써 한민족의 반발을 야기하였다. 또한 1895년에는 민비를 시해하는 을미사변과 단발령 등이 연이어 발생함으로써 한민족의 반일감정은 극도에 이르렀다. 이를 계기로 일어난 의병은 이후 국치 직후까지 20여 년 동안 일제 침략의 여러 단계와 그 양상에 상응하여 항전의 강도를 차츰 더해 갔던 것이다.

의병전쟁을 선도한, 을미사변 이전의 갑오의병 단계에서는 안동의병과 상원의병 등 두 의진이 학계의 주목을 받아왔다. 그 가운데 현재 의병의 효시로 알려진 의진은 1894년 7월에 일어난 갑오 안동의병이다. 이 의병을 이끌었던 서상철은 제천의병의 핵심인물 가운데 한 사람인 서상렬과 같은 집안으로 화서 이항로 학파에 속한 전형적인 유생이었다. 한편, 상원의병은 1895년 7월 평남 상원祥原에서 일어난 뒤 재령의 장수산長壽山으로 진출해 웅거한 의진이다. 의병장 김원교는 '상원군수보다 높은 직위를 역임한' 관리 출신으로 알려져 있으며, 강제로 해산된 평양부 소속의 해산 군인들과 반봉건 성격이 강한 포수들, 그리고 동학교도, 심지어는 여성들까지 이 의진에 가담한 점으로 보아 민중적 성격이 강한 의진이었다.

위의 두 의진과 더불어 단발령 반포 직전인 1895년 11월에 거의擧義한 평북 강계의병도 초기 의병 단계에서 특기할 만하다. 백범 김구도 가담하

그림 1 유인석 의병장

였던 이 의진은 벽동 사람 김이언金利彦을 주장으로 하고 그 휘하에 초산군 이방 출신인 김규현金奎鉉과 동학 접주였던 백범 김구 등이 가담해 압록강 변경지대에서 활동하던 포수들을 규합하여 결성한 것이다. 이상의 갑오의병 가운데 안동의병은 유생을 주축으로 뒤이어 일어나는 을미의병과 맥락을 같이 하고 있지만, 상원의병이나 강계의병의 경우는 민중의 참여가 두드러졌다는 점에서 후기의병에 가까운 성격을 가지고 있었다.

1895~1896년간에 일어난 을미의병(전기의병)은 재야 유생을 주축으로 하고 일반 평민층이 여기에 가담해 봉기하였다. 곧 양반 유생이 상층 지도부를 형성하였지만, 일반 전투원인 병사부는 평민층이 담당하고 있었다. 을미의병 가운데 이름난 의진은 대개가 이러한 범주, 곧 양반 유생(지휘부)을 능동으로 하고 평민(병사부)이 피동이 되어 양자가 결합된 형태를 취하고 있었다. 을미의병의 상징인 제천의병의 경우도 의병장 유인석을 중심으로 화서 이항로 문파의 유생들이 지휘부를 구성하고 있었으며, 전라도 장성의 기우만 의병도 전형적인 유생 의진이었다. 강원도의 춘천의병과 강릉의병의 경우도 유생 이소응과 민용호를 각각 주장으로 삼아 봉기한 의진이다. 충청도 홍주의병도 역시 유생이었던 김복한·이설·안병찬 등이 중심이 된 경우이다. 경남 진주의병은 함양 안의安義의 유생 노응규가 주장이 되어 그의 문인들인 정도현·박준필 등이 함께 규합한 의진으로 역시 유생 의병의 범주

에 들어간다. 또한 경북 안동의병은 양반 유림인 김도화·권세연·김흥락 등이 중심이 되어 결성된 의진이다.

학문을 업으로 삼고 있던 유생들을 추축으로 편성된 을미의병은 그만큼 전투 능력면에서는 한계를 노정할 수밖에 없었다. 이 점에 대해서는 이미 당대에 남긴 자료에서나 의병 연구의 선구적 논고인 계봉우(필명 '뒤바보')의 「의병전義兵傳」에서 구체적이고도 정확하게 논파하고 있다. 예컨대 흔히 인용하듯이 노사 기정진의 손자인 기우만 의병에 대해서 매천 황현이 "모인 사람들은 모두 심의深衣에 대관大冠을 쓰고 서로 자리를 양보하면서 행진하였고 식량과 무기가 없고 기율이 없어서, 보는 사람들은 반드시 패할 것으로 점쳤다"[1]고 한 대목은 갓 쓰고 도포 입은 채로 출정하던 유생 의병의 모습을 생생하게 연상케 한다. 계봉우가 을미의병의 전력상의 한계를 지적하고 "최소부분의 유학자가 분연히 일어나 장검을 들고 대성질호한들 청일전쟁의 승기를 탄 여위餘威를 가진 그 자者에 향하여 난석卵石의 차별이 생生하여 항적할 만한 가능성이 없고 까닭에 실패는 예정한 것으로 되었고"[2]라고 하여 결과적으로 '실패는 예상된 것'으로 단정한 것도 그러한 연유에서였다.

전기의병이 전력상 여러 제약 조건들을 가지고 있었던 것은 너무나도 당연하다. 전국 각지에서 의진이 편성되었다고 하지만, 우선 후기의병에 비할 때 단위 부대가 소수에 지나지 않았고, 참여 인원 역시 특정 지역의 일부 신분층에 불과하였다. 그러므로 전 국민의 일체화된 총력이 투입될 수 없었던 것이다. 즉 이 시기에 설정된 의병전쟁의 조건이 을사조약 이후와

---

1 황현, 『매천야록』, 국사편찬위원회, 1955, 198쪽.
2 뒤바보, 「의병전」(2), 『독립신문』 1920년 4월 29일자.

는 완연히 다른 것이었다.

한말 의병전쟁에 대한 접근과 평가에서 이러한 점들을 염두에 두어야만 각 시기별 의병에 대해 균형적인 이해에 도달할 수 있을 것이다. 가령 여러 제약적 조건들만 가지고 전기의병의 평가에서 그 한계만을 강조하거나 부각시킨다면, 역사의 발전적 측면과 의병 스스로가 표방한 민족 주체정신을 손상시키는 결과를 초래할 수 있다. 동시대의 기록자 계봉우가 을미의병에 대하여 결론적으로 다음과 같이 평가하고 있는 대목은 그 시사하는 바가 매우 크다고 생각한다.

> 과연 그네들(의병을 일으킨 유생 - 필자주)은 왜적에게 대하여 맨 처음 선전포고를 할 따름이다. 따라서 독립전쟁을 개시한 것이다. 그러므로 사상이 완고하거나 관념이 구식이거나 습성이 유교거나 또는 성공하였거나 말았거나 다 평론할 바가 아니다.[3]

의병의 재기항전

중기의병(을사의병)은 1904년 러일전쟁 직후부터 1907년 전반기에 걸쳐 일어나 활동하였다. 곧 을사조약을 계기로 재기한 이후 1907년 8월 대한제국 군대 강제해산을 계기로 격화되는 후기의병(정미의병) 이전 단계의 의병을 말하는 것이다.

일제는 1904년 2월 러일전쟁을 도발함과 동시에 한국에 대한 군사적, 정

---

3   뒤바보, 「의병전」(2).

치적 압박을 더욱 강화시켜 갔다. 개전 직후 강요한 한일의정서를 근거로 1904년 3월 한국주차군사령부를 설치하고 4천여 명의 일본군이 한국에 주둔한 뒤 이듬해 말에는 2개 사단 규모의 일본군이 한국 전역에 배치됨으로써 한국민을 군사적으로 압박하였다. 그리고 같은 해 8월에는 한일협약이 늑결되어 재정, 외교 등 일본인 고문이 막강한 권한을 행사하는 소위 고문정치를 실시하게 됨으로써 일제의 침략은 더욱 노골화하였다. 일제의 이러한 대한침략 책동은 러일전쟁이 종료된 뒤 1905년 11월 19일 을사조약을 늑결함으로써 그 극에 달해, 대한제국은 실질적으로 국권을 상실하고 말았다. 이 때 발표된 장지연의 「시일야방성대곡是日也放聲大哭」은 당시 망국으로 치닫는 참담한 민족적 현실을 만천하에 생생하게 폭로하고 또 그러한 책동을 통렬히 규탄하였기 때문에, 우리의 뇌리 속에 오래도록 각인될 수 있었던 것이다.

    러일전쟁 이후 을사조약이 늑결되는 시기에 한국민의 반일 적개심은 한층 팽배해졌고, 국권수호를 위한 반일투쟁도 더욱 격렬하게 전개되었다. 을사의병은 이러한 시대적 배경하에서 재기하게 된다. 이 시기에 을미의병 때의 항전 경험을 축적한 의병들이 상당수 재기 전선에 투신하였으며, 이들이 결국 전국적으로 의병항전을 촉발시키는 역할을 하게 되는 것이다.

    을미의병에 참가하였던 인물들은 1896년 의진 해산 이후 직함과 신분, 그리고 개인적인 성향에 따라 다양한 활동노선을 걸었다. 의병장 혹은 중요 참모의 경우에는 원용팔·정운경·이세영·이강년 등의 경우와 같이 을사의병으로 재기하거나, 김도화·김복한 등의 경우와 같이 은거하거나, 이상룡·구연영의 경우에서 보듯이 일부는 계몽운동자로 변신하거나, 또 허위·노응규·민용호 등의 예에서 보듯이 관직으로 진출하는 등 그 동향이 비교적 다양하였다. 한편, 을미의병에 일반 병사부로 참가하였던 농민층의 경우에는 해산 이후 1897~1904년간에 펼쳐진 농민운동에 적극적으로 참여하였던 것으로 보인다. 활빈당·영학당·남학당 등의 이름을 걸고 항쟁한 경우가 그 대표적 사례이다. 1897년부터 중기의병(을사의병)이 재기하기 이전인 1904년까지 8년간에 걸친 이들의 활동을 총체적으로 '광무농민운동'으로 규정하기도 한다.

광무농민운동을 통하여 농민의 역량은 크게 향상되었다. 곧 농민들은 그들이 처해온 그 동안의 역사적 경험, 즉 동학농민전쟁 – 을미의병 – 광무농민운동의 경험 위에서 1904년부터 그들의 조직을 의병으로 전환시켜 간 것이다. 그 동안 축적된 농민들의 역량은 1904년 러일전쟁과 함께 강요된 한일의정서와 한일협약, 그리고 철도 부설과 토지 약탈, 혹은 황무지 개척권 요구 문제 등으로 이어지고 있던 일련의 일제침략을 당하여 의병투쟁으로 승화되어 간 것이다. 이처럼 농민층이 주축이 되어 활동에 들어간 초기 단계의 중기의병은 1905년 11월 을사조약 강제 체결을 계기로 1906년에 들어서면서 유생 의병이 전국적으로 재기하게 된다. 그 동안 활동하던 농민층은, 자료상 명확히 확인하기는 어려우나, 새로운 유생 의병에 흡수되거나 혹은 경우에 따라서는 조직을 더욱 발전시켜 독자적인 의진을 편성해 활동한 것으로 보인다.[4]

중기의병 시기에 유생 의병을 선도한 의진은 원용팔과 정운경이다. 이들은 전기의병 시기 제천의병에 참여한 인물들로, 을사조약이 강제 체결되기 직전인 1905년 8~9월에 제천·단양·영춘 일대에서 재기한 경우에 해당된다. 이후 영남지방에서는 삼척에서 전도사前都事 김하규와 전군수 황청일 등이 거의하였으며, 안동에서는 유생 유시연이, 영천에서는 중추원의관

---

4 조동걸, 『한국민족주의의 성립과 독립운동사연구』, 지식산업사, 1989, 37~40쪽.

을 지낸 정환직과 그 아들 정용기가 산남의진山南義陣을 편성해 활동하였다. 영해지방에서는 평민 출신의 신돌석이 의병을 조직한 것이 특기할 만하다. 문경에서는 중기의병 가운데 다소 늦은 1907년 전반기에 무관 출신인 이강년이 의진을 편성해 활동에 들어갔다. 호서지방에서는 먼저 전참판 민종식의 홍주의병과 재기한 노응규의 황간의병이 특기할 만하다. 호남지방의 경우에는 면암 최익현의 태인의병을 비롯해 백낙구의 광양의병, 양한규의 남원의병, 화순일대에서 활동한 유생 고광순 의병, 그리고 유생 양회일의 주도하에 편성된 쌍산의소雙山義所 등이 두드러진 활동을 보였다. 끝으로 양서지방에서도 이 시기에 의병활동이 일어나 평북 용천 일대에서 유생 전덕원이 의병을 조직해 활동에 들어갔다.

중기의병 시기에 일어난 의진의 상당수가 재기한 형태를 보였다는 특징을 가지고 있다. 제천의병에서 활동한 전력이 있는 정운경과 원용팔·이강년을 비롯해 신돌석·유시연·노응규, 그리고 홍주의병의 이설·안병찬·이세영 등이 그 범주에 들어가는 인물들이다. 즉 재기한 인사들이 유생 의병을 선창하면서 농민층의 투쟁 역량을 수렴하여 활동에 돌입했던 것이다. 이런 면에서 을사의병 단계의 유림 의병은 전기의병의 전통을 지니고 있었다고 할 수 있으나, 그 동안의 투쟁 경험을 토대로 하고 참여 신분층의 저변 확대가 이루어짐으로써 이전 단계보다 가일층 발전된 형태로 나아갈 수 있었다.

중기의병은 전기의병의 한계로 지적되는 지역성과 학통성, 혈연성을 어느 정도 극복해 가는 경향을 보여준다. 위에서 예거한 전국 의병의 개황은 현재 확인된 의병 가운데 비교적 규모가 큰 단위의진에 해당되는 것이며, 그밖에도 전국 각처에서 수많은 의병이 활동하고 있었다는 사실을 결코 간과해서는 안 된다. 곧 이 시기에 이르면, 전국적으로 단위의병의 빈도수가 그만큼 증가하고, 또 그에 따라 단위의병 구성원의 수도 현저히 줄어드는 추세가 나타난다. 전기의병 당시 통칭 수만에서 수천에 이르던 대단위 부대가 이 시기에 와서는 수백, 수십 명을 구성원으로 편성되던 것이 일반적인 경향이었다. 그만큼 의병이 정예화되어 가고 있었던 것이다.

이와 같은 경향은 또한 의병에 참여하는 신분층이 저변으로 확대되어 가던 사실과도 밀접한 연관을 가지고 있다. 1904~1905년간 을사의병의 초기 단계에서 이미 을미의병 시기에 보이지 않던 농민층을 주축으로 한 평민 의병이 출현하면서 의병 재기의 발판을 마련하게 되었다. 또 중기의병 단계에도 전기의병과 같은 양반 유생 의병장이 다수였다고 하더라도, 순수한 재야 유생 외에도 민종식·정환직·최익현 등 관료 출신 인사가 많았다는 점도 주목된다. 이러한 경향은 이 시기가 척사斥邪보다 국가의식이 더 절박하게 닿아 있었음을 보여주는 결과로도 해석할 수 있다. 다시 말해 이 시기의 의병은 을미의병에서 지향한 '복수보형復讐保形'보다 발전된 더욱 선명한 구국救國 노선을 지향하고 있었던 것이다.

중기의병 단계에서는 또한 전술상의 변화도 서서히 나타나고 있다. 참여 신분층이 점차 저변 확대되고 단위의병의 수는 늘어나고 단위의병 구성원의 수가 감소하는 경향은 후기의병 시기의 일반적 전술인 유격전의 형태가 등장하게 되는 것을 의미하는 것이기도 하다. 그러므로 이 시기에는 산악지대가 의병의 근거지로 점차 그 비중을 더해가게 된다. 그만큼 일제 군경을 상대로 한 전투가 치열해져 갔음을 의미하는 것이기도 하다. 그리하여 중기의병은 다음 단계의 후기의병(정미의병)으로 간단없이 계기적으로 확대 발전해 갔던 것이다.[5]

중기의병 가운데 신돌석 의병의 경우는 중기의병에서 후기의병으로 발

---

5   박민영, 「을사의병」, 『신편 한국사』 43, 국사편찬위원회, 1999, 243쪽.

전되는 전형적 모습을 보이고 있다는 점에서 특히 주목된다. 평민층의 의병 참여 확대 경향과 그들의 주체적, 능동적 투쟁 양태를 비롯해, 전술적 측면에서도 산악지대를 무대로 탁월한 기동성을 바탕으로 한 유격전술을 주된 전법으로 활용하였다는 면에서 정미의병으로 발전되어 가는 과도기 단계인 중기의병 시기의 항일전을 선도한 의진으로 평가할 수 있을 것이다.

구국의 성전; 대일전면전 시기의 의병전쟁

의병전쟁의 고조

일제는 1907년 6월의 헤이그 밀사 의거를 계기로 이토 히로부미伊藤博文의 주도하에 대한식민지화 방침을 확정하고 이를 실현하기 위한 구체적인 단계에 돌입하였다. 헤이그 사행 소식을 접한 일제는 가장 먼저 사행의 책임을 물어 7월 20일 반일정서가 농후하고 한민족의 정점에 있던 광무황제를 강제로 퇴위시켰다. 이어 7월 24일에는 정미칠조약을 체결해 내정권을 완전히 장악하기에 이르렀다. 그리고 8월에 들어서는 급기야 대한제국 정규 군대의 강제 해산을 감행하고, 9월에는 민간인이 소지한 일체의 무기류까지 강제 압류하는 이른바 '총포 및 화약류 단속법'을 발포함으로써 '한반도 내에서의 완전한 무장해제'를 표방하고 대한식민지화를 위한 최후의 수순을 밟았다. 곧이어 감행할 계획이던 병탄작업 때 예상되는 한국민의 무장 봉기를 사전에 차단하기 위한 치밀한 포석이었던 것이다. 결국 일제는 헤이그 밀사 의거를 빌미로 대한침략에 박차를 가하게 되었으며, 의거 직후인 7~8월간은 막바지로 향하는 일제의 국권침탈의 긴박한 상황이 연속되고 있었던 셈이다. 하지만, 이러한 일제의 일련의 국권침탈 조치는 역으로 한국민의 총체적 저항을 촉발하는 계기로 작용하였다.

그 가운데서도 특히 군대해산은 의병전쟁이 전국적으로 급격히 확산 고조되는 결정적 계기로 작용하였다. 8월 1일 서울 시위대 제1연대 제1대대장 참령 박승환의 자결로 비롯된 군인들의 저항은 원주·여주·강화·진주·평양 등 전국적으로 요원의 불길처럼 파급되어 갔다. 이들이 해산을 거부한 채 그대로 의병으로 전환됨으로써 의병전쟁에 강력한 힘을 실어줄 수 있었다. 해산 군인들이 독자적으로 의병부대를 편성하거나 기존의 부대로 흡수됨으로써 이후 의병은 무기와 전술 면에서 비약적인 발전을 가져와 전국 각지에서 상당한 전과를 올릴 수가 있었던 것이다.

의병전쟁이 가장 치열하게 전개되던 1908년 전후에는 전국 방방곡곡에 의병이 활동하지 않은 곳이 없었을 정도였다. 먼저 중부지역에서는 이강년과 민긍호 의병을 필두로 이은찬·허위·연기우·김수민·한봉수 등의 의병이 특히 두드러진 활약을 하였다. 경기 북부와 황해도 일대의 임진강·한탄강 유역에서는 이은찬과 허위, 그리고 연기우 등이 상호 이합집산을 거듭하면서 유기적인 활동을 벌였다. 그리고 이강년은 경상도와 충청도를 활동무대로 삼고 강원도까지 진출하였으며, 민긍호는 원주와 횡성 일대에서 영웅적인 활동을 벌였다. 그밖에 경상도 남부지방에서는 신돌석과 서병희·노병대 등이 이 지역 의병전쟁을 선도하고 있었다.

한편, 북부지방의 경우, 함경도와 황해도지역에 특히 의병의 활동이 집중되었다. 관북지방의 경우에는 개마고원을 중심으로 북청·풍산·삼수·갑산, 그리고 장진 등지의 험산준령을 무대로 홍범도와 차도선·송상봉·태양욱 등이 주로 산포수들로 조직된 의병을 이끌고 일제 군경을 상대로 치열한 항전을 전개하였다. 또한 경성鏡城과 명천 일대에서는 이남기 등이 연해주의병의 남하세력과 연합전선을 형성하면서 도처에서 항전을 벌였던 것이 특기할 만하다.

1907～1909년 무렵 의병전쟁이 가장 고조되던 시기에 지역적으로 볼 때 호남지역 의병의 활동이 두드러졌던 사실은 특히 주목된다. 통계수치로 보더라도 호남지역은 교전 횟수와 참여 의병 수에서 전국 의병 가운데 25%와 24.7%(1908년), 47.3%와 60.1%(1909년)를 차지하고 있어 이러한 사실을 입증하고 있다. 전해산·심남일·안규홍 등을 비롯해 문태서·김동신·이석용 등이 이 시기 호남의병을 주도하던 대표적인 의병장들이다. 그 가운데서도 전해산은 영광·함평·나주 등 주로 호남 서부지역에서, 심남일은 함평과 강진을 축으로 하는 호남 남부지역에서, 안규홍은 보성·순천·광양 등 동부지역에서 각각 발군의 활약을 보이며 호남 의병을 이끌었다.[6]

의병전쟁이 격렬한 양상으로 전개되자, 그 동안 각기 독자적 활동을 벌이던 여러 의진간에는 전력이 분산되던 한계를 극복하기 위해 연합전선 구축의 방안이 모색되었다. 곧 일제에게 결정적 타격을 가하기 위해서는 전력 극대화가 절실히 요구되었고, 또 이를 위해서는 전국 의진간의 유기적인 연합이 절대적으로 필요하였던 것이다. 서울 진공을 목표로 1907년 12월 결성된 십삼도창의군十三道倡義軍은 이러한 의병 연합전선 구축의 상징적 사례라 할 수 있다.

십삼도창의군은 중부지방에서 활동하던 의진들을 주축으로 하여 결성되었다. 원래 허위를 비롯해 이인영·이강년·민긍호·이은찬 등 중부지방을 활동무대로 삼고 있던 의병장들은 상호 긴밀한 연락을 취하면서 항전에 보

---

6 한국근현대사연구회 엮음, 『한국근대사강의』, 한울, 1997, 282쪽.

그림 2 십삼도창의군탑. 십삼도창의군의 서울진공작전을 기념하기 위해 1991년 동아일보사에서 서울 망우리공원에 건립한 것이다.

조를 같이해 왔다. 그 가운데서도 원주지방에서 활약하던 이은찬은 5백 명의 의병을 모집한 후 이인영을 초치하여 1907년 9월 관동창의대장으로 추대하기에 이르렀다.

이인영은 허위와 상의한 뒤 1907년 11월 전국 각지의 의병장들에게 '용병의 요체는 그 고독을 피하고 일치단결하는 데 있은즉' 연합부대를 편성하고 통합사령부를 창설한 다음 서울을 향해 진군하자는 격문을 발송하였다. 이인영의 이러한 호소에 따라 전국 각지에서 많은 의병들이 경기도 양주로 집결, 의병의 총수가 '48진에 1만 명'에 달하게 되었다. 그 내역을 보면, 강원도 의병이 민긍호 의병 2천 명, 이인영 의병 1천 명을 비롯해 약

6천 명이었고, 경기도의 허위 의병이 2천 명, 충청도의 이강년 의병이 5백 명, 황해도의 권중희 의병이 5백 명, 평안도의 방인관 의병이 80명, 함경도의 정봉준 의병이 80명, 전라도의 문태서 의병이 1백 명 등으로 이루어져 있었다. 이들 중에는 양주에 집결한 사실 여부를 확인하기 어려운 경우도 있지만, 전국 의병의 통합을 표방했다는 사실 자체만으로도 의병전쟁사에서 차지하는 의의는 크다고 할 수 있다. 양주에 집결한 의병장들은 1907년 12월 회의를 열어 의병 연합부대로서 '십삼도창의대진소十三道倡義大陣所'를 결성하여 이인영을 그 총대장으로 추대하고 전체적인 편제를 갖추었다.

  십삼도창의군은 편성 직후 곧바로 서울 진공전에 들어갔다. 그러나 이때 총대장 이인영이 부친의 타계 소식을 듣고 급거 귀향함으로써 지휘부에 타격을 가져왔다. 이에 군사장軍師長 허위가 대신 전군을 통솔하면서 작전을 선두 지휘하였다. 그는 각 부대별로 서울 동대문 밖에 집결하도록 조치한 뒤, 스스로 3백 명의 선발대를 거느리고 1908년 1월 말 동대문 밖 30리 지점까지 깊숙이 진공하였다. 그러나 허위의 선발대는 후발 본대가 도착하기도 전에 미리 대비하고 있던 일본군의 공격을 받아 접전을 벌인 끝에 화력과 병력 등 전력의 열세로 말미암아 패배하고 말았다.

  서울 진공전이 이처럼 실패한 것은 참으로 애석한 일이 아닐 수 없다. 그러나, 화력이 일본군에 비해 현저히 열세에 놓여 있던 의병측의 전력에 비추어 볼 때, 전국 의병이 연합전선을 구축하여 서울 공략을 목표로 그 인후까지 진공하였던 사실 그 자체만으로도 의병전쟁사의 손꼽히는 쾌거라 할 것이다. 오늘날 청량리에서 동대문에 이르는 도로를 왕산로旺山路라 이름한 것은 이를 기리기 위해서이다.

  후기의병 시기 일제 군경을 상대로 국내에서 의병전쟁이 치열하게 전개될 때 여기에 호응해 연해주와 간도 일대의 국외에서도 한인 의병부대가

그림 3 연해주 의병장 안중근

편성되어 수차에 걸쳐 '국내진공작전'을 펼치는 등 활발한 활동을 벌였다. 북간도 의병의 경우에는 조상갑이, 그리고 연해주 의병의 경우는 최재형과 이범윤, 그리고 안중근 등이 대표적인 의병장이다. 그리하여 1908년 7월 연해주의병이 대규모로 국내진공작전을 결행하여 경흥·온성·회령 등지로 진출하며 일제 군경에게 심대한 타격을 가하기도 하였다. 이 때 안중근도 한 부대를 거느리고 함북 회령까지 진격했으며, 특히 1909년 10월 26일 이토 히로부미를 처단한 하얼빈의거 역시 아래에서 보듯이 '대한의군 참모중장'의 자격으로 독립전쟁을 결행해 올린 '전과'였다.

　1907년 8월 군대해산 때 한국군의 시가전을 목도하고 충격을 받은 안중근은 그 날로 망명길에 올랐다. 연해주로 망명한 그는 연해주의병의 유력한 지도자로 부상, 휘하 의병을 인솔하고 대규모 국내진공작전을 전개하기도 하였다. 이어 1909년 2월 7일(음) 안중근은 의병 동지 가운데 가장 핵심되는 인물 12인과 함께 '대한독립'의 결연한 의지를 구현하기 위해서 비밀결사인 동의단지회(세칭 단지동맹)를 결성하였다. 의병의 전면적 항일전이 여의치 못한 상황에서 죽음으로써 국권회복을 도모하겠다는 굳은 신념을 표출한 이들은 곧 의병 '특공대'였다. 재판석상에서 그가 진술한 '특파독립대' 등도 이와 같은 맥락에서 이해할 수 있을 것이다. 그러므로 그는 자신의 의거의 정당성을 다음과 같이 천명할 수 있었던 것이다.

그것(의거-주)은 3년 전부터 내가 국사를 위해 생각하고 있었던 일을 실행한 것이나, 나는 의병의 참모중장參謀中將으로서 독립전쟁을 하여 이토伊藤를 죽였고 참모중장으로서 계획한 것으로 도대체 이 공판정에서 심문을 받는 것은 잘못되어 있다.[7]

곧 자신의 의거는 단순한 '살인'이나 '보복'의 차원이 아니라 의병이 수행한 독립전쟁의 한 과정, 혹은 결과였음을 당당히 천명한 것이다. 이러한 논리는 민족 자존, 주체의식에 근저를 둔 의병정신의 자연한 발로였다고 하겠다. 이로써 보건대 안중근의 하얼빈의거는 의병전쟁 20년 역사의 대미를 웅장하게 장식하는 의병전쟁 최대의 쾌거로 정의할 수 있을 것이다.

대일 전면전의 성격

국민 총력전의 단계로 승화된 후기의병(정미의병) 시기의 의병전쟁에서 가장 두드러진 특징은 무엇보다 의병 주도·참여 신분층이 다양해졌다는 점이다. 전기, 중기의병 단계에서 나타나는 특정 신분층의 의병 편중화 경향은 이 시기에 와서 크게 극복되었으며, 양반관료나 유생 등 귀족 신분에서부터 해산군인 및 포수와 농민·상인, 심지어 머슴 등 다양한 직업의 하층 신분에 이르기까지 전 신분층이 능동적이고도 주도적으로 의병전쟁에 투신하게 됨으로써 국민전쟁의 성격으로 승화될 수 있었던 것이다.

의병장의 출신 신분층이 전 계층에 걸쳐 있었던 점은 전투력의 고양에 직접적으로 작용하였다. 그 가운데서도 해산군인과 하층민의 능동적 참여

---

[7] 안중근의사숭모회 편, 『안중근의사 자서전』, 1979, 450쪽.

경향은 두드러졌다. 해산군인의 경우로는 이강년과 활동의 궤를 함께 했던 원주진위대의 특무정교 민긍호를 비롯해 김덕제(정위), 박준성(참위), 이동휘(참령), 연기우(하사), 김규식(참위) 등의 활동이 특기할 만하며, 호남의 안규홍(머슴)이나 강무경(필묵상), 그리고 서북지방의 홍범도(머슴, 포수)와 차도선(포수), 그리고 김수민(농민) 등은 하층 신분으로 대부대를 이끌며 뛰어난 지도력을 발휘한 인물들로 평가되고 있다.

후기의병 시기에 들어와 평민 의병장이 급증한 현상은 흔히 인용되는 기존의 연구성과에서 제시된 의병장의 직업·신분 통계수치를 보면 쉽게 이해할 수 있다. 1907년부터 1909년에 걸쳐 활동한 전국 의병장과 부장 430명에 대해 일제가 파악한 조사자료에 의하면 신분이 분명한 의병장과 부장이 255명에 달한다. 255명 가운데 양반·유생이 63명(23%)으로 가장 많았고, 농민이 49명(19%), 사병이 35명(14%), 무직 및 화적이 30명(12%)으로 그 뒤를 이었으며, 그 나머지는 포군이 13명, 광부 12명, 주사·서기가 9명, 장교가 7명, 군수·면장이 6명, 상인이 6명, 기타 25명이었다. 장교(7명)와 군수·면장(6명)을 유생·양반 64명에다 가산한다 해도 모두 77명으로 전체의 25%에 지나지 않는다. 이처럼 1907~1909년간에 전국에서 활동한 의병장과 부장 가운데 평민의 비율이 70~75%에 달하는 새로운 양상을 뚜렷히 보여주었던 것이다.

그리고 당연한 귀결이지만, 일반 병사부의 경우에는 평민 참여자가 거의 전부라 해도 과언이 아닐 만큼 압도적 다수를 차지하고 있었다. 1908년에 일제가 조사한 의병 귀순자 신분, 직업별 통계에서 조사 대상자인 일반 의병 2,198명 가운데 양반은 2.7%에 불과한 57명인데 반하여 평민은 2,141명으로 전체의 97.3%에 달하고 있는 것이 이를 증명한다. 또한 평민 가운데서도 직업별로 보면, 농민이 전체의 79%(1,752명)를 차지하고 그 다음으로 해산군인(152명)과 상인(84명), 그리고 포수(78명) 등이 약간씩 포함되어 있는 정도이다.[8]

의병전쟁 시기에 의병이 소지한 무기는 기본적으로 화승총火繩銃이었다. 화승총은 격발 과정이 너무 복잡하고 성능이 워낙 뒤떨어져 의병의 전투력 향상에 일정한 한계로 작용하고 있었다. 화승총은 사정거리가 대체로 20여 보 안팎에 지나지 않았으며, 실제 전투가 벌어졌을 때에는 한 정당 대개 4명이 한 조를 이루어 분업적 형태로 사격의 효율을 기하고 있었기 때문에, 의병은 신식 총기로 무장한 정예 일제 군경을 상대로 힘든 전투를 수행할 수밖에 없었다. 전투상황과 조건에 따라 물론 상이할 수 있지만, 전형적인 경우의 사격조 네 명은 화약을 장약하는 포수, 철환을 장전하는 포수, 화승대에 불을 붙이는 포수, 조준 사격하는 포수 등으로 이루어져 있었다. 그러므로 단독 사격이 매우 어려웠던 화승총의 경우에는 의병 성원 모두가 각자 총기를 소지할 필요가 없었다는 사실도 의병 수가 총기 수를 늘 초과하는 양상을 보인 한 원인이 되었다. 한편, 기계적인 구조가 간단하고 성능이 뒤지는 만큼 화승총의 제작과 철환·화약의 조달은 비교적 용이하였다. 그러므로 항일전이 치열하게 전개되던 시기에는 많은 의병부대에서 화승총을 현지에서 제작 사용하고 있었다는 기록이 보이는 것이다.[9]

화승총은 일본군이 주력 무기로 사용하던 소총, 곧 1905년(明治 38년)에 제작된 최신 38식 소총과 성능 면에서 거의 상대가 될 수 없었다. 유효 사거리 4백 야아드(약 8백 m)에 분당 8발 내지 10발을 사격할 수 있는 일본군의 정예무기 앞에서 의병들은 먼저 화승에 불을 붙여 들고 철환과 화약

---

8   박성수, 『독립운동사연구』, 창작과비평사, 1980, 224~225쪽.
9   박민영, 『대한제국기 의병연구』, 한울, 1998, 176쪽.

을 비벼 넣어 사격하였으니 차마 볼 수 없는 전투 광경을 연출하였던 것이다.[10] 군대해산 때 무장해제를 당한 군인들은 그들이 소지하고 있던 근대식 총기를 가지고 의병에 합류하는 것이 일반적인 현상이었다. 그러므로 해산군인들이 소지한 근대식 무기는 의병의 화력 증강에 큰 기여를 하였으며, 원주진위대의 민긍호·김덕제와 같이 해산군인들이 주축이 된 의병이 커다란 활약을 보일 수 있었던 요인 가운데 하나도 여기에 있었다. 이들은 또한 기습작전을 통해 일제 군경이 보유하고 있던 우수한 무기류를 확보하는 경우도 있었다.

화력이 부족한 의병은 일반적으로 게릴라전(유격전)을 벌이며 이를 극복하였다. 즉 일제 군경을 산간 험지로 유인한 뒤 유리한 지형 지세를 이용, 기습공격을 가한 뒤 신속히 철수하는 것이 후기의병의 전형적인 전법이었던 것이다. 이에 따라 후기로 갈수록 기동성을 극대화하기 위해 단위부대의 성원수가 수백, 수십 명인 경우가 대부분이었으며, 10여 명에 불과한 부대도 많았다. 또 홍범도와 차도선이 주축이 된 관북지방의 산포수 의병부대나 호남지방의 전해산·심남일·안규홍 의병 등의 예에서 보듯이 대규모 부대의 경우에는 여러 소부대로 나뉘어 이합집산을 거듭하며 유기적 활동을 벌이고 있었다.

---

10   박성수, 『독립운동사연구』, 240쪽.

일제의 의병 탄압과 독립군으로의 전환

의병전쟁이 격화일로를 치닫게 되자, 일제는 대한식민지화를 단행하기 위한 정지整地작업의 일환으로 대대적인 의병 탄압작전을 벌였다. 여기에는 일제 군경뿐만 아니라 한인 보조원, 일진회원 등 매국노에 이르기까지 동원할 수 있는 인력은 총동원되었다. 그 결과 의병은 1909년 전후를 고비로 새로운 국면으로 접어들어 그 세력이 급격히 위축되고 말았던 것이다.

먼저 일제는 의병전쟁이 전국적으로 급격히 확산 고조되어 가자, 정규 군대와 헌병 및 경찰력을 증강 배치하였다. 일본군의 경우, 이미 한국에 배치된 조선주차군 2개 사단 외에도 1908년 5월에 2개 연대 1천 6백 명이 증파되었으며, 1909년 6월부터는 여단 규모의 임시한국파견대가 증강 배치되었다. 또한 헌병대의 경우에도 1907년 10월에 2백 명 규모이던 것이 보조원을 포함해 1908년 9월에는 6천 5백 명으로 격증하였다. 또한 일제의 통감부와 군경기관에서는 밀정이나 정탐을 고용하거나, 정찰대를 조직하여 의병에 관한 제반정보를 수집하였다. 1908년 7월 현재 일제에 고용되어 전국에 파견된 정탐원이 8백 명이나 되었을 정도이다. 그리고 의병 탄압과 정찰을 목적으로 한 특설순사대特設巡査隊를 편성하여 의병항쟁이 치열한 지역에 투입시켰다. 특설순사대는 3개 부대로 편성되었는데, 제1순사대는 강원·경상도, 제2순사대는 전남, 제3순사대는 함경도지역의 의병을 탄압할 목적으로 조직되었다.[11]

전국 각지에서 활동하던 의병에 대한 일상적 탄압작전을 반복하는 한편, 일제는 의병의 활동이 격심하던 특정지역을 대상으로 하는 대탄압작전

---

11 한국근현대사연구회 엮음, 『한국근대사강의』, 285~286쪽.

을 감행함으로써 고조된 의병의 예기를 꺾으려 하였다. 일제의 이른바 한국주차군 북부수비관구에서 1908년 6~7월에 2개 연대를 주력으로 동원하여 황해도와 함경도 일대의 의병을 대대적으로 탄압한 것도 그러한 작전의 일환이었다. 그 결과 의병 585명이 전사하고 202명 체포되었다. 또한 1908년 12월에는 2주일 예정으로 광주 수비대와 영산포 헌병대를 중심으로 전남 일원의 의병 탄압에 나선 적도 있었다. 이러한 작전에 뒤이어 1909년 9월부터 10월까지 2개월간에 걸쳐 자행된 이른바 남한폭도대토벌작전은 의병전쟁 탄압을 상징하는 사건이었다.

일제의 남한폭도대토벌작전에는 보병 2개 연대와 헌병 경찰대, 그리고 일진회까지 총동원되었으며, 해군에서는 수뢰정대까지 출동하여 해상을 봉쇄한 가운데 작전을 전개하였다. 일제의 야만적인 초토화작전은 전북 부안-임실-남원을 거쳐 광양 이남에서 남해안의 도서지역에 집중되었다. 호남의병은 끝까지 저항하였으나 일제의 강력한 군사력을 막아낼 수 없었다. 이 작전의 결과 대소 의병장 103명이 사살 체포되었으며, 5백여 명이 전사 순국하였고, 2천여 명이 체포되는 등 엄청난 인적 희생을 가져왔다.

이러한 일제의 대탄압을 전기로 하여 전국 의병의 예봉은 급격히 꺾이고 말았다. 전국 각지에서 수많은 의병이 이 때 순국 혹은 투옥되었다. 상술하였듯이 남한폭도대토벌작전으로 말미암아 호남의병이 결정적인 타격을 입은 것을 필두로, 경상·충청·강원도 일대에서 항일전을 선도하던 이강년과 민긍호, 경기도 일대 의병의 출중한 지도자였던 허위 등도 일제 군경의 마수에 희생됨으로써 이 지역 의병의 항일전에 일대 타격을 가져오고 말았다.

생존한 의병은 이와 같은 상황에서 장기 지속적인 항일전을 구상하는 방향으로 새로운 전략을 모색하지 않을 수 없었다. 장기항전으로 전력이 고갈되고 일제의 탄압이 가중되는 상황에서 의병은 국내항전을 포기하고 간도와 연해주 등지로 근거지 이동을 단행하게 되었다. 한말 의병의 상징적 인물인 유인석을 필두로 함경도 의병장 홍범도와 이남기, 황해도의 우병렬·이진룡, 그리고 강원도의 박장호 등이 해외로 망명한 대표적인 인물들이다.

국망 직전인 1910년 6월에 러시아 연해주에서 편성된 십삼도의군十三道義軍은 이러한 배경하에서 탄생하게 된 것이다. 유인석과 이범윤·이남기, 그리고 이상설 등이 중심이 되어 국내외 의병세력의 통합을 표방하였던 이 의군은 국내의 항일무장투쟁이 국외로 확대, 발전되어 가는 과도기적 단계에 해당되는 것이었다.

나아가 1920년대 들어 활발하게 펼쳐지는 독립군의 항일전도 결국 국치 전후 망명한 의병 계열이 근간을 이루었던 것이다. 봉오동, 청산리대첩의 주역인 홍범도를 비롯해 북간도에서 대한의군부大韓義軍府를 이끌었던 이범윤, 그리고 서간도의 대표적인 독립군단인 대한독립단大韓獨立團 총재 박장호 등이 그러한 경향을 보여주는 상징적인 인물들이라 할 수 있다.

의병전쟁의 역사적 의의

백범 김구는 남북협상에 즈음해서 1948년 2월에 발표한 「삼천만 동포에게 읍고泣告함」이라는 글 속에서 "왜적이 한국을 합병하던 당시의 국제정세는 합병을 면하지 못하게 되었던 것이다. 아무리 애국지사들이 생명을 도睹하여 반항하였지만 합병은 필경 오게 되었던 것이다."[12]라고 하여 구한말이라는 시대상황에서 일제 강점은 이미 피할 수 없는 민족의 운명으로 규정하

---

12   백범김구선생전집편찬위원회 편, 『백범김구전집』8, 대한매일신보사, 1999, 567쪽.

그림 4 의병전쟁을 '성전(Holy War)'으로 보도한 미국신문 '샌프란시스코 콜(San Francisco Call)' 기사 (1908. 3. 24)

였다. 한반도에 대한 일제의 규정성이 한민족의 힘으로 극복하기에는 너무 크고 강했다는 논리인 것이다.

 백범의 말대로 사실 의병전쟁의 '승패'는 이미 예견된 것이었다. 또한 이러한 객관적 정세는 냉정히 인정해야 한다. 전민족이 일치단결해 일제와 사생결단을 벌인다 해도 일제의 마수를 극복하기에는 역부족이었던 것이다. 하지만 우리는 전장戰場에 투신한 의병 자신들도 이처럼 고단한 형세를 직시하고 있었다는 사실을 잊지 말아야 한다. 그러므로 이기고 지고 유리하고 불리하고를 문제삼지 않는, 곧 '승패이둔불고勝敗利鈍不顧'를 언필칭 표방하고 '후세에 할 말을 있게 하기 위해' 일신을 산화한 것이다. 일찍이 박은식이 의병을 '민족의 정수精髓'로 규정한 것도 이런 까닭에서였다.

　이러한 견지에서 보면 의병전쟁에서 신분이나 전력, 또는 승패·전과 문제는 부차적인 것으로, 이러한 논의 자체가 경우에 따라서는 의병의 지순 고결한 정신적 가치를 손상할 위험성을 내포하고 있다고도 할 수 있다. 의병전쟁 전 시기에 걸쳐 일제 침략세력 축출을 표방하고 거의擧義한 의병은 모두가 '의병'으로서 동일한 역사적 가치를 지닌 것이다. 의병전쟁을 논급하는 경우에 이 점은 늘 염두에 두어야 할 것이다.

　의병전쟁에 참여한 연인원은 수십만 명에 이른다. 의병이 봉기하던 초기에는 학덕을 겸비한 양반 유생을 중심으로 규합되었으나, 항전이 격화됨에 따라 1907년 이후에는 일반 농민·상인·퇴역 군인이나 관리 등 다양한 신분 계층이 민족의 성전에 동참하였다. 또 일진회나 보조원, 그리고 친일관리 등 소수의 부일매국노를 제외한다면, 비록 직접 참전하지 않았다 하더라도 물심 양면으로 성전을 후원하는 '준의병'으로 전 국민이 경도되어 있었다. 곧 의병전쟁은 한민족의 성전이었으며, 전 민족의 총력이 경주된 국민전쟁이었던 것이다.

의병의
국가·민족의식

머리말

국권 수호를 궁극적 목표로 삼고 일어났던 한말의 의병은 한민족의 정수精髓로 평가된다. 의병이 지향했던 국권 수호의식에 대한 연구는 곧 민족사에서 애국애족의 전통을 확인하는 과정이기도 하다. 그러므로 당시 의병이 민족과 국가에 대해 어떠한 인식을 하고 있었으며, 그 인식은 시간의 흐름에 따라 또 어떻게 변화되어 갔는지, 나아가 그 의미가 무엇이었는지를 해명하는 작업은 애국애족을 바탕으로 한 독립운동사의 정신적 원류를 확인하는 작업과도 직결되는 과제라 할 수 있다. 한말의 의병전쟁은 1894년 청일전쟁 이후 시작되어 1910년 경술국치 이후까지 20여 년간 펼쳐진 한민족의 전력全力이 투입된 대일 총력전이었다. 의병전쟁이 이처럼 장기지속적으로 전개될 수 있었던 데는 일제의 대한침략정책이 단계적으로 강화됨으로써 한민족의 대일감정이 점층적으로 고조되던 데도 현상적 원인을 찾을 수 있겠지만, 한민족의 역사적, 문화적 내적 역량의 축적과 사상적 무장이 확고하였던 점을 더 근원적인 요인으로 지적할 수 있을 것이다.

20년간에 걸친 의병전쟁 기간에 여기에 참여한 의병들은 각 시기별로 국가, 민족의식을 달리하였고, 그에 따라 참여 신분층과 투쟁 양상에서 차이를 드러내었다. 나아가 이러한 국가, 민족의식의 다양한 경향과 강도는 의병전쟁의 전개과정에서 곧 투쟁의 강도와도 직결되었다고 할 수 있다. 이러한 점에서 한말 의병이 견지하였던 국가, 민족 의식의 실체를 파악하는 일은 의병전쟁의 실상과 역사적 성격을 이해하는 조건 가운데 하나가 된다. 의병전쟁 연구에서 참여 신분층과 주도층에 관한 문제는 계봉우桂奉瑀(1880~1959)가 1920년 4월 상해의 대한민국임시정부 기관지였던 『독립신문獨立新聞』에 '뒤바보'라는 필명으로 한말 의병전쟁에 관한 최초의 논고인 「의병전義兵傳」[1]을 연재한 이래로 일찍부터 학계의 관심과 주목을 받아온 연구주제였다. 하지만 이 문제와 연관되어 의병들이 견지한 국가의식, 혹은 민족의식의 경향성과 변화과정, 그리고 그에 상응하는 여러 문제에 대해서는 깊이 있게 논의되지 못한 실정이다. 여기서는 의병전쟁 전 기간에 걸쳐 각 시기별로 참여한 의병이 가졌던 국가, 민족의식의 내용과 경향, 그리고 그 정도에 대해 살펴보고, 이러한 국가의식이 실제 의병전쟁 과정에서 투쟁의 형태, 성격, 강도 등과 어떠한 관련이 있는지 구명해 보고자 한다.

---

1   뒤바보, 「의병전」(1~10), 『독립신문』 1920년 4월 27일~5월 27일자.

전기의병의 국가의식

참여 신분층

한말 의병전쟁을 선도한 전기의병은 크게 두 단계로 나눌 수 있다. 1895년 8월의 을미사변 이전에 일어난 갑오의병과 그 이후에 봉기한 을미의병이 그것이다. 이러한 전기의병은 한국 침략을 위해 일제가 의도적으로 도발한 청일전쟁이라는 침략전쟁을 시대적 배경으로 깔고 일어났다는 사실을 간과할 수 없다. 그 가운데 갑오의병 단계에서는 안동의병安東義兵과 상원의병祥原義兵 등 두 의진이 학계의 주목을 받아왔다. 현재 의병의 효시로 알려진 의진은 1894년 7월 서상철徐相轍을 주축으로 안동에서 일어난 갑오 안동의병이다. 이 의병을 이끌었던 서상철은 제천의병의 핵심인물 가운데 한 사람인 서상렬徐相烈(1854~1896)과 같은 집안으로 화서華西 이항로李恒老(1792~1868)의 문인인 유중교柳重敎(1821~1893)의 문하에서 수학한 유생이었다. 안동의병은 서상철의 주도하에 안동, 예안 일대의 유림세력이 봉기한 전형적인 유림의병이었다.[2]

1895년 7월 평남 상원에서 일어나 평안도 재령의 장수산으로 진출해 그곳에서 웅거하였던 상원의병은 참여자의 신분 면에서 안동의병과 성격을 달리하는 의진이었다. 의병장 김원교金元喬는 '상원군수보다 높은 직위를 역임한' 관리 출신으로 알려져 있으며, 강제로 해산된 평양부 소속의 해산 군인들과 반봉건 성격이 강한 포수들, 그리고 동학교도, 심지어는 여성들까지 이 의진에 가담한 점으로 보아 민중적 성격이 강한 의진이었다. 이러한

---

2   김상기, 『한말의병연구』, 일조각, 1997, 107~109쪽.

현상은 상원의병의 활동무대가 황해도와 평안도라는 지역적 특성에 다분히 기인하는 것으로 추정된다.[3]

이상의 갑오의병 가운데 안동의병은 유생을 주축으로 뒤이어 일어나는 을미의병과 맥락을 같이 하고 있지만, 상원의병의 경우는 참여 신분 면에서 후기의병에 가까운 성격을 노정하였다는 점을 특징으로 지적할 수 있다.

을미의병 단계에서는 재야 유생을 중심으로 봉기하였다. 양반 유생이 상층 지도부를 형성하였지만, 역시 일반 전투원인 병사부는 평민층이 담당하고 있었다. 곧 을미의병은 유생과 평민의 연합으로 이루어진 형태를 취하고 있었던 것이다. 홍주의병의 전말을 기록한 『홍양기사洪陽紀事』에서 "민병 역시 관망만 하고 한 사람도 오지 않았으니 (중략) 몇몇 유생군도 또한 차츰 흩어지고 말았다"[4]라고 한 대목도 을미의병 당시 유생과 평민의 연합성을 암시해주는 증좌가 된다. 즉 거의擧義 초에 먼저 유생이 모였지만, 일반 평민층의 민군이 오지 않아 차츰 흩어져버렸다는 것이다.[5] 을미의병 가운데 이름난 의진은 대개가 이러한 범주, 곧 양반유생(지휘부)을 능동能動으로 하고 평민(병사부)이 피동被動이 되어 양자가 결합된 형태를 취하고 있었다. 을미의병의 상징인 제천의병의 경우도 의병장 유인석柳麟錫(1842~1915)을 중심으로 화서 이항로 문파의 유생들이 지휘부를 구성하고 있었으며, 전라도 장성의 기우만奇宇萬(1846~1916) 의병도 전형적인 유생군이었다. 강원도의 춘천의병과 강릉의병의 경우도 유생 이소응李昭應(1852~1930)과 민용

---

3 김상기, 『한말의병연구』, 119~123쪽.
4 독립운동사편찬위원회 편, 『독립운동사자료집』 2, 1971, 264쪽.
5 박성수, 『독립운동사연구』, 창작과비평사, 1980, 73쪽.

호閔龍鎬(1869~1922)를 각각 주장으로 해서 봉기한 의진이다. 충청도 홍주의병도 역시 유생이었던 김복한金福漢(1860~1924), 이설李偰(1850~1906), 안병찬安炳瓚(1854~1929) 등이 중심이 된 경우이다. 경남 진주의병은 함양 안의安義의 유생 노응규盧應奎(1861~1907)가 주장이 되어 그의 문인들인 정도현鄭道玄, 박준필朴準弼, 최두원崔斗元 등이 함께 규합한 의진으로 역시 유생의병의 범주에 들어간다. 또한 경북 안동의병은 양반유림인 김도화金道和(1825~1912), 권세연權世淵(1836~1899), 김흥락金興洛(1827~1899) 등이 중심이 되어 결성한 의진이다. 김산의진金山義陣 또한 허위許蒍(1855~1908), 조동호趙東鎬 등이 상주·선산·성주·김천 일대의 유림세력을 동원해 결성한 의진으로 전형적인 유생의병의 성격을 보이고 있다.

학문을 업으로 삼고 있던 유생들을 중심으로 편성된 을미의병은 그만큼 전투능력 면에서는 한계를 노정할 수밖에 없었다. 이 점에 대해서는 이미 당대에 남긴 자료에서나 의병 연구의 선구적 논고인 계봉우의「의병전」에서 구체적이고도 정확하게 논파하고 있다. 흔히 인용하듯이 노사蘆沙 기정진奇正鎭(1798~1879)의 손자인 기우만의 유생의병에 대해서 매천梅泉 황현黃玹(1855~1910)이 "모인 사람들은 모두 심의深衣에 대관大冠을 쓰고 서로 자리를 양보하면서 행진하였고 식량과 무기가 없고 기율이 없어서, 보는 사람들은 반드시 패할 것으로 점쳤다"고 한 대목은 갓 쓰고 도포 입고 출정하던 유생 의병의 모습을 생생하게 연상케 한다.[6]

또한 계봉우가 을미의병의 전력상의 한계를 지적하고 다음과 같이 결과적으로 '실패는 예상된 것'으로 단정한 것도 그러한 연유에서였다.

---

6   황현,『매천야록』, 국사편찬위원회, 1955, 198쪽.

최소 부분의 유가학자儒家學者가 분연이기憤然而起하여 장검을 거擧하고 대성질호大聲疾呼한들 청일전쟁의 승승乘勝한 여위餘威를 가진 그 자者에 향하여 난석卵石의 차별이 생生하여 항적抗敵할 만한 가능성이 없고 까닭에 실패는 예정한 것으로 되었고 (하략)[7]

이처럼 을미의병은 전력상 명백한 한계를 노정하였고, 그에 따라 전투부대로서는 역할을 수행하기가 어려운 실정이었다. 항전을 선도한 유생들이 우선 군사軍事에 대한 지식과 경험이 없었다는 점과, 상하 신분간의 알력과 갈등, 그리고 화력이 절대적으로 열세에 놓여 있었다는 점 등이 전력을 직접적으로 제약한 일차적 요인들로 간주할 수 있다.

전기의병이 위에서 보듯이 전력상 여러 제약 조건을 가지고 있었던 것은 당연한 결과이다. 무엇보다 전국 각지에서 의진이 편성되었다고는 하지만 후기의병에 비할 때 단위부대가 소수에 지나지 않았고, 참여 인원 역시 특정지역의 일부 신분층에 불과하였다. 그 결과 전 국민의 일체화된 총력이 투입될 수 없었던 것이다. 즉 이 시기에 설정된 의병전쟁의 조건이 을사조약 이후와는 완연히 다른 것이었다. 한말 의병전쟁에 대한 접근과 평가에서 이러한 점들을 염두에 두어야만 각 시기별 의병에 대해 균형적인 이해에 도달할 수 있을 것이다. 가령 여러 제약적 조건만 가지고 전기의병의 평가에서 그 한계만을 강조하거나 부각시킨다면, 역사의 발전적 측면과 의병 자신들이 표방한 민족 주체정신을 손상시키는 결과를 초래할 위험성을 내포하게 된다. 「의병전」에서 전기의병을 논술하는 가운데 결론적으로 다음과 같이 평가하고 있는 대목은 그 시사하는 바가 매우 크다고 생각한다.

---

7 뒤바보, 「의병전」(2), 『독립신문』 1920년 4월 29일자.

과연 그네들(의병을 일으킨 유생들 - 필자주)은 왜적에게 대하여 맨 처음 선전
포고를 할 따름이다. 따라서 독립전쟁을 개시한 것이다. 그러므로 사상이
완고하거나 관념이 구식이거나 습성이 유교거나 또는 성공하였거나 말았거
나 다 평론할 바가 아니다.[8]

곧 동시대의 기록자 계봉우는 전기의병을 주창한 재야의 유생들이 일제
에 대해 최초로 '선전포로'를 하고 '독립전쟁을 개시'한 것으로서 그 역사적
의의를 규정할 수 있기 때문에, 이념과 전력의 한계로 말미암아 그 역사적
의미를 손상해서는 안 된다고 역설한 것이다.

유생의병의 존화양이사상과 국가의식

전기의병의 주도 신분층은 춘추대의적 의리와 명분 사상을 철저히 견지해
있던 재야의 유생이었다. 조선조 500년 동안의 통치 이데올로기였던 성리
학의 의리와 명분론으로 무장한 재야의 유생은 1894년 청일전쟁 이후 일제
의 노골적인 침략에 직면하게 되자 민족과 국가의 보위를 인류 보편의 가
치와 질서 수호라는 차원에서 인식하고 있었다. 항일의병의 이념적 기반이
된 위정척사론衛正斥邪論은 바로 이와 같은 존화양이尊華攘夷 사상에 입각한
논리였다. 위정척사론과 존화양이 사상은 표리의 관계에 놓일 만큼 불가분
의 상관성을 설정하고 있었다.

조선말기의 여러 학파 가운데서도 화서 이항로를 정점으로 하는 화서학
파華西學派는 일제가 조선을 침략하는 시대상황에서 항일투쟁의 이념적 연

8　뒤바보, 「의병전」(2).

원이 된 '위척존양론衛斥尊攘論'의 전형을 제시하고 있기 때문에 특히 주목된다. 화서학파의 여러 인물들 가운데서도 항일의병의 표상表象으로 부각되는 유인석은 다음과 같은 존화양이론에 입각해 항일 거의擧義 논리를 점층적으로 전개시키고 있다.

유인석의 위정척사, 존화양이 사상에서 가장 핵심된 내용은 우암尤菴 송시열宋時烈(1607~1689)에 의해 주창된 '소중화론小中華論'이라 할 수 있다. 그는 소중화론을 기반으로 자신의 독특한 이론인 '화맥불가단론華脈不可斷論'과 '준보화맥론準保華脈論'을 점층적으로 발전시켜 갔다. 화서학파 학문의 중요한 내용 가운데 하나인 소중화론의 요체要諦를 약술하면 다음과 같다.

원래 중원中原을 차지하고 있던 중국이 요순 이하 하·은·주 삼대의 제왕帝王과 공자·맹자·정자·주자 등의 성현聖賢이 적전嫡傳을 계승하고 예악·문물과 도덕·학문이 탁월하였던 까닭에 천하의 화맥을 이어오고 있었다. 한편, 조선은 시조 단군檀君과 '은사殷師'인 기자箕子의 옛 강토로 일찍이 화華의 기틀을 열었지만, 신라·고려시대에는 문헌이 이 사실을 입증하지 못하였다. 그 뒤를 이어 조선이 건국되자 성왕聖王과 선정先正이 서로 이어 위로는 치교治敎가 밝게 되고 아래로는 풍속이 아름답게 바뀌어 갔다. 이에 화하華夏의 명明 나라가 이적夷狄의 청淸 나라에게 멸망한, 곧 '신주神州가 육침陸沈한' 이후로는 중국으로부터 직접 화맥을 전수하게 됨으로써 조선은 천하에서 유일하고도 당당한 소중화가 되었다고 본 것이다.[9]

도통道統의 전수에 대한 이와 같은 해석은 존화양이·위정척사의 견지에서 조선 말기의 시대상황을 충분히 반영한 결과이다. 유인석은 일본 제국주의가 조선을 침략하고 있던 역사적 상황을 공자의 춘추시대, 주자의 남

---

9 『昭義新編』, 국사편찬위원회, 1975, 20·87·92쪽.

송시대, 송시열의 명청明淸 교체기와 흡사한 상태로 보고 동일선상에서 이해하였던 것이다. 특히 유인석이 퇴계와 율곡을 차치하고 정자·주자에서 우암 송시열로 도통을 직결시킨 이유는 단순한 철학적 이론체계의 성리학을 넘어서 존화양이의 의리를 천명하고 역사의 정통성을 회복하려는 의리학義理學에 더욱 큰 비중을 두고 있기 때문이다.[10]

소중화나 존화양이에서 언급되고 있는 '화華'와 '이夷'는 상호 대립된 추상적 가치 개념이다. 곧 '화'가 제왕帝王의 승통承統과 성현聖賢의 연원淵源을 비롯하여 예악문물禮樂文物의 실체를 통칭하는 것인데 반하여, '이'는 '화'와 대립되는 개념으로 이처럼 지선극미至善極美한 영역의 '화'를 항상 파괴하려는 속성을 가지고 있다는 것이다.[11] 이러한 논리의 이면에는 '화'와 '이'가 영원히 화합할 수 없는 빙탄불상용氷炭不相容의 투쟁관계로 설정되어 있음을 알 수 있다. 유인석을 비롯한 화서학파의 거의擧義 인물들이 존화양이의 역사적 당위성과 필연성을 역설하게 되는 근본 입지는 바로 이와 같은 논리에 있었다.

을미의병장 유인석은 조선을 침범해 오던 제국주의 '양왜洋倭'를 과거 역사에서 설정되어 온 이적夷狄과는 비교할 수 없을 정도로 '인류' 문명 수호에 심대한 타격을 주는 '이'로 인식하였다. 그러므로 이처럼 교활한 '양왜'가 소중화의 조선을 침범하는 시대상황은 '만고소무지대변萬古所無之大變', 곧 미증유의 대변란이었다. 그 변란은 '인류' 문명의 실체인 '화'의 존폐 문제와 직결되어 있었기 때문이다. 결국 제국주의 침략으로 인한 시대적 고

---

10 금장태, 『동서교섭과 근대한국사상』, 성균관대출판부, 1984, 169쪽.
11 『소의신편』, 「答王原初性淳書」, 90~91쪽.

통을 국망과 친상親喪으로도 비길 수 없을 만큼 절실하다고 느끼고 있다.[12]

화맥의 단절을 국망·친상보다도 더 큰 고통으로 인식하였다는 사실은 '화'의 가치를 국가와 민족의 가치 수준을 넘어선 절대적인 상위개념으로 규정하였음을 의미한다. 환언한다면, 진정한 의미에서의 국가와 민족은 오직 '화'를 보전한 상태에서만 가능하게 되고, '화'가 단절된 상태의 국가와 민족은 차원을 달리하여 그 의미가 변질되고 만다는 결론에 도달하게 된다. 이런 까닭에 국가와 민족보다도 '화'를 더욱 강조하였던 논리가 결코 맹목적인 모화사상慕華思想의 발로라고 할 수 없는 것이다.

이러한 국가·민족의식을 견지한 화서학파의 존화양이론은 전기의병 시기의 재야 유생들이 가지고 있던 보편적 사상·이념이었다. 춘천의병장 이소응을 비롯해 진주의병을 이끌었던 노응규, 강릉의병장 민용호 등도 대체적으로 이와 같은 사상적 기저에 입각해 항일투쟁에 투신한 대표적인 사례에 해당된다.

충청도 홍주의병을 주도한 김복한 등의 인물들도 존화양이론에 깊이 경도되어 있었다. 홍성을 중심으로 한 내포內浦지역에서 항일노선을 견지하였던 인물들 대부분은 절의節義 정신에 철저하였던 남당南塘 한원진韓元震(1682~1751)의 학풍에 크게 영향을 받았던 사실이 특기할 만하다. 남당학파 가운데 홍주의병에 참여한 대표적 인물로는 김복한, 이설, 임한주林翰周, 유호근柳浩根 등이 있다. 내포지역의 남당학파는 화이華夷의 구별을 엄격하게 하는 척이단론의 성격을 띠었다. 이들의 위정척사론의 기본 이념도 화서학파의 경우와 마찬가지로 존화양이론이라 할 수 있다.

전기의병 시기에 의병 봉기를 주도한 재야 유생의 의식세계는 춘추대의

---

12 『소의신편』, 「與李敬器宜愼書」, 60~61쪽.

적 의리와 명분에 입각한 존화양이론이었다. 존화양이론은 '소중화' 사상에 입각하여 일반적으로 국가로서의 조선과 민족문화의 절대적 우월성을 주장하고 배타적이며 독존적 견지에서 국가와 민족을 수호하기 위한 투쟁으로 동태화되었고, 그 결과로 전기의병이 일어나게 된 것이다.

중기의병의 활동과 국가의식 심화

1896년 전반기에 이르면 전국 각지에서 활동하던 을미의병은 유인석, 민용호, 김하락 등 일부 부대를 제외하고는 그 활동이 거의 종식되었다. 그러나 의진 해산 이후에도 전국 각지에서 독자적인 농민조직을 형성하여 동학농민전쟁의 의식이나 의병의식을 고집하며 특히 삼남민란(1862) 이래의 농민조직의 계승자로서 해산을 거부하며 항쟁을 계속하였다. 활빈당活貧黨 활동으로 통칭되는, 전토에서 유리된 농민층을 주축으로 한 영학당英學黨, 남학당南學黨, 동학당東學黨, 북대北大, 남대南大 등의 항쟁조직이 그것이다. 1897년부터 중기의병(을사의병)이 재기하기 이전인 1904년까지 8년간에 걸친 이들의 활동을 총체적으로 '광무농민운동'으로 규정하기도 한다.

광무농민운동을 통하여 농민의 역량은 크게 향상되었다. 곧 농민들은 그들이 처해온 그 동안의 역사적 경험, 즉 동학농민전쟁, 을미의병, 광무농민운동의 경험 위에서 1904년부터 민족적 농민은 그들의 조직을 의병으로 전환시켜 간 것이다. 그 동안 축적된 농민들의 역량은 1904년 러일전쟁과 함께 강요된 한일의정서와 한일협약, 그리고 철도부설과 토지약탈, 혹은 황무지 개척권 요구 등으로 이어지고 있던 일련의 일제침략을 당하여 의병투쟁으로 승화되어 간 것이다.

이처럼 농민층이 주축이 되어 활동에 들어간 초기 단계의 중기의병은 1905년 11월 을사조약 강제체결을 계기로 1906년에 들어서면서 유생의병이 전국적으로 재기하게 된다. 그 동안 활동하던 농민층은, 자료상 명확히 확인하기는 어려우나, 새로운 유생의병에 흡수되거나 혹은 경우에 따라서는 조직을 더욱 발전시켜 독자적인 의진을 편성해 활동한 것으로 보인다.

중기의병 시기에 유생의병을 선도한 의진은 원용팔元容八(1862~1907)과 정운경鄭雲慶(1861~1939)이다. 이들은 전기의병 시기 제천의병에 참여했던 인물들로, 을사조약이 늑결되기 직전인 1905년 8~9월에 제천·단양·영춘 일대에서 재기한 경우에 해당된다. 이후 영남지방에서는 삼척에서 전 도사都事 김하규金夏奎와 전 군수 황청일黃淸一(?~1924) 등이 거의하였으며, 안동에서는 유생 유시연柳時淵(1872~1914)이, 영천에서는 중추원의관을 지낸 정환직鄭煥直(1843~1907)과 그 아들 정용기鄭鏞基(1862~1907)가 산남의진山南義陣을 편성해 활동하였다. 영해지방에서는 평민 출신의 신돌석申乭石(1878~1908)이 의병을 조직한 것이 특기할 만하다. 문경에서는 중기의병 가운데 다소 늦은 1907년 전반기에 무관 출신인 이강년李康秊(1858~1908)이 의진을 편성해 활동에 들어갔다. 호서지방에서는 먼저 전 참판 민종식閔宗植(1861~1917)의 홍주의병과 재기한 노응규의 황간의병黃澗義兵이 특기할 만하다. 호남지방의 경우에는 면암勉菴 최익현崔益鉉(1833~1907)의 태인의병을 비롯해 전 주사 백낙구白樂九(?~1907)의 광양의병, 초계군수를 지낸 양한규梁漢奎(1844~1907)의 남원의병, 화순 일대에서 활동한 유생 고광순高光洵(1848~1907)과 고제량高濟亮(1894~1907) 등의 의병, 그리고 유생 양회일梁會一(?~1908)의 주도하에 편성된 쌍산의소雙山義所 등이 두드러진 활동을 보였다. 끝으로 양서지방에서도 이 시기에 의병이 일어나 평북 용

천 일대에서 유생 전덕원全德元(1871~1940) 등이 의진을 편성하여 활동에 들어갔다.[13]

중기의병 시기에 활동한 의병 가운데 상당수가 전기의병에 참여한 전력을 가지고 재기한 경우였다는 특징을 가지고 있다. 제천의병에서 활동한 전력이 있는 정운경과 원용팔, 이강년을 비롯해 신돌석, 유시연, 노응규, 그리고 홍주의병의 이설, 안병찬, 이세영 등이 그 범주에 들어가는 인물들이다. 즉 재기한 인사들이 의병을 선창하면서 농민층의 투쟁역량을 수렴하여 활동에 돌입했던 것이다. 이런 면에서 을사의병 단계의 유림의병은 전기의병의 전통을 지니고 있었다고 할 수 있으나, 그 동안의 항전 경험을 토대로 하고 참여 신분층의 저변확대가 이루어짐으로써 이전 단계보다 가일층 발전된 형태로 나아갈 수 있었다.

중기의병은 전기의병의 특징이자 한계로 지적되는 지역성과 학통성, 혈연성을 어느 정도 극복해 가는 경향을 보여준다. 위에서 예거한 전국 의병의 개황은 현재 확인된 의병 가운데 비교적 규모가 큰 단위의진에 해당되는 것이며, 그밖에도 전국 각처에서 수많은 의병이 활동하고 있었다는 사실을 결코 간과해서는 안 된다. 곧 이 시기에 이르면 전국적으로 단위의병의 빈도수가 그만큼 증가하고, 또 그에 따라 단위의병 구성원의 수도 현저히 줄어드는 추세가 나타난다. 전기의병 당시 통칭 수만에서 수천에 이르던 대단위 부대가 이 시기에 와서는 수백, 수십 명을 단위로 편성되던 것이 일반적인 경향이었다. 그만큼 의병이 정예화 되어가고 있었던 것이다.

이와 같은 경향은 또한 의병에 참여하는 신분층이 저변으로 확대되던 사실과도 밀접한 연관을 가지고 있다. 중기의병의 초기 단계에서 이미 전기

---

13 박민영, 「을사의병」, 『신편 한국사』 43, 국사편찬위원회, 1999, 385~405쪽.

의병 시기에 보이지 않던 농민층을 주축으로 한 평민의병이 출현하면서 의병 재기의 발판을 마련하게 되었다. 또 중기의병 단계에도 전기의병과 같이 유생 의병장이 다수 활동하고 있었지만, 이들 유생 외에도 민종식·정환직·최익현 등 관료 출신 인사가 많았다는 점도 주목된다. 이러한 경향은 이 시기가 척사斥邪보다 국가의식이 더 절박하게 닿아 있었음을 보여주는 결과로도 해석할 수 있다. 다시 말해 이 시기의 의병은 전기의병에서 지향한 '복수보형復讐保形'보다 발전된 더욱 선명한 구국救國 노선을 지향하고 있었던 것이다.

중기의병 단계에서는 또한 전술상의 변화도 나타나고 있다. 참여 신분층이 점차 저변 확대되고, 단위의병의 수는 늘어나고, 편제 성원의 수가 감소하는 경향은 후기의병 시기의 일반적 전술인 유격전의 형태가 등장하게 되는 배경과 조건을 의미하는 것이기도 하다. 그러므로 이 시기에는 산악지대가 의병의 근거지로 점차 그 비중을 더해 가게 된다. 그만큼 일제 군경을 상대로 한 전투가 치열해져갔음을 의미하는 것이기도 하다. 그리하여 중기의병은 다음 단계의 후기의병(정미의병)으로 간단없이 계기적으로 확대 발전해 갔던 것이다.

신돌석 의병의 경우는 중기의병에서 후기의병으로 발전되는 전형적 모습을 보이고 있다는 점에서 특히 주목된다. 평민층의 의병 참여 확대 경향과 그들의 주체적, 능동적 투쟁양태를 비롯해, 전술적 측면에서도 탁월한 기동성을 바탕으로 한, 산악지대의 유격전술을 주된 전법으로 활용하였다는 면에서 정미의병으로 발전되어 가는 과도기 단계의 항일전을 선도한 의진으로 평가할 수 있을 것이다.

중기의병 단계의 전국 의병 가운데 대표성을 띠고 있는 의진으로는 최익현의 태인의병과 홍주의병 등 두 의진을 들 수 있다. 일제가 이들 두 의진의 중심인물들을 일본의 대마도로 격리시켜 감금한 것도 이러한 이유에서 였다. 대마도 피수被囚 의병은 총 11인으로, 호남의병의 총수였던 최익현과 그의 참모 임병찬林炳瓚(1851~1916)을 비롯하여 홍주의병의 9의사로 불리는 최상집崔相集(1846~?), 이상두李相斗(1859~1927), 안항식安恒植(1860~1922), 유준근柳濬根(1860~1920), 남규진南奎振(1863~?), 신보균申輔均(1865~1912), 이식李侙(1869~1936), 문석환文奭煥(1870~1925), 신현두申鉉斗(1886~?) 등이 었다. 이들 홍주 9의사가 8월 6일 먼저 대마도에 유폐되었고, 뒤이어 8월 28일 최익현과 임병찬이 억류되었다. 곧 이들 11인의 의사는 일제가 대한 의병의 상징적 존재로 형상화해 놓은 인물들이었고, 이들을 대마도에 구금한 것은 결국 한민족의 분출하는 항일열기와 민족정기를 대마도에 '밀폐'시켜 철저히 차단하려 했던 셈이다.

　대마도 유폐 의사 가운데 한 사람인 문석환은 홍주의병장 민종식의 국가관, 의리관에 대해 "이 사람은 한국에 있어서 이 시대에 주석柱石의 신하로 국가와 기쁨·고통을 함께하는 사람이다. 금일의 거사는 성패와 이둔利鈍을 따지지 않아 그렇게 된 것이고, 몸과 집, 명예와 이익을 도모한 것이 아니었다."[14]라고 하여, 나라가 위태로운 지경에 처하게 되자 구국의 신념으로 일신과 가정을 돌보지 않고 의병을 일으켰다는 것이다. 또한 홍주 9의사 가운데 한 사람인 신현두는 홍주의병에 대해 "국가의 위태로움이 누란의 지경에 이른 것이니, 그 신민臣民 된 자가 어찌 안심하겠는가. 이로 인하여 의병을 일으켜 사생을 돌보지 않고 강약을 묻지 않고 국가를 위해 힘을 내었으니 만전의 성공을 바래어 그렇게 한 것이 아니다."[15]라고 자평하였다. 홍

14　文奭煥, 『馬島日記』(독립기념관 소장자료, 필사본), 1907년 1월 22일조.
15　문석환, 『마도일기』 1907년 2월 7일조.

주의병에 참여한 것은 곧 국가 존망의 위급한 상황에서 생사를 불고하고, 형세의 강약을 불문하고, 현실을 외면할 수 없는 의리에 따라 항일의 대열에 참여한 것으로 밝히고 있고, 이는 결코 시국과 사세事 勢의 형편에 어두워 의병에 추종한 것이 아니라는 것이다.

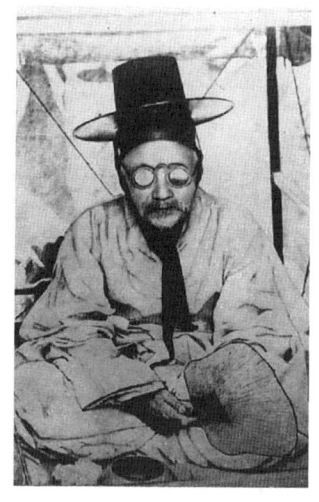

그림 5 태인의병장 최익현

이로써 대마도에 유폐된 유생 출신의 9의사가 주축이 된 홍주의병 지도자들의 의식은 유생이라는 신분의 입장에 자연히 기인하는 현상이겠지만, 유교적 의리관에 입각해 의병을 일으켰음을 분명히 천명하고 있다.

중기의병 시기 홍주의병의 이러한 전통적 유교주의 입장은 최익현의 경우에도 동일하게 나타난다. 최익현은 정계의 흐름 속에서 기회가 있을 때마다 척사운동에 앞장서 국민의 자주의식을 고조시키고 외세 의존세력을 규탄해 마지않았다. 1895년 전기의병 때에는 각처에서 봉기한 의병을 해산시키는 선유위원宣諭委員에 임명되었으나, 그는 도리어 「진회대죄소陳懷待罪疏」를 국왕에게 올려 의병을 "충성과 의리를 앞세운 백성"이라 일컬어 항일의병의 구국의 정당성을 밝혔다.[16] 그 뒤 그는 74세의 고령에도 불구하고 1906년 6월 임병찬, 최제학崔濟學, 고석진高石鎭 등 수십 명의 문인들과 함께 태인의 무성서원에서 의병을 일으켰다. 이 때 그는 일본 정부에 보내는 「기일본정부寄日本政府」라는 글에서 다음과 같이 주장함으로써 충성과 신의

---

16 『국역 면암집』 1, 민족문화추진회, 1978, 144쪽.

에 바탕을 두고 세계사적 안목에 입각한 근대 국가의식의 편린을 엿볼 수 있게 한다.

> 나라에 충성하고 사람을 사랑하는 것을 성誠이라 하고 신信을 지키고 의義를 밝히는 것을 도道라고 한다. 사람으로 이 성이 없으면 반드시 죽고 나라에 이 도가 없으면 반드시 망한다. 이것은 다만 노생의 범담이 아니다. 또한 개화열국이라 할지라도 이것을 버리면 아마도 세계 안에 자립하지 못할 것이다. 이제 우선 귀국 일본이 신의를 저버린 죄를 논한 다음에 귀국이 반드시 망하게 되고 동양의 화가 그칠 때가 없게 되는 이유를 밝히고자 한다.[17]

그는 이 글에서 1876년 강화도조약 체결 이래 한국을 배신한 일제의 죄상을 16가지로 나누어 조목조목 논술하여 한일 양국을 위해, 나아가 동양평화를 위해 일제의 대오각성을 촉구하였다. 전통 성리학 관념에 철저한 최익현도 1905년 을사조약 이후의 절박한 시대상황에서 국제정치의 현실적 세계를 인정하는 자세를 견지하게 되었던 것이다.

문석환은 대마도에 함께 유폐되어 있다가 현지에서 순국한 태인의병장 최익현에 대해 철저한 국가관과 민족의식에 따라 수십년간 국사에 전념하였으며, 일신의 안위를 돌보지 않은 채 구국의 항일대열에 투신함으로써 후세 역사와 인민이 본받아야 할 사표가 되었다고 평가하였다.[18]

중기의병은 전기의병에 비해 전력과 투쟁의 강도가 더 발전된 단계의 의병이었다. 전기의병 단계에서 나타나는 특징적 현상인 지역성과 혈연성,

---

17 『국역 면암집』 2, 「寄日本政府」, 223~224쪽.
18 문석환, 『마도일기』 1907년 1월 22일조.

그리고 학통성이 이 시기에 와서 많이 희석되었다. 을사조약으로 상징되는 일제의 침략이 가속화되고 국가와 민족의 운명에 대한 위기상황을 그만큼 심각하게 인식하게 된 결과라 할 수 있다. 이에 따라 국가의식은 전기의병 단계에서 나타나는 유교주의적 사고의 틀을 극복하거나 탈피하지는 못했으나, 국가 위기상황으로 말미암아 의병은 국가의식을 더 분명하게 견지하게 되었다고 할 수 있다. 즉 이 단계에서는 성리학적 사상이 아니라 일반적 국가의식이 전면에 부상하고 있었던 것이다.

후기의병의 국가의식 고양

구국성전의 시대적 추이

1907년 6월에 일어난 헤이그 밀사 의거를 빌미로 삼은 일제는 곧 대한식민지화를 감행하기 위한 목적하에 그 해 7~8월에 걸쳐 광무황제를 강제 퇴위시키고 한국군을 강제 해산하기에 이르렀다. 이러한 일련의 충격적 사건으로 인해 전 국민이 대일구국전에 참전하는 전면전의 양상으로 발전하게 되었다. 정미의병으로 불리는 후기의병의 항일전이 그것이다.

특히 1907년 8월의 군대해산은 의병전쟁이 전국적으로 급격히 확산 고조되는 결정적 계기로 작용하였다. 서울 시위대 제1연대 제1대대장 박승환朴昇煥(?~1907)의 자결로 비롯된 대한제국 군인들의 저항은 원주·여주·강화·진주·평양 등 전국적으로 파급되어 갔다. 무장해제를 거부한 이들은 그대로 의병으로 전환됨으로써 대일구국전에 강력한 힘을 실어줄 수 있었다. 해산군인들이 독자적으로 부대를 편성하거나 기존에 활동하던 부대에 편입됨으로써 이후 의병은 무기와 전술 면에서 비약적인 발전을 가져와 전국 각지에서 상당한 전과를 올릴 수가 있었던 것이다.

국민 총력전의 단계로 승화된 후기의병 시기의 의병전쟁에서 가장 두드러진 특징은 무엇보다 의병 주도, 참여 신분층이 다양해졌다는 점이다. 전기, 중기의병 단계에서 나타나는 특정 신분층의 의병 편중화 경향은 이 시기에 와서 완전히 극복되었으며, 양반관료나 유생 등 귀족 신분에서부터 해산군인 및 포수와 농민, 상인, 심지어 머슴 등 다양한 직업의 하층 신분에 이르기까지 전 신분층이 능동적이고도 주도적으로 의병전쟁에 투신하게 됨으로써 국민전쟁의 성격으로 승화될 수 있었던 것이다.

의병장이 전 신분층에 걸쳐 다양하게 나타난 점은 전투력의 고양에 직접적으로 작용하였다. 그 가운데서도 해산군인과, 농민 등 하층민의 능동적 참여 경향은 두드러졌다. 해산군인의 경우로는 이강년과 활동의 궤를 함께 했던 원주진위대의 특무정교 민긍호閔肯鎬(?~1908)를 비롯해 김덕제金惠濟(정위), 박준성朴準成(참위), 이동휘李東輝(1873~1935, 참령), 연기우延基羽(하사), 김규식金奎植(1882~1931, 참위) 등이 대표적이며, 호남지방의 안규홍安圭洪(1879~1911, 머슴)과 강무경姜武景(1878~1910, 필묵상), 관북지방의 홍범도洪範圖(1889~1943, 포수)와 차도선車道善(1863~1939, 포수), 그리고 해서지방의 김수민金秀敏(1857~1909, 농민) 등은 하층 신분으로 대부대를 이끌며 뛰어난 지도력을 발휘한 인물들로 평가되고 있다.

후기의병 시기에 들어와 평민 의병장이 급증한 현상은 흔히 인용되는, 기존의 연구성과에서 제시된 의병장의 직업, 신분 통계수치를 보면 쉽게 이해할 수 있다. 1907년부터 1909년에 걸쳐 활동한 전국 의병장과 부장 430명에 대해 일제가 파악한 조사자료에 의하면 신분이 분명한 의병장과 부장이 255명에 달한다. 255명 가운데 양반 유생이 63명(23%)으로 가장 많았고, 농업이 49명(19%), 사병이 35명(14%), 무직 및 화적이 30명(12%)으로 그 뒤를 이었으며, 그 나머지는 포군이 13명, 광부 12명, 주사, 서기가 9명, 장교가 7명, 군수, 면장이 6명, 상인이 6명, 기타 25명이었다. 장교(7명)와 군수, 면장(6명)을 유생, 양반 64명에다 가산한다 해도 모두 77명으로 전체의 25%에 지나지 않는다. 이처럼 1907~1909년간 전국에서 활동한 의병장과 부장 가운데 평민의 비율이 70~75%에 달하는 새로운 양상을 뚜렷이 보여준다.[19]

그리고 당연한 귀결이지만, 일반 병사부의 경우에는 평민 참여자가 거의 전부라 해도 과언이 아닐 만큼 압도적 다수를 차지하고 있었다. 1908년 일제가 조사한 의병 귀순자 신분, 직업별 통계에서 조사대상자인 일반 의병 2,198명 가운데 양반은 2.7%에 불과한 57명인데 반하여 평민은 2,141명으로 전체의 97.3%에 달하고 있는 것이 이를 증명한다. 또한 평민 가운데서도 직업별로 보면 농민이 전체의 79%(1,752명)를 차지하고 그 다음으로 해산군인(152명)과 상인(84명), 그리고 포수(78명) 등이 약간씩 포함되어 있는 정도이다.[20]

의병전쟁 시기에 의병이 소지한 무기는 기본적으로 화승총火繩銃이었다. 화승총은 격발과정이 너무 복잡하고 성능이 워낙 뒤떨어져 의병의 전투력을 제약한 요인으로 지적할 수 있다. 화승총은 사정거리가 대체로 100여 보 안팎에 지나지 않았으며, 실제 전투가 벌어졌을 때에는 한 정당 대개 3~4명이 한 조를 이루어 분업적 형태로 격발이 이루어지고 있었기 때문에, 의병은 신식 총기로 무장한 정예 일제 군경을 상대로 힘든 전투를 수행

---

19 박성수, 『독립운동사연구』, 224쪽.
20 박성수, 『독립운동사연구』, 225쪽.

할 수밖에 없었다. 전투상황과 조건에 따라 물론 상이할 수 있지만, 전형적인 경우의 사격조 네 명은 화약을 장약하는 포수, 철환을 장전하는 포수, 화승대에 불을 붙이는 포수, 조준 사격하는 포수 등으로 이루어져 있었다. 그러므로 단독 사격이 매우 어려웠던 화승총의 경우에는 의병 성원 각자가 총기를 소지할 필요가 없었다는 사실도 의병 수가 총기 수를 늘 초과하는 양상을 보인 한 원인이 되었다. 또 기계적인 구조가 간단하고 성능이 뒤지는 만큼 화승총의 제작과 철환·화약의 조달은 비교적 용이하였다. 그러므로 항일전이 치열하게 전개되던 시기에는 많은 의병부대에서 화승총을 현지에서 제작 사용하고 있었다는 기록이 보이는 것이다.

화승총은 일본군이 주력 무기로 사용하던 소총, 곧 1905년(명치 38년)부터 제작에 들어간 최신 38식 소총에 비할 때 성능 면에서 거의 상대가 될 수 없었다. 유효 사거리 4백 야드(약 365미터)에 분당 8발 내지 10발을 사격할 수 있는 일본군의 정예무기 앞에서 의병은 먼저 화승에 불을 붙여 들고 철환과 화약을 비벼 넣어 사격하였으니 차마 볼 수 없는 전투광경을 연출하였던 것이다.

군대해산 때 무장해제를 당한 군인들은 그들이 소지하고 있던 근대식 총기를 가지고 의병에 합류하는 것이 일반적인 현상이었다. 그러므로 해산군인들이 소지한 근대식 무기는 의병의 화력 증강에 큰 기여를 하였으며, 원주진위대의 민긍호·김덕제와 같이 해산군인들이 주축이 된 의병이 커다란 활약을 보일 수 있었던 요인 가운데 하나도 여기에 있었다. 이들은 또한 기습작전을 통해 일제 군경이 보유한 우수한 무기류를 확보하는 경우도 있었다.

화력이 부족한 의병은 일반적으로 게릴라전(유격전)을 벌이며 이를 극복하였다. 즉 일제 군경을 산간 험지로 유인한 뒤 유리한 지형지세를 이용,

기습공격을 가한 뒤 신속히 철수하는 것이 후기의병의 전형적인 전법이었던 것이다. 이에 따라 후기로 갈수록 기동성을 극대화하기 위해 단위 부대의 성원수가 수백, 수십 명인 경우가 대부분이었으며, 10여 명에 불과한 부대도 많았다. 또 홍범도와 차도선이 주축이 된 관북지방의 산포수 의병부대나 호남지방의 전해산·심남일·안규홍 의병 등의 예에서 보듯이 대규모 부대의 경우에는 여러 소부대로 나뉘어 이합집산을 거듭하며 유기적 활동을 벌이고 있었다.

국가·민족의식의 고양

후기의병 시기에 들어와 전 국민의 다양한 신분층이 의병전쟁에 주도적으로 참여하였다는 사실은 그만큼 국가, 민족의 운명이 절박해졌음을 의미한다. 이 시기에 들어와 신분과 계급의 차이와 갈등이 초월될 만큼 일제 침략이 극도에 이르렀고, 그에 따라 투쟁의 목표도 분명하게 설정될 수 있었다. 전국적으로 1907~1909년간에 걸쳐 활동한 의병은 대체로 일제침략 축출과 일제에 동조한 친일 반민족세력 응징에 일차적인 목표를 두었다. 국민과 국가의식이 다른 시기의 의병에 비해 그만큼 뚜렷하고 구체적으로 닿아 있었던 셈이었다. 이러한 국가의식의 강도는 바로 투쟁의 순수성, 강경성과도 일정한 상관성을 갖고 있었던 것이다.

후기의병 시기에 전국에서 가장 치열한 격전이 벌어졌던 곳은 호남지방이었다. 호남의병을 주도한 대표적 인물로는 전기의병 이래 활동을 지속해 온 기삼연奇參衍(1851~1908)과 고광순高光洵(1848~1907)을 필두로 전해산全海山(1879~1910), 이석용李錫庸(1878~1914), 심남일沈南一(1871~1910), 안규홍安圭洪(1879~1909) 등을 들 수 있다. 그 가운데 전해산·이석용·심남일 등은 전형적인 농촌 유생이었으며, 안규홍은 머슴 출신의 빈농이었다.

의병의 지향성 역시 참여 신분층이 다양한 만큼 여러 성향을 보였다. 하지만, 후기의병 시기의 호남의병의 대부분은 근대 국가에 대한 확실한 인식의 틀을 갖고 있었으며, 여기서 나아가 인민의 안정까지 보장하는 방향으로 활동을 한 것으로 알려져 있다. 예를 들면 재야 유생의 신분에서 일어난 전해산의 경우, 1908년 3월 거의 당시에도 "나라는 잃을지라도 의義는 잃을 수 없으며, 사람은 죽더라도 도道는 망할 수 없다"라고 했을 정도로 위정척사적 성향이 강한 인물이었다. 그럼에도 불구하고 그는 창의의 목적이 전적으로 '위국위민爲國爲民'에 있다고 언급하였다. 의병의 급무는 국가를 위하고 인민을 안정시키는 것이라고 보았던 것이다. 또한 이 무렵에 발표된 의병의 격문과 광고문에는 '보국안민保國安民', '애국구민愛國救民', '위국보민爲國保民' 등의 표현이 빈발하였으며, 신문에서도 '위국제민爲國濟民' 등의 용어가 사용되었던 점이 주목된다.[21] 이 시기 의병들이 견지한 국가·민족 의식의 일단을 보여주는 용례라 할 수 있다. 이러한 국가·민족 의식의 경향성과 함께 후기의병 단계에서는 척사적斥邪的 논리도 거의 극복되었다고 보인다. 이석용 의병장이 유생 신분이었음에도 불구하고 「포고만국문布告萬國文」에서 서양을 한결같이 치켜올리며 "귀국들은 부강하다느니, 신의를 숭상한다느니, 지혜롭다느니 하면서 여러분이 우리나라를 저버리느냐"고 외칠 정도로 척사는커녕 세계적 구도 속에서 일제를 규탄하는 논리를 전개한 것이 그 예라 할 수 있다.[22]

---

21 홍영기, 『대한제국기 호남의병 연구』, 일조각, 2004, 119~120쪽.
22 조동걸, 「의병운동의 민족주의사상의 위치(하)」, 『의병전쟁연구(상)』, 지식산업사, 1990, 262쪽.

개마고원을 중심으로 한 관북지방 일대를 거의 석권하다시피 한 홍범도의 경우를 통해서도 후기의병 시기 의병이 견지하였던 국가·민족 의식의 정도를 충분히 짐작할 수 있다. 원래 고아로 성장한 홍범도는 학식이 전무하였으며 함남 북청의 후치령厚峙嶺 일대에서 포수로 생계를 유지하던 인물이었다. 이러한 그가 한국 병탄을 위해 1907년 9월에 일제가 발포한 '총포 및 화약류단속법'에 의해 생계수단인 사냥총을 압류당하게 되자, 동료 산포수들을 이끌고 항일전에 투신하게 되었던 것이다. 이후 그는 일제와의 투쟁 속에서 국가와 민족에 대한 철저한 사랑을 체인體認하게 되었으며, 그만큼 그의 조국애와 민족애는 철저하고도 강경한 것이었다.

그림 6 관북의병장 홍범도

홍범도가 지휘하는 산포수의병이 한참 항일전의 기세를 올릴 즈음인 1908년 봄에 갑산 일본군 수비대에서는 홍범도를 회유하기 위해 그의 부인과 아들을 인질로 잡았다. 이 때 그의 부인은 "실끝같은 목숨이 없어지면 그뿐이어든 계집 글자로 영웅호걸이 곧이 듣지 않는다" 하고 일제의 온갖 고문에도 굴하지 않고 귀순 청원편지를 쓰라는 일제의 요구를 끝까지 거절했다고 한다. 또 그의 아들 '양순'이 일제의 사주를 받아 위조한 귀순 청원 편지를 가지고 그의 부친이 지휘하는 대장소大將所를 찾아갔을 때, 분노한 홍범도는 "이 놈아, 네가 전날에는 내 자식이었지마는 네가 일본 감옥에 삼사삭을 갇혀 있더니 그 놈의 말을 듣고 나에게 해를 주고자 하는 놈이다. 너부터 쏴 죽여야 하겠다"라고 꾸짖으며 아들을 향해 총격을 가했다고 한다.²³ 이러한 일화는 대일전을 전개하는 과정에서 홍범도가 품었던 강렬한 항일의지의 일단을 여실히 보여주고 있다.

이 시기에 러시아 연해주의 이주 한인사회에서 편성된 연해주의병도 국내 의병과 동일하게 항일전을 수행하였다. 특히 1908년 7~8월에는 대규모로 관북지방 깊숙이 진입하여 일제 군경과 도처에서 치열한 항일전을 전개함으로써 일제에게 큰 충격을 가하였다. 이 때 연해주의병을 지휘하고 일본군과 수차의 격전을 벌이면서 회령군 영산靈山까지 깊숙이 진격하였던 안중근은 의병전쟁 20년 역사의 대미를 장식한 인물이다.

중과부적으로 영산전투에서 참패한 뒤 연해주로 귀환한 안중근은 항일전 결행의 방략상 대전환을 시도하여 1909년 2월 7일 '대한독립'의 결연한 의지를 구현하기 위해 비밀결사인 단지동맹斷指同盟을 조직하였다. 연해주 연추煙秋 근처의 카리[下里]라는 작은 한인마을에서 안중근을 맹주로 김기룡金起龍, 강기순姜基順, 정원식鄭元植, 박봉석朴鳳錫, 유치홍劉致弘, 김해춘金海春, 백남규白南奎, 황길병黃吉炳, 조순응趙順應, 김천화金千華, 강두찬姜斗鑽 등 12명이 모여 외손 무명지를 끊고 생사를 함께 하기로 하는 '사역동혈死亦同穴 생역동일生亦同日'을 맹약하며 혈서로 '대한독립大韓獨立'네 자를 썼다.²⁴ 단지동맹은 곧 의병 특수임무를 수행할 목적으로 결성되었던 것이다. 안중근이 재판석상에서 진술한 '특파독립대' 등과 같은 맥락에서 이해할 수

---

23 『한국독립운동사자료집 - 홍범도편 - 』, 한국정신문화연구원, 1995, 6~10쪽.
24 안중근의사숭모회 편, 『안중근의사 자서전』, 1979, 402쪽; 『대동공보』 1910년 2월 18일, 「안의사중근씨공판」. [추기] 이후 이루어진 연구에서 동의단지회의 구체적인 결성시기는 1909년 2월 26일(음 2월 7일)로 밝혀졌고, 여기에는 안중근을 포함하여 실명이 확인되는 白圭三·金起龍·姜舜璣·趙應順·黃炳吉·姜昌斗·葛化天 등 8명과, 실명이 확인되지 않는 鄭元柱[周]·朴鳳錫·柳致弘·金伯[海]春 등 4명이 참가한 것으로 구명되었다.(박민영, 「안중근의 동의단지회 연구」, 『군사연구』 129, 육군본부 군사연구소, 2010)

있다.[25]

  1909년 10월 26일의 하얼빈의거는 의병전쟁의 대미를 장식한 쾌거였다. 후기에 들어와 의병전쟁이 구국의 민족성전으로 승화되던 상황에서 안중근이 대한침략의 원흉이던 이토 히로부미伊藤博文를 처단함으로써 한민족의 결연한 자주, 독립의지를 집약적으로 일시에 표출시켰던 것이다. 안중근이 하얼빈 의거를 "나 일개의 생각뿐만 아니라 곧 한국 이천여만 동포의 대표로 결행한 것"으로 표현한 대목은 바로 이러한 맥락에서였다.[26] 이러한 논리는 민족 자존, 주체의식에 근저를 둔 의병정신의 자연한 발로였으며, 이것이 곧 의병전쟁 최후의 단계에서 한민족이 보여준 국가, 민족의식 고양의 결정체라 할 것이다.

  전기의병 이후 후기의병에 이르기까지 의병전쟁 전 기간에 걸쳐 전국 각 의진에서 만국공법에 의거하여 대한제국 주재 외국공사관, 혹은 각국 정부에다 의병을 일으킨 동기와 목적 등에 대해 직접 공문을 발송한 사례가 산견된다. 이는 의병들이 항일전을 수행하는 과정에서 대외교섭의 비중과 국권수호에 국제외교가 얼마나 중요한지를 절감하고 있었다는 반증이 되기도 한다.

  전기의병 시기에는 제천의병과 강릉의병, 그리고 홍주의병 등의 의진에서 서울 주재 외국 공사관에 공문을 보낸 것으로 확인된다. 제천의병의 경우에는 1896년 의병활동을 수행하는 과정에서 의병의 정당성을 천명하고 의병에 대한 원조와 지지를 호소하는 공문을 미국·영국·독일·프랑스 등 네 나라 공사관에 발송한 예가 있다. 그 가운데 영국 영사는 구체적인

---

25 국사편찬위원회 편, 『한국독립운동사-자료13』, 1984, 803쪽.
26 안중근의사숭모회 편, 『안중근의사 자서전』, 1979, 397쪽.

내용은 확인되지 않지만 제천의진에 의병을 격려하는 답신을 보냈다고도 한다.[27] 강릉의병에서는 1896년 3월에 영국·독일·미국·프랑스·러시아 등 각국 영사관에 일제의 침략상과 의병의 정당상을 천명하는 격문을 발송하였고, 이어 원산진공작전에 즈음한 3월 16일에도 의병이 일제 침략세력 축출을 위해 북정 중에 있음을 미리 밝히고 원조와 양해를 구하는 내용의 공문을 러시아 공사관에 보낸 사례가 있다. 홍주의병에서도 의병 봉기 초기에 이설이 각국 공사관에 보내는 격문을 작성하기도 하였다.[28]

중·후기의병 단계에서도 민종식의 홍주의병을 비롯하여 김도현金道鉉(1852~1914) 의병, 허위許蔿 의병, 십삼도창의대진소에서도 각각 서울 주재 외국 공사관과 각국 정부에 직접 선언서, 격문 등을 전달하였다. 을사조약 체결 직후 조약 폐기 투쟁을 벌이던 경북 영양의 의병장 김도현은 광무황제에게 상소를 올리는 한편, 외국 공사관에도 공문을 보내 만국공법에 따라 일제의 횡포를 누르고 한국의 독립을 지켜줄 것을 간곡히 요청하기도 하였다. 홍주의병은 광수光水(현 예산군 광시)에서 봉기한 3월경 민종식과 안병찬 등이 각국 공사와 교섭하여 을사조약 파기 등을 시도하려 하였으며, 경기 북부지방에서 활동하던 허위 의병장은 1907년 10월 하순경 전국 인민과 각국 영사관에 보내는 격문을 작성하여 부하 김범호金範浩라는 인물을 서울로 잠입시켜 각국 영사관에 보내고 『대한매일신보』에도 게재토록 하였다. 또한 1907년 12월경 전국 의병의 연합체인 13도창의군 편성을 주도한 이인영李麟榮(1867~1909)과 허위 등은 연합부대의 서울진공작전을 결행

---

27 독립운동사편찬위원회 편, 『독립운동사자료집』 1, 1971, 403·432쪽.
28 민용호, 『관동창의록』, 국사편찬위원회, 1985, 38·44쪽; 독립운동사편찬위원회 편, 『독립운동사』 1, 227~228쪽.

하기에 앞서 서울 주재 각국 영사관에 선언문을 보내어 의병 항일전의 합법성을 내외에 공포하였다. 이 선언문에서는 의병전쟁을 광무황제의 칙령에 따른 한국의 독립전쟁임을 강조하고 국제법상 교전단체이므로 전쟁에 관한 모든 법규가 적용되어야 한다고 주장하였다. 일제헌병 기밀보고에 따르면 이인영의 명의로 된 이 선언문의 한 부는 영국 정부로 보내졌다고 한다.

　의병전쟁 전 시기를 통틀어 여러 의진에서는 각국 공사관에 공문과 격문 등을 보내어 의병항전의 정당성을 천명하고 열강의 지지와 원조를 호소하고 있다. 이것은 의병의 국가의식 문제와 관련하여 당시 의병들이 국제관계의 존재와 현실을 확실히 인정하지 않을 수 없었고, 나아가 근대적 국가 개념으로서 한국을 인식하고 있었다는 사실을 시사해 준다는 점에서 중요한 의미를 갖고 있다.

맺음말

20여 년간에 걸쳐 장기지속적으로 전개된 한말 의병전쟁은 그 시기에 따라 참여 계층과 주도 신분층이 변화되고, 이러한 현상에 따라 각 시기별 의병전쟁의 내용과 성격이 변화되어 왔다. 특히 의병의 국가의식의 변천과 추이는 의병전쟁의 역사적 의미를 규정할 수 있는 한 조건으로 작용하였다. 이 점을 염두에 두고 이상에서 논의한 결과를 요약하면 다음과 같다.

　1894년 청일전쟁을 계기로 일어난 전기의병인 을미의병의 경우, 주도 신분층은 재야의 유생이었다. 재야 유생이 의병에 참여하여 이를 주도한 사상적 배경은 춘추대의적 의리와 명분에 입각한 존화양이, 위정척사론이었다. 소중화론小中華論에 경도되어 있던 재야의 유생들은 화맥華脈의 단절을 국망이나 친상親喪보다도 더 큰 고통으로 인식하였다. 이러한 사실은 '화華'의 가치를 국가와 민족의 가치 수준을 넘어선 절대적인 상위개념으로 규정하였음을 의미한다. 환언한다면, 진정한 의미에서의 국가와 민족은 오직 '화'를 보전한 상태에서만 가능하게 되고, '화'가 단절된 상태의 국가와 민족은 차원을 달리하여 그 의미가 변질되고 만다는 결론에 도달하게 된다. 이런 까닭에 국가와 민족보다도 '화'를 더욱 강조하였던 논리가 결코 맹목적인 모화사상의 발로라고 할 수 없는 것이다.

중기의병은 일제침략이 한층 강화되는 1905년 을사조약 늑결을 계기로 어려운 객관적 조건 위에서 활동을 시작하게 되었다. 이 단계의 의병은 을미의병의 한계로 지적되는 지역성과 학통성, 혈연성을 어느 정도 극복해 가는 경향을 보여준다. 이 시기에 이르면, 전국적으로 단위의진의 빈도수가 그만큼 증가하고, 또 그에 따라 단위의진 구성원의 수는 현저히 줄어드는 추세가 나타난다. 전기의병 때 통칭 수만에서 수천에 이르던 대단위 부대가 이 시기에 와서는 수백, 수십 명을 단위로 편성되던 것이 일반적인 경향이었다. 그만큼 의병이 정예화 되어가고 있었던 것이다. 이와 같은 경향은 또한 의병에 참여하는 신분층이 저변으로 확대되던 사실과도 밀접한 연관을 가지고 있다. 중기의병의 초기 단계에서 이미 전기의병 시기에 보이지 않던 농민층을 주축으로 한 '농민의병'이 다수 출현하면서 의병 재기의 발판을 마련하게 되었다. 또 중기의병 시기에도 전기의병과 같은 양반유생 의병장이 다수였다고 하더라도, 최익현·민종식·정환직 등 관료 출신 인사가 많았다는 점도 주목된다. 이러한 경향은 이 시기가 척사斥邪보다 국가의식에 더 절박하게 닿아 있었음을 보여주는 결과로도 해석할 수 있다. 즉 이 시기의 의병은 전기의병에서 지향한 '복수보형復讐保形'보다 발전된 더욱 선

그림 7 야전의 의병 모습. 맥켄지(F. A. MCKenzie)가 촬영한 것으로, 1908년 간행된 그의 저서 『한국의 비극(The Tragedy of Korea)』(p.207)에 실렸다. 이 사진의 원제목은 '한국인 저항부대(A COMPANY OF KOREAN REBELS)'이다.

명한 구국救國 노선을 지향하고 있었던 것이다.

 국민 총력전의 단계로 승화된 후기의병, 곧 정미의병 시기의 의병전쟁에서 가장 두드러진 특징은 무엇보다 의병 참여, 주도 신분층이 다양해졌다는 점이다. 전기, 중기의병 단계에서 나타나는 특정 신분층의 의병 주도 경향은 이 시기에 와서 해소되었으며, 양반관료나 유생 등 상층 신분에서부터 농민을 비롯하여 해산군인, 포수, 상인, 심지어 머슴 등 다양한 직업의 하층 신분에 이르기까지 전 신분층이 능동적이고도 주도적으로 의병전쟁에 투신하게 됨으로써 국민전쟁의 성격으로 승화될 수 있었던 것이다. 의병장의 계층별 구성이 다양하게 확대되었던 점은 전투력의 고양에 직접적으로 작용하였다.

 전 국민의 다양한 신분층이 의병전쟁에 주도적으로 참여하였다는 사실은 그만큼 국가, 민족의 운명이 절박해졌음을 의미한다. 환언하면 신분과 계급의 차이와 갈등이 초월될 만큼 일제 침략세력의 압박이 극도에 다달았으며, 그에 따라 투쟁의 목표가 분명하게 설정되었던 것이다. 전국적으로 1907~1909년간에 걸쳐 활동한 의병이 대체로 일제 침략세력과 여기에 동조했던 일진회 등 반민족세력 타파에 일차적인 목표를 두었던 사실도 이러한 시대적 상황에 기인했다고 할 수 있다.

2부

의병전쟁의 전개양상

제천·춘천·강릉의병의
상호관계

머리말

을미의병 시기 전국 각지에서 활동한 의진은 대체로 일정한 활동범위, 즉 활동권역을 가지고 있었다. 당시 행정·지리·교통상의 요지인 안동·진주·홍성·제천·춘천·강릉 등지를 거점으로 하고 그 인근지역을 아우르며 활동권역을 확보한 여러 의진은 각기 독자적인 형태로 항전을 지속하던 것이 일반적인 현상이었다. 각 의진간에는 그만큼 독립된 활동노선이 존재해 있었던 것이다. 그러므로 이 시기의 의병은 상호 연합, 혹은 협력 관계가 미약하였기 때문에 결과적으로는 전력의 분산을 초래하게 되었다.

이와 같은 을미의병의 일반적 성격을 전제로 하고, 1895~1896년간 을미의병시기에 중부지역에서 활동한 제천의병과 강릉의병, 그리고 춘천의병 등 대표적인 세 의진간의 상호관계를 검토해 보고자 한다. 이들 의진은, 그 궁극적 의미는 차치하더라도, 여러 가지 면에서 상당한 연관성을 가지고 있다.

먼저, 세 의진은 원주라는 거의擧義의 적지適地를 놓고 각기 등거리에 위치한 제천·춘천·강릉을 근거지로 확보하게 되는 점에서 상호관계가 설정되고 있었다. 특히 강릉의병이 여주-원주-강릉으로 행군한 데 비해, 제천의병은 지평-원주-제천으로 이동한 점이 주목된다. 이 과정에서 거의의 적지인 원주를 놓고 두 의진이 대립하는 양상을 노정하였던 것이다.

다음으로, 세 의진 사이에는 활동과정에서 인적 이동이 비교적 활발하게 이루어졌다. 그 의미가 무엇이든 이와 같은 인적 이동은 세 의진 사이의 밀접한 상관성을 짐작케 하는 것이다. 이 점은 또한 각 의진의 중심인물들이 화서華西 이항로李恒老 학파라는 학문적 연원과 연결되어 있던 상황과도 밀접한 연관이 있다.[1]

끝으로, 특히 제천의병과 강릉의병은 거의에서 해산에 이르기까지 시종일관 항전의 양상을 같이 하고 있음이 주목된다. 태백산맥을 사이에 두고 영동, 영서지역을 각기 근거지로 삼아 항전을 벌인 뒤 두 의진은 전후를 상망相望하며 북상하고, 이어 압록강을 건너 서간도로 들어가 의병을 해산하는 등 일련의 투쟁과정에서 그 궤를 함께 하였다. 이 도정途程에서 강릉의병은 제천의병의 궤적을 뒤따르는 양상을 보였다.

중부지역에서 활동하던 세 의진 사이의 이러한 상관성은 궁극적으로 볼 때 긍정, 부정의 양면성을 동시에 가지고 있다. 거시적인 틀에서 보아 세 의진은 정족鼎足의 관계에 있었지만, 미시적인 활동과정에서는 상호 협조, 혹은 연합보다는 반목·대립·갈등이 노정되고 있었다. 그럼에도 불구하고 이러한 현상적 관계를 살펴보는 것은 을미의병의 본질을 더욱 명확히 이해하는 데 하나의 조건을 제시할 수 있을 것으로 기대하기 때문이다.

---

1 제천·춘천·강릉 세 의진은 화서학파와 각기 유기적인 관계를 설정하고 있었다. 제천의병은 유인석을 중심으로 한 화서문파의 전력이 투입된 의진이며, 춘천의병은 이소응을 중심으로 하는 화서학파와 춘천 토착세력이 연합한 의진이다. 한편, 강릉의병의 경우에는 화서학파의 洪在龜와 崔中奉 등이 협력하였으며, 주장 민용호 자신도 후일 평북 태천의 誠菴 朴文五와 연결되어 화서문파의 일원임을 자부하였다.

거의과정

제천의병과 강릉의병은 여러가지 면에서 상호 관련성을 가지고 있지만, 실제 활동과정에서는 갈등 관계에 놓여 있었다. 이러한 사실로 인해 두 의진 간에는 비교 검토가 요구되는 것이다.

제천과 강릉 두 의진은 후술하겠지만 무엇보다도 활동의 궤를 같이 하고 있음이 주목된다. 근거지에서의 항전 - 북상 - 서간도 망명으로 연속되는 활동과정이 그것이다. 곧 제천의병의 경우에는 제천과 충주 일대를 근거지로 삼고 활동을 벌인 뒤 서북지방으로 북상함으로써 서간도로 망명하는 궤적을 밟았으며, 강릉의병은 근거지 강릉지방에서 활동한 다음 관북지방으로 북상하고 이어 서간도로 들어가 의진을 해산했던 것이다.

다음으로, 두 의진은 편성 초기에 동일한 지역, 곧 원주에서 거의하였다는 점이다. 강릉의병이 여주 - 원주 - 강릉으로 행군한 데 비해, 제천의병은 지평 - 원주 - 제천으로 이동하였던 것이다. 이러한 과정에서 원주라는 거의의 적지를 놓고 두 의진이 대립하는 양상을 보였다. 강릉의병이 원주로부터 태백산맥을 넘어 강릉으로 이동하게 되는 원인遠因도 여기에 있다고 생각한다. 즉 춘천 - 원주 - 제천으로 이어지는 중부 내륙지역은 유인석을 필두로 하는 화서학파의 초기 거의 인물들의 주요한 활동무대가 되었던 까닭에 민용호로서는 이곳에다 근거지를 구축하기에는 역부족이었던 것이다.

한말 의병전쟁에 대한 최초의 논고라 할 '뒤바보'(계봉우桂奉瑀의 필명)의 「의병전義兵傳」에서는 민용호의 강릉의병을 유인석이 이끄는 제천의병의 예하 부대로 다음과 같이 기록해 놓았다.

나(뒤바보 - 필자주)는 그 때 16세의 소년으로 그(유인석 - 필자주) 부하인 관동소모대장關東召募大將 민모(민용호 - 필자주)가 함남을 경과할 적에 그 휘하 군도 구경하였고 겸하여 그 격문의 수구首句 곧 '차아팔역창생嗟我八域蒼生 임타일국흑사任他一國黑死'[2] 그것도 금일까지 인상되어 오는 바이다.[3] (맞춤법 - 필자주)

계봉우가 민용호를 유인석의 휘하 의병으로 기술한 것은 제천과 강릉 두 의진 간의 유사성에 기인하는 것으로 생각된다. 더욱이, 아래에서 언급하겠지만 민용호가 원주에서 의병을 소모한 뒤 강릉으로 이동하는 과정에서 제천의병과 반목하게 되는 계기가 되기도 하였으나, 강릉의병은 제천의병의 별진別陣의 성격도 다소 지녔다고 할 것이다. 그리고 뒤바보가 인상깊게 보았다는 격문 「격고팔도열읍」은 민용호가 북상하기 훨씬 이전, 곧 제천의병이 활동 초기에 각지로 보낸 격문 가운데 하나였을 것으로 생각된다.

거의 초기단계에 나타나는 두 의진 사이의 이와 같은 유사성, 상관성에 대해서 또다른 기록에서는 다음과 같이 밝히고 있다.

민용호가 세상을 속여 제천의병의 후군이라고 거짓으로 유인하여 제군을 모집하니, 영동으로 가는 자가 많다는 말을 듣고 안승우가 말하기를 "이것은 반드시 약탈하는 무리가 쫓아다니며 우리의 뒤를 밟아 빼앗아 가는 것이다"고 하였다. 선생(유인석 - 필자주)께서는 이 말을 듣고 급히 박정수에게

---

2 제천의병의 최초 격문인 「檄告八道列邑」의 첫구절이다.
3 뒤바보, 「의병전」(2), 『독립신문』 1920년 4월 29일자; 尹炳奭, 『韓國近代史料論』, 일조각, 1979, 26쪽에서 재인용.

명하여 안승우 진영에 곧바로 가서 안승우에게 "내가 곧 뒤쫓아간다"고 전하고 "민용호의 심보는 말하지 않아도 알 수 있다. 또 저쪽이 강하고 이쪽이 약하니 도리어 그에게 죽임을 당하지 않겠느냐. 도로 영월로 가 주둔하면서 여러 곳의 군사가 오기를 기다리는 것만 못하다."고 전하도록 하였다.[4]

즉 민용호가 '제천의병의 후군'으로 자임하고 원주 일원의 군사를 소모한 뒤 영동지방으로 이진하였다는 것이다. 거의 단계에서부터 두 의진 간에는 알력이 노정되고 있었음을 알 수 있다.

제천의병과 강릉의병은 모두 원주 일대에서 그 모태를 형성한 의진이다. 두 의진이 최초로 상관성을 가지게 되는 것은 위의 인용문에서 보듯이 이들 의진이 거의 직후 원주에서 군사를 소모하는 과정에서이다. 두 의진의 초기 거의 과정을 간략히 언급하면 다음과 같다.

제천의병의 경우, 그 모태가 된 '지평의진砥平義陣'은 지평 출신으로 제천의병의 핵심인물이 되는 안승우安承禹와 이춘영李春永이 김백선金伯先의 지평 포군을 주축으로 1월 10일(음 11. 26) 원주 안창安倉에서 일어난 뒤 원주군수 이병화李秉和를 축출하였다. 이어 그들은 진사 김사정金思鼎을 총독소모장總督召募將으로, 박운서朴雲瑞를 도령장都領將으로 각각 임명하여 이들로 하여금 원주의 민병을 소모토록 조처한 뒤 제천으로 내려갔다.[5]

---

4 李正奎,「從義錄」(李九榮 編譯,『湖西義兵事蹟』, 修書院, 1993), 476쪽. 민용호가 제천의병의 후군장을 자처하였다는 기록은 제천의병의 중심인물들이 남긴 기록에 자주 산견된다. 그 가운데 하나인「六義士列傳」(독립운동사편찬위원회 편,『독립운동사자료집』 1, 1971)에서도 다음과 같이 기술하고 있다. "민용호가 공(안승우 – 필자주)의 후군장이라 자칭하고 군사를 거두어 강릉으로 들어가니, 원근에서 와 붙으려는 자가 그의 속임수에 넘어가 휩쓸려 따라가므로 (하략)"(192쪽)

5 朴貞洙 編,「下沙安公乙未倡義事實」(독립운동사편찬위원회 편,『독립운동사자료집』 1,

강릉의병은 단발령이 내려진 직후인 1895년 11월(음) 하순 경, 여주에 있던 의병장 민용호가 송형순宋炯淳과 함께 원주로 이동하면서 시작되고 있다. 이들은 문막文幕을 지나 1896년 1월 15일(음 1895. 12. 1) 원주에 도착하였다. 원주는 춘천·강릉과 함께 정족의 형세를 이루는 강원도의 요지 가운데 하나로, 민용호는 이곳을 근거지로 삼으려 한 것으로 보인다. 그는 이곳에서 강릉의병의 핵심인물로 활약하게 되는 이병채李秉埰·송형순宋炯淳·안성호安聖鎬 등과 함께 민군을 모집하며 본격적인 활동을 벌였다.[6] 이처럼 원주는 을미의병이 봉기하는 초기 단계에 거의의 분위기가 가장 왕성하던 곳으로 1만여 명의 의병이 집결해 있었다는 기록도 보인다. 을미의병에 대한 최초의 효유문曉諭文인 1월 18일의 조칙詔勅 속에서 '소요騷擾'의 핵심지로 원주를 특별히 지목하고 있는 것도 이러한 연유에서이다.[7]

민용호가 원주에 도착한 것은 안승우와 이춘영이 거의의 깃발을 내건 직후였다. 원래 원주는 화서학파의 주요 본거지 가운데 한 곳이기도 하다. 춘천에서부터 원주, 제천으로 이어지는 선이 곧 화서 이항로를 정점으로 성재省齋 유중교柳重敎를 거쳐 의암毅菴 유인석柳麟錫까지 이어지는 화서학파 거의 인물들의 활동 근거지 연결선이었다. 상대적으로 세력기반이 미약한 민용호로서는 이곳에다 장기적인 활동 근거지를 마련하기에는 역부족이었던 셈이다. 이 즈음, 또 춘천에서는 역시 유중교-유인석 계열의 화서학파 인물인 이소응李昭應이 춘천의병을 조직, 관찰사 조인승曺寅承을 처단하는 등 그 성세를 이미 크게 떨치고 있었다. 이에 민용호는 활동 근거지를 찾아

1971), 350~352쪽.
6   閔龍鎬,『關東倡義錄』, 국사편찬위원회, 1984, 4~5쪽.
7   『관보』 1896년 1월 19일자 호외,「詔勅」.

강릉으로 동진하게 되는 것이다.

안승우와 이춘영이 김사정과 박운서로 하여금 원주 일대에서 군사를 소모토록 하였으나, 그 직후 원주에 들어온 민용호가 제천의병의 후군장을 자처하며 이들의 소모군사를 가로챈 뒤 관동 방면으로 향하였다.[8] 안승우는 특히 이 사건으로 인해 민용호를 추격코자 제천에서부터 주천-평창-방림-진부까지 진출하였다. 그러나 그 때는 이미 민용호가 대관령을 넘어 강릉으로 입성한 뒤였다. 이에 하는 수 없이 안승우는 영월 방면으로 철수하고 말았다.[9] 이 무렵 민용호는 방림에서 안승우로부터 합진 요청을 받고 이를 거절한 뒤 원주에서의 군사소모 과정에 대해 다음과 같이 '사죄'하고 있다.

> 장군(안승우-필자주)이 (중략) 이 몸(민용호-필자주)을 비루하게 여기지 않고 친히 심방해서 요직을 맡기려 한다 하니, 제가 비록 어리석으나 감히 공손히 명령을 기다리지 아니 하리오. 다만 기회를 놓쳐서는 안 될 일이 있으니 저 영동 9군에는 곰과 호랑이 잡는 포군이 집마다 즐비한데 이들을 빨리 모으지 않으면 어떻게 적을 물리칠 수 있으리오. (중략) 혹시 하늘이 도와 살아 만나서 군막에 나아가 절을 드리게 된다면, 가시를 지고 무릎을 꿇고 원주에서 당돌했던 처사를 사죄하리다.[10]

---

8 이러한 사건의 경위에 대해 민용호는 "안승우로부터 군사소모의 명을 받은 포군 朴漢玉이 그 명을 거절하고 스스로 자신에게 합류해 왔다"고 밝히고 있다(민용호, 『관동창의록』, 5쪽). 그러나 전후의 사정으로 보아 이는 다소 자의적이며 주관적인 기술로 생각된다. 朴漢玉은 朴雲瑞와 동일인으로 추정된다.
9 박정수 편, 「하사안공을미창의사실」, 361~365쪽.
10 박정수 편, 「하사안공을미창의사실」, 361~362쪽.

민용호는 전투력이 탁월한 관동지방의 산포수에 착안하였음을 이유로 합진 요청을 거절하였으며, 나아가 원주에서 군사를 소모하는 과정에 무리가 있었음을 시인하고 그 양해를 구했던 것이다.

저간의 경위에 대해 『관동창의록』의 기술은 약간 그 내용을 달리하고 있다. 이에 따르면 방림에 도착한 안승우가 다시 박한옥朴漢玉을 소환하였으며, 이 때 민용호는 "저에게 구실이 되어 나에게 누가 미친다"고 하면서 안승우에게 글을 보내어 "그대는 영준英俊한 여러 인재들이 좌우에서 보좌하고 있으나, 나는 거의한 처음이라 인물들이 생소한 중 오직 박한옥만이 신뢰할 수 있는 자질을 갖추고 있으니 서량恕諒하시라"고 하여 안승우의 제안을 거부하였다는 것이다.[11] 하지만 그 이면에는 군사소모 과정에서 야기된 물의를 어느 정도 인정하는 태도를 감지할 수 있기도 하다.

방림까지 진출한 안승우는 오히려 민용호 휘하의 일단의 소모 군사를 접수하게 된다. 이에 앞서 태백산맥을 넘어 강릉으로 동진하던 민용호는 방림에서 전년 동학농민군에 가담하였던 이원하李元廈를 평창 유진장留陣將으로 세워 이 일대의 군사를 소모토록 하였다. 이 무렵 방림으로 진출한 안승우가 다시 이원하 휘하에 있던 군사 수백 명을 접수하였던 것이다. 이원하는 그 뒤 제천의진에서 중군아장中軍亞將, 중군장 등으로 활약하면서 특히 평창군수 엄문환嚴文煥을 잡아들였던 인물이다.[12] 이처럼 이원하가 안승우에게 합세하게 되자, 민용호는 토적복수를 위해 거의한 자가 아니라고 이원하를 맹렬히 비난하였다.[13]

---

11 민용호, 『관동창의록』, 10쪽.
12 박정수 편, 「하사안공을미창의사실」, 401~409쪽.
13 민용호, 『관동창의록』, 18쪽; 박정수 편, 「하사안공을미창의사실」, 364쪽.

이 사건은 결국 원주에서 안승우의 소모군사를 민용호가 가로챈 사건과 역의 경우로 이해할 수 있다. 거의 초기의 군사소모 과정에서 노정되는 이러한 알력과 과열된 경쟁은 두 의진 간의 갈등과 반목을 심화시키는 결과를 초래하고 말았다.

활동과정

제천, 강릉, 그리고 춘천의병은 외형상으로 볼 때 독자적인 활동영역과 편제를 가지고 있었다. 그럼에도 불구하고 이들 의진은 실제 활동과정에서 인적 교류를 중심으로 상호 긴밀한 관계를 맺었다. 자료부족으로 그 실상을 명확히 밝힐 수는 없지만, 여러 가지 단편적인 사실을 통해 그 윤곽만큼은 파악할 수 있다.

이 문제와 결부되어 제일 먼저 주목되는 대목이 제천, 강릉의병과 관련된 춘천의병의 향방 문제이다. 춘천의병은 원래 춘천 사인士人 정인회鄭仁會의 주도하에 군인으로서 신망이 높았던 성익현成益賢, 그리고 무인의 기질을 지녔던 상인 출신의 박현성朴賢成 등이 주축이 되어 1896년 1월 18일 봉기하였다. 이 의병은 기본적으로 전직 관료, 재야 유생, 구식 군인, 포군, 농민, 상인 등 다양한 신분으로 구성된 중층적인 연합성을 지닌 의진이었다.[14] 이들 다양한 성분의 세력을 단일지휘 체계로 통솔할 인물이 없었던 상황에서 춘천의병은 해산될 위기에 처하였고, 급기야 일부 군사들이 춘

---

14 오영섭, 「화서학파의 보수적 민족주의 연구」, 한림대 박사학위논문, 1996, 209~217쪽 참조.

천 유수부[留守府]에 난입하여 약탈을 감행하는 등 반군의 조짐을 나타내기도 하였다. 이소응은 이와 같은 상황에서 정인회와 이만응李晩應·이경응李景應 등의 추대로 1월 20일 의병장에 취임해 춘천의병을 인솔하게 되었다.[15]

서울을 향해 진격하던 춘천의병은 서울에서 출동한 관군과 2월 3일 가평 벌업산[寶納山]에서 조우, 교전 끝에 춘천으로 퇴각하지 않을 수 없었다. 이에 의병장 이소응은 전력을 보강하기 위해 그의 종형 이진응李晉應에게 병권을 맡긴 뒤 지평의 맹영재孟英在를 찾아갔다. 맹영재는 전년 동학농민군을 진압한 군공으로 지평군수에 임명된 인물이었다.[16] 이러한 맹영재가 다수의 포군을 주축으로 군사를 일으켰다는 소식을 듣고 연합전선을 구축하기 위해 그를 찾아간 것이다. 그러나 이소응은 오히려 맹영재에 의해 구금되었고, 지평을 탈출한 뒤에는 제천으로 내려가 유인석 휘하에 합류하게 되었다.[17]

이소응을 대신해 춘천의병을 인솔하던 이진응은 2월 8일 춘천 수성전에서 전사하고 말았다. 그 후 이진응의 아우 이경응李景應이 잔여의병 2백여 명을 이끌고 3월 하순경 강릉의병에 합류하게 된다.[18]

이진응 인솔 하의 춘천의병이 제천으로 내려가지 않고 강릉의병으로 합류하게 된 배경은 명확치 않다. 이 문제에 대해서는 세밀한 주의를 요한다.

---

15 오영섭, 「화서학파의 보수적 민족주의 연구」, 209~211쪽.
16 맹영재는 그 뒤 부하 崔台憲에게 살해되었으며, 다시 그의 아들 孟一[日]鎬는 군사를 일으켜 최태헌을 죽였다. 이에 앞서 맹일호는 강릉부 주사로 재직하던 중에 민용호 의병이 내도하게 되자 피신하였다. 그 후 신임 강릉관찰사 徐庭圭, 중대장 金鴻權 등과 함께 관군을 이끌고 강릉의병을 공격한 인물이다(이정규, 「종의록」, 482쪽; 민용호, 『관동창의록』, 49~50쪽 참조).
17 이정규, 「종의록」, 486쪽.
18 민용호, 『관동창의록』, 50쪽.

왜냐하면 이소응을 비롯하여 이진응, 이경응 등 춘천의병의 중심인물들은 학맥상 화서학파에 속하여 유중교-유인석으로 이어지는 제천의병의 인맥과 밀접한 관계가 있었기 때문이다. 결국 이경응은 이와 같은 배경이 작용해서인지 민용호로부터 신임을 크게 얻지 못한 듯하다. 이경응이 그 뒤 6월 23일 강릉의병과 결별하고 정선군 여량餘糧을 거쳐서 제천 학교鶴橋(학다리)에서 북상길에 오른 제천의병에 합류하게 되는 것도 이러한 맥락에서 이해할 수 있다. 즉 강릉의병이 인제의 귀둔鬼屯 전투에서 참패를 당하게 되자, 이경응은 강릉의병을 이탈해 제천의병에 합류하였던 것이다.[19] 하지만 이 무렵 이경응 의병의 전력은 거의 고갈된 상태였던 것으로 보인다.

춘천의병의 또다른 별동부대인 성익현 휘하 5백 여 명도 6월경 태백산맥을 넘어 강릉의병에 합류해 왔다. 즉 이 의병은 통천 방면에서 고성으로 남하하면서 고성군수 홍종헌洪鐘憲과 양양군수 양명학楊命學을 차례로 처단하며 강릉의병에 합류하였던 것이다.[20] 이로써 춘천의병의 잔여부대는 이경응과 성익현의 인솔하에 각기 다른 행로를 통해 강릉의병에 합류하게 된 셈이다. 그러나 이경응과 성익현이 거느리는 의병은 민용호 휘하에서 활동한 것이 아니라 각기 별도로 횡적으로 연합된 상태였던 것 같다. 이 점은 강릉의병 안에서 양인의 직책이 나타나지 않는다는 사실과, 귀둔전투 직후 이경응의 행방이 묘연한 상황에서 그 휘하 의병이 민용호에게 귀부하려 하자 "부하된 자로 주장主將의 행방을 모르는 것은 의가 아니며, 다른 사람의 패배를 요행으로 여겨 그 군사를 취하는 것 역시 의가 아니다"고 한 민용호

---

19 元容正及從事諸人, 「毅菴柳先生西行大略」(독립운동사편찬위원회 편, 『독립운동사자료집』 1, 1971), 511쪽; 민용호, 『관동창의록』, 62쪽.
20 민용호, 『관동창의록』, 55~56쪽.

의 말에서 짐작할 수 있다.[21]

다음으로, 강릉의병과 춘천의병의 긴밀한 연계성을 시사하는 대목이 함흥에서 일어난 최문환崔文煥 의병의 귀속문제이다. 최문환 의병의 대체적인 활동 윤곽은 다음과 같다. 그는 2월 29일(음 1. 19) 관북의 중심지인 함흥으로 들어가 이튿날 참서관 목유신睦裕信과 주사 피상국皮相國·홍병찬洪丙贊 등의 친일개화 관리들을 처단하며 함흥을 장악하고 '화정和政'을 혁파한 뒤 인근 고을마다 의소義所를 설치하는 등 한때 그 성세를 드날렸다.[22] 하지만 얼마 뒤 함흥부 주사로 재직하다가 목유신의 뒤를 이어 참서관으로 승진한 김택수金宅洙와 한때 최문환의 참모였던 이제마李濟馬에게 피체되어 투옥당하게 된다. 그 뒤 김광연이라는 장교와 관기官妓의 삼촌 성기풍이라는 두 인물의 도움으로 탈옥에 성공하였다는 것이다.[23]

『관동창의록』에 의거하는 한 최문환은 민용호로부터 2월 7일 함경도 소모장으로 임명되어 함흥으로 파견되었다. 이 때 민용호는 다음과 같은 격문을 보내어 그곳 주민의 의병 동참을 호소하였다고 한다.

> 십적十賊(개화파-필자주)이 왜적을 받아들여 우리 국모를 시해하였으니 하늘과 땅이 뒤바뀌었고 임금이 삭발을 당하였으니 이적夷狄의 습속을 숭상함이라. 이것을 참을 수 있겠는가. (중략) 그윽이 생각건대, 귀도貴道(함경도-필자주)는 선왕이 중히 여기는 땅이라 (중략) 의병이 마땅히 다른 곳보다 먼저

---

21 민용호, 『관동창의록』, 62쪽.
22 『관보』 1896년 4월 16일자, 「휘보」; 『독립신문』 1896년 4월 18일, 6월 9일자; 金允植, 『續陰晴史』, 국사편찬위원회, 1960, 18쪽; 민용호, 『관동창의록』, 32쪽.
23 『관보』 1896년 4월 24일자, 「敍任及辭令」; 『독립신문』 1896년 6월 25일자, 「잡보」; 민용호, 『관동창의록』, 55쪽.

일어나 뒤에 그쳐야 할 것이나 적막히 소문이 없으니 (중략) 이는 반드시 때를 기다려서 그러함이리라. 그러므로 이에 막하의 진북장鎭北將 최문환을 보내어 대의를 포고한다.[24]

민용호는 최문환 의병의 활동소식을 듣고 다음과 같이 그의 공적을 극찬하고 있다.

> 장하도다, 문환의 공이여! 열렬하도다, 문환의 의기여! 단신으로 대도大都(함흥-필자주)에 들어가 위험을 두려워하지 않고 만천萬千 생령의 머리털을 지켰으니 '서슬 푸른 칼날을 밟는다' 하는 것은 진실로 문환을 일컬음이로다.[25]

이것은 관북지방으로 세력을 확장하려던 민용호의 생각의 일단이라 할 수 있다. 최문환은 그 뒤 5월 말경 강릉으로 내려와 강릉의병에 합류하게 되었다.[26] 『관동창의록』의 내용과는 달리 최근 관변측 기록인 『덕원항보첩德源港報牒』과 『일본공사관기록』에 의거하여 최문환이 박모朴某와 함께 춘천의병의 이소응으로부터 '북로소모관北路召募官'으로 임명되어 2월 27일 활동에 들어갔다는 연구결과가 발표되었다.[27] 최문환이 일시 체포된 상태에서 진술한 내용을 근거로 한 그 연구에 대해서는 수긍이 간다. 또한 춘천의병장 이소응은 역시 최문환을 '춘천소모春川召募'로 기술하고 있어 그 관련성

---

24 민용호, 『관동창의록』, 20쪽.
25 민용호, 『관동창의록』, 32쪽.
26 민용호, 『관동창의록』, 55쪽.
27 오영섭, 「화서학파의 보수적 민족주의 연구」, 288~230쪽.

을 뒷받침해 주고 있다.28

하지만 최문환이 그 뒤 서간도로 망명해 1897년 유인석 등 제천의병의 중심인물들과 함께 생활하는 동안, 이조승李肇承 등이 남긴 기록에서는 최문환을 민용호의 '좌군'으로 파악하고 있는 점으로 보아 강릉의병의 별진으로 인정한 것으로 보인다.29 민용호의 좌군이었다는 표현이 함경도 소모장의 직책을 염두에 둔 것인지, 혹은 최문환이 강릉의진에 합류한 이후의 상황(직함)을 의미하는 것인지의 여부는 불분명하다. 그러나 강릉의병과 최문환이 상당히 밀착된 관계였음은 전후의 문맥과 사정을 고려할 때 충분히 감지할 수 있다. 이와 같은 정황으로 보아 최문환 의병은 강릉의병과 춘천의병의 긴밀한 상관성을 그대로 표출한 단적인 사례로 이해하는 것이 합리적일 것으로 생각된다.

제천의병의 일부 세력이 활동과정에서 강릉의병으로 옮겨간 사례도 주목된다. 그 대표적인 예가 제천의병의 중군 종사관이던 민의식閔義植의 경우이다. 1896년 2월 22일 중군장 이춘영의 주도하에 전개된 수안보의 일본군 병참소 공격이 실패로 돌아간 뒤 평민 출신의 선봉장 김백선이 처단되었다. 이 때 그 휘하에 종사從事로 있던 민의식이 서석화徐石華 등과 함께 제천의진을 탈출한 뒤 곧장 강릉의진에 귀부하였던 것이다.30

민의식은 민용호에게는 양가의 가계로 삼종손三從孫이 되는 인물로, 『관동창의록』과 『하사안공을미창의사실』에는 도사都事(5품)로, 그리고 이정규李正奎가 지은 『종의록從義錄』에는 '3품직을 지낸 인물'로 기록된 것으로

---

28 李昭應, 「斥和擧義事實大略」, 『昭義新編』, 국사편찬위원회, 1975, 259쪽.
29 李肇承, 「西行日記」(이구영 편역, 『湖西義兵事蹟』, 修書院, 1993), 100쪽
30 박정수 편, 「하사안공을미창의사실」 408, 418쪽; 민용호, 『관동창의록』, 45쪽. 『관동창의록』에 나오는 徐淳學은 전후의 사정으로 보아 徐石華와 동일인으로 추정된다.

보아 상당한 문벌 출신임을 알 수 있다. 이러한 배경을 가진 민의식이 제천의병에 참여하게 되는 경위는 잘 알 수 없지만, 중심 간부에는 배제된 채 처음에는 중군장 이춘영의 휘하에서 종사로 활동하다가,[31] 이춘영 전사후 안승우가 중군장이 되자 그 휘하를 벗어나 선봉장 김백선 휘하의 종사가 되었다. 하층 신분의 김백선 휘하에 있던 민의식의 처지와 입장을 「종의록」에서는 다음과 같이 기술하고 있다.

> 민의식이 장군의 소임을 구하다가 얻지 못하자 곧 선봉의 종사를 구해 갔다. 민의식이 막하의 예를 심히 공손하게 하니 선봉장인 김백선은 본래 농촌의 하찮은 백성이라 평소에 3품직을 지낸 민씨를 하늘과 같이 여겼는데, 지금 갑자기 이와 같이 전도되어 있으니 마음속으로부터 기뻐하고 감격할 뿐 아니라 간사하게 아첨하는 말들을 더욱 고맙게 여겨 (하략)[32]

김백선 처단 직후 민의식은 서석화와 함께 지평으로 올라가 별도의 군사를 모집할 계획을 세웠었다. 그러나 제천 본진에서 지평으로 급파된 우익장 윤성호尹聖鎬와 천총 박윤필朴允弼 등이 추격해오자, 즉시 강릉의병에 합류하였던 것이다.[33]

강릉의진으로 옮아간 민의식은 민용호로부터 일시 상당한 신임을 받아 중군장에 임명되기도 하였다. 그러나 그는 1896년 음력 3월 말, 구체적인 이유는 알 수 없지만 강릉의진과 결별한 뒤 귀가하게 된다. 민의식의 뒤를

---

31 이정규 편, 「육의사열전」(독립운동사편찬위원회 편, 『독립운동사자료집』 1, 1971), 194쪽.
32 이정규, 「종의록」, 488쪽.
33 박정수 편, 「하사안공을미창의사실」, 408·414·418·422·428쪽.

이어 홍재구洪在龜의 문인인 최중봉崔中奉이 중군장을, 그리고 신무섭申懋燮이 후군장을 맡았다.[34]

북상·망명과정

제천의병과 강릉의병은 태백산맥을 사이에 두고 상호 '순치脣齒의 관계'를 가지고 활동을 지속해 갔다. 두 의진은 을미의병이 쇠퇴하는 1896년 2, 3월 이후 그 해 여름까지 활동을 지속한 뒤 서북지역으로 북상하고 이어 국외망명을 결행하였다. 이러한 과정에서 두 의진이 거의 동일한 활동양상을 보여주고 있다는 점이 특히 주목된다. 이제 두 의진의 북상과정을 살펴보면 다음과 같다.

유인석이 인솔하는 제천의병은 5월 26일 제천 방어전에 실패하고 단양에서 일시 전열을 가다듬은 뒤 풍기·영춘·충주·음성·괴산·원주 등 중부지역을 전전한 다음 6월 24일(음 5. 14) 제천 학다리에서 영월로 이동하면서 북상길에 올랐다. 그 뒤 평창·정선·봉평·인제·회양·평강·안변·양덕 등지를 경유한 제천의병은 8월 16일 함남 영흥까지 진출하였고 이어 평북의 맹산·덕천까지 북상하였다. 그러나 당초 예상과는 달리 서북지역도 이미 친일개화파 관리들이 도처에서 의병을 탄압하였기 때문에 유진留陣할 적지適地가 없었다. 이에 유인석은 청나라의 군사원조를 기대하고 서간도 망명을 결심한 채 영변·운산을 지나 8월 23일(음 7. 20)에는 압록강변의 초산에서 압록강을 건너 서간도의 회인현懷仁縣(현 桓仁縣) 경내로 들어갔다. 결국

---

34 민용호, 『관동창의록』, 46~47쪽.

제천의병은 9월 28일(음 7. 28) 그 곳 파저강波瀦江(현 渾江) 강변에서 이곳까지 동행한 219명의 의병을 해산하기에 이르렀다.[35]

강릉의병은 경북 울진까지 퇴각한 1896년 8월 초순 북상길에 올랐다. 이후 인제·회양·금성 등지를 지나 9월 초순에는 황해도 곡산에 당도하였다. 이 때 관군의 습격으로 큰 타격을 입기도 하였다. 그 뒤 북상을 계속하여 안변·고원·영흥과 정평 및 함흥 등지를 경유한 뒤 9월 16일 함남 장진에 도달하였다. 이어 청산령靑山嶺을 넘어 압록강변의 삼수에 도착한 뒤, 잔여 의병을 거느리고 10월 5일 압록강을 건너 서간도로 들어가 역시 의진을 해산하였던 것이다. 제천의병이 서간도로 들어간 지 한 달 뒤의 일이다.[36]

이상에서 살펴본 두 의진의 북상과정은 각기 독자적인 노정路程을 밟고 있음에도 불구하고 깊은 연관성을 가지고 있음을 발견하게 된다. 곧 제천의병이 북상을 단행한 지 한 달 뒤에 강릉의병이 북상을 개시하였다는 사실은 태백산맥을 사이에 두고 동, 서에서 활동하던 두 의진이 궁극적으로 활동과정상 상호 보완적 관계에 있었음을 의미하는 것이다. 그러므로 제천의병이 북상을 단행하게 되자, 활동에 절대적인 제약을 받게 된 강릉의병 역시 근거지 이동을 즉시 결행할 수밖에 없었던 것이다.

강릉의병은 또한 북상과정에서 영흥에 이를 때까지 이미 북상한 제천의병의 이동경로와 거의 동일한 행로를 밟고 있었다. 두 의진은 분기점이 된 영흥에서 양서지방과 관북지방을 따라 각기 북상하였던 것이다. 이 점은 결국 강릉의병이 앞서 북상한 제천의병의 전철을 어느 정도 충실히 따랐음을 의미하는 것이다.

---

35 제천의병의 북상과정은 원용정급종사제인, 「의암유선생서행대략」 기록에 의거하였다.
36 강릉의병의 북상과정은 민용호의 『관동창의록』에 의거하여 정리하였다.

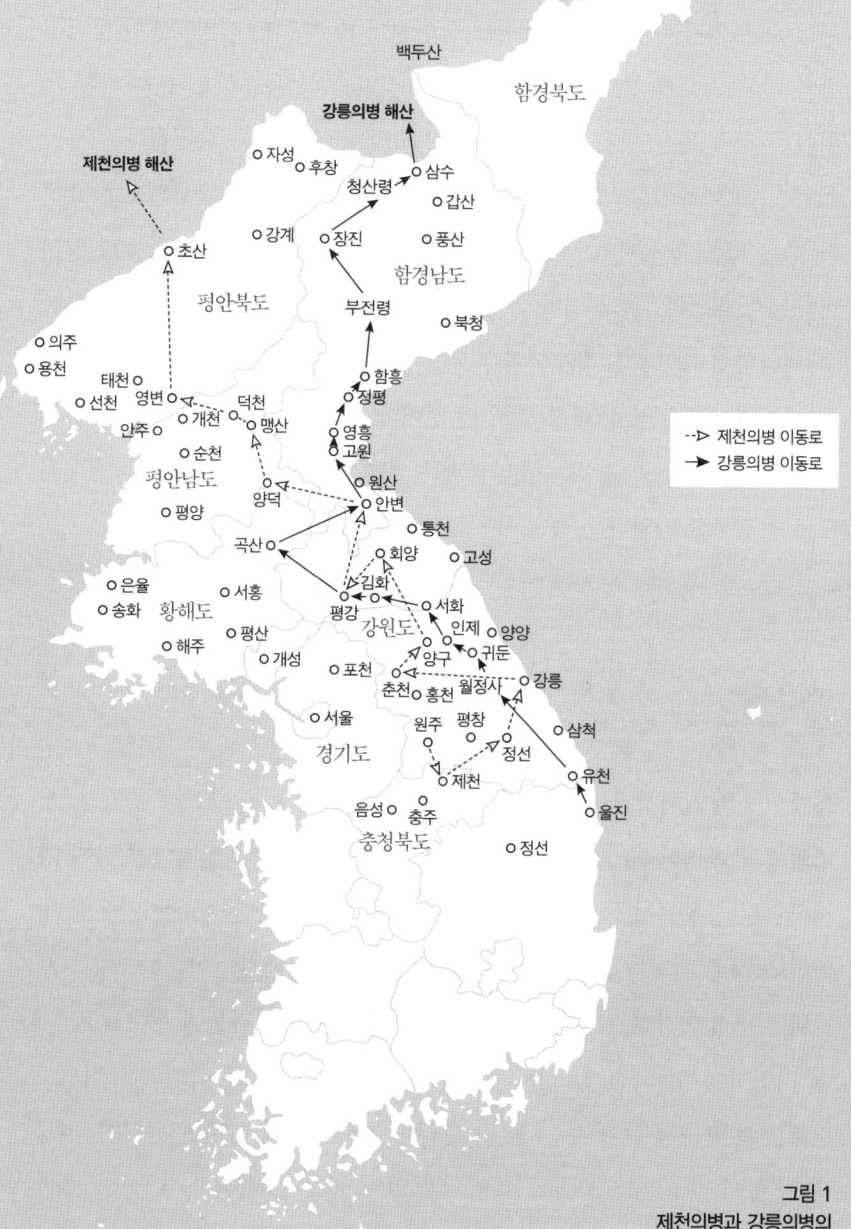

그림 1
제천의병과 강릉의병의
서북지역 북상 이동로

그러나 두 의진 간에는 북상 동기의 측면에서 볼 때 '청에 대한 군사적 원조 요청'이라는 유사성 속에서도 상이점이 발견된다. 제천의병이 양서지방의 강군 소모를 통한 재기항전이 일차적인 북상 목표였으며, 이러한 계획이 여의치 못할 경우 차선책으로 청나라에 군사원조를 요청한다는 구상이었던 데 비해, 강릉의병은 먼저 서간도로 건너가 청에 군사원조를 요청한 다음 다시 양서지역으로 들어가 그곳의 강병을 모집한 뒤 서울로 진격한다는 것이었다. 결국 제천의병이 호서지방 – 서북지방 – 중국의 북상루트를 택하였던 데 비해, 강릉의병은 관동지방 – 중국 – 서북지방의 행로를 택해 제천의병과는 역로逆路를 밟게 된 것이다. 강릉의병이 이와 같은 북상 경로를 택하게 되는 배경에는 유인석과는 달리 민용호가 청의 실체를 현실적으로 인정하고 있었다는 점도 작용하였을 것으로 생각된다.

맺음말

을미의병은 지역성과 혈연성, 그리고 학통성 등을 특징으로 하고 있다. 을미의병의 이러한 특징은 재야의 유생 등이 주축이 되어 일제의 침략이 가시화되는 상황에서 국권수호를 목표로 반침략 투쟁을 전개하는 가운데 자연히 노정된 결과이기도 하다. 오늘날의 관점에서 볼 때, 이러한 특징으로 말미암아 을미의병은 결국 지역·세력 간에 배타적 성격을 노정하였고, 이에 기인하여 각 의진 간에는 폐쇄적 성격이 후기의병에 비해 상대적으로 강했던 현상을 부인할 수는 없다. 그러나 을미의병의 이러한 성격이 '의병의 한계'이기에 앞서 '시대의 소산'임을 알아야 한다. 반침략 투쟁을 선창先倡한 전기의병의 역사적 의의를 이로써 평가절하하거나 굴절시키는 우는 경계해야 할 것이다.

충청·강원도 일대에서 활동한 제천의병과 강릉의병, 그리고 춘천의병 등 세 의진 간의 상호관계를 개관, 검토해 보았다. 여기서는 의진 간의 상호 관련성이 긍적적, 혹은 부정적이었다는 식의 단선적 결론을 도출해내려 한 것은 아니다. 다만 을미의병 가운데 상징성과 대표성을 지니고 있던 세 의진의 경우, 상호간에 상당한 연계성을 가지고 있었던 점을 환기하고자 한 것이다. 제천, 강릉 두 의진은 원주에서 거병한 뒤 각기 호서지방과 영동지방으로 이동하여 근거지를 확보하였으며, 그러한 가운데 두 의진 간에는 군사 소모와 간부 영입 등의 문제를 둘러싸고 과열된 경쟁과 심각한 갈등을 야기하게 된다.

그러나 활동과정에서는 제천·충주를 중심으로 호서지방을 장악한 제천의병과, 강릉을 근거지로 설정하고 영동지방에서 활동한 강릉의병 양자는 순치의 관계에 놓여 시종일관 그 궤를 같이 하고 있다. 특히 춘천의병은 1896년 2월 의진이 와해된 이후 중심인물들인 이경응과 성익현 등에 의해 잔여세력이 강릉의병에 합류하였으며, 그 가운데 이경응은 다시 북상길에 오른 제천의병으로 가담하게 된다.

제천의병과 강릉의병 두 의진이 북상하는 배경과 과정은 서로 맥락을 같이 한다. 제천의병이 북상을 개시한 지 한 달 뒤에 강릉의병이 북상길에 오르는 것도 이를 반증하고 있다. 결국 두 의진은 함남 영흥까지는 전후를 상망相望하며 북상 행로를 함께 하다가, 영흥에서 길을 나누어 제천의병은 서북지방으로, 강릉의병은 관북지방으로 각기 이동한 뒤 서간도로 건너가 의진을 해산하게 되는 것이다.

요컨대, 제천·강릉·춘천 등 중부지역의 요지를 각기 활동 근거지로 확보한 세 의진은 정족의 형세하에 유기적인 관계를 설정하면서 활동하고 있었다. 그 가운데 제일 먼저 와해되는 춘천의병의 경우, 강릉과 제천 양진으로 잔여세력이 합류하지 않을 수 없었으며, 결국 이들 중부지역의 의병 세력은 1896년 하반기에 서북지방과 관북지방 두 길로 나뉘어 서간도로 북상 도강을 단행하게 되었던 것이다.

경기 남부지역의
을미의병

머리말

여주를 비롯하여 광주·이천·양평 등지에서 규합된 경기 남부지역의 연합의진은 지역성과 혈연성, 학통성 등을 특징으로 한 을미의병 가운데서도 독특한 성격을 지니고 있었다. 이 지역에서 활동한 의병은 을미의병의 상징적 인물인 유인석柳麟錫의 제천의병을 비롯하여 강원도의 춘천의병 등과도 밀접한 관계를 맺고 있었으며, 을미의병 초기 거의擧義 당시 가장 의기가 왕성했던 원주지역의 의병과도 긴밀한 연계를 갖고 있었다. 이 점은 경기 남부지역 의병의 실체를 파악하는 데 중요한 과제가 되고 있다. 한편, 경기 남부지역의 연합의진은 사실적으로도 이천수창의소利川首倡義所라는 이름하에 단발령 공포 직후 전국에서 가장 먼저 편성되고, 또 서울에서 가장 근접해 활동한 의진이라는 점에서도 주목되는 의진이다.

이러한 점에 착안하여 여주를 중심으로 경기 남부지역에서 1895년 말부터 1896년 6월까지 전개된 을미의병의 동향과 그 성격을 파악해 보고자 한다. 그 주된 대상은 남한산성을 점거하고 활동한 경기 남부 의병연합체인 이천수창의소와, 전 사과司果 심상희沈相禧를 의병장으로 한 여주의병 등 두 의진이다.

김하락의진金河洛義陣, 혹은 남한산성의진南漢山城義陣으로도 불려온 이천 수창의소에 대해서는 비교적 관련 자료도 풍부하고 이에 따라 전국의 대표적인 의병 가운데 하나로 그 동안 학계에서도 상당한 연구를 축적해 왔다. 하지만, 심상희의 여주의진에 대해서는 관련 자료도 영성하고 산발적이어서 그 실체를 확인하기가 어려웠다. 이 두 의진은 시기에 따라 이합되는 유기적인 관계를 갖고 있었다는 사실도 간과할 수 없다.

이 글을 작성하는 데는 의병측 기록과 일제측 정보기록 등 두 종류의 자료에 힘입었다. 의병 참여자들인 김하락金河洛이 남긴 『정토일록征討日錄』과 김태원金泰元이 기록한 『을병일기乙丙日記』, 제천의병의 관련기록인 『하사안공을미창의사실대략下沙安公乙未倡義實事大略』과 『의암유선생서행대략毅菴柳先生西行大略』 등은 의병측의 대표적인 자료이며, 주한일본공사관기록이나 부산주재 일등영사인 가토加藤曾雄가 자국의 외무차관에게 올린 보고 등은 의병 탄압자인 일제측의 대표적인 자료이다. 그밖에도 당시에 발간된 국내외 신문류나 공문류 등의 기록에서도 상당한 도움을 받았다.

경기 남부 연합의진의 활동

'이천수창의소'의 결성과 활동

전기의병 시기에 제천의병·춘천의병·강릉의병·진주의병·안동의병·홍성의병 등과 함께 전국을 대표하는 의진 가운데 하나인 남한산성의진은 경기 남부지역의 연합적 성격을 갖고 이천에서 결성된 이천수창의소에서 비롯되었다. 그리고 이천수창의소는 서울에 머물고 있던 김하락金河洛, 조성학趙

性學, 구연영具然英, 김태원金泰元, 신용희申龍熙 등 우국지사들이 단발령이 내려지자 이에 격분, 1895년 12월 31일(음 1895. 11. 16) 이천으로 내려가 의병을 일으키기로 결의하면서부터 시작되었다.[1]

이들이 거사 장소를 이천으로 선택한 이유와 동기에 대해서는 명확히 확인할 수 없다. 하지만, 이천군 화포군火砲軍 도령장都領將 방춘식方春植이란 인물과 광주·이천 일대가 구연영의 세거지였던 점이 크게 작용하였을 것으로 짐작된다. 김하락 등은 이천으로 내려오자마자 방춘식을 만나 그와 함께 포군 명부를 놓고 그 가운데 1백여 명을 선발, 여러 대로 나누어 의병 소모의 임무를 담당케 하였다. 즉 김하락을 비롯한 5인은 각기 이들을 분담하여 의병 모집에 착수하게 된다. 이 때 구연영은 2개 대의 포군을 거느리고 양근과 지평으로, 조성학 역시 2개 대의 포군을 영솔하고 광주廣州로, 김태원은 안성으로, 신용희는 음죽陰竹으로 각각 떠났고, 김하락은 이현梨峴에 남아 총지휘의 역할을 맡았다.

이와 같은 의병 모집과정에서 주목되는 점은 관포군 1백여 명이 중요한 역할을 하고 있었다는 점이다. 이러한 사실은 전기의병 시기의 다른 지역 의진과 구별되는 특징 가운데 하나이며, 이천수창의소의 전력과 지향성을 짐작케 하는 대목이기도 하다.

관포군들의 활동에 주변지역에서도 적극적으로 호응해 와 이들 의병은 단기간에 대규모 의진으로 결성될 수 있었다. 구연영은 양근과 지평에서 군사 3백 명을, 조성학은 남한산성의 별패진別牌陣 포군 3백여 명을, 신용희는 음죽·죽산에서 화포군 3백여 명을 각각 모집하였고, 김태원은 안성으

---

1 유한철, 「김하락의진의 의병활동」, 『한국독립운동사연구』 3, 독립기념관 한국독립운동사연구소, 1989, 3쪽.

로 들어가 이미 창의한 민승천閔承天과 합세하기로 하였다. 결국 김하락 등은 의병 모집 결과 9백여 명에 이르는 상당한 군사력을 모을 수 있었던 것이다. 그리고 이천에서의 의병 봉기 소식이 인근에 전해지자 용인·안성·포천·시흥·수원·안산 등지에서도 주민들이 자발적으로 호응하여 이천에 모여들었다. 이에 따라 '이천수창의소'의 기치 아래 대규모의 의진이 결성될 수 있었다. 이와 같이 이천수창의소는 그 명칭에서도 알 수 있듯이 결성 초기부터 경기 남부지역 연합의진의 성격을 띠고 있었던 것이다.[2] 이천수창의소의 편제는 아래와 같다.[3]

창의대장 : 민승천閔承天
도지휘都指揮 : 김하락金河洛   도총都摠 : 조성학趙性學
좌군장 : 김구성金龜性   우군장 : 신용희申龍熙
선봉장 : 김태원金泰元   중군장 : 구연영具然英
후군장 : 박주영朴周英   소모장 : 전귀석全貴錫
유격장 : 김경성金敬誠   돌격장 : 심종만沈鍾萬

창의대장에 민승천이 추대된 것은 그가 이천수창의소에 참여하기 이전에 이미 안성에서 의병을 일으켜 창의대장으로 활동한 이력 때문으로 보인다. 편제의 요직은 서울에서 이동해 온 김하락·조성학·구연영·김태원·신용희가 맡았고, 이 점이 이천수창의소의 또 하나의 특성이기도 하다. 나머지 편제상의 인물들에 대해서는 자료상 확인하기 어려우나, 선봉장 김태

---

2 유한철, 「김하락의진의 의병활동」, 4쪽.
3 金奎聲 譯, 『金河洛征討日錄』, 계몽사, 1968, 19~23쪽.

원은 서울에서, 후군장 박주영은 여주에서, 돌격장 심종만은 음죽 또는 죽산에서, 좌군장 김구성은 이천에서 각기 활동하던 인물로 확인된다. 결국 이천수창의소의 인적 구성은 경기 남부 각지의 의병세력이 각기 그 지역의 대표자를 중심으로 규합되어 한 곳에 집결한 것으로, 각 지역 단위의 의진이 유기적으로 연합된 형태를 취했던 것으로 보인다.

이천수창의소 의진은 결성 직후인 1896년 1월 18일 백현魄峴(이천 널고개)에서 급파된 일본군 '수비대 보병 1백여 명'을 상대로 첫 전투를 치러 승리하게 된다. 이 때 의병들은 패주하는 적을 한때 광주군 노루목[獐項] 장터까지 추격하여 무기, 군량 등 많은 전리품을 노획한 뒤 돌아오기도 하였다. 그러나 2월 12일 일본군 수비대 '2백 명'이 이현梨峴의 의진을 재차 공격해 와 그 중심인물들이 사방으로 패산함으로써 결국 이천수창의소는 해체되고 말았다.[4]

남한산성 연합의진의 서울진공 구상

이현에서의 패배로 인해 사방으로 흩어진 이천수창의소의 중심인물들은 곧 김하락의 주도하에 다시 결집하였다. 먼저 김하락은 패전 직후인 2월 14일 여주의 심상희沈相禧를 찾아가 이천으로 이동하여 활동할 것을 종용, 그의 휘하 5백 명과 함께 이천으로 돌아올 수 있었다.[5] 그 후 사방으로 탐

---

4   김규성 역, 『김하락정토일록』, 20~23쪽.
5   북한에서는 남한산성의병을 '여주·이천 반일의병대'로 부르고, 이 의진이 "1896년 1월 15일 경기도 리천에서 김하락이 조직한 반일의병대와 1896년 2월 5일 경기도 려주에서 심상희가 조직한 반일의병대가 1896년 2월 25일 통합되어 심상희가 지휘하는 하나의 의병대로 되었다."고 기술함으로써 여주, 이천지역의 반일의병세력이 단일편제로 통합된 것으로 규정하였다.(『조선근대반일의병운동사』, 과학백과사전종합출판사, 1988, 30쪽)

문하여 구연영·신용희·전귀석·김태원·민승천 등이 잔여 군사를 이끌고 이천으로 모여들어 의병의 기세가 다시 높아졌다. 이 때 병력 규모는 1천 8백 명이고, 장수·종사관을 합하여 2천 명이었다고 한다. 그리하여 2월 25일 새롭게 짜여진 이천수창의소의 편제는 다음과 같다.[6]

    대장 : 박주영朴周英

    여주대장 : 심상희

    군사軍師 겸 도지휘 : 김하락   도소모都召募 : 전귀석

    선봉장 : 김태원金泰元   중군장 : 구연영

    좌익장 : 김구성   후군장 : 신용희

    우익장 : 김경성

이 무렵 광주廣州 일대에서는 이천수창의소 의병과는 별도로 심진원沈鎭元을 주장으로 하고 일어난 일단의 의병이 활동하고 있었다. 광주군수 박기인朴基仁도 이 무렵 의병에 의해 처단되었을 만큼 성세를 떨쳤다. 그리고 심진원의 광주의병은 이미 2월 23일 남한산성을 장악하여 활동 근거지로 삼았다. 그러나 소수에 불과한 광주의병은 참령參領 장기렴張基濂의 인솔하에 서울에서 출동한 관군 8백 명의 공세로 인해 곤경에 처하게 되었다. 이에 심진원은 이천수창의소에 서한을 보내 합세를 요청하였다. 그리하여 이천수창의소 의병은 2월 28일 관군의 포위망을 뚫고 남한산성으로 들어가 심진원이 인솔하는 광주의병과 합류하게 되었다.[7]

---

6   김규성 역, 『김하락정토일록』, 23~24쪽.
7   金泰元, 『集義堂遺稿』(『韓末義兵資料集』, 독립기념관 한국독립운동사연구소, 1989),

일본의 『동경조일신문東京朝日新聞』에서도 의병의 남한산성 점거상황을 다음과 같이 보도하였다.

> 남한산성 안의 적(의병-필자주)의 수는 약 1천 6백 명이다. 그 가운데 1천 여 명은 광주·이천·양근의 포군, 즉 구 지방병이고, 그 나머지 6백 명은 광주의 농민이다. 적의 수괴(의병장-필자주)는 광주의병장 심영택沈鑅澤, 이천의병장 박주영朴周英, 양근의병장 이석용李錫容 등 3명이다.[8]

위의 기사로만 본다면, 남한산성 안의 의병 가운데 근간이 되는 병력은 광주·이천·양평 지역에서 모인 포군과 광주의 농민이었으며, 이들 의병은 크게 광주·이천·양평의 세 의진이 연합된 형태로 이루어졌다는 것이다. 위 인용문에서 광주의병장으로 나타나는 심영택沈鑅澤은 앞의 김태원이 기술한 내용 가운데 나오는 광주의병장 심진원沈鎭元과 동일인물로 추정된다. 한편, 2월 25일 새롭게 편제된 이천수창의소 중심인물 가운데 심상희가 여주의병장의 직함을 갖고 참여하고 있는 점으로 보아, 남한산성을 점거한 의병 가운데는 그가 이끄는 여주의병의 주력도 비중 있게 포함되었던 것이다. 결국 남한산성을 점거한 경기 남부 연합의병의 실체는 광주·이천·양평, 그리고 여주 등지에서 모인 포군과 농민이 주력을 형성하고 있다고

108쪽. 이 자료에는 위의 사실을 뒷받침하는 남한산성 입성과정에 대해 다음과 같이 기술하였다. "廣州義將 沈鎭元이 남한산성에서 격문을 보내 가로되 '금 10일 성중에 入據하였는데 참령 張基濂이 병사 8백 명을 거느리고 數匝으로 성을 포위하고 있다. 지형이 협소하고 우리 병사 수가 적어 적에게 함락될 우려가 있다.'라고 하며 하루에 세 차례나 알려왔다. 이에 친히 精兵 수천 명을 거느리고 포위망을 뚫고 나아가 크게 싸워 물리치고 성에 들어갔다. 이 때는 정월 15일(양 2월 28일-필자주)이었다."

8 『東京朝日新聞』1896년 4월 1일자.

할 수 있다. 그리고 그 각각의 부대는 여주의병의 경우에는 심상희가, 광주의병은 심진원이, 이천의병은 박주영, 그리고 양근의병은 이석용 등이 이끌고 있었으며, 그 총대장으로 박주영이 추대되어 그가 연합의진의 정점에 있었던 것이다. 이와 같이 성중 의병이 각지 연합적 형태의 의진이었다는 증좌 가운데 하나는 후술하겠지만, 성중 의진을 배반하고 관군측에 귀순한 김구성에게 보낸 격문류의 서한에서 작성 주체를 '산성유진제장山城留陣諸將'으로 밝히고 있는 점이다. 즉 여러 의병장의 연명으로 이 서한이 작성되었던 것이다.[9]

남한산성을 점령한 직후 의병들은 견고한 성곽과 성중에 비치되어 있는 군량과 무기 등 풍부한 군수물자를 보고 다음과 같이 탄복했다고 한다.

사방 산이 깎아지른 듯이 솟고 성첩이 견고하여 참으로 한 사람이 관문을 지키면 만 명이라도 열고 들어올 수 없는 곳이었다. 성중을 두루 살펴보니 쌓인 곡식이 산더미 같고 식염食鹽이 수백 석에 달하고 무기도 구비되어 대완기大碗器가 수십 자루, 불랑기拂狼器가 수십 자루, 천황포天黃砲와 십자포地字砲도 역시 수십 자루, 천보총千步銃이 수백 자루였고, 그 나머지 조총鳥銃도 수효를 헤아릴 수 없을 정도이며, 탄약 철환이 산더미 같으므로, 여러 장수들은 군물이 넉넉하고 진 칠 곳마저 견고함을 몹시 기뻐하였다.[10]

남한산성 점령 후 의진에서는 선봉장 김태원은 남문을, 후군장 신용희는

---

9 『주한일본공사관기록』 8(국사편찬위원회, 1988), 「廣州城을 포위공격한 韓兵 지휘관의 解散諭達에 대한 賊魁의 반박문 송부 건」(1896. 3. 17) 별지 1, 「賊魁의 반박문」, 225쪽.
10 김규성 역, 『김하락정토일록』, 23쪽.

그림 2 경기 남부 연합의진이 주둔했던 남한산성의 수어장대守禦將臺. 원래 서장대로 불렸고, 동서남북의 네 장대 중 현재 유일하게 남아 있다. 산성의 가장 높은 곳에 있어 양주, 양평, 용인 등지까지도 조망이 가능하다.

북문을, 우익장 김경성은 서남문을, 좌익장 김구성은 동문을, 그리고 중군장 구연영은 성 중앙부를 각각 파수케 하여 수성守城에 만전을 기하였다. 이어 3월 5일경 관군과 첫 전투를 벌여 대포 1문을 노획하는 등 승리를 거두었다.[11]

서울의 인후인 남한산성이 항일의병의 활동근거지 가운데 한 곳으로 변모하게 되자, 일제는 조선 정부로 하여금 강화도에 주둔하고 있던 정예관군 3백 명을 남한산성으로 증파하면서 성을 에워싼 채 의병을 더욱 압박하였다. 이 때의 포위상황을 보면 성 안의 의병 2천 명에 대하여 관군은 친위

---

11 『동경조일신문』 1896년 3월 18일자.

대와 강화도 군사를 합해 3개 중대와 2개 소대로, 지휘소를 남문 밖 매착동梅着洞에다 설치하고 1개 중대를 배치하였다. 그리고 동문 밖 불당곡佛堂谷과 향교리鄕校里에 각 1개 중대, 서문 밖 석회당石會堂과 동문쪽 엄현리奄峴里에 각 1개 소대를 분산 배치하고 군수미 보급로를 차단하며 포위공격의 태세를 취하였다.[12]

성 안의 의병과 성 밖의 관군 간에는 연일 크고 작은 전투가 산발적으로 계속되었다. 하지만 전투때마다 지리적으로 우세한 의병측에 유리하게 전황이 돌아갔다. 관군은 기습작전을 펴기도 하고 화공을 계획하기도 하는 등 다양한 공성攻城 작전을 벌였으나, 그 때마다 의병측의 반격으로 번번히 격퇴당해 성에 접근할 기회조차 얻을 수 없었다.

이와 같은 전투 외에도 의병과 관군의 두 진영 간에는 의진의 해산과 활동 명분을 놓고 치열한 설전도 벌어졌다. 관군측에서는 관군에 대항하는 부당성을 지적하고 즉시 해산할 것을 요구하는 효유서曉諭書를 성중의 의진에 보냈다. 이에 의진에서는 오히려 명분론을 앞세워 의병을 탄압하는 관군의 부당성을 지적하는 한편, 의진을 배신하고 관군측에 합류한 좌익장 김구성 앞으로 의진의 여러 주장主將은 다음과 같은 글을 보내 의병의 정당성을 천명하면서 관군측의 불의를 격렬하게 비난하였다.

> 김구성 보거라
> 이번 의거는 하나는 왜를 격멸하여 위로 국가의 원수를 갚고 하나는 백성을 편안하게 하는 것으로 이로써 그치려 했거늘, 어찌 감히 왕사王師(관군 - 필자주)에 항거하겠는가? 왕사를 거느린 제공은 왜적을 토벌할 것인가,

---

12 독립운동사편찬위원회 편, 『독립운동사』 1, 1971, 220쪽.

우리 의군을 토벌할 것인가? 만일 장차 왜적을 토멸하고자 한다면 우리와 함께 왜적을 쳐서 황여皇輿를 호위하고 위로 국가를 보전하고 아래로는 인민을 편안하게 하는 것이니, 이것이 큰 소망이다. 왕사 주둔처에 나와 있는 도지휘사는 무슨 까닭으로 왜병을 몇 번씩이나 대리하여 의군을 죽여 없애려는 것인지 모르겠다. 이른바 의군이라는 것은 우리 동국 전체의 근본인 백성이라. 만에 하나라도 백성을 죽인다고 하면 국민은 앞으로 누구를 믿고 또 무엇으로서 국가를 위할 것인가. 우리가 대번에 이해할 수 없는 일은 이미 남도선유사 앞에서 호소하여 이의 처분을 어떻게든 기대하고 있었지만 아무 것도 얻지 못하고 말았다는 것이다. 그러므로 이 뜻을 지휘사에게 알리니, 앞에 있는 왜적을 토멸하면 이것이야말로 왕사라고 할 수 있다. 그렇지 않고 의군을 치면 이것은 왜군이 될 것이다. 우리 의군은 왜군을 토멸하는 것이 목적이기 때문이다. 이로써 우리의 뜻을 알리고 답한다. 갖추지 못한다.

병신 2월 3일 진시辰時　　산성유진제장山城留陣諸將 서書[13]

산성을 사이에 두고 의병과 관군 사이에 대치상태가 계속되는 동안 의병 측에서는 서울 진공을 목표로 앞으로의 활동방향을 설정해 가고 있었다.[14] 서울 진공은 실제로 많은 의진들이 표방하던 구호였지만, 대개의 경우 그 실현 가능성은 미약하던 실정이다. 하지만, 남한산성을 점거한 경기 남부 지역 연합의병의 경우에는 전력 면에서나 서울에 근접한 지리 면에서나 구

13　『주한일본공사관기록』 8, 「廣州城을 포위공격한 韓兵 지휘관의 解散論達에 대한 賊魁의 반박문 송부 건」(1896. 3. 17) 별지 1, 「賊魁의 반박문」, 225쪽.
14　유한철, 「김하락의진의 의병활동」, 20~21쪽 참조..

호에만 그친 것이 아니라 상당한 실현가능성이 있었다는 점에서 그 의의가 적지 않다.[15]

한편, 남한산성을 거점으로 한 경기 남부 연합의진의 서울 진공계획은 춘천의병의 동향과 관련해서도 주목된다. 이소응李昭應을 주장으로 하여 봉기한 춘천의병은 2월 초 서울 진공을 시도하다가 가평 벌업산전투에서 패퇴하고 뒤이어 2월 8일 근거지 춘천마저 함락되고 말았다. 그 가운데 일부가 태백산맥을 넘어 민용호의 강릉의진으로 합류하였다. 그리고 또 다른 일부는 양평으로 내려와 한강을 건너 경기 남부 연합의진과 합류함으로써 연합전선을 구축하여 서울로 진공할 계획이었던 것이다.[16] 춘천의병의 이러한 동향은 다음과 같은 일제 정보기록들에서 확인되는 내용이다.

> 적정은 여전히 굳게 지키고 있다. 식량은 1개월분이 있다고도 하고 또 10일간 정도라고도 말하는데, 모두 믿기 어려운 일이다. 춘천의 적은 광주의 적과 연합하여 당지當地를 습격한다는 소문이 있는 까닭에 쉽게 해산할 모양 같지는 않다.[17]

---

15 『동경조일신문』 1896년 3월 28일, 31일자.
16 북한에서 이루어진 의병 연구에서도 춘천의병이 남한산성에 거점을 둔 경기 남부 연합의진에 합류하여 공동으로 서울 진공을 구상한 것으로 기술하였다. 즉 3천여 명의 춘천의병이 1896년 3월 15일 춘천을 떠나 가평을 경유한 뒤 3월 17일 양근지역에 도달하였고, 이 날 오후 광주군 광진을 건너 남한산성에 도착하였는데, 춘천에서 남한산성까지 행군하는 도중 대오에서 이탈되던 의병들이 많아 최종적으로 1천 2백여 명이 남한산성에 도달하였다는 것이다(『조선근대반일의병운동사』, 과학백과사전종합출판사, 1988, 60~61쪽). 후술하겠지만, 춘천의병이 실제로 성중의 경기 남부 연합의진과 합류했던 것으로 보이지는 않는다.
17 『주한일본공사관기록』 8, 「廣州城을 포위공격한 韓兵 지휘관의 解散論達에 대한 賊魁의 반박문 송부 건」(1896. 3. 17), 별지 2, 「廣州城의 賊情報告」, 225쪽.

춘천의 적 1천 2백 명이 양근까지 침범하였음. 금일 오후 광나루[廣津] 상류(이곳에서 20리)에서 적 2백 명이 도강하여 광주의 적과 합류하려 함. 한병 2백 명이 그곳을 향해 떠났는데 광주의 적은 동문에서부터 3백 명이 돌진해 와 한병을 협격挾擊하려 하므로 한병이 위험하여 대대장에게 원병을 청함에 1소대를 파견하였다 함. 그래서 동문의 적은 성중으로 도망하였으므로 한병은 성 밖에서 불을 놓아 지금 교전 중에 있음. 17일 오후 7시 반.[18]

양평까지 도달한 1천 2백 명의 춘천의병 가운데 2백 명이 3월 17일 양평쪽의 광나루[廣津] 상류에서 한강을 건너 남한산성으로 들어가려 시도하였다는 것이다. 이때 성곽을 포위하고 있던 관군 가운데 3백 명이 그들을 제지하기 위해 즉시 출동하였고, 또 여기에 대응하기 위해 동문을 수비하던 성중의 의병 3백 명이 구원차 출병하였다고 한다. 이에 형세가 불리해진 관군측에서는 다시 본대에 원병을 청하여 목하 양 진영간에 교전이 벌어지고 있는 중이라는 것이다. 산성이 포위되어 있던 정황과 뒤이어 3월 22일에 산성이 함락된 상황으로 볼 때, 춘천의병은 끝내 성중의 의병과는 합류하지 못했던 것으로 생각된다. 그러나 이들은 연합전선 구축을 통해 세력을 극대화한 뒤 서울로 진공하려던 구상과 계획을 가졌던 것이다.

경기 남부 연합의진의 서울진공 계획은 1896년 3월 22일 남한산성의 함락으로 말미암아 중단되고 말았다. 의진이 와해되는 원인과 배경에 대해서는 상당한 차이를 보이는 다음 세 가지 설이 있다.

먼저 의진의 핵심인물 김하락과 김태원은 주장 박주영의 배신으로 와해된 것으로 기술하였다. 곧 관군측에서는 비밀리에 김구성으로 하여금 박

---

18 『주한일본공사관기록』 8, 「廣州지방의 賊情報告書 이첩 건」(1896. 3. 18), 226쪽.

주영이 귀순하기만 하면 그를 광주유수에 임명하고, 김구성을 수원유수에 임명한다는 감언이설로 매수토록 하였다고 한다. 이에 관군에 매수된 3월 20일 저녁 전군에게 술과 음식을 내려 회식연을 성대히 벌였고, 그의 흉계를 눈치채지 못한 의병들은 이 날 저녁 만취가 되어 깊은 잠에 빠지게 되었으며, 각 성문의 파수를 맡았던 군사들조차도 대취하고 말았다는 것이다. 이튿날 새벽, 이미 정해진 계획에 따라 박주영이 서문과 북문을 열자 문 밖에서 대기 중이던 관군들이 함성을 지르며 일시에 성 안으로 몰려들자, 의병들은 사방으로 뿔뿔히 흩어지고 말았다. 이 때 박주영은 배신행위가 드러나 의병에게 살해되었다는 것이다.[19]

두 번째는 좌익장 김구성의 배신으로 박주영이 관군과 내통했다는 억울한 누명을 쓰고 의병에게 해를 입었다는 주장이다. 이소응이 지은 「척화거의사실대략斥和擧義事實大略」에 나오는 다음과 같은 기록이 이러한 견해를 대변하고 있다.

> 이천의 박주영은 남한산성을 점령하였다. 그 부장 김귀성金貴性(김구성을 가리킴-필자주)이 몰래 장기렴張基濂에게 붙어 내응하여 성을 넘어가 스스로 삭발하고 장기렴 군대를 끌어와 성을 함락시키니, 의병의 죽은 이가 수백 명이다. 박주영은 그 주장이 되었던 까닭에 의병이 그를 의심하여 그 부자를 죽였다. 그러나 사람들이 (산성의진의) 내응한 일을 말함에 박주영은 기실 (그 사실을) 몰랐다고 한다. 김귀성은 개화군(관군-필자주)의 소대장이 되어 의병을 무수히 죽였다.[20]

---

19 김규성 역, 『김하락정토일록』, 24~25쪽 ; 김태원, 『집의당유고』, 16쪽 ; 독립운동사편찬 위원회 편, 『독립운동사』 1, 223쪽.
20 李昭應, 「斥和擧義事實大略」(『昭義新編』, 국사편찬위원회, 1975), 259쪽.

세번째는 당시 언론에서 제기한 의진 내부의 갈등과 분열에 기인한다는 주장이 그것이다. 즉 성이 함락되기 수일 전부터 성 안의 중심인물들 사이에는 해산론과 반대론이 대립되었는데, 주장 박주영이 해산을 반대하다가 반대파에게 살해되었기 때문에 군심이 흩어져 군사가 절반밖에 남지 않았다는 말을 듣고 관군이 서문으로 들어가 함락시켰다는 것이다.[21]

이러한 여러 견해에 대해 현재로서는 그 진위 여부와 실체에 대해 명확하게 단언할 수 없는 입장이다. 여기서 분명한 사실로 확인할 수 있는 점은 좌익장 김구성이 관군측의 회유로 귀순하게 되고, 결과적으로 박주영이 처단 내지는 살해되었다는 것이다. 그리고 김하락이나 김태원 등을 비롯한 핵심인물들은 의진 와해 이후에도 오랫동안 각지를 전전하며 항전을 지속해 갔던 점으로 미루어 보아 당시 의병해산을 주장하는 온건노선을 취하지는 않았을 것으로 생각된다.

성은 비록 실함되었지만, 의병측의 저항은 매우 격렬하였다. 이 점은 당시 선두에서 전투를 지휘한 전군장 김태원이 남긴 다음과 같은 기록을 통해서 확인할 수 있다.

　적병은 일제히 산에 올랐고 서로 공격하였는데 어둠이 칠흑과 같았고 동서가 구분되지 않았다. 삼경부터 날이 밝기까지 큰 싸움이 끊이지 않았다. 시체가 쌓이고 피가 흘러 병사와 군마(軍馬)의 죽은 수가 5백여 명이었고, 적병의 죽은 자가 3백여 명이었다. 이에 포위망을 뚫고 동쪽으로 탈출하여 싸우며 행군하였는데, 처음 성 밖으로 나갔을 때 따르는 군사가 4백여 명이었다.[22]

21　『漢城新報』1896년 3월 25일자 ;『동경조일신문』1896년 4월 5일자.
22　유한철,「김하락의진의 의병활동」, 24쪽 ; 김태원,『집의당유고』, 16~17쪽.

이날 "의병측에서는 희생된 병사와 군마가 5백여 명에 달하였고, 관군도 3백여 명이 전사"했을 정도로 쌍방간에 치열한 전투가 벌어졌던 것이다. 이로써 의병은 남한산성을 점거한 지 한 달만에 관군의 공격을 받고 퇴각하고 말았다.

수성전에서의 패배로 활동 근거지를 잃은 의병은 그간 다져온 인적, 물적 기반도 거의 상실하였다. 패산 이후 경기 남부 연합의병의 동향에 대해서는 잘 알려져 있지 않다. 다만, 김하락을 대장으로 추대한 일부 의병은 새로운 항전 근거지를 찾아 남행길에 오르게 된다. 그리하여 이들 의병은 안동·경주·영덕 일대에서 주장 김하락이 전사 순국하는 1896년 7월까지 활발한 재기항전을 전개함으로써 전기의병 가운데서도 가장 폭넓은, 그리고 장기지속적인 항전을 벌인 대표적인 의진 가운데 하나로 평가되고 있다.[23]

남한산성 패전 이후 잔여 의병 가운데 일부는 영남지방으로 남하였지만, 나머지는 각자 본래의 활동 본거지였던 광주·이천·여주·양평 일대로 흩어져 산발적인 활동을 벌였던 것으로 일부 확인되거나 추정된다. 이러한 정황은 그 해 5월 광주군수가 '비도들을 치고' 있었다는 기록과[24], 5월 9일 정부에서 각지 의병 탄압을 위한 군대를 세 길로 파견할 때에 60여 명의 관군이 광주 방면으로 내려갔다는 기록 등을 통해서도 입증된다.[25] 뿐만 아니라 일제도 그들의 정보기록에서 남한산성 함락 직후 남문을 통해 피신한 의병 가운데 일부는 양평과 용인(양지) 방향으로 피신하였고, 그리하

---

23 윤병석,『한말 의병장 열전』, 독립기념관 한국독립운동사연구소, 1991, 64~68쪽 참조.
24 『독립신문』 1896년 5월 7일자.
25 『독립신문』 1896년 5월 12일자.

여 양근에는 춘천의병이 남하한 2월 19일 이래 의병 1천 명이 모였고, 산성 의병의 일부가 이에 합하여 그 수가 대략 2천 명을 상회한다고 보고하고 있다.[26] 또한 후술하겠지만 여주로 돌아간 심상희 부대가 6월 초순까지 활동하였던 점으로 미루어, 경기 남부지역에서는 1896년 6월 초까지 의병활동이 지속되고 있었던 것으로 보인다.[27]

여주지역의 의병 동향

을미의병 시기에 여주지역에서 활동한 대표적인 의진은, 그 실체는 잘 드러나지 않지만 심상희沈相禧 의병이다. 북내면 외룡리 출신으로 알려져 있는 심상희는, 1907년 말 전국의병의 연합체로 결성된 십삼도창의군의 총대장을 맡았던 이인영李麟榮과 함께 여주 출신의 대표적인 의병장이다. 이 두 인물은 화서학파의 유인석이 이끈 제천의병과 긴밀한 연계하에서 상호 밀접한 연관을 갖고 활동한 것으로 확인된다.

심상희가 의병을 조직하고 편제한 내용은 자료상 명확히 확인되지 않는다. 다만 일제측의 다음과 같은 정보문건을 통해 그 정황은 확인할 수 있다. 충주 가흥嘉興에 있던 육군통신소의 미야케三宅 대위가 부산의 이츠노伊津野 병참사령관에게 올린 보고에 의거하여 부산주재 일등영사 가토加藤曾

---

26 김상기 편역, 『한말의병자료』 1, 독립기념관 한국독립운동사연구소, 2001, 101쪽; 독립기념관 한국독립운동사연구소 편, 『한말의병자료』 3, 2002, 20쪽.
27 『독립신문』 건양 원년 6월 6일자에 "지방으로 출정한 장령들의 보고에 의하면 의성·안동·예천·흥해·청하·영해·제천의 의병은 다 평정되었으며 여주의 의병만이 아직 많다고 한다."라고 하여 특히 여주지역에서 의병이 상당히 늦은 시기까지 활동을 지속하고 있었음을 알려주고 있다.(『고종시대사』 4, 국사편찬위원회, 1970, 146쪽)

雄가 2월 10일자로 본국의 외무차관 하라 다카시原敬에게 올린 다음과 같은 문건「여주 부근 폭도 봉기의 건 보고」가 그것이다.

이 달 5일 경기도 여주에서 장날에 맞춰 폭민 수백 명이 모여 여주 및 그 부근에 걸쳐서 우리 전선감시소 공부 및 측량수 일행, 기타의 일본인을 습격하여 살상하였다. 또 여주 부근 연도변의 우리 전선을 절단하였다. 이미 여주의 이남에서 쓰러뜨린 전주의 수가 무려 60본에 달한다. 그 이북에 걸쳐서는 아직 그 상황을 자세히 알 수는 없지만, 이보다 더욱 격심한 형편이다. 그래서 여주 부근에 주둔한 우리 수비병은 여주의 남방에서 이천, 장호원 및 가흥에 산재하는 자를 합쳐서 겨우 1개 소대의 병력이 있을 뿐이므로 6일 이후 수차례 각 방면으로부터 소수의 병력을 출동시켜 폭민과 싸워도 매번 중과부적이다. 특히 종래의 조선국 각지에 있던 폭도와 달리 그 진퇴와 출동과 멈춤이 점차 전법에 맞고 그 세력이 맹렬하여 도저히 10명 내외의 우리 병사로는 당해낼 수 없는 형편에 있다. 그 후에 부근 지방에서 와서 가세한 폭민이 더욱 많아져 관청을 빼앗아 그곳을 근거로 하여 폭동이 이르지 않는 곳이 없다. 또 부근의 촌락에서도 민정이 불온하여 촌민이 모두 적 편을 들어 우리 병사의 진퇴가 극히 곤란하다. 때문에 태봉, 대구간의 수비병 1개 소대를 순차적으로 가흥에 파견하여 오는 12일을 기하여 여주의 폭민을 협격하기로 결정하고 그 계획 중에 있다.[28]

위의 정보를 종합적으로 정리하면 다음과 같다. 2월 5일 여주 장날을 기화로 수백 명의 의병이 봉기하였으며, 이들은 전선감시소의 일본인 공부,

---

28 김상기 편역, 『한말의병자료』1, 61~62쪽.

측량수 일행, 기타 일본인을 처단하였고, 나아가 60여 본의 전주를 넘어뜨리는 등 격렬한 투쟁을 전개하였다. 이에 여주 부근에 주둔한 일본군 1개 소대가 출동하여 6일 이후 수차 교전하였지만 의병의 기세에 눌려 그 때마다 패산하고 말았다. 여주의병은 이에 세력이 점차 확장되어 관아를 장악하여 본부로 삼았다. 일반 민심도 의병측에 경도되어 있기 때문에 이를 탄압하는 일이 현재로서는 어려워, 영남에 주둔해 있는 1개 소대 병력을 여주 현지로 급파할 예정이라는 것이다.

이처럼 여주에서 1896년 2월 5일에 봉기한 의병의 실체를 구체적으로 알려주는 자료는 없지만, 여러 정황으로 보아 이 의병이 바로 전 사과 심상희가 주도한 의진으로 보인다. 이는 구체적인 날짜는 확인할 수 없지만, 거의 직후에 올렸을 것으로 추정되는 심상희 등의 상소와도 결코 무관하지 않은 것으로도 인정된다. 심상희 등은 이 상소에서 다음과 같이 거사의 정당성을 천명하고 토적복수의 활동목표를 선명하게 밝혔다.

> 신등이 국가 화변禍變의 날에 즉시 죽지 않고 죄를 기다리며 초야에서 한 가닥 실낱처럼 살아있는 것은 위로는 국모의 원수를 갚고 아래로는 백성의 곤경을 구제하고자 한 것이다. 감히 만 번이라도 죽을 계책을 내어 나라의 은혜에 만 분의 일이라도 갚고자 해서이다. 엎드려 칙교勅敎를 읽으니 경군과 의병은 각자 그 소임으로 돌아가라는 것이니, 위대하도다! 임금의 말씀이여, 은혜로운 헤아림이 하늘과 같으니 신은 감격을 이기지 못하겠다. 그러나 아직 의진을 파하고 돌아가지 못하는 것은 왜노가 심복心腹에 가득하고 역신이 욕설㕸舌을 체결하여 당당한 도의의 나라를 더럽혔으니, 신등의 이 거사는 목숨을 다한 이후에야 말 것이다. 주周가 엄윤玁狁을 토벌한 이후에야 선왕宣王의 중흥이 있었으며, 한漢이 망적莽賊을 멸한 연후에야 광무光

武의 재창再昌이 있었은즉 적을 토벌하고 역신을 주살誅殺하는 것은 신등이 원컨대 이 임무를 질 것이다. 폐하께서는 먼저 애통조哀痛詔를 전국에 내리시어 신민이 화중化中의 사물을 편안케 하고 왜노로 하여금 다시는 우리의 경내로 들어오지 못하게 하시라. 금일의 기강이 무너진 역신은 모두 교목세신喬木世臣이라, 만약 효수하여 경계하지 않는다면 종사의 안녕과 백성의 회생이 다시는 여망이 없을 것이다. 신등이 황공함을 이기지 못하고 모인 병사를 풀어서 보내고 침과枕戈를 일찍부터 기다린 것은 죄인에 대한 처벌을 기다리는 것이다.[29]

심상희와 함께 위 상소에 연명한 인물은 전 도사 김현규金玄圭, 유학幼學 이민수李敏洙, 송명진宋明鎭, 최기락崔基洛, 이겸성李謙性, 윤일창尹一昌, 원숙상元肅常, 경단慶端 등이다. 이들이 심상희와 함께 여주의병을 주도했던 인물들이라고 생각된다. 하지만, 이들의 출신이나 면모에 대해서는 거의 알려진 내용이 없기 때문에 여주의병의 실체를 파악하는 데 어려움이 크다.

심상희를 정점으로 하고 위의 인물들이 주축이 되어 일어난 여주의병의 편제에 대해서도 거의 알려진 바가 없다. 다만 제천의병과 긴밀한 관계를 맺고 있던 원용석元容錫이 심상희가 이끈 여주의병의 후군장(3월)과 중군장(6월)을 역임하였고, 전규석全圭錫이 전군장(6월)을 맡고 있었다고 한 점으로 미루어 여주의병도 일정한 편제를 갖고 있었음은 확인된다.[30]

여주의병은 앞의 일제 정보자료에서도 보았듯이 봉기 다음날인 2월 6일부터 일본군과 수차에 걸쳐 교전을 벌여 승리하였다. 또한 일제 침략에 동

---

29 『일성록』 건양 원년 양력 2월 29일조;『고종실록』 건양 원년 2월 29일조.
30 독립운동사편찬위원회 편,『독립운동사자료집』 1, 407·504·506쪽.

조하는 일본인을 처단하고 전신주 등 통신시설을 파괴하였다. 2월 9일에는 여주의병의 동향을 정찰하기 위해 현지로 파견된 기쿠치菊池 군조軍曹 일행 9명이 행방불명되었고, 일제도 이들이 의병에 의해 처단된 것으로 간주하였다.[31] 이어 2월 11일 부산 이츠노 병참사령관이 가와카미川上 병참총감에게 보낸 전보의 내용은 다음과 같다.

> 여주 부근의 폭민이 더욱 증가하여 몹시 창궐하다. 전선을 파괴하여 그 피해가 수십 리에 걸쳐 있어 지금의 수비병으로서는 격퇴하기 어려워 이곳 수비대 제1중대를 가흥에 파견키로 하였다.[32]

이는 곧 여주의병이 더욱 기세를 올리고 활동이 격화되던 사실을 보여주고 있다. 이 때 파견된 다나카田中 대위가 이끄는 중대는 2월 17일 여주에 도착하여 즉시 의병 탄압에 동원될 예정이었지만, 통신이 불통인 관계로 아직 출동상황을 파악하지 못하였다. 충주 이북의 전신은 거의 불통되었기 때문에 일제로서는 통신선 복구를 최대의 급무로 삼았다.[33]

이 무렵 여주 인근의 이천과 곤지암 일대에도 의병이 활동하고 있었다. 이 의병의 실체도 여주의 심상희 의진의 일파였던 것으로 인정된다. 2월 12일 곤지암을 출발해 이천으로 향하던 우체부가 의병의 공격을 받았으며, 이천과 곤지암에서 출동한 일제 군경과 교전을 벌였다. 그리고 이천과 장호원 간에도 의병의 활동이 활발하였다. 일제는 이에 우편선로의 확보를

---

31 김상기 편역, 『한말의병자료』 1, 62~63쪽.
32 김상기 편역, 『한말의병자료』 1, 65쪽.
33 김상기 편역, 『한말의병자료』 1, 65쪽.

그림 3 충주 가흥창 터. 남한강 수계의 세곡미 창고가 있던 전략적 요충지로 의병들의 주요한 공격목표가 된 곳이다.

급무로 설정하고 요시카와吉川 소위가 인솔하는 일본군 수비대는 장호원으로 가 우편선로를 확보한 뒤 다나카 대위의 귀대를 기다렸다가 의병의 근거지가 되어 있던 여주를 공격할 예정이었다.[34]

여주의병의 주요 공격목표 가운데 하나가 인접해 있던 충주 가흥이었다. 이곳에는 세곡미가 보관되던 가흥창嘉興倉이 있었기 때문에 일본군 수비대도 이곳에 주둔해 있던 경제적, 군사적 요지였던 셈이다. 유인석의 제천의병이 가흥 공략을 집요하게 시도한 것도 이런 맥락에서였다. 그리하여 심상희의 여주의병이 가흥을 공격하기 위해 가흥 근처의 목계牧溪에 주둔해 있던 중 미야케, 다나카 대위가 이끌던 가흥 일본군 수비대와 2월 20일 격전을 벌였다. 교전이 끝난 뒤 일부 의병은 충주 방향으로 이동하였고, 나머지 일부는 제천 방향으로 분산 이동하였다고 한다.[35]

---

34 『주한일본공사관기록』 8, 「여주 부근의 폭도 정황 보고」(1896. 2. 16), 213쪽.
35 김상기 편역, 『한말의병자료』 1, 68쪽. 이 때의 상황은 의병측의 기록에도 나타나 있다.

여주의병은 인근 원주 일대까지 활동영역으로 확보하고 있었던 것으로 보인다. 원주에는 이인영이 이구채李求采 등과 독자적인 단위의진을 형성하고 있었고, 이 의진은 또한 유인석의 제천의병 및 심상희의 여주의병과도 긴밀하게 연계되어 있었다. 여주의병 또한 원주, 제천의병과는 긴밀한 관계를 맺고 있었다. 특히 원주지방으로 진출한 상황에 대해서는 2월 중순경 심상희가 원주에 들어가 이인영 의진의 중군인 한진국韓鎭國을 죽이고 이인영이 도주하게 되자, 그 휘하 의병을 통솔했다고 한다.[36]

심상희가 이끈 여주의병은 이후 2월 25일 박주영을 총대장으로 한 이천 수창의소가 편제될 때 여기에 합류하여 28일 남한산성으로 들어간 이래 3월 22일 성이 실함될 때까지 경기 남부지역 연합의병부대와 함께 행동하고 있었던 것으로 보인다. 일제측의 정보기록에서 이후부터는 더 이상 여주지역의 의병 동향에 대해 보고한 문건이 나타나지 않는 점도 이러한 정황을 뒷받침한다.[37]

심상희가 경기 남부지역 연합의병부대에 참여하기 위해 광주로 이군한 직후에 일본군과 관군이 연합하여 여주읍으로 들어와 여주 일대를 초토화

즉 심상희 등이 장호원의 일본군 병참소를 공격하다가 실패하고 원주로 들어가 있다가 남쪽 청풍으로 내려왔으며, 이 때 충주에 주둔해 있던 제천의병을 원조하기 위해 이동하던 중 제천의병과 함께 일시 제천에 주둔하였다는 것이다(『독립운동사자료집』 1, 392쪽).
36 이에 제천의병의 안승우가 다음과 같이 심상희를 비난하였다고 한다. "내가 심상희 의진을 대우하여 재물이나 양곡을 청하는대로 주면서 함께 일을 치루기로 약속하였는데, 어찌하여 이토록 옳지 않은 처사를 하는가. 심지어는 禹冀鼎이 (충주에 주둔한 제천의병의) 구원을 청할 때에 우리 군사더러 하는 일이 무엇이냐고까지 비방하고 지금 또 우리를 따르는 군사를 이렇게 학대하니 이는 참소하는 말들이 그를 격동케 하는 것이 아닌가."(『독립운동사자료집』 1, 393~394쪽) 이로써 미루어 모병, 활동과정에서 의진 상호간에는 다소간의 알력이 노정되고 있었던 것으로 보인다.
37 김하락이나 김태원이 남긴 기록에 2월 28일 남한산성을 장악한 이후 3월 22일 성이 실함될 때까지 심상희 관련 기록이 일체 나타나지 않는 점은 특이하다.

하였다. 이천 주재 일본군 수비병 20명이 관군 140명과 함께 2월 24일 여주읍을 점령하였던 것이다. 이 때 장호원 남쪽으로 퇴각한 여주의병의 일부는 24일 오후 장호원 공격을 개시하여 25일 자정까지 그곳을 수비하던 일본군과 격전을 벌였다.[38]

남한산성이 실함된 직후 심상희는 잔여 의병을 거느리고 여주를 거쳐 원주, 제천 일대로 한때 피신한 것으로 보인다. 남한산성 함락 당시 적군이 심상희 의병을 추격하여 여주군 상동床洞까지 왔다는 기록과[39], 3월 27일 여주의병의 후군장 원용석이 심상희 의병장의 뜻으로 제천의병의 통제 지휘를 받고자 와서 하루를 머물다 갔다는 기록[40] 등을 통해서 그 사실을 짐작할 수 있다. 심상희가 거느리던 여주의병은 4월 초에 여주에서부터 원주 어둔魚屯(위치불명)에 이르른 경군京軍을 맞아 상왕사霜旺寺(현 여주 흥왕사)의 좌우편에 매복하고 있던 중 적의 공격을 맞아 배수진의 결사항전을 벌여 대승을 거두고 열수洌水까지 적을 추격하여 타격을 가하였다.[41]

그 후 심상희는 전력이 고갈되고 관군의 추격을 받으면서 고단한 형세에 놓였던 것으로 짐작된다. 특히 경군이 이천 방면으로 내려와 심상희의 여주의병을 압박하게 되자[42], 심상희는 경군의 탄압을 피해 음죽으로 이동하여

---

38 김상기 편역, 『한말의병자료』 1, 73쪽; 독립기념관 한국독립운동사연구소 편, 『한말의병자료』 3, 7쪽. 『한말의병자료』 1(「여주 부근 폭도의 정황 後報」)에서는 이 때 동원된 관군을 140명으로 기록하고, 후자 『한말의병자료』 3(「조선국 각지 폭도 봉기에 관한 각 영사의 보고를 재외 각 公使에게 통보한 건」)에서는 전자와 동일한 근거에 따라서 관군 40명이 동원된 것으로 각각 다르게 기술하였다. 후자의 기록이 전자에 근거하여 이기한 것이기 때문에 전자의 수치가 맞고 후자는 이기 과정에서 脫字된 것으로 보인다.
39 독립운동사편찬위원회 편, 『독립운동사자료집』 1, 409쪽.
40 독립운동사편찬위원회 편, 『독립운동사자료집』 1, 407쪽.
41 독립운동사편찬위원회 편, 『독립운동사자료집』 1, 415쪽.
42 『대한매일신보』 1896년 6월 11일자에 "이 달 4일 군부에서 중대장 신우균씨와 권숙진씨가 군병 140명을 거느리고 남한으로 다녀서 이천 비도들을 치러 간다더라."라고 하여 경

이정참梨亭站(위치불명)을 함락시키고 나아가 문덕현文德峴(위치불명)을 공격하여 복속시켰으며, 장호원으로 진군하면서 제천의병의 신지수申芝秀로 하여금 가흥을 공격토록 요청하는 등 최후의 항전을 전개하였다.[43]

6월에 들어와 경군의 압박과 연전으로 인한 전력고갈로 인해 심상희 의병은 더 이상 항전을 지속할 수가 없게 되었다. 이에 1896년 6월 초 드디어 의진을 해산하기에 이르렀다.[44] 그리고 여주의병의 일부는 원용석과 전규석의 인솔하에 서행중인 제천의병에 합류하게 된다.

군의 이천 진출 사실을 보도하였다. 이때 심상희는 제천의진에 경군의 이천 진입 사실을 알렸다.(독립운동사편찬위원회 편, 『독립운동사자료집』 1, 439쪽)
43 독립운동사편찬위원회 편, 『독립운동사자료집』 1, 459쪽.
44 심상희가 의병을 해산한 날짜는 확인되지 않지만, 6월 11일 여주의병의 중군장 원용석이 제천의병장 유인석에게 解陣 사실을 알렸던 점으로 미루어 이보다 조금 앞선 6월 초로 추정할 수 있다. 이 때 서행길에 올라 원주 강천에 도착한 뒤 여주로 들어가려던 중 해진 소식을 듣게 된 유인석은 이튿날 심상희에게 다음과 같은 글을 보내 解陣 행위를 심하게 비난하였다. "의거를 일으킨 지 반 년이 되도록 기록할 만한 공적이 없었으니, 오직 마땅히 더욱 힘써서 순치의 형세를 이루어 더럽고 요망한 것을 씻어 없애고 始終을 한결같이 해야 할 것인데, 들리는 바에 의하면 貴陣에서는 이미 군사를 해산하였다고 하니, 과연 무슨 생각에서인지 알지 못하겠도다. 바다 밖 오랑캐를 이미 몰아냈다고 보는가? 나라를 파는 역적을 이미 다 죽였다고 보는가? 宗社가 이미 편안하고 소기의 목적이 이미 이루어졌다고 생각해서 그러는 것인가? 그렇지 않으면 혹시 저들은 강하고 우리는 약해서 서로 싸울 수가 없으니 차라리 제 몸이나 보전하는 것이 낫겠다고 생각해서 그러는 것인가? 어찌하여 앞은 강하다가 뒤는 약해지고, 시작은 있고 끝이 없는가? 이는 이웃나라가 들을까 두려운 일이로다. 다행히 다시 생각을 돌이켜서 흩어진 군사를 모으고 거듭 군용을 정비해서 앞뒤에서 서로 적을 몰아친다면 삼가 마땅히 말채찍을 잡고 거기에 따를 것이다."(독립운동사편찬위원회 편, 『독립운동사자료집』 1, 502~503쪽)

맺음말

전기의병 시기에 제천의병·춘천의병·강릉의병·진주의병·안동의병·홍성의병 등과 함께 전국을 대표하는 의진 가운데 하나인 남한산성의병은 경기 남부지역의 연합적 성격을 갖고 이천에서 결성된 이천수창의소利川首倡義所로부터 출발하였다. 그리고 이천수창의소는 서울에 머물고 있던 김하락·조성학·구연영·김태원·신용희 등의 우국지사들이 단발령이 내려지자 이에 격분, 1895년 12월 31일 이천으로 내려가 의병을 일으키기로 결의하면서부터 시작되었다. 이와 같이 이천수창의소는 그 명칭에서도 알 수 있듯이 결성 초기부터 경기 남부지역 연합의진의 성격을 띠고 있었던 것이다. 그러나 이 의진은 1896년 2월 12일 이현전투에서 패퇴한 뒤 일시 해산하게 되고, 이천수창의소의 중심인물들은 곧 김하락의 주도하에 재결성을 시도하였다. 그리하여 2월 25일 2천여 명의 병력으로 이천수창의소를 다시 결성할 수 있었다.

이 때 심진원이 인솔하는 광주의병은 이미 2월 23일 남한산성을 장악, 활동 근거지로 삼고 있었다. 이러한 상황에서 이천수창의소는 2월 28일 관군의 포위망을 뚫고 산성 안으로 들어가 광주의병과 합류하기에 이르렀다. 곧 남한산성을 점거한 경기 남부 연합의병은 광주, 이천, 양평, 그리고 여주 등지에서 모인 포군과 농민이 그 주력을 이루었다. 그리고 그 각각의 부대는 여주의병의 경우에는 심상희가, 광주의병은 심진원, 이천의병은 박주영, 그리고 양근의병은 이석용 등이 이끌었으며, 그 총대장으로 박주영이 추대되어 연합의진의 정점에 있었다.

남한산성을 장악한 경기 남부 연합의병의 활동목표는 서울 진공에 있었다. 서울 진공은 실제로 많은 의진들이 표방하던 구호였지만, 대개의 경우 그 실현 가능성은 미약한 실정이었다. 하지만, 남한산성을 점거한 경기 남부지역 연합의병의 경우에는 실질적 전력 면에서나 서울에 근접한 지리적 위치면에서 구호에만 그친 것이 아니라 미약하나마 실현 가능성이 있었다는 점에서 그 의의가 적지 않다.

경기 남부 연합의진의 이러한 서울 진공계획은 춘천의병의 동향과 관련해서도 주목된다. 춘천 함락 후 양평까지 도달한 1천 2백 명의 춘천의병 가운데 2백 명이 3월 17일 광나루[廣津] 상류에서 한강 도강을 시도하였다. 이들은 연합전선 구축을 통해 전력을 극대화한 뒤 서울로 진공하려 했던 것이다.

한편, 을미의병 시기에 여주지역에서 활동한 대표적인 의진은 심상희 의병이라 할 수 있다. 그가 의병을 조직하고 편제한 내용은 자료상 명확히 확인되지 않지만, 2월 5일 여주 장날을 기화로 수백 명의 주민을 모아 거의한 것으로 보인다. 심상희의 여주의병은 곧 전선감시소의 공부 등 일본인들을 처단하였고, 나아가 60여 본의 전주를 넘어뜨려 통신을 두절시키는 등의 항일전을 펼쳤다.

심상희와 함께 의병을 일으킨 인물은 그와 함께 연명 상소한 김현규·이민수·송명진·최기락·이겸성·윤일창·원숙상·경단 등으로 보이지만, 이들의 출신이나 면모에 대해서는 알 수 없는 실정이다. 나아가 여주의병의 편제에 대해서도 거의 알려진 바가 없다. 다만, 제천의병과 긴밀한 관계를 맺고 있던 원용석이 심상희가 이끈 여주의병의 후군장과 중군장을 역임하였고, 전규석이 전군장을 맡았던 점으로 미루어 여주의병도 일정한 편제를 갖고 있었음은 확인된다.

심상희가 이끈 여주의병은 이후 2월 25일 이천수창의소가 편제될 때 여기에 합류하여 28일 남한산성으로 들어간 이래 3월 22일 성이 실함될 때까지 경기 남부지역 연합의병부대와 함께 행동하고 있었던 것으로 보인다. 일제측의 정보기록에서 이후부터는 더 이상 여주지역의 의병 동향에 대해 보고한 문건이 나타나지 않는 점도 이러한 정황을 뒷받침해 준다.

　그 뒤 남한산성이 실함된 직후 심상희는 여주의병을 거느리고 여주를 거쳐 원주, 제천 일대로 한때 피신하였던 것으로 보인다. 그 후 심상희는 전력이 고갈되고 관군의 추격을 받으면서 고단한 형세에 놓였던 것으로 짐작된다. 특히 경군이 이천 방면으로 내려와 압박하게 되자, 심상희는 더 이상 항전을 지속할 수가 없게 되었다. 이에 1896년 6월 초 드디어 의진을 해산하기에 이르렀다.

을사의병의
전국적 전개

의병의 재기

1894년 청일전쟁 이후 전국 각지에서 봉기하였던 갑오·을미의병(전기의병)은 아관파천 직후인 1896년 봄 그 세력이 급격히 위축되어 활동이 거의 종료되었다. 국왕이 의병 해산을 명하게 되자, 여기에 항거할 명분을 상실하였을 뿐만 아니라 경군이 각지로 파견되어 의진을 압박한 까닭에 더 이상 활동이 불가능해졌던 것이다. 을사의병(중기의병)은 1905년 하반기부터 1907년 전반기에 걸쳐 일어나 활동한 의병을 가리킨다. 곧 이 의병은 을사조약을 계기로 재기한 이후 1907년 8월 대한제국군 강제해산을 계기로 격화되는 정미의병 이전 단계의 의병을 말하는 것이다.

을미의병에 참가했던 인물들은 1896년 의진 해산 이후 직함과 신분, 그리고 개인적인 성향에 따라 다양한 활동노선을 걸었다. 의병장이나 중요 참모의 경우에는 원용팔元容八·정운경鄭雲慶·이세영李世永·김도현金道鉉·노응규盧應奎·이강년李康秊 등의 경우와 같이 을사의병으로 재기하거나, 김도화金道和·김복한金福漢 등의 경우와 같이 은거하거나, 이상룡李相龍·구연영具然英의 경우에서 보듯이 일부는 계몽운동자로 변신하거나, 또 허위許蔿·노응규盧應奎·민용호閔龍鎬 등의 예에서 보듯이 관직으로 진출하는 등 그 동향이 비교적 다양하였다. 한편, 을미의병에 일반 병사부로 참가한 농민층의 경우에는 해산 이후 1897~1904년간에 펼쳐진 농민운동에 적극적으로 가담한 것으로 보인다. 영학당英學黨·남학당南學黨·활빈당活貧黨·동학당東學黨·초적草賊·화적火賊 등의 이름을 걸고 항쟁한 경우가 그 대표적인 사례이다.[1]

일제는 1904년 2월 러일전쟁을 도발함과 동시에 한국에 대한 군사적, 정치적 압박을 더욱 강화시켜 갔다. 개전 직후 강요한 한일의정서를 근거로 1904년 3월 한국주차군사령부를 설치하고 4천 명의 일본군이 한국에 주둔한 뒤 이듬해 말에는 2개 사단 규모의 일본군이 한국 전역에 배치됨으로써 한국민을 강압적으로 압박하였다. 그리고 같은해 8월에는 한일협약이 늑결되어 재정, 외교 등 일본인 고문이 막강한 권한을 행사하는 소위 고문정치를 실시하게 됨으로써 일제의 침략은 더욱 노골화하였다. 일제의 이러한 대한침략 책동은 러일전쟁이 종료된 뒤 1905년 11월 19일 을사조약을 늑결함으로써 그 극에 달해, 대한제국은 실질적으로 국권을 상실하고 말았다.

러일전쟁 이후 을사조약이 늑결되는 시기에 한국민의 반일 적개심은 한층 팽배해졌고, 국권수호를 위한 반일투쟁도 더욱 격렬하게 전개되었다. 을사의병은 이러한 시대적 배경하에서 재기하게 된다. 이 시기에 을미의병 시절의 항전경험을 축적한 의병들이 상당수 재기 전선에 투신하였으며, 이들이 결국 전국적으로 의병항전을 촉발시키는 역할을 하게 되는 것이다.

을미의병 이후 을사의병이 재기하게 되는 시기는 1904년경부터이다. 곧 1904년부터 『황성신문皇城新聞』이나 『대한매일신보大韓每日申報』 등에서는

---

1 조동걸, 『한국민족주의의 성립과 독립운동사연구』, 지식산업사, 1989, 37~40쪽 참조.

의병 관련 기사가 산견되고 있다. 이들 자료에 의거할 때 1905년 가운데서도 화적, 적당賊黨, 민요民擾, 비도匪徒, 일진회, 의병 등의 기사가 특히 많은 5월부터 11월까지 7개월 동안에 2백여 회나 실려 있다. 그 가운데서도 특히 의병으로 명시되어 있는 것이 다음과 같이 40여 회에 이른다.[2]

결국 을사의병은 을미의병 해체 이후 1904년 러일전쟁 이후 한일의정서 등 일련의 침략정책이 강제로 시행되는 과정에서 여기에 반발하여 일어났다. 이러한 의병의 배경에는 위에서 언급한 여러 형태의 농민운동이 자리잡고 있었던 것이다. 그러나 주천과 단양 일대에서 일어난 원용팔과 정운경 의병을 제외하고는 을사조약 늑결 이전 단계에서 활동한 여러 의병에 대해서는 현재 명확하게 그 실체가 파악되지 않고 있는 실정이다.

전국 의병의 활동

경기·강원도

경기·강원도 일대는 충북지방과 더불어 을미의병 시기 화서학파를 중심으로 의병 세력이 특히 강성하였던 지역이다. 유인석의 제천의병으로 대표되는 이들 의병은 의진 해산 후 대체로 향리에 은둔해 있으면서 재기항전의 기회를 노리고 있었다. 이들은 1904~1905년 일제침략이 가속화되는 시점에 도처에서 재기항전에 나서 전국 의병을 선도하였다.

을사조약이 늑결되기 두 달 전인 1905년 8월 중순경에 일어난 원용팔(일

---

2 조동걸, 『한국민족주의의 성립과 독립운동사연구』, 41쪽.

표 1 1905년 의병 관련 기사

장소	내용	보도일자
죽산·충주	의병 50명이 각 리에서 전곡을 침탈함	『황성신문』 5. 10.
괴산·진천·청안	의병 1천 명이 일어나 충주에 군대를 주둔시킴	5. 15.
죽산·안성·음죽·양지	각처 의병이 촌락의 전곡을 침탈함	5. 16.
진천	박재만朴載萬 등 의병 70명이 읍의 재물 탈취	5. 19.
청산	비류匪類 2백명이 의병이라 칭하며 부민의 재물 탈취	5. 22.
청안·제천	의병 150명이 기마조총으로 위협하여 재물 탈취	5. 24.
경기·충북	각처에 비류, 의병이 창궐하므로 청주, 수원진위대 파병	5. 27.
충주·청주	의비義匪 3백명과 접전	5. 29.
죽산	의병 20명이 일본 헌병대 소속 순검과 교전	5. 29.
서울	일진회장 윤시병尹始炳이 군부에 보낸 의병 소탕 공한	5. 29.
광주廣州	의병 2백명이 부민의 재물과 총기 탈취	6. 6.
보은	의병 2백명이 모병하고 총기 40정과 재물 수백냥 탈취	6. 8.
양근	의병 45명이 총으로 일진회원 공격, 재물 탈취하고 방총放銃	6. 14.
지평	의병이 단발자 1명과 일진회원 9명 포살, 군수 파면	6.15, 19, 20.
홍천	의병 4명이 일진회원 납치 구타	7. 12.
원주	원용팔 의병, 각국 공관에 성명서 발송	『대한매일신보』 8. 24.
영춘	의병의 종사 등이 포군을 모병함	9. 8.
단양	원용팔 의병의 격문, 단양 북면 향약소에 도착함	9. 8.
충북	의병이라 칭하며 재물을 토색하고 총검을 빼앗는 일이 빈번함	9. 10.
영월	의병의 우심한 작폐를 원주진위대가 해소함	9. 13.
정선	원용팔 의병 2백 명 내도, 원주진위대와 일진회가 이들을 체포함	9. 20.
홍천	홍천 서석면과 동면에 의병 2백명 주둔	9. 29
강릉	영월·정선·평창에 의병 수백명 활동	9. 29.

장소	내용	보도일자
영월	원용팔 피체 후 그 잔당 40명이 재물 탈취	10. 2.
영춘	정운경 의병장 체포	10. 18.
충청·경상	의병, 동학당처럼 주문 암송	10. 18.
광희문	의병 6명, 일제 헌병에 피체	10. 26.
청산	의병 무리가 인근지방 곳곳에서 단체 결성함	10. 27.
풍기	의병 2백명, 풍기읍 점령, 원주진위대와 교전	10. 28.
단양	의병 창궐로 진위대 파병 요구	10. 29.
괴산	의병 30~40명이 괴산 화양동 주둔	10. 31.
청풍	의병 50명 출현	10. 31.
회인懷仁	의병 40명이 이청吏廳에 유숙	10. 31.
보은	김동주金東周 의병 50명 교전, 속리산 승군僧軍도 참전	11. 7.
영천	9월 14일, 의병 3백명이 오록동梧麓洞 양반집을 습격했음	11. 11.
영천	의병 150명이 영천읍에 들어와 석반夕飯과 군수전 2천냥 탈취	11. 11.
영천	9월 18일, 의병 22명 내습했음	11. 11.
봉화	의병 4~5백명 내습	11. 11.
연풍	의병 2백명이 원주진위대와 교전	11. 26.

명 元容錫) 의병의 경우가 그 대표적인 사례이다.[3] 이항로의 고제인 유중교柳重教의 문인이기도 한 원용팔은 을미의병 당시 여주 일대에서 활동하던 심상희沈相禧 의병, 그리고 제천의병의 중군장을 지내는 등 폭넓은 활동을 한 뒤 잠적해 있던 인물이다.[4]

---

3 원용팔 의병은 1980년대까지 을사의병의 선구 내지는 효시로 언급되어 왔었다.(독립운동사편찬위원회 편, 『독립운동사 1』, 1971, 334쪽; 윤병석, 「의병의 항일전」, 『한국사 19』, 국사편찬위원회, 1984, 398쪽)
4 元容正, 「卜隱」(『昭義新編』, 국사편찬위원회, 1975), 243쪽.

원용팔은 지방인사 박수창朴受昌 등의 협조하에 동지 8명과 함께 1905년 8월 16일 원주 풍정楓亭에서 의병을 일으켜 군사 모집에 들어갔다. 영월군 주천酒泉 일대에서 포군 수십 명을 모은 다음 단양·영춘·영월 등지를 거쳐 9월 3일에는 정선까지 진출하였다. 이 무렵에는 전력이 상당히 강화된 것으로 보여 포군이 2백 명에 달했다는 기록도 보인다.[5] 이어 이 부대는 강릉 봉평과 홍천 서석瑞石 등지를 전전한 다음 원주 방면으로 이동하게 되었다. 그 동안 한때 1천 명에 달하던 의진의 군세는 원주진위대장 김구현金龜鉉이 일진회원들을 동원하여 와해공작을 펼친 결과 4백 명으로 격감하게 되었다. 이러한 상황에서 원주 궁곡弓谷에 유숙하던 의진은 9월 25일 진위대의 공격을 받아 와해되었으며, 주장 원용팔도 횡성에서 체포되고 말았다. 이로써 이 의병은 활동이 종료되었으며, 서울로 압송된 원용팔 의병장은 1906년 3월 45세의 나이로 옥중 순국하였다.[6]

1905년 9월 원용팔 의병이 해산된 뒤, 동지 정운경이 단양에서 다시 의병을 일으켰다. 정운경 역시 을미의병 때 제천의병의 전군장으로 활약한 인물로, 원용팔 의병이 해산되었다는 소식을 듣고 이규석李圭錫 등 동지들과 함께 항일구국의 기치를 올렸던 것이다. 이에 영춘·제천·청풍 등지에서 3~4백 명의 의병을 모을 수 있었다. 그러나 이 의병도 본격적인 활동을 시작하기 전에 원주진위대 군사들의 급습을 받고 해산되고 말았다. 의병장 정운경은 영춘에서 체포되고, 의병을 후원한 유생 박세화朴世和도 청풍에서 체포됨으로써 항일구국의 꿈은 무산되었다. 정운경은 서울로 압

---

5 『대한매일신보』1905년 9월 20일자,「義兵漸熾」
6 권영배,「구한말 원용팔의 의병항쟁」,『한국민족운동사연구』우송조동걸선생정년기념논총 2, 나남출판, 1997, 230~234쪽 참조.

송되어 평리원에서 재판을 받고 1906년 10월 황주의 철도鐵島로 유배되었다.[7]

원용팔, 정운경 의병 해산 후에도 인근 각지에서는 산발적으로 의병항전이 꾸준히 지속되고 있었다. 강원도 홍천에서는 박장호朴長浩가 서석면 일대에서 의병을 일으켜 항전에 들어갔다. 유중교의 문하에서 수학한 가평 출신의 박장호는 당시 홍천 생곡笙谷(서석면 소재)에 거주하고 있었다. 또한 이 시기에 양구에서는 최도환崔道煥, 양평, 여주에서는 이범주李範疇, 죽산·안성에서는 박석여朴錫汝 의병 등이 산발적 형태로 활동하고 있었다.[8]

영남지방

영남지방에서도 1905년 말에 특히 지형적으로 활동이 유리한 충청, 경상도 접경의 산악지대를 거점으로 수십, 수백 명으로 편제한 의병들이 우체소를 습격하고 전선을 절단하는 등 항전을 벌이고 있었다. 1905년 10월 중순 2백 명의 의병이 순흥 우체소를 습격한 일과, 같은 달 17일 3백 명의 의병이 영천 우체소를 습격한 거사 등이 이 시기 의병항전의 두드러진 예이다. 따라서 일제는 대한제국 진위대의 출동에만 의병 탄압을 기대하던 방침을 바꾸어 10월 하순경부터는 헌병대를 직접 투입하는 조처를 취하였다.[9] 이와 같이 항일의병의 분위기가 점차 고조되던 상황에서 을사조약이 늑결되자, 의병의 기세는 요원의 불길처럼 확산되어 갔다.

---

7 鄭雲慶,「同遊錄」(『독립운동사자료집』1, 독립운동사편찬위원회, 1971), 575~576쪽.
8 독립운동사편찬위원회 편,『독립운동사 1』, 340쪽.
9 독립운동사편찬위원회 편,『독립운동사 1』, 339~340쪽.

경북 영양에서는 을미의병 때 활동한 김도현金道鉉이 재기항전의 기치를 들었다. 을사조약 폐기 상소를 올린 김도현은 1906년 1월 하순 통문을 돌려 거의를 촉구한 뒤 50~60 명의 포군을 주축으로 1백 명을 모아 항일의 기치를 들었다. 그러나 미처 활동에 들어가기도 전에 안동 진위대의 출동으로 의진은 해체되고 주장 김도현도 체포되고 말았다.[10]

1906년 봄 삼척에서는 전 도사都事 김하규金夏奎가 의병을 일으켰다. 이 의진에는 강릉 출신의 전 군수 황청일黃淸一이 가담하여 크게 성세를 떨쳤고, 한때 영해의 신돌석申乭石 의병과도 서로 호응하며 항일전을 수행하기도 하였다. 그러나 이 의진도 김하규·황청일 등의 핵심인물들이 체포되면서 해산하게 되었고, 그 뒤 이들은 정운경과 함께 황주 철도로 유배되었다.[11] 한편, 울진에서도 1906년 초에 김현규金顯奎가 의병을 조직하여 그 일대에서 명성을 떨치기도 하였다.

1906년 전반기에 들어 영남지역에서 특히 활동이 두드러졌던 의진이 신돌석 의병이다. 을미의병 때에도 참여한 것으로 전해지는 신돌석(본명 申泰鎬)은 1906년 4월 향리인 영해 복평福坪(현 영덕군 축산면 부곡리)에서 1~2백 명의 장정을 규합하여 의병을 일으켰다.[12] '영릉의병장寧陵義兵將' 신돌석을 주장으로 한 이 의병은 4월 하순경 영양읍을 공략, 총포·화약 등 다수의 무기를 노획한 것을 비롯하여[13] 영양·청송 등지에서 토호들로부터 군수품을 수집하는 한편, 출동한 안동 수비대를 상대로 전투를 수

---

10 김강수, 「한말 의병장 벽산 김도현의 의병활동」, 『북악사론』 2, 국민대 국사학과, 1990, 233쪽 참조.
11 정운경, 「동유록」, 559쪽.
12 홍원표 엮음, 「申將軍實記」(『독립운동사자료집』 3, 독립운동사편찬위원회, 1971), 411쪽.
13 『황성신문』 광무 10년 5월 14일자, 「英郡義擾」

행하고 있었다. 이후 일월산 일대를 근거지로 한 신돌석 의병은 5월 하순경 3백여 명에 이르렀으며, 6월 들어 일시 울진 읍내를 장악할 만큼 군세를 떨치고 있었다.[14]

이에 일제는 정부로 하여금 1906년 6월 대구·원주·경주 등지에 있던 진위대 병력을 이곳으로 출동시키도록 조치하였다. 이 때 대구 진위대 2백 명은 정위正尉 박두영朴斗榮의 지휘하에 영덕 방면으로 출동하였고, 원주 진위대 1백 명도 참령 이승칠李承七의 지휘하에 평해 방면으로 남하하였다. 이들 양 진위대는 합동작전을 펴 평해 부근에서 협공을 가하였다.[15] 그러나 신돌석 의병은 일본군과 정부군의 합동공격에도 당황하지 않고 돌격전과 유인전으로 적군의 공세를 훌륭히 차단해 냈다.

이 무렵 신돌석은 휘하 의병을 이끌고 산악지대와 해안선을 따라 다시 영해지방으로 회군, 영해읍을 성공적으로 공략하였다. 영해 공략을 앞둔 이 의진은 격문을 발하여 "막중한 의병진을 효유한다고 하면서 감히 대의에 항거하니 그 죄가 하나요, 병정을 청하여 빌어다가 의병진을 치려 하니 그 죄가 둘이요, 왜학倭學을 설치하여 사람을 무도한 지경에 빠지게 하려 하니 그 죄가 셋이다."라고 하여 당지 군수의 죄상을 성토하고 투쟁의 정당성을 천명하였다.[16] 영해군에 머물면서 사기를 고양시킨 신돌석 의병은 다시 인접한 영덕으로 진출, 7월 초에 영덕읍을 공략하기에 이르렀다.[17]

---

14 김정미, 「한말 경상도 영해지방의 의병전쟁」, 『대구사학』 42, 대구사학회, 1991, 27~30쪽.
15 『황성신문』 광무 10년 5월 30일, 6월 15일, 6월 30일자 참조.
16 독립운동사편찬위원회 편, 『독립운동사』 1, 392쪽; 김정미, 「한말 경상도 영해지방의 의병전쟁」, 31쪽; 『황성신문』 광무 10년 7월 3일자, 「義兵揭榜」
17 『황성신문』 광무 10년 7월 9일자, 「盈德義兵」

그림 4 신돌석 의병장 유허비.
신돌석의 아우 신태범이 1948년 영덕군 축산면 도곡리에 세운 것을 1999년 신돌석장군 충의공원 경내에 이전 설치하였다.

   그 뒤 신돌석 의병은 1906년 11월경 일월산과 백암산·대둔산·동대산 일대로 근거지를 옮기고 요해지를 의지하여 활발한 유격전을 벌였다. 이어 1907년 봄에는 다시 중군장 백남수白南壽와 김치헌金致憲 등 휘하 의병과 함께 주민의 절대적인 지지 원조하에 친일파 처단에 주력하였다.[18]

   신돌석 의병은 이후 1907년 7월까지 읍내 관아 습격 등 대규모 공격을 멈추고 의병 소모와 친일파 처단 등의 활동을 벌이면서 영해·영덕·평해 등지를 주로 전전하고 있었다. 이어 8월 20일에는 3백여 명의 의병이 다시 영양읍을 공격하여 분파소와 관아를 공략하는 등 활동을 재개하였다.[19]

---

18 독립운동사편찬위원회 편, 『독립운동사』 1, 392~393쪽; 『황성신문』 광무 11년 1월 5일, 2월 7일자.
19 김정미, 「한말 경상도 영해지방의 의병전쟁」, 34쪽 참조.

정미의병 시기인 1907년 하반기 이후에도 신돌석 의병은 활동을 지속해 갔다. 그리하여 이강년李康秊, 유시연柳時淵 등의 의병과 긴밀한 협조하에 연합작전을 구사하면서 내륙 깊숙이 진출, 1907년 11월 한때는 순흥까지 점령하는 등 경북 북동부지역을 전전하면서 신속한 기동력과 위력적인 유격전술을 바탕으로 활발한 항일전을 펼쳤다. 그러나 신돌석은 1908년 11월 변절한 부하 김상렬金相烈 형제에게 타살되어 순국하고 말았다.

경북 남동부지방에서는 정환직鄭煥直·정용기鄭鏞基 부자를 중심으로 한 산남의진山南義陣이 그 위세를 크게 떨쳤다. 산남의진은 중추원의관 정환직이 광무황제로부터 의병 봉기를 독려하는 밀지를 받은 것을 계기로 편성되었다.[20] 정환직은 큰아들 정용기와 함께 거의 문제를 의논한 끝에 자신은 그대로 서울에 머물러 있으면서 의병을 후원키로 하고, 정용기가 향리인 영천으로 내려가 거병토록 하는 방침을 세웠다. 이들은 지방에서 군세를 크게 진작한 뒤 최종적으로 서울로 진공한다는 목표를 설정해 놓았다.[21]

영천으로 내려온 정용기는 평소의 지기인 이한구李韓久와 재종제 정순기鄭純基 등과 함께 거병 계획을 확정하고, 1906년 3월 정용기를 대장으로 하여 다음과 같이 대규모의 편제를 갖춘 산남의진을 편성하였다.[22] 또한 통유문通諭文, 격려문 등을 돌려 군사를 소모하고 의병항전에 협조해 줄 것을 당부하였다.

---

20 李純久 編, 『山南義陣史(山南倡義誌 上)』(독립운동사편찬위원회 편, 『독립운동사자료집』 3, 1971) 381쪽; 『山南倡義誌 下』(『한국독립운동사연구』 4, 독립기념관 한국독립운동사연구소, 1990, 影印所收), 633쪽.
21 윤병석, 『한말 의병장 열전』, 독립기념관 한국독립운동사연구소, 1991, 242쪽.
22 독립운동사편찬위원회 편, 『독립운동사』 1, 351~353쪽; 배용일, 「산남의진고」, 『한국민족운동사연구』 5, 1991, 146쪽; 권영배, 「산남의진의 조직과 활동」, 『역사교육논집』 16, 한국역사교육학회, 1991, 137쪽.

창의대장 : 정용기鄭鏞基

중군장 : 이한구李韓久　　　참모장 : 손영각孫永珏

소모장 : 정순기鄭純基　　　도총장 : 이종곤李鍾崑

선봉장 : 홍구섭洪龜燮　　　후봉장 : 서종락徐鍾洛

좌영장 : 이경구李景久　　　우영장 : 김태언金泰彦

연습장 : 이규필李圭弼　　　도포장 : 백남신白南信

좌익장 : 정치우鄭致宇　　　우익장 : 정내의鄭來儀

좌포장 : 이세기李世紀　　　우포장 : 정완성鄭完成

장영집사將營執事 : 최기보崔基輔　군문집사軍門執事 : 이두규李斗圭

산남의진은 편성 초기에 벌써 1천여 명에 달하는 대부대를 이루었다. 거의가 유생인 의진의 핵심 참모들은 이미 영남 각지에서 독자적인 의병활동을 벌이고 있었거나 의진 결성에 큰 역할을 한 인물들이었다.[23] 편성 초기에 산남의진은 관군의 압박으로 곤경에 처해 있던 신돌석 의병을 돕기 위해 영해를 향해 행군을 개시하였다. 하지만, 의진이 4월 28일 경주 관내의 우각牛角(현 포항시 북구 신광면 우각리)에 당도하였을 때 경주진위대장 참령 신석호申錫鎬의 간계에 걸려 대장 정용기가 체포되어 대구 경무청으로 압송되고 말았다.[24]

정용기 피체 이후 후군장 이한구李韓久가 의진을 이끌었다. 이 의진은 영천·강구·청하 등지에서 관군과 일본군을 상대로 수차 전투를 치루기도 하

23　권영배, 「산남의진의 조직과 활동」, 137쪽 참조.
24　이순구 편, 『산남의진사』, 384~385쪽.

였지만, 전력 소모로 7월 하순에 일단 해산하기에 이르렀다.[25]

산남의진은 1906년 9월 정용기의 석방을 계기로 재편되었다. 이 때 정환직은 정용기에게 이듬해 5월까지 병력을 모아 태백산 줄기를 타고 강릉으로 북상, 전열을 정비한 다음 서울로 입성토록 지시해 놓았다. 의병을 서울에 입성시켜 일제 통감부를 타도하고 매국적을 제거하기 위한 것이었다.[26] 의진을 재편한 정용기는 모병을 위해 격문을 발표하는 한편, 창의한 이유와 그 정당성을 밝히는 상소를 올리기도 하였다. 이에 따라 각지로부터 의병이 합류해 와 전력이 한층 강화될 수 있었다. 즉 부산·대구 방면에서는 김현극金賢極과 유화실柳花實이 화약을 운반해 오고, 안동에서 김석정金石井, 동해 방면에서 임중호林中虎, 의성에서 박태종朴泰宗, 경주에서 권규섭權奎燮 등이 각기 일단의 의병을 거느리고 합류해 왔던 것이다. 여기서 산남의진은 대장 정용기 이하 전 부서를 새롭게 재편하였다.[27]

재편된 산남의진은 영천·경주·청하·청송 등지에 분대를 두고 이를 근간으로 활동하였다. 그 결과 뛰어난 기동성을 확보할 수 있었고, 나아가 인근 의진과의 연합작전을 원활하게 수행할 수 있었다. 산남의진의 일차적 활동목표는 정환직과 일찍이 밀약한 강릉 북상이었다. 산남의진이 실제로 활동을 재개하는 시기는 1907년 7월에 이르러서이다. 강릉에 의병을 집결시키기로 한 약속을 지키기 위해 북상하던 중 청송지역에서 일본군과 조우하는 가운데 시일은 점차 지연되고 있었던 것이다.

산남의진은 관동지방으로의 북상이 여의치 않게 되자 청하·청송에서부

---

25 권영배, 「산남의진의 조직과 활동」, 138~139쪽.
26 권영배, 「산남의진의 조직과 활동」, 142쪽.
27 독립운동사편찬위원회 편, 『독립운동사』 1, 389~390쪽.

터 죽장·포항·영천에 이르기까지 각지를 전전하면서 신돌석 등 인근 의병과 연합으로, 혹은 독자적으로 관군 및 일본군과 수차에 걸쳐 교전을 치렀다. 그러던 중 8월이 되어 우재룡禹在龍을 비롯한 일부 해산군인이 의진에 가세해 와 전력이 크게 향상될 수 있었다. 이에 정용기는 각지의 분대에 북상 명령을 내려 부대별로 관동 방면으로 이동하도록 하였다. 그리하여 지휘본부인 장영도소將營都所를 영일군 죽장면 매현리梅峴里로 정하고 정예병 1백여 명을 이곳에 주둔시켰다.[28]

10월 7일, 의진의 주둔지를 탐지한 일본군이 입암리立巖里(죽장면) 후원後原의 험준한 암석을 거점으로 야음을 틈타 맹공을 가해왔다. 의진에서는 마침 임무를 수행하고 귀환하던 이세기·우재룡·김일언 등이 거느리던 일단의 의병이 장영도소의 의병과 함께 용감히 싸웠다. 하지만 의진은 끝내 괴멸되고 대장 정용기 이하 중군장 이한구, 참모장 손영각, 좌영장 권규섭 등의 핵심인물들이 전사하고 말았다.[29] 산남의진의 2차 재기항전은 이로써 종료되었다. 그 후 정환직과 최세윤崔世允에 의해 인솔되는 산남의진은 1908년까지 경북 일대에서 활발히 활동하게 된다.

신돌석 의병과 산남의진이 활동에 들어간 시기에 인접한 진보·영덕 등지에서는 유시연柳時淵 의병이 일어나 활동하고 있었다. 유시연은 을미의병 때 안동의병의 선봉장을 지냈던 인물로 그 동안 이현규李鉉圭·신돌석 등의 우국인사들과 교유하며 시세를 관망하고 있었다. 그러다 을사조약 늑결 이후 재기항전을 결심하고 동지를 규합하였던 것이다. 1906년 봄부터 활동에 들어간 유시연 의병은 특히 진보·영덕·평해 등지가 주요한 활동무대였으

---

28 윤병석, 『한말 의병장 열전』, 254쪽.
29 독립운동사편찬위원회 편, 『독립운동사』 1, 580쪽; 윤병석, 『한말 의병장 열전』, 254쪽.

며, 신돌석 의병과 긴밀히 연락을 취하면서 공동작전을 수행하기도 하고, 1907년 8월의 군대해산 후에는 관동방면으로 진출하여 이강년 의진과도 공동보조를 맞추면서 항일전을 효과적으로 전개해 나갔다.[30]

호서지방

호서지방에서는 의병전쟁 전 시기에 걸쳐 항일전이 시종일관 활발하게 펼쳐졌다. 그 가운데서도 충북의 제천·단양·충주 일대와 충남의 홍성 일대가 그 중심지였다. 전술하였듯이 단양·제천 일대에서는 1905년 하반기에 원용팔과 정운경 등이 활동을 재개하고, 또 1907년 전반기에는 이강년이 거의함으로써 을미의병 시기 유인석을 정점으로 하였던 제천의병의 항전 전통을 계승하고 있었다. 한편, 홍주(현 홍성) 일대에서도 을미의병 시기 김복한金福漢, 안병찬安炳瓚 등이 주축이 되어 활발하게 벌어졌던 항일전의 맥락을 이어, 을사조약 이후 대규모 의병이 편성되어 활동에 들어갔다.

을사의병 시기의 홍주의병은 1906년 3월 15일 대흥군 광수光水(현 예산군 광시)에서 1차 의병이 편성되면서 활동이 시작되었다.[31] 이 시기 의병 편성의 주도적 역할을 한 인물은 이설李偰이다. 을미의병 해산 이후 은둔해 있던 이설은 을사조약 늑결 직후 김복한과 함께 상경하여 조약 폐기를 주장하는 상소를 올렸으나 오히려 경무국에 수감되어 옥고를 치루었다. 1906년 2월 석방된 이들은 고향으로 돌아와 곧바로 의병 재거를 계획하고 동지 안

---

30 柳奎元 編, 『柳義士傳』(『독립운동사자료집』 3, 1971), 213~215쪽 참조.
31 을사의병 시기 홍주의병의 활동에 대해서는 유한철의 「홍주성의진(1906)의 조직과 활동」(『한국독립운동사연구』 4, 독립기념관 한국독립운동사연구소, 1990)에서 그 전모를 분석적으로 소상하게 밝혔다. 본문의 홍주의병 관련 서술은 그 주지를 따랐다.

병찬, 을미사변 이후 정산에 낙향해 있던 전 참판 민종식閔宗植 등과 연락하며 의진 편성에 착수하였다. 이설의 권유를 받은 민종식이 의병에 참여하게 되자 거사계획은 구체화되었다.[32] 마침내 안병찬·박창로朴昌魯·이세영李世永·민종식 등이 1906년 2월 하순 정산 천장리天庄里 민종식의 집에 모여 거사 절차를 논의한 뒤 3월 중순 광수에서 봉기하였다.[33]

이 때 모인 의병의 규모는 3~6백 명 정도였던 것으로 추정된다. 이 의병의 편제는 창의대장 민종식 휘하에 종사관 홍순대洪淳大, 중군사마中軍司馬 박윤식朴潤植, 참모관 박창로朴昌魯, 군사마軍司馬 안병찬, 유회장儒會長 유준근柳濬根, 운량관運糧官 성재한成載翰 등으로 갖추어져 있었다.[34] 이와 같은 거사 과정과 편제로 볼 때 1차 홍주의병은 을미 홍주의병과 밀접한 관련을 가지고 있으며 그 전통을 계승한 것으로 이해할 수 있다. 박창로·안병찬·채광묵蔡光黙·이세영 등의 핵심인물들이 역시 을미 홍주의병을 주도하던 인물들이기 때문이다.[35]

이 의병은 광수를 떠나 홍주성을 향해 진격하였다. 의병 진영에서는 이 때 홍주성 관군도 의병에 참여토록 요청하였으나 홍주목사가 거절함으로써 계획에 차질을 가져왔다. 하는 수 없이 의병은 광수로 회진한 뒤 다시 공주 공략을 위하여 출발하였다. 그러나 공주와 서울에서 2백여 명의 관군이 청양에 도착해 있다는 정보를 입수하였기 때문에 의진은 다시 청양 합천合川(화성면)으로 이군하게 되었다. 하지만, 이곳에서 관군의 공격을 받아

---

32 『復菴集』(영인본, 1990), 「與閔允祖書」, 104쪽.
33 홍주의병의 기병 날자는 기록에 따라 1906년 정월에서 3월 중순까지 걸쳐 상이하게 나타나기 때문에 현재로서는 확단하기 어렵다. 그 가운데 안병찬과 임승주의 기록에서 3월 중순(15, 17일)으로 되어 있으므로 이에 따른 것이다.
34 송용재, 『홍주의병실록』, 홍주의병유족회, 1986, 307쪽.
35 유한철, 「홍주성의진(1906)의 조직과 활동」, 10쪽.

의병은 사방으로 패산하였으며, 안병찬·박창로·박용근朴容根을 비롯하여 40여 명이 체포됨으로써 1차 홍주의병은 해체되고 말았다.

그러나, 1차 홍주의병 해산 후 전주로 피신한 의병장 민종식은 진안·장수·무주 등지에서 의병을 모집한 뒤 전북 여산礪山을 거쳐 충남 서천으로 다시 이동, 재기항전에 나섰다.[36] 여산 주둔 당시에는 30여 명 정도의 소부대였으나 서천지역에서 약 3백 명을 소모함으로써 재기의 발판을 마련할 수 있었다. 이에 민종식은 남포藍浦를 경유하고 1906년 5월 11일 홍산鴻山 지치芝峙에서 이용규李容珪·김광우金光祐·조희수趙羲洙·이세영 등과 함께 창의를 선포하였다. 이로써 2차 홍주의병의 활동이 개시되었다. 이 무렵 의병의 규모는 4백여 명 정도로 추산된다.[37]

홍주의병은 이후 구병동九兵洞과 문장동文章洞을 지나 서천읍으로 들어갔다. 이 때 의진의 규모는 1천여 명에 육박하였다. 이와 같은 성세를 타고 비인·판교를 거쳐 남포에 이르렀을 때는 군세 1만을 호칭하였을 정도로 그 규모가 엄청나게 커졌다. 행군 도중 서천과 남포 등지에서는 상당수의 총포와 탄환을 수집하기도 하였다. 또한 의병에 비협조적이던 서천군수 이종석李鍾奭과 남포군수 서상희徐相喜를 감금하고 그 관인官印을 취해 의병을 소모하였다. 한편, 4일간 남포에 유진하는 동안에 보령의 우국유생 유준근柳濬根 이하 33명의 '유회군儒會軍'이 합세해 옴으로써 의병이 이 일대 유생들로부터 전폭적인 지지와 후원을 받고 있었음을 보여준다.[38]

민종식이 이끄는 홍주의병은 이후 다시 보령을 경유한 뒤 결성結城에 도

---

36 成德基,「義士李容珪傳」(『독립운동사자료집』 2, 1971), 329쪽.
37 『황성신문』 1906년 5월 7일자.
38 『황성신문』 광무 10년 5월 25일자; 송용재 편, 『홍주의병실록』, 310쪽.

착하여 하루를 지낸 뒤 5월 19일 홍주성 공격에 들어갔다. 의병들은 삼신당리三神堂里에서 대항하는 적을 일거에 격파하고 홍주성을 향하여 포화를 퍼부었다. 남문 성벽에 의지하여 저항을 시도하던 적군은 이내 성을 포기하고 거류 일본인들과 함께 북문으로 탈출, 예산 방면으로 도주하고 말았다. 이로써 홍주성은 당일 완전히 의병의 수중에 들어갔다.[39] 공주성 공략 무렵 의병의 군세는 자료에 따라 5천 명으로 기록한 경우도 있으나 이는 과장된 숫자로 보이며, 실제로는 5~8백 명 정도였던 것으로 추산된다.[40]

홍주성 점령 소식이 사방으로 전해지자 이식李侙과 안항식安恒植, 그리고 윤석봉尹錫鳳·채광묵蔡光黙 등의 명망지사가 합류해 오고, 한계석韓桂錫·곽한일郭漢一은 향리에서 각각 의병을 소모한 뒤 가세해 왔다. 그리하여 전성기인 홍주성 점령 직후 의병의 군세는 '총을 가진 군사가 6백 명, 창을 가진 군사 3백 명, 유회군이 3백 명' 등 모두 1천 2백여 명에 달하였던 것으로 추산되고 있다.[41] 이 무렵 홍주의병은 다음과 같이 대규모의 편제를 갖추고 본격적인 항일전을 준비하게 되었다.[42]

 대장 : 민종식

 참모장 : 김광우金光祐·조희수·채광묵

 중군장 : 정재호鄭在鎬·황영수黃英秀·이세영

---

39 독립운동사편찬위원회 편, 『독립운동사』 1, 356쪽 참조.
40 유한철, 「홍주성의진(1906)의 조직과 활동」, 17~18쪽 참조.
41 성덕기, 「의사이용규전」, 335쪽.
42 유한철, 「홍주성의진(1906)의 조직과 활동」, 18~19쪽. 그러나 본문 편제 가운데 마지막 참모사 명단 부분 대신에 成德基가 지은 「義士 李容珪傳」(331쪽)에서는 "참모사 이식, 돌격장 南啓元 安炳琳 郭漢一"로 기술되어 있다. 현재로서는 서로 다른 두 명단간의 차이나 사실관계를 확인할 수 없다.

유격장 : 채경도蔡景燾

좌군장 : 윤필구尹弼求·윤병일尹炳日·홍순대洪淳大

우군장 : 이병년李秉年·이범구李範九·송순묵宋淳黙

소집장 : 지우범池禹範   소모관 : 이만식李晩植

수문장 : 최선재崔璇在   수성장 : 조병순趙炳舜

선봉장 : 이남규李南珪·박영두朴永斗

후군장 : 정해도鄭海燾   서기 : 문석환文奭煥

운량 : 박제현朴濟賢   향관餉官 : 박윤식朴潤植

좌우소모장 : 최상집崔相集·엄순영嚴淳榮

좌익장 : 이상구李相龜   우익장 : 신현두申鉉斗

참모 : 안병찬·박창로·안항식安恒植·신복균申復均

유병장儒兵將 : 유준근柳濬根   유병소양관儒兵所養官 : 민정식閔廷植

유격장 : 김광현金光鉉·윤상배尹相培

참모사 : 이동규李東珪·이식·남계원南啓元·안병림安炳琳·안교헌安敎憲·박시림朴始林

일제는 홍주성 함락 다음날부터 공주·수원·서울 등지에서 경찰, 헌병대를 출동시켜 성 안의 동정을 정탐하는 한편, 의병에 대한 공격을 가해 왔다. 하지만 의병측에서는 입성과 동시에 일제 군경의 공격을 예상하고 군사를 6대로 나누어 4대문과 요해지를 엄중히 수비하고 있었기 때문에 수차에 걸친 적의 공격을 효과적으로 막아낼 수 있었다.

이와 같은 상황에서 일제는 통감 이토 히로부미伊藤博文가 직접 진두지휘하여 홍주의병 탄압에 착수하게 되었다. 그에 따라 소위 한국주차군사령관 하세가와 요시미치長谷川好道는 재경성 남부수비대 사령관 혼조本條에게 필

그림 5 충남 홍성의 조양문. 홍주성전투 당시 동문인 이곳으로 일본군이 공성을 개시하였다.

요한 병력을 홍주 방면으로 파견하여 헌병 및 경찰관과 협력하도록 지시하였다. 동시에 주차군사령관은 헌병대장에게 홍주 주재 헌병을 위의 파견부대와 연합, 그 수비대장의 지휘를 받도록 명령하였다. 그리고 남부수비대 사령관은 보병 제60연대장에게 대대장을 지휘관으로 하는 보병 2개 중대, 기병 소대로 편성된 부대를 현지로 급파하는 동시에 전주수비대 보병 1개 소대도 '작전'에 참여토록 조처하였다.[43]

일제의 홍주의병 탄압 전략의 핵심은 대량 학살에 있었다. 홍주의병에 대해 피의 보복을 감행함으로써 이 무렵 전국적으로 점차 확대되어가던 의병의 기세를 소진시키려던 심산이었다. 일제의 대규모 군경 연합부대는 5월 31일 새벽 야음을 틈타 대대적인 공격을 가해왔다.[44] 기습공격을 받게

---

43 유한철, 「홍주성의진(1906)의 조직과 활동」, 24쪽.
44 조선주차군사령부 편, 『조선폭도토벌지』(『독립운동사자료집』 3, 1971), 677쪽.

된 성 안의 의병들은 크게 놀라고 당황하지 않을 수 없었다. 시가전을 벌이면서 대항하였지만 한번 흐트러진 전열은 이미 돌이킬 수 없었다. 이 때의 전황을 일제 보고서에서는 다음과 같이 기록하고 있다.

> 31일 오전 2시 30분 후지藤 소위가 인솔하는 제2중대의 1소대는 서문 밖의 독립가옥에 방화하고 맹렬한 사격으로 적을 견제하고, 호시토 기병소위는 오전 2시 50분에 폭파병을 이끌고 동문으로 진격, 총화 투석을 무릅쓰고 오전 3시 10분 큰 폭음과 함께 문짝을 비산飛散시켜 돌입구를 터놓자 돌격대는 곧 성내로 돌입하였다. 북문은 오전 3시 30분 폭파하였다. 폭도(의병 - 필자주)는 우리의 신속 과감한 돌입으로 인해 크게 혼란을 일으켜 그 대부분은 가옥 내에서 우리를 사격하고 다른 일부는 큰 길에서 종사縱射를 해 와 마침내 시가전을 야기하였다. 이 때 날은 아직 새지 않아 수색이 곤란하였으므로 우선 적의 퇴로를 막기 위해 제4중대는 주로 동문에서 남문을 거쳐 서문에 이르는 성벽을, 제2중대는 주로 서문에서 북문을 거쳐 동문에 이르는 성벽을 점령하고, 헌병 및 경찰 일부는 동문과 북문을 감시하였다. 동이 틀 무렵부터 옥내 수색을 개시하여 사력을 다해서 저항하는 자는 사살하고 그렇지 않은 자는 포획하여 오전 7시 30분 성 내외의 수색을 완료하였다.[45]

이와 같이 일제 군경은 31일 새벽 성을 점령한 뒤 아침 7시 30분까지 '가택수색'까지 완료함으로써 탄압작전을 종료하였던 것이다. 그 결과 홍주성 안에 있던 의병과 민간인은 거의 1천여 명 가까이 희생된 것으로 추정되는

---

45 조선주차군사령부 편, 『조선폭도토벌지』, 676~677쪽.

엄청난 참변을 당하고 말았다.[46]

이 때 민종식 의병장을 비롯한 일부 참모들은 성을 탈출하였으며, 참모장 김상덕과 채광묵·성재평 등을 비롯한 80명은 순국하고 말았다. 그리고 윤석봉·이상두·신현두·유준근 등 피체된 80여 명은 서울로 압송되어 심문을 받았다. 그 가운데 윤석봉 이하 70여 명은 석방되고 나머지 남규진·유준근·이식·신현두·이상두·문석환·신보균·최상집·안항식 등 9명은 일본 대마도로 끌려가 억류당하였다.[47] 또한 중군장 이세영도 그 해 6월에 체포된 뒤 서울 경무청으로 압송되어 심문받은 후 종신 유배형을 받고 황해도 황주의 철도鐵島로 유배되었다.[48]

홍주성 함락 후 의병들은 해미·청양 등지로 분산 탈출하였다. 이들은 그 후에도 도처에서 소규모의 의진을 다시 편성하고 항일전에 들어갔다. 먼저 이용규는 그 해 7월에 청양 유치楡峙에서 군사 4백 명을 모은 뒤 부여·노성을 지나 연산 부흥리富興里에서 일본군을 만나 교전을 벌였다.[49] 그러나 훈련 부족과 화력 열세로 패전하였고, 조병두·채경도·오상준 등의 참모들은 피체되고 군사들은 흩어졌다. 이용규는 그 뒤 같은해 8월경에는 온양 석암사石岩寺(송악 봉곡사의 이명)에서, 그리고 9월에는 다시 공주 노동蘆洞(유구읍 노동리)에서 다시 거병을 시도하였으나 끝내 실패하고 말았다.[50]

그 뒤 1906년 10월 중에는 예산지방의 지사들을 중심으로 재거 논의가

---

46 『대한매일신보』 1906년 6월 6일자, 「洪州慘景」. 한편, 일제의 공식 보고서에서는 사실을 축소 왜곡시켜 의병측 사망자를 82명으로 기록하고 있다.(조선주차군사령부 편, 『조선폭도토벌지』, 677쪽)
47 독립운동사편찬위원회 편, 『독립운동사 1』, 360쪽 참조.
48 『古狂年譜』 광무 10년조.
49 성덕기, 「의사이용규전」, 332면.
50 성덕기, 「의사이용규전」, 333쪽.

활발하게 일어나 거사계획을 구체화시켜 11월 20일을 기하여 예산읍을 공략한 뒤 이곳을 활동 근거지로 삼기로 결정하였다. 여기에 동참한 인물은 이용규와 그의 족형인 전참판 이남규를 필두로 곽한일·박창로·이만식 등이었다. 그리고 의병장에는 다시 민종식을 추대하기로 결의하였다. 그 휘하 중군장에 황영수·정재호, 운량관에 박윤식, 참모에 곽한일·이용규·김덕진 등을 선임하고 항일전을 준비하게 되었다.

그러나 이와 같은 홍주의병의 재거 계획은 미처 실행되기도 전에 일진회원의 밀고로 인하여 11월 17일 일제 군경의 습격을 받아 수포로 돌아가고 말았다. 그리고 이남규·이충구 부자를 비롯해 곽한일·박윤식·이석락·이용규 등 핵심인물들은 일경에 피체되어 갖은 악형을 당하였다. 그밖에도 각지로 사산한 박우일朴禹日·맹순량孟順良·홍순대·안병찬·이근주·한계석 등 다수의 홍주의병은 충청도·전라도 일대에서 1907~1909년까지 간헐적으로 항일전을 수행하면서 의병항전의 전국적인 파급 확산에 적지 않은 영향을 주었다.[51]

한편, 을미의병 때 진주의병을 인솔하였던 노응규盧應奎는 1906년 가을 충북 황간에서 전 참봉 서은구徐殷九, 엄해윤嚴海潤 등과 함께 재기항전을 기치를 들었다. 노응규의 황간의병은 일제시설물 및 경부선 철도·열차를 파괴대상으로 삼아 활약하는 한편, 일본군과도 교전을 벌여 척후병을 패퇴시키기도 하였다. 그러나 불행히도 노응규 이하 서은구·엄해윤 등 핵심인물들이 1907년 1월 황간분파소 순검들에게 일시에 피체됨으로써 그 활동이 종료되고 말았다.[52]

---

51 유한철, 「홍주성의진(1906)의 조직과 활동」, 30~31쪽 참조.
52 『황성신문』 광무 11년 2월 4일자; 『관보』 광무 11년 7월 11일자 호외, 「휘보」, 637~638쪽.

1907년 5월에 들어서는 제천에서 이강년李康秊이 안성해安成海, 백남규白南奎 등과 함께 의병을 일으켰다. 을미의병 때 제천의병에 유격장으로 참전한 전력을 가진 이강년은 무관[宣傳官] 출신인 까닭에 군사에 밝았을 뿐만 아니라 용병술이 뛰어난 인물이었다. 이 때부터 그는 이듬해 7월 청풍 까치성[鵲城]전투에서 체포될 때까지 1년 3개월 동안 경상도와 강원도, 그리고 충청도 일대를 돌며 태백산맥을 중심으로 민긍호, 신돌석 의병 등 인접 부대와 긴밀한 연계하에 일제 군경을 상대로 연승을 거두어 그 명성을 드날리게 되었다.[53]

호남지방

을사조약 늑결 이후 호남지역에서 일어난 대표적인 의진 가운데 하나가 전북 태인에서 일어난 최익현 의병이다. 최익현 의병은 을사의병 가운데서도 호남지역을 대표할 뿐만 아니라 의병의 전국적 파급에 상당한 영향을 주기도 하였다.

화서 이항로의 문하에서 수학한 최익현은 일찍이 관계로 진출해 호조참판·의정부찬정·공조판서·궁내부특진관 등의 중요 관직을 두루 역임한 원로였다. 개항 이후 그는 기회가 있을 때마다 일제의 침략과 정부의 개화시책을 규탄하는 등 재야의 여론을 대변하는 척사적 입장을 견지해 왔다.[54]

최익현이 의병에 투신하게 되는 것은 을사조약 늑결을 계기로 해서이다.

---

53 정제우, 『운강 이강년 의병장』, 독립기념관 한국독립운동사연구소, 1997, 66쪽 참조.
54 윤병석, 「면암 최익현의 위정척사론과 호남의병」, 『한민족독립운동사논총』, 박영석교수 화갑기념논총, 1992, 3~5쪽 참조.

그는 조약 늑결을 곧 국망으로 인식하고「청토오적소請討五賊疏」와「창의토적소倡義討賊疏」 등의 상소에서 구국을 위한 민족의 진로를 밝히고 의병에 동참할 것을 천명하였다.

최익현은 거병의 준비단계로 지사들을 모으고 항일의지를 결집키 위해 1906년 초에 노성魯城 궐리사闕里祠에서 원근의 유림을 모아놓고 강회를 열었다. 이어 3월에는 전북 태인의 종석산鍾石山 밑에서 거병 실무를 전담하게 되는 임병찬林炳瓚을 만나 구체적인 거사계획을 수립하게 되었다. 다음으로 그는 담양의 용추사龍湫寺로 내려가 기우만奇宇萬 등 호남의 명유지사들과 회동하고, 113명에 달하는 지사들의「동맹록同盟錄」까지 작성하기에 이르렀다. 또한 순천·낙안·홍양·여수·돌산·광양·장흥·보성·강진·해남·완도 등 호남 각지에 격문을 보내어 거병에 동참할 것을 촉구하였다.[55]

이와 같은 준비 끝에 최익현은 1906년 6월 4일 태인 무성서원武城書院에서 74세의 고령으로 구국의 기치를 들었다. 최제학崔濟學 등의 문인지사들을 주축으로 편성된 80여 명의 최익현 의병은 즉시 태인 본읍을 향해 행군을 개시하였다. 이에 태인군수 손병호孫秉浩는 저항을 포기하고 달아났다. 그러므로 의병은 무난히 태인성을 점령할 수 있었다. 그리고 향장鄕長과 수서기首書記를 불러 관아의 무기를 접수하는 한편, 군사들을 모아 전력을 강화시켰다.

거병 후 최익현 의병은 전주로 북상하려던 원래의 계획을 수정하여 정읍

---

55 윤병석,『한말 의병장 열전』, 200쪽; 崔濟學 編,「勉菴先生倡義顚末」(『독립운동사자료집』 2, 1971), 65~75쪽.

으로 내려갔다.[56] 그곳에서는 군수 송종면宋鍾冕이 저항을 포기한 채 항복해 왔다. 이에 총포 등의 무기류와 1백여 명의 병력을 확보한 뒤, 당일 행군을 계속하여 내장사內藏寺로 들어갔다. 이 때 흥덕 선비 고석진高石鎭이 김재구 金在龜·강종회姜鍾會 등과 함께 포군 30여 명을 거느리고 합세해 와 의진의 사기를 고무시켰다. 이 무렵 의병의 군세는 3백여 명에 이르렀다. 이에 내장사 뜰에서 좌, 우익을 갈라 잠시 군사를 조련하고 구암사龜巖寺를 경유한 뒤 6월 7일 순창읍으로 들어갔다.[57]

의병이 순창읍으로 진격해 들어가자 군수 이건용李建鎔도 최익현 앞에 나와 투항하였다. 결국 최익현 의병은 무성서원 거병 후 태인·정읍·순창에 이르기까지 별다른 난관없이 무혈입성할 수 있었다. 또한 채영찬蔡永贊·황균창黃均昌·김갑술金甲述·양윤숙楊允淑 등이 인근 각지에서 수십 명의 포군을 거느리고 합류해 옴으로써 전력도 더욱 강화되었다. 이 무렵 최익현 의병의 군세는 5백여 명에 육박하게 된다.[58] 이 날 의병을 추격해온 전주 경무고문지부 소속 일경 10여 명을 상대로 승전을 거두어 의진의 사기는 한층 고무되었다.[59]

최익현 의병은 다음날 남원 진출을 시도하기 위해 곡성으로 갔다. 그곳 군수 송진옥宋振玉 역시 수성을 포기한 채 의병을 영접하였다. 그러나 남원이 방어태세가 견고하다는 판단하에 세전稅錢·양곡 등만 접수하고 군사를 소모한 뒤 순창으로 돌아왔다.

---

56 황현, 『매천야록』, 국사편찬위원회, 1955, 382쪽.
57 최제학 편, 「면암선생창의전말」, 84쪽.
58 독립운동사편찬위원회 편, 『독립운동사』 1, 378쪽; 최제학 편, 「면암선생창의전말」, 84쪽.
59 林炳瓚, 「倡義日記」(임병찬, 『의병항쟁일기』, 한국인문과학원, 영인본, 1986), 206쪽.

그림 6 최익현 의진의 지휘부가 있던 순창 객사. 현재 순창초등학교 경내에 있다.

    최익현 의병은 거의 후 태인·정읍·순창·곡성 등 호남 각지를 행군하면서 민간에 의기를 불어넣고 군사를 모아 순창에 재차 주둔할 무렵에는 8백여 명에 달하였다. 이로써 호남 일대에서는 최익현 의병의 활동 이후 항일의 분위기가 점차 고조되고 있었다. 그러나 성세에 비해 화력이 빈약했기 때문에 실제 전력은 열악한 실정이었다.[60]

    순창을 근거지로 최익현 의병이 활동의 폭을 넓혀가자, 일제는 대한제국 정부로 하여금 의병 탄압을 종용하고 나왔다. 이에 광주관찰사 이도재李道宰는 6월 11일 광무황제의 선유조칙과 관찰사 고시문을 의진에 보내 와 해산을 종용하였다. 최익현은 이를 단호히 거절하였다. 이어 정부에서는 전주관찰사 한진창韓鎭昌에게 진위대를 동원해 의병을 해산시키라는 훈령을 내렸다. 한진창은 전주와 남원의 진위대를 출동시켜 6월 11일 순창 외곽을

---

60 임병찬, 「창의일기」, 206쪽.

봉쇄하고 읍의 북쪽인 금산錦山에는 전주 진위대가, 동쪽인 대동산大同山에는 남원 진위대가 각각 포진하여 읍내 관아의 객관客館을 중심으로 포진하고 있던 의진을 압박해 왔다.[61]

최익현은 처음에 이들이 일본군인 줄 알고 즉시 전투태세에 돌입했었다. 그러나 얼마 뒤 척후병의 보고로 이들이 일본군이 아니라 동족인 진위대 군사임을 알고는 동족상잔의 비극을 피하기 위해 진위대측에 다음과 같은 간곡한 통첩을 보냈다.

> 우리 의병은 왜적을 이 땅에서 몰아내고자 하는 목적으로 싸울 뿐 동족간의 살상은 원치 않는다. 진위대도 다같은 우리 동포일진대, 우리에게 겨눈 총구를 왜적에게 돌려 우리와 함께 왜적을 토멸하도록 하자. 그리함으로써 후세에 조국을 배반했다는 오명을 씻을 수 있으리라.[62]

그러나 진위대 군사들은 이러한 호소를 묵살한 채 일제히 공격을 가해 왔다. 일시에 급습을 받은 의진은 중군장 정시해鄭時海가 전사하는 등 전열이 와해되고 말았다. 이 때 최익현을 비롯해 탈출을 포기하고 순창 객관 연청椽廳에 모여 있던 임병찬·고석진高石鎭·김기술金箕述·문달환文達煥·임현주林顯周·유종규柳鐘奎·조우식趙愚植·조영선趙泳善·최제학崔濟學·나기덕羅基德·이용길李容吉·유해용柳海瑢 등 13인의 의사들은 그대로 체포되어 전주로 압송되었다. 이로써 최익현 의병은 종막을 고하고 말았다.[63]

---

61 윤병석, 『한말 의병장 열전』, 204쪽; 임병찬, 「창의일기」, 206쪽; 최제학 편, 「면암선생 창의전말」, 88쪽.
62 민족문화추진회 편, 『면암집』 3, 1978, 184쪽.
63 민족문화추진회 편, 『면암집』 3, 184~185쪽; 임병찬, 『창의일기』, 207쪽; 최제학 편,

최익현 의병은 활동기간이 10여 일에 불과하고 격전 한 번 없이 해산하고 말았지만 그 여파는 컸다. 이를 계기로 호남 각지에서 의병의 기세가 점차 고조되어 갔던 것이다.[64]

이에 앞서 전남에서도 을사조약 늑결 직후에 명유 기우만 등이 조약 파기와 매국적 처단을 주장하는 상소를 올리는 등 항일의식이 고조되어 갔다. 이에 따라 시국을 토론하는 유생들의 궐기와 회합은 있었지만 거의에까지 이르지는 못하였다. 1906년 봄에도 기우만과 이항선李恒善 등이 최익현·임병찬 등과 서로 연락을 취하며 거사계획을 의논하였으나 역시 거의 단계에는 도달하지 못하였다.[65]

최익현 거병 이후, 광양에 은거 중이던 전 주사 백낙구白樂九가 1906년 가을 의진을 편성하고 구국항전의 기치를 올렸다. 그는 원래 동학농민전쟁 때에는 초토관招討官으로 실전을 치른 경험이 있었으며, 이 무렵 광양 산중에 은거하던 중 동지 10여 명과 함께 수백 명의 주민을 모아 의진을 편성하기에 이르렀다.[66] 이에 우국지사들인 김상기金相璣·이항선李恒善·노원집盧元執·채상순蔡相淳·유병우柳秉禹 등이 의진에 참여하고 도처에서 장정들이 모여들어 수백 명의 군세를 가지게 되었다. 그리고 백낙구는 사령장司令長에 추대되어 이 의진을 통솔하였다.[67]

백낙구는 인근 각지로 격문을 돌려 항일전의 명분을 천명하는 한편, 의병 소모에 적극 호응해 줄 것을 주민들에게 당부하였다. 그리고 장성의 기

「면암선생창의전말」, 88쪽.
64 李一龍 譯, 『韓末 全南義兵戰鬪史』, 全南日報印書館, 1977, 20~23쪽 참조.
65 『松沙先生文集拾遺』 권2, 부록, 「연보」 고종 42, 43년조.
66 황현, 『매천야록』, 395쪽.
67 독립운동사편찬위원회 편, 『독립운동사』 1, 397쪽.

우만, 담양의 고광순·이항선 등과 연락하여 각지의 군사들을 모아 11월 6일 순천읍을 공략하기로 계획을 수립하였다. 하지만 이 날 모인 군세가 미약하였기 때문에 오히려 백낙구를 비롯하여 종사 7명이 체포되고 말았다. 그 가운데 종사 안치명安致命과 김봉구金奉九는 탈옥하였으나 백낙구 등은 광주 경무서로 이송되어 심문을 받게 되었다. 이로써 백낙구 의병은 활동이 종식되고 말았다. 그 뒤 백낙구는 1907년 봄 석방되자마자 다시 의병에 투신, 태인에서 일본군과 교전 중 전사하고 말았다.[68]

한편, 남원지방에서는 초계군사草溪郡事를 지낸 양한규梁漢奎(1844~1907)가 지리산 일대를 근거지로 삼고 영, 호남지역으로부터 1천여 명의 병력을 모아 활동에 들어갔다. 양한규 휘하의 정예병 1백여 명은 1907년 2월 13일 밤 참봉 유병두柳秉斗, 진사 박재홍朴在洪 등과 함께 진위대가 주둔한 남원성을 기습하여 성을 점령하는 데 성공하였다. 이 날이 설날이어서 경비가 허술한 때문이었다. 그리하여 남원성의 4대문은 의병의 파수하에 들어가고 진위대의 무기 군수품 일체를 접수하였다.[69]

양한규 지휘하에 의병은 달아나는 진위대를 추격하였다. 그러나, 이 과정에서 양한규가 전사하고 말았다. 다음날에는 관군이 반격해 들어오자 사기가 저상된 의병은 참패를 당해 성을 탈출한 뒤 지리산 일대로 흩어지고 말았다. 그리하여 지리산 아래 운봉을 근거지로 활동을 계획한 양한규의 처남 박봉양朴鳳陽을 비롯해 박재홍, 상인 양문순梁文淳 등의 간부들은 체포되어 전주를 거쳐 서울로 압송되고 말았다.[70]

---

68 이일룡 역, 『한말 전남의병전투사』, 20~23쪽; 황현, 『매천야록』, 395·413쪽.
69 송상도, 『기려수필』, 국사편찬위원회, 1955, 112~113쪽.
70 『전북의병사』 하, 전북향토문화연구회, 1992, 66쪽; 황현, 『매천야록』, 406쪽.

담양군 창평 출신의 고광순高光洵은 1907년 1월 봉기하였다. 그는 기우만·기삼연奇參衍 등과 함께 을미의병에도 참가한 인물로, 을사조약 체결 이후 더욱 분개한 나머지 지사들을 규합하면서 재기의 기회만 노리고 있었다. 최익현 의병이 순창을 점령할 무렵에는 여기에 합류하기 위해 왔으나 이미 의진이 해산된 뒤였다.[71] 그 뒤 고광순은 1월 24일 담양 창평昌平에서 고제량高濟亮을 부장副將, 윤영기尹永淇와 박기덕朴基德 등을 참모로 창의의 깃발을 세웠다. 이 때 남원의 양한규로부터 연합 제의를 받은 고광순 의병은 곧 남원으로 진출하였다. 그러나 양한규 의진이 즉시 와해되고 말았기 때문에 퇴각하지 않을 수 없었다. 고광순 의병은 4월 25일 화순읍을 점령하여 주민들의 환영을 받았다. 이튿날 다시 동복同福으로 진군한 의진은 광주에서 파견된 관군과 도마치圖馬峙(일명 刀摩峙)에서 교전 끝에 사방으로 패산하고 말았다.[72]

고광순을 중심으로 한 광주 부근의 의병들은 그 뒤 산속으로 숨고 혹은 기회를 보아 진격하는 등 수시로 유격전을 벌여나갔다. 특히 1907년 8월 이후로는 몰려드는 해산병을 규합, 1천여 명에 달하는 대규모 부대가 되어 지리산 화개동花開洞 일대를 근거지로 활발하게 항전을 지속하고 있었다. 고광순과 고제량은 1907년 10월 연곡사 전투에서 전사하고 말았지만, 그 휘하에 있던 의병은 운봉·함양·순창·정읍 일대에서 항전을 계속하게 된다.[73]

---

71 황현, 『매천야록』, 383쪽.
72 독립운동사편찬위원회 편, 『독립운동사』 1, 402쪽; 황현, 『매천야록』, 413쪽.
73 독립운동사편찬위원회 편, 『독립운동사 1』, 402쪽; 이일룡 역, 『한말 전남의병전투사』, 12·26~27쪽.

또한 양회일梁會一의 주도하에 편성된 쌍산의소雙山義所는 양한규, 고광순보다 다소 늦은 1906년 4월 하순 거병하였다. 화순과 보성의 군계에 위치한 능주綾州의 계당산桂棠山에 자리잡고 있던 이 의진은 거병 직후 능주와 화순 군아郡衙를 습격하여 무장을 강화하였지만, 이튿날 복천福川 도마치에서 패전 끝에 해산하고 말았다. 그 뒤 임창모林昌模 등 이 의진의 성원들은 1908년까지 각지로 분산해 지속적인 활동을 계속해 갔다.[74]

양서지방

한말 의병은 지역적으로 중, 남부지방에 집중되어 있었다. 북부지방에서는 정미의병 때에 가서야 의병의 기세가 점차 활발해지는 경향을 보여준다. 의병이 시종일관 북부지방에 비해 중, 남부지방에 집중되던 양상은 당시 사회적 여건에 비추어 자연스런 현상으로 이해할 수 있다. 곧 19세기 후반의 시대상황에서 정치·사회·경제 등 제반 영역에 걸친 활동의 중심이 중, 남부지방이었을 뿐만 아니라 인구 역시 이 지역에 집중되어 있었기 때문이다.[75] 이 점을 감안하고 을사의병 시기에 북부지방에서 일어난 의병의 개황을 살펴보면 다음과 같다.

관서지방에서는 을사조약이 늑결된 직후인 1905년 12월 평북 용천龍川 일대에서 의병이 일어났다. 이 의병은 유생 전덕원全德元이 김두섭金斗燮 등의 지사들과 함께 주도하였다. 전덕원은 1905년 초 서울에 올라와 십삼도

---

74 조동걸, 「쌍산의소(화순)의 의병성과 무기제조소 遺址」, 『한국독립운동사연구』 4, 독립기념관 한국독립운동사연구소, 1990, 6~11쪽.
75 박민영, 『대한제국기 의병연구』, 한울, 1998, 9~10쪽.

유약소十三道儒約所에 가담하여 일제의 침략을 성토하고 을사조약 때는 조약 파기와 매국적 처단을 촉구하는 상소를 하는 등 구국운동을 벌이던 우국지사였다. 고향으로 돌아온 그는 계행건桂行騫·김두섭 등 여러 지사들의 호응을 얻고, 가산을 처분한 군자금으로 무기를 준비한 다음 거병하였다. 그러나 이 의병은 실제 활동에 들어가기도 전에 일제 군경의 급습을 받아 전덕원 등의 주모자들이 체포됨으로써 해산하고 말았다. 그 뒤 전덕원은 1906년 봄에 석방되어 재기항전을 도모하였으나 박양래朴樑來 등의 동지들과 함께 다시 체포되고 말았다.[76]

한편, 해서지역은 을미의병 때 제천의병과 긴밀히 연계되어 있었으며, 그 후 1900년대에도 유인석이 평산 산두재山斗齋를 근거지로 부단히 왕래하며 항일의식을 고취하며 문인들을 양성하고 있었기 때문에 항일 분위기가 고조되고 있었다. 을사조약 이후 전국 각처에서 의병이 재기하는 등 항일운동이 거세게 일어나자, 해서지역에서도 우국지사들간에 모임과 왕래가 빈번해지고 구체적인 거의 움직임이 활기를 띠게 되었다.

그 가운데 신천·장연·송화·재령 등지에서는 '정동의려대장正東義旅大將' 우동선禹東鮮 주도하에 김두행金斗行·조윤봉趙允奉·강만석康萬石·장동찬張東燦·고익균高益均·이진태李振台 등이 모여 을사조약을 규탄하면서 의병을 일으켰다. 우동선 의병은 구월산 월정사月精寺에 근거지를 두고 일제 군경을 격파하고 일제 침략시설을 파괴하는 등의 활동을 벌였다. 특히 산간 지세를 이용하는 유격전으로 우세한 적군을 궁지로 몰아넣으면서 끈질긴 항쟁을 계속하였고, 1907년 정미의병 때에는 해산군인까지 가세하여 한층 강화

76　애국동지원호회 편, 『한국독립운동사』, 1956, 58쪽.

된 전력으로 그 기세를 더욱 떨쳐갔다.⁷⁷

평산 일대에서 유치경兪致慶, 변석현邊錫玄 등을 중심으로 한 화서학파 계열 인물들의 거병 분위기는 1907년 9월에 박정빈朴正彬(일명 朴箕變)을 주장으로 하는 평산의진의 편성으로 결실을 맺고 해서지방의 의병전쟁을 주도하게 된다.

을사의병의 역사적 의의

을사의병은 을미의병 봉기 이후 10여 년 동안 변화된 시대여건을 변수로 여러 가지 면에서 발전된 형태로 항일전을 전개하였다. 이 단계의 의병은 이전의 을미의병과, 1907년 하반기에 들어 계기적으로 연속되는 정미의병을 염두에 둘 때 과도기적 성격을 노정하고 있다. 그렇지만 보다 거시적인 안목에서 볼 때, 을사의병은 을미의병보다 정미의병에 더 가까운 투쟁양상과 성격을 보여준다. 전국적으로 확대 발전되는 의병전쟁의 양상이 이 단계에서 점차 형성되어 갔던 점에서 그러하다. 이러한 사실을 염두에 두고, 을사의병의 전반적 성격과 의의를 정리하면 다음과 같다.

을사의병은 일제침략이 한층 강화되는 어려운 객관적 조건 위에서 활동을 시작하게 되었다.⁷⁸ 1904년 이후에는 수도 서울에 일제의 한국주차군사령부가 설치되고, 러일전쟁을 수행하기 위한 일본군 정예병력까지 전토를

---

77 정제우, 「한말 황해도지역 의병의 항전」, 『한국독립운동사연구』 7, 독립기념관 한국독립운동사연구소, 1993, 11~12쪽 참조.
78 유한철, 「중기의병사(1904~1907) 연구의 성과와 과제」, 『한국근현대사연구』 1, 한국근현대사연구회, 1994, 232쪽 참조.

침략하고 있었다. 그리고 한일의정서와 제1차 한일협약을 강요한 이듬해인 1905년에는 급기야 을사조약을 늑결함으로써 일제의 침략은 대한제국 병탄을 향하여 절정에 이르게 되었던 것이다. 이와 같은 일제의 강력한 침략세력을 구축하기 위해 의병에 투신한다는 것은 국가와 민족 앞에 일신을 불사르는 살신성인의 구현이었다.

을사의병은 을미의병의 한계로 지적되는 지역성과 학통성, 혈연성을 어느 정도 극복해 가는 경향을 보여준다. 위에서 언급한 전국 의병의 활동개황은 현재 확인된 의병 가운데 비교적 규모가 큰 단위의진에 해당되는 것이며, 그 밖에도 전국 각처에서 수많은 의병이 활동하고 있었다는 사실을 결코 간과해서는 안 된다. 곧 이 시기에 이르면 전국적으로 단위의병의 빈도수가 그만큼 증가하고, 또 그에 따라 단위의병 구성원의 수도 현저히 줄어드는 추세가 나타난다. 을미의병 때 통칭 수만에서 수천에 이르던 대단위 부대가 이 시기에 와서는 수백, 수십 명을 단위로 편성되던 것이 일반적인 경향이었다. 그만큼 의병이 정예화되어 가고 있었던 것이다.

이와 같은 경향은 또한 의병에 참여하는 신분층이 저변으로 확대되어 가던 사실과도 밀접한 연관을 가지고 있다. 1904~1905년간 을사의병의 초기 단계에서 이미 을미의병 시기에 보이지 않던 농민층을 주축으로 한 '농민의병'이 다수 출현하면서 의병 재기의 발판을 마련하게 되었다. 즉 동학농민전쟁-을미의병-광무농민운동의 투쟁 경험을 토대로 1904년 러일전쟁과 함께 강요된 한일의정서와 제1차 한일협약 등 일제 침략을 계기로 '민족적 농민'은 그들의 조직을 의병으로 전환시켜 간 것이다. 또 을사의병 시기에도 을미의병과 같은 양반유생 의병장이 다수였다고 하더라도, 박장호와 고광순처럼 순수 유생도 없지 않았으나, 최익현·민종식·정환직 등 관료 출신 인사가 많았다는 점도 주목된다. 이러한 경향은 이 시기가 척사보다 국가의식이 더 절박하게 닿아있었음을 보여주는 결과로도 해석할 수 있다.[79] 다시 말해 이 시기의 의병은 을미의병에서 지향한 '복수보형復讐保形'보다 발전된 더욱 선명한 구국노선을 지향하고 있었던 것이다.

을사의병 단계에서는 또한 전술상의 변화도 점차 나타나고 있다. 단위 의병의 수는 늘어나고 편제 성원의 수가 감소하는 경향은 이 시기에 정미의병의 보편적 전술인 유격전의 등장을 의미하는 것이기도 하다. 그러므로 이 시기에는 산악지대가 의병의 근거지로 점차 그 비중을 더해가게 된다. 그만큼 일제 군경을 상대로 한 전투가 치열해져 갔음을 반증하는 것이다.

을사의병은 다음 단계의 정미의병으로 간단없이 계기적으로 발전하고 있다. 이 시기의 의병은 일제 군경에 비해 여전히 화력 면에서 절대적 열세에 놓여 있어 큰 전과를 올릴 수는 없었다. 그러나 을사의병 단계에서 활동하던 각지의 의병은, 홍주의병과 산남의진, 그리고 호남의 여러 의병의 예에서 단적으로 보이듯이 1908년 군대해산 이후 전력을 한층 강화하며 활동의 폭을 더욱 넓혀 전국적으로 확대 발전되어 가는 의병전쟁의 초석을 다져 놓게 된다. 곧 을사의병은 다음 단계에서 더욱 확대 심화되는 정미의병의 기반과 여건을 마련해 가는 과정으로 그 역사적 의의를 평가할 수 있을 것이다.

---

79 조동걸, 『한국민족주의의 성립과 독립운동사연구』, 51~57쪽 참조.

서북지역 정미의병의
항일전

머리말

1905년 을사오조약 늑결 이후 항일전을 재개한 의병은 1907년 6월 헤이그특사의거를 빌미로 일제가 대한식민지화를 단행하기 위하여 광무황제를 강제퇴위시키고 이어 한국군을 강제해산하게 되자 전 민족이 동참한 대일 전면전을 전개하기에 이르렀다. 구국의 성전인 정미의병이 그것이다.

정미의병 시기에는 서북지방[1]에서도 역시 의병이 도처에서 일어나 활발한 항일전을 벌였다. 1908년 후반기 이후 일제의 의병 탄압이 가중되던 시기에 국내에서 활동하던 의병은 일제의 탄압을 피해 점차 북상함으로써 1910년 국망을 전후한 시기에는 서북지방이 항일의병 세력의 집결지로 변모되어 활발한 항일전이 펼쳐졌던 것이다. 더욱이 서북지방은 압록강, 두만강 대안을 따라 대규모 한인사회가 형성되어 있던 간도 및 연해주와 지리적으로 연접해 있어 이들 지역의 항일세력과 연계할 수 있었기 때문에

---

1   서북지방은 행정구역상 황해도, 평안남북도, 함경남북도를 포괄하는, 즉 北韓에 해당하는 지역 이름이다. 곧 해서(황해도)와 관서(평안도)를 합칭하는 兩西와 함경도의 별칭인 關北을 통칭하여 西北이라 한다.

항일전의 근거지로 적합한 조건을 구비하고 있었다.

서북지역의 의병은 을미사변이 일어나기 이전, 곧 갑오의병 단계부터 시작되고 있다. 평안도 상원詳原 일대에서 김원교金元喬를 중심으로 의병이 편성되어 활동을 개시한 것이 그 효시이다. 또한 강계 대안의 서간도 통화현通化縣 삼도구三道溝에 근거를 두고 있던 김이언金利彦 의병 역시 이 무렵부터 활동을 시작하였다. 백범 김구가 서간도로 들어가 일시 투신하였던 의진이 바로 이 부대이다. 그리고 1896년 을미의병 시기에는 중부지역에 근거지를 두고 활동하던 제천의병과 강릉의병이 근거지 이동을 단행하면서 서북지방의 의병을 선도하게 되었다. 제천의병과 강릉의병의 서북지방 근거지 이동은 이 지역 의병의 전도前導가 되었을 뿐만 아니라 후일 항일의병의 '북상도강'[2]을 선도하였다는 점에서 그 의의가 크다.

정미의병 시기에 서북지방에서도 각지에서 의병이 일어나 항일전을 수행하였다. 그 가운데 비교적 규모가 크고 실체가 뚜렷한 의병은 본고에서 논급한 관북의 산포수의병과 경성의병, 그리고 해서의 평산의병과 채응언 의병을 들 수 있다. 그밖에도 관서지방인 평북 용천에서 다소 이른 시기인 1906년 12월에 전덕원全德元과 김두섭金斗燮 등이 의병을 편성, 항일전을 전개하였고, 황해도 서부지역인 장연·재령·신천·송화 등지에서 우동선禹東

---

2 의병전쟁 시기에 의병은 관군과 일제 군경의 압박을 받게 되는 상황에서 그 탄압을 피하고 장기 항전을 모색하기 위해 서북지역과 간도, 연해주를 향하여 근거지 이동을 하고 있었다. 이와 같은 상황에서 의병이 서북 변경지역을 향하여 이동하는 과정을 '北上'으로, 나아가 압록강·두만강을 건너 간도와 연해주 등 국외로 '망명'하는 과정을 '渡江'으로 정의하고, 북상과 도강이 계기적으로 연속되는 과정을 '北上渡江'으로 규정하였다. 물론 북상과 도강이 성격상 모호한 경우가 많으며, 북상 자체가 도강의 의미를 포함한다고도 볼 수 있다. 그러나 국경의 개념을 염두에 두어야 하는 현재의 관점에서는 이 양자를 나누어 이해할 필요가 있다고 판단하였기 때문에 이와 같은 용어를 사용하게 되었다.

鮮이 전개한 항일전은 특기할 만하다.

여기서는 정미의병 시기 서북지방에서 활동한 여러 의병 가운데 관북 산포수의병, 경성의병, 평산의병, 그리고 채응언 의병 등 4개 의병부대를 대상으로 논급하였다. 각 의진의 편성과정에서부터 편제와 주도인물, 그리고 항일전의 내용과 성격 등을 중심으로 기술하였다.

서북지방 의병에 대한 연구는 남한 의병 연구에 비해 상대적으로 미진하다. 의병의 활동 정도가 남한에 비해 미약한 점을 감안하더라도 연구성과는 크게 부족한 실정이다. 관련 자료의 부족이나 남북분단의 현실적 상황에 기인하는 여러 가지 제약을 그 중요한 원인으로 지적할 수 있을 것이다. 단행본이나 개설적 연구를 제외할 때, 그 동안 학계에서 진행된 본격적 연구성과는 관북 산포수의병과 경성의병에 대한 연구, 그리고 황해도 의병에 대한 연구, 채응언 의병 연구 정도에 불과하다. 이러한 견지에서, 앞으로 서북지방 의병의 실상을 더 구체적으로 파악하기 위해서는, 나아가 한말 의병전쟁의 균형적 이해를 이해를 위해서는 서북지역에서 전개된 지역별 단위의병의 실상을 비롯해 의병장 개인에 대한 연구 등이 더 진행되어야 할 것으로 생각된다.

관북지역의 정미의병

관북 산포수의병의 항일전

차도선車道善과 홍범도洪範圖가 이끌던 관북 '산포수의병'은 한말 서북지역 의병 가운데 가장 두드러진 활동을 보였다. 이 의병은 전후 20여 년에 걸치는 의병전쟁 시기에 전국 각지에서 활동한 여러 의병 가운데서도 단연 두각을 나타내었을 만큼 강력한 전력을 보유하고 있었다. 더욱이 이 의병은 1910년 국치 이후 의병이 독립군으로 전환 발전되는 과정에서 그 전형을 보여주고 있기 때문에 항일독립운동사상 그 역사적 위상이 뚜렷이 부각된다.

산포수의병의 주요 항전무대는 북청을 비롯해 삼수·갑산·장진·신흥 등지로 함남 내륙 거의 전역에 걸쳐 있다. 이곳의 지세는 백두산의 동남쪽에 있는 한반도의 지붕 개마고원을 가운데 두고 마치 사방에서 그 외곽을 둘러싸고 있는 듯한 형세를 보이고 있으며, 험산준령으로 이어진 산악지대이다. 이곳에는 수렵을 생업으로 삼고 있던 직업 산포수가 상당수 거주하고 있었다.

북청의 산포수가 의병으로 전환되는 계기는 1907년 9월 3일 일제가 공포한 소위 '총포급화약류단속법銃砲及火藥類團束法'이었다. 대한식민지화를 감행하려던 일제는 8월에 대한제국의 정규 군대를 강제 해산한 데 이어, 민간에서 소지하고 있던 일체의 무기류까지 압류하기 위해 이러한 법규를 제정, 공포하였던 것이다.

사냥총은 산포수 주민들의 생계 도구였다. 그러므로 단속법이 발포된 직후 북청 주재 일군경이 이 지역 산포수들의 총기를 압류하려 하자, 산포수들은 이에 강력히 반발하여 그대로 의병으로 전신轉身하게 되었던 것이다.[3] 다른 지역에서 일어난 의병에 비해 차도선과 홍범도가 인솔하던 의병의 전력이 한층 더 강했던 중요한 요인도 그 성원의 대부분이 산포수였던 점에

---

3 『暴徒에 關한 編冊』(이하 『편책』으로 줄임), 「元警秘發」(1907.12.2); 국사편찬위원회 편, 『한국독립운동사 - 자료8』, 1986, 370쪽.

서 찾을 수 있다.

산포수의병이 거의한 직후인 1907년 11월 북청 후치령厚峙嶺 일대에서 항일전을 수행하던 단계에 이 의병을 인솔하던 인물은 임창근林昌根이었다. 안평사安坪社 엄방동嚴防洞에 거주하던 그는 70세의 고령으로 일선에서 은퇴한 산포수였다. 그러나, 그는 11월 25일 벌어진 후치령전투에서 전사 순국하였다.

임창근이 전사한 뒤에는 차도선이 산포수의병을 인솔하는 책임자가 되었다. 산포수의병이 차도선을 정점으로 편제되어 있던 사실은 1907년 11월 30일(음 10.25) 발포된 통문[私通咸興下元川上元川永川各社]의 발통인發通人 연명에서 차도선[車到巡]이 '도총관都總管', 홍범도[洪凡律]가 '부총관副總管'으로 그 직명이 각각 기록되어 있는 점에서도 확인된다.[4] 또 일제 기록에 "후치령 부근에서 포수들을 모이게 하자 약 3백 명이 모였으므로 차도선이 이의 장으로서 신타니新谷 소위, 오기와라萩原 조장을 요격하였고 (중략) 홍범도는 차도선의 부장이 되어"라고 한 대목도 북청 산포수의병이 명확히 차도선을 정점으로 편성되었음을 알려주는 자료이다.[5] 차도선은 적어도 1908년 3월 무렵까지는 관북 산포수의병 전체를 인솔하던 총대장에 있었다고 생각된다. 그 무렵 산포수의병이 중국 임강현臨江縣에 원조를 청하기 위해 보낸 공함에 "모사장謀事將 박충보朴忠保, 도대장都大將 차도선車道善, 부대장副大將 홍범도洪凡圖"로 연명되어 있는 것도 이러한 사실을 뒷받침해

---

4 『편책』, 「咸秘 號外」(1907.12.20); 국사편찬위원회 편, 『한국독립운동사 - 자료8』, 406~407쪽.

5 내부 경무국 편, 『폭도사편집자료』(독립운동사편찬위원회 편, 『독립운동사자료집』 3, 1971), 641~642쪽.

주고 있다.[6]

이와 같이 차도선을 정점으로 편제되어 있던 산포수의병은 1908년 3월 일제의 계략에 의해 차도선과 태양욱이 휘하 의병과 함께 '귀순'한 이후부터는 홍범도가 전권을 가지고 인솔하게 되는 것으로 보인다.

관북 산포수의병은 편제상 상하 명령계통으로 이루어져 있었지만, 실제 항일전을 수행하는 과정에서는 독립적 성격이 강한 분산 편제의 형태로 활동하고 있었던 것으로 보인다. 북청의 산포수 거의 직후 그 영향하에 삼수·갑산·장진·홍원·이원·단천 등 함남 거의 전역에서 산포수들을 중심으로 의병이 결성되어 상호 유기적인 관계를 가지고 활동에 들어갔다.

관북지역 산포수의병의 규모는 1907년 거의 이후 1908년 하반기에 북상도강을 단행할 때까지 그때그때 상황에 따라 상당한 차이를 보이고 있었다. 1907년 11월에 1백 명 미만으로 거의한 산포수의병은 그 세력이 급격히 확대되어 1908년 2월 극성기에는 1천여 명 정도로 급증하였다. 하지만 1908년 3월초 대규모 '귀순' 이후 의병의 전력은 약화되어 1908년 9월 무렵까지 대체로 5~6백 명 정도를 유지하였던 것으로 추정된다.

북청 산포수의병은 1907년 11월 15일 거의하였다.[7] 다음날 16일에는 전원 총기로 무장한 70명의 산포수의병이 진목동眞木洞에 이르러 일진회원이던 안평사安坪社 면장 주도익朱道翼을 처단하여 거의의 신호로 삼았다.[8] 이어

---

6 『주한일본공사관기록』,「機密收 제1호」(1908.5.13) '청국 국경 안에서의 한국의병 선동에 대한 보고의 건';『주한일본공사관기록』 34(국사편찬위원회, 영인본, 1993), 23~26쪽;『한국 폭도 봉기의 건』,「機密 제30호」(1908.5.13); 독립운동사편찬위원회 편,『독립운동사자료집』 별집1(1971), 1083쪽.
7 『편책』,「북청군수보고」(1907.11.24); 국사편찬위원회 편,『한국독립운동사-자료8』, 168~169쪽.
8 『편책』,「북청군수보고」(1907.11.24)·「보고서 제5호」(1907.11.28)·「보고서」

11월 22~23일간 후치령 일대에서 일제 군경과 4차례 전투를 벌여 9명을 사살하는 전과를 올렸다.

후치령 참패의 소식을 접한 일본군 북청수비대에서는 11월 23일 미야베 宮部 대위 이하 57명의 '토벌대'를 편성하여 헌병 4명, 순사 5명과 함께 후치령을 향해 출동시켰다. 그리고 관할 본서인 함흥경찰서에서도 직접 순사 3명과 순검 4명을 현지로 급파, 그 진상을 조사토록 하였다.[9] 이어 25일 새벽에는 다시 함흥 본서로부터 마쓰시타松下 경시가 기관포 2문을 가지고 특무조장 이하 21명을 인솔하고 선발 '토벌대' 지원을 위해 현지로 급파되어 28일 후치령에 당도하였다.[10]

미야베 대위 휘하 일본군은 25일 후치령에 이르렀다. 그러나, 후치령 정상 부근에서 매복 대기중이던 산포수의병은 접근해 오던 일본군을 향해 일제히 기습공격을 개시하였다. 이날 전투에서 일본군 '토벌대'는 패배하였지만 전투결과를 왜곡 보고하여 일군측이 '전사 3명, 경상 4명'의 경미한 손실을 입은 데 비해 의병측은 21명 전사에 부상자가 20~30명에 달하는 것으로 기록해 놓고 있다.[11] 이 날의 전투 이후 민간에 의병이 일제 군경을 전멸시켰다는 소문이 널리 퍼져 있었다는 사실로 미루어 보더라도 당시 전황을 충분히 짐작할 수 있다.[12]

이 전투 후 산포수의병의 주력부대는 일제 군경이 후치령 부근으로 전력

(1907.11.29); 국사편찬위원회 편, 『한국독립운동사-자료8』, 168~169·176·181쪽.
9 『편책』, 「警秘 제48호」(1907.11.24)·「북청군수보고」(1907.11.24); 국사편찬위원회 편, 『한국독립운동사-자료8』, 167~168·170쪽.
10 『편책』, 「전보」(1907.11.26); 국사편찬위원회 편, 『한국독립운동사-자료8』, 172쪽.
11 『편책』, 「전보」(1907.11.27)·「보고서」(1907.11.29); 국사편찬위원회 편, 『한국독립운동사-자료8』, 174·180쪽.
12 『大韓每日申報』제739호(1908.2.25), 「地方消息」 참조.

을 집중하게 되자, 그 예봉을 피하기 위해 즉시 내륙 산악지대인 갑산 방면으로 북상한 뒤 중평장仲坪場을 거쳐 12월 하순에는 삼수를, 그리고 1908년 1월 10일에는 갑산을 점령하는 등 함남 북부 요충지들을 차례로 유린하기에 이르렀다.[13]

그동안 산포수의병은 삼수·중평장·갑산 등지에서 연이어 전투를 치르면서 막강한 정예 일본군을 상대로 연승을 거두며 명성을 크게 떨쳤다. 또한 일제의 주구인 친일파 단죄에도 주력하여 1908년 1월에는 갑산군 상남사上南社(소재 불명)에서 일진회원 48명을 처단하였다.[14] 전국적으로 의병이 일진회원을 처단한 사례 가운데 가장 큰 규모로 생각된다. 이 지역 주민들이 일진회원들에 대해 가졌던 반감의 정도를 짐작케 한다.

이후 차도선과 홍범도 등이 인솔하는 산포수의병의 주력부대는 2~3월 장진 방면으로 이동할 때까지 한동안 삼수군 중평장과 갑산군 용문동龍門洞(현 풍산군 熊耳面 소재) 일대에 머물러 있었다.

한편, 1908년 봄에 들어와 산포수의병의 기세는 더욱 고양되어 함남 거의 전역으로 파급되었을 뿐만 아니라 군사력을 앞세운 무력 일변도의 '토벌'이 번번히 실패로 끝나게 되자, 일제는 의병 '진압책'의 형태 전환을 강구하지 않을 수가 없게 되었다. 즉 지금까지 추진해 오던 '무력 토벌'을 지양하는 대신 의병에 대한 회유, 귀순공작에 주력하였던 것이다.

1908년 3월 초순 일제는 명목상 갑산군수를 내세워 의병 귀순공작을 벌였다. 즉 갑산군수 김기영金璣泳과 일제의 갑산군 신풍리新豊里(현 풍산군 里仁

---

13 『조선폭도토벌지』(1907.11~12월조);『독립운동사자료집』 3, 723쪽;『편책』,「咸秘 제 100호의 1」(1908.2.5); 국사편찬위원회 편,『한국독립운동사-자료9』, 313쪽.
14 『편책』,「咸收秘 제190호의 1」(1908.2.18); 국사편찬위원회 편,『한국독립운동사-자료9』, 321쪽.

面) 수비분견대장 중위 무라카미村上鐵太郞가 3월 6일 갑산군 신풍리에서 '함남의병총대장 차도선' 휘하 536명을 모아 놓고 설득한 끝에 귀순 '상화相和'하기로 양측이 합의하였던 것이다.[15] 이에 따라 다음날에는 차도선과 양혁진梁爀鎭 이하 250명의 의병이 신풍리 일본군 수비대에 귀순하기 위해 도착하였다. 차도선은 일본군으로부터 임시 면죄증을 부여받는 대신 537명에 달하는 의병 명부를 제출하였다.[16] 그리고 즉시 무기를 납부하게 되면 귀순 때까지는 일본군의 공격 우려가 있으므로 1개월의 유예기간을 설정하도록 하였으며, 그 뒤에 무기를 전부 반납할 때 정식 귀순증을 주어 양민 대우를 하기로 약속하였다.

그러나 일본군은 강제로 즉시 무장해제를 감행하였다. 3월 17일 신풍리로 온 북청연대의 오쿠무라奥村 중좌는 그때까지 총기를 반납하지 않고 있던 차도선과 태양욱太陽郁 휘하 의병 2백 명을 '초치'하여 강제로 무장을 해제한 뒤 총기를 일괄 수거한 것이다. 이때 의병이 빼앗긴 무기는 화승총 136정, 30년식총 3정, 단발총 9정, 10연발총 1정 등 모두 150정이었다.[17] 여기에 저항하여 탈출을 시도하던 태양욱은 피살되었다. 그리고 차도선 이하 이성택李成澤, 김덕순金德順 등 3인은 홍범도 휘하의 잔여 의병을 유인하기 위한 인질로 구금되고 말았다.

차도선과 태양욱 의병을 강제 해산시킨 일제 군경은 이제 홍범도 휘하 의병 해산에 전력을 기울였다. 일본군은 홍범도를 회유할 목적으로 차도선

---

15 신용하,「홍범도 의병부대의 항일무장투쟁」,『한국민족운동사연구』 1, 한국민족운동사연구회, 1986, 51~53쪽 참조.
16 『대한매일신보』 1908년 3월 12일자. 여기서는 의병장 차도선 휘하 '538명'이 3월 9일 갑산 新豊里로 와 귀순을 신청한 것으로 밝히고 있다.
17 『편책』,「暴徒討伐景況 제56호」(1908.4.6); 국사편찬위원회 편,『한국독립운동사-자료 10』, 404쪽.

등 의병 지도자들을 구금하였을 뿐만 아니라 그의 처자마저 구금하기에 이르렀다. 그러나 홍범도는 처자까지 포기한 채 항일전을 지속하였다.[18] 그는 대규모 귀순으로 시련에 직면한 산포수의병의 전열을 재정비한 뒤 항일전을 계속하였던 것이다.

한편 차도선과 이성택·김덕순 등 이때 구금된 인물들은 같은 해 6월 7일 갑산 일본군 수비대를 탈출한 뒤 의병 대열에 재투신하였다.[19] 차도선은 이 때부터 주로 함남 홍원·장진 일대에서 항일전을 수행하였던 것으로 믿어지며, 홍범도의 북상도강 무렵에 그도 역시 압록강을 건너 서간도로 들어간 것으로 추측된다. 하지만 이 시기 차도선의 산포수의병에 대한 지도력은 거의 초기 단계에 비해 현저히 약화된 것으로 짐작된다. 나아가 총대장 차도선 이하 의진의 중요 간부들이 체포됨으로써 지도력에 큰 손실을 초래하였다. 일제 군경의 회유 귀순 공작에 동요하지 않고 의연히 항일전을 수행한 대표적인 의병은 홍범도 휘하의 의병이다. 그러므로 이후 홍범도는 관북 산포수의병의 정점으로 확고히 지위를 구축하게 되었으며, 나아가 각지에서 활동하던 중소 규모의 의병들은 홍범도 휘하에서 활동의 궤를 같이 하게 되었던 것이다.

차도선 귀순 이후 산포수의병이 전개한 최초의 항일전은 4월 10일 홍범도 휘하의 한 부대가 삼수 서쪽 10리 산간에서 수행한 전투이다.[20] 이후 홍

---

18 「홍범도의 일지」(한국정신문화연구원 편, 『한국독립운동사자료집 - 홍범도편 - 』, 1995), 6~11쪽.
19 『편책』, 「韓憲警 乙 제690호」(1908.6.7); 국사편찬위원회 편, 『한국독립운동사 - 자료 12』, 298~299쪽. 이 자료에서 "일찍이 갑산수비대에 구금중의 적괴 차도선 이하 3명은 6월 7일 오전 2시 20분 도주하다"고 한 것으로 보아 차도선과 함께 구금되었던 李成澤·金德順 등도 이때 탈출에 성공한 것으로 믿어진다.
20 『편책』, 「韓憲警 乙 제449호」(1908.4.22); 국사편찬위원회 편, 『한국독립운동사 - 자료

범도 지휘하의 산포수의병은 9월 무렵 간도로 북상도강할 때까지 갑산·북청·장진·홍원 일대를 전전하며 일제 군경과 영웅적인 전투를 수행하였다. 그는 경우에 따라서는 원기풍元基豊·최학선崔學善·강택희姜宅熙·원석택元錫澤·정도익鄭道益 등의 명장들과 부대를 나누어 활동하기도 하고 합치기도 하였다. 그 동안 수행한 전투 가운데 특기할 만한 것으로는 5월 28일의 장진 괘탁리掛卓里 전투를 필두로 장진 섬암蟾岩 전투, 북청 금창金昌 전투, 홍원 영동靈洞 전투 등이 있다.

산포수의병은 개마고원 험준한 산지를 부단히 전전하면서 전투를 수행한 것이 특징이다. 그러므로 1908년 하반기에 들어와서는 연전으로 인한 전력고갈이 극심한 상태에 이르렀다. 특히 탄약고갈은 더 이상 항일전을 수행하기 어렵게 만들었다. 이에 홍범도는 1908년 8월 초순경 소모된 전력을 만회하기 위해 탄약 구입을 시도하였다. 정일환鄭日煥·임재춘林在春·변해룡邊海龍 등 3인에게 탄약 구입의 임무를 부여하고 간도 왕가동王哥洞에 거주하던 김성서金成瑞에게 파견하였던 것이다. 그 뒤 변해룡은 8월 그믐경 귀국하여 장진 배물리拜物里에서 홍범도를 만나 간도에 남아 있던 정일환의 서신을 전하였으나 탄약 구입은 실패한 것으로 보인다.[21] 홍범도는 연해주 방면으로도 휘하 인물을 파견하여 탄약 구입을 시도하였다. 즉 그는 김충렬과 조화여 2인에게 역시 6백 원의 자금을 주어 노령 연해주의 연추煙秋에 있던 이범윤李範允에게 파견하여 탄약 구입을 시도하였으나 실패하고 말았다.[22] 그 시기는 대체로 탄약 조달 시도가 실패로 끝난 이후, 곧 북상도

10』, 427쪽.
21 『편책』, 「報告書」(1908.10.13); 국사편찬위원회 편, 『한국독립운동사 – 자료12』, 272~273쪽.
22 「홍범도의 일지」, 10쪽;『편책』, 「警秘收 제100호의 1」(1909.3.1); 국사편찬위원회 편,

강을 단행하기 직전으로 추정된다. 왜냐하면 홍범도는 연해주로부터 탄약을 구입하려던 계획이 실패한 직후 북상도강을 단행한 것으로 보이기 때문이다.

　홍범도가 거느리는 산포수의병은 국내항전을 포기하고 1908년 9월경 북상도강을 단행하여 간도를 거쳐 연해주로 갔다. 삼수 방면으로 북상하여 신갈파진에서 압록강을 건너 간도로 넘어가 '계양동啓陽洞(위치불명)'에 일시 유진하였던 것이다. 이때 홍범도와 함께 도강한 인원은 30여 명에 불과한 것으로 보인다.[23]

경성의병의 항일전

연해주 및 북간도 한인사회와 밀접한 연관을 가지고 있었던 경성의병鏡城義兵은 산포수의병과 더불어 정미의병 시기에 관북지역에서 활동한 대표적인 의진이다. 경성은 일제의 국권침탈 과정에서, 나아가 강점 시기에 일제 침략군의 주둔지로 군사 요지가 되면서 일제의 탄압이 가중되던 지역이다. 일제는 대한식민지 지배를 기정사실화하고 경성의 나남羅南에다 1907년부터 대규모의 병영 건설에 착수하여 1911년까지 전후 5년 동안 단계적으로 제반 시설을 완비하는 대역사를 일으켰다.[24] 나남 병영에는 일제 강점기에 일본군 제19사단 사령부가 들어서게 됨으로써, 제20사단 사령부가 들어선 서울의 용산 병영과 더불어 일제 침략군의 2대 거점 가운데 하나가 되었다.

『한국독립운동사 - 자료13』, 470·798쪽.
23 『편책』, 「報告書」(1908.10.13), '董曾孫 訊問調書'; 국사편찬위원회 편, 『한국독립운동사 - 자료12』, 273·277쪽.
24 金正明 編, 『朝鮮駐箚軍歷史』, 巖南堂書店, 東京, 1967, 261~268쪽 참조.

또한 일제는 이 무렵에 군사작전의 필요상 나남 병영의 착공과 더불어 철도 부설사업을 일으켜 1907년 8월 초순경 경성-수성輸城 구간(15km) 철도를 개통시켰다. 이보다 앞서 러일전쟁 기간인 1905년에는 군인 수송을 위해 청진-수성-회령을 남북으로 연결하는 철도를 서둘러 개통하였다. 결국 1907년에는 경성으로부터 청진을 거쳐 두만강변의 회령까지 연결되는 군용철도가 놓이게 되었다.

이와 같이 함경북도 도처에서 벌어진 대규모 토목역사에는 주민들의 노역을 강제 징발하고 또한 일본군이 각지를 횡행하게 됨으로써 주민들로부터 많은 원성을 사 반일감정을 불러일으키는 계기가 되었다. 용연龍淵 김정규金鼎奎는 일기식으로 쓴 『야사野史』[25]에서 이와 같은 분위기를 "일제 관리와 군인들이 마을마다 횡행하며 채찍질을 하여 (인부를) 몰아가니 주민이 안도하지 못하여 원성이 사방에서 일어나고 있다."[26]라고 생생하게 기술하고 있다.

경성지역에서 의병이 일어나는 것은 1908년 3월 무렵으로, 주북사朱北社 용동龍洞에 거주하고 있던 최경희崔瓊熙[27]가 김준언金俊彦·임봉송林鳳松 등과

---

25 이 자료는 龍淵 金鼎奎(1881~1953)가 1907년부터 1921년 11월까지 전후 15년 동안 거의 매일 기록해 놓은 야사류의 일기이다. 김정규는 경성군 明澗社 巨文洞에서 태어나 1908년 의병에 동참한 뒤 이듬해 북간도로 망명하였던 우국지사이다. 그러므로 그의 일기는 이 기간에 두만강 양안의 관북지방과 북간도·연해주 일대에서 전개된 의병과 독립군 항전을 비롯한 항일독립운동의 실상을 구체적으로 그때그때 기록하고 있기 때문에 사료적 가치가 매우 높다. 독립기념관 한국독립운동사연구소에서 1994년에 3책으로 영인 출간하였다.
26 독립기념관 한국독립운동사연구소 편, 『용연김정규일기』 상, 영인본, 1994, 28쪽.
27 崔瓊熙는 전후의 정황으로 보아 崔德俊과 같은 인물임이 확실하다. 일제 역시 崔德俊을 崔瓊熙의 별명으로 파악, 동일인으로 간주하였다.(『폭도사편집자료』, 653쪽) [추기] 유인석이 작성한 『義員案』에 최경희가 등재되어 있다. 그런데 성명란에 崔德俊으로 쓰고 細註로 瓊熙를 명기해 놓았다. 그리고 그 아래 자를 德俊, 본관을 江陵, 거주지를 鏡城으로

함께 40여 명의 의병을 모아 충의대忠義隊라는 이름의 의진을 편성하여 활동을 시작한 것이 그것이다.[28] 이들은 인근 각지에서 의병을 소모하면서 세력을 확대해 나갔다.

경성 주둔 일제 군경은 충의대의 편성 정보를 파악하고 3월 17일 현지로 급히 출동하여 초기 거의 인물들의 명단을 수록한 「충의안忠義案」을 탈취하였다.[29] 「충의안」의 편제를 보면, 의병장은 총령總領으로 나타나는 최경희와 임봉송이었다. 그 휘하에 이령貳領 – 삼령參領 – 사령肆領 – 오령伍領으로 이어지는 단일의 지휘계통을 가진 간부진이 있었으며, 다시 그 아래에 29명의 일반 의병이 편성되어 있었다. 그리고 이 의병은 양총 5정, 화승총 24정으로 무장하고 있었다.[30]

한편, 경성의병은 대한협회大韓協會 경성지회와 밀접한 연관을 갖고 있었던 점이 특기할 만하다. 대한협회는 주지하다시피 대한자강회大韓自强會 강제해산 후 그 후신으로 1907년 11월 서울에서 결성된, 애국계몽운동 노선을 표방한 정치단체이다. 남궁억南宮檍을 회장으로 결성된 이 단체는 국가의 부강, 교육과 산업의 육성을 활동목표로 설정하였으나 항일의병의 활동에 대해서는 비판적 시각을 견지하고 있었다. 대한협회의 총무 윤효정尹孝

    명기하였다. 이런 정황으로 보아 자 德俊을 본명 瓊熙보다 더 일반적으로 널리 썼음을 알 수 있다. 기묘년(1879년)에 태어났다.(「연해주 의병 명부 '의원안'」, 『한국독립운동사연구』 45, 2013, 353쪽). 결국 자료상 이 인물의 성명은 瓊熙, 瓊熙, 德俊 세 가지로 파악된다.

28 조선총독부 경무국 편, 『폭도사편집자료』(독립운동사편찬위원회 편, 『독립운동사자료집』 3, 1971), 653쪽; 『편책』, 「警發 제5호」(1908.10.3); 국사편찬위원회 편, 『한국독립운동사-자료12』, 257쪽.

29 『편책』, 「鏡警發 제375호」(1908.3.26); 국사편찬위원회 편, 『한국독립운동사-자료9』, 585~586쪽.

30 『편책』, 「警秘 제485호」(1908.3.21); 국사편찬위원회 편, 『한국독립운동사-자료9』, 555~556쪽.

定이 「시국의 급무」라는 연설에서 의병 '해국해민론害國害民論'을 주장한 것이 그 단적인 예이다.[31] 항일의병 노선과 정면으로 유리되어 있던 대한협회의 이러한 일반적인 분위기와는 달리 경성의병과 대한협회 경성지회의 활동은 상호 표리의 관계를 맺고 있었던 것이다.

대한협회 경성지회는 이희덕李義德을 회장으로 1907년 12월경 결성되어 국망 직전까지 활동하였다.[32] 경성지회 간부 가운데 의병의 핵심 인물로 확인되는 이는 교육부장 이긍직李肯稙이다. 명간사明澗社 산성山城에 거주하던 그는 경성의병의 초기 단계에서 '거의창시지인擧義創始之人' 명단 서두에 올랐을 만큼 결진과정에서 중심적 역할을 수행하였을 뿐만 아니라, 특히 연해주의병의 일파로 남하한 장석회張錫會 의병과의 연락사무 일체를 관장하였던 인물이기도 하다.[33] 회장 이희덕 역시 의병과의 직접적인 관련 여부는 확인되지 않지만, 경성의병이 해산되고 난 직후인 1909년 4월 이전에 북간도로 망명하여 경성의병 망명인물들인 지장회池章會·김정규金鼎奎·서상욱徐相郁 등과 항일 구국운동을 벌이고 있던 사실로 미루어 의병과 깊이 관련된 인물로 추측되고 있다.[34] 현천묵玄天黙 역시 1909년 북간도로 망명하여 김정규 등과 긴밀한 연락을 취하면서 대종교大倧敎 활동 등 항일민족운동에 투신하였으며[35], 1920년 전후에는 대한군정서·대한독립군단 등의 부총재를 역임하면서 서일徐一·안무安武 등과 함께 북간도지역의 독립군을 이끌던 핵심인물이기도 하다. 일제는 이들 외에도 경성 대한협회 중요 간부들 다

---

31 柳永烈,「大韓協會의 愛國啓蒙思想」,『李載龒博士還曆紀念 韓國史學論叢』, 1990, 690쪽.
32 『大韓協會會報』 제1호(1908.4), 41쪽.
33 독립기념관 한국독립운동사연구소 편, 『용연김정규일기』 상, 142·177쪽 참조.
34 독립기념관 한국독립운동사연구소 편, 『용연김정규일기』 상, 602~604쪽; 『용연김정규일기』 중, 41·43·66·109쪽 참조.
35 독립기념관 한국독립운동사연구소 편, 『용연김정규일기』 중, 377쪽 참조.

수에 대하여 의병과의 관련성을 깊이 의심하고 '요주의' 인물로 파악한 점으로 보더라도 양자의 인적 상관성을 짐작할 수 있다.[36]

경성의병은 기본적으로 고립 분산된 형태의 독자적 항전 노선을 지양하고, 산포수의병 및 연해주의병과 연합세력을 구축함으로써 항일전을 공동으로 수행하는 방향으로 기본적인 항일노선을 구상하고 있었다. 경성의병의 이와 같은 연합항전 모색은 의진이 결성되는 1908년 초기 단계에서부터 일제의 탄압으로 활동이 중지되는 1908년 말까지 시종 일관된 전략이었다. 곧 의병이 남북으로 경성에서 무산을 연결하는 선 이북의 관북 일대를 양 방향에서 포위 압축하는 형세로 일제 침략세력을 고립시켜 구축한다는 전략 구상이었던 것이다.[37] 한편 국내진공작전을 결행해 함북 내륙 깊숙이 남하한 연해주의병은 더욱 효율적인 항일전을 수행하기 위하여 함남 의병과도 연합을 모색하고 있었다. 이와 같은 형세하에서 두 지역의 중간에서 활동하던 경성의병은 궁극적으로 이들 두 지역의 의병을 유기적으로 결합시켜 효과적인 항일전을 수행케 하는 동시에 일제 군사력의 분산 효과를 기대하고 있었던 것이다. 이 무렵 평북 의주에서 의병이 일어났다는 소식을 듣고 "참으로 북군이 도와준다[此眞北軍之一助]"고 반기던 분위기에서도 이 점을 엿볼 수 있다.

경성의병의 항일서전은 의병 편성 직후인 1908년 4월 8일에 오후에 주남사朱南社 '대선보'(경성에서 180리 떨어짐, 위치불명) 산중에서 의병 35명이 일제 경찰대 10여 명과 교전한 것이다. 이에 앞서 경성 경찰서에서는 4월 3일

---

36 『편책』, 「高秘發 제16호」(1909.1.18); 국사편찬위원회 편, 『한국독립운동사 - 자료13』, 196쪽.
37 독립기념관 한국독립운동사연구소 편, 『용연김정규일기』 상, 109쪽.

30여 명의 의병이 주남사에 출현, 군자금 모금활동을 벌이고 있다는 정보를 입수하고 순사부장 이하 10여 명을 현지로 급파하였다.[38] 이 전투는 최덕준 휘하 의병이 수행한 것으로 믿어진다.

이 전투를 뒤이어 주을온사朱乙溫社 남석동南石洞에 주둔하고 있던 경성의병은 5월 23일 일본군과 전투를 벌여 대승을 거두었다. 이때 의병은 "(일본군) 1백 명 중 생존자가 단 한 명에 지나지 않았다."고 할 정도로 큰 승리를 거두었다. 이 전투에서 의병도 6명이 전사 순국하였다. 이 전투 후 일제 군경은 다시 30여 명의 병력을 동원, 남석동 주둔 의병 탄압작전에 돌입하였다.[39] 최경희 등이 일시 체포되었던 때도 바로 이 무렵이다.

그 뒤 경성의병이 가장 강성하던 1908년 8~9월 무렵 일반 주민들 사이에는 의병이 경성읍을 공격하리라는 소문이 무성하였다. 실제로 의병의 정보원들이 경성읍을 비롯해 각지로 흩어져 일제 군경의 동정을 정탐하여 항일전을 준비하고 있었다. 그러므로 일제 군경은 언제 있을지 모를 의병의 공격에 대비해 항상 경계태세를 갖추고 있었던 것이다.[40]

이와 같은 상황에서 의병은 진격로를 바꾸어 경성 대신 비교적 경비가 소홀하고 근접한 거리에 있던 명천읍으로 남하하게 되었다. 2백여 명의 의병은 1908년 9월 3일 새벽에 명천 주둔 일본군 수비대를 급습, 이들을 격멸시키고 명천읍을 하루 동안 장악한 뒤 이튿날 철수하였다.[41] 명천전투에 동원된 의병은 연해주에서 경성으로 들어온 창의회군倡義會軍과 무산 방면

---

38 『편책』, 「警秘 제561호」(1908.4.3)·「제597호」(1908.4.11); 국사편찬위원회 편, 『한국독립운동사-자료10』, 402·410쪽 참조.
39 독립기념관 한국독립운동사연구소 편, 『용연김정규일기』 상, 107쪽.
40 『편책』, 「警秘發 제3호」(1909.1.11); 국사편찬위원회 편, 『한국독립운동사-자료13』, 185쪽.
41 『조선근대반일의병운동사』, 과학백과사전종합출판사, 1988, 280~281쪽 참조.

그림 7 함북 명천성(독립기념관 소장자료). 경성의병과 연해주에서 남하한 의병이 연합하여 1908년 9월 이곳을 점령하였다.

으로 남하한 동의회군同義會軍 등 연해주의병을 주축으로 하고 경성 현지의 의병이 가세한 것으로 짐작된다. 이 사실은 그 뒤 김정규가 연해주의병의 연락책을 맡고 있던 이긍직李肯稙으로부터 입수한 정보에서 명천전투에 북군北軍 15명과 남의南義 15명이 동원된 것으로 기록하고 있는 대목에서 알 수가 있다.[42] 또한 동의회군으로 추측되는 영장營將 오칠성吳七星이 인솔하는 30여 명의 의병이 연추 등지로부터 국내로 들어와 명천 공략전에 가담하였다는 기록을 통해서도 동의회군의 참전 사실을 짐작할 수 있다.[43] 결국 명천전투는 연해주에서 남하한 연해주의병과 경성의병이 상호 연합세력을 구축, 공동으로 수행한 작전이었던 것이다.

---

42 독립기념관 한국독립운동사연구소 편, 『용연김정규일기』 상, 177쪽.
43 국학진흥사업추진위원회 편, 『韓國獨立運動史資料集-趙素昻篇-』 2, 한국정신문화연구원, 1996, 572~573쪽.

9월 18일에는 의병 1백여 명이 경성 - 명천 가도상의 칠반동七班洞(일명 斗南洞) 남쪽 10리 지점에서 성진에서 출장 나온 통신공부通信工夫 일행을 습격하였으며, 이튿날 다시 50여 명의 의병이 일본군을 맞아 칠반동 일대에서 교전을 벌였다.[44] 또한 10월 8일 주북면 득기동得基洞에서 또 다시 전투가 있었으며, 경성 일대의 전신선을 절단, 통신을 마비시키기도 하였다. 뒤이어 10월 15일에는 경성 서남 20리 지점에서 의병 50여 명이 경성 헌병분견소 헌병들과 교전을 벌여 타격을 가하였다.[45]

　한편 경성의병은 경성과 나남이 일제 침략군의 본거지로서 한반도 북부지역의 의병 탄압에 중요한 근거지였으므로 그들의 통신을 두절시켜 작전에 혼란을 초래할 목적으로 통신 시설물 파괴공작에도 주력하였다. 먼저 경성의병은 6월 13일 경성과 나남을 연결하는 군용전선 가운데 전주 8본을 파괴하고 전선을 걷어가 통신을 두절시켰다.[46] 이어 7월 14일에도 1백여 명의 의병이 '계상면溪上面'에서 전신주 5본을 파괴하였다.[47] 결국 경성의병의 이와 같은 전신주 파괴공작으로 말미암아 원산 - 경성, 북청 - 경성, 그리고 명천 - 경성 간의 전신이 불통되었으며[48] 일제 스스로 "명천 이북의 전신선은 모두 절단되었으며 통신기관은 마비되었다"[49]고 경악했을 만큼

---

44 『편책』, 「總監甲 제19341호」(1908.9.22); 국사편찬위원회 편, 『한국독립운동사 - 자료 12』, 80쪽.
45 조선주차군사령부 편, 『조선폭도토벌지』, 1913, '4~12월 토벌'조; 독립운동사편찬위원회 편, 『독립운동사자료집』 3, 790쪽.
46 『편책』, 「韓憲警 乙 제718호」(1908.6.13); 국사편찬위원회 편, 『한국독립운동사 - 자료 11』, 300~301쪽.
47 『편책』, 「電報」(1908.7.16); 국사편찬위원회 편, 『한국독립운동사 - 자료11』, 456쪽.
48 『편책』, 「總監甲 제19341호」(1908.9.22); 국사편찬위원회 편, 『한국독립운동사 - 자료 12』, 80쪽.
49 독립운동사편찬위원회 편, 『독립운동사』 1, 1971, 674쪽.

커다란 혼란을 야기시키는 성과를 거두었다.

하지만, 경성의병의 활동은 대체로 1908년 10월을 고비로 점차 쇠퇴하여 갔다. 이 시기가 되면, 경성의병의 성쇠에 큰 영향을 미치고 있던 연해주의병의 하기 국내진공작전이 종료되었을 뿐만 아니라 관북 산포수의병 역시 쇠퇴기에 접어들면서 점차 북상길에 오르지 않을 수 없었기 때문이었다. 사방이 고립 분산되어 가던 경성의병 또한 그 기세가 자연히 위축되지 않을 수 없었다. 더욱이 일제 군경의 대의병 탄압작전은 1908년 후반기에 접어들면서 더욱 가중되었고, 반면에 의병은 장기전으로 인한 전력 소모로 항전을 지속하기가 점차 어려운 상황으로 몰리게 되었던 것이다.[50]

경성의병의 활동이 현저히 사양길로 접어드는 1908년 11월 중순 무렵부터 중심인물들은 북간도, 연해주 일대로 북상도강을 결행하지 않을 수 없었다. 이와 같은 경향은 경성의병이 두만강 대안의 국외 의병과 깊은 연관을 가지고 있던 상황에서 국내활동이 극도로 제약을 받게 되는 시점에서 자연히 이루어질 수밖에 없는 시대의 한 추세였다. 1908년 말부터 1909년 전반기까지 북간도와 연해주로 대거 북상도강을 결행한 대표적인 인물을 예거하면, 의병장 이남기李南基와 최경희崔瓊熙, 참모 지장회池章會를 비롯해 이여규李如珪 · 정태해鄭泰海 · 서상욱徐相郁 · 김정규金鼎奎 · 차호균車鎬均 · 이홍직李鴻稙 · 이용준李容俊 · 이종욱李鍾郁 · 이흥기李興基 · 이경욱李慶郁 · 이영욱李英郁 등의 간부들을 들 수 있다. 또한 명천군 하가下加에 살면서 김정규 · 지장회 등의 문제門弟들과 긴밀히 연계되어 항일노선을 견지하고 있던 김병진金秉振(1865~1914) 역시 1908년 말에 러시아 연해주의 블라디보스토크로 망

---

50 『편책』, 「警發 제5호」(1908.10.3); 국사편찬위원회 편, 『한국독립운동사 – 자료12』, 258쪽.

명하였다. 김병진은 1910년 7월(음) 유인석柳麟錫의 문인이 되어 항일전선에 동참한 뒤, 1912년 가을에는 다시 북간도로 이거해 최우익崔于翼·지장회·김정규 등과 함께 항일투쟁을 벌이던 중 1914년 세린하細麟河 신흥평新興坪에서 타계하고 말았다.[51]

1908년 말 이후 북상길에 올라 두만강 너머의 북간도와 노령 연해주 일대에 망명해 있던 경성의병의 중심인물들은 그 뒤 이 지역에서 펼쳐지는 국외 항일독립운동에 적극 동참하면서 의병의 논리와 정신을 계승 발전시켜갔다. 특히 경술국치를 전후한 시기에 국외독립운동의 중심무대가 된 연해주 일대에서 전개된 십삼도의군十三道義軍과 성명회聲明會의 활동에 적극적으로 동참하였다. 1910년 6월에 국내외 의병세력의 통합을 표방하고 결성된 십삼도의군의 경우, 경성의병장 이남기가 장의군총재壯義軍總裁를 맡아 경성을 비롯한 관북의병의 북상세력을 통할하였던 것으로 보이며, 서상욱은 홍범도·이진룡 등과 함께 동의원同義員에, 그리고 김정규는 장의군종사壯義軍從事 등의 직임을 가지고 이 통합군단의 활동에 적극 참여하였다. 또한, 이들은 1910년 국치 전후에 십삼도의군의 후신으로 결성되어 조국병탄의 불법성을 폭로하고 그 원천무효를 주장한 성명회의 활동에도 깊이 연관되어 있었다. 이남기와 최경희를 비롯해 지장회·김정규·이용준·이종욱·이흥기 등 중심인물 다수가 성명회 선언서의 서명록 명단에 들어있는 점으로 볼 때,[52] 이러한 경향은 충분히 짐작할 수 있다.

---

51 독립기념관 한국독립운동사연구소 편, 『용연김정규일기』 중, 1914년 4월 21일조, 「先生行狀」, 593~595쪽 참조.
52 尹炳奭, 『李相卨傳』, 일조각, 1984, 225쪽.

양서지역의 정미의병

평산의병의 항일전

한말 의병은 지역적으로 중, 남부지방에 집중되어 있었다. 북부지방에서는 정미의병 때에 가서야 의병의 기세가 점차 활발해지는 경향을 보여준다. 의병이 시종일관 북부지방에 비해 중, 남부지방에 집중되던 양상은 당시 사회적 여건에 비추어 자연스런 현상으로 이해할 수 있다. 곧 19세기 후반의 시대상황에서 정치·사회·경제 등 제반 영역에 걸친 활동의 중심이 중, 남부지방이었을 뿐만 아니라 인구 역시 이 지역에 집중되어 있었기 때문이다.

해서지방은 을미의병 때 제천의병과 긴밀히 연계되어 있었으며, 그 후 유인석의 활동으로 인해 화서문파들이 도처에서 항일투쟁을 전개하게 되었다. 황해도의 신천·장연·송화·재령 등지에서는 정동의려대장正東義旅大將이라 불리던 우동선禹東鮮의 주도하에 김두행金斗行·조윤봉趙允奉·강만석康萬石·장동찬張東燦·고익균高益均·이진태李振台 등이 모여 을사조약을 규탄하면서 의병을 일으켰다. 의병장 우동선은 화서학파의 성원은 아니었지만, 그가 이끈 의진에는 이 지역 화서문파의 인물들이 직접, 혹은 간접으로 참여하면서 상호 연계하에 투쟁을 지속해갔던 것으로 믿어진다. 우동선 의병은 구월산 월정사月精寺에 근거지를 두고 일제 군경을 격파하고 일제 침략시설을 파괴하는 등의 활동을 벌였다. 특히 산간지세를 이용하는 유격전으로 우세한 적군을 궁지로 몰아넣으면서 끈질긴 항쟁을 계속하였고, 1907년 정미의병 때에는 해산군인까지 가세하여 한층 강화된 전력으로 그 기세를 더욱 떨쳐갔다.[53]

---

53 鄭濟愚, 「韓末 黃海道地域 義兵의 抗戰」, 『한국독립운동사연구』 7, 독립기념관 한국독립

평산의병은 관북지방의 선포수의병과 함께 북한지역 후기의병을 대표하는 의진이었다. 화서학파 성원의 인물들이 평산의병의 주도세력이었던 점은 특기할 만하다. 을미의병 시기에 이 지역의 화서문파는 중부지역의 화서문파가 주도한 제천의병과 긴밀하게 연계되어 활동하였다. 양서지역 가운데 평산과 수안은 의병이 직접 봉기한 곳이기도 하였다. 평산에서는 유학자 유치경兪致慶·변석현邊錫玄·채홍두蔡洪斗·신혁희申赫熙·조종익趙鍾益·우종하禹鍾夏·채상설蔡相說 등이 의병을 일으킬 생각을 하면서도 계획을 추진하지 못하고 있었다.[54]

그 뒤 전국적으로 의병전쟁이 격화되어 가던 시기인 1907년 9월에 평산지역의 화서문파들은 박기섭朴箕燮(일명 朴正彬)을 주장으로 삼고 비로소 의진을 결성하게 되었다. 즉 채홍두와 변석현을 비롯해 박양섭·우병렬·신섭 등 화서학파의 인물들이 유인석의 서북지역 활동거점이던 산두재山斗齋에 모여 거사를 논의한 뒤 전 목천木川군수 박기섭을 의병장으로 추대하여 1907년 9월 14일 평산군 마산면 도평리桃坪里에서 거의하였다. 평산의진의 중심인물들을 보면 의병장 박기섭 휘하에 중군 우병렬, 총무 박양섭, 군모軍謀 김기한金起漢, 유격장 유달수柳達秀(후임 李鎭龍), 중대장 심노술沈魯術·김정환金正煥·한정만韓貞萬 등이었다. 이들 간부의 대부분이 화서학파 성원으로 구성되어 있었던 점으로 보더라도, 이 부대는 시종 평산지역 화서문파들이 전력을 투입해 결성한 것임을 알 수 있다.[55]

의진 결성 후 해서의병장 박기섭의 명의로 격고문檄告文과 통유문通諭文

운동사연구소, 1993, 11~12쪽.
54　李九榮 編著, 『湖西義兵事蹟』, 수서원, 1993, 84쪽.
55　蔡洪奭 編, 『黃海道丁未義邀』(1947) 참조.

그림 8 황해도 평산 도평리 산두재山斗齋의 옛 모습(『조선근대반일의병운동사』, 252쪽). 평산의병의 산실이며 지휘본부 역할을 한 곳이다.

을 각지에 발포하였으며, 9월 23일에는 창의소倡義所 명의로 "사방에서 충용지사가 상응하는데 서읍西邑에는 아직 소식이 없어 이에 파병 소모하니 포수병과 군수물을 본진에 파송할 것"이라는 공문을 각처로 발송하기도 하였다.

하지만, 평산의진은 결성 직후 곧 일제의 탄압으로 패산한 것으로 보인다. 이 의진이 더 이상 구체적으로 활동을 지속했다는 자료가 확인되지 않고 있는 점으로 보아도 그러하다. 그러나, 여기에 참여했던 인물들은 인근 각지로 흩어져 끈질기게 항전하면서 해서지역의 후기의병을 선도하고 있었던 점은 특기할 만하다. 1910년 경술국치 때까지 활동을 지속하면서 1910년 3월 초에 평산의 온정원溫井院, 금천의 계정역鷄井驛 일대에서 수차에 걸쳐 일제 군경과 치열한 교전을 벌였던 이진룡과 한정만·우병렬·김정환·심노술 등이 그 대표적인 사례라 할 수 있다.[56]

---

56 「參1發 제6호」(1910년 3월 16일, 한국주차군사령관 보고의 요지) '京義線 鷄井驛 부근의 賊

평산의병은 유학자들의 지휘하에 농민·포수, 그리고 다수의 강화진위대의 해산군인들까지 참가한 수천 명의 의병이 편성되었고 평산 도평리를 거점으로 황해도 각지로 분산되어 장수산·멸악산 등지를 배경으로 삼고, 때로는 일제 침략기관을 공격하거나 일제 군경을 상대로 대소 전투를 벌이는 등의 활동을 전개하였다.

1907년 10월 8일 돌격장 김창호金昌浩가 거느리는 평산의병의 일부는 배천관아와 일제 헌병분견소를 습격하고 무기를 노획해 무장을 강화하였고, 10일에는 연안의 수비대를 공격하였다. 이때 연안 수비대를 구원하기 위해 급히 출동한 해주 수비대의 고노河野 소대를 맞아 격전 끝에 이를 격퇴시켜 기세를 크게 떨쳤다. 두 시간에 걸친 이 전투는 군대해산 후 황해도에서 일어난 전투 가운데 가장 규모가 컸다. 그러나 불행히도 김창호는 배천 국근리 전투에서 전사 순국하였고, 그의 아우 김성호金醒浩도 적에게 체포되어 순국하고 말았다.

평산의병은 강원도와 경기도를 넘나들며 산악지대를 타고 활동하였으며, 서해안 일대에서는 옹진반도까지 활동지역을 넓혔다. 평산의병의 활동이 활발해지자, 일제 군경은 황해도 서부지역에 대한 탄압전에 들어가 1907년 11월 4일부터 10일간에 걸쳐 해주 일대에서 4개 부대를 편성해 의병을 압박하였다. 1907년 12월 유달수의 전사 순국 후 유격장이 된 이진룡은 평산군 세곡면과 산외면, 그리고 남산리 등지에서 일본군을 격퇴하는 전공을 세웠다. 또한, 일제 군경의 압박에 대처하기 위해 편제를 다시 갖추고 전력을 재정비하였다. 이때의 편제를 보면 유격장 이진룡을 의병장에 추대하고 그의 휘하에 1중대장 한정만, 2중대장 최순거崔淳트, 3중대

情詳報'; 독립기념관 한국독립운동사연구소 편, 『한말의병자료』 6, 2003, 140~141쪽.

장 김정환金貞煥, 4중대장 신군선申君善, 5중대장 신경빈申敬彬, 감찰역 이진순李鎭淳 등이었다.[57] 그리하여 중대장 휘하에 2개 소대를 두고 소대 아래에 다시 분대를 두는 군대식 편제를 갖추고 소수의 단위 부대로 활동함으로써 기동력을 극대화하였다. 대개 40~50명에 불과한 소수 병력으로 산간에 의거하여 유격전을 구사하며 항전을 지속하였다.

1908년 가을 무렵이 되자, 전국 의병은 그 동안 일제 군경의 집중적인 탄압을 받아와 활동상 난관에 봉착하거나 전력이 위축되지 않을 수 없었다. 평산의병은 그러한 상황에서도 1910년 국치 전후까지 활동을 지속적으로 전개한 대표적인 의진 가운데 하나라 할 수 있다. 일제는 이진룡 의병장에 대해 현상금까지 걸고 그의 체포에 혈안이 되었을 정도였다. 이진룡과 한정만이 인솔하는 평산의병의 경우에는 일제 무라다村田 소총을 각기 9정과 6정, 그리고 근대식 양총인 모젤총을 25정과 30정 정도 소지하고 있었다고 할 만큼 상당한 화력을 갖추고 있었다.

평산의병은 평산을 중심으로 금천·해주·곡산·서흥·재령 등지를 전전하면서 일제 군경을 상대로 항일전을 수행하였을 뿐만 아니라 일진회원을 처단하였고, 나아가 일제의 대의병 회유, 귀순공작을 분쇄하기도 하였다.

1910년에 이르러서 전국 가운데 의병의 활동이 여전히 지속되고 있던 유일한 지역은 황해도였다. 이에 일제는 군경합동으로 이른바 토벌대를 편성하여 3월 한 달 동안 2차에 걸쳐 황해도 의병 대탄압 작전을 펼쳤다. 그럼에도 불구하고 이진룡과 한정만 등이 이끄는 평산의병과 채응언 의병 등은 일제 군경의 탄압을 피해가며 각지에서 영웅적인 항전을 계속하였다.

---

57 『편책』, 「黃警秘收 제704호」(1909.10.18); 국사편찬위원회 편, 『한국독립운동사-자료 15』, 1986, 860쪽.

그 가운데서도 특히 1910년 3월 3~4일에 경의선의 금천군의 잠성역岑城驛과 계정역鷄井驛 사이에서 벌인 전투는 특기할 만하다. 3일에 이진룡과 한정만이 이끈 80여 명의 의병은 계정역 북방 10리 지점에서 온정원 분견대 소속의 헌병대 9명과 교전을 벌여 계정역 방면으로 이들을 격퇴시켰으며, 이튿날 개성 헌병대에서 지원차 출동한 헌병대 병력을 상대로 다시 잠성역 부근에서 치열한 교전을 벌였다. 의병은 이때 계정역 북방 10리 지점에서 철로를 차단해 기관차를 탈선시키기도 하면서 격렬하게 저항하였다.[58]

이와 같이 경술국치 전후 의병의 활동이 지속되자, 일제는 1910년 11월 하순부터 1911년 4월 중순에 이르기까지 약 4개월 동안 황해도를 대상으로 집중적인 탄압작전을 감행한 결과 의병 190명이 희생되고 말았다. 이어 일제의 조선주차군사령관은 북부수비관구 마쓰나가松永 중장에게 명하여 황해도 의병의 뿌리를 뽑고자 1911년 9월 하순부터 11월 초순까지 다시 대대적인 탄압을 자행하였다. 이때 황해도 의병 250여 명이 체포되었다.[59]

평산의병장 이진룡은 이와 같이 일제의 파상적 탄압으로 더 이상 국내 활동이 어려워지자 1911년 10월 무렵 부대 지휘권을 한정만에게 넘기고 장기지속적 항일전을 모색하고자 서간도로 망명하였다. 그러나 한정만은 1912년 4월 일제 군경에 체포되어 순국하였다. 그리고 김정환은 휘하 의병을 이끌고 항일전을 계속하다가 1914년 5월 서흥군 율리면 유정리에서 일제 군경과의 교전 끝에 탄약고갈로 부하들과 함께 장렬하게 순국하였다.[60]

---

58 「參1發 제6호」(1910년 3월 16일, 한국주차군사령관 보고의 요지) '京義線 鷄井驛 부근의 賊情詳報'; 독립기념관 한국독립운동사연구소 편, 『한말의병자료』 6, 2003, 140~141쪽.
59 조선주차군사령부 편, 『조선폭도토벌지』; 독립운동사편찬위원회 편, 『독립운동사자료집』 3, 818~819쪽.
60 정제우, 「한말 황해도지역 의병의 항전」, 『한국독립운동사연구』 7, 독립기념관 한국독립운동사연구소, 1993, 31쪽.

이처럼 평산의병은 1907년 9월 거의한 이래로 후술할 채응언 의병과 함께 국치 이후까지 국내에서 장기지속적으로 활동했던 대표적 의진이었다.

채응언 의병부대의 항일전

황해도를 중심으로 경기도, 평안남도, 함경남도 일대에서 활동했던 채응언 蔡應彦(1883~1915) 의병장은 경술국치 이후 마지막까지 활동했던 최후의 의병이다. 채응언은 평안남도 성천군에서 태어나 황해도 곡산군으로 이거해 성장했던 것으로 보인다.[61]

채응언은 가난한 농가에서 태어나 곡산 이주 후에는 화전농을 전전했지만, 빈농의 처지를 비관하지 않고 불의를 좌시하지 않은 '의협적 농민'으로 성장한 것으로 믿어진다. 그후 일제의 침략이 날이 갈수록 노골화하자, 채응언은 의병에 나서기로 결심한 것 같다. 특히 을사조약 및 정미칠조약이 강제로 체결되고 매국대신에 대한 분노가 고조되어가던 무렵에 의병에 합류한 것으로 보인다. "난신적자가 횡행하여 권세를 희롱하므로 송병준·이완용과 같은 칠적오귀七賊五鬼의 살점은 2천 만 동포가 모두 씹어먹고 싶어 한다."[62]라고 격문에서 격정적으로 토로한 대목을 통해서도 그러한 분위기를 짐작할 수 있다. 그는 1907년 8월 군대해산 직후 의병에 투신한 것으로 보인다. 그는 처음에 유인석 계열의 의병장인 서태순徐泰順 의병부대에

---

61 채응언 의병에 대해서는 최근 중요한 연구논고가 발표되었다(홍영기, 「채응언 의병장의 생애와 활동」, 『한국독립운동사연구』 26, 독립기념관 한국독립운동사연구소, 2006. 12). 그 동안 불분명했던 생애를 비롯해 의병활동, 옥중투쟁에 이르기까지 단편적인 자료를 종합 정리해 그의 의병활동 전반을 재구성해 냈다. 본고는 그 주지를 따랐음을 미리 밝힌다.
62 국사편찬위원회 편, 『한국독립운동사』 1, 1965, 669쪽.

투신하여 활동하였으나, 그가 황해도 곡산에서 일본군 수비대와 교전하다가 전사하게 되자 후임 의병장으로 등장하게 되었다. 서태순은 유인석으로부터 받은 군율軍律(이른바 義兵邊守規則) 등 제반 서류를 받아 활동하였는데, 그러한 문서들은 서태순의 순국 이후 의병장을 승계한 채응언에게 인계되었다.[63]

채응언은 자칭 '진동본진분파대장鎭東本陣分派大將'이라 하였다. 한편, 13도창의군을 주도한 이인영은 전국에서 모여든 의병장을 지역에 따라 호칭을 달리하였는데, 그 가운데 경기도와 황해도지역을 대표한 의병장을 진동창의대장鎭東倡義大將이라 하였다. 이로 보아 채응언은 경기도와 황해도에 본진을 두고 활동하는 의병부대로 볼 수 있다. 당시 그와 밀접한 연계하에 활동했던 강두필姜斗弼 의병장은 진동창의장鎭東倡義將을 표방하였다. 이와 같이 의진의 명칭으로 볼 때 채응언 의병부대는 경기·황해도를 중심으로 활동한다는 점을 내세웠음을 알 수 있다.

채응언은 격문의 말미에 의병이 지켜야 할 군율 15개 조를 제시하였다. 그 가운데 몇 가지 중요한 조목을 들면 아래와 같다.[64]

1. 군물을 은닉한 자는 왜적과 더불어 참수한다
2. 의진을 엿보아 왜적에 알린 자는 바로 참수한다.
3. 의병을 빙자하여 백성을 약탈한 자는 바로 참수한다.
4. 장수의 명령을 따르지 않은 자는 바로 참수한다.

---

63 홍영기, 「채응언 의병장의 생애와 활동」, 126쪽.
64 홍영기, 「채응언 의병장의 생애와 활동」, 129쪽.

이러한 군율은 의병의 행동수칙으로서 전투시 행동요령과 의병의 기강을 세우기 위한 의도로 작성되었을 것이다. 따라서 군율이 매우 엄격했고, 친일파의 처단과 주민에 대한 배려가 깔려 있다. 채응언은 휘하에 3~4백 명의 의병을 거느린 것으로 알려진 바 있으며, 이들이 황해도에서 이진룡·한정만·김정환 의병부대와 연합하여 활동할 때에는 약 5백 명의 군세를 이룬 것으로 파악되기도 하였다. 하지만 대체로는 최대 100명 내외의 규모였으며, 평상시에는 50명 내외였던 것으로 추정된다.[65]

채응언이 자신의 직함에 '분파대장'이라 표방하였듯이 의병 규모가 확대되면 부대를 나누는 소수정예주의를 지향했던 것 같다. 이는 유격전술의 운용에 적당한 규모를 유지할 목적과 일제의 추적을 따돌리는 데에도 적은 규모로 활동하는 것이 더 유리하였기 때문일 것이다. 채응언 의병의 활동이 워낙 민첩했기 때문에 일제는 '은현출몰이 지극히 교묘하여 수비대 및 헌병의 엄밀한 수색도 아무런 효과를 거두지 못하였다'[66]고 토로한 바 있다.

일제가 채응언 의병장을 체포하기 위해 투입한 비용만 하더라도 10만 원을 상회할 정도로 온갖 수단과 방법을 총동원하였다.[67] 또 일제는 채응언 의병을 비롯하여 황해도에서 활동하는 의병부대를 탄압하기 위해 1911년 9월 하순부터 한 달 이상 대규모의 군사작전을 전개하였다. 그럼에도 불구하고 기대한 성과를 거두지는 못하였다. 그것은 의병들이 소수정예의 유격전술을 효과적으로 운용하였음을 의미하는 것이다.

채응언은 일제를 몰아내고 의병의 무장을 강화하기 위해 일제 군경기관

---

65 홍영기, 「채응언 의병장의 생애와 활동」, 131쪽.
66 조선주차군사령부 편, 『조선폭도토벌지』, 818쪽.
67 『매일신보』 1915년 7월 11일자, 「其後의 蔡」.

을 공격하였다. 1908년에는 황해도 안평安平 순사주재소 공격을 시작으로 수안 헌병파견소를 습격하였다. 그리고 1910년 4월 28일에는 함남 안변군 영풍사永豊社의 마전동馬轉洞 순사주재소를 습격하여 일본인 순사를 총살하고 무기를 노획하였으며, 전주 23본을 절단하는 등 일제의 통신시설 파괴에도 앞장섰다. 또한 그 해 6월 13일에는 황해도 곡산의 선암仙巖 헌병분견소를 기습하여 일본인 헌병과 헌병보조원을 사살하고 30년식 보병총 13정, 탄환 5,800발을 노획하였다. 이어 6월 22일에는 강원도 남산역南山驛·고산역高山驛 헌병분견소의 연합토벌대와 치열한 전투를 벌였는데, 당시 일제 헌병대는 2,500발의 탄약을 소진하였음에도 불구하고 헌병보조원 2명과 일본인 헌병 1명이 피살되는 등 참패하고 말았다.

1910년 경술국치 후에도 채응언 의병의 항일투쟁은 그치지 않았다. 1910년 9월에 강원도 이천군 광북수비대를 공격하여 상당한 전과를 거두었다. 채응언은 항일투쟁을 전개할 때 더욱 효과적으로 일제에 대응하기 위해 인근에서 활동중인 의병부대와 연합하는 경우가 많았다. 당시 그는 대체로 진동창의장 강두필 의병과 연합하여 항일전을 벌였다. 이와 같이 채응언 의병장은 나라가 망한 이후에도 뜻을 같이하던 다른 의병과 연합하여 불굴의 투지를 불태웠던 것이다.[68]

채응언 의병부대가 활동한 주된 지역을 정리해보면 강원도 이천, 함남 안변, 평남 성천, 황해도 곡산 등지였다. 그 가운데 이들은 주로 황해도 곡산군의 백년산百年山 일대를 근거지로 이용하였다. 이들은 신무기로 무장한 후 소규모의 정예 의병을 편성하여 도계를 넘나들며 게릴라전술을 구사하였기 때문에 일제 군경은 이들을 쉽사리 제압할 수 없었다.

---

68 홍영기, 「채응언 의병장의 생애와 활동」, 131~134쪽.

채응언 의병부대는 1910년 이후에도 매년 2~3회 정도 부호들로부터 군자금을 징발하였다. 또한 이들은 1913년 6월에 황해도 곡산군 대동리 헌병분견소를 공격하여 헌병과 보조원을 처단하고 총과 탄약을 노획하였으며, 1914년에도 군자금을 조달하기 위해 평원읍내에 진출하였다. 이와 같이 채응언 의병부대는 황해·강원·함남·평남 지역의 접경지역을 주된 무대로 활동하고 있었다. 이에 맞서 일제는 채응언 의병장을 체포하기 위해 군경의 탄압작전뿐만 아니라 여타 온갖 방법을 동원하였다.

일제는 거액의 현상금까지 내걸고서 채응언 의병장의 체포에 전력을 기울였다. 1914년 11월 일제 경찰은 채응언 의병장을 체포하여 경찰서에 인계하면 현상금 280원 전액을 지급하고, 그의 소재처를 알려주거나 체포에 공을 세운 자에게도 공로의 크고 작음에 따라 현상금을 나누어주겠다고 공표하였다.[69] 현상금을 내건 지 반년이 지난 뒤 1915년 7월 5일 군자금을 조달하기 위해 평남 성천군 영천면 처인리의 부호를 찾아갔다가 성천의 요파了波 출장소 일본인 헌병 다나카田中瀧雄 헌병에게 체포되고 말았다.[70] 일본 헌병과 사투를 벌이다 부상을 당한 채 체포된 것이다. 그 뒤 채응언은 8월에 평양지방법원에서 재판을 받고 11월 4일 평양감옥에서 교수형을 당해 순국하고 말았다. 채응언 의병장은 1907년 8월 군대해산 이후 유인석 계열의 의병부대에 투신한 뒤 1915년 7월까지 8년 동안 국내에서 활동을 지속한 대한제국 최후의 의병장이었다. 그의 피체 순국은 결국 국내의병의 종식을 의미하는 것으로 역사적 의의가 매우 크다고 할 수 있다.

---

69 『매일신보』 1914년 11월 13일자, 「賊魁逮捕에 懸賞」.
70 『매일신보』 1915년 7월 10일자, 「희세거적」.

맺음말

서북지방에서 일어난 의병은 지리적으로 근접해 있던 압록강과 두만강 대안의 간도와 연해주지방 한인사회의 동향과 밀접한 연관을 갖고 활동을 전개하였다. 특히 관북의병의 경우에 그러한 경향성은 더욱 두드러진다. 관북 산포수의병의 경우에 서간도 임강현臨江縣에 무기 원조를 요청한 사실을 비롯해 무기 구입을 위해 홍범도가 간도와 연해주로 부하들을 파견했던 사실 등이 그러한 경향성을 보여주는 중요한 증좌라 할 수 있다. 경성의병의 경우에는 이범윤을 중심으로 한 연해주의병과 시종일관 활동의 궤를 함께 하고 있었을 정도였다.

서북지방 여러 의진은 고립분산된 형태의 독자적 활동을 지양하고 상호 긴밀한 연계하에 연합세력을 구축함으로써 전력의 극대화를 도모하였다. 이러한 경향은 비정규군인 의병이 정규군인 일제 군경을 맞아 항전 경험이 축적되는 상황에서 전력의 극대화와 효율성을 제고하기 위한 한 방략이라 할 수 있다. 이러한 현상은 전국 각지 후기의병의 항일전에서 일반적으로 나타나는 현상이기도 하지만, 서북지방의 경우에 그러한 경향성이 더 선명하게 나타났다. 특히 황해도의 경우, 이진룡과 한정만 등이 주축이 된 평산의병을 중심으로 우동선, 채응언 등의 의병이 시종일관 정보를 교환하면서 상호 연계하에 활동을 지속하였다. 관북 산포수의병의 경우에도 차도선과 홍범도를 정점으로 함남 각지에서 활동하던 의병들이 상호 유기적 관계를 맺고 긴밀한 연계하에 활동하고 있었다.

서북지방 의병은 경술국치 전후에 집단적으로 북상도강을 결행함으로써 간도와 연해주 일대에서 장기지속적 항일투쟁을 모색하여 독립군으로 계승 발전되는 토대가 되었다. 주지하다시피 관북지방에서 활동하던 홍범도와 차도선을 비롯해 그 휘하의 강택희 등 상당수의 의병이 북상도강을 결행하여 뒷날 독립군으로 전환되었다. 해서지방에서 활동하던 이진룡·조맹선 등도 그러한 사례에 포함되는 의병들이다. 그리고 경성의병의 경우에는 의병장 이남기와 최경희를 비롯해 지장회·이긍직·서상욱·김정규·이홍기·이종욱·이용준 등 중심인물들이 도강을 하였다. 이와 같은 집단 도강은 1910년 국치가 임박해지는 상황에서 의병세력의 북상도강 경향을 상징적으로 보여주는 사례가 되고 있다. 북상도강 이후 경성의병은 또한 십삼도의군과 성명회 등 연해주·북간도 일대의 항일독립운동에 적극적으로 참가함으로써 의병의 이념과 정신을 계승 발전시켜 갔다.

서북지방 의병은 다른 한편 국치 이후까지도 국내에서 마지막까지 활동한 최후의 의병으로, 끈질기고도 강경한 투쟁노선을 견지하였다. 1907년 하반기에 일어나 1915년까지 활동을 지속하다가 순국한 채응언 의병이 그 상징이라 할 수 있으며, 국치 이후 1914년까지 평산을 중심으로 활동을 지속하던 이진룡·한정만·김정환 등 평산의병의 인물들도 그러한 사례에 든다. 1909년 이후 국치 전후에 자행되던 일제 군경의 파상적 탄압 하에서도 투쟁을 포기하지 않고 국내에서 활동을 수년간 지속한 사실을 통해서도 그 투쟁의 강도를 짐작할 수 있다. 특히 빈한한 화전농 출신으로 항일투쟁에 투신한 채응언의 경우 그 자신이 수행한 의병활동이 종식되는 1915년이 한말 의병사의 종언終焉으로 언급될 만큼 역사적 인물로 기록되고 있다.

서북지방 의병을 논급하는 과정에서 한 가지 특기할 사실은 중부지방에 근거지를 두고 있던 화서학파 계열 인물들의 역할과 영향이다. 서북지방 가운데서도 양서지역의 의병은 특히 화서학파 인물들이 주축이 되었다. 황해도의병의 산파역이 되는 평산의병의 중심인물들인 이진룡·한정만·우병렬 등을 비롯해 관북지방 의주에서 의병을 일으킨 조병준과 전덕원 등이 그 대표적인 예라 할 수 있다. 그리고 채응언 의병의 모태가 된 서태순 의병도 화서학파 계열의 인물이며, 관북 경성의병의 산파역이 된 김정규와 지장회 등을 배출한 김병진 등은 선후로 화서학파와 연계되는 인물이라 할 수 있다.

3부

대마도에 유폐된 의병

의병의 대마도 피수 경위

머리말

한말 의병전쟁은 한민족의 구국성전이었다. 1894년 청일전쟁 이후 시작된 의병전쟁은 1905년 을사조약을 거치면서 한층 격화되었고, 1907년 광무황제 강제퇴위와 대한제국 군대의 강제해산을 계기로 대일 전면전의 단계로 가일층 발전되어 갔다. 의병전쟁이 격화 발전되면서 참여 인원이 점증하고 항일전의 강도가 더욱 커지게 되자, 일제의 탄압 강도도 시간의 경과에 따라 그만큼 커져 갔다. 특히 1906년 이후 우수한 화력으로 무장한 일제의 정규 군대와 경찰이 탄압의 전면에 배치된 이후로는 의병의 인적 희생이 격증하지 않을 수 없었다.

의병전쟁 기간에 일제 군경에게 체포된 의병 가운데 국외로 유폐된 사례는 1906년에 적국의 대마도로 끌려갔던, 홍주의병의 9명과 태인의병의 최익현 의병장과 그의 참모였던 임병찬 등 11명이 있다. 일제의 대마도 의병 유폐계획은 을사조약 이후 증폭되어 가던 한민족의 항일기세를 꺾기 위한 한 방편으로 입안 추진된 것이었다. 당시 일제는 항일투쟁의 정점에 있던 홍주의병과 태인의병의 중심인물들을 자국의 대마도로 끌고 가 국내로부터 철저히 격리시킴으로써 항일투쟁의 기세를 차단하려 했었다.

의병의 대마도 유폐 사실에 대해서는 그 동안 의병전쟁을 다룬 논저, 특히 최익현 의병과 홍주의병을 논급하는 과정에서 자주 언급되어 왔으나, 최익현을 중심으로 유폐 날짜와 순국일자 및 유해 환국과정 등을 제외하고는 유폐된 사실만이 간략히 언급되어 왔을 따름이다.[1] 그러므로 일제가 의도한 대마도 유폐계획의 수립, 유폐과정, 유폐생활, 석방과정 등 유폐 실상 전반에 대해 거의 알려진 것이 없는 실정이다. 무엇보다 그 실체를 밝힐 수 있는 관련 자료를 확보하지 못했던 데 큰 원인이 있다고 생각된다.

이 글은 의병의 대마도 유폐와 관련된 실상을 확인하는 데 그 목적을 두었다. 이를 위해 일제가 대마도 유폐계획을 입안한 목적과 과정, 주도인물 등을 살펴보고, 다음으로 그러한 계획에 따라 11명의 의병이 대마도로 억류되는 과정을 논급했으며, 이어 대마도에 유폐된 의병을 일제가 어떻게 감시했는지를 구명하였다. 그리고 끝으로 의병이 어떤 과정과 절차를 거쳐 석방되는지에 대해서도 살펴보았다.

본고의 집필에는 방위청의 방위연구소를 비롯해 일본의 유관기관에 소장되어 있는 의병 유폐 관련 자료를 활용하였다. 그 가운데서도 특히 방위연구소에 소장된『밀대일기密大日記』명치39년 한국통감부 한국폭도처형에 관한 건』은 47면에 달하는 비교적 많은 양으로, 대마도 의병 유폐과정과 관련된 왕복 전문, 통감부 및 육군성 생산문서를 철해 놓은 것으로 활용가치가 매우 큰 자료라 할 수 있다. 이러한 일제측 자료와 더불어 홍주9의사의 한 사람인 문석환이 남긴『마도일기馬島日記』와 신보균이 기록한『동

---

[1] 독립운동사편찬위원회 편,『독립운동사』1, 1971, 360, 384~385쪽. 충남대 金祥起 교수는 근년에 대마도 현지인인 內野運이 유폐의병과 필담을 나눈 일을 기록한 자료와 그 내용을 소개한「『反故酒裏見』에 대하여」라는 논고를 발표한 사실이 있다.(화서학회 제1회 학술발표회, 경기도 양평군 서종면 노문리 노산사 벽계강당, 2002. 9. 27)

고록同苦錄』등 두 건도 자료적 가치가 큰 자료로, 여기에 크게 의존하였다. 『마도일기는』는 의병이 유폐된 이듬해인 1907년 2월부터 문석환이 석방되는 1908년 10월까지 1년 10개월간에 걸친 유폐생활을 기록한 것이며, 『동고록』은 홍주의병이 대마도로 처음 끌려가던 1906년 8월부터 신보균이 석방되는 1908년 7월까지 1년 11개월간에 걸친 기록이다.[2]

일제의 의병 유폐계획 수립

을사조약이 늑결된 1905년 11월 이후 항일의병이 전국적으로 파급되어 가는 등 비등하던 한민족의 항일기세를 차단해야 할 입장에 있던 통감 이토

---

2 참고로 유폐의병이 남긴 기록으로는 다음과 같은 것이 있다. 그 가운데 문석환의 『馬島日記』와 신보균의 『同苦錄』은 자료적 가치가 매우 크지만 草書에 가까운 기록이라 판독이 쉽지 않다.

표 1 유폐의병이 남긴 기록

제목	필자	始終(음력)	기간	비고
對馬島日記	林炳瓚	1906.6.26.~ 1906.11.2.	5개월	
海外日記	林炳瓚	1906.6.26~ 1906.12.30.	6개월	林秉瓚「對馬島日記」의 轉寫本 (30면). 독립기념관 소장.
馬島日記	柳濬根	1906.4.~ 1906.9.5.	5개월	
同苦錄 (對馬島日記)	申輔均	1906.6.18.~ 1908.6.25.	2년	
馬島日記	文奭煥	1907.1.11.~ 1908.9.17.	1년 10개월	
寒暄錄				유폐시 왕복 서한집

히로부미伊藤博文로서는 절급히 비상수단을 강구해야 할 처지에 있었다. 의병의 대마도 유폐계획은 을사조약 늑결 이후의 이와 같은 시대적 상황에서 통감의 정책적 필요에 의해 단기간에 수립, 추진된 것이었다.

일제가 대마도 의병 유폐안을 처음 구상한 것은 1906년 5월 31일 홍주의병을 와해시키고 그 중심인물들을 서울로 끌고온 직후인 7월 초순으로 생각된다. 하지만, 현재 확인되는 자료상 의병의 대마도 유폐계획을 최초로 언급한 문건은 1906년 7월 11일 통감 이토가 자국의 육군대신 데라우치 마사다케寺內正毅에게 보낸 전보이다. 통감이 수립한 홍주의병의 처리안건을 각의에 제출해 줄 것을 요청한 그 전문의 내용은 다음과 같다.

> 금회 폭도 수령으로 지목한 자로서 사형에 해당되는 자 5명 정도 있음. 이들을 사형에 처한다는 것은 외관상 가혹이 지나치다고 우려되지 않는다고 할 수 없음. 본관은 군사령관(한국주차군사령관 長谷川好道 - 필자주)과 협의한 후 사형을 감하여 종신감금으로 선고하고 **이들을 대마도에 배치하여 동도 수비대의 감시하에 감금할 것을 희망함. 지금 이들을 한국 정부에 맡겨 그 형을 집행한다는 것은 도저히 그 목적을 달성할 수 없어서 아라비 파샤를 콜롬보에 유배한 고례를 본받으려 한 것임.** 이 일은 군법 위반한 예에 속하므로 감히 각하께서 번거로우시더라도 임기응변에 머물지 않을 수 있게 조치하도록 각하께서 내각에 제출하시어 가부의 명령을 받을 수 있기를 희망함.[3] (진한 서체 - 필자)

통감 이토는 광포하고도 잔인하게 자행된 홍주의병 탄압에 대한 비난여론을 의식하여 이를 무마하기 위해 사형에 상당하던 홍주의병 5명을 종신형으로 낮추어 이들을 자국의 대마도로 끌고가 철저히 유폐시키겠다는 것이었다. 을사조약 늑결 이후 점차 확대되어 가던 항일투쟁을 탄압하는 데 전력을 다하고 있던 통감은 전국 의병 가운데 규모가 가장 크고 그만큼 격렬하게 저항하던 홍주의병에 대해 강력한 탄압방침을 결정하고 이를 실행하였으며, 나아가 체포된 중심인물들에 대해서는 여타 의병의 경우와는 달리 한국 정부에 그 처리를 맡기지 않고 자국의 대마도로 끌고 가 유폐시킴으로써 '상황이 안정될 때까지' 직접 통제하려 했던 것이다. 그리고 통감은 이러한 대마도 의병 유폐가 임기응변에 따른 일시적 조처로서가 아니라 일본 정부의 정책적 차원에서 시행될 수 있도록 육군대신을 통해 그 안건을 각의에 제출하였던 것이다.

여기서 특기할 사실은 이토 통감이 홍주의병에 대한 처리방안을 강구하는 과정에서 영국이 이집트를 침략할 때 이집트 민족운동의 영웅인 아라비 파샤Arabi Pasha(1839~1911)를 멀리 실론Cylon 섬으로 유폐했던 사실에 착안했다는 점이다. 이러한 정황은 이후 홍주의병의 유폐와 관련된 일제의 다른 문건에서도 산견된다.

아라비 파샤는 영국이 이집트를 침략, 지배할 때 영국에 저항하여 이집트의 민족운동을 지도한 상징적 인물이다. 그가 지휘하던 군대가 1882년 9월 앗탈알카비르At Tall Al Kabir(텔엘케비르Tell El Kebir)에서 벌어진 영국군과의 전투에서 패하게 되자, 군사재판에 회부된 그는 사형을 선고받기에 이르렀다. 하지만, 종신형으로 감형된 뒤 그는 영국에 의해 이집트에서 추방되어 영국의 또 다른 식민지였던 실론Cylon의 콜롬보Colombo[4]에 거의 20년

---

3 국사편찬위원회 편, 『통감부문서』 3, 1998, 76쪽; 『『韓國統監府 韓國暴徒處刑に關する件(密大日記 明治39年)』(1906. 8. 14)(일본 방위청 방위연구소 소장), 「陸軍省受領 密受 제184호」 伊藤統監이 寺內陸軍大臣에게 보낸 電報(1906. 7. 11. 오후 4:05)
4 콜롬보는 1948년 독립 때까지 영국령 실론의 식민지 행정청 소재지였고, 독립 후에는 실

간 유폐되었다. 아라비 파샤는 1901년 영국 정부의 승인하에 이집트로 돌아올 수 있었다.

이토는 이처럼 영국이 이집트의 민족운동을 분쇄하기 위해 아라비 파샤를 유폐했던 역사적 사례를 원용하여 을사조약 이후 격렬하게 전개되던 한민족의 항일투쟁을 억제하기 위해 홍주의병(곧이어 최익현 의병 포함)을 유폐하는 방안을 강구했던 것이다. 곧 그는 한국에서의 홍주의병과 최익현 의병을 이집트에서의 아라비 파샤와 동일한 비중을 두고 비슷한 역할을 한 것으로 간주하였고, 한민족 항일투쟁을 상징하던 표상 혹은 정점으로 인식하고 있었다고 할 수 있다.

육군대신 데라우치는 통감으로부터 위의 전보를 받고 다음날 대마도에 감옥이 없다는 점을 상기하여 홍주의병을 홋카이도北海道에 유폐하는 방안도 강구할 수 있음을 의견으로 표명하였고, 아라비 파샤의 고례古例에 대해서는 동의를 표하였다.[5] 육군대신의 이러한 건의안이 채택되었다면, 유폐 의사들은 더 멀리 홋카이도로 끌려가 감금되었을지도 모를 일이다. 그러나 이러한 육군대신의 이견에 대해 통감 이토는 당일로 육군대신에게 다시 전문을 보내 "대마도는 당국當國(한국 - 필자주)에 접근해 있으므로 동도同島에 감치監置할 것을 바라고, (이에 필요한) 특별 설비는 당방當方(통감부측 - 필자주)에서 이를 할 수 있음"이라고 하여 대마도로 선정해 주기를 강력히 피력하였고, 결국 통감의 입장이 그대로 관철되기에 이르렀다.[6]

론(1972년 스리랑카로 변경)의 수도가 되었다.
5 국사편찬위원회 편, 『통감부문서』 3, 77쪽; 『韓國統監府 韓國暴徒處刑ニ關する件』, 「密受 제184호」 '韓國暴徒處刑ニ關スル件', 寺內陸軍大臣이 伊藤統監에게 보낸 電報(호외 1906. 7. 12).
6 국사편찬위원회 편, 『통감부문서』 3, 77쪽; 『韓國統監府 韓國暴徒處刑ニ關する件』, 「密受 제184호」 '韓國暴徒處刑ニ關スル件', 伊藤統監이 寺內陸軍大臣에게 보낸 電報(1906.

통감의 요청을 받은 육군대신은 이틀 뒤인 7월 13일 내각총리대신 사이온지 긴모치西園寺公望에게 공문을 보내 통감의 의사와 그 처리방안에 의거하여 이 안건을 각의에 회부해 줄 것을 다음과 같이 요청하였다.

금번 한국에 있어 폭도는 한국주차군사령관이 발포한 군율軍律에 비추어 목하 주차군에서 심리중인 바 우右 폭도 중 수령으로 지목할 자 5명은 그 소위가 사형에 해당되지만 이를 사형에 처함은 외관상 가혹이 지나치다는 염려가 있음으로써 사형을 감하여 종신감금에 처하되, 단 그 집행은 종래의 예에 따라 한국 정부에 맡기는 것은 도저히 그 목적을 이룰 수 없는 고로 이들을 아국我國 대마도에 배치하여 동도同島 수비대 감시하에 적의適宜 감금하겠다는 뜻을 통감으로부터 전보로 조회가 있었음. 우는 동국同國 목하의 정황에 비추어 부득이하게 적절한 조치라고 인정되는 바 본 대신에 있어서 이를 실시하는 방향으로 시달되도록 이에 각의를 바랍니다.[7]

육군대신이 제출한 위의 안은 앞서 언급한 통감의 전보 안에서 "아라비 파샤를 콜롬보에 배류配流한 고례古例를 본받아"라는 문구만 삭제한 채 거의 원안 그대로 정리한 것이다.[8] 아라비 파샤 관련 문구가 삭제된 이유는

---

[7] 7. 12. 오후 2:53 京城發, 오후 6:04 東京着); 국사편찬위원회 편, 『통감부문서』 3, '폭도 수령 대마도에 종신감금의 건'

[7] 『韓國暴徒首領者處刑ニ關スル件(公文別錄・陸軍省・明治19年 – 大正7年・第1卷)』(일본 국립공문서관 소장), 「陸軍省送達 密發 제135호」 육군대신 寺內正毅가 내각총리대신 西園寺公望에게 보낸 문서(1906. 7. 13)

[8] 『韓國統監府 韓國暴徒處刑に關する件』, 「密受 제184호」 '韓國暴徒處刑ニ關スル件', 「陸軍省送達 滿密發 제135호」(1906. 7. 13) '內閣請議案'에는 "아라비 파샤를 콜롬보에 配流한 古例를 倣則하여"라는 구절 위에 삭제 지시선이 그어져 있다.

명확하지 않지만, 특정 인물을 예거함으로써 그들의 유폐 목적을 단선적, 직설적으로 표출하는 데 대한 부담을 덜기 위해서였다고 추측된다.

홍주의병의 처리를 위해 육군대신이 제출한 내각 청의안請議案은 7월 14일 통과되었고[9], 그대로 각의에서도 의결되었다. 육군대신은 7월 17일 통감에게 "한국폭도 수령 대마도 배치의 건은 상신하신대로 각의 결정됨"이라는 전보를 보내 그 결과를 통보하였고[10], 당일 한국주차군사령관 하세가와長谷川好道에게도 다음과 같이 통보하여 그에 대한 조처를 취하도록 지시하였다.

> 한국 폭도 수령 대마도 배치의 건은 통감이 상신한대로 각의에서 결정됨. 따라서 우 처형인의 호송 및 수비대로의 인도의 수속을 정하고, 또 동도에 있어서 감금 설비 등에 대해서는 의견이 있으면 통감과 협의한 후 지급至急으로 상신하라.[11]

육군대신은 한국주차군사령관에게 유폐할 의병을 대마도까지 호송하는 방안과 대마경비대에 이들을 인도하는 절차 등을 비롯하여 의병이 들어갈 감금소를 마련토록 지시한 것이다. 한국주차군사령관은 임무 수행상 군정

---

9 『韓國統監府 韓國暴徒處刑に關する件』, 「內閣 제15호」(1906. 7. 14)
10 국사편찬위원회 편, 『통감부문서』 3, 79쪽; 『韓國統監府 韓國暴徒處刑に關する件』, 「密 제184호」 '韓國暴徒處刑ニ關スル件', 「電 제557호-1」(1906. 7. 17) 대신이 통감에게 보낸 전보안. 그 전문은 다음과 같다. "한국 폭도수령 대마도 配置의 건은 상신하신대로 閣議 결정됨."
11 『韓國統監府 韓國暴徒處刑に關する件』, 「密 제184호」 '韓國暴徒處刑ニ關スル件', 「電 제557호-2」(1906. 7. 17) 大臣이 韓國駐箚軍司令官에게 보낸 電報案.

및 인사에 관해서는 육군대신의 지시를 받도록 되어 있었기 때문이다.[12]

육군대신의 명령을 받은 한국주차군사령부에서는 홍주의병을 대마도로 유폐하기 위한 절차를 밟았다. 7월 18일 한국주차군 참모장 무타牟田敬九朗는 육군차관에게 다음과 같은 전보를 보내 몇 가지 사항을 통보하고 유폐에 관련된 제반 설비건에 대해서는 위임해 줄 것을 요청하였다.

> 감금자를 송치하기 위하여 귀항歸航하는 배를 이용하여 부산 대마도에 기항寄港하도록 의뢰한 배의 부산 도착 3일 전에 알려주기 바람. 헌병에게 호송하도록 하여 수비대에 인도하도록 함. 감금자는 대마도로부터 도망하지 못하게 해야 하므로 감시할 것임. 식량은 보통의 죄수보다 적게 주려고 함. 기타의 설비 등은 모두 의뢰하기 바람.[13]

한국주차군사령부에서는 의병이 승선할 배가 부산에 도착하기 3일 전에 그 선편을 알려주도록 육군성에 요청하는 한편, 대마경비대에 인도할 때까지는 한국주차군사령부에서 의병 '호송' 책임을 맡기로 하였고, 탈출을 방지하기 위해 감시를 철저히 할 것이며, 의병에게는 일반 죄수보다 더 적게 식사를 줄 것이라는 등의 사실을 육군성에 통보하였음을 알 수 있다. 그리고 의병 유폐와 관련된 제반 설비에 대해서는 한국주차군사령부가 독자적으로 추진할 수 있도록 그 권한을 위임해 줄 것을 요청하였던 것이다.

7월 11일자 통감의 전문이나 내각 청의안에서 보았듯이 통감이 홍주의

---

12 독립기념관 한국독립운동사연구소 편, 『한말의병자료』 Ⅲ, 2002, 57쪽.
13 『韓國統監府 韓國暴徒處刑に關する件』, 「密受 제184호」 '韓國暴徒處刑ニ關スル件', 軍參謀長이 陸軍次官에게 보낸 電報譯(1906. 7. 18. 오후 1:03 發, 오전 8:30 着)

병의 대마도 억류계획을 처음 수립했을 당시에는 사형에서 종신형으로 감형된 '수령 지목자' 5명이 그 대상이었다. 그 명단은 구체적으로 확인되지 않지만, 7월 17일 이른바 형이 선고되었을 때 무기형을 받은 유준근柳濬根·이식李侙·남규진南奎振·신현두申鉉斗와, 15년형을 받은 이상두李相斗가 그들이었을 것이다. 그러나 그 경위는 알 수 없지만, 이들이 대마도에 유폐되기 직전에 통감부와 한국주차군사령부에 의해 4명이 추가되어 유폐 대상자는 모두 9명으로 늘어났다. 한국주차군 참모장이 육군차관에게 보고한 7월 20일자 전보에서 "대마도로 송치되는 5명 외에 감금 2년에서 5년을 받은 4명을 추가하였음을 알기 바란다"고 한 대목에서 그 사실을 확인할 수 있다.[14] 그 결과 최상집崔相集·문석환文奭煥·신보균申輔均·안항식安恒植 등이 추가되어 모두 9명의 홍주의병이 대마도에 유폐되기에 이르렀던 것이다.

이와 같은 과정을 거쳐 최종적으로 홍주의병 9명을 대마도에 유폐할 계획을 정책적으로 결정한 뒤, 통감부와 육군성의 실무 책임자들은 유폐의병의 처우에 관한 구체적인 사항을 협의해 조율하였다. 그 가운데서도 의병에게 의복과 식사를 공여供與하는 문제와 신체 구금의 정도 등에 대한 원칙과 규정을 마련하는 일이 가장 큰 관심사였다. 육군성 법무국장이 1906년 7월 21일 마츠모토松本 이사에게 보낸 다음과 같은 전보의 내용을 통해 그러한 정황을 감지할 수 있다.

> 대마도에 배치할 폭도 수령 수명에게는 의식衣食을 아울러 모두 지급한다는 취지였으나 장차 자변自辨을 허락한다는 취지도 있음에 만약 자변도 허

---

14 『韓國統監府 韓國暴徒處刑に關する件』, 「陸軍省受領 密受 제184호」 軍參謀長이 次官에게 보낸 電報(1906. 7. 20. 오후 1:15 發, 오후 4:20 着)

락하는 취지라면 이들 수명 중에는 자산 여하에 따라 배처配處에서 경비대 보관하에 다소의 금원金圓 등을 소지 사용케 한다는 취지인 것이다. 감금의 벌명罰名에 대해 생각하고 기타 식료를 수도囚徒로부터 조금 낮게 하라는 등의 전문으로 추측한 바 대부분의 죄수와 같은 대우를 할 취지와 같은 것도 듣고 있으며 아라비 파샤 실론섬[錫倫島] 배류配流의 고례 또는 대마도를 탈주하지 못하게 하는 한도 등도 있는 것을 생각한다면 탈일脫逸을 막기 위한 취체에 방해되지 않는 한 큰 자유를 주는 취지와 같은 것이므로 귀방貴方의 전의詮議에서 진작하여 그 취지를 아시고 지급至急으로 승낙하여 답전하기 바람.[15]

마츠모토 이사와 법무국장 사이에는 이에 앞서 의병의 처우문제에 대해 논의하는 과정이 있었던 것으로 보이지만, 현재 이를 확인할 수는 없다. 위의 전문은 의병의 의식衣食은 관급官給이 원칙이지만 각인의 사비로 자변自辨하는 방안도 병용한다는 것과, 후술하겠지만 유폐생활에서 일반 죄수와는 달리 탈주를 방지하는 한도 안에서 신체적 자유를 어느 정도 보장해 주는 원칙 등에 대해 명확히 입장을 정리해 달라는 내용이다.

이러한 법무국장의 전보에 대해 이튿날인 7월 22일 마츠모토 이사는 다음과 같이 답전하였다.

> 답합니다. 수도囚徒는 그대로입니다. 단 고역苦役에 복역시키지 않으며 의식을 자변하는 형편도 있지만 허가하신 데 대한 지장은 없음. **파샤[아라비 파**

---

15 『韓國統監府 韓國暴徒處刑に關する件』, 法務局長이 松本理事에게 보낸 電報(1906. 7. 21)

샤 - 필자주)**와 같이 우대한다는 것은 생각할 수 없음.** 우는 통감의 승인에 부합되는 것임.[16](진한 서체 - 필자)

법무국장이 앞서 질의한 데 대해 마츠모토 이사는 유폐의병이 '죄인'의 신분임을 확실히 규정하고, 그 처우에서는 다만 노역은 시키지 않고, 의식을 자변하는 방안에 대해서는 문제가 야기되지 않도록 할 방침인 점을 통감의 의지임을 상기하면서 분명히 밝힌 것이다. 특히 '아라비 파샤와 같이 우대한다는 것은 생각할 수 없다'고 단정한 대목은 일제가 유폐의병에 대해 신체적, 물리적 규제를 강제할 분명한 의지를 갖고 있다는 사실을 직설적으로 표현한 것이다.

육군대신은 대마경비대를 관장하고 있던 고쿠라小倉의 제12사단장 아사다淺田信興[17]에게 7월 31일 다음과 같은 전보를 보내 홍주의병의 대마도 유폐계획을 통보하고 그 대비에 착수하도록 지시하였다.

금번 한국주차군에서 군율에 의거하여 감금에 처해진 한국 폭도 수령 9명은 특히 대마도에 배치하여 동도 경비대 감시하에 감금할 것을 결정하였으며, 동군同軍(한국주차군 - 필자주)으로부터 헌병으로 호송하여 경비대에 인도하도록 한 바 **동도로부터 도망하지 못하도록 한도로 하여 적의適宜 감금하라.** ○ 대마도 도착 일시는 추후 통지할 것임. ○ 수용해야 할 가옥에 대해

---

16 『韓國統監府 韓國暴徒處刑に關する件』, 松本理事가 法務局長에게 보낸 電報譯(1906. 7. 22. 오전 11:55 發, 오후 2:10 着)
17 [추기] 1906년 7월 제4사단장으로 전임된 井上光의 후임으로 淺田信興이 제12사단장을 맡게 된다. 淺田信興은 1906년 7월 6일부터 1910년 8월 26일까지 12사단장으로 근무하였다.

서는 사단 경리부장에게 알려 해결하고 급여해야 할 식료에 대해서는 별도로 시달할 것임.(진한 서체 – 필자)

의병이 대마도에서 탈출하지 못할 정도로 경비대가 감시하도록 하고, 그 한도 내에서 다소간 신체의 자유를 허용하도록 지시하고 있다는 점이 주목된다. 비록 '감금인'의 처지에 있었지만 유폐의병은 한민족의 의병전쟁에 참여했던 특수한 상황에서 억류된 입장이었기 때문에 일반 죄수와는 다른 환경에 있었다는 사실을 반영하는 대목이다. 의사들이 대마도 이즈하라嚴原라는 한정된 구역 내에서 부정기적이나마 산보나 운동을 할 수 있었던 것도 이와 같은 배경하에서 가능했던 것이다. 위의 인용문에서는 그밖에도 대마도 도착 일시는 추후 확정되는대로 다시 통보할 예정이며, 의병이 거주할 임시 감금소는 12사단 경리부장의 책임하에 마련하고, 식료 공여供與 문제는 추후 지시할 것 등의 내용을 담고 있다.

육군대신이 제12사단장에게 홍주의병 대마도 유폐 준비를 지시한 당일인 7월 31일에 육군차관은 한국주차군 참모장에게 전보로 "부산에 기항하는 상선 등에 편승시킬 수 있도록 준비를 하여 대마도 착선着船 일시를 통지할 것"이라고 하여 부산에서 대마도로 들어가는 상선 확보와 탑승 준비를 하도록 지시하였다.[18]

이와 같은 과정을 거쳐 계획을 마무리한 한국주차군사령부에서는 참모장이 육군차관 앞으로 8월 6일 전보를 보내 "대마도에 송치하는 수도囚徒는 8일 아침 이즈하라에 도착할 예정"이라고 하여 마침내 유폐의병의 출항 계획을 보고하게 되었다. 이 보고를 받은 육군차관은 대마도 도착 당일인 8월 8일 12사단장에게 전보를 보내 홍주의병이 이즈하라에 도착한다는 사실과 대마경비대에서 이들을 접수하도록 조처했다는 사실을 통보하여 차질이 없도록 대비시켰다. 이로써 7월 초부터 입안되어 한 달간에 걸쳐 조정, 완성된 대마도 의병 유폐계획은 실행 단계로 들어갔다. 이에 따라 홍주9의사와 최익현, 임병찬 등 11인의 의병은 적국의 대마도로 끌려가 영어囹圄의 몸이 되어 갖은 고초와 수난을 겪었다.

한국침략의 원흉인 통감 이토가 을사조약 늑결 이후 또 하나의 민족수난을 상징하던 대마도 의병 유폐계획을 입안한 주역이었음을 알 수 있다. 곧 대마도 유폐의 의도와 목적, 그 구체적 방안에 이르기까지 일체의 계획이 그의 구도하에서 수립, 추진되었던 것이다. 그리고 육군대신 데라우치는 통감의 의뢰를 받아 청의안請議案을 내각총리대신 사이온지에게 올려 각의를 통과시켜 의병을 대마도에 유폐하는 데 정책적으로 뒷받침해 주었고, 나아가 그 유폐 실무를 한국주차군과 제12사단에 지시한 인물이었다. 또 한국주차군사령관 하세가와는 육군대신과 통감의 지시를 받고 의병을 대마도로 유폐하는 과정과 절차, 설비 등에 대한 준비를 진행했던 책임자이기도 하다. 결국 의병의 대마도 유폐는 통감-육군대신-내각총리대신으로 연결되는 일제의 정책결정 라인과 통감-육군대신-한국주차군사령관으로 연결되는 일제의 군대 명령계통에 따라 수립, 집행되었음을 알 수 있다.

이와 같이 한민족의 항일의기를 봉쇄하기 위한 목적하에서 수립, 추진된 일제의 대마도 유폐정책은 그럼에도 불구하고 결국 실패로 귀착되었다. 그 이유는 최익현이 대마도 현지에서 죽음으로 항거함으로써 전국적, 거족적 항일기운을 더욱 격동시켰고, 나머지 유폐의병들도 모두 끝까지 대한제국 의사로서의 기개와 지조를 지켜 민족의 의기을 수호해 냈기 때문이다. 특

---

18 『韓國統監府 韓國暴徒處刑に關する件』, 「密受 제184호」 '韓國暴徒處刑ニ關スル件', 「電제581호-1」(1906. 7. 31) 次官이 駐箚軍參謀長에게 보낸 電報案.

히 최익현의 의로운 순국은 오히려 전 국민의 항일기세를 가일층 상승시키는 기폭제로 작용하였고, 나아가 이를 계기로 호남을 비롯한 전국의 의병전쟁을 확대, 격화시키는 한 동인이 되었기 때문이다. 이와 같은 견지에서 볼 때, 한민족의 항일의기로 형상화되어 일본 대마도에 유폐되었던 11명의 의병은 일제의 강포한 탄압에도 꺾이지 않고 민족자존의 올곧은 기상을 드높인 지사들이었다고 할 수 있다.

의병의 대마도 피수과정

을사조약 늑결을 계기로 재기한 을사의병 가운데 홍주의병은 전국 단위의 병 가운데 가장 규모가 컸으며, 또한 가장 격렬하게 항전한 부대였다. 러일전쟁을 기화로 한국을 침략하여 주둔한 일제의 소위 한국주차군이 의병 탄압의 전선에 최초로 투입된 예가 홍주성 공방전이었다.

통감 이토는 홍주의병 탄압에 자국의 군대를 투입할 수밖에 없던 상황에 대해 내각총리대신 사이온지에게 1906년 5월 27일자로 다음과 같이 통보하였다.

> 목하 한국 충청남도에서 폭도가 일어나 홍주성을 함락하고 이를 근거로 완강히 저항하므로 소수의 헌병 및 경찰관으로는 진정하기 어렵게 된 바 통감부 및 이사청관제 제4조에 의거하여 오늘 한국주차군사령관에 대하여 병력의 사용을 명하였음.[19]

---

19 「韓國ニ於ケル暴徒鎭壓ノ爲兵力ヲ使用ス」(1906. 5. 27)(公文類聚·第30編·明治39年·

이토는 종래와 같은 소수의 헌병, 경찰 병력으로는 대규모로 일어난 홍주의병을 탄압할 수 없다고 판단하고, 5월 27일 당일로 한국주차군사령관 하세가와長谷川好道에게 군대의 투입을 명령한 사실을 내각총리대신에게 통보한 것이다. 참고로 '통감부 및 이사청 관제' 제4조에는 "통감은 한국의 안녕 질서를 보지保持하기 위하여 필요하다고 인정되는 때에는 한국수비군의 사령관에게 병력의 사용을 명할 수 있음"이라고 되어 있다.

군대 출동의 명령을 받은 사령관 하세가와는 5월 27일 서울에서부터 대대장 다나카田中 소좌의 지휘 아래 보병 2개 중대를 홍주에 파견하여 경찰과 헌병, 그리고 진위대에게 협조토록 훈령하였다. 이에 따라 28일에는 경성헌병대대에서 헌병대위 이하 26명이 파견되었으며, 한국주차군에서는 보병 제60연대의 대대장 다나카 소좌 지휘하에 보병 2개 중대(약 400명)와 기병 반개 소대가 파견되었다. 전주수비대에서도 1개 소대가 합세하였다.

일본군은 5월 30일 홍주성을 포위하고 낮부터 성을 장악하기 위해 총공세를 폈다. 성 안의 의병은 결사적으로 저항하였으나 일본군의 막강한 화력 앞에 패산하지 않을 수 없었다. 결국 일본군은 31일 아침 홍주성을 완전히 점령하였고, 의병에 대해 처참한 보복 살육을 감행하였던 것이다.[20]

5월 31일 새벽 홍주성 실함 당시에 희생된 의병의 수는 적게는 80명에서 많게는 1천 명으로 자료마다 상이하게 나타난다. 합리적으로 추론할 때, 참모장 채광묵蔡光黙 부자 등을 비롯하여 300명 이상이 순국한 것으로 인정

第5卷)(일본 국립공문서관 소장)
20 김상기, 「홍주의병의 1906년 홍주성전투」, 『홍성지역 독립운동의 전개와 독립운동가』(2004년 충청지역 독립운동사 학술회의, 2004년 11월 5일, 혜전대학 학술정보관), 19~20쪽.

된다. 뿐만 아니라 최종적으로 154명 이상이 일본군에게 포로로 잡혔으며, 그 가운데 중심인물로 분류된 82명은 서울로 끌려갔다.[21] 이들은 헌병 5명이 감시하는 가운데 6월 7일 홍주를 떠나 예산 신례원과 온양을 경유한 뒤 6월 9일 천안에서 기차를 타고 당일 서울 남대문역에 도착, 한국주차군사령부에 구금되었던 것이다.[22]

이들 홍주의병은 한국주차군사령부에서 심문을 받은 후 7월 17일(음 5. 26) 모두 77명 가운데 16명이 일제로부터 이른바 '징역형'을 선고받았고, 나머지 의병은 30~50대의 태笞를 맞고 석방되었다. 이 때 '징역형'을 선고받은 16명의 명단과 '형량'을 보면 다음과 같다.[23]

---

21 독립기념관 한국독립운동사연구소 편, 『한말의병자료』 Ⅲ, 92쪽. 일본군은 홍주성을 점령한 직후부터 이른바 작전상황의 경과보고를 수시로 하였다. 의병측의 인적 피해상황도 보고 때마다 증가하고 있는 것으로 보아 성을 점령 후에도 일본군대가 철수하는 6월 7~9일경까지 무자비한 탄압을 가했음을 알 수 있다. 홍주성을 점령한 다음날인 6월 1일에는 희생자 60명, 피체자 127명으로 의병측의 인적 피해상황을 보고하였으나(『한말의병자료』 Ⅲ, 66쪽), 6월 4일의 보고에는 희생자(시신) 82명, 포로 145명으로 기록되어 있다 (『한말의병자료』 Ⅲ, 68쪽). 그리고 최종적으로는 6월 14일의 주차군 참모장의 보고에서는 위의 본문에서와 같이 희생자 83명, 피체자 154명, 그리고 최종 서울 압송자 82명으로 집계하였다. 한편, 申輔均이 대마도 유폐시에 기록한 일기인 『同苦錄』(1906년 6월 19일조)에는 일본 헌병 5명의 감시하에 83명이 서울로 끌려갔던 것으로 되어 있어, 일제측 기록과 1명 차이가 있다. 1명이 추가된 것인지, 어느 한쪽의 오기 혹은 착기인지 확인하기 어려운 실정이다. 한편, 홍주성전투에 투입된 진위대의 지휘관으로 추정되는 '충청남북도지휘관 李起泓'이 6월 5일자로 군부대신 이근택에게 올린 '報告 제2호'에는 서울로 끌고 간 의병 명부(尹始永, 『洪陽日記』, 서산시청 문화공보담당관실, 영인번역본, 1997, 106~116쪽)에 78명이 기록되어 있는 점으로 미루어 그 뒤에 5명이 추가된 것으로 보인다. 그 뒤 재판에 회부된 의병은 모두 77명이었다.(『동고록』 1906년 6월 19일조) 그 나머지 인물은 행방을 알 수 없지만, 구금 도중에 여러가지 사정으로 석방되었을 것으로 짐작된다.
22 申輔均, 『同苦錄』(필사본) 1906년 6월 19일조.
23 신보균, 『동고록』 1906년 6월 19일조.

유준근柳濬根·이식李佸·남규진南奎振·신현두申鉉斗 : 무기

이상두李相斗 : 15년   최상집崔相集 : 5년

문석환文奭煥 : 4년   신보균申輔均 : 3년

안항식安恒植 : 1년   박규朴珪·이동근李東根 등 7인 : 3삭朔

　일제가 홍주의병에게 선고한 '형량'의 기준이 무엇이었는지 명확히 드러나지 않는다. 이들에 대한 재판기록이 확인되지 않기 때문에 구체적인 경위는 알 수 없으나, 의병항전 과정에서 수행한 역할과, 40여 일 갇혀 있는 동안에 일제가 판단한 각인의 반일사상의 정도와 '수감태도' 등이 고려되었을 것으로 보인다. 그 가운데 의병항전 과정에서 수행한 각인의 역할은 '형량'에 가장 큰 고려 요인이 되었을 것으로 짐작되지만, 외관상 그 기준은 일정치 않은 것으로 보인다. 안항식과 신보균은 직책이 참모로 동일하였음에도 불구하고 형량에는 상당한 차이를 보였으며, 참모사였던 이식도 이들과 비슷한 역할을 한 것으로 인정되지만 무기형을 선고받았던 것이 그 예이다.

　7월 11일 이후 약 한 달간에 걸친 대마도 유폐계획이 마무리되자, 일제는 계획된 각본에 따라 8월 7일(음 6. 18) 홍주9의사를 서울에서 부산으로 이동시켰다. 이들은 5명의 헌병이 감시하는 가운데 당일 오전에 남대문을 나와 용산 정거장에서 기차를 탔다. 이 때 유준근의 형제인 유태근柳台根과 유홍근柳洪根, 안병찬安炳瓚의 아들 안석로安奭老, 최익현의 아들 최영조崔永祚 등이 배웅하며 눈물을 뿌렸다. 서울을 떠난 홍주의병은 당일 저녁 초량에 도착하였고, 잠시 휴식을 취한 뒤 곧 배에 올랐다. 이들이 탄 배는 야간 항해를 한 끝에 다음날인 8월 8일 새벽 대마도 이즈하라嚴原 항구에 도착하였으며, 일본 헌병을 선두로 하선하여 일본인 시마오 쇼스케島雄莊介의

사가인 잠상실蠶桑室에서 바로 유폐생활에 들어갔다.[24]

서울을 출발하여 유폐지 대마도에 도착할 때까지 의병 '호송' 책임은 한국주차군사령부에 있었다. 그리하여 홍주의병의 이동과정에는 5명의 헌병이 동행하여 이들을 철저하게 감시하였으며, 대마도 도착 즉시 대마경비보병대대에 신병이 인도됨으로써 이후 의병들에 대한 '감시' 책임은 대마경비대로 이관되었다. 홍주9의사가 대마도로 끌려간 지 20일이 지난 1906년 8월 28일에는 호남의병장 최익현崔益鉉과 그의 핵심 참모인 임병찬林炳瓚이 추가로 대마도에 유폐되었다.

1906년 6월 4일 전북 태인의 무성서원武城書院에서 봉기한 최익현 의병은 정읍을 거쳐 순창으로 진격하였다. 하지만 6월 11일 전주와 남원에서 출동한 진위대의 총공격을 받고 중군장 정시해鄭時海가 전사하는 등 패산하고 말았다. 그리고 끝까지 남아 있던 최익현 이하 임병찬·고석진高石鎭·김기술金箕述·문달환文達煥·임현주林顯周·양재해梁在海·조우식趙愚植·조영선趙泳善·최제학崔濟學·나기덕羅基德·이용길李容吉·유해용柳海瑢 등 13명은 모두 체포되어 6월 14일 전주로 끌려갔다. 전주에 도착한 이들은 6월 16일 일본 헌병에게 인계되어 18일 서울로 끌려가 한국주차군사령부에 구금되었다.[25]

최익현 등 13명의 의사들은 1906년 8월 14일(음 6. 25.)[26] 육군이사로부

---

24 신보균, 『동고록』 1906년 6월 18~19일조.
25 독립기념관 한국독립운동사연구소 편, 『한말의병자료』 Ⅲ, 93~94쪽; 윤병석, 『한말 의병장 열전』, 독립기념관, 1991. 204~207쪽. 함께 남아 있던 柳鍾奎는 정시해의 奔喪을 위해 현장에서 석방되었다.
26 林炳瓚의 「對馬島日記」(『독립운동사자료집』 2, 1971, 130쪽)에는 8월 15일(음 6. 26)로, 崔濟學의 「勉菴先生倡義顚末」(『독립운동사자료집』 2, 1971, 102쪽)에는 8월 14일(음 6. 25)로 선고일이 다르게 기술되어 있다. 현재로서는 어느 쪽이 옳은지 확단하기 어려운 실

터 다음과 같은 '형량'을 선고받았다.[27]

    최익현: 3년
    임병찬: 2년
    고석진·최제학: 4개월
    김기술·문달환·임현주·양재해·조영선·나기덕·이용길·유해용: 태 100대

최익현과 임병찬이 대마도에 유폐되던 과정은 홍주9의사의 전례에 따라 이루어졌다. 최익현 등에 대한 선고가 내려지던 8월 14일에 한국주차군 참모장은 육군차관에게 전보를 보내 이들을 대마도에 추가로 유폐할 계획임을 다음과 같이 보고하였다.

    광주光州 부근에서 소요를 일으킨 폭도의 거괴 최익원崔益源(최익현의 오류 - 필자주)은 감금 3년, 그 참모장인 '림헤이산'(임병찬 - 필자주)은 2년으로 처분하였음. **이 두 사람을 대마도로 송치하고자 한 것은 통감 동의同義였음.** 전회(홍주의병 유폐 - 필자주)와 같이 조치할 것임. 최는 대학자, '림'은 전 낙안군수였음.[28](진한 서체 - 필자)

정이나, 뒤에 인용하는 일제측 문건(군참모장이 육군차관에게 보낸 전보, 1906년 8월 14일)의 내용으로 미루어 8월 14일로 잡았다.
27 최제학, 「면암선생창의전말」(독립운동사편찬위원회 편, 『독립운동사자료집』 2, 1971), 102쪽; 임병찬, 「대마도일기」(독립운동사편찬위원회 편, 『독립운동사자료집』 2, 1971), 130쪽.
28 『韓國統監府 韓國暴徒處刑に關する件』, 「密 제184호」'韓國暴徒處刑ニ關スル件', 軍參謀長이 陸軍次官에게 보낸 電報譯(1906. 8. 14. 오후 3:40 發, 오후 4:40 着)

최익현과 임병찬을 대마도로 유폐한 것은 통감 이토의 의사가 반영된 결과였음을 알 수 있다. 그리고 이들을 대마도로 유폐하는 절차와 방법은 앞선 홍주의병의 전례에 따랐음을 알 수 있다. 이에 육군대신은 8월 18일 12사단장 아사다 앞으로 다음과 같은 전보를 보내 한국주차군사령부와 직접 교섭하여 최익현과 임병찬 2인을 대마도로 호송하도록 명령을 내렸다.

    금회 한국주차군에서 군율에 의하여 감금 3년에 처했던 한국 폭도 최익현 및 동 2년에 처했던 임병찬 두 명도 역시 대마도로 배치하기로 결정한 것에 대하여 감금의 제諸 설비 등 모두 전회의 예에 따라 처리하기로 하였다. 우 폭도를 수취受取하는 수순은 군(한국주차군 - 필자주)과 직접 교섭할 것.[29]

최익현과 임병찬을 대마도로 유폐하는 절차와 방법, 그리고 유폐에 필요한 시설 등은 앞선 홍주의병의 전례에 의거해 처리하고, 대마도로 유폐하는 절차 등은 12사단과 한국주차군이 직접 교섭하도록 지시하였던 것이다. 또 육군차관도 이 날(8월 18일) 한국주차군 참모장 앞으로 "제설비에 관해서는 전회와 같이 제12사단장 및 동 경리부장에게 각각 시달되었으므로 동도 경비대의 호송 교부의 수순은 직접 동 사단과 교섭하기 바란다"[30]라는 전문을 보내 대마도 호송 절차에 대해서는 제12사단과 직접 교섭할 것을 지시하였던 것이다. 최익현과 임병찬은 8월 28일(음 7. 9) 대마도로 끌려가 먼저 도착해 유폐되어 있던 홍주9의사와 유폐지에서 조우하기에 이르렀다.

---

29 『韓國統監府 韓國暴徒處刑に關する件』, 「密 제184호」 '韓國暴徒處刑ニ關スル件', 「電제615호 - 2」(1906. 8. 18) 大臣이 제12사단장에게 보낸 電報.
30 『韓國統監府 韓國暴徒處刑に關する件』, 「密 제184호」 '韓國暴徒處刑ニ關スル件', 「電제615호 - 1」(1906. 8. 18) 次官이 韓國駐箚軍參謀長에게 보낸 電報.

그림 1 의병이 유폐되었던 이즈하라嚴原 항구

두 의사는 헌병들의 호위하에 8월 27일 오전에 기차를 타고 서울을 떠나 오후 6시경酉時 부산 초량草梁에 도착하였다. 최익현의 세 아들인 영조永祚·영학永學·영설永卨과 임병찬의 아들 응철應喆, 아우 병대炳大를 비롯하여 최만식崔萬植(오위장)·최우서崔禹瑞·이승규李承奎·최제태崔濟泰·최제학崔濟學 등이 부산까지 두 의사를 동행하였다. 곧이어 두 의사는 초량 도착 직후인 당일 8시경[戌時] 배에 올라 야간항해를 한 끝에 8월 28일 아침 7시경[辰時初] 대마도 이즈하라 항구에 도착하였으며, 홍주9의사가 감금되어 있던 시마오의 사가인 잠상실에서 이들과 함께 유폐생활에 들어갔다.[31] 홍주의병 유폐 20일 후의 일이었다.

---

31 임병찬, 「대마도일기」, 132쪽.

표 2 대마도 유폐의병(11인)

성명	생몰년	나이 (1906년)	본관 / 자 / 호	거주지	前歷	유폐기간
최익현 崔益鉉	1833~ 1907	74세	慶州 / 贊謙 / 勉菴	定山 藏龜洞	의정부찬정 (정2품)	1906.8.28.~ 1907.1.1. (4개월, 순국)
임병찬 林炳瓚	1851~ 1916	56세	平澤 / 中玉 / 遯軒	태인 宗聖里	낙안군수(정3품) 최익현 참모	1906.8.28~ 1907.2.28. (6개월)
최상집 崔相集	1846~?	61세	江陵 / 重日 / 南湖	부여 黃山里	장릉참봉(9품) 홍주의진 소모장	1906.8.8~ 1908.10.8. (2년 2개월)
이상두 李相斗	1859~ 1927	48세	丹陽 / 洛西 / 靜觀亭	부여 公德里洞	제주목주사(9품) 홍주의진 좌익장	1906.8.8~ 1909.2.3(?) (2년 6개월)
안항식 安恒植	1860~ 1922	47세	順興 / 平叔 / 華儂	홍주 基谷里	홍주의진 참모	1906.8.8~ 1907.2.28 (6개월 20일)
유준근 柳濬根	1860~ 1920	47세	全州 / 舜卿 / 友鹿	보령 鹿門	홍주의진 儒兵將	1906.8.8~ 1909.2.3(?). (2년 6개월)
남규진 南奎振	1863~?	44세	宜寧 / 敬天 / 滄湖	예산 倉里	홍주의진 돌격장	1906.8.8~ 1908.10.8. (2년 2개월)
신보균 申輔均	1865~ 1912	42세	平山 / 士翼 / 眉湖	홍주 旺芝洞	홍주의진 참모	1906.8.8~ 1908.7.16. (1년 11개월)
이식 李侙	1869~ 1936	38세	延安 / 唯誠 / 愼懼堂	정산 聖住洞	홍주의진 참모	1906.8.8~ 1909.2.3(?). (2년 6개월)
문석환 文奭煥	1870~ 1925	37세	南平 / 在卿 / 雲樵	庇仁 浦城里	홍주의진 서기	1906.8.8~ 1908.10.8. (2년 2개월)
신현두 申鉉斗	1886~?	21세	平山 / 敬七 / 思雲	홍주 廣石	중추원의관 (정3품) 홍주의진 우익장	1906.8.8~ 1908.10.8. (2년 2개월)·

일본군의 유폐의병 감시

11명의 의병은 시종始終 대마도 이즈하라에 유폐되어 있었다. 1906년 8월 대마도에 끌려온 의병이 처음 유폐되었던 곳은 민간인 시마오島雄莊介의 사가였던 잠상실蠶桑室[32]이었다. 잠상실은 일제측 문건에는 엄원갱산장嚴原梗産場으로 기록되어 있으며, 신축건물이 완공될 때까지 경비대에서 매월 15엔의 임대료를 지불하고 수용한 임시 감금소였다.[33] 그 뒤 1906년 12월 1일(음 10. 16) 의병들은 잠상실을 떠나 대마경비보병대대 병영 내에 신축한 감금소 건물로 이거하였다.[34] 유폐의병의 신병과 감금소 시설에 대한 책임을 맡고 있던 부대는 대마경비보병대대對馬警備步兵大隊였다.

의사들이 유폐당해 있던 기간에 대마경비보병대대의 대대장은 소에지마副島以辰와 메가다目賀田生五郞 두 사람이었다. 홍주의병이 처음 유폐되던 1906년 8월 현재 대대장은 소에지마였으며, 그는 이후 1907년 음력 2월 연대장으로 승진되어 구루메久留米로 전근할 때까지 재임해 있었다. 그의

---

32 이 건물의 고유 명칭은 없었던 것으로 보이며, 그 용도와 성격에 따라 다양하게 불렸다. 養蠶敎師도 배치되어 있던 것으로 보아 蠶業 교육시설과 관련된 용도로 사용된 것은 확실하지만, 더 이상 확인할 수 없다. 유폐의병의 기록에는 '蠶桑室'(文奭煥, 『馬島日記』 1907년 9월 13일, 11월 20일, 1908년 8월 23일조), '蠶室'(『동고록』 1906년 6월 19일조), '蠶房'(유준근, 『마도일기』 1906년 6월 30일조), '蠶農敎師家'(임병찬, 「대마도일기」 1906년 7월 9일조) 등으로 거의 비슷한 용어를 쓰고 있다. 여기서는 의병 기록에서 보편성을 갖고 있다고 판단되는 '蠶桑室'을 취해 쓰기로 하였다. 그밖에 위에 언급했듯이 일제측 기록에는 '嚴原梗産場'으로 표기되어 있고, 1926년 『동아일보』의 대마도 탐방기에는 '산업전습소' 혹은 '양잠전습소'로 기록되어 있으나(1926년 8월 12일자), 그 실체는 확인하지 못하였다.
33 「韓國國事犯囚徒用收禁場設置之件」(1906. 7. 21)(明治39年 『滿密大日記 9~12月』)(일본 防衛硏究所 所藏), 「陸軍省受領 滿密受 제282호」 '韓國國事犯囚徒用收禁場設置ノ件', 「小經建 제964호」(1906. 8. 25)
34 신보균, 『동고록』 1906년 10월 16일조.

뒤를 이어 대대장으로 부임한 메가다는 유준근·이식·이상두 등 3명 외에 의사들이 모두 석방되던 1908년 10월 현재까지 재임 중이었다.

대마경비보병대대를 관장하고 있던 상급부대는 대마경비대사령부對馬警備隊司令部였다. 이 사령부는 이즈하라에서 북쪽으로 7~8km 떨어진 케치鷄知에 본부가 있었고, 의사들의 유폐기간에 대체로 재직했던 사령관은 가와무라川村益直였다. 그는 홍주의병이 유폐되던 1906년 7월 이전에 사령관으로 부임한 뒤 1908년 5월 이후부터 그 해 하반기 사이에 전임되었던 것 같다.[35] 왜냐하면 1908년 4월 25일 현재 대마경비대사령관은 가와무라, 그리고 1909년 1월 20일 현재 대마경비대사령관은 고하라小原傳로 확인되기에 그 기간 내에 사령관이 교체된 사실을 알 수 있기 때문이다. 가와무라의 후임 사령관 고하라는 후술할 12사단의 참모로 있었던 인물이다.[36] 그러나 더 이상 이들의 자세한 이력과 신상은 파악되지 않는다.

대마경비대사령부는 북구주 고쿠라小倉에 본부가 있던 제12사단 관할 하에 있었다. 의병들의 감금 기간에 재직한 사단장은 아사다淺田信興였다. 의병들이 대마도에 도착하기 직전인 1906년 7월에 제12사단장이 교체되었다. 그 동안 12사단장을 맡고 있던 이노우에井上光가 제4사단장으로 전임되고 그 후임으로 아사다가 부임해 왔던 것이다.[37]

---

35 [추기] 대마경비대 사령관은 川村益直이 1902년 5월 5일부터 1908년 12월 21일까지, 그 후임으로 부임한 小原傳이 1912년 4월 26일까지 재임하였다.
36 「廢品被服賣却代金歲入に關する件」(明治40年 『滿大日記 2月』); 「第12師團旅順要塞砲兵隊派遣中隊職員表の件」(『密大日記 明治40年』), 「第十二師團司令部 參發 제73호」(1907년 3월 14일); 「修繕費槪算表豫定表等進達の件」(明治42年 『軍事機密大日記 3/4 明治42年 1月 - 42年 12月』), 「陸軍省受領 軍事機密受 제160호」(1908년 4월 29일)
37 제12사단장이 교체된 날짜는 확인하지 못했지만, 1906년 8월 10일 현재 그 동안 12사단장을 맡고 있던 井上光이 제4사단장으로 근무하고 있으며 대신에 淺田信興이 제12사단장으로 재임중인 사실로 미루어 의병들이 끌려오기 직전에 교체되었음을 알 수 있다. 淺

대마도 유폐의병은 제12사단小倉 – 대마경비대사령부鷄知 – 대마경비보병대대嚴原로 이어지는 명령계통에 따라 감시를 받았다. 의병들이 유폐되어 있던 기간에 사단장을 비롯한 12사단 고급장교들과 사령관을 위시한 대마경비대사령부 참모들이 수시로 감금소를 찾았던 이유는 여기에 있다. 1907년 4월 30일(음) 12사단 경리부장이 의병의 유폐생활 실상과 시설 등을 파악하기 위해 감금소를 방문했던 경우와 같은 해 6월 4일(음)에 사단장 아사다가 대마경비대사령관 메가다 이하 10여 명의 장교들을 대동하고 감금실을 찾았던 일 등이 그 대표적인 사례라 할 수 있다.[38]

의병들은 유폐 초기 단계인 1906년에는 감금소 밖 출입조차 불가능했을 정도로 삼엄한 감시를 받았다. 감금소(초기의 잠상실 포함)에는 위병衛兵이 배치되어 의병을 감시하고 그 내용을 상부에 보고하는 체계를 갖추고 있었다.[39] 확실치는 않으나 이즈하라의 대마경비보병대대는 2개 중대로 편제되어 있었으며, 위병은 2개 중대에서 윤번제로 매일 교대로 배치되었던 것으로 보인다.[40] 유폐 초기에는 5명의 위병이 배치되어 감금소를 삼엄하게 지켰으며, 또한 교대로 배치된 주번 소대장이 감시 책임을 맡고 있었다.[41]

그 후 의병들의 유폐생활이 정착되어 가던 1907년 2월 이후 일본군의 감

田信興은 뒷날 대장으로 승진하여 군요직인 教育總監을 지내기도 한 인물이다. [추기] 淺田信興은 1906년 7월 6일부터 1910년 8월 26일까지 12사단장으로 근무하였다.
38 문석환, 『마도일기』 1907년 4월 30일, 6월 4일조.
39 대마경비대사령관 目賀田生五郎이 1907년 7월 29일 제12사단장 淺田信興에게 보고한 중대부 장교 이하 간부 증가상황에서 衛兵 4명의 구성을 보면 하사 1명, 상등병 2명 등 풍기위병 3명, 그리고 한인감금소 상등병 1명으로 되어 있는 것으로 보아 이 무렵 한인감금소에는 상등병 위병 1명이 고정 배치되어 있었던 것으로 짐작된다.(「밀수 제292호 대마경비보병대대 편제 개정의 건」, '12사단사령부 참발 제163호', 1907년 8월 7일)
40 문석환, 『마도일기』 1908년 2월 3일조.
41 신보균, 『동고록』 1906년 6월 19일조.

시는 외형상 어느 정도 완화되었던 것으로 보인다. 그러한 과정에서는 최익현의 옥중 순국도 큰 영향을 미쳤을 것으로 짐작된다. 인권과 위생 등의 기본적 생존조건이 박탈된 밀폐공간이 최익현을 죽음으로 몰고 간 요인이 되었으리라 절감했을 것이기 때문이다. 이에 따라 감금소 위병의 수도 2~3명으로 줄었고, 의병들은 감금소를 나와 주변의 이즈하라 시가, 부두, 산길을 산보할 수도 있었던 것이다. 하지만 여하한 경우에도 위병이 밀착 감시함으로써 탈출 시도와 같은 만약의 사태에 철저히 대비하고 있었다.

일제가 의병들을 감시한 체계가 어떠했는지는 명확하지 않으나, 대마경비보병대대에서 정기적으로 감금상황을 보고한 것으로 보인다. 의병들과 늘 함께 생활했던 통역 가와카미川上春治[42]에게 대대 본부에서 의사들의 일상생활과 태도 등의 동향을 파악해 보고하도록 지시했다고 하는 사실과, 대대장이 매월 1회씩 한국주차군사령부에 동향을 보고했다는 등의 기록으로 미루어 짐작되는 내용이다.[43] 하지만 현재로서는 그러한 동향보고 문건이 드러나지 않고 있으며, 따라서 보고체계와 계통도 명확히 확인할 수 없는 실정이다.

한편, 대마경비보병대대에서는 유폐 의사들의 기록물과 국내의 친척사우들이 보내오는 서신 및 소포 등의 우편물에 대해 철저한 검열을 하였다. 일상적 안부나 생활기록이 아닌 정치적, 사회적 동향과 정보에 대해 논급한 서신이나 기록물은 검열과정에서 부대에서 일방적으로 압류하였다. 1907년 7월 4일에는 문석환이 쓴 것으로 추정되는 일기를 빼앗겼다고[日記

---

42 최익현의 병세가 급속히 악화되어 임종을 앞둔 1906년 12월 29일부터 통역으로 배치되어 적어도 1908년 10월까지 3년 이상 유폐의병들과 함께 지냈던 인물이다.
43 문석환, 『마도일기』 1907년 7월 18일조.

見奪] 한 기록이 있는데[44], 이로써 유폐의병들의 기록물이 검열당하고 있었던 사실을 알 수 있다. 또 유준근·문석환·신현두 등이 대대 본부로 가 압류당한 서신을 돌려줄 것을 교섭하였으나 실패한 일도 있었고,[45] 본국의 친지가 이상두에게 보낸 편지는 압류되고 동봉한 5원 전표만 받았던 일도 있었다.[46] 그밖에 유폐의병과 국내의 친지간에 왕복한 편지 가운데 중도에 분실된 사례가 일기 도처에서 산견되고 있는데, 배달 도중에 분실되는 경우도 있었겠지만 그 가운데 상당수는 대마경비보병대대에 의해 압류된 것으로 인정된다. 그리하여 검열을 피하기 위해 서신 중에는 문제가 될 사건이나 정보에 대해 은유적 표현을 쓴 경우도 있었다. 1908년 1월(음) 이상두의 형이 보내온 서신에 "비와 이슬이 국경 밖에는 내리지 않겠다"雨露不被疆外고 한 대목이 있는데, 이는 유폐 의사들에 대한 사면이 없을 것 같다는 사실을 은유적으로 표현한 것이다.[47]

뿐만 아니라 일상적 생활에서도 의병들은 항상 일본군의 감시와 통제를 받고 있었다. 의병들이 위병의 지시를 준수하지 않는다는 이유로 대대 본부로 끌려가 곤욕을 치루는 경우도 있었고[48], 심지어는 기상시간이 늦다는 이유로 중대장이 의병들을 책망하는 사례도 있었다.[49]

---

44 문석환, 『마도일기』 1907년 5월 24일조.
45 문석환, 『마도일기』 1908년 5월 25일조.
46 문석환, 『마도일기』 1908년 5월 27일조.
47 문석환, 『마도일기』 1908년 1월 16일조.
48 문석환, 『마도일기』 1908년 1월 11일조.
49 문석환, 『마도일기』 1908년 2월 3일조.

유폐의병의 석방과정

최익현의 시신 환국

두 번에 걸쳐 대마도에 유폐된 11명의 의병은 4개월에서 2년 6개월간 억류된 끝에 적어도 5회에 걸쳐 시차를 두고 순차로 석방되어 환국할 수 있었다. 대마도에서 가장 먼저 석방된 인물은 1907년 1월 1일 새벽 3시에 옥중 순국한 뒤 시신으로 환국한 최익현이다. 그가 옥중 순국하자, 일제는 이를 중대사건으로 인식하고 매우 큰 비중을 두고 사후처리에 신중을 기하였다. 그리하여 그의 서거사실과 수습방안이 육군대신을 경유해 내각총리대신에게까지 보고되었다. 최익현 순국 나흘 후인 1907년 1월 4일 육군대신 데라우치가가 내각총리대신 사이온지 앞으로 보낸 다음과 같은 보고 문건이 그것이다.

> 국사범國事犯으로 대마도에 감금 중이던 한국인 최익현은 앞서 병에 걸려 본월(1월 - 필자주) 1일 오전 3시에 사망하였다는 보고가 있었음. 유해는 함께 해지該地에 있던 동인의 실자實子의 청구에 의해 인도하고 매장료는 실비 지급하는 방안을 명하였는 바 중간 보고합니다.[50]

최익현의 순국과 관련해 대마경비보병대대에서는 수차에 걸쳐 상급기관에 상황의 추이와 그 조처과정을 보고하였음을 짐작할 수 있다. 곧 시신은 유가족에게 인도하고, 장례비는 실비 지급하도록 조처했다는 것이다. 최익

---

50 「滿發 제1호」(1907년 1월 4일), '國事犯으로 對馬에 監禁中인 韓國人 崔益弦 病死의 件'

현이 서거하자, 감금소의 의병들은 임병찬을 주축으로 시신을 고국으로 운구하고 임시장례를 치르기 위해 준비에 들어갔다. 장례의 실무 책임자인 도집례都執禮는 임병찬이 맡았으며, 그 아래 부집례副執禮에 이식, 사서司書에 문석환, 사화司貨에 신현두, 호상護喪에 노병희魯炳憙[51] 등으로 직책을 분장하였다.[52] 그리고 당일 낮에 최익현의 시신은 신현두와 안항식을 비롯해 신보균·남규진·이식 등에 의해 들것[擔具]에 실려 감금소 건물에서 이웃한 위수병원 시실屍室로 운반되었다.

최익현의 유해를 대마도에서 고국으로 운구하기 위한 관을 비롯해 수의 등 일체의 상구喪具를 그 동안 의사들이 일부 마련해 놓았고 또 자체 경비로 마련하려 하였지만, 대마경비보병대대에서 이를 허락지 않았다. 앞의 인용문에서 보듯이 최익현의 서거 사실을 상부에 보고한 대대 본부에서는 육군대신으로부터 유족에게 시신을 인도할 것과 장례비용을 경비대에서 부담할 것 등에 대한 명령을 이미 받아 놓은 상황이었기 때문에 사적으로 상구를 마련하는 것을 허락할 수 없었던 것으로 보인다.[53] 이에 의사들은 부산으로 환국할 때까지는 분함을 머금고 임시로 경비대에서 제공하는 관을 사용하기로 하였고, 고국으로 운구될 때까지 경비대 밖의 에비야海老

---

51 최익현의 문인으로 의병에 동참했으며, 특히 한의학에 조예가 깊어 위중한 병세의 최익현을 치료차 대마도에 들어와 체류하고 있던 인물이다.
52 임병찬, 「대마도일기」 1906년 11월 17일조. 208쪽.
53 이와 관련하여 대대 부관은 당시 임병찬에게 "최씨의 죽음을 상부에 보고했더니 시체는 그 아들에게 내어주고 초상 치르는 경비는 경비대에서 장만해 주라는 뜻으로 回電이 있었으므로, 관 만들 판자는 목수가 지금 만들고 있으니 入棺한 뒤에 내어가도록 하고 의복값 등과 모든 기구의 비용은 마땅히 本隊로부터 일일이 마련해 보내겠다"(임병찬, 「대마도일기」 1906년 11월 18일조. 209쪽)고 언급하였다. 이에 대대 본부에서 장사보조비로 2백냥을 魯炳憙에게 보내왔으나, 이 돈은 돌려보냈다고 한다.(崔濟學, 「返柩日記」 1906년 6월 18일조, 222쪽)

屋의 집에 시신을 안치하기로 하였다.

순국 이튿날인 1월 2일 오후 4시 전후에 위수병원 시실을 빠져나온 최익현의 운구는 약속된 에비야의 집에 당도하였지만 그의 처에 의해 입실이 거절당하게 되었고, 경비대에서 슈센지修善寺에 안치하도록 조처했다는 연락을 받고 결국 저녁 무렵 이 절에 안치하기에 이르렀다. 이곳에서 선편을 기다리며 2박을 한 끝에 1월 4일(음 11. 20) 저녁 드디어 약진환藥津丸이라는 일본선편으로 귀국길에 올랐다. 이 때 이즈하라 부두를 떠날 때 노병희가 초혼招魂하여 앞에서 인도하였고 그 뒤로 많은 일본인들이 촛불을 들고 따르며 애도를 표하였다고 한다.[54]

이즈하라 항구를 떠난 최익현의 시신은 야간항해 끝에 1월 5일 아침에 부산 초량 앞바다에 당도하였다. 8월 27일 부산을 떠난 지 132일(4개월 9일)만에 시신으로 환국하게 된 것이다. 그의 상여는 최익현의 자질과 문인, 상무사원商務社員 1천 명 등 수많은 애도 인파 속에 '춘추대의春秋大義 일월고충日月高忠'이라 쓴 큰 만장挽章을 앞세우고 상무사로 가 전제奠祭를 올렸다.[55]

이 날 아침 일본선박 약진환으로부터 한국의 삼판선三板船으로 관을 옮겨 싣던 상무사원 김영규金永圭 등이 통곡을 하며 절규했다고 하는 다음 대목은 후일의 우리에게 시사하는 바가 적지 않다.

이것은 대한의 배요 여기는 대한의 땅입니다[此大韓船也 此大韓地也].[56]

---

54 崔濟學,「返柩日記」(독립운동사편찬위원회 편,『독립운동사자료』2, 1971), 223쪽.
55 최제학,「반구일기」, 223쪽.
56 최제학,「반구일기」, 223쪽.

최익현의 옥중 순국은 일제의 침략정책에 커다란 타격을 주었다. 대마도 유폐계획은 전술하였듯이 을사조약 이후 비등하던 한민족의 항일의기를 봉쇄하기 위한 목적에서 수립 추진되었지만, 최익현이 일제의 협박과 강요를 철저히 거부하며 대한 의사로서 기개를 그대로 간직한 채 대마도 유폐 현지에서 순국함으로써 오히려 한민족의 거족적 항일기세를 촉발시키는 계기로 작용하였기 때문이다.

최익현의 장례행사에는 수만 명의 인파가 몰려들었으며 일제는 변고가 생길까 전전긍긍할 정도였다. 장례를 치른 지 일 년 반이 지난 1908년 9월까지도 최익현의 영전을 방문하는 사람들이 그치지 않았던 것 같다. 당시 최익현의 묘소를 방문한 황현이 조객록弔客錄이 4책이나 되더라는 기록[57]을 남긴 점에서 그러하다. 또한 백낙구白樂九·기우만奇宇萬·고광순高光洵·강재천姜在天·양회일梁會一·양윤숙楊允淑·이석용李錫庸·전수용全垂鏞·이광선李光先·노응규盧應奎 등등 이루 헤아릴 수 없을 정도로 많은 인물들이 그의 영향 하에서 의병을 일으켰으며, 이들이 호남의병을 비롯하여 전국의 병의 파급에 지대한 역할을 하였다. 결국 그의 의병활동과 순국은 호남의병의 활동에 커다란 영향을 주었다는 점에서도 중요하지만, 전국의 의병항쟁을 고조시킨 데에도 결정적인 단초를 제공하였다. 최익현 의병은 호남지역 중기의병을 선도하였을 뿐만 아니라 중, 후기의병의 활성화에 지대한 영향을 준 것이다.[58] 이러한 면에서 볼 때, 결과적으로 대마도 의병 유폐방안은 역으로 통감 이토의 대한침략정책 추진에 일대 타격을 가한 셈이었다.

---

57 황현, 『매천야록』, 국사편찬위원회, 1955, 402쪽.
58 홍영기, 『대한제국기 호남의병 연구』, 일조각, 2004, 180~183쪽.

임병찬과 안항식의 석방

최익현에 이어 임병찬과 안항식이 1907년 2월 26일 2차로 석방되었다. 이때 유폐의병들은 모두 특별 감형되어 '형기'가 크게 줄어들었고, 임병찬과 안항식 두 사람은 잔여 형기를 모두 사면받아 석방되었던 것이다. 문석환은 대마경비보병대대 본부로부터 감형을 통보받던 당시 상황을 일기에서 다음과 같이 기록하고 있다.

> 대대부大隊部로부터 10인을 불러 말하기를 "한국 황태자의 가례嘉禮를 치를 때에 국내외의 여러 죄수에게 형벌을 가볍게 하고 등급을 줄이게 하였다. 유준근·남규진·이식·신현두 4인은 양력 (2월) 26일부터 14년 29일까지이고, 이상두는 6년 4월 29일이고 최상집은 2년 4월 29일이고 문석환은 1년 10월 29일이고 신보균은 1년 4월 29일이고 임모(임병찬-필자주)·안항식은 전체 사면할 뜻으로 주한사령부의 훈령이 있어 이에 선고한다.[59]

1907년 2월 26일(음, 1월 14일)을 시점으로 유준근·남규진·이식·신현두 등 4인은 14년 29일간 복역하는 1921년 3월 26일까지이고, 이상두는 6년 4개월 29일간을 복역하는 1913년 7월 26일까지, 최상집은 2년 4개월 29일간을 복역하는 1909년 7월 26일까지, 문석환은 1년 10개월 29일간을 복역하는 1909년 1월 26일까지이며, 신보균은 1년 4개월 29일간을 복역하는 1908년 7월 26일까지이며, 임병찬과 안항식 두 사람은 즉시 석방한다는 것

---

59 문석환, 『마도일기』 1907년 1월 14일조. 신보균의 『동고록』에도 위의 인용문과 거의 동일한 내용이 기록되어 있다.

이다. 이에 따라 안항식과 임병찬은 석방을 통보받은 이틀 뒤인 2월 28일 귀국길에 올랐다.

임병찬과 안항식은 석방시 대마경비보병대대로부터 귀국에 필요한 배상과 교통비 등 여비를 실비로 지급받았다. 문석환의 기록에 이들이 반전盤纏 88냥을 받았다고 한 것이 그것이다.[60] 이러한 여비 지급 사실은 일제측 자료에서도 확인된다. 1907년 2월 25일 제12사단 참모장이 육군차관 앞으로 보낸 전보이다.

> 한국 수도囚徒 10명에 대하여 한국주차군사령관으로부터 특사감면을 전달하는 의뢰가 왔음. 그 중에 2명은 만벌滿罰 방면할 자가 있었음. 본 건은 금일 사단장으로부터 서면보고 있음. 여비는 '다니니'(의미 불명 - 필자주)에 의해 어디까지 지급해야 하는가.[61]

여비 지급 규정에 관한 이러한 질의에 대해 육군차관은 12사단 참모장에게 다음과 같이 답하였다.

> 답함. 한국 수도의 여비는 처형 전 최후의 거주지까지 육군 여비규칙 제3표의 하사 이하의 금액에 의함. 단 기차임汽車賃과 선임船賃은 3등 정가로 함.[62]

---

60 문석환, 『마도일기』 1907년 1월 16일조.
61 「特赦放免ノ韓國囚徒旅費支給方ノ件」(明治40年 『滿大日記 3月』)(일본 防衛研究所 所藏), 「滿肆 제216호」 '特赦放免ノ韓國囚徒旅費支給方ノ件', 「陸軍省受領 滿肆 제216호」 제12사단장참모장이 陸軍次官에게 보낸 電報譯(1907. 2. 25. 오후 7:58 發, 오후 10:24 着)
62 「特赦放免ノ韓國囚徒旅費支給方ノ件」, 「滿肆 제216호」 '特赦放免ノ韓國囚徒旅費支給方ノ件', 「電 제116호」(1907. 3. 1) 次官이 제12사단참모장에게 보낸 返電案'

석방 의사들은 대마도에서 피체 이전의 주소지인 전북 태인(임병찬)과 충남 홍주(안항식)까지 이동할 여비를 하사 이하 일반 병사들에 준해 받았고, 기차요금과 배삯은 3등석 정가를 기준으로 받았음을 알 수 있다.

신보균의 석방

임병찬·안항식에 이어 1908년 7월 16일에는 신보균이 단신으로 3차로 석방되었다. 신보균은 감형 만기일에서 10일 정도 단축 석방된 것으로 보인다. 귀국시에 그도 소요 여비로 95냥을 받았다고 한다.[63]

신보균의 일기에는 석방 후 환국하는 과정이 비교적 소상하게 기록되어 있어 이를 통해 여정을 파악할 수 있다. 신보균은 유폐기간에 오랫동안 관계를 맺어왔던 통역 가와카미와 역부役夫인 이시다石田 등과 작별을 고하고 석방 이튿날인 17일 저녁 8시에 배에 올랐다. 18일 아침 부산에 도착한 그는 당시 부산에 살고 있던 가와카미의 모친을 찾아가[64] 안부서신을 전한 뒤 이튿날 기차편으로 천안에 도착하였다. 그리고 20일에는 온양 장존리長存里를 거쳐 예산 관동觀洞에 이르러 남규진의 소실 집에 도착하여 그의 안부를 전하였다.[65] 이후 그가 본가에 도착한 날짜는 확실하지 않지만 일기가 끝나

---

63 문석환, 『마도일기』 1908년 6월 18일조. 신보균이 여비를 지급받은 사실은 일제측 기록에서도 확인된다. 1907년 7월 13일 12사단 부관이 육군성 부관 앞으로 보낸 전보에서 "한국 囚徒 여비에 관하여 지난 8일 전보에 의해 지급함"이라고 한 대목이 그것이다.(「特赦放免 ノ 韓國囚徒旅費支給方 ノ 件」, 「滿肆 제216호」 '特赦放免 ノ 韓國囚徒旅費支給方 ノ 件', 「陸軍省受領 肆 제1298호」 12사단부관이 (육군성) 부관에게 보낸 電報譯; 1907. 7. 13. 오후 3:15 發, 오후 3:35 着)
64 주소는 부산 '西町 5丁目'으로 기록되어 있다.
65 신보균, 『동고록』 1908년 6월 19~25일조 참조.

표 3 대마도 유폐의병의 '형량'과 석방시기

성명	수형량	감형량 (기준일: 1907.2.26)	감형기준 석방예정일	석방년월일
유준근	무기	14년 29일	1921. 3. 26.	1909. 2. 3.
남규진	무기	14년 29일	1921. 3. 26.	1908. 10. 8.
이식	무기	14년 29일	1921. 3. 26.	1909. 2. 3.
신현두	무기	14년 29일	1921. 3. 26.	1908. 10. 8.
이상두	15년	6년 4개월 29일	1913. 7. 26.	1909. 2. 3.
최상집	5년	2년 4개월 29일	1909. 7. 26.	1908. 10. 8.
문석환	4년	1년 10개월 29일	1909. 1. 26.	1908. 10. 8.
신보균	3년	1년 4개월 29일	1908. 7. 26.	1908. 7. 16.
임병찬	2년	사면석방		1907. 2. 26.
안항식	1년	사면석방		1907. 2. 26.

는 7월 23일로 추정된다. 결국 대마도를 떠나 본가가 있던 홍주에 당도하기까지는 7일 이상의 시일이 소요되었던 것이다.

문석환·남규진·신현두·최상집의 석방

신보균의 뒤를 이어 문석환과 남규진, 신현두, 그리고 최상집 등 4인이 1908년 10월 8일 4차로 석방되었다. 이들 네 명의 석방 사실은 통감부 문서에서도 확인된다. 즉 1908년 10월 19일자로 한국주차군 참모장이 통감부 총무장관 앞으로 네 명이 석방된 사실을 통보하였으며, 10월 21일에는 부통감 소네 아라스케曾禰荒助가 통감 이토에게 이들의 석방 사실을 다음과 같이 보고하였다.

대마도 감금 한국인 문석환·최상집·신현두·남규진 4명은 본월 8일 특전으로 잔벌殘罰을 면하여 석방하였음을 한국주차군으로부터 보고가 있었던 바 이를 통첩합니다.

덧붙여 우 4명 외에 무기감금 2명, 15년 감금 1명이 있는 바 모두 평소에 근신하지 않아 특전을 베풀 수 없었는 바 유념하여 주시기 바람.[66]

통감에게 보고된 위 문건에서 "무기감금의 2명과 15년 감금의 1명은 평소 근신하지 않아 특전을 주기 어려웠음"이라고 한 마지막 부기附記 대목은 의병의 석방과 관련하여 그 시사하는 바가 크다. 최후까지 유폐된 이식·유준근·이상두 등 3인을 석방시키지 않은 이유를 유일하게 확인할 수 있는 대목이기 때문이다. 즉 이들이 유폐의병들 가운데 감금에 대한 반감이 가장 심했고 나아가 유폐생활 중 저항을 가장 많이 했기 때문에 마지막까지 잔류하게 되었다는 것이다.

석방을 통보받은 네 명의 의병들은 일제의 이러한 불공정한 처분에 대해 "현재 감금되어 있는 세 사람은 왜 방환하지 않는가. 우리들이 모두 귀국의 법률에 따라 이 섬에 유폐되었는데 이제 방환하는 때를 맞아 어떤 이는 이곳에 갇혀 있고 어떤 이는 고국으로 돌아가니, 귀국 법의 집행이 어찌 이처럼 전도되었는가"라고 성토하며 이의를 제기했다고 한다.[67] 문석환 등 4명도 전례와 마찬가지로 귀국에 소요되는 여비로 각각 95민緡을 대마경비보병대대로부터 지급받았다. 일제로부터 여비를 받는 데 대해 이들은 "우

---

66 국사편찬위원회 편, 『통감부문서』 8, 1999, 「統發 제6422호」 '對馬島監禁 文奭煥 외 3명 釋放에 관한 件'(1908년 10월 21일)
67 문석환, 『마도일기』 1908년 9월 14일조.

리들이 이 이역 땅에 있으면서 귀국할 대책을 전혀 세울 수 없었으므로 어쩔 수 없이 노잣돈을 받았다"라고 하여 편치 않았던 심경을 토로하기도 하였다.[68]

이들 네 명은 감금실을 나간 뒤 귀국 선편을 기다리는 동안 유폐의병들에게 음식을 공여供與하던 히구치樋口의 집에서 4일간을 유숙한 끝에 10월 12일 아침 배를 타고 부산으로 귀환하였던 것으로 보인다.

유준근·이상두·이식의 석방

문석환 등 4명이 환국한 후 마지막까지 유폐되어 있던 이식·유준근·이상두 등 3인의 석방 일시를 알려주는 자료는 분명치 않다. 다만, 작자는 알 수 없으나 1919년에 필사된 이식의 연기年記에 이들 3명의 석방 일시가 기록되어 있어 주목된다. 이 기록에는 이들 3명이 1909년 2월 3일(음 1. 13) 함께 석방되어 이튿날인 2월 4일 부산에 당도한 것으로 되어 있다.[69] 전후의 정황으로 미루어 이 무렵에 석방된 것으로 짐작되므로, 2월 3일을 석방일로 기산해도 무방할 것으로 판단된다. 마지막 의병 3명이 유폐되어 있던 상황과 석방 관련 사실을 알려주는 자료는 더 이상 확인되지 않고 있다. 앞의 자료에 의거해 볼 때, 최후로 석방된 이들 3명은 결국 1906년 8월 8일부터 1909년 2월 3일까지 총 888일(2년 5개월 25일) 동안 유폐되어 있었던

---

68 문석환, 『마도일기』 1908년 9월 14일조.
69 『慎懼堂年記』(필사본, 1919). 이 자료는 충남 아산시 신창면 남성리에 거주하고 있는 이식의 손자인 이완희씨(1933년생)가 소장하고 있다. 표지에 '己未仲春下澣騰抄'라는 副題가 있는 점으로 미루어 이식의 『年記』는 그의 생전에 작성되었으며 누군가 이를 轉寫해 놓은 것임을 알 수 있다.

셈이다.

한편, 유폐의병이 모두 석방된 뒤 대마경비보병대대 안에 있던 감금실은 이후 사용되지 않고 빈 채로 남아 있었다. 대마경비대에서는 의병들이 완전히 석방된 지 5년이 경과한 1914년 6월에 유지 관리상의 어려움으로 그동안 비어 있던 감금소 건물을 해체하기로 다음과 같이 결정하였다.

> 대마도 이즈하라 원 한국군율 위범違犯 수도囚徒 수금소收禁所 및 엄원위수병원 내 피병사避病舍는 종래 거의 사용된 바 없음. 또 장래 사용 방도가 없을 뿐 아니라 점차 부후腐朽의 정도를 증가하여 현상대로 존치한다는 것은 경제상 불리할 뿐만 아니라 점차 퇴패頹敗에 빠질 상황에 있을 것으로 생각됨. 그러므로 대마도 주둔 부대 각소各所의 수선재료에 응용할 목적으로 좌기와 같이 해제解除하도록 인가해 주시기 바라며 별지 도면을 첨부하여 보냅니다.[70]

이에 따라 한국인 감금소와 그 부속건물 일체는 1914년에 해체되었으며, 그 후 유폐의병의 감시 책임을 맡았던 대마경비대도 1920년 8월 9일자로 폐지되었다.[71]

---

70 「肆 제798호」 '元韓國軍律違犯囚徒收禁所其他建物解制ノ件'(1914. 6. 11. 陸軍省受領日)(일본 防衛研究所 所藏), 「小經 제1500호」 '元韓國軍律違犯囚徒收禁所其他建物解制ノ件伺'(1914. 6. 7).
71 「陸軍省受領 貳 제176호」 '對馬警備隊廢止ノ件'(일본 防衛研究所 所藏), 「陸軍省告示 제18호」(1920. 8. 9). 이 문서에는 육군대신의 명령으로 "대마경비대는 대정 9년 8월 9일 한으로 이를 폐지함"이라고 되어 있다.[추기] 이때 폐지된 대마경비대는 對馬要塞司令部로 개편되어 1945년 일제 패망 때까지 운영되었다. 해방 후에는 육상자위대에서 군사시설을 그대로 전용해오다가 1980년부터 대마경비대라는 과거 부대명칭을 다시 쓰고 있다.

일제는 유폐의병들에 대해 철저히 통제를 가하면서 적어도 5차 이상에 걸쳐 적당한 시차를 두고 이들을 석방하는, 일면 야비하고도 일면 치밀한 전략을 구사하였다. 관련 자료의 부족으로 일제가 유폐의병을 석방하는 과정에서 이와 같이 몇 차례에 걸쳐 순차적으로 석방한 이유와 배경이 무엇이었는지 확단하기 어려우나, 일시에 유폐 의사들을 모두 석방하게 되면 그로 인한 여파가 한민족의 항일기세를 촉발하는 계기로 작용하게 될까봐 이를 우려하였기 때문이 아닌가 추측된다. 특히 최익현이 대마도에서 순국했을 때 국내의 커다란 반향反響을 경험한 일제로서는 이후 의병의 유폐 사실을 유야무야 무마하고 희석시키기 위해 치밀한 계산하에 수차에 걸쳐 단계적으로 의병들을 석방했던 것으로 인정된다. 또한 이러한 과정에서 석방의 기준이 된 것은 형량과 수감자세 등 두 가지 요인이었다고 생각된다. 한편, 석방 등 유폐의병에 대한 통제권은 외형상 이들을 유폐한 주체였던 한국주차군사령부에 있었지만, 한국주차군사령부는 내면상 통감부의 판단과 결정에 따라 이를 시행한 데 불과했다고 믿어진다.

맺음말

대한제국 의병의 대마도 유폐 계획은 일제가 1905년 11월 을사조약 늑결 이후 비등하는 한민족의 항일기세를 탄압하기 위한 방편으로 수립된 것이었다. 당시 한민족 항일투쟁의 정점에 있던 호서의 홍주의병과 호남의 최익현 의병을 지목하여 한편에서는 이를 초토화하고 다른 한편에서는 그 중심인물들을 억류하여 자국의 대마도에 유폐함으로써 국내와의 단절을 시도했던 셈이다. 이는 결국 한민족의 분출하는 항일의기를 유폐의병으로 형상화시켜 그 의기를 자국의 대마도에 철저히 봉인하려 했던 것임을 알 수 있다.

의병의 대마도 유폐 계획을 주도적으로 수립한 인물은 한국침략의 원흉이던 통감 이토였다. 또 그러한 계획은 한국의 통감부와 주차군사령부, 그리고 일제 본국의 육군성과 내각 간의 긴밀한 협조하에, 다시 말해 일본 정부의 정책적 차원에서 각의를 통과하여 안정적, 항구적으로 추진되었던 것이다. 이러한 과정에서 일본육군대신 데라우치와 내각총리대신 사이온지는 통감의 협력자였으며, 한국주차군사령관 하세가와는 통감의 하수인이었음을 알 수 있다. 곧 대마도 유폐의 의도와 목적, 그 방안에 이르기까지 일체의 계획이 통감의 주도하에서 수립 추진되었고, 통감의 의뢰를 받은 육군대신 데라우치가 청의안請議案을 내각총리대신 사이온지에게 올려 각의를 통과시켜 의병을 대마도에 유폐하는 데 정책적으로 뒷받침해주었다. 나아가 한국주차군사령관 하세가와는 육군대신과 통감의 지시를 받고 의병을 대마도로 유폐하는 과정과 절차, 설비 등에 대한 준비를 진행했던 책임자이기도 하다. 결국 의병의 대마도 유폐는 통감 - 육군대신 - 내각총리대신으로 연결되는 일본 정부의 정책결정 라인과 통감 - 육군대신 - 한국주차군사령관으로 연결되는 일본 군부의 명령 계통에 따라 수립되고 집행되었던 것이다.

의병의 대마도 유폐 계획은 통감 이토가 영국의 이집트 식민지 경영정책을 모방한 결과였다. 곧 당시로부터 20여 년 전에 영국이 이집트를 침략할 때 이집트의 민족영웅 아라비 파샤Arabi Pasha(1839~1911)를 멀리 실론 섬으로 유폐했던 사실에 착안했음을 확인하였다. 아라비 파샤는 앗탈알카비르에서 1882년 영국군과의 전투에서 패하게 되자 군사재판에 회부되어 사형을 선고받았으나 종신형으로 감형되어 실론 섬의 콜롬보로 유폐되었던 인물이다.

유폐의병은 감금된 기간에 일본군으로부터 철저한 감시와 탄압을 받았다. 이즈하라嚴原의 대마경비보병대대가 직접 의병의 신병과 감시 임무를 맡았던 부대였으며, 그에 따라 감금소 건물도 이 부대의 직접 통제하에 놓여 있었다. 대마경비보병대대는 대마도 케치鷄知에 사령부가 있던 대마경비대의 휘하에 있었고, 대마경비대는 다시 북구주의 고쿠라小倉에 있던 제12사단의 휘하에 있었다. 결국 의병의 유폐생활에 대한 최종 책임은 제12사단에 있었기 때문에, 하급 부대였던 대마경비보병대대로서는 그만큼 철저하게 감시를 가할 수밖에 없었던 것이다.

유폐의병은 적어도 5차 이상에 걸쳐 순차적으로 석방되는 고통을 겪어야만 했다. 유폐 과정에서는 1908년 8월 8일 홍주의병 9명이, 그리고 20일 뒤인 8월 28일에는 최익현과 임병찬 2명이 대마도에 들어갔다. 하지만, 석방 과정에서는 1907년 1월 1일 순국한 최익현이 같은 달 4일 유해로 고국으로 운구되어 귀환하였고, 1907년 2월 28일에는 임병찬과 안항식 2명이 2차로 석방되었다. 그리고 3차로는 1908년 7월 16일 신현두가 단신으로 석방되었으며, 1908년 10월 8일 문석환·남규진·신현두·최상집 등 4명이 4차로 석방되었다. 이후 마지막까지 잔류하게 된 유준근·이식·이상두 등 3명은 1909년 2월 3일 석방된 것으로 추정되지만, 어떤 과정을 거쳐 석방되었는지 아직도 구체적으로 확인되지 않고 있는 실정이다.

의병을 대마도에 유폐한 것은 통감 이토를 필두로 한 일제의 정책적 판단에 따른 결과였다. 한민족의 항일의기를 철저히 봉쇄하기 위한 치밀한 의도하에서 수립, 추진된 일제의 대마도 유폐정책은 그럼에도 불구하고 결국 실패로 귀착되지 않을 수 없었다. 항일투쟁의 구심적 역할을 자임한 최익현이 대마도 현지에서 죽음으로 항거함으로써 전국적, 거족적 항일기운을 더욱 격동시켰고, 나머지 유폐의병들도 끝까지 대한제국 의사로서의 기개와 지조를 지켜 민족의 의기을 수호해 냈기 때문이다. 특히 최익현의 대마도 현지 순국은 오히려 전 국민의 항일기세를 가일층 상승시키는 기폭제로 작용하였고, 나아가 호남을 비롯한 전국의 의병전쟁을 확대, 격화시키는 한 동인이 되었다는 점에서 그 역사적 의미가 크다. 이와 같은 견지에서 볼 때, 한민족의 항일의기로 형상화되어 일본 대마도에 유폐되었던 11명의 의병은 일제의 강포한 탄압에도 꺾이지 않고 민족자존의 올곧은 기상을 드높인 지사들이었다고 할 수 있다.

의병의
대마도 유폐생활

머리말

러일전쟁에서 승리한 일제가 1905년 11월 을사조약을 늑결함으로써 대한제국은 실질적인 국망의 단계로 치닫게 되었다. 이에 한민족의 반일감정은 더욱 격화되어 갔고, 국권을 수호하기 위한 항일투쟁도 더욱 거세게 일어났다. 을사조약 이후 이와 같은 거족적 항일투쟁을 선도한 것은 전국 각지에서 일어난 의병이었다. 나아가 이러한 중기의병은 광무황제 강제퇴위와 군대 강제해산을 계기로 전 민족이 동참하는 후기의병으로 더욱 확대 발전됨으로써 한말 의병전쟁은 항일투쟁사의 중심을 관류하게 되었다.

중기의병 시기에 일제에 의해 대마도에 유폐되었던 의병은 '홍주9의사'로 불리는 유준근·이식·남규진·신현두·이상두·최상집·문석환·신보균·안항식 등 홍주의병의 중심인물 9명과 태인의병의 최익현 의병장, 그리고 그의 참모였던 임병찬 등 모두 11명이었다. 일제가 의병을 대마도에 억류한 것은 한민족의 비등하던 항일투쟁을 차단하기 위한 정책적 결정의 결과였다. 여기에는 한국침략에 중요한 역할을 수행한 일제의 군, 정계 요인들이 대거 가담하였다. 우선 대마도 유폐안을 입안하고 추진한 주역은 바로 대한침략의 원흉이던 통감 이토 히로부미伊藤博文이었다. 의병 유폐의

의도와 목적, 그 구체적 방안에 이르기까지 일체의 계획이 그의 구도 하에서 수립, 추진되었던 것이다. 그리고 후일 조선총독으로 부임하는 데라우치 마사다케寺內正毅는 당시 육군대신으로서 통감의 의뢰를 받아 청의안請議案을 내각총리대신 사이온지西園寺公望에게 올려 각의를 통과시켜 정책적으로 이를 뒷받침해 주었고, 그 유폐 실무를 한국주차군과 제12사단에 지시한 인물이었다. 또 의병탄압의 총수였던 한국주차군사령관 하세가와 요시미치長谷川好道는 육군대신과 통감의 지시를 받고 의병을 대마도로 유폐하는 과정과 절차, 설비 등에 대한 준비를 진행했던 책임자이기도 하다. 결국 의병의 대마도 유폐는 통감-육군대신-내각총리대신으로 연결되는 일제의 정책결정 라인과, 통감-육군대신-한국주차군사령관으로 연결되는 일본군의 명령계통에 따라 수립, 집행되었던 셈이었다.

이토를 선도로 한 일제가 대마도에 의병을 유폐한 배경에는 홍주의병과 태인의병(최익현)을 을사조약 이후 비등하던 한민족의 항일투쟁의 상징 또는 정점으로 간주한 데 있었다. 그러므로 이 두 의병에 대해서는 일본군대를 직접 투입해 초토화 전략을 구사하는 한편, 그 중심인물들을 대마도로 끌고가 유폐함으로써 국내 항일세력과의 관계를 원천적으로 차단시켜 거족적 형태로 확산되던 항일투쟁을 봉쇄하려 한 것이다.

대마도에 유폐된 의병이 피수 기간에 생활한 실상을 살펴보려고 한다. 먼저 유폐의병이 생활했던 공간인 감금소의 형태와 시설 전반을 살펴보고, 이어 유폐의병의 의식衣食 등을 비롯한 생활용품의 조달문제를 언급하였다. 다음으로는 유폐기간에 의병이 생활한 일상을 독서와 작문, 산보 등을 중심으로 다루었으며, 끝으로 의병이 현지에서 접촉하였던 일본인들의 면모와 관계 등을 살펴보았다.

이 글은 주로 유폐의병이 남긴 일기를 주자료로 활용하였고, 부분적으로는 의병을 유폐했던 일제가 생산한 관련 문건들을 활용하였다. 의병은 유폐된 기간에 모두 일기를 기록했던 것으로 짐작되며, 그 가운데 문석환과 신보균, 임병찬, 유준근 등의 일기만 현존하고 있다.[1] 그 동안 알려진 임병찬과 유준근의 일기는 유폐 이후 단기간인 5~6개월만 기록되어 있었던 까닭에 유폐생활의 전모를 파악하는 데는 한계가 있었다. 이에 비해 최근에 확인된 문석환의 『마도일기』와 신보균의 『동고록同苦錄』은 비교적 장기간인 1년 10개월과 2년간에 걸쳐 기록되어 있기 때문에 그 동안 확인하기 어려웠던 유폐생활의 실상을 담고 있다는 점에서 특히 주목된다.

대마도 피수 의병의 유폐실상을 다루었지만, 여기서는 당시의 유폐상황을 역동적, 입체적으로 접근하지는 못하였다. 즉 활용한 자료에 가해진 일정한 제약—일제측의 검열—으로 말미암아 유폐된 공간에서 의병이 가지고 있었던 내면적 의식세계를 분석하지 못한 점은 아쉬움으로 남는다. 또한 일제의 정책적 거시 공간에서 일제측이 유폐의병에게 가한 감시와 압박의 틀도 해명할 수 없었음은 유감이다.

---

[1] 유폐의병이 남긴 일기는 기술 내용이 상호간에 동일한 경우도 산견된다. 신보균과 문석환의 일기의 경우가 그러하다. 이러한 현상은 같은 공간에서 지내는 동안 서로의 일기를 참조하여 기록했기 때문인 것으로 짐작된다.

유폐시설과 일상물품

유폐시설

통감 이토 히로부미는 을사조약 늑결 이후 한민족의 항일투쟁이 더욱 비등하는 상황에서 홍주의병을 항일투쟁의 상징적 집단으로 인식하였다. 1906년 7월 통감의 주도하에 홍주9의사를 대마도에 유폐하려는 계획이 구체적으로 확정되어 감에 따라, 제12사단 관할하에 있던 대마경비대사령부는 사단 본부의 지시를 받아 현지에 의병을 수용하기 위해 이른바 감금소 監禁所('수금장收禁場') 건물 신축공사에 착수하였다. 의병의 유폐안이 거의 한 달 사이에 전격적으로 결정되었기 때문에 유폐시설을 새로 건립하거나 준비할 겨를이 미처 없었고, 다만 정책적 결정과정에서 감금소 신축건도 함께 논의되었다. 일본 육군성이 1906년 7월 31일자로 대마경비대를 지휘하고 있던 기타큐슈北九州 고쿠라小倉의 제12사단 경리부에 송달한 문건은 다음과 같다.

> 한국군율을 위범違犯한 수도囚徒의 수금收禁을 위하여 대마도 이즈하라의 당성當省(육군성 - 필자주)의 용지 내에서 취체상 등에 적당한 지구를 선정하여 별지 설계도면에 따라 공사를 실시하고 비용은 임시군사비에서 지불할 것.
> 단 공사 준공 이전에 수도가 도착하는 경우에는 상당相當 가옥을 빌려 응용토록 할 것. 또한 선정지구 및 공사 소요경비는 보고를 요함.[2]

---

[2] 「滿密受 제282호 韓國國事犯囚徒用收禁場設置ノ件」(일본 방위청 방위연구소 소장), '滿密發 제240호 제12사단 경리부 達報'(1907년 7월 31일)

육군성은 12사단에 대해 그 관할 하에 있는 대마도 이즈하라의 육군성 소유 부지, 곧 대마경비보병대대 내에서 감시에 적당한 부지를 선정해 임시군사비로 감금소 건물을 즉시 착공토록 명령한 것이다. 이 때, 후술하겠지만 신축하는 감금소 건물의 규모와 구조는 육군성에서 작성하여 별첨으로 보낸 설계도면에 따르도록 하였다. 아울러 감금소 건물이 준공되기 전에 의병이 도착하는 경우에는 임시로 개인 소유의 가옥을 빌려 이들을 수용토록 지시하였다.

한편, 홍주9의사에 뒤이어 통감부에서는 태인에서 의병을 일으켜 반일투쟁의 선봉에 섰던 최익현崔益鉉과 그의 참모 임병찬林炳瓚 등 2명을 대마도에 추가로 유폐할 것을 8월 14일 결정하였다. 이에 따라 육군차관은 8월 16일 제12사단 경리부장에게 신축 감금실을 증축할 것을 전보로 다음과 같이 지시하였다.

> 대마도 이즈하라에 수금收禁된 한국군율 위범자용違犯者用 건물을 지난번에 시달한 설계에 준하여 다시 2명분을 증축하도록 할 것.
> 우 건의 비용 1천 엔은 임시군사비로 지변支辨함.[3]

최익현과 임병찬 2인을 수용하기 위해 기존 설계에 준해 감금소를 증축한 사실과 추가 건축비 1천 원을 역시 임시군사비에서 조달토록 한 사실 등을 알 수 있다. 육군성으로부터 이상과 같은 방침과 지시를 통보받은 12사단에서는 즉시 감금소 신축작업에 들어갔다. 그 결과 12사단의 경리부장

---

3 「滿貳乾 제938호 韓國軍律違犯者用建物增築ノ件」(일본 방위청 방위연구소 소장) '차관이 제12사단 경리부장에게 보낸 전보 통첩안'(1906년 8월 21일)

하마나濱名寬祐는 육군대신 데라우치에게 8월 25일 수용소 신축공사의 진행 상황과 임시 감금소의 수용 건에 대해, 9월 3일에는 다시 여기에 소요되는 경비 건에 대해 보고하였다.[4] 이 두 건의 보고 내용에 따르면, 대마경비대 사령관과 협의하여 엄원위수병원嚴原衛戍病院 속지屬地를 감금소 부지로 선정한 뒤 8월 23일 실시한 경쟁입찰에서 9,850엔에 낙찰되어 계약 수속 중에 있고, 수용소 건물이 준공되기 전에 의병이 먼저 도착함으로써 '엄원갱산장嚴原梗産場'을 1개월에 15엔씩 차입하여 의병을 이곳에 수용하였다는 것이다. 곧 일제는 홍주9의사가 8월 8월 대마도에 도착하였기 때문에 신축 감금소가 완공될 때까지 이처럼 임시로 사가私家를 빌려 이들을 수용하지 않을 수 없었다.

유폐의병 11명이 사용할 감금소 신축공사에는 총 9,850엔의 공사비가 투입되었으며, 착공은 8월 하순에 이루어졌다. 그리고 감금소가 준공되는 11월 말까지 3개월 동안은 12사단에서 월 15엔에 차입한 사가인 '엄원갱산장'에 의병이 수용되어 있었던 것이다.

의병 11명이 1906년 8월 처음 대마도에 도착하여 임시로 유폐되었던 엄원갱산장은 곧 민간인 시마오 쇼스케島雄莊介가 소유한 잠상실蠶桑室이었다. 이 건물은 고유 명칭이 없었던 것으로 보이며, 그 용도와 성격에 따라 다양하게 불렸다. 양잠교사養蠶敎師가 배치되어 있었던 점으로 보아 양잠교육과 관련된 용도로 사용된 것은 확실하지만, 더 이상 구체적인 용도와 내역은 확인되지 않는다. 일제측 기록에 '엄원갱산장'으로 나타나는 이 임시 감금

---

4 「滿密受 제282호 韓國國事犯囚徒用收禁場設置ノ件」, '小經建 제964호'(1906년 8월 25일) 및 '小經建 제984호'(1906년 9월 3일).

소의 명칭에 대해 문석환은 '잠상실蠶桑室'로,[5] 신보균申輔均은 '잠실蠶室'로,[6] 유준근柳濬根은 '잠방蠶房'으로,[7] 그리고 임병찬林炳瓚은 '잠농교사가蠶農教師家'로[8] 거의 비슷한 의미로 기록한 점으로 미루어 양잠교육과 관계되어 있던 건물임을 확실히 알 수 있는 것이다.[9] 그밖에 1926년 『동아일보』에 연재된 대마도 탐방기에도 '양잠전습소養蠶傳習所'로 기록한 점도 이러한 사실을 뒷받침해 준다.[10]

현재 잠상실의 위치를 구체적으로 알려주는 자료는 확인되지 않고 있다.[11] 다만, 위의 『동아일보』의 기록을 통해 이즈하라 시내 외곽에 있던 잠상실의 대략적인 위치를 짐작할 수 있을 따름이다.

처음 귀양살이를 하던 경비대는 흔적도 남지 않게 헐리우고 지은('지금은' 의 탈자인 듯 - 필자주) 그 자리에 축성지부築城支部가 새로 섰음으로 찾아보아야 알 길이 없겠으므로 (최익현이 - 필자) 임종을 한 산업전습소 자리를 찾아 갔다. 산업전습소는 마장통馬場通 팔번신사八幡神社 뒤편 국분國分이라는 거리 뒤편 산복에 있는데 (중략) 너무 거치른 데라 무시무시한 생각이 나서 배

---

5 文奭煥, 『馬島日記』 1907년 9월 13일, 11월 20일, 1908년 8월 23일조.
6 申輔均, 『同苦錄』 1906년 6월 19일조.
7 柳濬根, 『馬島日記』 1906년 6월 30일조.
8 林炳瓚, 「對馬島日記」 1906년 7월 9일조.
9 여기서는 유폐의병의 기록에서 가장 널리 나오는 용어로 보편성을 갖고 있다고 판단되는 '蠶桑室'을 임시 감금소의 명칭으로 쓰기로 하였다.
10 『東亞日報』 1926년 8월 12일자, 「絶島風情 對馬島訪問(十)」 '貞忠崔勉庵先生의 慎死한 流配處訪問'
11 잠상실 자리의 주소에 대해 '嚴原町 今屋敷 684번지'로 기술한 경우도 있다(宋榕縡 編著, 『洪州義兵實錄』, 홍주의병유족회, 355쪽). 문석환의 『마도일기』 마지막 장의 후면에 '對馬國 嚴原町 大字 今屋敷 五番戶'라는 주소가 기록되어 있는데, 이것이 곧 잠상실 지번으로 믿어지지만 확단할 수는 없는 실정이다.

암이나 나오지 않는가 하고 발밑을 경계하며 간신히 대문을 젖히니 (중략) 집의 위치로 보아 면암선생이 계시던 곳임즉 하여 보이는 언덕 위에 놓인 방으로 찾아가서 꼭 닫힌 문을 열어보니 곰팡이 냄새가 코를 찌른다. 방 안에는 아무 것도 없고 양잠전습소 시대에 쓰던 것 같은 상자가 두어 개 놓였을 뿐인데 (하략)[12]

의병이 처음 감금되었던 장소가 대마경비대 병영인 것으로, 또 최익현이 순국한 장소가 '양잠전습소'인 것으로 각각 잘못 기록되어 있다. 하지만, 대마경비보병대대 및 잠상실의 위치와 관련해서는 중요한 사실을 알려주고 있다. 신축 감금실이 있던 대마경비보병대대 자리에는 1926년 현재 '축성지부築城支部' 건물이 자리잡고 있다고 하였으며, 특히 '양잠전습소'(1926년 당시에는 '산업전습소'로 불림)가 "마장통馬場通 팔번신사八幡神社 뒤편 국분國分이라는 거리 뒤편 산복"에 있었다고 기록한 사실은 특기할 만하다. 이러한 기록을 통해서 현재 이즈하라 시내에서 잠상실이 자리잡고 있던 지점을 구체적으로 확인할 수 있기 때문이다. 나아가 1926년 당시에 이미 폐가가 되었던 사실도 알려주고 있다.

잠상실의 자세한 구조나 규모를 알려주는 자료도 현재 확인되지 않고 있다. 다만, 1906년 11월 5일(음 9. 19) 잠상실에서 의병과 필담을 나누었던 일본상인 우치야마內野雲가 남긴 기록 『반고내이견反故迺裏見』에 잠상실 내부 스케치가 들어 있어 이를 통해 대강의 구조를 짐작할 따름이다. 여기에 따르면, 단층으로 된 잠상실의 기다란 내부를 막아 한쪽은 침실로 사용했고,

---

12 『동아일보』 1926년 8월 12일자, 「絶島風情 對馬島訪問(十)」 '貞忠崔勉庵先生의 憤死한 流配處訪問'

다른 한쪽은 식당과 거실로 사용하였다. 그러므로 11명의 의병은 넓은 침실 한 공간에 놓여 있는 11개의 침상에서 함께 잠을 잤던 것이다.[13]

의병은 신축 감금소 건물이 완공되자 1906년 12월 1일(음 10. 16) 잠상실을 떠나 대마경비보병대대 병영 내의 신축 건물로 '이감'되었다.[14] 신축 감금소의 규모와 구조를 알려

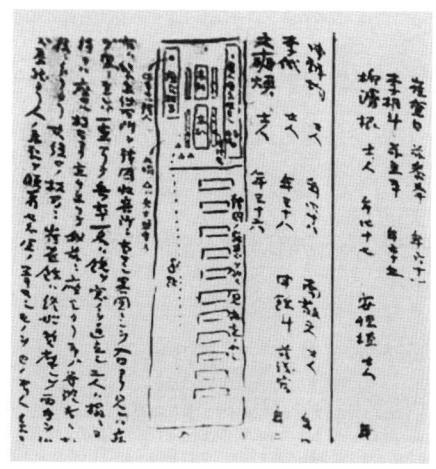

그림 2 우치야마內野雲의 「반고내이견反故迺裏見」에 나오는 잠상실 내부 스케치

주는 자료는 현재 네 가지가 확인된다. 즉 일제측 기록으로 일본 육군성이 1906년 7월 31일 제12사단 경리부로 보낸 전술의 「한국국사범수도용수금장설치지건韓國國事犯囚徒用收禁場設置之件」에 첨부된 '수금거실收禁居室' 배치도면과 1914년 6월 7일 12사단에서 감금소 건물 해체 건을 상부에 보고한 문건(「元韓國軍律違犯囚徒收禁所其他建物解制ノ件伺」)에 '별지도면別紙圖面'으로 첨부된 건물 세목 등 2건이 남아 있으며, 유폐의병 가운데 임병찬과 신

---

13 『서울신문』 1984년 7월 14일자 ; 송용재 편저, 『홍주의병실록』, 홍주의병유족회, 1986, 349~355쪽; 김상기, 「『反故迺裏見』에 대하여」, 화서학회 제1회 학술발표회 논문집(2002. 9.27), 6~7쪽. 대마도 향토사가였던 內野雲(1866년생)은 이 때 의병과 필담을 나누고 돌아가 잠상실의 감금소 도면을 필사해 놓았다. 의병과 필담내용을 기록해 놓은 『反故迺裏見』은 현재 縣立對馬歷史民俗資料館에 소장되어 있다. 한편, 임병찬과 신보균의 일기에도 '일본 상인' 內野雲이 궐연 6갑을 가지고 잠상실을 내방해 제국주의의 속성과 동양의 대세 등에 관해 의병과 필담을 나눈 사실이 비교적 자세히 기술되어 있다(임병찬, 「대마도일기」 1906년 9월 19일조 ; 신보균, 『동고록』 1906년 9월 19일조).
14 신보균, 『동고록』 1906년 10월 16일조.

보균이 각각의 일기에 남긴 세밀한 기록이 그것이다.

1906년 8월 25일 12사단 경리부장이 육군대신 데라우치에게 보고한 문건에 첨부된 감금소 배치 도면에 따르면, 감금소는 주 건물인 수금소收禁所를 비롯해 욕실과 취사장[庖廚]이 들어있는 보조 건물, 우물, 화장실, 그리고 위병소衛兵所와 초병사哨兵舍 등 몇 개의 부속 건물로 이루어져 있었다.[15] 수금소 건물은 동서 방향으로 길게 늘어진 직사각형 형태로 남남서향으로 자리잡고 있었고, 그 전면에 욕실과 취사장 건물 역시 남남향의 직사각형 형태로 수금소 건물과 병열형으로 배치되어 있었다. 그리고 두 건물은 낭하廊下로 연결되었다. 욕실과 취사장 건물의 전면 좌측에는 화장실과 우물이, 전면 우측에는 위병소가 각각 자리잡고 있었다. 감금소의 정문은 수금소의 서쪽에, 후문은 수금소의 북쪽 뒤에 나 있었고, 그곳에는 출입자를 감시하기 위한 초병사가 각각 설치되어 있었다. 그리고 이와 같은 감금소 시설 일체를 외곽으로 둘러싸고 직사각형에 가까운 형태로 높은 목책이 설치되어 있었다. 또한 도면에 따르면 감금소의 좌측에는 엄원위수병원嚴原衛戍病院이 연접해 있었으며, 특히 위수병원의 부속 건물인 간호학교장看護學敎場 건물이 목책을 사이에 두고 붙어 있었다. 후술할 감금소 건물 해체시의 '수금거실收禁居室'(192평)과 목책(107칸)의 규모를 기준으로 대략 계산할 때, 목책 안의 감금소 시설 전체의 면적은 500평 안팎 정도, 목책의 길이는 200미터 정도로 상당한 규모였던 것으로 추정된다. 감금소의 전면에는 약간의 거리를 두고 피병사避病舍와 시실屍室 등 위수병원에 딸린 작은 건물들이 자리잡

---

15 「滿密受 제282호 韓國國事犯囚徒用收禁場設置ノ件」'韓國軍律違犯囚徒(對馬)收禁居室.' 이 도면은 앞서 육군성에서 12사단으로 내려보낸 설계도에 의거해 작성되었을 것으로 생각된다.

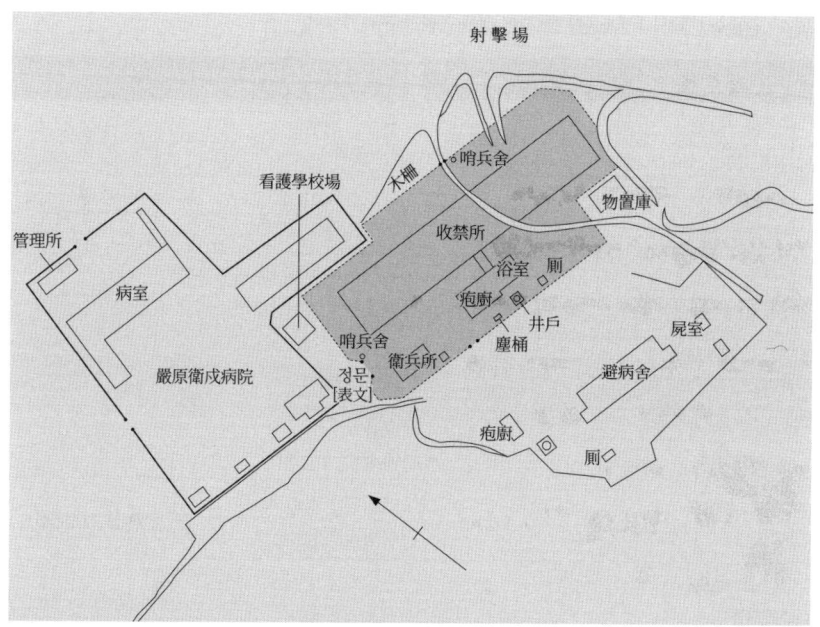

그림 3 대마경비보병대대 내의 감금소 배치 도면

고 있었으며, 북동쪽으로는 대마경비보병대대의 사격장이 위치해 있었다 (〈그림 3〉 대마경비보병대대 내의 감금소 도면 참조).

신축된 감금소는 대체로 위의 배치도면에 따라 완공된 것으로 보인다. 1914년 제12사단에서 감금소를 해체할 때 명시한 건물 명칭과 규모가 위의 배치도면과 거의 일치하고 있는 점이 이를 입증해 주고 있다. 1914년 6월 7일자로 제12사단 경리부장이 육군대신 오카이치 노스케岡市之助에게 감금소 건물 해체 건을 보고한 문서에 첨부된 도표에는 감금소 건물의 명칭과 규모를 다음과 같이 적기摘記하고 있다.[16]

---

16 「肆 제798호 元韓國軍律違犯囚徒收禁所其他建物解制ノ件」(1914. 6. 11. 陸軍省受領

표 4 감금소 해체시 12사단에서 보고한 건물 명칭과 규모(1914년)

건물 명칭	규 모	건물 명칭	규 모
수금소 제1호 수금거실	1동(192평)	수금소 제9호 진류塵溜	1개 소
수금소 제2호 수금거실 낭하	2평 5합	수금소 제10호 정호옥형井戶屋形	1개 소
수금소 제3호 취사장 및 욕실	1동 (20평 7합 5작)	수금소 제10호 토지부속물 옥형부굴정屋形附堀井	1개 소
수금소 제5호 위병소 부속측附屬厠	1동	수금소 매하수埋下水	25칸
수금소 제6호 집기고雜器庫	1동(6평)	수금소 매하수 유승溜枡	3개 소
수금소 제7호 문門	1개 소	엄원위수병원 제9호 피병사避病舍	1동(41평 5합)
수금소 제8호 부책埠柵	107칸		

〈표 4〉에 명시한 건물은 앞서 언급한 도면의 내용에서 크게 벗어나지 않는다. 특히 주 건물인 감금소의 본 건물(192평)과 부속건물인 취사장 및 욕실 건물(20평 7합 5작)의 규모를 알려주고 있는 점은 특기할 만하다. 위에서 보았듯이 이를 통해 전체 감금소의 규모(약 500평)를 구체적으로 짐작할 수 있기 때문이다. 그리고 위의 표에서 위병소衛兵所가 누락된 이유는 1909년 의병이 마지막으로 환국한 뒤 위병소는 곧 철거되었기 때문으로 추정된다.

日)(일본 방위연구소 소장), '小經 제1500호 元韓國軍律違犯囚徒收禁所其他建物解制 ノ件伺'(1914. 6. 7). [추기] 아래 해체 보고 수금소 건물 가운데 제4호는 본문에서 언급한대로 위병소였을 것으로 추정된다. 1909년 유폐의병이 석방된 뒤 곧 철거되었기 때문에 위 표에는 누락된 것으로 보인다. 또 엄원위수병원 제9호 避病舍는 감금소 시설은 아니지만 감금소 구획과 같은 경내에 들어있기 때문에 해체 건물로 함께 보고된 것이다.

신축 감금소로 '이감'될 때, 임병찬과 신보균은 새로운 감금소의 규모와 시설에 대해 구체적이고도 사실적으로 자세히 기술하였다. 우선 임병찬이 기록한 내용은 다음과 같다.

새로 지은 집의 방 하나는 너비가 2칸 반에 길이가 4칸 반이며 툇마루가 1칸 반이어서 도합 15칸이나 된다. 한 칸은 목척木尺(한국 자)으로 7척이다. 방은 11개, 청마루가 2개이다. 청마루 하나의 너비가 2칸이고 길이는 4칸이다. 툇마루 두 칸을 합하면 도합 12칸이다. 또 빈 마루가 있어 넓이는 한 칸, 길이는 6칸으로 전체가 168칸이다.
앞의 중앙에는 밥 짓는 곳과 목욕하는 곳과 대, 소변소가 있어 집 하나를 이루었는데, 넓이가 7칸 반, 길이가 2칸 반으로 도합 18칸 반이다.
집 원채로부터 취사장에 이르기까지는 복도가 2칸이고, 그 앞의 서쪽에는 위병소가 있는데 넓이가 4칸, 길이가 2칸으로 도합 8칸이다. 바깥 변소[外廁]가 둘이 있어 동쪽과 서쪽으로 나뉘었는데 하나의 넓이가 1칸 반, 길이가 1칸 반으로 도합 3칸이 되니 총계 모두 202칸 반이 된다. 파수막 두 채가 있어 동쪽과 서쪽으로 나뉘었다. 사방으로 단목檀木이 둘러싸여 이것을 넓은 판자로 막았다.
서쪽과 북쪽에는 각각 대문이 있고 서쪽 대문 옆에는 소문小門이 있다. 동쪽과 남쪽에는 각각 중문中門이 있다.
방 툇마루 앞에는 밀창이 있어 모두 유리를 끼었다. 방마다 상방上房이 있어 넓이가 반 칸, 길이가 2칸이며, 벽장을 상하층으로 만들었고, 깔아놓은 것은 푸른 줄이 있는 자리이며 천정은 판자로 하였다.[17]

---

17 임병찬, 「대마도일기」 1906년 10월 16일조.

감금소의 구조 또한 일제측 자료에서 본 감금소의 구조와 대략적으로 일치한다. 감금소가 크게 주 건물과 보조 건물, 그리고 위병소, 위병 변소, 파수막 2채 등의 부속건물로 이루어졌음을 알 수가 있는 것이다. 감금소 주건물에는 11개의 방과 2개의 청마루가 있고, 보조 건물에는 취사장과 목욕실, 그리고 의병이 사용하는 변소가 있다는 것이다. 그밖에 부속 건물로는 위병들이 사용하는 위병소를 비롯하여 위병 변소, 파수막[哨兵舍] 등이 감금실의 앞과 옆에 위치해 있었다고 밝히고 있다. 그리고 목책으로 이러한 감금소의 주위를 둘렀다는 것이다. 그러나, 감금소의 규모에 대해서는 위의 내용으로 명확히 정리하기가 어려운 실정이고, 다만 이들 감금소 건물 전체의 규모가 202.5칸으로 짐작될 따름이다.

임병찬의 기록이 신축 감금소의 대략적인 구조와 규모를 언급한데 비해, 신보균의 관련 기록은 구조와 규모를 비롯해 건축 자재와 형상에 이르기까지 매우 세밀하게 논급하고 있어 특히 주목된다. 비교적 장문이지만 그 전문을 인용하면 다음과 같다.

> 그 모양을 보건대, 길이는 13칸, 가로가 2칸이고, 장퇴헌長退軒은 13칸인데 기와로 덮었다. 방문은 곧 전문前門에는 지영창紙影窓이 4개이며, 아래는 송판으로 꾸몄다. 앞뒤 방 사이에도 또한 지영창이 4개로 전문과 같았다. 후방後房 후문後門은 유리창이 4개이며 뒤로 판목창板木窓 4개가 겸하여 있었다. 판목문板木門은 밤에는 닫고 낮에는 판갑板匣에 밀어 두었다. 반자盤子는 판목板木으로 만들었다. 벽은 곧 모래와 회를 서로 합하여 발랐는데, 깨끗하기가 종이보다 나았다. 자리는 세직중석細織中席으로 속에는 곧 짚으로 두텁게 짜서 합석合席한 것인데 흑포黑布로서 선線으로 하였다. 전방前房은 13립立인데, 1립은 방석方席과 같고, 후방後房은 8립이다. 그 아래는 판자로

마루와 같은 것을 만들었다. 후방에는 또 벽장 2층이 있으며, 사이에는 벽이 있는데, 도합 4층이다. 문은 4개인데, 순색 국화지로 발랐다. 전후 방의 자리 수가 같지 않은 것은 벽장이 있는 까닭이다. 직석織席은 마치 왕골王骨과 같으나 아니었다. 들으니 일본에도 직석초織席草가 있다고 한다. 습기를 제거하는 것이 도리어 왕골보다 낫다. 방마다 한결같고 차이가 없었다. 방칸[房間]은 한국에 비해 넓었고, 방칸의 외벽은 곧 모두 판자로 만들었다. 장퇴헌 창도 유리이며, 하벽下壁은 곧 판자로 만들었다. 좌우에는 판자 쌍문雙門이 있고, 반자는 방과 같다. 13칸 안에 11칸은 방이고 2칸은 모두 판청板廳이다. 청과 방 사이에 또한 장헌長軒이 있어 장퇴헌과 연결되고 있고 청로廳路로 통해 들어간다. 한 칸의 청문廳門은 판자 쌍문이고 벽 중간에는 또 유리창이 있고, 반자는 방과 같다. 장궤상長跪床 4개, 식상食床 2개(祭床과 같음)가 있으니 식당이다. 또 1칸은 사이에 벽이 있어 상하 청廳이 되었는데 각각 홑 판문板門이며 벽에 또한 유리창이 있다. 반자는 위와 같다. 혹 우리를 찾아오는 사람들이 있으면 만나보는 곳[對見所]이다. 또한 각기 장궤상長跪床과 대상大床이 있다.

퇴헌退軒 앞에는 또한 4칸 방이 있는데, 한 칸은 식당[炊食所]이며, 한 칸은 목욕탕[沐浴所]이고, 한 칸은 취식인炊食人 거처소居處所이며, 한 칸은 곧 변소[厠間] 2좌(판목으로 만들었고 겨우 한 몸만 들어갈 수 있고 문은 각각 單板門이다. 이 칸도 또한 좌우에 유리창이 있다)이며, 또한 소변보는 곳(돌로 판자와 같이 깎아 벽 앞뒤에 세웠다. 가로는 기둥처럼 돌 2개를 깎았다. 그 안은 흑색토로 칠을 해 돌처럼 단단하였고 그 뒤는 질그릇을 묻었다.)이 있다. 목욕소의 벽은 판자로 만들었고, 아래는 양철로 입혔으며, 안은 판자로 헌軒처럼 만들었다. 위에는 탈의실[脫服所]이고 아래는 목욕통이 있다. 그 헌軒의 과반이 조금 기울게 길게 틈이 있는데 목욕물이 나오는 곳이다. 전문前門은 아래는 판자, 위는 유리 쌍문을 하였고, 또 유리창이 있다. 취식소도 역시 판목으로 벽을 만들었고, 안은 아래는 판자를 대고 벽은 양철로 입혔다. 전후에는 또한 유리창이 있고 전문은 역시 위는 유리이고 아래는 판자로 되었으며 쌍문雙門이다. 취인炊人 거처소 역시 위의 집과 같다. 집 후문은 역시 위는 유리, 아래는 판자인데 쌍문이다. 문 밖에는 복도複道와 같은 것이 있다. 4칸실과 상실上室이 서로 이어져 있다. 복도와 같은 아래 하실下室 문 밖은 곧 세수소洗手所이다. (양철 세수기 3~4개, 세수 수통 1개, 또 급수통 3개) 4칸실과 복도와 같은 것은 양철로 덮었다.

앞으로 오른쪽은 또한 2칸실이 있으니 이는 곧 위병 5명씩 교대 처소이다. 문은 쌍문이고, 위는 유리, 아래는 판자로 만들었다. 좌우는 역시 유리창이다. 한 칸은 곧 위병 체번숙소遞番宿所이며, 한 칸은 곧 파수소派守所인데 기와로 덮었다. 그 뒤에 또 한 칸이 있으니 위병의 대, 소변소인데 양철로 덮었다. 동서에 또한 파수막이 있으니 한 사람을 수용할 수 있다. (전부 나무로 만들었고 회를 발랐다.) 왼쪽은 또한 한 칸이 있으니 곧 대, 소변소이며, 양철로 덮었다.

울타리는 장목長木으로 벌여 세우고 토석土石을 쓰지 않고 흑색으로 칠하였다. 안은 곧 판목으로 반자처럼 만들었으니 또한 흑색이다. 위는 곧 양목樣木처럼 가로로 이어졌다. 그 위는 아죽丫竹과 같은 것으로 상하를 뾰족하게 깎았다. 전후는 서까래와 같이 여러 개 드리웠으며, 철정鐵釘으로 단단하게 박았다. 높이는 3장을 넘는다. 문은 곧 서쪽으로는 대문이 있고 옆에는 협문夾門이 있다. 대문으로부터 수십 보 안에 또 소문小門이 있으니 이것은 곧 급수汲水 때 통행하는 곳이다. 동쪽은 파수막이고, 막의 뒤에 또 토석장土石墻이 있으니 높이는 1장을 지나고 길이는 7~8척에 지나지 않는다. 기와로 덮고 회로 발랐는데 그 까닭은 알지 못한다. 그 앞에 또 소문이 있다. 대개 일본 척량尺量으로 계산하면 칸수가 230칸 반이다.

전후좌우의 마당에는 검은 모래와 돌을 깔았다. 그 장려壯麗한 것이 어찌 광대하지 않겠는가. 일본 관리에게 들으니 이 터는 옛날 대마도국주對馬島國主가 거처하던 자리라고 한다. 전후좌우로 장산壯山이 성과 같이 사방에 섰고, 다만 천광天光만 볼 뿐이고, 닭소리 개소리는 듣기 어려우니 마치 절에 의지한 것과 같을 뿐이다.[18] (단락 나누기 – 인용자, 괄호 속은 원문의 세주細註임)

---

18 신보균,『동고록』1906년 10월 16일조. "觀其樣 則長十三間 橫二間 長退軒十三間 以瓦覆之 房門 則前門紙影窓四介 下以板飾之 前後房間 又有紙影窓四介 如前門 後房後門 則琉璃窓四介 後兼有板木窓四介 板木門 夜則閉之 晝則推置板匣 盤子則板木爲之 壁則土與灰相合塗之 潔勝於紙 席則細織中席 內則以藁厚織合席 以黑布爲線 前房十三立 一立如方席 後房八立 其下以板如廳爲之 後房又有壁藏二層 間有壁 合四層 門則四介 以純色菊花紙塗之 前後房席數不同 有壁藏故耳 織席似王骨而非也 聞則日本有織席草云 收濕氣還勝於王骨 每房如一無差 房間則廣於韓國 房間外壁 則皆板爲之 長退軒窓亦琉璃 下壁則以板爲之 左右有雙門 盤子如房 十三間內 十一間房也 二間則皆廳 廳房間 又有長軒 連長退軒 通入廳路一間 廳門 則板雙門 壁中間 又有琉璃窓 盤子如房 長跨床四介 食床二介(如祭床) 有之 食床也 又一間 則間有壁 爲上下廳 各單板門 壁又有琉璃窓 盤子如右 或有吾等所訪來之人 則對見所也 亦各有長跨床與大床 退軒前 又有四間室 一間則炊食所也 一間則沐浴所也 一間則炊食人居處所也 一間則厠間二座(以板木作之 纔容一身 門則各單板門 此間亦左右琉璃窓) 又有小便所也(以石如板削之 如壁前後立之 橫如柱削石二介 其內以黑色塗之 堅如石 其後埋陶) 沐浴所壁 則以板爲之 下則以洋鐵被之 內則以板如軒爲之 上邊脫服所 下邊沐浴桶有之 其軒過半 少傾有長隙 沐浴水出穴也 前門則下板上琉璃 爲雙門 又有琉璃窓 炊食所 亦以板木爲壁 內則下ός壁 以洋鐵被之 前後亦琉璃窓 前門則亦上琉璃下板 爲雙門 炊人居處所 亦如上 屋後門 亦上琉璃下板雙門 門外有如複道 四間室與上室相連 如複道下 下室門外 卽洗手所(洋鐵洗手器三四介 洗手水桶一介 又三介汲水桶) 四間室與如複道 則以洋鐵盖之也 前右邊 又有二間室 此則衛兵五名式交代處所 門則雙門 上琉璃下板爲之 左右亦琉璃窓 一間則衛兵遞番宿所 一間則派守所也 以瓦覆之 其後又有一間 衛兵大小便所也 以洋鐵之 東西又有派守幕 可容一人也(全木爲之 以灰塗之) 左邊又有一間 則大小便所也 以洋鐵覆之 籬則以長木列立 不用土石 以黑色塗之 內則以板木如盤子爲之 亦黑色 上則以如欙木連橫 其上則以如丫竹上下尖斷 前後如數數垂之 以鐵釘堅椓 高則過三丈 門則西邊有大門 傍有夾門 自大門數十步內 又有小門 此則汲水時通行也 東邊派守幕後 又有土石墻 高過一丈 長不過七八尺 以瓦覆之 以灰塗之 未知其故 其前又有小門 蓋以日本尺量計之 則間數二百三十間半 前後左右場 以黑沙石布之 其所壯麗 豈不廣大哉 聞諸日官 則此基 古者對馬島國主所居之基云云 前後左右 壯山如城回立 只見天光

위의 인용문은 감금소 주 건물과 보조 건물, 그리고 위병소와 파수막, 그리고 변소와 목책 등 부속건물의 대체적인 윤곽에 대해서는 임병찬의 경우와 거의 동일하게 기술하고 있다. 그러나 위의 기록에서는 주 건물의 경우 청마루 두 개의 용도를 식당과 외부인 접견실로 밝히고 있을 뿐만 아니라, 4칸 방으로 이루어진 보조 건물의 경우에도 식당, 목욕탕, 취식인炊食人 거처, 변소(2좌) 등으로 구체적인 용도를 밝히고 있는 점은 특기할 만하다. 그 밖에 이들 두 건물에 대해서는 각 방과 청마루의 벽과 바닥, 출입문의 구조와 재료, 그리고 식당와 목욕탕, 변소 등의 모양새와 재료 등에 이르기까지 세밀하게 묘사하고 있어 주목된다. 또 감금소 외곽을 둘러싼 목책은 장목長木과 판목板木으로 만들었으며, 흑색으로 도색하였으며, 높이가 3장이나 되었던 사실을 알려주고 있다. 그런데 목책과 출입문을 기술하는 가운데 언급된 일본 자 '230.5칸'은 목책의 전체 연장을 의미하는 듯하지만, 앞의 일제측 자료에서 '107칸'으로 밝힌 내용과 상당한 차이가 있다. 1914년 해체 당시에는 목책 가운데 상당한 부분이 이미 제거된 상태가 아니었나 생각된다.

감금소 구성 시설물을 정리해 보면, 신축 감금소 내에는 방 11개와 청마루 2개로 이루어진 주 건물을 비롯해 4개의 방으로 구성된 보조 건물, 그리고 위병소, 파수막, 위병 변소, 대소 출입문 등으로 이루어진 부속 건물이 있었다. 주 건물은 의병 기거용 방 11개를 비롯해 식당, 접견실 등 청마루 2개로 이루어져 있었으며, 보조 건물의 4칸 방에는 부엌, 욕실, 역부 처소, 변소 등이 들어 있었다. 이들 감금소 시설의 외곽을 목책이 둘러싸고 있었고, 감금소 시설의 전체 면적이 500여 평, 주 건물인 수금소가

難聞鷄犬之聲 依如寺聞耳"(原文細註는 괄호로 처리 – 인용자)

200여 평에 달할 만큼 비교적 큰 규모였음을 알 수 있다. 앞의 일제의 배치 도면에 있는 감금소의 우물은 신축 당시에는 없다가 1907년 초에 들어와 새로 판 것이다. 그 동안에는 감금소 목책 밖으로 50여 보 떨어진 곳에 있는 우물을 이용하였다. 감금소 안에다 새로 판 우물에는 별도로 집을 지은 뒤에 판목을 비늘처럼 배열해 울타리를 만들고 놓았다. 의병은 새로 우물을 판 뒤 굴착과정에서 생긴 오물과 흙탕물 등을 제거하기 위해 두레박으로 물을 퍼내는 고역을 치러야만 하였다.[19]

유폐의병은 신축 감금소의 시설과 규모에 대해서 대체로 긍정적으로 평가하고 있었다. 이러한 평가는 신축 감금소가 이전의 잠상실에 비해 규모도 컸고, 방과 변소, 목욕탕 등의 설비를 비교적 양호하게 갖췄기 때문이었다. 신축 감금소로 이감된 후 문석환과 신현두는 통역 가와카미川上春治의 요청을 받아 여러 시설물의 용도를 쉽게 구별하기 위해 각 방과 청마루, 부엌과 목욕실, 변소 등의 현판을 써서 내걸었다. 이 때 흑색 바탕에 백색 글씨로 내걸었던 현판은 '한인감금소韓人監禁所'·'식당食堂'·'찬주饌廚'·'면회실面會室'·'실내창고室內倉庫'·'욕실浴室'·'청측圊廁' 등 일곱 가지였다. 이러한 현판의 명칭도 의병이 유폐된 감금소 시설의 전반적 구조를 짐작할 수 있게 해 준다.[20] 그리고 의병이 감금된 각각의 방문 위에도 입실자들의 성명을 쓴 현판을 걸어 놓았다.[21]

원래 신축 감금소에는 유폐의병 11명이 각자 독방을 쓰도록 11개의 방이 들어 있었다. 하지만, 의병은 각 방의 공간 여유가 충분함에 따라 고독

---

19 문석환, 『마도일기』 1907년 1월 20일조.
20 문석환, 『마도일기』 1907년 2월 11일조.
21 문석환, 『마도일기』 1907년 2월 11일, 5월 24일조.

과 추위 등을 피하기 위해 한 방에 2명에서 4명까지 수시로 함께 모여 지냈다. 더운 여름철에는 2명이, 추운 겨울에는 4명이 한 방을 썼다. 즉 신축 감금소로 이감된 후 유폐의병은 4명씩 나뉘어 두 개의 방을 쓰다가 1907년 여름철이 가까워지자 신보균과 문석환이 한 방을 쓰는 등 2명이 한 개의 방을 사용하여 8명이 모두 4개의 방을 썼다.[22] 이어 1907년 겨울이 가까워지면서 날씨가 차가워지자 그 전년에 이어 다시 신보균·남규진·문석환·신현두 등 4명이 한 개의 방을 쓰고, 이상두와 이식, 그리고 유준근과 최상집 등 2명이 각각 한 방씩을 사용함으로써 8명이 모두 3개의 방을 사용한 것으로 확인된다.[23] 또 각 방문 위에는 입실한 의병의 명패를 걸어 놓았다.

의병은 동일한 역사적 배경과 이유에서 함께 유폐되어 있었기 때문에 감금소라는 한정된 공간 내에서도 그만큼 동질감과 일체감이 돈독하였다. 장기간의 유폐생활을 감내하기 위해서는 의병 상호간에 스스로 위안과 원조를 주어야만 하였다. 특히 연령 면에서나 학문, 전력 면에서 유폐의병 집단 가운데 단연 뛰어났던 최익현이 정신적 구심체로서 권위와 역할을 수행하고 있었던 사실은 주목된다. 이식과 신현두 양인 간에 알력이 일어났을 때, 최익현은 두 사람을 불러 호되게 질책하고 각기 자송문自訟文을 써서 반성하도록 한 일 등도 있었다.[24]

---

22 신보균, 『동고록』 1907년 5월 23일조; 문석환, 『마도일기』 1907년 5월 23일조.
23 문석환, 『마도일기』 1907년 11월 2일조.
24 임병찬, 「대마도일기」 1906년 9월 18일조; 신보균, 『동고록』 1906년 9월 18일조.

일상물품

의병이 대마도에 도착하자, 이들의 유폐 임무를 책임지고 있던 제12사단에서는 식사와 의복 등을 비롯한 의병의 소요물품을 조달하기 위해 다음과 같은 규정을 마련하였다.[25]

> 대마도에 감치監置한 한국 폭도에 관계되는 급여 및 경비 지변支辨 방법은 좌의 각 항에 의거할 것.
> 1. 양식은 일액日額 30전을 목표로 하여 실비 지변토록 할 것.
> 2. 피복은 본인이 착장着裝한 것을 사용토록 하고, 그 사용에 감당할 수 없는 것은 적의適宜 현품現品을 대여할 것. 본인이 착장한 이외의 피복으로서 필요한 것은 적의 현품을 대여할 것. 이상 피복의 첫번 신조비新調費는 영내 거주 보병하사의 첫번 금액, 그 보속비保續費는 동 피복 연액年額을 목표로 하여 실비 지변토록 할 것.
> 3. 거주에 필요한 기구器具는 가급적 각 부대의 불용품을 응용토록 하고 더 필요하다고 생각되는 것은 적의 조달할 것.
> 4. 일상에 필요한 소모품은 월액月額 1원을 목표로 하고 등화燈火 및 신탄薪炭은 소요에 응하여 실비 지변할 것.
> 5. 질병에 걸렸을 때 약물은 이를 관급官給할 것.
> 6. 앞의 각 호에 필요한 경비 및 감치를 위하여 특별히 소요되는 경비는 임시사건비로 지변함.
>
> (滿發 제3254호)

---

25 「滿貳乾 제909호 對馬島に監置する韓國暴徒に係る給與及經費支弁方に付御達の件」'滿發 제3254호'(1906년 8월 13일), '滿發 제3255호'(1906년 8월 13일)

우와 동시에

부관이 제12사단 참모장에게 보낸 통첩안

만발滿發 제3254호로 대마도에 감치한 한국 폭도에 관계된 급여 및 경비 지변 방안에 관하여 이미 보내 드린 바 있음. 우에 요하는 경비는 미리 이를 적산積算하여 신청 인가를 받았음을 알기 바람.

(滿發 제3255호)

위의 규정이 의병이 유폐되어 있는 동안 실제로 지켜졌는지는 명확하지 않다. 하지만, 각 항의 규정에서 원칙적인 내용들은 비교적 잘 준수된 것으로 보인다. 즉 의병이 유폐되어 있는 동안 소요되던 일상물품 일체는 원칙적으로 일제측이 관급으로 조달하고 있었는데, 이것은 위의 규정에 따른 것이라 할 수 있다. 위의 규정에서 보면 양식과 의복을 비롯하여 일상 기구와 소모품, 그리고 의약품에 이르기까지 소요 물품 일체를 관급하도록 되어 있다.

이보다 조금 앞서 홍주의병 9명을 대마도에 유폐할 계획을 정책적으로 결정한 뒤, 통감부와 육군성의 실무 책임자들은 의병의 처우에 관한 구체적인 사항들을 사전에 협의, 조율하고 있었다. 그 가운데서도 의병에게 의복과 식사를 공급하는 문제와 신체 구금의 정도 등에 대한 원칙과 규정을 마련하는 일이 가장 큰 관심사였다. 육군성 법무국장이 1906년 7월 21일 마츠모토松本 이사理事에게 보낸 다음과 같은 전보의 내용을 통해 그러한 정황을 감지할 수 있다.

대마도에 배치할 폭도 수령 수명에게는 의식을 아울러 모두 지급한다는 취지였으나 장차 자변自辨을 허락한다는 취지도 있음에 만약 자변도 허락하는 취지라면 이들 수명 중에는 자산 여하에 따라 배처配處에서 경비대 보관 하에 다소의 금원金圓 등을 소지 사용하게 한다는 취지인 것이다. (하략)[26]

마츠모토 이사와 법무국장 사이에는 이에 앞서 의병의 처우문제에 대해 논의하는 과정이 있었던 것으로 보이지만, 현재 이를 확인할 수는 없다. 위의 전문은 의병의 의복과 식사는 관급이 원칙이지만 각인의 사비로 조달하는 방안도 병용토록 한다는 방침을 제시한 것이라는 점에서 특히 주목된다. 왜냐하면 한국의 의병은 실제 의식주 면에서 일본과 풍속이나 토양을 달리하는 입장에 있었으므로 형편에 따라 사적인 물품 조달이 반드시 필요한 경우도 있었기 때문이다.

결국 유폐의병에게 소요되는 의복과 식사 등 일상물품은 관급이 원칙이었지만, 형편에 따라서는 국내로부터 사적으로 조달하는 사례도 많았다. 대체로 볼 때, 식사는 모두 관급으로 해결하였으며, 의복의 경우에는 관급을 쓰기도 하였지만 의병 각자가 국내의 친척사우들로부터 조달하는 경우가 많았다.

의복을 예로 들면, 1906년 9월 중순에 여름옷을 관급하기 위해 부대에서 의병의 옷을 새로 지으려 하자, 최익현을 비롯해 임병찬·유준근·안항식 등 4명은 사복을 국내로부터 조달한다고 통보하고 이를 거절하였다. 이에 부대에서는 나머지 7명에 대해서만 관급 의복을 준비한 사례가 있었다.[27] 그 외에도 관급 의복에 대한 기록은 허다하게 산견된다. 대대 부관이 직접

---

[26] 「韓國統監府 韓國暴徒處刑に關する件」(密大日記 明治39年)(1906. 8. 14)(일본 방위청 방위연구소 소장), 法務局長이 松本理事에게 보낸 電報(1906. 7. 21)
[27] 임병찬, 「대마도일기」 1906년 7월 28일조.

접바지[接襦袴] 1건, 홑바지[單襦袴] 2건 등의 한복과 홑이불[單衾] 2건씩을 의병 각인에게 지급하는 사례도 있었고,[28] 부대에서 홑겹 옷을 지급한 사실도 있었다.[29] 또 새 옷을 짓기 위해 치수를 잴 목적으로 경비대에서 의병이 입던 헌 옷을 가져가는 경우도 있었다.[30] 그밖에도 구체적인 내용은 밝히지 않았지만 부대에서 의복을 지급했던 사실을 기록한 대목은 산견된다.[31] 심지어는 헤어진 의복을 꿰매는 데 필요한 실과 바늘까지 지급했던 사례도 있었다.[32]

한편, 의병이 국내로부터 의복을 조달받은 사례는 유폐일기 도처에서 산견된다. 관급되는 일본제 의복보다는 계절과 기온의 변화에 따라 의병은 그 동안 익숙하게 입어왔던, 국내에서 보내오는 한복을 더욱 선호하였음은 자명한 사실이다. 의복이 미처 도착되지 않은 경우에는 서신으로 의복을 보내주기를 요청하기도 하였지만, 대개는 계절의 변화에 따라 국내의 일가친지 및 동문인들로부터 의복을 비롯해 버선 등을 수시로 소포로 받았다. 문석환의 일기에는 국내로부터 의복이 도착한 사실이 10여 회 이상 기록되어 있으며, 수령자는 문석환·신현두·신보균·남규진·이상두·유준근 등 다양하다.[33]

---

28 문석환, 『마도일기』 1907년 2월 26일조.
29 문석환, 『마도일기』 1908년 6월 20일조.
30 문석환, 『마도일기』 1907년 6월 1일조.
31 그밖에도 문석환, 『마도일기』 1907년 11월 9일조 및 1908년 5월 10일조에 대대에서 의병에게 의복을 지급한 사실을 알려주는 내용이 기록되어 있다.
32 문석환, 『마도일기』 1908년 5월 22일조. 이 때 부대에서 실 8타래와 바늘 16개를 의병에게 지급하였다.
33 문석환의 『마도일기』 가운데 국내에서 보낸 의복이 도착한 기록으로는 1907년 1월 24일조(문석환), 1월 28일조(신현두 및 신보균), 3월 17일조(문석환), 4월 25일조(남규진), 5월 24일조(문석환), 8월 3일조(유준근), 8월 4일조(이상두), 12월 7일조(유준근), 12월 20일조(신현두), 1908년 6월 13일조(문석환, 신현두) 등이 있다.

이불과 담요 등 침구류는 경비대에서 지급하는 관급품을 대체로 사용하였다. 의복에 비해 부피가 크고 그다지 절실하게 가치를 느끼지 않았기 때문에 관급품을 그대로 썼던 것으로 보인다. 이불과 담요를 지급받은 예는 의병측 자료에 구체적으로 산견된다.[34] 이에 따르면 1907년 4월 8일에는 각인당 의복 3건과 함께 이불 2건이, 6월 22일에는 솜이불 2건이 각각 추가로 지급되어 1인당 솜이불 4건에 홑이불 2건이 되었다. 그리하여 솜이불 3건과 홑이불 1건을 바닥에 까는 요로 삼고 솜이불 1건과 홑이불 1건을 덮는 요로 삼았기 때문에 온돌바닥은 아니었지만 비교적 따뜻하게 지낼 수 있었다고 한다.

의복과 침구류의 세탁은 원칙적으로 경비대에서 자체적으로 해결하거나 역부에게 시켰지만,[35] 간혹 의병이 직접 담당하기도 하였다. 1907년 6월 3일 경비대에서 솜옷을 가져가 세탁할 때, 비교적 간단한 접의接衣와 단의單衣는 의병이 직접 세탁을 한 것이 그러한 예이다.[36] 1907년 6월 21일에도 솜이불과 위아래 홑이불을 의병이 직접 세탁하였다.[37] 세탁 시에는 경비대에서 지급한 비누를 사용하였다.

의병의 식사는 경비대에서 조달하는 관급이었다. 경비대측과 일정한 계약을 체결한 '식주食主'가 역부를 고용해 의병의 식사와 기타 감금소 사역을 책임지고 담당하는 체제였다. 유폐시기에 따라 기복은 있었지만, 대체로 의병에게는 군용의 목제 도시락에 밥과 닭고기, 삶은 나물, 혹은 생선 등이

---

34 문석환, 『마도일기』 1907년 2월 26일자, 그리고 5월 12일자 기록에 구체적으로 드러난다.
35 경비대대에서 유폐의병의 침구류와 의복을 세탁한 사례는 1907년 5월 18일, 11월 3일, 12월 7일, 12월 20일, 1908년 1월 17일조 등에 기록되어 있다.
36 문석환, 『마도일기』 1907년 4월 23일조.
37 문석환, 『마도일기』 1907년 5월 11일조.

번갈아 식찬으로 제공되었다.[38] 밥은 흰 쌀밥으로 3홉 이상의 양을 담아 주었으며, 아침 점심에는 나물, 저녁에는 생선 반찬이 주로 나왔다. 일반 군인들이 쌀과 보리를 10대 4의 비율로 섞어 먹고 있었던 데 비해 조금 나은 식단이었다고 한다.[39]

기타 유폐생활에 소요되는 일상적 물품은 모두 경비대에서 관급하였다. 이들 물품은 대개의 경우 군대에서 이미 사용한 중고품이었다. 현재 자료상 확인되는 관급 물품으로는 밥그릇으로 쓰인 사발을 비롯하여 무명베 모기장, 화로, 등, 부젓가락[火箸], 숯통[炭桶], 쓰레기통[塵桶], 철반鐵盤, 타호唾壺, 다반茶盤, 다종茶鍾, 먼지털이[拂塵] 등등이었다.[40]

유폐의병의 일상

독서와 작문

독서

일제는 유폐의병을 한국주차군사령관이 발포한 군율을 위반한 '국사범'으로 규정하였다. 이와 같은 '죄수'의 신분이었지만, 일제는 유폐의병에 대해 강제노역, 고문, 구타 등 극심한 물리적, 신체적 가해행위는 행사하지 않았다. 감금소로 한정된 공간이었지만 유폐생활에서 요구되는 가장 기본적

---

38 신보균, 『동고록』 1906년 6월 19일조.
39 임병찬, 『대마도일기』 1906년 7월 14일조.
40 문석환, 『마도일기』 1907년 5월 7, 23, 24일조.

인 조건인 의식주 문제에서 다소간의 여유가 있었던 것으로 보이며, 일상적으로 서신왕래를 비롯해 독서와 작문이 가능하였고, 나아가 감금소 주위를 산보하는 등의 제한적 신체의 자유를 어느 정도 보장받고 있었다. 의병을 유폐한 목적이 국내의 항일세력으로부터 이들을 철저히 격리하는 데 있었기 때문에 일제로서는 그 목적 외의 가해행위를 굳이 행사할 필요가 없었던 것이다. 더욱이 유폐의병은 덕망과 학식을 바탕으로 고매한 인격과 지적 능력을 겸비하고 있었으므로, 감금소를 중심으로 의병과 관계한 일본인들은 의병을 인격적으로 예우했던 것으로도 짐작된다.

유폐된 의병의 일상생활은, 부정기적인 산보 외에는 감금소 내에서 이루어졌기 때문에 매우 단조로웠다. 유폐의병이 모두 유학자였던 만큼, 의병의 일상사 가운데 가장 큰 비중을 차지하고 있던 것은 독서와 작문이었다. 그 다음으로는 부정기적으로 행해지던 산보가 중요한 일과였다. 그밖에 의병은 담소를 하기도 하고 가끔 바둑을 두는 일도 있었다.

독서의 경우, 의병은 일본 현지에서 조달할 수 있는 서책 가운데 한문으로 된 책들을 선호하였다. 하지만 한문 서책을 조달하는 일이 여의치 않아 서구 신문화와 근대과학 기술과 관련된 일본어 서책들도 가끔씩 보았던 것으로 확인된다. 서책을 조달하는 방법은 접촉하고 있던 일본인들로부터 공여받는 경우와 일본인 소개인을 통해 책값을 치르고 구입하는 경우 등 두 가지가 있었다.

유폐기간에 의병이 보았던 서책 가운데 가장 중요한 것은 이들이 유학자였던 만큼 경서였다. 일본인으로부터 『논어』를 증여받는 경우도 있었고[41],

---

41 문석환, 『마도일기』 1907년 3월 24일조.

경비대 병사에게 의뢰하여 일본에서 발간된 경서를 구입하기도 하였다.[42] 의병은 또한 경서를 수시로 암송하는 과정을 반복하였다.

의병은 중국, 일본 시인들이 남긴 명시를 묶은 시집을 읽기도 하였다. 통역 가와카미가 역부 이시다石田의 집에 소장되어 있던 책 등을 보여주었는데, 그 가운데는 일본 시인과 군인들이 남긴 시가 많이 들어 있었다. 문석환은 그의 일기에 그 가운데 야무라矢村佐一의「해루간월海樓看月」, 가키加木聖川의「추강조어秋江釣魚」 등 저명한 일본시인들이 남긴 서정시집인『남도기행南道紀行』을 비롯하여 노기 마레스케乃木希典 대장의「즉사卽事」, 하세가와 요시미치長谷川好道 대장의「정도열병우광릉征途閱兵于廣陵」, 「입의주入義州」 등 러일전쟁 당시 일본 장군들의 진중시를 묶은『정로시집征露詩集』등에 수록된 시 40여 수를 필사하여 소개해 놓았다.[43] 그가『정로시집』과 같이 한국과 대륙을 향한 일제 침략의 정수를 담고 있는 시를 굳이 전사轉寫해 놓은 이유는 알 수가 없지만, 그 속에 숨어 있는 침략적 속성을 알리고자 한 데 있지 않았을까 추정된다. 또한 병사 사카이酒井玉一로부터 이백李白, 왕유王維, 낙빈왕駱賓王, 장구령張九齡 등 중국의 저명한 시인과 와카기若木故, 아베 나카마로阿倍仲麻呂, 라이쿄우헤이賴杏坪 등 일본의 시인들이 남긴 명시를 묶은 시집을 제공받았는데, 문석환은 그 가운데 20여 수를 뽑아 옮겨 적기도 하였다.[44]

의병들은 일본에서 발간된 서예와 문장에 관한 책을 보기도 하였다. 일본 근대 서예의 대가들인 쿠사카베 메이카쿠日下部鳴鶴[45]와 이와야 이치로쿠

---

42 문석환,『마도일기』1907년 4월 27일조.
43 문석환,『마도일기』1907년 2월 16~17일조.
44 문석환,『마도일기』1907년 2월 27일조.
45 일본 근대 서계계의 선구자. 일본에 건너온 淸人 楊守敬에게 감화되어 한, 위, 육조의 서

巖谷一六[46] 2인의 『난정첩蘭亭帖』과 『문장궤범교본文章軌範校本』이 그것이다. 『난정첩』은 도쿄 박애관博愛館에서 2책으로 발행한 서예집인데 역부 데라오 寺尾를 통해 5냥에 구입한 것이다.[47] 데라오의 친구인 쿠라카케倉掛小三朗가 의병에게 제공한 『문장궤범교본文章軌範校本』(3책)은 당송시대의 문장을 수록한 책으로 조선의 『팔자백선八子百選』과 같은 것이었고, 그 중에 제갈량諸葛亮의 「출사표出師表」와 호담암胡澹菴의 「상고종봉사上高宗奉事」, 그리고 도연명陶淵明의 「귀거래사歸去來辭」 등이 더 실려 있었다.[48]

그밖에 의병은 일본에서 발행된 세계지도인 『만국여지도萬國輿地圖』와 『일본지도日本地圖』 등을 구입해 보기도 하였으며,[49] 데라오를 통해 세계와 일본에서의 여권 신장과 여학교의 현황 등을 소개한 『여자잡지女子雜誌』를 보기도 하였다.

요컨대, 의병은 유폐되어 있는 동안에 독서에 많은 시간과 노력을 들였지만, 직간접 제약으로 인해 그들이 갖고 있는 한학적 성향에 맞는 서책을 구해 보기가 어려웠으며, 대신에 왕성한 독서 욕구를 충족하기 위해 현지에서 조달 가능한 시문류의 서책을 비롯해 근대 과학문명과 관련된 신서적까지 섭렵할 수밖에 없는 처지에 있었던 것이다.

체를 창도하고 전서, 해서, 행서, 초서를 두루 연구하였다. 그의 문하에서 丹羽海鶴과 같은 대가들이 많이 배출되었다.
46 이름은 修이며, 一六은 號다. 中沢雪城에게 글씨를 사사하여 日下部鳴鶴・長三洲와 함께 明治 초기 3대 서예가 가운데 한 사람으로 불렸다.
47 문석환, 『마도일기』 1907년 11월 4일조.
48 문석환, 『마도일기』 1908년 1월 14일조.
49 문석환, 『마도일기』 1907년 5월 9일조; 5월 14일조; 10월 7일조.

작문

유폐의병의 일과 가운데 작문은 독서와 함께 큰 비중을 차지하고 있었다. 작문 가운데서도 가장 비중이 컸던 것은 국내의 일가친지와 사우들에게 보내는 서신이었다. 유폐된 공간에서 보내는 시간 속에서 의병 자신들의 안부와 근황을 국내의 지인들에게 서신으로 거의 매일같이 알리고 있었던 것이다. 의병이 남긴 일기 가운데 국내와 서신을 왕래한 기록이 상당수를 차지하고 있었던 점이 이를 입증해 준다.

의병이 매일 기록한 일기도 작문 가운데 중요한 부분을 차지한다. 의병은 하루의 일과 가운데 특기할 만한 사건과 사실, 접촉한 인물, 국내외 소식 전문傳聞, 일상적 감상, 작시와 작문 등등의 내용을 매일 일기로 기록하였다. 일기를 남긴 것으로 현재 확인되는 인물로는 임병찬을 비롯해 문석환, 신보균, 남규진 등이 있지만, 나머지 인물들도 일기를 썼을 것으로 짐작된다.

의병이 쓴 일기나 서신은 모두 일본군의 검열 대상이었던 것으로 보인다. 대마경비보병대대에서는 유폐의병의 기록물과 국내의 친척사우들이 보내오는 서신 및 소포 등의 우편물을 철저하게 검열하였다. 일상적 안부나 생활기록이 아닌 정치적, 사회적 동향과 정보에 대해 논급한 서신이나 기록물은 검열과정에서 일방적으로 압류하였다. 문석환이 '일기를 빼앗겼다[日記見奪]'[50]고 한 기록은 일본군이 기록 검열을 실시하고 있던 상황을 알려주는 증좌가 된다. 또 유준근, 문석환, 신현두 등이 대대 본부로 가 압류당한 서신을 돌려줄 것을 교섭하였으나 실패한 일도 있었고,[51] 본국의 친

---

50 문석환, 『마도일기』 1907년 5월 24일조.
51 문석환, 『마도일기』 1908년 5월 25일조.

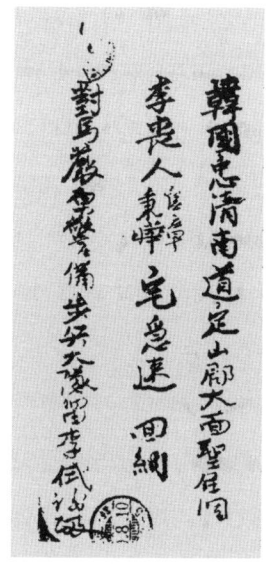 

그림 4
대마도에 유폐된 이식이 정산 자택에 보낸 편지의 주소 2건. 각기 1907년(명치 40) 8월 10일자(좌), 8월 25일자(우) 정산우체국 도착 소인이 찍혀 있다.

지가 이상두에게 편지와 전표錢票를 동봉해 보냈을 때, 편지는 압류되고 동봉한 5원 전표만 받은 일도 있었다.[52]

편지, 일기 등의 작문과 함께 시작詩作도 유폐의병의 일상사에서 상당한 비중을 차지하고 있었다. 의병은 모두 유폐기간 중 많은 시를 남겼다. 현재 의병이 남긴 일기에는 200여 수의 시가 실려 있다. 각종의 기념일, 계절과 자연의 감흥, 특기할 사실과 사건 등 다양한 내용을 시제詩題로 삼아 유폐 심경을 토로하였다. 의병 각자가 개별적으로 시를 짓기도 하였지만, 상호간에 시를 주고받는 경우가 많았다.

의병은 또한 국내의 친척사우들로부터 의뢰를 받아 작문하는 사례도 있었다. 그 대표적인 예가 최익현이 지은 「화동사합편발華東史合編跋」과 「열부

52　문석환, 『마도일기』 1908년 5월 27일조.

이씨전열부李氏傳」 등이다. 전자는 춘추대의적 존화양이론에 입각한 화서(이항로)학파의 역사정신을 담은 사서史書인 『송원화동사합편강목宋元華東史合編綱目』을 화서문파에서 발간할 때 그 발문을 의뢰받아 지은 것이며[53], 후자는 최익현의 문인인 의령의 조재학曺在學이 대마도에 왔을 때, 그 조카인 조문현趙汶鉉의 아내 파산이씨坡山李氏의 열행烈行을 듣고 지은 전기傳記이다.[54] 그 밖에도 신보균과 신현두는 이씨의 행장을 지었으며, 임병찬은 행장 후기後記를 썼다.[55]

한편, 의병은 신문과 서책 혹은 전문傳聞 등에 의거해 일본의 군제軍制[56], 학제學制[57] 등의 제도와 풍속을 비롯해 주요 장군의 명단[58], 군함의 종류와 명칭[59] 등에 이르기까지 관심을 가지고 그 내용을 일기에 기록하였다. 또한 단군조선부터 시작하여 조선조에 이르기까지의 한국사의 강역문제를 장문으로 개관한 것도 특기할 만하다.[60] 여기에는 특히 한말에 관심이 크게 고조되고 있던 간도감계문제에 대해 백두산정계비의 내용을 구체적으로 인용하면서 논급한 것이 포함되어 있어 인상적이다. 이러한 기록은 신문 기사에 의거했다고 하는데, 그 신문이 어느 것인지는 확인되지 않는다.

---

53 임병찬, 『대마도일기』 1906년 9월 9일조.
54 임병찬, 『대마도일기』 1906년 10월 15일조.
55 임병찬, 『대마도일기』 1906년 9월 25일조, 10월 2일조.
56 문석환, 『마도일기』 1907년 2월 5일, 9월 17~18일조.
57 문석환, 『마도일기』 1907년 11월 1일조.
58 문석환, 『마도일기』 1908년 7월 1일조.
59 문석환, 『마도일기』 1908년 7월 4일조.
60 문석환, 『마도일기』 1907년 8월 28일조; 申輔均, 『同苦錄』 1907년 8월 28일조. 후자의 기록에 따르면 한국에서 발간된 日日新報의 「朝鮮歷代攷略抄」를 보고 그 내용을 기록했다고 하는데, 어느 신문을 말하는지 확인하지 못하였다. 참고로 이 기록의 끝에는 간도통감부 설치 사실도 附記해 놓았다.

한편, 의병은 유폐기간에 현지 일본인들의 요청에 따라, 또는 서책이나 식료, 물품 등을 제공해 준 데 대한 사례로 시나 글을 지어주었다. 통역과 군의관, 그리고 감금소를 지키던 위병 등이 의병으로부터 특히 글을 많이 받았던 현지인들이다. 의병이 현지 일본인에게 준 시와 문장을 정리하면 〈표 5〉와 같다.

또한 경비대의 상등병 시카와矢川求馬는 유폐된 의병의 절의를 경모하고 그들의 처지를 안타까워하는 심정을 가지고 일본에서 당시 널리 회자되고 있던 스가와라 미치자네菅原道眞의 「구월십일九月十日」이라는 시를 알려주기도 하였다.[61]

의병은 심지어 상점의 현판까지 써주는 경우도 있었다. 문석환이 1906년 잠상실에 유폐되어 있던 시절에 어느 틀니 제작업자의 요청을 받고 현판에 '의치제술소義齒製術所' 5자를 써주었다고 한 것이 그것이다.[62]

그 외에 의병은 무료함을 달래기 위해 바둑을 두었다. 이식과 남규진, 이상두, 신현두, 그리고 문석환 등이 바둑을 두었으며, 주번 소대장, 주번 사관 등과 간혹 바둑을 두기도 하였다. 바둑판이 없었던 까닭에 종이로 바둑판을 그려 두었던 것 같다. 1908년 3월 새로 부임한 중대장이 그러한

---

61 문석환, 『마도일기』 1907년 6월 12일조. 菅原道眞은 元慶 원년(877)에 文章博士를 지냈고, 宇多天皇의 신임이 두터워 右大臣으로 승진하였다. 延喜 원년(901)에 太宰權帥로 좌천되고, 3년에 59세로 배소에서 죽었다. 위 시의 전문은 다음과 같다.

지난 해 오늘 밤 淸凉殿에서 모셨는데	去年今夜侍淸凉
詩篇을 생각하니 홀로 애간장 끊어지네	我思詩篇獨斷腸
임금께서 내리신 옷 지금 여기 있으니	恩賜御衣今在此
날마다 받들며 남은 향기에 절하네	奉持每日拜餘香

62 문석환, 『마도일기』 1907년 11월 20일조.

표 5 의병이 현지 일본인에게 준 시문 일람

일자(음)		작자	수령자	형태. 내용	비 고
1906.	8.2.	최익현/임병찬/안항식/최상집	시마오 쇼스케島雄莊介(잠상실 주인)	칠언율시 각 1수	사례
	8.6.	최익현/임병찬/안항식/문석환	아비루阿比留(통역)	칠언절구 각 1수	격려
	8.10.	최익현/임병찬/최상집/이상두/안항식/유준근/남규진/이식/신보균	미사와三澤增治(병사)	칠언절구 각 1수	요청
	8.11.	최익현/임병찬/안항식/신보균	오우라大浦茂太(통역)	칠얼절구 각 1수	요청
	8.13.	최익현/안항식/이상두/신보균	나카지마中島高(통역)	칠언절구 각 1수	격려
	8.20.	최익현/안항식/이식/신보균	스야마陶山傳(병사)	칠언절구 각 1수	스야마 조부의 요청. 임병찬 일기 21일조.
	8.27.	최익현	사고佐護賀(통역)	칠언절구 1수	요청
	9. 7.	최익현/신보균	지쿠초築城德治(병사)	칠언절구 각 1수	요청
	9.11.	최익현/신보균	지쿠초	칠언절구 각 1수	요청
	10.26.	임병찬	소에지마副島以辰(대대장)	칠언절구 3수	요청
1907.	2.6.	문석환/남규진	가와카미川上春治(통역)	칠언율시 1수/칠언율시 1수	격려
	2. 6.	문석환	가와카미川上春治	「가와카미 성명해姓名解」	사례 겸 격려
	2.10	문석환	겐리原理策(군의)	칠언율시 2수	사례
	2.11.	문석환	사카이酒井玉一(병사)	칠언율시 1수	요청
	2.13.	문석환/신보균/남규진	소에지마副島以辰	칠언율시 2수/칠언율시 1수/칠언율시 1수	전직증별
	2.15.	문석환	다나카田中茂(상등병)	칠언절구 1수	화답
	2.20.	문석환	아오키靑木銀吾(군의)	칠언율시 2수	사례
	4. 3.	문석환	상등병	오얼절구 1수	요청

일자(음)		작자	수령자	형태, 내용	비고
1907.	5.24.	문석환	후지토藤戶朋藏 (군의)	4자1구[人與天道 混合無間] / 5자2구[淡泊以明志 寧靜以 致遠 功深於必世 化期於百年]	요청
	5.24.	문석환	가와카미川上春治	6자1구[審義理見是非 務德容隨 窮達] /7자1구[余所樂者江湖也 客亦知夫水與月乎] /장지회張志 和의 어부사漁夫辭/정자의 심잠心箴	요청
	5.25.	문석환	시카와矢川求馬 (상등병)	칠언절구 1수	요청
	5.28.	문석환	오다小田多作(병사)	칠언절구 1수	요청
	5.29.	문석환	나카지마中島牛松	칠언절구 1수	요청
	6.9.	문석환	가와카미川上春治	칠언절구 1수	요청
	7.12.	문석환	아오키青木銀吾	4폭 글씨	전직증별
	9.5.	문석환	주번사관	오언절구 1수	사례
	9.13.	문석환	오야마大山文吉郎, 蠶桑敎師/ 고지마高島英一/ 오다小[下]田順一郎	주련珠聯 십수폭	사례
	9.21.	문석환	상등위병	칠언절구 2수	화답시
	10.2.	문석환	후지토	증언贈言	제대증별
	10.2.	남규진	후지토	증언	제대증별
	10.23.	문석환/신보균	후지요시藤吉治將 (상등병)	증언	요청
	11.30.	문석환	모 상점	휘호 3자[貨泉湧]/7자1구[銅 山竝聳黃金府 銀海環流白玉庄]	요청
1908.	1.16.	문석환	테라오寺尾吾, 役夫	오언절구 2수	득손경하시 得孫敬賀詩
	6.24.	문석환	마키노牧野務(병사)	칠언율시 1수, 오언절구 1수	격려
	7.29.	문석환	가와카미川上春治	『논어』 구절 [歲寒然後 知松柏之後凋 世亂 然後 忠臣可見 君子之德風 小 人之德草 草上之風 必偃]	격려

의병의 대마도 유폐생활 267

실정을 듣고 바둑판을 만들어 제공하도록 위병에게 지시한 사실로 미루어 짐작할 수 있다.[63]

산보

일제는 의병이 대마도에 유폐된 처음에는 감금소 밖 출입을 철저히 통제하였다. 탈출 혹은 예기치 못한 사단을 미연에 방지하기 위해서였던 듯하다. 하지만 최익현이 순국한 후 1907년에 들어와 유폐의병의 건강에 대해 주의가 더욱 환기되던 상황에서 그 동안의 관찰에서 도주 우려가 없다고 판단한 일제는 1907년 봄부터 제한적이지만 감금소 주변으로 매월 2~5회 정도 외출과 산보가 허용되었다. 이러한 의병의 산보를 대마경비보병대대에서 자율적으로 판단해 허가한 것으로 보이지는 않고, 대마경비대 사령부나 12사단 본부 등의 상급 부대에서 결정해 허가한 것으로 추정된다.

의병이 산보를 가는 경우에는 단체로 행동하게 하였고, 통역과 위병 2~3명을 반드시 동행시켜 만약의 사태에 대비토록 하였다. 현재 남아 있는 일기를 통해서 볼 때 의병이 최초로 산보를 실시한 것은 1907년 4월 3일 상등병 우에하라上原增吉와 동행한 산행이었고, 마지막 산보는 일기를 기록한 문석환이 석방되기 직전인 1908년 8월 16일에 동산東山의 옛 포대에 올랐던 것이었다. 이로 미루어 1907년 이후에는 1909년 2월 의병이 모두 석방될 때까지 부정기적으로 산보가 이루어졌을 것으로 짐작된다. 하지

---

63 문석환, 『마도일기』 1908년 3월 20일조. 문석환은 바둑에 깊이 심취한 인물이었던 것 같다. 그의 일기(1907년 2월 4일조)에는 바둑의 오묘한 이치와 움직임에 대해 지은 장문의 글이 실려 있다.

표 6 유폐의병의 산보 일지(1907.2~1908.7)

일자(음)		장소 및 내용	감시동행	비 고
1907.	2.21.	등산	상등병 우에하라上原增吉	산보 개시
	2.26.	감금소 동쪽 숲. 호표암虎豹巖에서 교룡굴蛟龍窟과 엄원항 조망. 육군 척후대斥候臺	병사 2명, 통역 가와카미川上春治	
	3.20.	감금소 뒷산 등정	상등병 사카이酒井玉一, 병사 2명	
	3.26.	오토미야신사乙宮神社	병사 1명, 통역	
	4.3.	경비대 북쪽 산곡. 개울가 '원천혼혼源泉混混' 각자 구경	병사 2명, 통역	
	4.8.	코쿠분지國分寺 유람 후 해안 따라 산보	상등병	석가탄신일
	4.16.	하치만구신사八幡宮神社, 구 감금소[잠상실]		
	4.26.	등산 후 시키시마志岐島 조망		
	4.29.	경비대 뒷산 산보	병사 2명	
	5. 5.	대마번주對馬藩主 종가宗家 묘소	병사, 통역	
	5.13.	반쇼인萬松院, 하치만구신사八幡宮神社	상등위병	
	5.21.	동쪽 해안가 산책	병사 2명, 통역	
	6. 2.	나리아이지成相寺		
	6.10.	하치만구신사	병사 2명, 통역	
	6.15.	세이잔지西山寺		이후 전염병 창궐로 산보중단
	9.25.	경비대 동남쪽 등산	병사 2명, 통역	산보 재개
	9.28.	경비대 동남쪽 등산	병사 2명	
	11.28.	반쇼인萬松院		설날

일자(음)		장소 및 내용	감시동행	비 고
1908.	1.19.	이즈하라嚴原 시가, 하지만구신사八幡宮神社		이즈하라 대화재(1.8) 복구중
	1.29.	고세이지光淸寺	병사 3명, 통역	
	2.13.	고세이지光淸寺, 반쇼인萬松院, 적조암寂照庵	병사 3명, 통역	
	2.20.			오후 외출
	2.22.	귀암龜巖		
	3. 2.	귀암龜巖		
	3.17.	경비대 동쪽 등산	병사 2명	
	3.23.	경비대 남쪽 등산		
	4. 6.	해안가 산보	위병	
	6.21.	동산東山 등산	위병	
	7.20.	동산 옛 포대		

만, 현재 남아 있는 일기에는 산보와 관련된 기록이 누락된 예가 상당한 수에 이를 것으로 보여 그 전모는 확인할 수 없다. 이러한 사실을 감안하더라도 의병이 산보를 실시했던 사례를 문석환의 『마도일기』에 의거해 정리하면 〈표 6〉과 같다.

〈표 6〉에 나타나 있듯이 의병은 산보 시에 주로 감금소 주변의 산과 이즈하라 시내, 바닷가, 사원과 신사 등지를 찾았다. 즉 이즈하라 주변에 흩어져 있는 하치만구신사八幡宮神社와 오토미야신사乙宮神社 등의 신사, 코쿠분지國分寺, 나리아이지成相寺, 고세이지光淸寺 등의 사찰, 그리고 반쇼인萬松院, 대마번주對馬藩主 종가宗家 묘소, 귀암龜巖 등의 고적이 의병의 주된 산보지였다. 하지만, 이즈하라 일대의 지역이 협소하고 이들이 산보하는 노정路程은 한정되어 있었기 때문에, 의병의 산보 행로는 몇 가지 코스로 거의 반복적으로 이

그림 5 대마도 이즈하라 반쇼인萬松院의 정문. 대마도주의 원찰願刹인 이곳은 유폐의병들의 주된 산보코스였다.

루어졌다고 할 수 있다. 이러한 산보는 유폐된 의병이 일정한 체력과 건강을 유지하는 데 적지 않은 도움을 주었고, 외부로부터의 정보와 견문을 직접 확보할 수 있는 거의 유일한 기회를 제공해 주기도 하였다.[64]

---

64 산보가 반복되자 의병은 1908년 봄에 이즈하라 주변에서 풍광과 경치가 빼어난 명승지 여덟 곳을 선별하여 이를 '엄원팔경(嚴原八景)'으로 명명하기도 했다. 그 팔경은 다음과 같다(문석환, 『마도일기』 1908년 1월 22일조; 신보균, 『동고록』 1908년 1월 27일조). 마지막에 언급된 有名山의 폭포는 실재하지 않지만 그대로 選錄했다고 한다.

귀암(龜岩)의 저녁 조수	龜岩暮潮
적조암(寂照庵)의 새벽 종	寂庵曉鐘
반쇼인(萬松院)의 금반	松院金盤
팔번궁(八幡宮)의 돌문	幡宮石門
일지도(一岐島)의 돛단배	岐島歸帆
하수빈(河湏濱)의 어부 피리	河濱漁笛
백악산(白嶽山)의 낙조	白嶽落照
유명산(有名山)의 폭포	明山瀑布

유폐의병과 접촉한 일본인

군인

일반 장교

대마도에 유폐되어 있는 동안 의병은 그 범위는 한정되어 있었지만 매일 일본인들과 접촉하고 있었다. 그들이 접촉한 일본인은 크게 세 부류로 나눌 수 있다. 첫째는 의병을 감시, 감독하던 장병들이다. 감금소를 관장하던 제12사단 - 대마도경비대 - 대마경비보병대대로 이어지는 지휘계통의 관련자들이 여기에 속한다. 제12사단의 사단장과 경리부장, 그리고 대마도경비대의 사령관 등은 의병과 간혹 접촉을 하였으며, 대마경비보병대대에서는 대대장을 비롯하여 중대장, 소대장, 그리고 윤번제로 매일 파수를 서던 위병 등이 의병과 접촉한 군인들이다. 두번째는 유폐의병과 함께 생활을 하면서 의병의 의사를 대변해주던 통역이 있었다. 그리고 세번째는 의병이 유폐생활을 하는 동안 급양給養과 노역을 공여供與하던 민간인들로, 식사를 제공하던 식주食主, 그리고 감금소의 잡역을 맡았던 역부 등이 그들이다.

  유폐된 의병은 모두 한학에 조예가 깊은 전직 고관, 유생들이었고, 도덕적으로도 인격과 덕망을 겸비한 인물들이었다. 비록 감금된 '죄인'의 신분이었지만, 이들은 대마도의 어떤 일본인들보다도 지적, 도덕적으로 높은 수준에 있었다. 특히 유폐의병은 자국의 위난을 극복하기 위해 거의한 애국적 지식인이었으므로, 인류 보편의 가치에 따라 일본인들은 이들에 대해 인간적, 도덕적 견지에서 일면 존경심을 가지고 있었던 것이다. 이러한 배경과 이유로 말미암아 의병과 접촉한 일본인들은 시간이 경과함에 따라 의병의 인격과 학식에 더욱 경도되어 갔다.

먼저 의병과 접촉한 일본군 장성으로는 감금소를 관할하던 제12사단장 아사다淺田信興 중장이 있었다. 북구주의 코쿠라小倉에 본부를 두고 있던 제12사단의 최고 지휘관이었던 그는 1907년 7월 13일 대마경비대의 훈련을 참관한 뒤 대마도 케치鷄知의 경비대사령관 가와무라川村益直 등 10여 명의 장교를 수행하고 감금소로 의병을 찾아와 유폐 실상을 점검하고 돌아갔다. 이 때 그는 "감금된 여러 사람들은 안심하고 지내면 반드시 귀국하는 날이 있을 것이니, 상심치 말고 돌아갈 날을 기다려 달라."고 의병을 위무하였다고 한다.[65]

제12사단 본부에서는 사단장 외에도 참모들이 감금소를 찾아와 의병의 주거환경과 신변상황을 점검하는 경우도 있었다. 1907년 5월 15일에는 사단 감리부장이, 6월 10일에는 사단 경리부장이 각각 감금소로 찾아와 의병의 상태를 점검하였다.[66] 1908년 6월 2일에는 사단 본부의 참모가 경비대 사령부의 참모 등과 함께 감금소를 찾기도 하였으며, 그 며칠 후인 6월 8일 경리부장이 경비보병대대의 대대장 등과 함께 와 감금실과 취사장 등의 시설을 둘러보고 의복과 음식 등 일상생활을 점검하고 또 의병의 동향을 살피기도 하였다. 경리부장은 이 때 의병에게 "오래지 않아 귀국하는 날이 올 것이니 안심하고 지내라"고 당부하고 위안하였다고 한다.[67]

---

65 문석환, 『마도일기』 1907년 6월 4일조; 신보균, 『동고록』 1907년 6월 4일조.
66 문석환, 『마도일기』 1907년 4월 14일, 4월 30일조. 사단의 경리부장이 감금소의 상태를 점검하고 돌아간 직후인 5월 7일 의병에게 식기사발이 한 개씩 지급되었다(1907년 5월 7일조).
67 문석환, 『마도일기』 1908년 5월 4, 10일조.

제12사단 휘하의, 대마도 케치鷄知에 사령부가 있던 대마경비대의 사령관 가와무라川村益直 소장은 유폐의병의 감시를 맡았던 대마도의 최고 책임자였다.[68] 그도 감금소를 찾아 의병의 상태를 수차에 걸쳐 점검하였다. 사령관이 직접 찾기도 하였으며, 12사단장을 수행하기도 하였고, 참모로 하여금 유폐 시설과 환경을 실사토록 하는 경우도 있었다. 1907년 2월 6일에는 대마경비보병대대장 소에지마副島以辰와 부관 마쓰다松田喜尉를 대동

---

[68] 참고로 의병이 유폐되어 있던 당시 대마경비보병대 직원은 다음과 같다.

1906년 7월 20일 현재	1906년 12월 5일 현재	1907년 6월 15일 현재
대대장 소좌 副島以辰 부관　대위 原田敬一 大隊附 대위 不二繁三郎 중대장 대위 田尾幹 同　　　　片野滋雄	대대장 소좌 副島以辰 부관　대위 松田善衛 大隊附 대위 樋口文夫 중대장 대위 田尾幹 同　　　　山田愼藏	대대장 소좌 目賀田生五郎 大隊附 대위 樋口文雄 부관　대위 伊藤猪久夫 중대장 대위 田尾幹 同　　　　山田愼藏
大隊附 중위 瀧祐次 同 同 소위 日高直二 同　占部正敏 同　松田隆次郎 同　松原浩 三等主計 小山源太郎 一等軍醫 靑木銀吾 三等軍醫 中村榮	大隊附 중위 長西四郎 同　柏原滿雄 소위 日高直二 同　占部正敏 同　松田隆次郎 同　松原浩 同　田中凡勝市 三等主計 小山源太郎 一等軍醫 靑木銀吾 三等軍醫 中村榮 同　　原理策	大隊附 중위 長西四郎 同　柏原滿雄 소위 日高直二 同　占部正敏 同　松田隆次郎 同　松原浩 同　田中凡勝市 三等主計 小出源太郎 一等軍醫 靑木銀吾 三等軍醫 原理策
定員外 대위 松田善衛 소위 川邊秀 同　鈴木耕太 同　田中凡勝市	定員外 대위 原田敬一 소위 川邊秀 同　鈴木耕太	定員外 대위 原田敬一 소위 鈴木耕太

※ 일본 방위연구소 소장에 소장된 해당 일자의 「12師團職員表」(陸軍省大日記類 『明治38년 自12월 至40년 12월 職員表綴』)에 의거해 작성하였다.
※ 大隊附 대위의 성명은 '樋口文雄'와 '樋口文夫' 가운데 어느 것이 옳은지 알 수 없으며, 삼등주계의 경우는 '小山源太郎'과 '小出源太郎' 가운데 후자가 오기로 보임.

하고 찾아와 신축 감금소의 상태를 점검하고 최익현 상사喪事에 대해 위문을 하였다.[69] 1907년 6월 23일에는 사령관이 직접 감금소를 방문하였으며, 7월 13일에는 12사단장을 수행해 감금소를 찾았다.[70] 사단장이 감금소를 점검하기 직전인 7월 8일에는 사령부의 참모가 경비보병대대의 대대장과 중대장 등을 대동하고 감금소를 찾아 의병의 유폐생활 전반을 점검하였다.[71]

대마경비보병대대는 영내에 설치된 감금소 설비와 의병의 의식주, 그리고 그들에 대한 감시 등 유폐 실무와 책임을 직접 맡고 있던 부대였다. 1906년 7~8월 의병이 처음 감금되었을 때의 대대장은 소좌 소에지마副島以辰였다. 그는 한학적 소양을 겸비한 군인이었다. 대마도에 도착한 최익현이 결사 단식에 들어갔을 때 8월 30일 감금소를 찾아와 임병찬과 필담을 나누면서 통역과정에서 생긴 '오해'를 풀 수 있었던 것도 그의 한학적 소양으로 인해 가능했던 것이다. 이 때 그는 통역과정에서의 오해와 자신의 감시 임무를 개진하여 "머리를 깎고 옷을 바꿔 입는 것은 강요하는 것이 아니니 안심하고 식사를 하고 나라를 위해 몸을 조심하라"고 안심시키자, 임병찬은 "그대의 후한 뜻이 이와 같으니 감사하다. 내 삼가 선생님께 권해서 식사를 하도록 하겠다"라고 사의를 표하여 최익현으로 하여금 단식을 풀게 하였다.[72] 그 후 최익현의 병이 깊어갈 때 임병찬은 그의 요청에 응하여 면

---

69 신보균, 『동고록』 1906년 12월 24일조. 이 기록과 임병찬의 「대마도일기」에는 사령관 川村益直의 성명이 '河村益直'으로 표기되어 있다. '川'의 訓을 취해 기록하는 과정에서 誤記된 것으로 보인다.
70 문석환, 『마도일기』 1907년 4월 2일, 6월 4일조.
71 문석환, 『마도일기』 1907년 5월 28일조.
72 임병찬, 「대마도일기」 1906년 7월 11일조. 유폐 초기에 통역상 문제가 있었던 점에 대해 대대장 副島以辰은 "통역이 중간에 있어 뜻이 서로 통하지 않기 때문에 이런 모순이 생

암 쾌유의 염원을 담은 네 수의 시를 지어주기도 하였다.[73]

소에지마는 유폐의병의 '감금' 임무를 맡았던 실무 최고 책임자이기는 하였지만, 인간적으로 의병이 견지한 도덕적 신념에 대해 경복하며 각별한 정의情誼를 가졌던 것으로 보인다. 1907년 4월에 연대장으로 승진되어 구루미久留米로 떠날 때, 문석환·남규진·신보균 등이 이별에 즈음해 시를 지어준 것으로 보아 그러한 정황이 짐작되기 때문이다.[74] 그도 또한 이별에 임하여 의병에게 "공 등과 함께 거처한 것이 거의 1년이니, 이제 이별을 당하여 어찌 서글픈 마음이 없겠는가. 교대해 오는 사람에게 잘 말하여 공 등을 보호하도록 하겠다. 장차 자신의 몸을 보중하시어 외방外方에서 근심으로 병이 나게 하지 마시오. (중략) 강건하게 지내면 멀지 않아 반드시 석방되어 돌아가는 날이 있을 것이다."라고 당부한 것도 이러한 맥락에서 이해할 수 있다.[75]

소에지마의 후임으로 대마경비보병대대장으로 부임한 인물은 메가다目賀田生五郞였다.[76] 1907년 4월 초에 부임한 그는 4월 18일 처음으로 감금소를 찾아와 의병의 유폐 상태와 감금실 환경을 점검하였다.[77] 이후에도 그는 경비보병대대를 찾아오는 12사단의 본부와 사령부의 간부 등을 수행하여 감금실을 찾기도 하였으며, 1907년 7월 11일과 1908년 6월 1일에는 단신으로 감금실을 방문하기도 하였다.[78]

겼다"고 지적하였다.
73 임병찬, 「대마도일기」 1906년 10월 26일조.
74 문석환, 『마도일기』 1907년 2월 13일조.
75 문석환, 『마도일기』 1907년 2월 22일조.
76 문석환, 『마도일기』 1907년 2월 25일조.
77 문석환, 『마도일기』 1907년 3월 6일조.
78 문석환, 『마도일기』 1907년 6월 2일, 1908년 5월 3일조.

대대장 이하 감금소를 담당하였던 중대장과 소대장 등 하급장교의 성명은 확인되지 않는다. 이들은 수시로 감금소의 의병과 접촉한 것으로 믿어지지만, 그 자세한 실상은 의병이 남긴 자료에는 잘 드러나지 않는다. 다만 실무적 입장에서 이들은 수시로 감금소를 찾아 의병의 상태와 감금소의 설비들을 점검하였던 것으로 보인다.[79] 특히 감금소를 담당하던 주번 소대장의 직임은 위병과 마찬가지로 각 소대별로 윤번제로 주어졌던 것 같다. 그리하여 주번 소대장은 국내의 친척사우들이 의병에게 보낸 우편물을 전달해 주는 책임을 맡기도 하였고, 유폐생활을 밀착 감시하는 역할도 하였다. 그만큼 주번 소대장은 의병과 빈번하게 접촉하였으며, 가끔씩은 의병과 바둑을 두는 일까지 있었을 정도로 밀착되어 있었던 것으로 보인다.

군의軍醫

유폐의병과 접촉한 일본군 장교로는 감금소를 관할하던 상기 부대의 일반 장교들 외에 군의가 있었다. 의병의 건강을 담당했던 군의는 위관급 장교 2명이었던 것으로 짐작되며, 대마경비대에 소속된 이들이 의병의 건강을 책임지고 있었다. 최익현을 비롯하여 임병찬·남규진·문석환 등 대부분의 의병은 유폐지에서 거의 매일 질병에 시달렸다. 감기와 복통을 비롯해 화농성 질환, 안질 등이 특히 의병을 괴롭히던 질병이었다. 군의들은 이러한 의병의 건강상태를 점검하고 환자들에게 약물투여와 외과처치를 통해 병을 치료하였다. 그러므로 의병은 군의들에 대해 대체로 호의적인 감정을

---

[79] 중대장과 소대장이 감금소를 방문한 날짜를 의병들이 남긴 일기에서 확인해 보면 1907년 7월 30일, 10월 24일, 1908년 1월 28일, 2월 3일, 2월 5일, 3월 20일, 5월 8~9일, 5월 19일, 5월 29일(이상 음력) 등이다.

갖고 있었던 것으로 보인다. 의병이 대마도에 처음 도착했을 때 담당 군의는 모리구치森口政行였지만, 그의 신상은 알 수가 없다.[80]

일등군의 대위 아오키靑木銀吾[81]는 이등군의 겐리原理策와 교대로 의병을 검진하였다. 문석환은 그의 위인에 대해 "사람됨이 고상하며 우렁찼고 행동거지가 확실하다"고 호평하였다. 1907년 4월 2일 문석환은 자신의 병을 치료해준 답례로 그에게 칠언율시 두 수를 주었으며,[82] 얼마 후에 아오키는 다시 필적을 받은 댓가로 양지洋紙 2폭을 보내왔다.[83] 그는 1907년 8월 하순경 구루미小倉로 전속되었는데, 그 동안 의병과 쌓은 정의를 아쉬워하며 석별의 정을 나누었다고 한다.[84]

소위 겐리原理策는 이등군의였다. 1907년 3월 23일 이전부터 적어도 1908년 5월까지 유폐의병의 건강을 담당한 군의였다.[85] 문석환은 1907년 3월 병을 치료해준 데 대한 답례로 칠언율시 두 수를 지어 주었다.[86]

후지토藤戸朋藏는 아오키의 후임으로 부임했던 인물인 듯하다. 그는 의병에 대해 매우 호의적이었고 문사文辭를 애호하는 성품이었다. 그리하여 그는 의병에게 중국에서 간행된 『증광척독집해增廣尺牘集解』와 스에마쓰末松謙澄의 『지나고문학약사支那古文學略史』 등의 서책을 대여하기도 하였다.[87] 이때 의병은 그 답례로 "인여천도人與天道 혼합무간混合無間" "담박이명지淡泊

---

80 임병찬, 「대마도일기」 1906년 8월 15일조.
81 1907년 2월에 중위로 기록되어 있고 같은 해 7월에는 대위로 되어 있다. 아마도 이 기간에 승진했던 것으로 생각된다.
82 문석환, 『마도일기』 1907년 2월 20일조.
83 문석환, 『마도일기』 1907년 7월 4일조.
84 문석환, 『마도일기』 1907년 7월 12일조.
85 문석환, 『마도일기』 1908년 4월 22일조.
86 문석환, 『마도일기』 1907년 2월 10일조.
87 문석환, 『마도일기』 1907년 9월 27일조.

以明志 녕정이치원寧靜以致遠 공심어필세功甚於必世" 등의 글씨를 써주기도 하였다.[88] 1907년 11월 그가 제대를 하게 되자, 문석환과 남규진은 글을 지어 그의 앞날을 면려해 주었다.[89] 의병 가운데서도 특히 병이 잦았던 남규진·문석환, 그리고 나이가 적었던 신현두 등과 친밀하게 지냈던 것으로 보인다.

감금소 위병

대마경비보병대대에서는 감금소의 의병을 철저하게 밀착 감시하였다. 대개의 경우 감금소에는 하사나 상등병 1명, 그리고 일반 병졸 3명이 배치되었고, 통역이 늘 상주하고 있었다. 또한 윤번제로 배정된 주번 소대장이 감금소의 상황을 매일 점검하고 있었다.[90] 그러므로 의병은 감금소의 위병들과 매일 접촉하였고, 매일 교대로 배치되었던 위병 가운데는 시일이 경과할수록 의병과 친밀하게 교제했던 인물도 다수 있었다.

상등병 우에하라上原增吉는 의병의 처지와 입장에 대해 동정심을 갖고 그들의 의리정신에 깊이 경복하는 등 매우 호의적이었던 인물이었다. 의병이 1907년 4월 3일 처음으로 감금소 밖으로 산보를 시작할 때 동행한 위병이 바로 우에하라였다. 이 때 그는 의병에게 "뒷날 내가 근무를 교대하여 오면 다시 서북편의 최고봉에 올라 조선의 동래·부산을 바라볼 수 있을 것이다. 내가 교체하는 날을 기다려 고국의 회포를 푸는 것이 어떻겠는가"라고 하였을 만큼 우호적이었다.[91] 그 후에도 몇 차례에 걸쳐 의병이 이즈하라 시

---

88 문석환, 『마도일기』 1907년 5월 24일조.
89 문석환, 『마도일기』 1907년 10월 2일조.
90 임병찬, 「대마도일기」 1906년 7월 29일조.
91 문석환, 『마도일기』 1907년 2월 21일조.

내를 비롯해 주변의 바다와 계곡을 산보할 때 동행하였다.[92]

위병 야마타山田德茂는 문석환이 기록한 일기를 보기를 청했던 인물이다. 일기를 보고 감명을 받은 그는 의병에 대해 존경심을 갖고 석방될 날이 반드시 올 것이라고 의병을 위로하였다.[93]

위병 사카이酒井玉一도 의병에게 경도된 인물 가운데 한 사람이었다. 1907년 3월 24일 문석환이 그의 부탁을 받고 시 한 수를 지어주자,[94] 그는 답례로 자연과 절기를 월령체月令體로 기록한 책과 도쿄東京의 풍경사진 등을 보내왔다. 이에 문석환은 다시 그에게 두 편의 시를 지어 주었다.[95] 사카이는 또한 의병의 편의를 최대한 도모해 주었고, 특히 상관에게 건의하여 의병이 감금소 밖으로 운동과 산보를 할 수 있게 주선해 준 인물이기도 하다.[96] 그는 그 후에도 의병에게 시집을 제공해 주었고, 이에 의병은 다시 시를 지어 보답하였다.[97] 이에 그는 의병에게 주련柱聯에 쓰는 붓 1개를 보내주었다.[98] 1907년 5월 2일 의병이 감금소의 뒷산에 올라 대마도 동남방에 있는 어암진御巖津을 비롯해 사방의 해상을 조망하기도 하였다.[99]

히로시마廣島 출신의 상등병 시카와矢川求馬도 감금소를 지키던 위병이었다. 문석환은 그의 인품을 안온하고 공손하다고 평하였고 그에게 칠언절

---

92 문석환, 『마도일기』 1907년 3월 11, 17일조.
93 문석환, 『마도일기』 1907년 1월 19일조. 한편, 유폐의병의 관할 중대장이던 山田과 동일인인지의 여부는 확실치 않다. 중대장 山田은 기상시간 엄수를 경고하는 등 생활을 규제하는 경우도 있어 의병과 알력을 빚었던 인물이다(1908년 1월 28일조; 2월 3일조).
94 문석환, 『마도일기』 1907년 2월 11일조.
95 문석환, 『마도일기』 1907년 2월 11일조.
96 문석환, 『마도일기』 1907년 2월 26일조.
97 문석환, 『마도일기』 1907년 2월 27~28일조.
98 문석환, 『마도일기』 1907년 5월 25일조.
99 문석환, 『마도일기』 1907년 3월 20일조.

구 한 수를 지어 주었다.[100] 그는 서기 901년 스가와라 미치자네菅原道眞가 귀양갔을 때 읊은 시로 일본인 사이에 널리 회자되던 「9월 10일」을 소개하면서 의병의 심경을 위무해 주기도 하였다.[101] 그는 의병이 준 글씨를 소중하게 여기고 또 친구들에게 자랑하였던 것 같다. 친구의 부탁으로 문석환에게 글을 요청하던 그의 다음과 같은 편지에 그러한 정황이 잘 나타나 있다.

(공을) 뵙지를 못한 지 10여 일입니다. 전하는 말을 듣건대 공께서 건강하게 계시다는 것을 알고 저는 매우 위로되었습니다. 저에게 친구 하나가 있는데 지난날 공께서 나에게 내려주신 글씨를 보고 부러움을 참지 못하여 날마다 몇 차례 이 심부름꾼을 나에게 보내어 공의 글씨를 구하려 합니다. 공께서는 바라건대 나를 위하여 붓으로 써 주신다면 매우 다행이겠습니다. 황송합니다.[102]

상등위병 다나카田中茂[103]는 한시를 짓고 또 의병과 필담으로 의사를 소통하였을 만큼 한학에 조예가 있던 군인이었다. 그는 자신이 지은 한시를 의병에게 보이며 질정叱正을 구하기도 하였고, 의병의 억울한 처지를 위무하며 지은 시 몇 수를 가끔씩 보내오기도 하였다.[104]

---

100 문석환, 『마도일기』 1907년 5월 25일조. 시카와 상등병에게 준 시는 다음과 같다. "廣島之間別有川 / 長流學海日涓涓 / 誰識箇中奇絶處 / 一船載月亦神仙"
101 문석환, 『마도일기』 1907년 6월 12일조.
102 문석환, 『마도일기』 1907년 6월 25일조.
103 문석환의 일기에는 이 위병의 성명이 田中茂 외에 井平茂, 井中茂, 井平茂監 등 여러 가지로 표기되어 있는데, 어느 것이 옳은지 확단하기 어려운 실정이다. 여기서는 가장 일반적으로 널리 불리는 '田中茂'를 편의상 취하였다.
104 문석환, 『마도일기』 1907년 2월 15일조. 田中茂가 의병에게 준 시 가운데 하나를 소개하면 다음과 같다. 이 시를 통해서도 그가 의병에게 얼마나 경도되어 있었는지 알 수 있다.

이들 외에도 감금소의 위병 가운데 의병과 가깝게 지낸 인물로는 마키노牧野務, 야나기하라柳原[105], 나카지마中島牛松, 소노다園田茂作 등을 들 수 있다. 이들은 모두가 의병의 학문과 사상에 대해 경도되어 있었으며, 그 가운데 마키노 같은 인물은 의병에 대해 "공 등의 거사는 진실로 당연하다. 금일 감금된 것은 우려할 것이 못된다. 사람으로서 의리의 마음이 없으면 어찌 사람이라 할 수 있겠는가."라고 하면서 홍주의병 거사의 당위성을 깊이 인정하였던 반면에, 자국의 대한침략정책에 대해서는 "일본과 한국은 세계 열강의 형세로 말한다면 나라를 가졌다고 말할 수 없다. 그런데 지금 일본과 한국이 서로 알력이 있는 것은 매우 옳지 못한 일이다. 생각이 여기에 미치니 어찌 통탄스럽지 않겠는가."라고 하여 비판적 입장을 견지하고 있었다. 이 말에 감복한 의병은 그에게 시를 지어주며 답례하였다.[106] 상등위병 야나기하라는 특히 신현두·문석환과 가깝게 지냈던 듯하며, 이들은 그에게 가끔씩 글을 써주기도 하였다. 특히 문석환이 야나기하라에게 "몸에 재기材器가 있으며 마음이 화평하고 세계를 살펴보는 데에 뜻이 있다"는 내용으로 된 격려의 글을 주었고, 그는 이에 대한 보답으로 양초를 선물로 보내왔다.[107] 나카지마는 문석환으로부터 칠언절구 한 수를 받았고, 소노다는 의병에게 『논어』를 제공한 것으로 보아 이들 역시도 의병과 가깝게 지냈던 위병들로 생각된다.[108]

오히려 역적이 되어 형장에 오르니	却爲逆賊上刑場
팔도에서 누가 志士의 간장을 가련해 할까	八道誰憐志士腸
조용히 침묵하니 말하지 말라	勿道從容沈黙了
일곱 선비 남은 한 임금께 부치네	七生殘恨付勤王

105 성 외에 정확한 이름은 확인되지 않는다.
106 문석환, 『마도일기』 1908년 6월 24일조.
107 문석환, 『마도일기』 1907년 10월 19일, 11월 1일조.
108 문석환, 『마도일기』 1907년 3월 24일, 5월 29일조.

그밖에도 신보균과 임병찬 등 의병이 남긴 일기에 따르면 스야마陶山傳, 무라세村瀨勝十郎(하사), 고지마小島摠九郎(상등병), 미사와三澤增治 등이 감금소에 배치되어 있을 때 시를 요청하거나 인삼 등의 물품을 거래하면서 의병과 관계를 맺었던 인물들로 확인되지만, 이들과의 구체적인 관계나 인적사항은 알 수 없는 실정이다.

통역

대마도에 유폐된 의병이 일상적으로 접촉했던 일본인으로는 통역이 있었다. 한국의 의병이 적국 일본의 대마도에 유폐되었기 때문에 통역은 반드시 필요하였으며, 그 역할은 대단히 중요한 것이었다. 의병 가운데 신현두와 같은 경우에는 현지에서 어느 정도 일본어를 익히기도 하였지만,[109] 기본적으로 의병은 일본어에 대한 지식이 거의 전무한 실정이었다. 그러므로 의병과 경비대대 상호간의 원활한 의사소통을 위해서는, 나아가 의병이 매일 현지에서 접촉하는 일본인들과 상호간에 의사를 소통하기 위해서는 통역이 필수적이었던 것이다. 1906년 8월 유폐 초기에 배치된 통역들이 제대로 역할을 수행하지 못해 의병과 경비대대 상호간에 자유로운 의사를 교환할 수 없었던 사실은 통역의 역할과 기능이 얼마나 중요했는지를 반증해 준다. 배치된 통역의 수준과 역량에 따라 의병과 경비대대 상호간의 명확한 의사소통의 가부가 달려 있었고 나아가 상호 의견조정과 신뢰도 결정되었다.

한편, 의병의 감시 임무를 맡고 있던 대마경비보병대대에서는 의병의 성

---

[109] 문석환, 『마도일기』 1908년 1월 7일조.

향과 행실을 철저히 조사해 매월 한 차례씩 정기적으로 상부인 대마경비대사령부로 보고하였던 것으로 보인다. 대마경비대사령부에서는 다시 12사단 본부로, 12사단에서는 최종적으로 육군대신에게 그 내용을 보고하고 결과를 처리하도록 되어 있었다고 생각된다. 대마경비보병대대에서는 감금소에 배치된 통역이 의병 각인별로 작성한 일지를 토대로 보고문안을 정리하였던 것으로 짐작된다.[110] 통역의 비중은 유폐된 처지의 의병에게는 그만큼 컸다.

감금소에 배정된 통역의 신분은 명확하게 드러나지 않는다. 배치된 통역 중에는 군인도 있었지만, 군속과 같은 민간인도 있었던 것으로 보인다. 유폐 초기인 1906년에는 여러 명의 통역이 배치되어 있었던 것으로 확인되는 점으로 미루어, 대마경비대 군인 가운데 한국어 회화가 가능한 자를 선발해 윤번제로 배정했던 것이 아닌가 추정된다. 1906년 8월부터 12월 초순까지, 곧 유폐 이후부터 최익현이 순국하기 이전까지 4개월간 의병의 통역으로 배치되었던 인물은 나카지마中島高를 비롯하여 아비루阿比留, 사고佐護賀, 오우라大浦茂太 등 모두 4명이 현재 확인된다.[111] 최익현의 임종이 임박하던 1906년 말 이후에는 한국주차군사령부에서 파견한 가와카미川上春治 한 사람이 끝까지 전담하였다. 이들 가운데 나카지마와 가와카미 외에는 신상이 거의 파악되지 않는다.

1906년 8월 8일 홍주9의사가 대마도에 도착한 즉시 배치된 통역은 상등병 나카지마中島高였다.[112] 경비대의 군인을 통역으로 배치한 이유는 그가

---

110 임병찬, 「대마도일기」 1906년 12월 2일조.
111 이들 통역의 성명은 임병찬과 신보균의 일기에 산견된다.
112 신보균, 『둔고록』 1906년 6월 19일조.

한국어를 어느 정도 구사할 수 있었기 때문으로 보인다. 하지만, 능숙한 정도는 아니었던 것으로 짐작된다. 유폐 초기에 의병이 의사소통 문제로 고초가 컸던 점으로 보아 그러하다. 그는 통역으로서보다는 위병으로 감금소에 배치되어 있던 관계로 더 의병과 친밀한 관계를 유지하였던 것으로 보인다. 1907년 2월 28일 임병찬과 안항식이 석방되어 귀국할 때 이들에게 편의를 제공하고 배웅해 주기도 하였다.[113] 그 뒤 제대 후에는 부모가 있는 부산 보수정寶水町(현 중구 보수동)으로 건너가 체류하였으며, 제대 후에도 의병과 서신으로 안부를 교환하였을 정도로 정의情誼가 두터웠던 인물이다.[114]

통역 가운데 의병과 가장 오래 지냈던 인물은 가와카미川上春治였다. 최익현의 병세가 급속히 악화된 상태에서 1906년 12월 29일 감금소에 배치되었다.[115] 그 이전에는 군인 가운데 한국어를 아는 이를 통역으로 차용하였으나, 이 무렵은 숙련된 통역이 절실히 필요하던 시기였으므로 한국어에 능통한 전문 통역을 고용한 것으로 보인다.

원래 대마도 태생이던 가와카미는 5살 때 부모를 따라 부산으로 이거한 이후 한국에서 성장한 것으로 보인다. 1906년 현재 28살이던 그는 통감부의 통역으로 있던 중에 한국주차군사령부의 명령을 받고 대마도 감금소로 파견되었던 것이다. 부친은 작고하였고 모친은 그 배경은 알 수 없지만 부산에 거주하고 있었다. 삼형제 가운데 그의 형은 또한 원산항에 이어 군산항의 이사청理事廳에서 통역으로 근무하고 있었으며, 아우는 한어학교韓語學

---

113 문석환, 『마도일기』 1907년 1월 18일조.
114 문석환, 『마도일기』 1907년 5월 21, 26일조.
115 임병찬, 「대마도일기」 1906년 11월 14일조.

校에 근무 중이었다.[116] 또 그의 숙부는 통감부에서 통역관으로 근무하였고, 1908년 초에는 궁내부 비서관이 되었다고 한다.[117] 이처럼 그의 일가는 일제의 한국침략 과정에 깊숙이 관입되어 살아가던 전형적인 이른바 '내지인 內地人'이었다.

가와카미는 최익현의 운구 등 사후 처리에 도움을 주었고, 이후에도 의병의 생활상 불편을 해소하기 위해 노력하였다. 한시를 지을 수 있을 정도의 한학적 소양도 갖추었던 그는 1908년 10월 이후까지, 곧 마지막까지 잔류한 3명의 의병이 모두 석방되는 1909년 2월까지 의병과 함께 하였던 것으로 보인다.[118] 그 스스로도 감금소의 통역을 맡은 초기에 의병이 모두 석방될 때까지 함께 지낼 것임을 공언하기도 하였다.[119]

제한된 공간 속에서 매일 함께 생활했던 가와카미를 매개로 의병은 외부의 소식을 듣고, 서적 등 필요한 물품 등을 제공받았으며, 생활 여건상 개선 요구사항을 피력할 수 있었다. 곧 그는 의병이 외부세계 및 경비보병대대와 연결될 때 가장 중요한 가교 역할을 담당하였던 셈이다.

가와카미와 의병은 대체로 상호 호의를 갖고 있었다. 문석환이 지어준 다음과 같은 가와카미川上春治 성명의 서해序解를 통해서도 의병이 통역에 대해 갖고 있던 인식의 정도를 짐작할 수 있다.

---

116 임병찬, 「대마도일기」 1906년 11월 14일조; 문석환, 『마도일기』 1907년 10월 22일, 1908년 5월 20일조.
117 문석환, 『마도일기』 1908년 2월 4일조.
118 [추기] 가와카미의 추후 행적은 분명하지 않으나, 『조선총독부급소속관서직원록』에 나오는, 1921년부터 1941년 사이에 경성여자고등보통학교를 비롯하여 경기상업학교, 개성상업학교 등에서 서기로 근무한 川上春治가 감금소 통역과 같은 인물일 개연성이 큰 것으로 추정된다. 곧 가와카미는 의병 석방 후 다시 한국으로 돌아가 지낸 것으로 보인다.
119 문석환, 『마도일기』 1907년 11월 11일조.

춘春은 사물을 발생시켜 다스리고 천川이 위에 있어서 흘러가리니 적시는 것이 멀리하며 통하는 것이 끝까지 하는 이치가 있지 않겠는가. 사람이 이를 본받아 행하면 그 인후仁厚함이 깊고 도량이 큰 것을 알 수 있다. 통역 가와카미川上春治는 천성이 온화하고 심덕心德이 넓으며 사람을 예절로 접촉하고 사물을 정리情理로 대하므로, 내가 이것으로 권면시키고 이것으로 사실을 서술한다.[120]

문석환은 그를 일컬어 '천성이 온화하고, 심덕이 넓고, 예의로 사람을 대하고, 정리로 사물을 대하는[天性雍容 心德宏厚 接人以禮 待物以情]' 사람이라고 호평한 것이다. 가와카미는 이처럼 의병과 깊은 교감을 갖고 있었을 뿐만 아니라, 한국에 대해서도 애정을 갖고 있던 지한파知韓派에 가까웠던 인물로 생각된다. 다음의 기록은 그러한 정황을 짐작케 한다. 즉 한국에서 의병전쟁이 가장 치열하게 전개되던 무렵인 1907년 11월에 유폐의병이 국내의 상황을 물었을 때 가와카미는 다음과 같이 대답하였다.

전에 비해 조금 그쳤으나 혹은 3백 혹은 5백씩 모였다 흩어져서 일정하지 않다. 이곳에서 그치면 저곳에서 일어나고 동쪽 머리에서 쇠하면 서쪽 머리에서 번성한다. 틈을 엿보아 서로 기동하니 어찌 아침 저녁에 그치기를 기대하겠는가. 만일 한국의 무사함을 말한다면 한국 사람이 다 죽어 한 사람도 없으면 가능할 것이다. 만일 한 사람이라도 남는다면 난리는 끝날 수 있는 날이 없으리니, 어찌 이와 같은 이치가 있겠는가.[121]

---

120 문석환, 『마도일기』 1907년 2월 6일조.
121 문석환, 『마도일기』 1907년 9월 30일조.

가와카미는 한국의 의병전쟁이 전국 각지에서 동시다발적으로 치열하게 전개되던 상황을 언급하면서 전 민족이 여기에 동참하고 있던 사실을 역설하고, 나아가 이러한 경향성에 대해 깊은 정의情誼와 우려를 동시에 표하였던 것이다. 가와카미의 역할 수행에 대해 의병은 대체로 만족하였고, 경비보병대대에서도 역시 무난하게 여겼던 것으로 인정된다. 그만큼 상호간에 의사소통을 원활하게 해 주었던 것이다. 다음과 같은 기록을 통해서도 그러한 정황은 충분히 입증된다.

> 통역 천상川上이 감금실에 들어와서 통변通辯한 이후에 일을 많이 주선하고 피차에 어긋남이 없어서 부대 안에서 모두 일컫기를 "전일에 병사로 통변을 시킬 때에는 어긋나 통하지 않는 것이 많아서 형세상 의당 창피스러운 것이 있었다. 천상이 여기에 들어온 이후에 별로 강변하는 일이 없이 좌우에 적절함을 얻었으므로, 대대장이 사령관에게 말하고, 사령관이 이 뜻을 역시 주차군사령부에 보고하였다."고 하였다.[122]

가와카미는 또한 후술할 식주食主 이시다石田義一[123]가 의병에게 음식 공여를 부실하게 하였을 때도, 대대본부에 그 시정을 요구하면서 "차라리 우리들에게 손해가 있을지언정 한국 사람을 저버려서는 안 된다"고 강변하였을 만큼 의병의 입장과 처지를 이해하고 나아가 원조하려고 하였다.[124] 의병은 가와카미의 노력과 정성에 보답하는 뜻에서 자주 글을 지어 주었다.[125]

---

122 문석환, 『마도일기』 1907년 5월 25일조.
123 [추기] 식주 이시다의 성명이 자료에 따라 石田儀一로 나오기도 한다.
124 문석환, 『마도일기』 1907년 3월 8일조.
125 그 가운데 대표적인 것으로는 "西塞山前白鷺飛 桃花流水鱖魚肥 靑蒻笠綠簑衣 斜風細雨

식주食主와 역부役夫

의병과 일상적으로 접촉한 일본인 가운데는 민간인 신분이던 역부가 있었다. 감금소에 유폐된 의병에게 의복과 식사를 공급하고 감금소 건물을 청소, 관리하던 이들이 여기에 해당된다. 주로 경비대로부터 관급을 맡고 있던 이들은 이윤 추구를 우선하는 경우에는 의병과 이해관계에서 상충되는 경우도 있었고 그런 만큼 가끔씩 상호 알력을 노정하기도 하였다. 하지만, 의병에게 이들 역부의 존재는 유폐공간에서 삶을 영위하는 중요한 조건이 되었던 만큼 대체로 원만한 관계를 유지하였으며, 특히 시마오 쇼스케島雄莊介와 테라오寺尾吾 등과는 인간적 정의情誼로 깊이 교감하였을 만큼 각별한 관계를 맺고 있었다.

시마오는 의병 11명이 처음으로 유폐된 잠상실의 주인이었다. 의병은 1906년 12월 1일 경비보병대대 영내의 신축 감금소로 옮아갈 때까지 4개월간 잠상실에 유폐되어 있었다. 시마오는 빈한한 가운데서도 의병에 대해 깊은 이해와 존경심을 갖고 있었으며, 의병이 기거하는 동안 정성을 다해 생활에 편의를 도모해 주었다. 그러므로 의병은 신축 감금소로 옮아간 이후에도 석방될 때까지 그의 은혜에 깊이 감사하고 있었으며, 산보 때에도 그의 안부를 확인하곤 하였다. 1907년 2월 임병찬과 안항식이 석방되어 귀국할 때에 그를 찾아가 인사를 한 것도 이러한 까닭에서였다.[126] 하지만 시

不須歸"라는 칠언절구 한 수를 비롯하여 "審義理見是非 務德容隨窮達"의 6자 1구, "余所樂者江湖也 客亦知夫水與月乎"의 7자 1구, "歲寒然後 知松柏之後凋 世亂然後 忠臣可見 君子之德風 小人之德草 草上之風 必偃"의 논어 구절, 그리고 程子의 四勿箴 중의 心箴 1편 등이 있다.(문석환, 『마도일기』 1907년 5월 24일, 1908년 7월 29일조)
126 문석환, 『마도일기』 1907년 1월 17일조.

마오는 1907년 봄에 잠상실을 떠나 이즈하라 시내로 거처를 옮겼으며, 이후 잠상실은 빈 집으로 남게 된 것으로 보인다.[127]

1906년 잠상실에 유폐되어 있을 때 의병에게 식사를 공여한 인물은 히구치 코타로樋口幸太郎였다. 그 후 이시다石田義一의 뒤를 이어 1908년 9월 18일부터 다시 식주가 되어 의병에게 식사를 공여하였다.[128] 1908년 10월 8일 석방된 문석환·남규진·신현두·최상집 등 4명은 12일 귀국할 때까지 4일간 그의 집에서 유숙하였다.[129]

식주 이시다 기이치石田義一는 통역 가와카미川上春治와 함께 유폐의병과 가장 오랜 기간 밀착되어 접촉했던 일본인이었다. 식주는 대마경비보병대대와 일정한 계약을 맺고 의병에게 음식을 공여하고 감금실 청소 등을 맡았다. 그가 식주를 맡은 시기는 불분명하지만 1906년 하반기로 추정된다. 이후 1908년 8월경까지 거의 3년간 의병과 접촉한 셈이었다.

이시다가 식주로 있으면서 음식과 제반 편의를 공여하는 과정에서 의병과 가끔씩 알력을 노정하고 경비대대측과도 갈등을 빚기도 하였다. 1908년 봄에는 공여하는 음식의 질이 떨어지자, 통역 가와카미가 경비보병대대 본부에 그 문제점을 지적하였고, 관할 소대장은 이시다를 책망하기에 이르렀다.[130] 그는 또한 경비대대로부터 의병에게 제공되는 편의비를 착복하는 경우도 있었다. 의병의 욕탕 연료비로 경비대로부터 220량을 선지급 받았지만, 그는 이를 실제 경비로 사용하지 않고 그대로 착복했던 것이다.[131] 그

---

127 문석환, 『마도일기』 1907년 4월 16일조.
128 문석환, 『마도일기』 1908년 8월 23일조.
129 문석환, 『마도일기』 1908년 9월 14일, 9월 16일조.
130 문석환, 『마도일기』 1907년 3월 8일조.
131 문석환, 『마도일기』 1907년 8월 25일조.

는 물가인상을 내세워 식대를 인상해줄 것을 요구하였고[132], 나아가 고용인이 반찬에 넣을 청장清醬이 부족해서 요청하면 청장 대신에 소금을 넣도록 하고, 부족한 반찬을 요청하면 부족한 그대로 공여토록 하였을[133] 만큼 인색하였다. 그가 이처럼 인색한 데에는 개인적으로 많은 빚에 시달리고 있었다는 사실도 한 원인으로 작용했던 것 같고, 그만큼 생계에 여유가 없었을 것으로 짐작된다. 즉 그는 '수천금'의 빚을 지고 있었고, 채무보증액이 '수만금'에 달했다고 한다.[134] 한편, 이시다 기이치의 친척인 이시다 키요스케石田清助는 16세의 소년으로 이시다의 밑에서 1908년 3월 25일부터 의병에게 식사를 제공하는 일을 하였으며, 신현두로부터 한글을 배웠다.[135]

그럼에도 불구하고 이시다는 의병과 오랫동안 밀착되어 있던 관계로 인간적 정리가 형성되어 있었다. 1908년 7월 16일 석방된 신보균이 귀국시 그의 집에서 유숙하였던 것도 그러한 정리 때문이었다.[136] 1908년 8월경 경비보병대대로부터 압박을 받아 식주 일을 그만두게 되었을 때[137] 그가 의병에게 "3년 동안 공들과 한솥밥을 먹은 정은 다른 것에 견줄 것이 아니다. (중략) 공들과 헤어지게 되어 마음이 몹시 서글프다."라고 석별의 정의를 토로한 대목과, 의병이 그에게 "아쉬운 정은 피차가 일반이다. (중략) 그 동안 한솥밥을 먹은 일은 우리들이 잊을 수 없다. 오직 몸과 집안을 잘 보존하기를 바랄 뿐"이라고 답한 대목을 통해 양자간에 쌓였던 정리를 짐작할 수

---

132 문석환, 『마도일기』 1907년 12월 16일조.
133 문석환, 『마도일기』 1907년 12월 18일조.
134 문석환, 『마도일기』 1907년 12월 28일조.
135 문석환, 『마도일기』 1908년 3월 25일조.
136 문석환, 『마도일기』 1908년 6월 18일조.
137 문석환, 『마도일기』 1908년 8월 3, 14, 23일조.

있다.[138] 그리고, 전술하였듯이 이시다가 식주 일을 그만둔 1908년 8월 이후에는 의병이 잠상실에 있을 때 음식을 제공한 히구치가 다시 식사를 공여하게 되었다.[139]

테라오寺尾품는 1907년 8월 28일경부터 감금실의 역부로 고용되었던 인물이다. 의병의 의복과 이불 등을 세탁하고 감금소 청소 등을 맡았다. 그러나 그가 식주 이시다에게 고용되어 있었는지의 여부는 불분명하다. 그의 나이는 59세로 비교적 연로하였으며, 집안 형편은 어려웠다. 하지만 그는 성격이 온화하고 의병에게 경의를 갖고 깊이 감복되어 있었으며, 의병도 또한 그의 후대에 사의謝意를 갖고 있었다. 통역 가와카미와 함께 의병이 가장 가까이 한 일본인이었다고 할 수 있다. 그의 네 아들 가운데 하나는, 신분이나 직업은 불분명하지만, 평북 안주에 있었다고 한다.[140]

테라오는 특히 의병에게 여러 가지 정보와 서적 등을 공여함으로써 의병이 외부소식을 접할 수 있게 하고 나아가 그들의 지적 욕구를 충족시켜 주었다. 일본이 세계 각지에 세운 여자학교 등을 소개한 『여자잡지女子雜誌』, 무라타邨田海石가 쓴 『삼체천자문三體千字文』[141], 동경 박애관博愛館에서 발행한 『난정첩蘭亭帖』 등이 테라오가 의병에게 제공한 서책이며, 그밖에 영친왕과 대관들이 함께 찍은 사진이 들어있는 책자를 비롯해 활터 풍경, 다듬이질 광경, 인천항 등 다수의 한국 풍경사진집, 노기乃木希典 등 일본 군부의 인물 사진집, 일본군함, 청일전쟁, 러일전쟁 등을 담은 사진집 등도 제공하

---

138 문석환, 『마도일기』 1908년 8월 23일조.
139 문석환, 『마도일기』 1908년 8월 23일조.
140 문석환, 『마도일기』 1907년 11월 29일, 12월 28일조.
141 『三體千字文』은 1886년에 발행된 서예책으로, 邨田海石이 書하고 南谷新七이 訓点을 붙였다.

였다.[142]

식주 이시다의 고용인이던 지쿠초築城의 성명도 정확히 알 수 없다. 그는 감금소에서 음식을 실제로 공여하고 또 청소 등 잡역을 맡았던 인물이었다. 집안 형편이 매우 궁색했고, 감금소 역부로 생계를 영위하고 있었다. 하지만, 어린 나이에도 위인이 신실信實하지 못했던 것으로 짐작되며, 이로 인해 결국 1907년 3월 음식을 공여하는 일은 해고되고 다만 청소 등 잡역만을 계속하였다. 그가 이시다로부터 받는 보수는 식대가 1인당 1일에 3냥, 청소비가 1일에 5냥으로, 식대만 1일에 8명분으로 총 24냥을 받았다고 한다. 그 가운데 원재료비 14냥 정도를 제외하면 하루에 10냥 정도의 수입을 올렸다고 한다.[143] 지쿠초에 뒤이어 이시다에게 고용되어 의병에게 식사를 제공했던 인물로는 히라이平井가 있고, 다시 그 뒤에는 아키秋라는 인물이 있었다.[144]

감금실 역부로 고용되어 있던 지쿠초는 1907년 6월 말 경비대에 의해 해고되었다.[145] 이로 인해 후임 역부가 없었기 때문에 감금소의 청소를 의병이 직접 담당하는 경우도 있었다.[146] 나아가 경비대 주계主計가 감금실 마당과 계단의 잡초 제거 노역에 의병을 동원하자, 의병은 합당한 처사가 아니라는 이유로 이를 거부하기도 하였다.[147]

---

142 문석환, 『마도일기』 1907년 10월 7일, 11월 4일, 1908년 2월 24일, 7월 1일조.
143 문석환, 『마도일기』 1907년 3월 10일조.
144 平井은 1907년 3월 초부터 10월 중순경까지, 秋는 10월 중순경부터 12월 중순까지 고용되어 있었던 것으로 보인다.
145 문석환, 『마도일기』 1907년 6월 26일조.
146 문석환, 『마도일기』 1907년 7월 11일조.
147 문석환, 『마도일기』 1907년 7월 13일조.

맺음말

일본 대마도의 이즈하라嚴原에 유폐되어 온갖 고초와 애환을 겪었던 11명의 의병은 곧 한국근대사에서 일제의 침략으로 인해 야기된 민족적 수난을 상징하던 인물들이다. 일제가 단계적인 대한침략정책을 추진하는 과정에서 을사조약 늑결 이후 전국적으로 확산되어가던 항일투쟁의 절정 내지는 상징으로 이들을 간주한 결과, 적국의 대마도로 끌려가 장기간 유폐당하게 되었기 때문이다. 그러므로, 피수의병이 겪은 유폐생활의 실상에 대한 구명작업은 일제침략기에 한민족이 감내해야만 했던 고통의 일단을 해명하는 작업이기도 하다. 이제 그 내용을 정리하면 다음과 같다.

유폐의병은 1906년 8월 대마도 도착과 동시에 일본인 시마오 쇼스케島雄莊介의 사가인 잠상실蠶桑室에서 11월 말까지 3개월을 지냈고, 12월 1일 대마경비보병대대 병영 내에 신축된 감금소로 '이감' 되었다. 잠상실은 일본 군부(12사단)에서 월 15엔에 차입한 임시 감금소로 '마장통馬場通 팔번신사八幡神社 뒤편 국분國分거리 뒤편 산복'에 있었다. 경비대대 병영 내에 신축한 감금소는 총 9,850엔의 공사비가 투입되어 8월 하순에 착공되어 11월 말 완공되었다. 전체 면적은 500여 평으로 추정되며, 그 속에는 방 11개와 청마루 2개로 이루어진 주 건물을 비롯해 4개의 방으로 구성된 보조 건물, 그리고 위병소, 파수막, 위병 변소, 대소 출입문 등으로 이루어진 부속건물 등이 들어 있었다.

의병이 유폐되어 있는 동안 소요되던 일상물품 일체는 규정상 관급官給이 원칙이었다. 그 가운데 중요한 것으로는 식사와 의복을 비롯하여 일상기구와 소모품, 그리고 의약품 등이 있었다. 그러나 현실적으로 풍속과 토양이 달랐기 때문에, 특히 의복의 경우에는 국내의 친척사우들로부터 사적으로 조달하는 방법도 병용하고 있었다. 하지만, 침구류와 식사는 모두 경비대대에서 조달하는 관급이었다. 경비대대측과 일정한 계약을 체결한 '식주'가 역부를 고용해 의병의 식사와 기타 감금소 사역을 책임지고 담당하는 체제였다. 유폐시기에 따라 기복은 있었지만, 대체로 의병에게는 군용의 목제 도시락에 밥과 닭고기, 삶은 나물, 혹은 생선 등이 번갈아 식찬으로 제공되었다. 밥은 쌀밥으로 3홉 이상의 양을 주었기 때문에 넉넉한 편이었다. 기타 유폐생활에 소요되는 일상적 물품은 모두 경비대대에서 관급하였으나, 대개의 경우 군대에서 이미 사용한 중고품이었다. 관급의 일상 물품으로는 밥그릇으로 쓰인 사발을 비롯하여 모기장, 화로, 등, 부젓가락, 숯통, 쓰레기통, 철반鐵盤, 타호唾壺, 다반茶盤, 다종茶鍾, 먼지털이 등을 들 수 있다.

유폐의병의 신분은 이른바 '한국주차군사령관이 발포한 군율을 위반한 국사범'이었다. 이와 같은 '죄수'의 신분이었지만, 일제는 유폐의병에 대해 강제노역, 고문, 구타 등 극심한 물리적, 신체적 가해행위는 행사하지 않았던 것 같다. 감금소라는 한정된 공간에 철저히 유폐되어 있었던 점에 비해서는 의식주 면에서 다소간 여유가 있었던 것으로 보이며, 서신왕래를 비롯해 독서와 작문이 가능하였다. 감금소 주위를 산보하는 일은 의병의 건강상 신체 보전에 필요한 최소한의 선택적 방안이었기 때문에 극히 제한된 범위 내에서 허락되었던 것이다. 이처럼 제한된 범위 내에서 의병에게 최소한의 자유를 허가해준 이유는 유폐 목적이 국내의 항일세력으로부터 이들을 철저히 격리하는 데 있었기 때문에 그 목적 외의 가해행위를 굳이 행사할 필요가 없었던 데 있다. 나아가 유폐의병은 덕망과 학식을 바탕으로 고매한 인격과 지적 능력을 겸비하고 있었으므로, 감금소를 중심으로 의병과 관계한 일본인들은 의병을 인격적으로 예우했던 것으로도 짐작된다.

유폐된 의병의 일상생활은, 부정기적인 산보 외에는 시종 감금소 내에서 이루어졌기 때문에 매우 단조로웠다. 그들의 일상생활 가운데 가장 큰 비중을 차지하고 있던 것은 독서와 작문이었다. 그 다음으로는 부정기적으로 행해지던 산보가 중요한 일과였다.

독서의 경우, 의병은 대마도 현지에서 조달할 수 있는 서책 가운데 한문으로 된 책들을 선호하였다. 하지만 한문책을 조달하는 일이 여의치 않아 서구 신문화와 근대과학 기술과 관련된 일본어 서책들도 가끔씩 보았던 것으로 확인된다. 서책을 조달하는 방법은 접촉하고 있던 일본인들로부터 공여받는 경우와 일본인 소개인을 통해 책값을 치르고 구입하는 경우 등 두 가지가 있었다. 이들이 감금소에서 보았던 책으로는 『논어』 등의 경서를 비롯해 중국, 일본 시인들이 남긴 시집류, 서예와 문장류 서적, 지도류, 각종 사진첩 등 비교적 광범위한 분야에 걸쳐 있었다.

작문은 유폐의병의 일과 가운데 독서와 함께 큰 비중을 차지하고 있었다. 작문 가운데 가장 큰 비중이 차지하고 있던 것은 국내의 친척사우들에게 보내는 서신이었다. 유폐된 공간에서 보내는 시간 속에서 의병 자신들의 안부와 근황을 국내의 지인들에게 서신으로 거의 매일같이 알리고 있었던 것이다. 의병이 남긴 일기 가운데 국내와 서신을 왕래한 기록이 상당수를 차지하고 있었던 점이 이를 입증해 준다. 서신과 함께 매일 기록한 일기도 중요한 비중을 차지하고 있다. 의병은 하루의 일과 가운데 특기할 만한 사건과 사실, 접촉한 인물, 국내외 소식 전문傳聞, 일상적 감상, 작시와 작문 등등의 내용을 매일 일기로 기록하였다. 일기를 남긴 것으로 현재 확인되는 인물로는 임병찬을 비롯해 문석환, 신보균, 남규진 등이지만, 나머지 인물들도 일기를 썼을 것으로 짐작된다. 하지만, 의병이 쓴 일기나 서신은 모두 일본군의 검열 대상이었기 때문에, 내용 기술면에 상당한 제약이 가해졌다.

　유폐의병은 대마도에 갇혀 있는 동안 많은 시를 남겼다. 의병이 남긴 일기에는 200수 이상의 시가 실려 있다. 각종의 기념일, 계절과 자연의 감흥, 특기할 사실과 사건 등 다양한 내용을 시제로 유폐 심경을 토로하였다. 의병 각자가 개별적으로 시를 짓기도 하였지만, 상호간에 시를 주고받는 경우가 많았다. 의병은 유폐기간에 현지 일본인들의 요청에 따라, 또는 서책이나 식료, 물품 등을 제공해준 데 대한 사례로 많은 시와 글을 지어주었다. 대대장을 비롯해 통역과 군의관, 그리고 감금소를 지키던 위병 등이 의병으로부터 특히 글을 많이 받았던 현지인들이다. 의병이 제공하는 작문은 현지인들 사이에 매우 큰 인기와 가치를 가지고 있었기 때문에, 심지어는 상점의 현판까지 써주는 경우도 있었을 정도였다.

　일제는 의병이 대마도에 유폐된 처음에는 감금소 밖 출입을 철저히 통제하였다. 탈출 등 예기치 못한 사단을 미연에 방지하기 위해서였던 듯하다. 하지만 최익현이 순국한 후 1907년에 들어와 유폐의병의 건강에 대해 주의가 더욱 환기되던 상황에서 그 동안의 관찰에서 도주 우려가 없다고 판단한 일제는 1907년 봄부터 제한적이지만 감금소 주변으로 매월 2~5회 정도 외출과 산보가 허용되었다. 산보시에는 단체로 행동하게 하였고, 통역과 위병 2~3명을 반드시 동행시켜 만약의 사태에 대비토록 하였다. 현재 남아 있는 일기를 통해서 볼 때 의병이 최초로 산보를 실시한 것은 1907년 4월 3일 시행한 산행이었고, 마지막 산보는 일기를 기록한 문석환이 석방되기 직전인 1908년 8월 16일에 동산의 옛 포대에 올랐던 것이었다. 이로 미루어 1907년 이후에는 1909년 2월 의병이 모두 석방될 때까지 부정기적으로 산보가 이루어졌을 것으로 짐작된다. 산보시 주로 찾았던 곳은 이즈하라 시내의 신사와 사찰, 기타 명승지였다. 이러한 산보는 유폐된 의병이 일정한 체력과 건강을 유지하는 데 적지 않은 도움을 주었고, 외부로부터의 정보와 견문을 직접 확보할 수 있는 거의 유일한 기회를 제공해 주기도 하였다.

대마도에 유폐되어 있는 동안 의병은 그 범위는 한정되어 있었지만 매일 일본인들과 접촉하고 있었다. 그들이 접촉한 일본인은 크게 세 부류로 나눌 수 있다. 첫째는 의병을 감시, 감독하던 장병들이다. 감금소를 관장하던 제12사단 - 대마도경비대 - 대마경비보병대대로 이어지는 지휘계통의 관련자들이 여기에 속한다. 제12사단의 사단장과 경리부장, 그리고 대마도경비대의 사령관 등은 의병과 간혹 접촉을 하였으며, 대마경비보병대대에서는 대대장을 비롯하여 중대장, 소대장, 그리고 윤번제로 매일 파수를 서던 위병 등이 의병과 접촉한 군인들이다. 두번째는 유폐의병과 함께 생활을 하면서 의병의 의사를 대변해주던 통역이 있었다. 그리고 세번째는 의병이 유폐생활을 하는 동안 급양과 노역을 공여하던 민간인들로, 식사를 공여하던 식주, 감금소의 잡역을 맡았던 역부 등이 그들이다.

유폐된 의병은 모두 한학에 조예가 깊은 전직 고관, 유생들이었고, 도덕적으로도 인격과 덕망을 겸비한 인물들이었다. 비록 유폐 감금된 '죄인'의 신분이었지만, 이들은 대마도의 어떤 일본인들보다도 지적, 도덕적으로 높은 수준에 있었다. 특히 유폐의병은 자국의 위난을 극복하기 위해 거의한 애국적 지식인이었으므로, 인류 보편의 가치에 따라 일본인들은 이들에 대해 인간적, 도덕적 견지에서 일면 존경심을 가지고 있었던 것이다. 이러한 배경과 이유로 말미암아 의병과 접촉한 일본인들은 시간이 경과함에 따라 의병의 인격과 학식에 더욱 경도되어 갔던 것으로 보인다.

의병과 접촉한 일본군 장교로는 구체적으로 감금소를 관할하던 제12사단장 아사다淺田信興 중장과, 대마도 케치鷄知에 사령부가 있던 대마경비대의 사령관 가와무라川村益直 소장을 필두로, 대마경비보병대대장 소에지마 副島以辰 소좌, 그리고 그의 후임이었던 메가다目賀田生五郎 소좌 등이 있었다. 그 아래에 감금소를 담당하던 중대장과 소대장 등 하급장교 등은 수시로 감금소의 의병과 접촉했던 것으로 확인된다. 특히 감금소를 담당하던 주번 소대장의 직임은 위병과 마찬가지로 각 소대별로 윤번제로 주어졌던 것 같다. 그리하여 주번 소대장은 국내의 친척사우들이 의병에게 보낸 우편물을 전달해 주는 책임을 맡기도 하였고, 유폐생활을 밀착 감시하는 역할도 하였다. 그만큼 주번 소대장은 의병과 빈번하게 접촉하였으며, 가끔씩은 의병과 바둑을 두는 일까지 있었을 정도로 밀착되어 있었던 것으로 보인다.

유폐의병과 접촉한 일본군 장교 가운데는 군의가 있었다. 의병의 건강을 담당했던 군의는 위관급 장교 2명이었던 것으로 짐작되며, 대마경비대에 소속된 이들이 의병의 건강을 책임지고 있었다. 최익현·임병찬·남규진·문석환 등 대부분의 의병은 유폐지에서 거의 매일 질병에 시달렸다. 감기와 복통을 비롯해 화농성 질환, 안질 등이 특히 의병을 괴롭히던 질병이었다. 군의들은 이러한 의병의 건강상태를 점검하고 환자들에게 약물투여와 외과처치를 통해 병을 치료하였다. 그러므로 의병은 군의들에 대해 대체로 호의적인 감정을 갖고 있었던 것으로 보인다. 의병을 담당했던 군의로는 모리구치森口政行, 아오키靑木銀吾, 겐리原理策, 후지토藤戶朋藏 등이 있었다.

대마경비보병대대에서는 감금소의 의병을 철저하게 밀착 감시하였다. 대개의 경우 감금소에는 하사나 상등병 1명, 그리고 일반 병졸 3명이 배치되어 있었고, 통역이 늘 상주하고 있었다. 또한 윤번제로 배정된 주번 소대장이 감금소의 상황을 매일 점검하고 있었다. 그러므로 의병은 감금소의 위병들과 매일 접촉하였던 것이다. 매일 교대로 배치되었던 위병들 가운데는 시일이 경과할수록 의병과 친밀하게 교제했던 인물도 다수 있었다. 그 대표적인 위병으로는 우에하라上原增吉, 야마타山田德茂, 사카이酒井玉一, 시카와矢川求馬, 다나카田中茂, 마키노牧野務, 야나기하라柳原, 나카지마中島牛松, 소노다園田茂作, 스야마陶山傳, 무라세村瀨勝十郞, 고지마小島摠九郞, 미사와三澤增治 등이 있었다.

대마도에 유폐된 의병이 일상적으로 접촉했던 일본인으로는 통역通譯이 있었다. 한국의 의병이 적국 일본의 대마도에 유폐되었기 때문에 통역은 반드시 필요하였으며, 그 역할은 대단히 중요한 것이었다. 의병 가운데 신현두申鉉斗와 같은 경우에는 현지에서 어느 정도 일본어를 익히기도 하였지만, 기본적으로 의병은 일본어에 대한 지식이 거의 전무한 실정이었다. 그러므로 의병과 경비대대 상호간의 원활한 의사소통을 위해서는, 나아가 의병이 매일 현지에서 접촉하는 일본인들과 상호간에 의사를 소통하기 위해서는 통역이 필수적이었던 것이다. 1906년 8월 유폐 초기에 배치된 통역들이 제대로 역할을 수행하지 못해 의병과 경비대대 상호간에 자유로운 의사를 교환할 수 없었던 사실은 통역의 역할과 기능이 얼마나 중요했는지를 반증해 준다. 배치된 통역의 수준과 역량에 따라 의병과 경비대대 상호간의 명확한 의사소통의 가부가 달려 있었고 나아가 상호 의견조정과 신뢰도도 결정되었다.

한편, 의병의 감시 임무를 맡고 있던 대마경비보병대대에서는 의병의 성향과 행실을 철저히 조사해 매월 한차례씩 정기적으로 상부인 대마경비대사령부로 보고하였던 것으로 보인다. 대마경비대사령부에서는 다시 12사단 본부로, 12사단에서는 최종적으로 육군대신에게 그 내용을 보고하고 그 결과를 처리하도록 되어 있었다고 생각된다. 대마경비보병대대에서는 감금소에 배치된 통역이 의병 각인별로 작성한 일지를 토대로 보고문안을 정리하였던 것으로 짐작된다. 위와 같은 면에서 볼 때, 통역의 비중은 유폐된 처지의 의병에게는 그만큼 컸다. 1906년 8월부터 12월 초순까지, 곧 유폐 이후부터 최익현이 순국하기 이전까지 4개월간 의병의 통역으로 배치되었던 인물은 나카지마中島高를 비롯하여 아비루阿比留, 사고佐護賀, 오우라大浦茂太 등 모두 4명이 현재 확인된다. 그 뒤 최익현의 임종이 임박하던 1906년 말 이후에는 한국주차군사령부에서 파견한 가와카미川上春治 한 사람이 끝까지 전담하였다. 특히 가와카미는 최익현의 운구 등 사후 처리에 도움을 주었고, 이후에도 의병의 생활상 불편을 해소하기 위해 노력하였다. 한시를 지을 수 있을 정도의 한학적 소양도 갖추었던 그는 1908년 10월 이후까지, 곧 마지막까지 잔류한 3명의 의병이 모두 석방되는 1909년 2월까지 의병과 함께 하였던 것으로 보인다. 제한된 공간속에서 매일 함께 생활했던 가와카미를 매개로 의병은 외부의 소식을 듣고, 서적 등 필요한 물품 등을 제공받았으며, 생활 여건상 개선 요구사항을 피력할 수 있었다. 곧 그는 의병이 외부세계 및 경비보병대대와 연결될 때 가장 중요한 가교 역할을 담당하였던 셈이다.

의병과 일상적으로 접촉한 일본인 가운데는 민간인 신분이던 역부役夫가 있었다. 감금소에 유폐된 의병에게 의식주를 공급하고 감금소 건물을 청소, 관리하던 이들이 여기에 해당된다. 주로 경비대로부터 관급을 맡고 있던 이들은 이윤 추구를 우선하는 경우에는 의병과 이해관계에서 상충되는 경우도 있었고 그런 만큼 가끔씩 상호 알력을 노정하기도 하였다. 하지만, 의병에게 이들 역부의 존재는 유폐공간에서 삶을 영위하는 중요한 조건이 되었던 만큼 대체로 원만한 관계를 유지하였으며, 특히 시마오 쇼스케島雄莊介와 테라오寺尾픔 등과는 인간적 정의情誼로 깊이 교감하였을 만큼 각별한 관계를 맺고 있었다. 특히 식주食主 이시다 기이치石田義[儀]一는 통역 가와카미와 함께 유폐의병과 가장 오랜 기간 밀착되어 접촉했던 일본인이기도 하였다. 그는 1906년 하반기부터 1908년 8월경까지 거의 3년간 식주로서 의병과 접촉한 인물이었다. 1908년 8월 이후에는 의병이 잠상실蠶桑室에 있을 때 음식을 제공한 히구치 코타로樋口幸太郎가 다시 식사를 공여하게 되었다. 그밖에도 식주 이시다의 고용인이던 지쿠초築城를 비롯해 히라이平井, 아키秋 등이 의병과 관계한 인물들이었다.

4부

의병 참여자의
항일투쟁과 수난

선성의병장 이만도의
생애와 순국

머리말

일제의 국권 침탈과 강점에 저항했던 한민족의 독립운동사는 무장투쟁·의열투쟁·자결순국·실력양성운동·구국외교활동 등 다양한 형태로 전개되었다. 그 가운데서도 자결순국은 자신의 목숨을 스스로 희생하는 만큼 가장 적극적이고도 극단적인 형태의 투쟁방략이라 할 수 있다.

자결순국이 독립운동의 한 방편으로 정착된 시기는 1905년 을사조약 늑결 때였다. 민영환·조병세 등 대관들을 비롯하여 송병선宋秉璿 등 재야 산림, 그리고 김봉학金奉學·이상철李相哲 등 하급관리와 군인에 이르기까지 을사조약 늑결에 항거한 자결순국이 계속 이어졌다. 그 뒤 1910년 경술국치 때에도 향산響山 이만도李晚燾(1842~1910)를 비롯하여 황현·홍범식·이중언 등의 자결 순국투쟁이 속출하였다. 이만도는 이들 가운데서도 경술국치에 항거하여 단식 순국한 대표적인 인물로 그동안 비교적 널리 알려져 왔다.

이만도는 조선 주자학의 종주인 퇴계 이황의 11대 손으로, 진성이씨 문중은 안동지방의 대표적인 벌족 가운데 하나였다. 또한 향산은 1866년 문과 장원급제 후 삼사三司 등 청요직淸要職을 10여 년간 두루 역임한 정통 관인이었다. 이처럼 혁혁한 문벌과 관력을 지닌 이만도가 경술국치라는 비극적 역사 앞에서 스스로 책임을 절감하여 단식 순국을 결행한 것은 후대에 커다란 유훈을 남기고 있다.

그동안 향산의 생애와 항일투쟁, 그의 순국이 갖는 역사적 의미를 밝히기 위해 많은 노력들이 이루어져왔다. 향산의 생애와 행적, 그리고 순국을 주제로 발표된 여러 논고들이 그것이다. 그 결과 향산과 그 후손들이 펼친 독립운동, 그리고 향산의 자정 순국과정과 그 유훈 등이 큰 틀에서 구명되었다. 그리고 사상사 분야에서는 향산의 사상을 '주자학 근본주의'라는 관점에서 정리한 선행연구가 주목할 만하다.[1] 또한 향산의 한시, 특히 그가 남긴 우국시에 대한 분석적 연구결과가 나와 특기할 만하다.[2] 이 논문에서는 개략적이지만 한시 외에 향산의 생애와 문학관에 대해서도 논술하였다. 향산이 남긴 자료를 정리한 과정에서 나온 해제들도 향산의 생애와 업적, 순국의 실상을 비교적 세밀하게 논증하였다. 이러한 연구는 향산 연구의 기본 틀을 제시했다는 점에서 향산에 대한 연구사적 의의가 적지 않다.[3]

여기서는 선행연구를 바탕으로 항일투쟁을 중심으로 이만도의 생애 전반과 단식 순국에 대해 살펴보고자 한다. 생애는 '가계와 수학' '출사出仕와 관력官歷' '은둔과 항일'로 각 시기를 구분해 기술하였다. 그리고 단식 순국에 대해서는 그가 순국할 수밖에 없었던 역사적 배경과 이유, 그리고 그의

---

[1] 윤천근, 「향산 이만도 선생의 절의정신」, 『퇴계학』 9, 안동대 퇴계학연구소, 1997 ; 『민족 위해 살다간 안동의 근대인물』, 안동청년유도회, 2003.
[2] 權珍龍, 「響山 李晩燾의 漢詩 硏究-憂國詩를 중심으로-」, 한국학중앙연구원 한국학대학원 석사학위논문, 2010.
[3] 윤천근, 「해제」, 『향산전서』 하, 한국국학진흥원, 2007 ; 안병걸, 「해제-한일병탄에 죽음으로 항거한 유림의 사표」, 『향산집』 1, 한국고전번역원, 2010. 특히 안병걸이 「해제」에서 향산의 생애를 수학기, 문과 급제 뒤의 사환기, 낙향 뒤의 활동과 유림 사업, 국가의 변란에 대한 우려와 저항 등 4시기로 구분한 시도는 역사적 관점에서 볼 때 탁견으로 생각된다.

순국이 남긴 유훈 등을 중심으로 살펴보았다. 그 가운데서도 아직까지 제대로 정리되지 못한 향산의 일생의 전모를 파악하는 데 특히 주안점을 두었음을 미리 밝혀둔다.

가계와 수학

향산이 순국한 뒤, 호남의 거유이자 의병장이던 송사松沙 기우만奇宇萬(1846~1916)이 향산의 「묘갈명墓碣銘」을 지었다. 송사는 여기서 향산에 대한 역사적 평가를 다음과 같이 내렸다.

> 우리 조선이 한창 융성하자 퇴계 선생께서 도학으로 한 차례 문명文明의 운세를 열어 다스려지게 하더니, 국가가 망하자 향산 선생이 절의로 만세토록 내려오는 강상綱常의 중요함을 붙드셨다. 대체로 도학과 절의는 다른 길이면서도 하나로 모아지고, 일이야 다르지만 공로는 한 가지여서 하늘과 땅 사이에 하루라도 없어서는 안 되는 것이다.[4]

이처럼 송사는 향산의 절의節義를 퇴계가 견지했던 도학道學과 동일선상에 놓고 파악하였다. 실천적 의리를 지향했던 향산의 생애와 그의 순국에 대해 매우 큰 의미를 부여한 것이다.

이만도는 본관이 진성眞城으로 자를 관필觀必, 향산 외에 직재直齋라는 별호도 썼다. 퇴계의 11대 손으로, 조선왕조 유학의 최고봉 집안에서 태어

---

[4] 『향산전서』 하, 한국국학진흥원, 2007, 부록 권1, 「墓碣銘」, 80쪽.

났다. 향산의 고조부 만화晩花 이세사李世師는 영조 20년 문과에 급제한 뒤 벼슬이 지중추부사에 이른 학자형 관인이었고, 증조부 이구서李龜書도 학문이 높아 여러 벼슬이 내려졌으나 출사하지 않고 학문에만 전념한 학자였다. 3대 문과 집안이라고 일컬어지는 향산의 가계는 조부 때부터 시작된다. 할아버지 하계霞溪 이가순李家淳은 순조 11년(1811) 문과에 급제하여 벼슬이 홍문관 응교에 이른 문신이었고, 아버지 복재復齋 이휘준李彙濬도 철종 7년(1856) 문과에 급제하여 성균관 대사성에 오른 명망 높은 관인이었다. 거기다 향산 자신이 문과에 장원급제를 하고, 또 향산을 이어 아우 이만규李晩煃까지 문과급제로 출사하였다. 이로써 향산 가문의 문한文翰과 관력官歷이 얼마나 융성했는지 쉽게 짐작할 수 있을 것이다.

향산은 헌종 8년(1842) 경상도 순흥부 난곡리蘭谷里(현 봉화군 봉성면 동양리)에서 아버지 이휘준과 어머니 야성송씨 사이에서 태어났다. 조부 이가순이 세상을 피할 뜻을 가지고 난곡리의 깊고 그윽함을 사랑하여 정착한 이래로 이곳에 터전을 잡았던 것이다.[5] 그는 7세 때 계부季父 이휘철李彙澈의 뒤를 이어 양자를 갔다. 생부 이휘준에게는 휘택彙澤, 휘발彙潑, 휘철彙澈 등 세 아우가 있어 부친이 네 형제였는데, 그 가운데 휘택과 휘철에게 후사가 없었다. 그리하여 향산의 3형제 가운데 형 이만교李晩嶠가 부친의 뒤를 이었고, 그 아래 향산은 휘철에게, 그리고 막내였던 만규는 휘택의 뒤를 이어 각각 양자를 갔다. 향산의 양가 어머니는 해주최씨로 진사 최봉한崔鳳煥의 딸이었다.

---

5 『향산전서』 하, 부록 권1, 「연보」, 25쪽. 이하 향산의 생애와 활동 전반에 대해서는 특별한 각주가 없는 경우 연보의 해당 연월 조목에 의거해 기술하였음을 미리 밝혀둔다.

그림 1 안동 토계에 있던 향산 이만도의 고택. 안동댐 수몰로 1976년 안동시 안막동으로 이전하였고, 2014년 중요민속문화재 제280호로 지정되었다.

현달한 명망가문에 태어났지만 향산은 어려서는 상당히 고초를 겪으면서 성장했던 듯하다. 향산의 연보를 보면 그러한 분위기가 역력히 드러난다. 향산이 태어난 이듬해에 계부 이휘철이 20세로 요절하고, 그 이듬해에는 다시 조부 이가순이 타계하게 되자, 일시 집안이 곤궁해졌던 것 같다. 그리하여 향산이 11살 되던 해에 춘양현春陽縣 도심촌道心村으로 이사하였고, 14살 때는 생활의 방편을 마련하기 위해 원래의 고향인 예안禮安으로 돌아왔다.

향산의 일생에 하나의 전기를 마련하게 되는 것은 1856년 생부의 과거 급제였다. 이로 인해 그동안 곤궁했던 향산의 집안은 일시에 화색이 돌았다. 아버지의 등과는 어린 향산에게 신선한 충격을 주었다. 이때부터 향산은 출사를 향한 각오를 새롭게 다졌다. 그 각오가 얼마나 굳건했는지, "내가 벼슬하지 못하면 이 손가락을 펴지 않으리라."고 다짐하여 왼쪽 엄지를 10년간 굽혔다가 1866년 급제 후에야 비로소 다시 폈다고 한다.

향산은 출사를 위해 과거 공부에 신명을 바쳤다. 또한 집안일도 전담하다시피 하였다. 관직에 오른 아버지는 공직을 위해 서울에서 기거하였고, 그의 백씨는 병을 얻어 요양 중이었기 때문에 그가 자연히 집안일을 돌볼 수밖에 없었던 것이다. 그는 공부와 가사를 동시에 전심 병행하는 강건한 생활을 하였다. 훗날 향산이 후학들에게 학문을 독려했던 것도 젊은 시절 그가 몸소 실천궁행한 경험의 소산이었던 셈이다.

> 가난하다고 학업을 폐하지 말라. 가난은 나에게 늘 있는 것이오, 배움은 나의 천직이다. 어찌 늘 있는 것으로 인하여 천직을 폐하겠는가. 이는 뜻이 돈독하지 못하기 때문이다.[6]

향산은 1859년 18세 때 결혼하였다. 부인은 당대 최고의 반가班家로 칭송되던 봉화 닭실[酉谷]의 안동권씨로, 장인 기천杞泉 권승하權承夏는 아우 이재頤齋 권연하權璉夏와 함께 근방에서 이름을 떨치던 저명한 학자였으며, 향산의 생부와는 오랜 지우이기도 하였다. 생부와 권승하의 깊은 교분에 대해 향산은 뒷날 기천의 행장에서 다음과 같이 술회하였다.

> 아, 공(권승하-필자주)과 나의 선군 국자공國子公(대사성을 지낸 선친-필자주)은 뜻이 같고 의가 부합하여 당세에 이름을 날렸으며, 소자가 문하에 들어

---

6 『향산전서』 하, 부록 권1, 「연보」, 25쪽.

갈 때, 선군께서 소자에게 일러 가로되, '우리 가운데 공부가 제대로 된 자는 오직 권모(권승하-필자주)이니 너는 그 분을 잘 배우도록 하여라'고 하셨으며, 이에 소자는 문하에 배우기를 청하게 되었도다.[7]

그리하여 향산은 부친의 명으로 혼인 이듬해부터 1866년 출사할 때까지 닭실에 있는 처가를 출입하며 기천과 이재 형제의 문하에서 학문을 닦게 되었다. 이 무렵이 아마 향산이 일생 가운데 가장 열정적으로 학문에 몰입하던 때가 아니었나 생각된다.

출사와 관력

향산의 일생 중 최고의 전기를 마련한 시기는 병인양요가 발발하던 해인 1866년이었다. 그 해는 향산 개인의 입장에서 보면 자신의 해라 해도 과언이 아니었다. 25세 되던 그 해 8월 응시한 경시京試에서 진사가 되었고, 이어 9월 정시문과 갑과에 드디어 장원급제를 한 것이다.[8] 수년간 과업科業에 기울여온 노력과 정성이 비로소 결실을 맺었고, 이로써 향산의 장래에 탄탄대로가 보장된 셈이었다. 하지만, 그 해 여름에 서양제국주의 침략으로 인해 일어난 병인양요는 향산의 험난한 앞날을 예고하는 서막이었던 셈이다. 이로 인해 향산이 진사시와 문과에 장원급제하던 1866년 여름과 가을에는 서양 '오랑캐'에 대한 미증유의 공포감이 조선 전토에 퍼져 있었다.

---

7 『향산전서』 상, 인출편 19, 「杞泉權公行狀」, 776쪽.
8 『고종실록』 고종 3년 9월 29일조.

이에 장원급제 직후 부친은 향산에게 관인으로서의 자세에 대해 다음과 같이 당부하였다고 한다.

> 복재공이 경계하여 가로되, "내가 이미 관직이 높고 너 또한 장원이 되니, 기쁜 것이 아니라 실로 두렵다. 너는 삼가라." 하고, 또 말하기를 "몸을 나라에 맡겼으니 나라가 평온하면 치화治化로서 은혜를 갚을 것이며, 위급함을 보면 마땅히 목숨을 바쳐라. 지금 변경이 위급한데 조정이 너를 죽을 자리에 두면 반드시 죽음으로서 책임을 다해라." 하였다.[9]

향산이 등과할 무렵, 부친은 관직이 성균관대사성에 올라 있었다. 그러므로 가문으로 볼 때는 부자간에 경사가 겹쳐 최고의 영광을 구가하던 때였다. 하지만, 위에서 보듯이 생부는 가문보다는 나라를 우선하여 국가적 위난이 닥쳐오던 절박한 시국상황에서 '목숨을 바쳐라', '죽음으로 책임을 다해라'고 아들 향산에게 준엄하게 훈계하였던 것이다. 뒷날 향산의 순국은 국가의 위난을 경험하고 또 아버지로부터 받은 이러한 훈계와 결코 무관하지 않았을 것으로 짐작된다. 향산은 이처럼 실천궁행의 의리지학義理之學을 일찍부터 체인體認하고 있었던 셈이다.

25세에 등과한 향산에게 처음 내려진 벼슬은 생부가 대사성으로 있던 성균관의 전적典籍이었다. 그러므로 일시 그는 아버지와 함께 성균관에 근무한 적이 있었다. 특히 그 해 10월 고종이 성균관을 찾아 시학례視學禮를 거행할 때, 향산은 장원급제자에게 주어지는 특전으로 대사성이던 부친과 함께 나란히 반열에 서는 영광을 누리기도 하였다. 향산은 얼마 뒤 병조좌랑

---

9 『향산전서』 하, 부록 권1, 「연보」, 27쪽.

을 거쳐 통훈대부로 가자加資되고 사간원정언司諫院正言에 임명되었다. 그 해 11월 향산은 아버지를 따라서 금의환향하였다.

하지만, 향산이 관직에 진출한 이듬해 생부가 갑자기 타계하였다. 고향에 내려가 있던 생부가 상경길에 올라 청풍에 도착했을 때 감기가 들었는데, 이것이 끝내 화근이 되어 단양 장림역사長林驛舍에서 서거했던 것이다. 그 무렵 향산은 상중에 있으면서도 홍문관의 관리를 선발하는 인선록인 홍문록弘文錄에 뽑히는 영예를 차지하기도 했다.

그는 1869년 2월 탈상 후 다시 관직에 나갔다. 향산은 이때부터 본격적인 관인의 길을 걸었다. 그에게 주로 주어진 직책은 명문후예에게 주어지는 청요직이었다. 탈상 직후인 5월에는 홍문관부수찬에 임명되고 지제교知製敎와 경연의 검토관檢討官, 춘추관서기관春秋館記事官을 겸하였고, 외직으로는 어모장군禦侮將軍 용양위부사과龍驤衛副司果를 지내기도 했다. 이어 8월에는 부수찬에 임명되어 이후 수시로 경연에 참석하였다. 특히 8월 22일 경연 때, 고종은 퇴계와의 혈통관계에 대해 여러 가지 대화를 나누었다. 이로 보더라도, 고종도 향산이 퇴계의 후손이라는 데 깊은 관심을 갖고 있었던 사실을 충분히 짐작할 수 있다. 나아가 퇴계의 후손으로서 가지고 있는 사회적·학문적 권위를 널리 인정받고 있었던 경향을 십분 가늠할 수 있다. 향산은 곧 퇴계의 학문적, 사회적 위망에서 결코 자유로울 수 없었던 입장에서, 퇴계 가문의 역사적 인물로 대두되고 있었던 셈이다.

1869년 8월 향산은 남학교수南學敎授를 겸직하였고, 9월에는 문신으로 드물게 선전관宣傳官을 또한 겸하였다. 그리고 그 해 12월에는 홍문관 부교리·지제교에 임명되고 경연 시독관試讀官, 춘추관 기주관記注官, 남학교수에 아울러 임명되었다. 이처럼 그는 20대 중후반 한창 열정적으로 일할 시기에 홍문관, 춘추관, 성균관, 남학 등 문한을 다루는 청요직에 두루 중용됨으로써 출세가도를 달리면서 자신의 입지를 굳혀가고 있었다.

그는 1870년 29세 되던 해에 생모 숙부인 송씨의 상을 당하였다. 1872년 2월에 상을 마치고 5월에 다시 관직에 나가 사헌부장령이 되었다. 이어 같은 해 8월에는 사헌부지평, 9월에는 부수찬에 연임되었다. 그리고 진강進講도 활발하게 하여 자주 고종을 면대하는 기회를 갖게 되었다. 이후 향산은 1876년에 양산군수로 외직으로 나갈 때까지 3~4년간 여러 요직을 두루 거치게 된다. 1873년 5월에는 임금의 존호를 올리는 옥보관玉寶官으로 차출되었고, 10월에는 병조정랑과 겸하여 중학교수에 제수되었다. 또 홍문관부응교와 지제교, 겸하여 경연 시독관과 춘추관수찬관에 임명되었다.

1873년 11월에는 대원군을 탄핵한 면암勉菴 최익현崔益鉉(1833~1907)의 상소를 비판하다가 일시 면직되었다. 최익현은 그 해 10월 올린 상소에서, 대원군이 집권 이래로 추진한 정책을 정면으로 공격하여 근자에 들어와 대신들은 건백建白의 이론이 없고 인심은 연약해지고, 나아가 인륜조차 무너졌다고 주장하였다. 이와 같은 상소에 대해 향산은 연명으로 차자箚子를 올려 최익현의 처벌을 상주하였다. 하지만, 친정親政의 뜻을 굳힌 고종은 최익현을 처벌하지 않고 오히려 호조참판으로 승진 임명하고, 대신에 최익현을 규탄하던 유생과 고관들을 처벌하거나 축출하였다. 향산도 여기에 휘말려 일시 곤경에 처했던 것이다. 그가 복잡한 중앙무대를 벗어나 외직으로 나갈 결심을 굳혔던 것은 이 사건을 계기로 해서였던 것 같다.

향산은 면암의 대원군 탄핵으로 야기된 복잡한 정국을 떠나 1873년 말에는 일시 고향으로 돌아가 있다가 이듬해 정월 관직에 복귀하였다. 1874년 2월, 사간원사간에 임명되고 중학교수를 겸하였다. 이어 3월에는 홍문관교리에 임명되고 중학교수를 겸하였다. 6월에는 사헌부집의가 되었다. 그 해 가을 향산은 다시 휴가를 청해 귀향하였다가 이듬해인 1895년

4월 서울로 올라갔다. 이어 5월에 홍문관응교, 10월에 교리, 그리고 12월에는 사헌부집의에 제수되었다.

향산이 가장 열정적으로 관직생활을 한 것은 1866년 등과 이후부터 1876년 개항 이전까지 10여 년간이었다. 송상도의 『기려수필』에는 이 기간 향산의 관력에 대하여 부교리·장령·지평·우통례·병조정랑·의충청장시도사擬忠淸掌試都事 각 1회, 교리 2회, 부응교 3회, 응교 4회, 사간 2회, 집의 3회, 중학교수 5회를 지냈다고 기록한 대목도 이를 반증하고 있다.[10]

1876년에는 개항을 둘러싸고 조야에 논의가 분분하게 일어났다. 그 해 1월 일제가 조선 정부를 무력으로 위협하여 한반도에 침략의 마수를 뻗치려 하자, 전국적으로 개항 반대운동이 거세게 일어났으며 유생들이 연일 상소를 올려 개항불가를 주창하였다. 이때 면암 최익현은 일제의 침략성을 예리하게 간파하고, 도끼를 어깨에 멘「지부상소持斧上疏」를 올려 사생결단으로 개항을 반대하였다.

사헌부와 사간원 양사는 면암을 탄핵하여 연명으로 합계合啓하면서 '임금을 해하려 한다[無將不道]'는 등 과격한 용어를 구사하며 맹렬한 공격을 가하였다.

최익현의 상소는 비록 말이 지나치고 외람되기는 하지만 실로 바른 말이다. 무장부도無將不道 등의 구절이 어찌 당하는 말인가. 바른 말을 하는 자에게 억지로 죄를 가하려고 하는가.[11]

---

10 宋相燾, 『騎驢隨筆』, 국사편찬위원회, 1955, 176쪽.
11 『향산전서』 하, 부록 권1, 「연보」, 30쪽.

향산은 이렇게 대처하고 손수 이 문구를 삭제해 버렸다. 그러자 영의정 이최응李最應이 '대간臺諫의 체모를 잃은 것'이라 하여 강력히 반발하였다. 결국 향산은 면암을 두둔한 모든 책임을 지고 견책을 받아 일시 삭직당하는 곤경을 겪었다. 향산은 전년 대원군 탄핵에 이어 이번에는 개항을 둘러싸고 다시 면암 상소사건에 휘말려 곤욕을 치렀던 것이다. 그는 이 사건 때도 큰 충격을 받았던 것 같다. 성균관사성과 홍문관응교, 그리고 장악원정掌樂院正 등을 거쳐 1876년 9월에 양산군수로 나가게 된 것도 역시 앞의 사건과 무관하지는 않았던 듯하다.

이에 향산은 10년에 걸친 중앙의 내직을 떠나 새로운 임지인 경상도 양산으로 내려갔다. 부임 시 경주를 지났는데, 부윤 김석진金奭鎭이 나와서 전별을 하였다. 경기도 고양 출신의 김석진은 후일 우연하게도 향산과 같은 날인 1910년 10월 10일(음 9월 8일) 자결 순국한 지사였다.

향산은 양산군수로 재직하는 동안 선정을 베풀어 크게 인심을 얻었다. 특히 그가 부임하던 해에는 양산에 기근이 심하게 들어 많은 기민饑民이 생겨났다. 향산 자신도 호사스러운 식단을 엄금하였고, 특히 기근이 심하던 대상大上, 대하大下까지 직접 가서 기민들을 모아 안정을 시켰다. 나아가 관내지역의 기민 1천 5백 명을 대상으로, 향산은 자신의 녹봉에서 출연한 9백 냥을 비롯하여 부호들로부터 거두어들인 2천 냥을 분급하고 또 사창미 5백 석을 풀어 이들을 구휼하였다. 이듬해 5월에는 또 폭우가 내려 강변 70리 들판이 물에 잠기고 1백 수십 호의 이재민이 발생하는 재난을 당하였다. 이때도 향산은 전곡을 풀어 이들을 구제하는 등 외직에 있는 동안 열성적으로 적극적인 선정을 베풀었다.

1877년 9월에 경상감사는 그의 치적을 일등으로 보고하였으며, 1878년 3월에 어사 역시 그의 치적이 가장 으뜸이라고 보고하였다.[12]

그는 1878년 6월 양산군수에서 물러났다. 그동안 햇수로는 3년간 외직에 있었다. 외직을 무사히 마치게 된 것은 큰 보람이었고, 후일 그가 '양산영감'으로 불리게 된 것도 이런 연유에서였다.[13] 이후 향산은 2~3년간 벼슬을 사양하고 향리에 머물러 있었던 것으로 보인다. 불혹의 나이가 되던 1881년에는 부수찬과 집의 벼슬이 연이어 내려졌지만 모두 나가지 않았다.

향산은 1882년 다시 벼슬길에 올랐다. 그 해 1월, 홍문관수찬에 임명되어 상경 부임하게 되었다. 왕세자 관례 때의 의절을 받들고, 영희전永禧殿에서 작헌례酌獻禮를 거행하는 등 왕실 의절과 관련된 직무를 성실하게 수행하였다. 그러한 공로를 인정받아 통정대부에 올랐고 공조참의에 제수되었다. 상경 후 한때 요직을 차지하며 다시 출세가도를 순항하였다. 하지만 얼마 되지 않아 그 해 4월에 벼슬을 사양하고 또다시 귀향하였다. 임오군란이 발발하기 두 달 전의 일이었다. 이 무렵은 일본을 비롯한 열국의 공사관이 서울에 들어서고, 일제가 침략세력을 부식하는 데 혈안이 되어 중앙 정국에는 불안과 갈등이 야기되는 상황이었다. 그러한 정쟁을 피해 승지로 있던 족형 이만기李晩耆와 함께 과감하게 벼슬을 버리고 고향으로 돌아왔던 것이다.

하향한 지 불과 두 달 뒤에 임오군란이 일어나 조정은 쑥대밭이 되었다. 대원군은 청나라 군대에 잡혀가고, 궁궐을 탈출한 민왕후는 충주로 피난을 가는 등 일대 혼란이 야기되었다. 그 직전에 귀향한 향산은 다행히도 이러한 난국에서 자유로울 수 있었다. 그 해 말에도 공조참의와 승정원동부승지에 연이어 제수되었지만 부임하지 않았으며, 이듬해 3월에 또다시 동부

---

12 안병걸, 「해제-한일병탄에 죽음으로 저항한 유림의 사표」, 『향산집』 1, 한국고전번역원, 2010, 19쪽.
13 향산의 高孫 李滏가 집안에서 내려오던 구전을 정리하여 제공한 자료에 의하면, 향산은 '양산영감'으로 별칭되었다고 한다.

승지에 임명되었으나 역시 부임치 않았다.

1883년 아우 이만규가 문과에 급제하였다. 그는 향산 가문의 마지막 문과 급제자가 되었다. 이로써 형제가 모두 등과登科하는 경사를 맞았다. 그해 10월 향산은 숭릉崇陵의 동지헌관冬至獻官에 차출되어 서울에 올라갔지만 제사를 마치자 곧 귀향하였다. 이어 12월에도 동부승지에 제수되는 등 누차 벼슬이 내려졌지만, 끝내 한 번도 부임하지 않았다.

은둔과 항일

갑오의병과 이만도

향산은 45세 되던 해인 1886년에 유독 많은 지인을 잃었다. 그 해 정월 두터운 정의情誼로 가르침을 받아오던, 이조참판을 역임한 긍암肯巖 이돈우李敦禹가 서거한 것을 필두로, 여름에는 괴질이 유행하여 재종간인 생원 이만걸李晚杰과 백씨 이만교李晚嶠가 연이어 별세하였다. 뿐만 아니라 11월에는 평안도에 귀양가 있던, 정재학파의 유기호柳基鎬가 적소謫所에서 서거하고, 12월에는 아내 숙부인 권씨와 양가의 모친 공인恭人 최씨의 상을 연이어 당하였다. 이처럼 향산을 주변에서 싸고 있던 지인들이 타계함으로써 향산이 느끼던 공허함은 무척이나 컸을 것으로 짐작된다. 그리고 1890년에는 향산의 장인이자 스승으로 일생토록 정신적 지주가 되어온 권승하가 향년 62세의 나이로 작고함으로써 향산의 슬픔은 배가되었다.

향산이 만년의 활동 근거지가 된 백동서당柏洞書堂을 지은 것은 1893년 그의 나이 52세 되던 해 봄이었다. 백동(현 안동시 예안면 토계리 소재)은 그의 조모인 정경부인 권씨의 묘소 아래를 가리키던 지명이다. 향산의 10세조 첨정공이 원래 이곳에 백동서당을 두었지만, 세월이 지나 허물어지고 말았다. 이곳에다 다시 작은 집을 짓고 옛 이름 그대로 편액하고, 퇴계의 필적을 모아 '향산響山'이란 두 글자를 걸었다. 이듬해 2월 비로소 백동서당에 거처를 정하였다.

그가 백동서당에 새로 거처하기 시작하던 1894년은 동학농민전쟁이 일어난 격변기였다. 일제는 그 해 6월 21일(양 7. 23) 자국 군대가 경복궁을 무단으로 점거하는 갑오변란을 일으켰다. 그리고 조선의 전통적 문물제도를 근대화란 미명하에 서양식, 일본식으로 일거에 바꾸는 갑오경장을 추진함으로써 한민족의 극단적인 반발을 샀다. 이처럼 일제가 침략야욕을 노골적으로 드러내자, 향산은 이를 강력히 성토하기 위해 상소를 준비하였으나 여러 사정으로 인해 실제 상소를 올리지는 못했던 것 같다. 이때 향산이 일제를 규탄한 내용의 일부를 보면 다음과 같다.

> 병자호란 때 당한 치욕을 비록 잊을 수 없지만 지금 원수같은 이웃의 협박으로 청을 배반하는 것은 큰 잘못이다. 관리의 직제는 조종祖宗에서 정한 것이고 복색은 황명皇明의 구제舊制이다. 오랑캐의 법으로써 중화中華를 훼방하는 것은 불가하다.[14]

향산은 조선의 전통 문물제도를 훼손하는 일제의 국권침탈 행위에 대해 자주권 수호의 차원에서 강력히 규탄하였던 것이다. 일제는 뒤이어 1895년 8월 20일(양 10. 8) 을미사변을 일으켜 민왕후를 시해하는 야만적 범죄를 자

---

14 『향산전서』 하, 부록 권1, 「연보」, 34쪽.

행하였다. 이 사건은 전 민족의 공분을 초래하였다. 향산은 9월에 가서야 이와 같은 비보를 듣고 통탄하였다.

> 신하된 몸으로 천고에 없는 변을 당했는데도 의거를 일으켜 복수하지도 못하고, 상례喪禮를 치를 여지조차 없으니, 나라가 망한 것이 단번에 이 지경까지 이르렀는가![15]

이에 세상을 등지고 은둔할 결심을 굳히고 광덕廣德(현 영양군 청기면 행화동)의 분암墳菴으로 들어갔다. 광덕은 일월산 아래 선영이 있던 깊은 산중으로, 이곳이 세상을 등지고 은거할 적지라고 판단하였던 것이다.

을미사변에 이어 단발령이 일제침략의 도정에 자리잡고 있었다. 일제의 지령을 받은 정부는 1895년 11월 17일을 기해 건양 원년 1월 1일로 음력에서 양력으로 역법을 바꾸고 동시에 단발령을 내렸다. 단발령은 민족자존에 치명상을 입혔고, 결국 전국적 의병 봉기의 결정적 계기로 작용하였다. 을미의병인 전기의병이 일어난 것이다. 향산도 을미의병을 선도한 지도자로 참여하였다. 향산은 1894년 안동에서 의병을 선도한 서상철徐相轍과 일정한 관계를 갖고 있었던 것으로 보인다. 충북 제천에 거주하던 서상철은 갑오변란 직후에 선대의 세거지라는 지역적 연고가 있던 안동으로 내려와 의병 궐기를 호소하는 포고문을 발송하였다. 이 포고문의 요지는 7월 25일에 안동부의 향교 명륜당에 모여 거의擧義 기일을 약속해 달라는 것이었다. 이어 그는 한인석韓麟錫·이경재李罄載·한수동韓守東 등과 안동 일대의 지도급 인물들을 순방하고 거의에 동참해 줄 것을 호소하였다. 향산은 7월 14일 서

---

15 『향산전서』 하, 부록 권1, 「연보」, 35쪽.

상철의 격문을 보았으며, 며칠 뒤인 20일에는 직접 서상철을 만났다. 향산은 그를 만난 정황과 소감을 다음과 같이 기록하였다.

> 서상철이 본읍 향교로 왔다. 언사가 바르고 의로움이 굳건하였다. 그러나 군사를 모으라는 왕명이 없이 선비 스스로 거의하였으니, 조정에 죄를 얻을까 두렵다.[16]

향산은 거의를 역설하는 서상철의 주장에 대하여 그 당위성을 인정하고 긍정적으로 평가하였다. 하지만, 국왕의 명령이 없이 군사를 모집한다는 데 약간 주저하는 정황을 보여주고 있다. 그에게는 그만큼 왕명이 중요했던 것이다.[17]

얼마 뒤 왕명으로 파견된 소모관召募官을 만나 거사계획을 세우게 된다. 향산의 연보에 따르면, 그 해 9월 중앙정부에서 비밀리에 영남으로 파견한 소모관 이용호李容鎬의 예방을 받았다고 한다.[18] 이용호는 교리校理 출신으로 동학농민전쟁 발발을 계기로 일본군이 각지에 주둔하는 등 일제 침략세력이 기승을 부리게 되자 영남지방으로 내려와 비밀리에 항일투쟁세력을 규합하는 임무를 띠고 있었다. 하지만, 일제는 이용호의 활동을 강력히 취체하고 급기야 11월 26일 그를 체포하기에 이르렀다.[19]

---

16 국사편찬위원회 편, 『響山日記』, 1985, 647~648쪽.
17 김희곤, 『안동 사람들의 항일투쟁』, 지식산업사, 2007, 76쪽.
18 『주한일본공사관기록』, 「尹參軍과 李容鎬件 및 李重夏의 動靜」(聞慶兵站司令部 出羽少佐가 1894년 11월 29일 井上公使에게 보낸 공문).
19 『주한일본공사관기록』, 「大院君의 密命을 받은 李容鎬 등의 件」(井上公使가 1894년 11월 27일 出羽少佐에게 보낸 공문).
"이달 16일자로 伊藤中佐에게 上申하였던 李容鎬·尹參軍 2명을 포박하여 현재 조사 중

일제는 이용호의 정보를 파악하면서 철저하게 대비하고 있었다. 일제는 이용호가 가지고 있다는 밀지密旨의 실재實在를 부정하면서 이를 위조한 것으로 간주하고, 또 이용호의 파견, 활동 목적이 항일의병 편성에 있었던 정황을 다음과 같이 보고하였다.

이용호가 거짓으로 칭한 밀지의 취지는 자주 탐정하였어도 확실히 알 수 없다. 한두 가지 풍설에 의하면, 조선 정부에서 일본군대를 칠 계획이 있어 비밀리에 군대를 모집할 것을 명령 받았다고 구두로 말을 퍼뜨렸다는 것으로, 서류는 없을 것이 틀림없다는 설이다. 이 설도 확실치는 않다. 안동 부근에서 수사했는 바 조금은 알 수가 있었지만 정찰로 파견할 적당한 인물이 없기 때문에 탐정이 충분치 않아 유감이다.[20]

지난 10월경 전 교리 이용호李容鎬라고 하는 자가 안동지방에 이르러 국왕의 밀지라고 칭하여 동학당을 선동했다는 혐의로 지금 포박 중임. 그것이 과연 사실이라면 이 밀지의 서신, 밀지를 수여한 사람의 성명 등 재판상 증거가 될 만한 것을 모든 수단을 써서 조사하기 바람.[21]

향산은 이용호가 지니고 온 고종의 밀지를 받고 통곡을 하며 거사를 같이 도모할 것을 기약하였지만, 그가 일본군에 잡히게 되어 거사계획이 중

이다. 그런데 그들을 심문할 단서가 전혀 없는 바 聞慶府使로부터 증거가 될 만한 것을 충분히 조사하여 至急으로 遞送하기 바람."
20 『주한일본공사관기록』,「李容鎬의 虛僞密旨 件」(出羽少佐가 1894년 12월 4일 井上公使에게 보낸 공문).
21 『주한일본공사관기록』,「李容鎬의 件」(出羽少佐가 1894년 12월 4일 井上公使에게 보낸 공문).

단되지 않을 수 없었다. 곧 1894년 동학농민전쟁을 기화로 일제가 조선 침략을 위해 도발한 청일전쟁 직후에 향산은 최초로 군사를 일으켜 일제를 토벌하려는 결심을 굳히기에 이르렀으나, 좌절되고 만 것이다.

선성(예안) 의병장

안동은 지방제도 개편으로 전국이 23부 체제로 운영될 때 16개 군을 통할하는 관찰부가 설치되어 있던 지방행정의 중심지였다. 그리고 선성宣城은 예안禮安의 옛 이름인데, 새로운 지방제도에 따라 당시 안동부 관하의 예안군이 되었다. 이곳에는 오랫동안 선성 또는 예안현이 설치되어 있었으므로, 이 지역의 독자적인 전통을 가지고 있었다. 그 뒤 일제강점기인 1914년 전국 행정구역 개편 때 예안군이 안동에 편입되어 안동군 예안면이 되었다. 이와 같이 예안은 1914년까지 독자적 행정구역을 가지고 있었다. 을미의병이 일어났을 때도 안동과 예안, 두 곳에서 별도로 의진이 편성되었던 것이다.[22]

선성의병을 선도한 것은 1896년 1월 13일(음 11. 29, 이하 양력)에 발송된 「예안통문禮安通文」이었다. 경북 내륙지방에서 의병을 도모하는 과정에서 나온 여러 통문 가운데 가장 먼저 나온 이 통문은 멀리 강릉·정선·평창 등 영동지방의 각지 향교로 발송된 것이었다. 이 통문의 주창자로 확인되는 인사로는 「영남만인소嶺南萬人疏」의 소수疏首였던 이만손李晩孫의 아우 이만응李晩鷹을 비롯하여 금봉열琴鳳烈(또는 琴鳳述), 목사 이만윤李晩胤 등이고, 모

---

22 조동걸, 「향산 이만도의 독립운동과 그의 유지」, 『동방의 횃불 삼대 그날 그 세월』, 향산고택, 2007, 19쪽.

두 223명의 연명으로 작성되었다. 비록 주창자 명단에 향산이 포함되어 있지 않지만, 곧 선성의병장을 맡았던 사실로 보거나, 또 진성이씨 문중이 주축이 된 정황으로 보아, 향산이 예안통문을 주창한 중심역할을 하였을 것이라는 점은 충분히 짐작된다. 통문의 요지는 서두에서 일제의 침략으로 인해 당당한 문명국 조선이 이적과 금수의 지경으로 떨어진 사실을 통탄하고, 이어 임진, 정유왜란을 일으킨 죄상을 상기한 뒤, 국모 시해에 뒤이어 단발령까지 자행한 일제의 만행을 결코 묵인할 수 없으므로, 각지 인민이 분발하여 결사항전의 각오로 의병을 규합해야 한다는 것이다.[23]

거의 매일같이 일기를 기록하던 향산은 의병 규합의 움직임이 시작되는 1895년 11월 초순(음) 이후부터 1897년 3월(음)까지 거의 1년 반 동안 일기를 한 줄도 쓰지 못했고, 그 해 4월에 가서야 다시 정상적으로 일기를 남기기 시작하였다. 이러한 정황으로 보더라도 의병 봉기와 활동을 둘러싼 당시 상황이 얼마나 긴박하게 전개되었는지 짐작할 수 있을 것이다.

향산이 의병장을 맡고, 그의 일족인 이중린李中麟이 부장을 맡았던 선성의진은 1896년 1월 23일경 결성된 것으로 알려져 있다. 이중린의 사위 김정섭金鼎燮이 남긴 일기인 『日錄』의 음력 12월 9일자 기록에 이러한 사실을 뒷받침해주는 내용이 있기 때문이다. 하지만, 이때 결성된 선성의진의 편제와 성원을 알려주는 기록은 많지 않으며, 다만 온혜溫惠에 거주하던 이인화李仁和가 유격장을 맡았던 사실만 다른 자료에서 확인되는 정도이다.[24]

그런데, 선성의병 구성원의 출신과 신분 등을 알려주는 자료로『율리계

---

23 李九榮 편역,『湖西義兵事蹟』, 修書院, 1993, 160~161쪽.
24 김희곤,『안동사람들의 항일투쟁』, 134~35쪽.

첩율리계첩栗里契帖』이 있다.[25] 율리栗里는 향산의 고조인 만화晚花 이세사李世師의 주손이 거주하던 곳이다. 총 516명이 등재되어 있는『율리계첩』에는 진성이씨 문중 인사들이 망라되어 있을 뿐만 아니라 인근의 청장년들이 모두 참여했다는 사실을 알 수 있다. 삼산三山의 유창식柳昌植과 유인식柳寅植, 닭실의 권상익權相翊, 거촌巨村의 변태균邊台均 등이 그 대표적인 인물들이다.

선성의진이 결성되자마자, 안동부에서 비보가 왔다. 안동의진이 관군과 맞서 싸우다가 크게 패했다는 것이다. 이에 선성의진의 성원들도 곳곳으로 흩어졌다. 의진이 결성된 지 9일 만인 2월 1일에 선성의진이 사실상 해산된 것이나 다를 바 없게 되었다. 중심지역인 안동부에서 일어난 안동의병이 관군의 공격을 받고 패하게 되자, 이보다 규모가 작았던 선성의진은 미처 수습할 사이도 없이 흩어지고 만 것이다.[26]

의병장을 맡아 의진을 지휘했던 향산은 의진이 와해되는 참담한 상황에서 은둔하지 않을 수 없었다. 선성의진이 무너지고 향산이 입산 은신하던 상황을 그의 연보에서는 다음과 같이 기록하고 있다.

12월 18일(양 1896. 2. 1) 의진을 해산하고 입산하였다. 의병이라 이름한지 겨우 8일만에 경병이 밤을 틈타 안동진을 습격하였다. 본진에서는 아직 점검을 하려는데 소문만 듣고 놀라 흩어져버려 수습할 수 없었다. 선생은 "오합지졸의 농민들이 황겁하게 흩어지는 것을 굳이 나무랄 것이 없다. 영이 없이도 흩어지는 것이 이와 같으니 차라리 영을 내려 흩어지는 것이 오히려 살아남게 되어 후일을 도모할 수 있다."고 하고, "너희들은 각자 돌아가 본

---

25 『향산전서』하, 338~361쪽.
26 김희곤『안동사람들의 항일투쟁』, 136쪽.

업에 종사하면서 다시 알릴 때까지 기다려라."라고 하여 해산을 명하였다. 하룻밤 사이에 성은 텅 비고 선생만 홀로 빈 성에 앉아 있고 자제와 문인과 친척 몇 명이 옆에서 울고 있었다. 선생에게 나갈 것을 청하니 "죽을 자리를 얻어서 죽지 못했는데 어찌 가버린 의병들이 듣고 다시 모이겠는가?"라고 하며 나와서 곧 입산하였다.[27]

을미의병의 경우, 명문대가의 후예가 의병장이 된 사례가 적고, 명가의 문중이 집단적으로 거의한 경우가 드문 것이 일반적 경향이었다. 그런데, 향산의 경우는 가문의 전통이나 그의 관력으로 보아, 굳이 거의하지 않아도 되었지만 앞장서 의병을 일으켰다. 그리고 향산이 선도했던 선성의진은 실제 전투 행위나 전력보다도 이후 각지의 의병 봉기에 영향을 미쳤다는 데 더 큰 의미가 있었다. 선성의병 봉기 소식이 인근에 전파되자, 주변 각지에서도 의병이 일어나게 되었다. 그리하여 안동관찰사 김석중을 위시하여 영덕·의성·예천 등지의 군수들을 처단하고, 1894년 동학농민전쟁 당시부터 함창 태봉胎峰에 주둔해 있던 일본군을 공격하는 연합작전을 결행할 수 있는 기반을 구축했던 것이다.[28]

향산이 입산한 후 이중린의 주도하에 진성이씨 문중이 주축이 되어 선성의진은 재편되었다. 이때 선성의진에 참여한 진성이씨 문중의 중요 인물들로는 이중목李中穆·이중언李中彦·이인화李仁和·이빈호李彬鎬·이중엽李中燁 등으로 온계와 하계 마을 출신들이 주축을 이루고 있었다. 향산의 장자 이중업李中業도 가담하여 태봉 공략전에 나섰다. 여기에 영양의병장 김도현金

---

27 『향산전서』 하, 부록 권1, 「연보」, 35쪽.
28 조동걸, 「향산 이만도의 독립운동과 그의 유지」, 22쪽.

道鉉이 중군을 맡아 가세한 형세를 띠었다.

재편된 선성의진은 연합의진에 참가하여 태봉전투를 벌였다. 태봉은 일본군 병참기지가 있는 전략 요충지였다. 앞서 서상렬이 이끈 호좌의진의 별동대가 3월 10일 안동으로 와서 경북 북부지방 연합의진의 결성과 태봉 공략을 합의하였다. 선성의진은 이에 따라 3월 20일 예천으로 향하였고, 26일에는 예천에서 백마의 피로 토적討賊을 맹세하는 회맹의식에 참가하였다.

태봉 공격에는 선성의진이 선봉을 맡았고, 풍기·영주·순흥의진이 그 뒤를 따랐다. 태봉 주둔 일본군을 상대로 연합의진은 종일 치열한 전투를 벌였다. 하지만, 전력의 열세로 인해 저녁 무렵에는 수세에 몰려 패산하지 않을 수 없었다. 선성의진도 학가산 자락을 타고 회군하여 3월 31일 예안으로 돌아왔다.[29] 의병의 활동은 일본군의 보복으로 심한 후유증을 가져왔다. 태봉전투가 끝난 뒤 일본군은 의병을 추격하여 4월 2일 안동부의 송현松峴까지 이른 뒤 안동부를 의병의 소굴이라고 여겨 민가에 불을 질렀다. 마침 바람을 타고 불길이 안동 도심으로 번져 1천여 호의 민가가 불타는 참극이 벌어졌다. 이때 새로 부임한 안동관찰사 수당修堂 이남규李南珪는 일본군의 만행에 항거하여 즉시 관찰사를 사직하는 상소를 올리고 고향 충남 예산으로 귀향하였다. 수당은 이 상소에서 당시의 참혹한 광경을 다음과 같이 적나라하게 고발하였다.

순검으로 도피했던 자들과 일본군이 갑자기 본부에 쳐들어와 관청 건물을 부수고 가옥에 불을 질러서 민가 수천 호가 지금 열에 한둘도 남아 있지

---

29 김희곤, 『안동사람들의 항일투쟁』, 141쪽.

않습니다. 이졸들은 산골짜기로 흩어져 달아나고 사민들은 구학溝壑에서 고통을 당하고 있는데, 그 참혹한 광경을 차마 눈으로 볼 수 없습니다.[30]

태봉전투를 치르고 난 뒤 선성의진은 청량산으로 들어가 전열을 가다듬게 되자, 일본군은 의병을 추격하여 청량산 일대의 의병 본거지를 초토화시켰을 뿐만 아니라, 의병의 주도 세력이 진성이씨 문중이라고 보았기 때문에 5월 31일 상계에 있던 퇴계 종택에 불을 질러 가옥 일부와 서책들을 불태웠다.[31] 이때 1차 참화를 입었던 퇴계 종택은 그 뒤 1907년 10월에도 의병을 지원한 연고로 인해 다시 잿더미로 변하는 수모를 겪게 되었다.[32] 비슷한 시기에 호남의 최고 명문가였던 담양군 창평의 장흥고씨 종택이 고광순高光洵의 의병활동에 대한 보복으로 일본군에 의해 불탄 사건도 퇴계 종택 참화사건과 동일한 역사적 맥락을 갖고 있다고 할 수 있다.

퇴계를 정점으로 한 조선 최고의 명문가였던 진성이씨 가문은 이처럼 국가와 민족의 위난을 구하기 위해 의병이 일어날 때, 이를 가장 먼저 선도한 세력이 되어 역사의 소임을 다했으며, 그에 따라 국가와 민족을 위해 일문이 희생을 치르는 결과를 감내하였다. 향산과 그 문중 인사들이 뒷날 경술국치를 당했을 때 온몸을 던져 일제의 불의에 항거했던 것도 이러한 의병투쟁과 동일한 역사적 맥락에서 이해할 수 있을 것이다.

향산은 을미의병을 선도하였을 뿐만 아니라 의병장을 맡아 적극적으로 투쟁대열에 동참하기도 하였으며, 투쟁상황을 지켜보기도 하였다. 그리고

---

30 『국역 수당집』 1, 민족문화추진회, 1997, 171쪽.
31 이긍연, 『을미의병일기』 1896년 4월 20일자.
32 『대한매일신보』 1907년 10월 8일자 「禍及先正」.

안동부와 종택이 불타는 그 참담한 결과도 생생하게 목도하였을 것이다. 문중의 권위를 존숭하고 의리와 명분을 신조로 정당한 처신에 철저했던 향산이 이때 받았을 충격의 정도를 짐작하기는 어렵지 않을 것이다. 나아가 불의와 무도를 자행하던 일제에 대해 더욱 극도로 반감을 갖게 된 것은 지극히 당연한 일이다.

한편, 중앙의 친일정부에서는 1896년 11월 향산의 아우 이만규李晩煃를 예안군수에 임명하였다. 향촌사회에서 중망이 두터운 유력자를 전면에 내세워 의병투쟁으로 어수해진 민심을 진정시킬 의도였던 것이다. 이에 이만규는 수차에 걸쳐 군수의 직책을 끝내 고사하여 겨우 면관될 수 있었다.[33]

을사조약 반대투쟁

1896년 말 광덕으로 들어간 향산은 이듬해 3월 다시 백동으로 나왔다. 그해 말에는 다시 광덕으로 들어갔고, 이어 1898년 봄에 또다시 백동으로 나왔다. 이즈음 향산은 가정적으로 큰 슬픔을 당하게 된다. 1898년 4월에 작은 아들 이중집李中㲜이 요절했던 것이다. 아들의 죽음으로 향산이 받았을 마음의 상처는 쉽게 짐작된다. 그럼에도 불구하고, 그는 독서와 저술을 중단하지 않고 지도자로서의 권위를 더욱 굳건히 하면서 문중과 향촌사회를 이끌어갔다. 1900년 겨울에 일시 광덕으로 들어갔던 향산은 봄에 다시 백동서당으로 나왔다. 이후 그는 1910년 순국 때까지 10여 년간 광덕과 백동을 근거지로 삼고 일정한 거처를 정하지 않은 채 인근 각지를 부단히 전전하였다. 이 기간에 그가 남긴 궤적을 「연보」에서 찾아보면 이상과 너무

---

33 『독립신문』 1896년 11월 28일자.

나도 멀어진 현실 속에서 그가 얼마나 고통스러워했는지 쉽게 가늠할 수 있다.

> 광덕(1900년 10월), 사동沙洞(11월), 행전杏田(12월), 백동(1901년 2월), 광덕(1902년 1월), 원음遠陰(3월), 백동(4월), 모곡某谷(12월), 백동(1903년 2월), 물산동勿山洞(12월), 백동(1904년 2월), 물산동(11월), 광덕(1905년 12월), 명동明洞(1906년 3월), 모암某巖(4월), 광덕(5월), 모암(7월), 명동(9월), 고림高林, 광덕(이상 10월), 방장산方丈山(11월), 광덕(12월), 모암(1907년 3월), 광덕(4월), 모암(5월), 광덕(1908년 정월), 후평厚坪(5월), 광덕(8월), 명동, 모암, 광덕(이상 10월), 광덕, 명동(이상 1909년 윤2월), 고림(6월), 광덕(8월), 명동, 방장산(이상 10월), 광덕(11월), 명동(1910년 2월), 사동思洞, 명동(이상 3월), 광덕, 백동(이상 5월), 고림高林(6월).

그밖에도 그는 주변 각지를 잠시도 쉬지 않고 부단히 옮겨 다녔다. 향산이 자원한 이러한 고행苦行은 명분과 의리를 금과옥조로 여기던 그의 의식의 일단을 표출한 한 증좌라 할 수 있다. 그의 궤적의 대부분은 조상의 선영이 모셔진 곳과 관련되어 있던 점으로 보아도, 고통스런 현실세계에서 그를 지탱해준 정신적 지주가 바로 영예로운 선조들이었다는 사실을 알 수 있다. 활동 근거지 가운데 하나로 삼았던 광덕은 일월산 아래 선영이 있던 곳이고, 백동은 향산의 선조비先祖妣 정경부인 권씨의 묘소가 있던 곳이다. 그리고 원음[모암]에는 숙부 추관공秋觀公의 묘소가 있었다. 또한 고림은 증조의 묘소가 있던 곳이며, 물산동은 고조부 묘소 뒤쪽의 골짜기를 일컫는다. 향산은 이처럼 조상의 선영을 찾아 스스로 고행을 감내하면서 나라와 황실, 조상에 대해 죄인을 자처하고 있었다.

한편, 향산이 퇴거해 있는 동안 일제는 1904년 러일전쟁을 도발하고 이어 1905년 11월에는 승전의 여세를 몰아 을사조약을 강제로 체결하기에 이르렀다. 이로 인해 대일적개심이 비등하고 조약반대투쟁이 전국적으로 거세게 일어났다. 향산은 조약이 늑결되고 수일 후 그 비보를 들었다. 그는 조약 체결의 소식을 듣자마자 즉시 을사5적 처단과 조약 파기를 요구하는 상소를 올렸다. 향산은 이병罹病으로 인해 아들로 하여금 대신 상경케 해 상소를 올리게 하였다. 이때 향산이 올린 상소의 요지는 다음과 같다.

> 우리가 일본과 교린을 해온 것이 3백 년이고 이릉二陵의 복수는 반드시 갚아야 합니다. 저들이 믿음의 맹세를 하고 먼저 개항을 청했을 때 막지 못한 것은 평화가 오래 지속되어 풍속이 유약해져 대적할 수 없는 탓도 있지만 5적이 바깥세력과 은밀히 손을 잡고 나라를 팔아먹을 모략을 꾸민 탓입니다. 만고에 없는 변란을 당했으니 원수를 갚을 계책을 꾸며야 하는데 어쩔 수 없고 체념하는 한심한 작태를 보여줄 뿐만 아니라 제순, 지용, 근택, 중현, 완용 등 오적은 5조약을 맺어 임금을 협박하여 조약을 체결하였습니다. 외부外部를 일본으로 옮기는 것은 토지와 인민과 재산이 다 저 외부에 달린 것이니 결국 나라가 없어지는 일입니다. 저 통감이라는 것은 우리나라의 직책으로 무엇에 해당하는지 모르지만 황실이 유지될 수 있겠습니까? 나라가 없어질 것입니다. 만국공법에 물어서라도 협박에서 나온 조약은 폐기해야 합니다.[34]

이 상소에서 을사오적의 죄상을 맹렬하게 성토하여 이들을 단죄할 것을 역설한 뒤, 이어 강압에 의한 조약의 부당성을 지적한 뒤 만국공법에 의거

---

34 『향산전서』 상, 「請斬五賊疏」(乙巳十二月九日上徹留中), 147~148쪽.

해서라도 이를 폐기할 것을 주장한 것이다. 당시 실상으로 볼 때 조약 폐기의 가능성은 없었지만, 상소 후 아무런 비답을 받지 못하게 되자, 향산은 크게 실망하고 죄인을 자처하였다. 즉 아들 이중업이 비답을 받지 못한 채 돌아오자, 향산은 통곡하면서 극심한 자책을 했다.

> 나라일이 이 지경에 이르렀는데도, 신하로서 큰 병이 들었다는 것을 핑계로 궐 아래에서 머리를 찧어 죽지도 못하고 누워서 절뚝거리며 글만 올리는구나. 이미 하늘을 움직일 수 있는 정성이 없으니 비답을 받지 못하는 것이 당연하다. 지은 죄가 극에 달했구나. 어찌 살아있는 사람과 나란히 살면서 집에 누워 있을 수 있겠는가? 선영 아래 산 채로 묻히는 것이 당연하다.[35]

이후 향산은 앞에서 보았듯이 죄인을 자처하며 선조의 묘역을 찾아 전전하였고, 집안일은 아들 이중업이 전담하게 되었다. 1907년 8월 군대해산을 계기로 의병전쟁이 전국적으로 치열하게 전개될 때, 그 여파가 향산의 문중과 집안에도 미쳤다. 진성이씨 문중에서 의병을 지원한 것이 빌미가 되어 그 해 9월경 일본군이 야밤에 종택을 방화하고 동리에 불을 놓는 만행을 저질렀다. 이때 향산의 가족은 안동 성곡城谷으로 피난하였다. 9월 광무황제 강제퇴위 후 어수선해진 관인들의 분위기를 진정시키기 위해 백관에게 자급資級을 올려줄 때, 향산도 종2품 가선대부의 품계에 오르게 되었다.[36] 그 뒤 1910년 8월 경술국치 며칠 전에 다시 정2품 자헌대부로 올랐다.[37]

---

35 『향산전서』 하, 「청구일기」, 362쪽.
36 『황성신문』 1907년 10월 1일자 「관보」.
37 『승정원일기』 1910년 8월 24일조.

순국과 유훈

순국 이유

향산은 조선조 5백 년 통치 이데올로기였던 주자학에 충실했던 인물이다. 특히 조선 성리학의 종장인 퇴계 이황의 직손으로서 그가 가졌던 성리학 체계의 효용성과 가치에 대한 신뢰는 절대적인 것이었다. 일제침략은 향산의 그러한 신뢰를 파괴한 것이고, 경술국치는 주자학 가치와 질서에 대한 막다른 길목이었던 셈이다. 곧 주자학으로 무장한 향산의 의식의 내면에 자리잡고 있던 국왕(국가)에 대한 충절과 자기 가문에 대한 자존이 경술국치로 인해 완전히 와해되고 수치와 오욕만이 남게 되었던 것이다.

향산의 충절의식은 '나라에 신하가 없었기 때문에' 국치를 당했다고 통탄하면서 결국 순국을 선택했던 사실을 통해 확인될 수 있다. 후술할 유소遺疏에서 자신이 순국하게 된 이유를 열거하며, 나라를 잃고 군왕이 치욕을 당하게 된 모든 죄가 자신에게 있다고 하면서 만분의 일이라도 성은에 보답하기 위해 자진하는 것이라고 밝혔던 것은 이런 까닭에서였다. 곧 죽음으로써 군왕과 나라에 대한 책임을 다하고자 한 것이 향산의 의식세계였던 것이다.

향산이 자신이 갖고 있는 죄의식에 얼마나 고통스러워했는지는 경술년에 한 지인에게 보낸 다음과 같은 편지 구절을 통해서도 짐작할 수 있다.

> 만도는 선영 아래서 자진自盡하기를 고대한 것이 이미 몇 년이 지났다. 하루 죽지 못하면 하루 죄인이 되고, 이틀 죽지 못하면 이틀 죄인이 된다. 쌓이고 쌓인 죄가 산과 같고 바다와 같은지라, 우러러 하늘에 부끄럽고 구부려 사람들에게 부끄럽다.[38]

자신의 죽음을 예고하는 전주곡과 같은 것이었다고 할 수 있다. 이처럼 그의 의식세계는 오직 죽음으로만 죄의 값을 치르려는 자책감으로 가득 찼다. 이런 고결한 양심과 도덕적 의리에 비추어 보더라도, 그의 죽음은 당시 그에게 주어진 조건과 시대상황에서 당연한 귀결이었다고 할 수 있다. 그러므로 향산은 자신의 단식·죽음과 관련된 처신에서 극도의 절제를 표방하였다. 그는 자신이 결행하는 단식을 의리로 운운하는 지인들의 언행을 일체 배격하였고, 장례와 관련된 의절에 화려한 수식이나 미화를 철저히 차단하였으며, 나아가 죄인인 자신을 일컬어 '선생'이라고 하는 호칭도 거부하였다.[39]

가문에 대한 자존의식은 향산이 퇴계 후손으로서 누렸던 특권인 동시에 소임으로 인식한 결과 나타난 것이다. 주지하다시피 퇴계 이황은 조선조 성리학의 역사에서 정점에 있던 인물이었기 때문에, 퇴계의 후손으로 태어난 향산이 자신의 가문에 대해 견지했던 자존은 남다를 수밖에 없었다. 퇴계가 차지하고 있는 역사적 비중과 역할은 관인으로서가 아니라 학자로서 성리학이라는 학문체계에 한정되어 있었지만, 성리학이 조선의 통치이념으로 역할과 기능을 한 점에 비추어 볼 때, 향산 가문이 가진 권위를 가히 짐작할 수 있는 것이다. 향산이 죽음을 눈앞에 둔 마지막 순간에도 후손들에게 가문에 대한 책임을 다하라는 훈계를 남기는 것도 이러한 맥락에서 이해할 수 있다.[40] 이런 견지에서 볼 때, 향산은 그 누구보다도 주자학이라는 학문에 충실한 주자학 근본주의자였다고 평할 수 있다.[41]

---

38 『향산전서』 상, 인출편 6, 「答權泰亨象鉉」(경술), 256쪽.
39 『향산전서』 하, 「청구일기」 24·26일조, 406~408쪽.
40 『향산전서』 하, 「청구일기」 19일조, 387쪽.
41 윤천근, 「향산 이만도 선생의 절의정신」, 『민족 위해 살다간 안동의 근대인물』,

향산은 세상 모든 일에 대해 주자학적 도덕 교화의 정도를 가치 판단의 준거로 삼았다. 경술년의 국치는 향산의 존재 이유에 치명타를 가했다. 오욕과 수치가 점증하는 가운데서도 그를 살아있게 만든 것은 완전히 사라지지 않은 국권회복에 대한 희망이었다. 그러나 경술국치는 그러한 희망을 완전히 분쇄하였다. 희망이 없는 삶은 지속될 수도 없고 아무 의미도 있을 수 없는 것이다. 향산의 자진 순국은 이처럼 희망이 완전히 사라진 암흑 속에서 필연적으로 선택할 수밖에 없던 극단적 출구였던 셈이다. 즉 향산에게 경술국치라는 수치를 피할 수 있는 유일한 방법은 '원수의 백성이 되기를 거부하는 길'밖에 없었다. 나라가 온통 일제치하에 들어간 상황에서 원수의 백성이 되기를 거부하는 방법은 자진뿐이었다. 향산에게 죽음은 피할 수 없는 숙명이었던 것이다.[42]

순국과 유훈

향산은 경술국치를 당한 지 6일이 지난 9월 8일(음 8. 1) 그 비보를 들었다. 절친한 친구였던 유필영柳必永을 비롯해 권재훈權載勳, 유기영柳耆永 등이 고림高林에 있던 향산을 찾아와 나라가 망했다는 변보變報를 전한 것이다. 그날 이후 향산은 날마다 선대의 묘소에 가서 통곡하였다.
  향산은 24일간의 단식으로 자정 순국하였다. 비통하게 며칠을 보낸 그는 9월 17일(음 8. 14)부터 자정을 결심하고 단식에 들어갔다. 단식에 임해 그는 자신의 입장과 각오를 다음과 같이 밝혔다.

233~235쪽.
42 윤천근, 「향산 이만도 선생의 절의정신」, 263쪽.

내가 나라에 두터운 은혜를 입었는데도 을미년에 변란이 일어났을 때 죽지 못하고, 다시 을사년에 5조약이 체결되었을 때에도 죽지 못하고 산에 들어가 구차하게 연명한 것은 그래도 이유가 있었다. 지금은 이미 아무 것도 기대할 만한 것이 없어졌는데 죽지 않고 무엇을 바라겠는가? 변란이 있었다는 소식을 들은 지 며칠이 지났는데도 이때까지 이르러 아직 지체하고 목숨을 이어가고 있는 것은 자진할 방도를 찾지 못했기 때문이다. 지금 내 뜻이 이미 정해졌으니, 명동明洞에 가서 생을 다할 참이다. 다시는 여기에 대해 말하지 말라.[43]

이 말로 미루어 향산이 자결을 처음 생각했던 것은 명성황후가 시해된 1894년의 을미사변 때였고, 그 뒤 을사조약이 늑결되었을 때도 다시 한번 순국을 생각했던 것으로 짐작된다. 그런데, 그가 순국을 결행하지 않고 후일로 미룬 이유는 국권회복과 일제구축에 대한 실낱같은 희망이 있었기 때문이었다. 하지만, 경술국치로 인해 그러한 희망은 완전히 사라졌고, 더 이상 살아있을 가치도 명분도 없어졌다는 논지인 것이다. 다만, 병탄 소식을 듣고도 근 보름간 자진을 결행하지 않았던 것은 자진할 방도, 즉 순국을 결행하는 방도를 결정하지 못했기 때문이라고 밝혀, 그가 자진의 방법으로 단식을 결정할 때까지 상당한 고뇌가 있었음을 알려준다.

그는 원래는 재산 명동의 선부군(양부) 묘역에서 자진하기로 결심하였다. 죄인의 신분으로 안방에서 안락한 죽음을 맞을 수 없다는 각오에서였다. 그러나 고조 이세사의 주손胄孫인 족손 이강호李綱鎬의 간청으로 인하여 청구동

---

43 『향산전서』 하, 「청구일기」, 362쪽.

에 있던 그의 집에서 단식하게 되었던 것이다.[44] 이후 그는 이곳에서 단식을 계속한 끝에 10월 10일(음 9. 8) 자정 순국하였다. 나라가 망했음에도 향산은 단식에 즈음하여 자신의 순국 결행을 광무황제에게 알리기 위해 다음과 같은 유소를 지었다.

> 대저 권신들이 권력을 다투느라 외인을 끼고 나라에 화를 불러온 것은 이미 30년 전에 그 기미가 보였는데도, 당시 저는 시종侍從의 직에 있으면서 한번도 싸우지 않았으니, 이것이 신의 죄입니다. 을사년에 변란이 일어났을 때 신은 병상에 누워 있어서 대궐 계단에 머리를 부수며 간적과 이 일을 바로 잡기 위해 죽기로 다투지 못했으니, 이것이 신의 죄입니다. 지금 전하께서 지위와 칭호를 잃었는데도 신은 홀로 편안히 즐기고 있으니, 이것이 신의 죄입니다. 대대로 나라의 녹을 먹던 신하로서 원수의 백성 되는 것을 기꺼이 하고 무지몽매하게 부끄러움을 모르니, 이것이 신의 죄입니다. 신에게 이 네 가지 죄가 있어 천지간에 용납되지 않는 바 이에 이 날부터 불식자진 不食自盡하는 것이 만분의 일이라도 성은에 보답하는 것입니다.[45]

유소의 저변을 복류하는 논지는 앞에서 본, 단식을 결심하고 한 말과 일맥상통하고 있다. 신하로서, 대관으로서 일제침략으로 인해 기울어가는 국운을 바로잡지 못한 회한과 책임을 무한히 절감하고 나아가 이를 자책하고 있는 것이다. 개항 이래 을사조약을 거쳐 국치에 이르기까지 자신이 군왕과 국가에 지은 죄는 '천지간에 용납되지 않는 바' 곧 죽음으로 속죄할 결심

---

44 『향산전서』 하, 「청구일기」, 363쪽.
45 『향산전서』 상, 「遺疏」, 149쪽.

을 하게 되었다는 것이다.

임종 수일 전 탈진해가는 신심을 가다듬고 지은 다음 유시遺詩는 자신의 일생과 죽음이 남기는 고결한 이미지를 비유한 것이었다.[46]

가슴속에 비릿한 피 다 말랐으매	胸中葷血盡
이 마음은 다시금 허명하구나	此心更虛明
내일이면 양 어깨에 날개가 생겨	明日生羽翰
옥경에 올라가 소요할 거라네	逍遙上玉京

비록 육신은 죽어가지만 마음은 오히려 더욱 '허명'해지고, 자신이 죽은 뒤에는 저 세상 천국으로 올라갈 것이라는 믿음을 노래한 것이다. 또 향산이 이 세상에 마지막으로 남긴 다음 시는 자진하기 5일 전에 지은 것으로 내방객을 사양하기 위한 것이었다.[47]

나 자신을 속인 데다 남 속였으매	自欺而欺人
하늘에도 두렵고 땅에도 두렵구나	畏天又畏地
아직도 목숨 붙어 있으니	尙賁一縷息
한심하도다 저승사자여	彼哉閻羅吏
여러 현달에게 바라노니	惟願諸顯達
이 골짝 다시는 찾지를 마소	無復枉窮谷

46　이만도 지음, 정선용 옮김, 『향산집』 1, 한국고전번역원, 2010, 393쪽.
47　이만도 지음, 정선용 옮김, 『향산집』 1, 394쪽.

그림 2 1948년에 건립된 향산 이만도의 순국 유허비(안동시 예안면 인계리 청구마을 향산공원). 전면의 비 제비제碑題는 백범 김구가 썼고, 뒷면의 비문은 위당 정인보가 지었다.

여기서 향산은 자신이 많은 허물로 인해 천지간에 두려운 심경이라고 토로하고, 그럼에도 불구하고 아직 죽지 않은 것을 한탄한 뒤 이런 자신을 사람들이 찾아오지 말도록 당부하고 있는 것이다. 곧 죽음을 눈앞에 둔 최후의 순간까지도 향산은 죄인을 자처했음을 알 수 있다.

향산의 순국은 당대 및 후인들에게 커다란 유훈을 끼쳤다. 향산이 자진하던 날, 그의 삼종질이며 함께 의병을 일으켰던 전 정언 동은東隱 이중언李中彦이 역시 단식에 들어갔다. 그는 단식 27일만인 11월 9일(음 10. 4) 향산의 뒤를 이어 순국하였다. 향산 순국의 연장이었던 셈이다.[48] 그뒤 1914년

---

48 김희곤, 『안동 선비 열 사람』, 지식산업사, 87~92쪽.

에는 향산의 문인 벽산碧山 김도현金道鉉이 친상을 마친 즉시 도해순국蹈海殉國하여 스승의 뒤를 이었다. 이들의 이러한 처신은 향산으로부터 받은 영향의 소산이라 해도 과언이 아닐 것이다. 또 주지하다시피, 향산의 아들 이중업李中業과 며느리 김락金洛, 그리고 손자 이동흠李棟欽, 이종흠李棕欽 형제 등 일가가 모두 독립운동 고행에 나선 것은 결코 우연이 아니라 향산의 유훈을 받든 결과였다.

향산 순국 후 그의 행장을 찬술한 지우 유필영은 "수치를 품고 구차하게 살아가는 자는 뒤에 죽는 비애를 금할 길이 없다"라고 하였고, 『향산집』의 발문에서 족질 이중철李中轍은 "공의 아들 중업이 나에게 발문을 부탁하는데, 나처럼 밥이나 먹으며 근근이 살아가는 자가 감히 할 수 있는 일이겠는가"라고 적었다. 이만도의 단식과 순국을 지켜볼 수밖에 없었던 지인들은 그에 대하여 무한의 존경과 더불어 극도의 미안지심을 품고 여생을 살았던 것이다.[49]

향산에 대해 갖는 무한한 경외심을 여실하게 드러낸 이로는 송사松沙 기우만奇宇萬이 있다. 향산의 묘갈명을 지은 그는 노사蘆沙 기정진奇正鎭의 손자로 호남의 대학자인 동시에 의병장이기도 하였다. 기우만은 최익현, 고광순 등과 함께 호남의병의 연원이 되었던 항일지사인 동시에 퇴계의 제자였던 기대승의 후손이었으므로 향산의 묘갈명을 짓는 데는 가장 적임자였다고 할 수 있다.[50]

---

49 안병걸, 「해제-한일병탄에 죽음으로 저항한 유림의 사표」, 『향산집』 1, 한국고전번역원, 2010, 41쪽.
50 윤천근, 「해제」, 『향산전서』 상, 424쪽 ; 박석무, 「仁을 구하려다가 仁을 얻다」, 『동방의 횃불 삼대 그날 그 세월』, 289쪽.

마침내 삶을 버리고 의를 잡고 세상의 바른 길을 세움은 모두 한날 성심誠
心을 이룬 데서 온 것일 따름이니라. 죽음을 두려워함은 사람의 상정常情인
데, 공은 이 지극히 힘들고 어려운 일을 이루는 것이 조용하고 부드러워 평
상과 같으니, 그 배운 바를 또한 가히 징험하는 것이라. (중략) 돌아보건대
나는 구차히 목숨을 훔쳐 살아남았는데 의당 공은 목숨을 가볍고 천하게 여
겼으니, 이 몸으로 후사를 맡게 되니 홀로 마음에 부끄럽지 아니한가![51]

기우만은 향산의 순국에 대해 극도의 경외심을 나타냈을 뿐만 아니라,
동시에 미처 죽지 못한 자신이 가질 수밖에 없는 깊은 자괴감自愧感을 솔직
하게 토로한 것이다. 그리하여 그는 명銘의 마지막 구절에서, "인仁을 구하
려다 인을 얻었으니 / 또 무엇을 원망하리오 / 명산 기슭의 / 넉 자 높은 무
덤 / 뒷날 죽어서 / 그 곁에 묻히고져"라고 하여, 향산의 사생취의捨生取義를
무한히 앙모하는 정으로 마무리하였다.

맺음말

향산 이만도의 생애는 그 활동 궤적에 따라 학문 수학, 출사出仕와 관력官歷,
은둔과 항일 등 크게 세 단계로 나눌 수 있다. 그리고 단식 순국은 항일의
단계로 포함시켜 이해할 수 있을 것으로 생각한다.

첫째 단계인 학문 수학기는 향산이 과문科文 등 수학에 전념하던 시기로,
1866년 문과에 장원급제하여 출사하기 이전 시기이다. 둘째 출사와 관력

---

51 『향산전서』하, 「墓碣銘」, 82쪽.

단계는 1866년 일생의 전기를 마련한 등과登科 이후 1882년 퇴관하여 하향하기 이전까지의 기간에 해당된다. 이 시기는 향산이 일생 가운데 가장 열정적으로 직무를 수행하던 시기로, 삼사를 비롯한 청요직을 두루 거치며 자신의 학문을 현실 위정爲政에서 구현하고자 하던 때였다. 그리고 마지막 단계는 1882년 하향한 이후 1910년 자진 순국할 때까지의 기간이 해당된다. 이 기간에 그는 기울어가는 국운을 자책하며 선대 묘역을 전전하면서 고행을 하는 한편, 항일의병을 선도하고 을사조약을 성토하는 등 항일투쟁에 매진하기도 하였다. 그리고 1910년 경술국치를 계기로 단식 순국함으로써 역사 앞에서 무한한 책임을 스스로 감내하였던 것이다.

향산이 자진 순국을 선택한 것은 조선 5백 년 통치이데올로기인 주자학에 충실했던 인물이었기 때문이다. 조선 성리학의 종장인 퇴계 이황의 직손으로서 그가 가졌던 성리학 체계의 효용성과 가치에 대한 신뢰는 절대적이었다. 일제침략은 향산의 그러한 신뢰를 파괴한 것이고, 경술국치는 주자학 가치와 질서에 대한 막다른 길목이었던 셈이다. 곧 주자학으로 무장한 향산의 의식의 내면에 자리잡고 있던 국왕(국가)에 대한 충절과 자기 가문에 대한 자존이 경술국치로 인해 와해되고 수치와 오욕만이 남게 되었던 것이다. 향산의 자진 순국은 국치로 희망이 사라진 암흑 속에서 필연적으로 선택할 수밖에 없던 극단적 출구였던 셈이다.

향산의 단식 순국은 역사적으로 큰 의의를 가지고 있다. 향산이 조선 주자학의 종장인 퇴계의 직손이었다는 사실에서 조선의 정체를 상징하는 절대적 권위를 가진 가문 출신이라 할 수 있고, 나아가 중앙조정에서 십수 년간 요직을 전전했다는 점에서 비중이 큰 정통관인이라 할 수 있다. 그러므로 명실상부하게 향산은 출신 가문의 전통과 권위, 그리고 축적된 관력 등 두 가지 면에서 대한제국의 한 면을 상징할 만큼 비중이 큰 인물이었다. 이와 같은 상징성과 권위를 가진 그가 경술국치라는 미증유의 치욕을 당한 역사적 현실에서 극단적 죄책감을 느끼고 이를 책임지기 위해 자결 순국을 결행했다는 사실은 후대에 생생한 역사의 귀감이 되는 것이다.

최익현과 민종식의
의병투쟁

머리말

1905년 을사조약 늑결 이후 전국적으로 조약 반대투쟁이 거세게 일어났다. 그 가운데서도 의병이 이 무렵 항일투쟁을 선도하였다. 전국 각지에서 활동하던 의병 가운데서도 중기의병을 상징하는 의진은 최익현의 태인의병과 민종식의 홍주의병이다. 태인의병은 이후 호남지방을 중심으로 전국 의병 확산에 큰 영향을 미쳤다는 점에서, 그리고 홍주의병의 이 시기에 일어난 의병 가운데 가장 규모가 크고 또 가장 치열한 전투를 벌였다는 점에서 그러하다. 곧 최익현과 민종식은 중기의병을 선도한 대표적인 의병장이었다.

  최익현과 민종식 두 의병장은 모두 의병을 일으키던 당시에 충남 청양靑陽의 정산定山에 거주하고 있었다. 최익현은 1833년 경기도 포천에서 태어나서 출사出仕하였지만, 관직에서 물러난 뒤 1900년 정산으로 내려와 정착하였다. 민종식은 1861년 경기도 여주에서 태어나 출사하였지만, 관직에서 물러난 뒤 1895년경 역시 정산에 내려와 정착하였다. 그리하여 이들은 고관 출신으로 조야에 큰 영향을 미치던 인물로, 정산이라는 한정된 지역에 동시에 거주하면서 상호 긴밀한 관계를 설정하면서 함께 의병을 일으켰던 것이다.

최익현의 의병투쟁

청양 이주

최익현은 순조 33년(1833) 경기도 포천군 신북면 가채리에서 선비 최대崔岱의 2남으로 태어났다. '호랑이 머리에 제비의 턱[虎頭燕頷]'이라는 귀한 골상을 타고난 그는 어려서 유달리 총명하여 아명을 '기남奇男'이라고 불렀다. 하지만 유년시절부터 가세가 넉넉지 못한 까닭에 삶의 터전을 찾아 남한강을 따라 단양, 양평 등지에 옮겨 살다가 22세 되던 해에 다시 포천으로 돌아왔다.[1]

최익현은 양평 후곡厚谷에 살던 시절 14세의 나이로 화서華西 이항로李恒老의 문하에 들어가 일생의 큰 전기를 마련하였다. 한말 위정척사운동의 종주宗主인 이항로는 양평의 벽계蘗溪에서 강학을 하고 있었다. 그는 최익현에게 '면암勉菴'이란 호를 지어주고 '낙경민직洛敬閔直'이란 글을 주면서 학문을 권면하였다. 이로부터 최익현은 이항로의 학문을 전승받아 위정척사의 '구국부도救國扶道'의 의리를 구현시키고자 온 생애를 바쳤다.

화서 문하에서 공부하던 최익현은 1855년 23세에 문과에 급제하여 비로소 출사出仕하였다. 승문원부정자承文院副正字를 시작으로 성균관전적을 거쳐 1859년에는 사헌부지평, 사간원정언이 되었으며, 이듬해 6월에는 이조정랑을 지냈다. 이어 1862년에는 처음으로 외직인 충청도 신창현감新昌縣監을 맡아 임지로 내려갔다. 자료상으로 볼 때 30세에 지낸 신창현감이 면암

---

[1] 『면암집』(청양군, 영인본, 2006) 부록 권1, 「연보」. 이하 官歷은 「연보」에 의거해 정리하였다.

이 최초로 충청도와 인연을 맺게 되는 계기로 확인된다. 신창현감 재임 1년 동안 지역주민들은 그의 선정을 널리 칭송하였다. 그러나 이듬해 7월 그는 충청도관찰사 유장환兪章煥의 미움을 사게 되자 즉시 사직하였다.

최익현이 다시 벼슬길에 나간 것은 신창현감을 사직한 이듬해인 1864년 2월 성균관전적에 제수되면서부터이다. 이후 그는 예조좌랑·성균관직강·사헌부지평·사헌부장령 등을 거쳐 1869년 그의 나이 37세 때는 승정원동부승지에 올랐다. 그 뒤 역사의 전면에 두각을 나타낸 것은 10년 동안 국왕의 생부로 집권해 온 대원군의 섭정을 탄핵하는 데 앞장선 일이다. 1873년 10월 면암은 대원군을 탄핵하는 상소를 올렸다.[2] 이 상소에서 그는 대원군이 집권 이래로 추진한 정책을 정면으로 공격하여 근자에 들어와 대신들은 건백建白의 정론이 없고 인심은 연약해지고 나아가 인륜조차 무너졌다고 주장하였다. 이와 같은 탄핵 상소에 대하여 대원군은 자기의 당여黨與를 총동원하여 이를 반박하고 최익현의 처벌을 상주하였으나, 이미 친정에 뜻을 굳힌 고종은 그를 처벌하기는 커녕 호조참판으로 승진 임명하고 오히려 최익현을 규탄하던 유생과 고관들을 처벌 혹은 축출하고 말았다. 이에 면암은 11월 3일에 재차 상소하여 만동묘 철폐를 비롯한 대원군의 실정을 통박한 뒤 그의 하야를 요구하기에 이르렀다. 고종이 그 소지疏旨를 받아들임으로써 결국 이 날을 시점으로 대원군의 10년 집권은 종막을 고하게 되었던 것이다. 이 일로 최익현은 세인으로부터 직간으로 세상의 잘못을 바로잡았다는 뜻에서 '봉명조양鳳鳴朝陽'이란 찬사를 받았다. 그러나 그도 또한 '왕실의 골육을 이간시킨' 죄목으로 2년간 제주도에 위리안치圍籬安置되기도 하였다.

2　『면암집』권3, 「辭同副承旨疏」(계유 10월 16일).

그림 3 청양의 모덕사慕德祠. 정산 장구동의 최익현 고택 경내에다 그를 기리기 위해 1923년에 사당을 건립하였다.

최익현이 두번째로 역사의 전면에 나선 것은 1876년 강화도조약 때이다. 조약 결사반대의 증좌로 도끼를 메고 광화문에 나가 올린 이른바 '지부소持斧疏'는 일제의 강요에 굴하지 않고 정부의 수교방침을 정면으로 반대하는 것으로 그때 나온 모든 개항 반대상소 중에서도 백미에 해당한다.[3] 그러나 개항은 이루어졌고 최익현은 오히려 흑산도로 4년간 또다시 유배를 당하는 고초를 겪었다. 그 뒤 향리에 퇴거하여 지냈다. 1895년 을미의병이 전국 각지에서 봉기하자, 그는 신기선申箕善, 이도재李道宰 등과 함께 각지 의병을 해산하기 위한 적임자로 선발되어 각 부군府郡 선유위원宣諭委員에 임명되기도 하였으나 이를 사직하였다. 1898년에는 의정부찬정과 궁내부특진관에 제수되기도 하였다.

---

3 『면암집』 권3, 「持斧伏闕斥和議疏」.

최익현이 세거지를 떠나 청양군 정산의 장구동長龜洞으로 내려온 것은 1900년 음력 4월이었다.[4] 그런데 그가 정산으로 이거한 배경과 이유는 이후 전개되는 의병투쟁과 관련되어 주목되는 대목이다. 그가 호서지방과 연고를 맺은 것은 1862년 신창현감으로 부임하여 1년간 지낸 것이 거의 유일하다. 그러므로 그의 정산 이거는 민종식과 항일투쟁을 연계하기 위한 목적을 가졌던 것으로 판단된다. 홍성의병장 민종식은 그에 앞서 1895년 하반기 무렵 정산의 천장리天庄里에 이거해 있었기 때문이다.

최익현은 정산에 거주하는 동안 의병을 모의하였나 실제로 거사한 곳은 전북 태인泰仁이었다. 그는 1906년 6월 4일 태인에서 의병을 일으켰다. 하지만 거의 직후에 곧 피체되어 서울로 압송되었으며 8월 28일 임병찬林炳瓚(1851~1916)과 함께 대마도로 끌려갔다. 1907년 1월 1일 새벽 3시에 이역 땅에서 순국하였다.[5]

삼남지방 연합전략 구상

1905년 을사조약 늑결 이후 호남지방에서 일어난 대표적인 의진이 태인의병이다. 이 의진을 이끌었던 의병장은 최익현이다. 그는 경기도 포천 출신이었지만 특별한 연고가 없는 것으로 보이는 청양에 거주하고 있었고, 또 실제로 의병을 일으킨 곳은 전라도 태인이었다. 그 가운데서도 거주지 정산과 의병 봉기지인 태인은 최익현의 의병활동과 관련되어 주목되고 있다.

---

4 『면암집』부록 권1, 「연보」 경자년 4월조.
5 박민영, 「한말 의병의 대마도 被囚 경위에 대한 연구」, 『한국근현대사연구』 37, 한국근현대사학회, 2006, 181쪽.

청양의 정산으로 퇴거한 최익현이 의병을 계획한 것은 1905년 11월 늑결된 을사조약을 계기로 해서였다.[6] 그는 조약 늑결에 항거하여 매국 5적을 처단할 것을 요구한 「청토오적소請討五賊疏」를 올리고 나아가 의병을 일으켜 국권회복을 도모할 것을 결심하였다. 그 결과 호서지방에서 민종식을 주장으로 삼아 일어난 홍주의병과 더불어 공동항전을 구상하였던 태인의병을 결성하기에 이르렀다.

　　그가 항일의병을 도모하려던 구체적인 움직임은 1906년 1월 충남 논산군 노성의 궐리사闕里祠 집회에서 나타났다. 일명 춘추사春秋祠라고 불리는 궐리사는 공자의 영상을 봉안한 영당影堂으로 현재 논산시 노성면 교촌리에 있다. 그는 명암明菴 신협申梜의 초청을 받고 궐리사에 가서 1906년 12월 26일(음 12. 1) 원근의 유생 수백 명을 모아 강회를 열고 절박한 시국상황을 알리는 한편, 일치단결하여 국권회복에 동참할 것을 촉구하였다. 이 때 회집한 유생들과 함께 구국투쟁에 매진할 것을 결의한 약문約文의 서두를 보면 다음과 같다.

> (전략) 오도吾道를 지키고, 화맥華脈을 보존하며, 종국宗國을 보호하여 원수를 없애버리는 여러가지 일을 가지고 대략 몇 가지 조목을 만들어 우리 전국의 사민과 함께 힘쓰고자 한다. 부디 혼미하고 노망한 자의 말이라고 하여 버리지 말고 각각 스스로 분발하여 한결같은 마음으로 준행遵行하여 실효가 있게 된다면 천만다행이다.[7]

6　이하 최익현의 삼남지방 연합전략 구상의 내용은 졸저, 『한말 중기의병』, 독립기념관 한국독립운동사연구소, 2009, 102~106쪽 주지를 수용해 정리한 것임을 미리 밝혀둔다.
7　『면암집』 권16, 잡저, 「魯城闕里祠講會時誓告條約」

'오도'와 '화맥', '종국'을 수호하고 일제를 구축하기 위해 몇 가지 약조約條를 하여 실행토록 맹세한다는 것이다. 이어 본론인 약문에서는 친일세력에 대한 성토와 처단, 납세 거부투쟁, 일본상품 불매운동, 연명 상소투쟁 등을 규정한 7개 조의 결의문을 제시하였다. 그리하여 연명 상소투쟁을 전개하기 위해 각지의 유생들에게 2월 13일 충남 진위振威에 집결토록 하였으나, 일제의 방해로 성사되지 못하고 말았다. 최익현이 이 때 진위에 주목한 이유가 무엇인지 분명치는 않으나 서울로 올라가는 길목으로 이곳을 지목한 까닭이 아닌가 생각된다.

궐리사 강회에는 1896년 진주의진에 협력한 적이 있던 경남 합천의 명유 애산艾山 정재규鄭載圭도 10여 명의 지사들과 함께 참석하였다. 곧 이 때의 강회는 항일의지를 천명하면서 의병세력을 규합하기 위한 모임의 성격을 띠고 있었다는 점에서 거의의 준비단계였던 셈이다.[8]

이어 최익현은 각지 유림지사들과 함께 의병을 일으키기 위해 판서 이용원李容元·김학진金鶴鎭, 관찰사 이도재, 참판 이성렬李聖烈·이남규李南珪, 그리고 거유인 면우俛宇 곽종석郭鍾錫과 간재艮齋 전우田愚 등에게 편지를 보내어 창의를 독려하기도 하였다.

이 무렵 호남지방에서는 전북 고창 출신의 유생 고석진高石鎭과 진안 출신의 최제학崔濟學, 그리고 전 낙안군수 임병찬 등이 의병을 도모하고 있던 중이었다. 이들은 거의하기 위한 구체적인 방안을 모색하던 중 충남 정산에 있던 최익현을 호남으로 모셔와 의병장에 추대할 계획을 세웠다. 이러한 상황에서 최익현은 송병선의 순국 소식을 듣고 1906년 2월 하순경 드

---

8 [추기] 궐리사 강회에 대해서는 졸고 「敬菴 郭漢紹의 생애와 항일투쟁」(『한국근현대사연구』 74, 2015)에 그 내용과 성격, 의의가 더 구체적으로 기술되어 있다.

디어 거의를 위해 정산을 떠나 호남으로 내려갔다. 이러한 과정에는 정산에 함께 거주하던 민종식과도 어떤 형태로든 협의가 이루어졌을 것으로 추정된다. 즉 항일의 두 거주였던 최익현과 민종식 양인은 의병투쟁을 전개해가는 과정에서 투쟁전략을 함께 협의했던 것으로 인정해도 크게 무리가 없다는 것이다. 이러한 사실은 최익현이 주도한 태인의병과 민종식이 이끈 홍주의병의 상호관계에서 시사하는 바가 크다고 생각한다.

최익현은 호남으로 향하면서 다음과 같은 견해를 피력하였다.

> 지금 우리는 군사가 훈련되지 못했고 무기도 이롭지 못하니 반드시 각 도, 각 군과 성세를 합쳐야만 일이 이루어질 것이니, 나는 마땅히 남으로 내려가 영, 호남을 깨워 일으켜 호서와 함께 서로 성원이 되는 것이 옳지 않겠는가.[9]

최익현의 원대한 투쟁방략을 이해할 수 있다. 그는 삼남의 여러 우국지사들과 연계하여 각지에서 동시다발적으로 항일의병을 일으켜 상호 연합전선의 구축을 통해 항일전을 전개하려는 전략을 계획하고 있었던 것이다. 이처럼 삼남지방이 동시에 상응하여 항일전을 벌이겠다는 투쟁 방략은 최익현과 민종식을 주축으로 한 의병 지도자들의 공통된 혹은 합일된 투쟁방략으로 생각된다.

이에 따라 최익현은 곽한일과 남규진에게 영남, 호남과 함께 의각犄角의 형세가 되도록 호서지방에서 의병을 일으키도록 권유하였으며, 화서학파의 동문인 유인석에게는 남북에서 함께 호응하자는 글을 보내기도 하였다.

---

9 최제학, 「면암선생창의전말」, 『독립운동사자료집』 2, 1971, 57쪽.

그리고 영남의 문인 조재학曺在學과 이양호李養浩에게도 사람들을 모아 거사하도록 지시하는 한편, 영남 각지에 편지를 보내 거의를 독려하였다. 이처럼 원대한 전략하에 호서에서는 민종식이 의병을 도모하게 되자, 최익현은 지역적 연고가 미약했음에도 불구하고 호남으로 내려가 그곳의 항일세력을 규합해 거의하였던 것이다. 그가 거의를 준비하던 당시의 정황은 다음 기록을 통해서도 명확하게 확인할 수 있다.

    송연재(송병선 - 필자주)가 등대登臺하여 또 순절한즉 선생이 들으시고 설위통곡設位痛哭왈 제공들 순절이 장하나 그러나 사람마다 한갓 죽으면 누가 회복하리오 하시고 거의할 계책을 결단하사 문인을 보내어 이판서 용원과 김판서 학진과 이관찰 도재와 이참판 승렬 이참판 남규와 곽면우 종석과 전간재 우씨 제공에게 편지하여 상의하되 응하는 자가 없고 복합상약伏閤相約은 왜적이 탐지하고 군사를 거의 다 진위에다 두어 막는지라 문인 고석진이 고왈 태인 거하는 전 낙안군수 임병찬이가 가히 의논할 만하나이다 하니 선생이 최제학을 보내어 의논하신즉 병찬이 쫓기를 원하고 예산에 우거한 곽한일이 선생의 의향을 아는 고로 남규진으로 더불어 와서 보았고 일을 말씀함에 가히 임사任事할 만한지라 선생이 성명도장과 격서와 기호旗號를 주시고 한일에게 일러 왈 충청도 일은 군에게 부탁하노라 하시고 또 참판 민종식씨가 내포에서 기병하여 장차 기를 세울지라 선생이 이르되 반드시 각 도가 일심합력하여야 서기기망庶幾期望이 있을 것이니 나는 남으로 행하여 영, 호남 양도를 고동시키리라 하시고 가묘에 하직하시고 전라도로 행차하사 임낙안 병찬에게 모군募軍·치양치량置糧 등 일을 지휘하시고 영남 문인 이양호·조재학을 영남으로 보내어 각처에 상의하라 하시고 (하략)[10]

위의 자료는 최익현의 문인으로 의병에 동참했던 최측근 인물이 기록한 것으로 믿어지는 필자 미상의 순한글 기록 가운데 최익현이 거의를 결심한 뒤 항일전의 방략을 구체적으로 세워가는 과정을 인용한 것이다.[11] 최익현은 송병선의 순국에 충격을 받아 거의를 결심하게 되었고, 각처의 명망지사들에게 연락을 취해 함께 거사를 도모하려 하였지만 여의치 못한 상황에서 고석진의 추천으로 임병찬과 조우하여 함께 거의를 준비·계획하게 되었다는 것이다. 그리고 민종식을 정점으로 하는 호서의병과의 연계 임무는 곽한일과 남규진 양인에게 맡기고, 최익현 자신은 호남으로 내려가 거의함으로써 영, 호남 두 지역의 민심의 호응을 모두 얻어 의병을 규합하려는 전략을 세운다는 것이다. 나아가 영남지방의 의기를 고무시키기 위해서 영남 출신의 이양호와 조재학 두 문인을 파견한다는 것이다.

그 실현 가능성 여부를 떠나 청양에서 나온 이와 같은 의병투쟁 방략 구상은 삼남지역 전체의 항일세력을 규합하여 전면전과 같은 항일전을 계획하였다는 점에서 독립운동사상 큰 의의를 갖는 것으로 적극적으로 평가할 수 있다. 그 동안의 지역 분산적 형태의 고립전을 지양하고 연합전을 구상한 것은 항일무장투쟁의 향후 방향설정 문제와도 연관되어 있을 뿐만 아니라, 독립운동사에서 화두와도 같았던 통일전선 구축과 운동세력 통합 문제에도 선구적 의의를 가질 수 있을 것이다.

자료의 한계로 더 이상 구체적 사실은 확인할 수 없는 실정이지만, 삼남지방 항일세력 통합과 그에 기반을 둔 지역분담 역할 구상은 이상 언급한

---

10 『勉菴先生事實記』(1933년 1월 轉寫, 독립기념관 소장자료, 한글 필사본)
11 [추기] 독립기념관에서 2011년에 수집하여 소장한(자료번호 1~012716~000) 이 자료의 원문 작자가 그동안 미상이었으나 최근에 최익현의 문인으로 至近에서 그를 隨從했던 곽한소로 밝혀졌다.(졸저 『나라와 가문을 위한 삶 곽한소』, 역사공간, 2017, 174~178쪽)

대로 최익현을 중심으로 논의된 것으로 보인다. 하지만, 후술할 민종식도 이러한 논의에 깊숙이 관여하였을 것으로 생각되며, 그밖에 의병 동지들도 다수 이와 같은 논의에 동참했을 개연성을 배제할 수 없다. 이런 견지에서 볼 때, 청양의 정산에서 발원한 의병의 항일투쟁 방략은 최익현의 태인의병과 민종식의 홍주의병으로 이어진 것으로 판단된다. 또 이런 관점에서 태인의병과 홍주의병은 연원을 같이 한, 상호 긴밀한 연관성을 가진 의진으로 평가할 수 있을 것이다. 다만, 영남지방에서는 최익현 등의 구상과 노력에도 불구하고 1906년 단계에는 명확한 호응세력이 형성되지 않았기 때문에 태인, 홍주의병과 상호 긴밀하게 연계된 의병부대가 탄생하지 않았던 것으로 해석된다.

의병투쟁 과정

최익현이 의병을 일으키는 과정에서는 전 낙안군수 임병찬의 역할이 매우 컸다. 당시 임병찬은 전북 태인의 종석산鍾石山 밑에 살고 있었다.[12] 문인 최제학을 대동하고 임병찬을 찾아가 수일간 머물면서 거의할 방안를 숙의하였다. 면암은 동학농민전쟁을 치르면서 군무경험을 쌓은 임병찬에게 의병모집에서부터 물자조달, 군사훈련에 이르기까지 일체의 군무를 위임하였다.[13]

이 무렵 최익현은 태인·진안·운봉 등지를 전전하면서 의병을 규합하는 데 필요한 인사들과 부단히 접촉하였다. 하지만 농번기가 닥친 데다가 시일이 촉박하여 병기와 군량을 충분히 갖추기가 어려웠다. 이에 임병찬은

---

12 홍영기, 『대한제국기 호남의병 연구』, 일조각, 2004, 161~162쪽.
13 『면암집』 부록 권4, 「연보」 병오년 2월조.

최익현에게 "재정이 고갈되고 농무農務가 한창 바쁜데 군사모집마저 또 뜻대로 되지 아니하니 가을을 기다려 거사하는 것이 어떻겠는가?"라고 하여 가을로 늦추어 거의할 것을 제의하였다. 하지만, 면암은 일의 성패와 상관없이 지금도 나라의 위기를 구하려면 시기적으로 이르지 않다고 하며 당장 강행할 뜻을 굽히지 않았다. 이에 임병찬도 결국 최익현의 주장에 동의하게 되었고, 6월 4일(음 윤4. 13) 태인의 무성서원武城書院에서 강회를 개최하면서 거의하기로 확정하였다.[14]

날짜를 확정하게 되자, 최익현은 5월 24일 의병을 일으키게 된 이유와 명분을 광무황제에게 알리기 위해 다음과 같은 상소문을 지어 민영규閔泳奎로 하여금 전달케 하였다.

> 신은 불행히도 오늘까지 살아서 이러한 변고를 보았으니 (중략) 오직 입궐하여 소를 올리고 폐하 앞에서 머리를 부수어 스스로 죽을 뿐입니다. 그러나 폐하가 할 수 없는 것을 분명히 알고 있으니, 공연한 헛소리로 떠드는 것은 다만 실상이 없는 글이 될 것이며, 또 인심이 아직 국가를 잊지 않음을 보았으니, 스스로 헛되이 죽는 것도 경솔한 행동이기에 참고 견디면서 약간의 동지와 함께 적의翟義·문천상文天祥이 의병을 일으킨 것과 같은 일을 계획한 지 4~5개월이 되었습니다. (중략) 지금 계획이 다소 정해졌고 인사도 겨우 모였으니 이에 금월 13일(양 6. 4 - 필자주) 전 낙안군수 신 임병찬에게 먼저 의기義旗를 세워 동지들을 장려하여 차례로 북상하게 하였습니다. 이등박문伊藤博文·장곡천호도長谷川好道 등의 왜적을 부르고, 각국의 공사·영사를 회동하여 담판을 열고 작년 10월의 늑약을 거두어 취소하고, 각 부에

---

14 최제학,「면암선생창의전말」, 62~63쪽.

있는 고문관을 돌려보내고, 우리 국권을 침탈하고 우리 생민을 해롭게 하는 전후의 모든 늑약은 모조리 만국의 공론에 회부하여, 제거할 것은 제거하고 고칠 것은 고쳐서 국가는 자주권을 잃지 않고, 생민은 어육의 화를 면할 수 있게 하는 것이 신의 소원입니다. (중략) 그러나 만약 하늘이 재앙을 뉘우치지 않아 뜻을 이루지 못하고 그들에게 짓밟히는 화를 당한다면, 신도 달게 죽음을 받아 여귀厲鬼가 되어 원수 오랑캐를 깨끗이 쓸어버릴 것을 기약하며, 저들과는 천지간에 함께 숨쉬며 살지 않을 것입니다.[15]

최익현이 의병투쟁을 통해 궁극적으로 달성하려던 계획은 일제 침략세력의 본거지인 서울로 북상하여 각국 공사관원들과 일제 침략기관인 통감부와 한국주차군사령부의 대표들을 한 자리에 모아놓고 담판을 통해 국권회복을 도모하려 했다는 점이다. 그리고 이 계획이 실패할 경우, 죽을 때까지 항일투쟁을 할 결심을 했다고 자신의 입장을 분명하게 밝혔다. 거사 날짜가 임박하게 되자 최익현과 임병찬은 인근에 격문을 발송하고 또 사람을 보내어 의병모집과 군기수집에 전력을 기울였다. 순창·담양·창평·광주 등지로도 거의 사실을 알리는 통문을 비밀리에 보냈다.[16]

또 그는 항일전의 방략을 협의하고 거의과정에서 지원을 요청하기 위해 호남의 거유였던 송사松沙 기우만奇宇萬(1846~1916)을 찾아갔다. 최익현은 문인 최제학을 대동하고 5월 30일 전남 담양의 추월산에 있는 용추사龍湫

---

15 『면암집』 권5, 「倡義討賊疏」; 『면암집』 부록 권4, 「연보」 병오년 윤4월조; 최제학, 「면암선생창의전말」, 63쪽. 이 상소의 작성 일자는 최제학의 기록에는 5월 24일(음, 윤4월 2일)로, 『면암집』에는 6월 2일(음 윤4월 11일)로 되어 있는데, 전자는 상소문의 작성일자이고 후자는 실제로 보낸 일자를 기록한 것으로 해석된다.
16 임병찬, 『의병항쟁일기』(돈헌유고 영인본), 한국인문과학원, 1986, 205쪽; 최제학, 「면암선생창의전말」, 64~65쪽.

寺에서 기우만과 만났다. 이 자리에는 호남 각지의 명유 50여 명이 회동하였으며, 항일전을 수행할 방책을 이들과 함께 도모하였다.[17] 이 날의 용추사 회합에서는 거의의 정당성을 천명하고 주민들의 참가를 독려하기 위한 격문을 발포하였고, 또 의병에 동참하기로 한 지사들의 연명부인 「동맹록」을 작성, 항일전 수행에 매진할 결의를 다졌다. 「동맹록」에는 최익현·기우만·이재윤·고석진·최제학·임병찬 등 모두 112명이 연명하였다. 이들 대부분은 최익현과 기우만의 문인들로, 태인의병의 거의·활동 과정에 직, 간접으로 참여한 것으로 보인다.

전남 담양의 용추사에서 6월 3일 출발한 최익현 일행은 다음날 태인의 무성서원에 도착하여 강회를 열었다. 거의를 알리는 통문이 각지에 이미 전달되어 있었기 때문에 수백 명의 유생들이 무성서원에 모였다. 최익현은 강회를 마친 뒤 비통한 눈물을 흘리면서 창의에 동참할 것을 다음과 같이 호소하였다.

> 왜적이 국권을 빼앗고, 역신이 화를 빚어내어 5백 년 종사와 3천 리 강토가 다 없어지게 되었으며, 군부는 우공寓公의 화를 면하지 못하고 생민은 모두 어육의 참혹한 화를 당하게 되었다. 구신舊臣인 나는 진실로 종사와 생민의 화가 여기까지 이르는 것을 차마 볼 수 없어 힘을 헤아리지 않고 대의를 천하에 펴고자 하니 성패와 이해는 예견할 수 없지만 내가 전심으로 나라를 위하여 죽음을 생각하고 살 생각을 하지 않는다면 천지신명이 도와서라도 어찌 성공하지 못하겠는가.[18]

---

17 최제학, 「면암선생창의전말」, 65쪽.
18 『면암집』 부록 권4, 「연보」 병오년 윤4월조.

최익현의 창의 선언에 동참하여 즉석에서 80여 명이 의병 대열에 합류하였다. 이로써 태인의병은 활동을 개시하였으며, 이 의병은 호남에서 을사조약 늑결 후 최초로 봉기한 의진이 되었다. 최익현은 74세의 노구를 이끌고 항일의병의 선봉에 섰다.

　　무성서원에서 일어난 최익현 의병이 태인 본읍으로 행군하자, 군수 손병호孫秉浩는 그 기세에 눌려 도망쳤다. 무혈로 입성한 직후 최익현은 향교로 들어가 명륜당에 좌정하고 향장과 수서기를 불러 관아의 무기를 접수하는 한편, 군사들을 모아 전력을 강화시켰다. 최익현이 거느린 의병은 다음날 아침 일찍 행군하여 정읍에 무혈 입성하였다. 정읍군수 송종면宋鍾冕이 항복하고 최익현을 영접하였기 때문이다.

　　태인의병은 당일로 정읍을 떠나 내장사로 들어가 일시 유진하였다. 이때 의진의 군세는 3백 명에 이르렀다. 그리고 이튿날 순창 구암사龜岩寺로 들어가 하룻밤을 묶은 뒤 6월 7일 순창에 도착하였다. 순창읍에서는 많은 주민들과 이속들이 나와 의병을 환영하였고, 순창군수 이건용李建鎔은 최익현 앞에 나아가 항복하였다. 태인의병은 순창에 근거지를 두고 남원으로 진출하기 위해 일시 곡성으로 진격하였지만, 곧 순창으로 회군하였다. 남원의 방비가 예상외로 견고하다는 첩보에 따른 것이다. 이 무렵 의진의 규모는 6백 명에 이르렀다.[19]

　　최익현을 선두로 태인의병이 을사조약 늑결 이후 고조되던 항일기세를 상징할 만큼 성세를 떨치게 되자, 일제는 즉시 대응조치를 취하였다. 이에 따라 일제는 태인의병이 광주 방면으로 진출할 것에 대비하여 경찰, 헌병대로 하여금 경계태세에 돌입케 하는 한편, 목포·군산 방면의 방어와 거류

19　최제학, 「면암선생창의전말」, 86쪽.

민 보호 등을 명목으로 서울의 한국주차군사령부에서 일본군 1개 중대를 광주로 급파하기로 결정하였던 것이다. 당시 광주에 거주하던 일인들 가운데는 미리 화를 피해 목포 방면으로 피신하는 사람들도 있었을 정도로 호남의 일본인들은 공포에 떨었다.[20]

일제는 전주 경찰고문지부의 보좌관 가토 마사노리[加藤正典]를 파견하고, 이어 전주수비대에 통보하여 고지마[小島] 보조원을 무장시켜 한인 순검 수명과 일제 헌병 2명, 수비대 군인 6명 등을 출동시켰다.[21] 이들은 태인의병을 정찰할 목적으로 파견되었으나 중과부적으로 도망치고 말았다. 결국 일제는 진위대를 동원하여 태인의병을 탄압하기로 방침을 바꾸었다.

일제는 대한제국의 군부를 통하여 광주와 전주의 진위대를 동원하여 태인의병을 탄압케 하였다. 그리하여 6월 11일 광주관찰사 이도재는 의병 해산을 명하는 광무황제의 조칙과 관찰사 고시문을 의병장 최익현에게 보내 해산을 종용하였다. 최익현은 관찰사의 해산 명령을 단호히 거절하였다. 자신의 거의 명분과 목적을 이미 광무황제에게 상소해 놓았기 때문에 황제의 직접 회신인 비답을 받기 전에 자신의 거취문제를 명령하는 것은 관찰사의 월권이라는 논리였다. 그러나 일제의 사주를 받은 정부에서는 전주관찰사 한진창에게 전북지방 진위대를 동원해 의병을 해산시키라는 훈령을 내렸다. 한진창은 전주와 남원의 진위대를 순창으로 출동시켜 태인의병을 봉쇄하면서 의병을 압박하였다. 순창읍의 북쪽인 금산錦山에는 전주 진위대가, 동쪽인 대동산大同山에는 남원진위대가 각각 포진하여 읍내 관아의 객관을 중심으로 유진해 있던 의진을 압박해 왔던 것이다.

20 독립기념관 한국독립운동사연구소 편, 『한말의병자료』Ⅲ, 72·80~81쪽.
21 내부 경찰국 편, 『顧問警察小誌』(1910. 3), 120~122쪽.

최익현은 처음에 이들을 일제 군경으로 오인하고 즉시 전투태세에 들어갔다. 그러나 얼마 뒤 이들이 진위대 관군이라는 사실을 알고 동족상잔의 비극을 피하기 위해 진위대측에 다음과 같은 간곡한 통첩을 보냈다.

우리 의병은 왜적을 이 땅에서 몰아낼 목적으로 싸울 뿐 동족 살상은 원치 않는다. 진위대도 다같은 우리 동포일진대, 우리에게 겨눈 총구를 왜적에게로 돌려 우리와 함께 왜적을 토멸하도록 하자. 그럼으로써 후세에 조국을 배반했다는 오명을 씻을 수 있으리라.[22]

그러나 진위대측에서는 최익현의 제의를 무시하고 의병을 해산할 것을 계속 요구해 왔다. 이에 최익현은 "동족끼리 서로 박해하는 것을 원치 않으니, 너희들은 즉시 해산하라"고 하여 부득이 해산할 것을 명령하였다. 그럼에도 불구하고 최익현과 더불어 해산하지 않고 끝까지 남은 인원이 1백여 명에 이르렀다.[23] 전주·남원 두 진위대는 11일 당일 오후 6시경 일제히 의병을 공격해 왔다. 이에 최익현은 주위를 돌아보며 "이곳이 내가 죽을 땅이다. 제군은 모두 떠나라"고 하며 지휘부가 있던 객관 연청橡廳에 그대로 눌러 앉았다. 그래도 끝까지 떠나지 않고 남은 자가 22명이었다. 중군장 정시해는 진위대의 공격으로 이 때 전사 순국하고 말았다. 진위대는 의병측으로부터 아무런 저항이 없자 사격을 중지하고 지휘소를 포위한 채 그대로 밤을 지샜다.

---

22 『면암집』 부록 권4, 「연보」 병오년 윤4월조; 송상도, 『기려수필』, 국사편찬위원회, 1955, 101쪽.
23 최제학, 「면암선생창의전말」, 89쪽.

이튿날 의병장 최익현 이하 임병찬·고석진·김기술·문달환·임현주·유종규·조우식·조영선·최제학·나기덕·이용길·유해용 등 핵심인물들인 13의사는 진위대에 체포된 뒤 14일 전주로 이송되었다. 전주에서 이들은 일제 헌병대에 인계되어 18일 서울로 압송되어 헌병대사령부에 구금되기에 이르렀다. 그 뒤 1906년 8월 14일(음 6. 25) 일제의 육군이사陸軍理事로부터 최익현은 3년, 임병찬은 2년형을 선고받고 대마도에 유폐되어 옥고를 치렀고, 고석진과 최제학은 4개월 형을 받았으며, 나머지 의사들은 태형 1백 대를 선고받았다.[24] 이로써 최익현의 태인의병 활동은 종료되고 말았다.

74세의 고령으로 대마도에 유폐되었던 최익현은 심한 옥고를 견디지 못하고 1907년 1월 1일 마침내 옥중에서 순국하였다. 면암의 직접 사인은 탈진상태에서 온 노인성 폐렴이었던 것으로 보인다.[25]

민종식의 의병투쟁

청양 정착

민종식은 철종 12년(1861) 3월 경기도 여주에서 아버지 민영상閔泳商과 어머니 기계유씨杞溪兪氏 사이에서 3대 독자로 태어났다. 본관은 여흥麗興이며, 자는 윤조允朝, 호를 퇴초자退樵子라 하였다. 그의 가문은 여흥민씨 가운데

---

24 최제학, 「면암선생창의전말」, 102쪽; 임병찬, 「대마도일기·반구일기」, 『독립운동사자료집』 2, 130쪽.
25 「肆 제1006호」(대마경비대사령관이 1906년 12월 25일 石本新六 육군차관에게 보낸 전보) (일본 방위성 방위연구소 소장)

서도 최고의 위세를 떨쳤던 삼방파三房派[26]에 속하였고, 그의 집안은 명성황후와 멀지 않은 일가로 당당한 위세를 떨치고 있었다. 증조부 민치병閔致秉이 명성황후의 생부인 민치록閔致祿과 8촌 재당질간이었다고 한 점으로 미루어 명성황후와 가까운 일족이었음을 알 수 있다.

명성황후의 조카뻘이었던 그의 부친은 문과급제 후 충청감사를 비롯하여 이조·호조·예조·형조·공조 판서를 역임하는 등 요직을 두루 거친 관인이었다. 특히 1886년 3월부터 1889년 6월 호조판서로 전직할 때까지 만 3년 3개월간 충청감사에 재임하였다.[27] 뒷날 민종식이 청양 천장리에 정착하여 홍주의병을 일으킬 수 있는 지역적 연고나 바탕이 이 때 마련되었을 것으로 짐작된다는 점에서 시사하는 바가 크다.

민종식의 유년 성장기의 모습은 관련 자료가 남아 있지 않아 구체적으로 확인할 수 없다. 그가 역사의 전면에 나타나는 것은 고종 18년(1881) 20살 때 문과에 급제하면서부터였다. 문관이면서도 "체구가 비대하고 얼굴이 크며 성긴 구레나룻"을 하고 있었다고 한 점으로 미루어 동시에 무인의 풍채도 지녔던 것으로 보인다. 당당한 문벌을 배경으로 등과登科 후 출세가도를 달렸다. 예문관검열藝文館檢閱 등을 거쳐 고종 23년(1886)에는 시강원겸사서에 올랐고, 이듬해인 고종 24년(1887)에는 관리의 인사권을 관장하는 핵심 직책인 이조전랑吏曹銓郎이 되었다. 이후 시강원겸필선侍講院兼弼善, 사간원대사간 등 요직을 두루 거친 다음, 1891~1892년간에는 예조·이조·형조 등 각 조의 참판을 역임하였다.

---

26 조선 숙종조 때의 명신들인 閔蓍重, 鼎重, 維重 3형제의 후손을 일컫는 문파로, 이후 고종조까지 대대로 현달한 가문이었다.
27 『일성록』 1886년 3월 28일조 및 1889년 7월 3일조 참조.

그림 4 민종식 의병장 유허비(충남 청양군 정산면 천장리)

　1893~1894년에는 도승지로서, 그리고 세자의 교육을 담당하는 관직인 세자시강원보덕世子侍講院輔德으로 재임하였다.[28] 1895년 일제는 을미사변을 일으켜 명성황후를 무참히 시해하였다. 여기에 큰 충격을 받은 민종식은 격분을 이기지 못해 관직을 버리고 낙향하였다.
　이 때 민종식이 낙향한 곳은 고향인 여주가 아니라 청양군 정산면 천장리天庄里였다. 천장리와의 지역적 연고는 자료상 확인되지 않으며, 그의 부친이 1886~1889년간 충청감사를 지낸 사실을 통해 유추해 볼 뿐이다. 즉 민종식은 부친이 충청감사를 지낸 연고를 통해 지역적 기반이 마련되어 이곳으로 내려온 것으로 보인다. 결국 민종식이 청양에 정착한 것은 을미사변을 계기로 항일투쟁의 새로운 돌파구를 마련하기 위해서라 할 수 있다.

---

28 『승정원일기』 1895년 7월 26일조.

이렇게 볼 때, 민종식이 청양에 내려온 것은 1895년 말경이었고, 그의 이거는 1889년까지 충청감사를 지냈던 그의 부친의 지역적 기반 혹은 연고를 토대로 한 것이었다. 이후 그는 1906년 의병을 일으킬 때까지 12년간 청양 천장리에 거주하였다.

민종식은 명성황후의 국장이 반포되고 그 준비에 들어갈 때인 1895년 1월에 대행왕후만장제술관大行王后輓章製述官에 임명되어 이듬해 거행된 국장에는 참례하였다.[29] 을미사변 후 자료상 마지막으로 확인되는 관직은 1904년 1월 궁내부 특진관으로 있으면서 장례원소경掌禮院少卿에 임명된 것이었다.[30] 이어 두 달 뒤인 같은 해 3월에는 사직소를 올리고 퇴관하였다.[31] 이후 의병에 투신할 때까지 그는 일체의 관직을 떠났던 것으로 생각된다.

그런데, 민종식은 이즈음 개인적으로 불행이 겹쳤다. 정산에 정착한 이듬해인 1896년에 모친을 여의었으며, 1899년에 다시 부인과 사별하였고, 이어 1901년에는 부친마저 타계하고 만 것이다. 그는 1904년 한산이씨 이은식李殷植의 딸을 새 부인으로 맞이하였다. 한산이씨 부인은 홍주의병의 동지인 이용규李容珪의 이복동생이며 안동관찰사를 역임한 수당修堂 이남규李南珪의 종제이기도 하였다. 이용규와 이남규는 의병 동지가 되었다.

민종식이 그 뒤 상경한 것은 1905년 을사조약 반대투쟁을 위해서였다. 일제가 망국조약인 을사조약을 강제로 체결했다는 소식을 듣자, 이 때부터는 항일투쟁의 전면에 나서게 되었다. 전기의병 때 홍주의병을 이끌었던 김복한, 김상덕, 이설 등과 함께 조약 파기와 5적 처단을 요구하는 상소를

---

29 『관보』 건양 원년 1월 15일자, 「敍任及辭令」
30 『순종실록』 광무8년 1월 21일조.
31 『관보』 광무8년 3월 29일자, 「宮庭錄事」

올리기 위해 상경하였다. 그는 이설에게 상소문 초안을 의뢰하는 한편, 민영익과 민영휘 등 여흥민씨 고관들을 만나 조약 반대투쟁 방략을 의논하였지만 아무런 소득이 없었다. 이에 그는 상소투쟁을 포기하고 청양 천장리로 돌아왔다. 의병투쟁에 동참하기까지의 역사적 배경에는 이런 투쟁 역정歷程이 있었다.

홍주의병장

일제강점기 홍성의 남산공원에는 수십 척 높이의 소위 애도비哀悼碑가 있었다. 이 비의 글씨는 친일파의 상징적 인물 이완용이 썼고, 비명은 저명한 친일 문장가 운양雲養 김윤식金允植이 지었던 것으로 전해진다. 이 비는 1906년 홍주의병이 처단한 한일 양국의 경관을 애도하기 위해 세웠던 것이다.

일제 강점기에 이 비를 직접 보았던 청오靑吾 차상찬車相瓚(1887~1946)은 "비명 중에는 '대화충혼大和忠魂 근역의백槿域毅魄'의 구가 번듯이 뵈고 기외其外에도 별별 가관의 구절이 다 있다. 참 일한합방에 대훈공大勳功이 있는 문장명필의 고명高名도 이 비와 같이 기념될 것이다. 그러나 의병이라고 자국을 위하여 일어났다가 폭도로 몰려 참살을 당한 수백 동포의 원혼은 하면목何面目으로 상대하는지 지하에 재在한 운양고인雲養故人에게 일문一問코자 한다."라고 하여, 이것이 반민족을 상징하는 표지석임을 상기하고 있다.[32]

홍주의병 활동 후 일제 강점기에도 홍주의병의 봉기와 투쟁, 그리고 전황은 상당히 폭넓게 알려져 있었던 것으로 보인다. 당시 충남지방의 전사戰史를 개관하던 한 문건에서는 민종식과 그가 주도한 홍주의병에 대하여 다

32　靑吾, 「湖西雜感」, 『開闢』 제46호, 1924년 4월, 139쪽.

음과 같이 기록하고 있다. 다소 장문이지만 홍주의병 전투상황을 비교적 소상하게 기록한 대목을 인용하면 다음과 같다.

민종식은 구한국시대의 참판이다. 한일보호조약을 체결한 후 불평을 포抱하던 중 태황제로부터 밀칙과 마패 철척鐵尺을 수受하고 광무 10년 2월에 충청도 의병대장이라 칭하고 각지의 동지를 두합枓合하여 3월 16일에 청양을 경經하여 합천合川에 지至하였다가 공주경찰서 일본경찰대에게 패하고(23명이 체포됨) 도피하여 충남 각지로 순회하며 병량兵糧을 저축하고 동지를 다시 두합하여 5월 17일에 남포 군아郡衙를 습취襲取(군수는 체포)하고 19일에 약 100여의 군軍으로 홍주성을 점령하였다. [기시其時 성내 재류 일본상인 급及 우편국원 56인이 한국식 대포 3문으로 대항하다가 덕산德山으로 패주함] 일방一方으로 인민에게 병기·양식을 징발하고 병兵을 모집하니 기수其數 500여 인에 달하였다. 24일에 헌병 경찰대 급 관병 등 총 60명으로 조직한 토벌대와 전戰을 시始하여 27일에 일본 경부警部 토방土方 이외 6명과 송宋 총순總巡, 즐교櫛橋 순사를 사살하고 일시 성세가 진振하더니 29일에 일본 전중田中 소좌의 지휘인 보병 2개 중대 기병 1개 소대가 경성으로부터 홍주에 내來함에 척후병이 월계촌月溪村 부근에서 차此를 응전하다가 패하고 성을 고수하여 수일을 격전하다가 익 31일에 일병이 서문 외에 화火를 방放하고 기병 폭파대가 동·북 양문에 폭약을 장치하여 성문을 파쇄하고 보병을 선두로 하여 헌병 경관이 사문四門으로 입격入擊하니 성중에 재在한 의병이 사력을 진盡하여 격전하였으나 지支키 불능하여 사방으로 도주하고 오후 4시에 성이 함락되었다. 차시此時에 사자死者 약 80명, 포로 150여 명, 일군 사상자 역亦 다수요 유기품遺棄品은 구식 대포 75문, 화승총 250병柄, 신식 소총 10병, 창 453본, 정기旌旗 70여 유旒다. 종식 이하 막료는 도피하였다가 11월 20일에 공주 탑산塔山에서 체포되어 민은 사형, 중군장 황영수黃英秀 동 정재호鄭在鎬, 참모 곽한일郭漢一 동 이예규李睿珪(이용규李容珪의 오류임 – 필자주), 동 김덕진金德鎭, 향관餉官 박윤식朴潤植은 각 유형流刑에 처하였다가 민은 법부대신 주청에 의하여 본형本刑 1등을 감하여 종신유형에 처하였다. **차에 응하여 전북 태인에서 기병한 자는 정산인 최면암 익현과 임병찬**이니 후에 전주에서 패하여 최는 일본 대마도에 유배되었다가 순국하였다.[33] (진한 서체 – 필자)

의병장 민종식은 을사조약 늑결 후 광무황제의 밀명을 받아 1, 2차 두 차례에 걸쳐 의병을 일으켜 결국 홍주성을 점령한 뒤 헌병, 경찰대를 상대로 전투를 벌여 수명의 경찰들을 처단하는 등 성세를 떨쳤지만, 서울에서 급거 출동한 일본군의 총공격을 받아 5월 31일 성이 함락되었고 의병은 많은 사상자를 내어 참화를 입었다는 것이다. 그리고 민종식과 핵심 참모들은 일시 몸을 피했지만 결국 11월 20일 공주 탑산에서 체포되어 민종식 이하 6명이 중형을 선고받았던 사실과, 나아가 민종식의 홍주의병과 긴밀한 연계하에서 최익현 의병이 봉기한 사실을 정확하게 기술하고 있는 것이다. 이러한 정황으로 보아 일제시기까지도 홍주 일대에서 벌어진 의병전쟁의 양상과 의병장 민종식에 대한 전문傳聞이 일반 주민간에 널리 퍼져 있었던 것으로 생각된다.

홍주의병은 1905년 을사조약 늑결을 계기로 일어난 중기의병을 상징할 만큼 규모가 큰 의진이었다. 이러한 홍주의병의 연원은 앞서 보았듯이 최익현의 태인의병과 마찬가지로 청양 정산이었다. 을사조약 반대투쟁을 위해 상경했다가 다시 귀향한 민종식은 항일투쟁의 방략으로 의병을 일으킬 계획을 추진하였다. 그간의 경위에 대해 그는 다음과 같이 밝히고 있다.

나는 항상 진충보국盡忠報國을 본령으로 삼고 있었더니 1895년에는 국모의 변이 있고, 4년 후에 내부대신 이지용은 일본과 비밀조약을 맺었으며, 작년 11월 한일신협약이 성립되어 위로는 성상을 괴롭게 하고 아래로 만민은 안도하지 못하고 국가의 존망은 아슬아슬하였다. 이에 뜻을 결정하고 작년 구력 11월 25일 동지 김상덕, 김복한과 함께 상경하여 5적 대신을 주륙하고 이등 통감과 장곡천 대장을 처단하고 협약을 파기하여 국권을 회복해야 한다는 상주를 하려 했다. 마침 상주문을 부탁한 동지인 이설과 김복한이 경무청에 체포되어 상주문을 압수당해 일이 이루어지지 않아 일단 충청남도 정산군 자택으로 돌아왔다. 동지 이용규·유준근·이식·남규진과 모의하여 의병을 일으켜 목적을 달성하고자 하였다.[34]

을사조약 반대투쟁에 이어 의병을 일으킬 준비에 착수하게 되었다는 것이다. 즉, 민종식이 의병을 일으킨 것은 전년 을사조약 반대투쟁의 일환인 동시에 연장이었던 셈이다. 민종식의 홍주의병은 1906년 3월 15일경 예산군 광시에서 의진이 편성되면서 활동에 들어갔다. 민종식과 함께 의병 편성의 주도적 역할을 한 인물은 이설李偰과 안병찬安炳瓚 등이다. 이 무렵 이설이 민종식에게 보낸 다음과 같은 서신에도 활발했던 거사 분위기가 잘 드러나 있다.

그대는 대대로 국가 중신의 집안으로 임금을 사랑하고 나라를 근심하는

---

33 一記者,「戰史上으로 본 忠淸南道」,『개벽』제46호, 1924년 4월, 126쪽.
34 독립기념관 한국독립운동사연구소 편,『한말의병자료』3,「폭도수괴 민종식 체포의 건 통감부의 보고」, 48~49쪽.

정성을 본래 축적하신 바인데, 이같이 다사多事한 날을 만났으니 더욱 읽지 아니해서는 아니 되는 것이니 어떠하신가. (중략) 그대의 마음을 치고 가슴을 두드리는 것은 우리보다 먼저 하실 것이라고 생각되오니 어찌 반드시 거듭 진달하겠는가. 다만 수십 년간 지내온 변고가 무슨 일인들 신자臣子가 죽음을 바칠 날이 아니었겠는가만 금번 일에 이르러서는 비록 국군國君이 사직의 의리가 있으나 어찌 말을 하겠는가. 최근 사론士論이 분발하여 모두 그대를 영수로 모시고 일어나기를 권하려고 안병찬과 임승주林承周가 앞으로 나가서 예를 바치려고 하니, 모름지기 이들과 더불어 상의해 결정하시고 속히 거사하여 때가 늦었다는 후회를 하지 않는 것이 어떻겠는가. 일찍이 을미년의 일은 그대에게 먼저 통지하지 못한 것을 피차 지금까지 후회하고 있으니, 이것이 전감前鑑이 되지 않겠는가. 빨리 도모하면 공사公私가 심히 다행이겠다.35

이설은 안병찬·임승주와 함께 민종식이 의병을 선도해 줄 것을 요구하였다. 이에 민종식을 중심으로 거사계획은 구체화되어 갔다.

1906년 2월 하순, 정산 천장리天庄里에 있던 민종식의 집에서 안병찬·박창로朴昌魯·이세영李世永 등이 모여 거사 절차를 논의하기에 이르렀다. 이들은 약 보름간의 준비기간을 가진 뒤 3월 15일경 예산군 광시 장터에서 거의하였다.36 이 때 모인 의병의 규모는 3~6백 명 정도였던 것으로 추정된다. 그러나 민종식 의병은 제대로 활동을 전개하기도 전에 해산당하고 말

---

35 『국역 복암집』, 복암선생기념사업회, 2006, 175~176쪽.
36 홍주의병의 기병 날자는 기록에 따라 1906년 정월에서 3월 중순까지 걸쳐 상이하게 나타나기 때문에 확단하기 어렵다. 그 가운데 안병찬과 임승주의 기록에서 3월 중순(15, 17일)으로 되어 있으므로 이에 따른 것이다.

앉다. 홍주성을 점거하기 위해 광시를 떠난 직후 곧 난관에 봉착한 것이다. 홍주성의 관군이 동참해 줄 것으로 믿었지만, 홍주군수 이교석李敎奭이 의병 측에 가담하기를 거절하고 성문을 굳게 닫고 말았기 때문이다. 의병은 하는 수 없이 다시 광시로 후퇴하였다. 그리고 홍주 대신에 공주를 점거하기로 계획을 바꾸고 선발부대를 공주로 출발시켰다. 하지만, 이 때는 이미 공주와 서울에서부터 출동한 2백 명의 군대가 청양에 도착해 있었기 때문에 공주로 진출할 수 없게 되었다. 의병들은 화성의 합천合川으로 이동하여 일시 머물렀다. 그러나 이튿날인 3월 17일 새벽 일제 헌병경찰의 공격을 받아 안병찬·박창로·윤자홍·최선재 등 26명이 체포되고 의진은 와해되고 말았다.

민종식 의병은 의진 결성 후 해산 때까지 활동기간이 불과 2~3일에 지나지 않았다. 그러나 이 때 쌓은 활동경험과 실패의 교훈은 곧 이어 전개되는 제2차 홍주의병이 중기의병을 상징할 만큼 강력한 전력과 결집력을 확보하는 데 크게 이바지하였다는 점에서 그 의의가 적지 않다.

의진 와해 후 의병 참여자들에 대한 일제의 탄압은 혹심하였다. 의병들은 집으로 돌아가지 못한 채 각지로 흩어져 갖은 고초를 겪으면서 재기를 모색하고 있었다. 민종식은 합천에서 탈출한 뒤 전북 전주로 내려가 재기를 도모하기 위해 백방으로 노력을 기울였다. 그 결과 진안·용담·장수·무주 등지에서 의병을 모집하여 4월 20일경 전북 여산礪山에 집결하게 되었다. 이 때 의병의 성원은 대략 30명 정도였다.[37] 그는 이들과 함께 서천으로 이동하였고, 이곳에서 다시 3백 명의 의병을 모집하게 됨으로써 부대의 모습을 갖추어갔다. 이후 민종식은 이 의병을 이끌고 남포를 경유한 끝에 홍산鴻山 지치芝峙(현 부여군 내산면 지티리)에 이르렀다. 이곳에서 민종식은

---

37 국사편찬위원회 편, 『한국독립운동사』 1, 752쪽.

1906년 5월 11일 이상두李相斗·문석환文奭煥·정재호鄭在鎬·이용규·이세영 등과 함께 의병 재기의 기치를 올리게 됨으로써 본격적인 활동에 들어가게 되었다.[38]

민종식이 이끄는 홍주의병은 이후 서천·비인·판교·남포·보령·결성을 지나 5월 19일 홍주성 공격에 들어갔다. 의병들은 삼신당리三神堂里에서 대항하는 적을 일거에 격파하고 홍주성을 향해 쇄도해 들어갔다. 남문 성벽에 의지하여 저항을 시도하던 적군은 이내 성을 포기하고 거류 일인들과 함께 북문으로 탈출, 예산 방면으로 도주하고 말았다. 이로써 홍주성은 당일 완전히 의병의 수중에 들어갔다.[39]

전성기인 홍주성 점령 직후 의진의 군세는 자료상 확인되는 의병 수만 보더라도 총포로 무장한 6백 명, 창을 가진 3백 명, 그리고 유회군 3백 명 등 모두 1천 2백 명에 달하였으며,[40] 그밖에 일반인으로 의진에 합류한 숫자도 상당수에 달했을 것으로 쉽게 추정할 수 있다.

일제는 의병이 홍주성을 함락한 다음날부터 공주·수원·서울 등지에서 경찰·헌병대를 출동시켜 성 안의 동정을 정탐하는 한편 의진 와해공작에 착수하였다. 하지만 의병들은 입성과 동시에 일제 군경의 공격을 예상하고 군사를 6대로 나누어 4대문과 요해지를 엄중히 수비하고 있었기 때문에 20일부터 수차에 걸친 일제 경찰, 헌병대의 공격을 효과적으로 막아낼 수 있었다. 이후 양 진영간에는 산발적인 전투가 연일 벌어졌지만, 그 때마다 의병들은 일제 경찰대의 공격을 훌륭히 차단해냈다.

---

38 독립운동사편찬위원회 편,『독립운동사자료집』2, 1971, 329쪽.
39 독립운동사편찬위원회 편,『독립운동사』1, 356쪽 참조.
40 成德基,「義士李容珪傳」,『독립운동사자료집』2, 335쪽.

홍주의병에 대한 탄압작전은 침략의 원흉인 이토(伊藤博文)가 직접 지휘하였다. 즉 통감 이토는 한국주차군사령관 하세가와(長谷川好道)에게 직접 군대를 동원해 홍주의병을 해산시킬 것을 명령하였던 것이다. 그리하여 러일전쟁을 기화로 한국을 침략하여 주둔한 일제의 소위 한국주차군이 의병 탄압전에 본격적으로 투입되기 시작한 전투가 곧 5월 31일의 홍주성 공방전이었다.

'충청남도에서 봉기한 폭도 진정을 위해 상당한 부대를 파견할 것'을 명령받은 한국주차군사령관은 27일 오후 서울 서대문정거장에서 대대장 다나카(田中) 소좌의 지휘 아래 보병 2개 중대를 홍주로 급파시켰다. 이 부대는 천안에서 숙박한 다음 28일 예산을 거쳐 29일 홍주에 도착 즉시 탄압작전에 돌입하게 되었다. 이와 더불어 서울의 헌병대대에서도 대위 이하 26명이 파견되었으며, 전주 수비대에서도 1개 소대병력이 가세하였다. 홍주의병 탄압을 위해 이처럼 동원된 일본군 대부대는 홍주를 향하여 쇄도하였다.

일본군은 야음을 틈타 5월 31일 새벽 총공격을 개시하였다. 이들은 다나카 소좌의 지휘하에 30일 밤 11시에 동문으로부터 약 5백 미터 지점의 숲속에 잠복하였으며, 31일 오전 2시 반 공격을 개시하여 3시경에 기마병 폭파반이 폭약을 사용해 동문을 폭파시켰다. 이를 신호로 일본군 보병과 헌병·경찰대가 기관포를 쏘며 성문 안으로 진입하였다. 또한 제2중대 제1소대와 제4중대 제1소대는 각각 갈매지 남쪽 고지와 교동 서쪽 장애물 도로 입구에서 잠복하여 의병의 퇴로를 차단하였다. 이 때 의병측에서는 성루에서 대포를 쏘면서 대항하였으나 북문도 폭파되어 일본군이 들어왔다. 의병은 치열한 시가전을 결행하면서 방어했으나 결국 일본군의 화력에 밀려 많은 사상자를 내고 처참하게 죽어갔다.[41]

---

[41] 김상기, 「1906년 홍주의병의 홍주성전투」, 『한국근현대사연구』 37, 한국근현대사학회,

일본군은 홍주성을 점령한 직후부터 경과보고를 수시로 하였다. 의병측의 인적 피해상황도 보고 때마다 달라지는 정황으로 보아 성을 점령한 후에도 일본군대가 철수하는 6월 7~9일경까지 무자비한 탄압을 가했음을 알 수 있다. 홍주성을 점령한 다음날인 6월 1일에는 의병 60명을 살육하고, 127명을 체포한 것으로 보고하였으나, 뒤이은 6월 4일의 보고에는 희생자(시신) 82명, 피체 145명으로 기록되어 있으며, 6월 14일 주차군 참모장의 최종 보고에서는 희생자 83명, 피체 154명으로 정리되어 있다.[42] 일본군은 홍주의병 탄압작전에서 구식총 9정, 포 75문, 화승총 259정, 무라다총村田銃 1정, 양총 9정, 엽총 3정 등의 구식 혹은 신식 무기류를 노획한 것으로 보고하였다.[43]

그러나 일본군의 무자비한 탄압으로 입은 참화의 실상은 일제측 보고와는 큰 차이가 있다. 희생된 의병의 수는 적게는 80명에서 많게는 1천 명으로 자료마다 상이하게 나타난다. 홍주의병의 핵심인물 가운데 한 사람인 유준근은 그의 일기에 3백 명이 순국한 것으로 기록하였다. 이 전투에서 최후까지 남아서 의병들을 독려하면서 분전하였던 참모장 채광묵 부자와 운량관 성재평成載平 이하 3백 명 이상이 희생된 것으로 추정된다.[44]

홍주성 함락시 의병장 민종식을 비롯해 일부 참모들은 성을 탈출한 뒤 사방으로 흩어졌다. 그리고 윤석봉·유준근 등 간부 78명은 피체 후 서울로 압송되어 심문을 받게 되었다. 그 가운데 윤석봉 이하 69명은 석방되고, 나머지 남규진·유준근·이식·신현두·이상구·문석환·신보균·최상집·안항

2006, 141~142쪽.
42 독립기념관 한국독립운동사연구소 편, 『한말의병자료』 3, 66·68·92쪽 참조.
43 독립기념관 한국독립운동사연구소 편, 『한말의병자료』 3, 77쪽.
44 김상기, 「1906년 홍주의병의 홍주성전투」, 144쪽.

식 등 9명은 일본 대마도로 끌려가 유폐당하였다. 또한 중군장 이세영도 그해 6월에 체포된 뒤 서울 경무청으로 압송되어 심문을 받은 후 종신 유배형을 선고받고 황해도 황주의 철도鐵島로 유배되었다.[45]

재거 시도와 피체

홍주의병 패산 때 의병장 민종식은 적의 유탄에 부상을 입은 채 성을 탈출한 뒤 은신하였다. 1962년에 민종식의 아들 민병욱閔丙郁이 부친의 행적과 관련된 산발적 자료를 모아 편찬한 소책자 『병오항일의병대장민공종식약력丙午抗日義兵大將閔公宗植略歷』에는 부친의 탈출상황에 대해 다음과 같이 기록되어 있다.

> 난중亂中 선군先君은 불의에 좌견골左肩骨 상부에 적탄이 명중되어 일시 혼도중昏倒中 근시자近侍者 포수 안덕인安德仁이 황망히 배부背負 도피하여 공주 이종원李鍾元 가家에서 15일간 치료하시었다.[46]

홍주의병 패산 후 의병장 민종식을 중심으로 재기를 위한 노력이 경주되었다. 그 중심인물은 황영수와 정재호·박윤식·곽한일·이용규 등이었고, 수당 이남규가 배후에서 이들을 적극 후원하고 있었다.[47] 이들은 거사계획을 구체화시켜 11월 20일을 기하여 예산읍을 공략한 뒤 이곳을 활동 근거

---

45 정운경 엮음, 「同遊錄」, 『독립운동사자료집』 1, 566~567쪽.
46 『丙午抗日義兵大將閔公宗植略歷』, 3쪽; 송용대, 『홍주의병실록』, 439쪽.
47 내부 경찰국 편, 『고문경찰소지』, 1910, 119쪽.

지로 삼기로 결정하였다. 그러나 그 거사계획은 일진회원의 밀고로 수포로 돌아갔다. 민종식이 예산 한곡閑谷의 이남규 집에 잠복하여 박덕일朴德一·박창로·곽한일·이세선李世善·윤병일尹炳一·윤필구尹必求·조의수趙義洙 등의 동지와 함께 재기를 도모하고 있다는 정보가 밀정을 통해 공주의 경무고문지부에 포착되었다. 이에 공주 지부에서는 1906년 11월 15일 저녁 보좌관보補佐官補 마쓰나가松永房七가 보조원·순검 등을 거느리고 급히 현장으로 출동하였다. 이들은 16일 오후 대흥에 당도하여 홍주 경무고문분견소에서 파견된 이와타岩田勇五郞 보좌관보 일행과 합류한 뒤 이튿날 17일 새벽에 이남규의 집과, 마산리馬山里에 있던 그의 소실 집을 동시에 덮쳐 홍주의병의 주모급 인물 6명을 체포하였다. 하지만, 의병장 민종식이 잠복해 있으리라 믿었던 이남규의 소실 집에서 그의 부인만 체포했을 뿐 정작 민종식의 종적을 찾을 수 없었다.[48]

이 때 이남규는 민종식을 은익시킨 혐의로 일제 군경에게 체포되어 공주로 끌려가 한동안 갇혔다가 풀려났으며, 그의 아들 이충구李忠求는 하룻밤 사이에 세 차례나 혹형을 당했지만, 민종식의 거처를 끝내 발설하지 않았다고 한다.[49] 하지만, 일제는 이남규를 결코 좌시하지 않았다. 1907년 9월 26일(음 8. 19), 일본 기마병 1백 명이 이남규를 포박하여 서울로 압송하던 도중 온양 평촌坪村에 이르러 이남규와 그를 따르던 장자 이충구, 그리고 노복 김응길金應吉 등을 무참히 살해하는 만행을 저질렀던 것이다.[50]

이남규의 집에서 체포된 곽한일과 박윤식·정재호·황영수·박두표 등은

---

48 내부 경찰국 편, 『고문경찰소지』 제1편 제5장 제1절 「민종식」
49 『三千百日紅』 平洲李昇馥先生八旬記, 인물연구소, 1974, 56·83~84쪽.
50 수당 부자의 순국 지점은 현 아산시 송악면 외암리 평촌 냇가 부근이다. 이곳에는 1987년 충청남도에서 세운 '修堂李南珪先生殉節碑'가 서 있다.

종신형을 선고받고 호남의 지도智島로 유배되었으며, 홍순대와 김재신은 전북 옥구군의 고군산도로 유배되었다. 그리고 안병찬·박창로·최선재·윤자홍 등 수십 명은 공주감옥에 감금되어 온갖 수모를 겪었다.

일제 경찰은 이남규를 심문하여 그로부터 "민종식이 11월 4, 5일경 공주군 마곡사에서 이곳으로 와 있다가 11월 신창군 남상면南上面 시전枾田(현 아산시 도고면 시전)에 거주하는 양반 성우영成祐永의 집으로 갔다"는 진술을 얻어냈다. 이에 따라 일제 경찰들은 시전으로 급거 출동하여 성우영의 집을 수색했지만 민종식과 성우영을 체포하는 데는 실패했다. 대신 이들은 성우영의 아들 성낙승成樂升을 다그쳐 그의 부친이 소실 집에 피신해 있다는 정보를 알아냈고, 이에 따라 일경은 예산군 금평면今坪面에 있던 소실 집에서 성우영을 체포하였다.[51] 민종식은 이 때에도 체포되지 않았다. 그는 미리 신창군 남상면의 성우영의 집으로 대피하였다가 다시 공주 탑곡리 방면으로 피신해 있었던 것이다.

그러자 일경은 홍주의병장 민종식 체포에 더욱 혈안이 되었다. 그리하여 이들은 민종식의 거처를 탐지하기 위해 성우영과 이남규를 대질 신문하는 한편, 체포한 성우영의 아들 성낙승을 석방하는 유화책까지 쓰는 등 온갖 술수를 다하였다. 그리고 은신 가능성이 있는 각지에 수색대를 배치하여 철저한 수색을 벌였다. 그 결과 11월 20일 공주 탑산塔山에서 공주 경무고문지부 소속 경찰대에 피체되고 말았다. 일제 경찰은 홍주의병장 민종식을 체포한 소감에 대해 "신출귀몰하던 민종식은 몇 번 체포될 위기를 교묘히 벗어났지만 결국 그의 운명은 우리 고문경찰의 손에 제지되었고, 한때 세상의 이목을 집중시켰던 홍주사건(홍주의병 – 필자주)도 여기에서 종막을

---

51 내부 경찰국 편, 『고문경찰소지』(1910. 3) 제1편 제5장 제1절 「민종식」

고하였다"고 하여 그의 체포에 그 동안 얼마나 심혈을 기울였는지, 또 그를 체포함으로써 을사조약 반대투쟁으로 야기된 홍주의병의 실질적 종언을 의미한 사실을 짐작할 수 있을 것이다.[52]

민종식이 공주 경찰서에 피체되었다는 소식을 접하게 되자, 내부 경무국에서는 순사 5명을 대동케 하여 경시 카리하라桐原彦吉을 현지로 급파하여 직접 신문토록 하였다. 카리하라는 1906년 5월 21일 홍주로 급파되어 의병 탄압작전을 지휘했던 경찰측 책임자였다.[53] 공주로 내려온 카리하라 경시는 공주 경무고문지부의 보좌관보 다카하시高橋淺水·마쓰나가, 그리고 홍주 분서의 보좌관보 이와타 및 총순 최건호崔建鎬 등과 합석 신문하였다.[54]

이 때 민종식은 의병을 일으킨 이유에 대해 을사오적 처단, 일본인 축출, 을사조약 파기 등 세 가지를 요지로 진술하였다.[55] 이러한 진술 요지는 이듬해 7월 민종식이 재판을 받을 때 밝힌 구체적 거의 이유 및 동기와도 대체로 일치한다.

히噫 피彼 일본이 자병자自丙子 통상 이후로 유有 갑신십월지변하고 우유又有 갑오유월지변하고 지우至于 을미팔월하여 시아국모弑我國母하고 내어乃於 을사시월에 체결締結 아정부대신하여 공협恐脅 아군부我君父하여 늑성勒成 오조약하여 점탈占奪아국권하며 노예奴隸아생령이기 의신矣身이 충분소격忠憤所激에 불자함인不自含忍하여 장욕토멸일인將欲討滅日人하고 섬궐오적殲厥五賊하

---

52 내부 경찰국 편,『고문경찰소지』(1910. 3) 제1편 제5장 제1절「민종식」
53 독립기념관 한국독립운동사연구소 편,『한말의병자료』3, 2002, 60·65·70쪽.
54 『황성신문』1906년 12월 6일자,「閔宗植押上報告」
55 『황성신문』1906년 12월 6일자,「閔宗植押上報告」

고 복아국권復我國權하고 구아생령救我生靈하여 존안종사奠安宗社하여 군신상하가 공향태평共享太平할 계도計圖로 병오춘丙午春에 규합동지糾合同志하며 창기의려倡起義旅하여 (하략)⁵⁶

민종식이 개항 이후 갑신정변, 갑오왜란, 을미사변 등을 거쳐 을사조약 늑결로 절정에 달한 일제의 국권침탈에 항거하여 일본인을 축출하고 을사오적을 처단함으로써 국권을 회복하기 위해 의병을 일으켰다는 것이다. 결국 민종식은 을사조약 늑결에 항거하여 의병을 일으켰다고 주장한 것이다. 이러한 진술내용을 보더라도 을사조약 반대투쟁 가운데 가장 대표적이고 상징적인 투쟁이 홍주의병이었던 사실을 감지할 수 있다. 일제가 홍주의병 탄압작전을 종료한 후 그 핵심인물로 지목한 '홍주9의사'를 대마도로 끌고 가 유폐시킨 이유도 이런 맥락에서 이해할 수 있을 것이다.

민종식은 공주에서 신문이 끝난 뒤 12월 3일 서울로 압송되었다. 그를 비롯하여 중군장 황영수黃英秀, 참모 이용규李容珪·곽한일郭漢一·김덕진金德鎭, 그리고 향관餉官 박윤식朴潤植 등 6명은 카리하라 경시 이하 순사들에 의해 경부선 기차편으로 서울로 호송되어 평리원 감옥에 감금되었다. 홍주의병에 연루되어 민종식과 함께 체포되었던 궁내부 특진관 이남규와 성우영 양인은 이 때 보호감찰을 조건으로 귀가 조치되었고, 정만원鄭萬遠·이진규李珍珪·신창교辛昌敎 등 3명은 무죄 방면되었다.⁵⁷

홍주의병 패산 후 의병장 민종식이 은닉하게 되자, 그의 부인 이씨는 거

---

56 「판결선고서 18호」(광무 11년 7월 2일, 독립기념관 소장 자료번호 1~000437~048). 1907년 7월 5일자 『황성신문』에도 위와 동일한 판결문 내용(「閔氏供案」)이 실려 있다.
57 『황성신문』 1906년 12월 6일자, 「閔宗植押上報告」

사가 실패로 귀착되고 남편이 '패망'한 데 분개하여 자결한 것으로 다음과 같이 보도되었다.

> 정산定山 내인來人의 전설傳說을 들은즉 의병장으로 도逃타한 민종식씨의 부인夫人 이씨가 연금年今 삼십인데 금번 홍주에서 기부其夫의 패망함을 듣고 가인더러 언言하되 가부家夫가 의를 행하다가 패망함에 이르렀으니 차세此世에 오하독처吾何獨處하리오 하고 당일 야夜에 약을 마시고 자진하였는데 치상治喪할 인이 없어 기其 친가에서 전당專當하여 출상하는데 관광觀光하는 인마다 칭찬 아닌 이 없더라고 하더라.[58]

민종식 의병장의 부인이 실제로 자결했는지 여부는 확실하지 않다. 세간에는 민종식 의병장의 주변을 둘러싸고 이와 같이 그 의기를 칭송하는 분위기가 널리 퍼쳐 있었던 것으로 보인다. 그의 판결과 관련하여 상세하게 한 보도도 그러한 맥락에서 이해한다면 더 자연스러울 것이다.

일제의 한국주차군사령부 참모장 무타牟田敬九郞는 의병장 민종식의 신병을 대한제국 정부에 인계하고 처리하게 하였다. 즉 그는 "군율에 위배됨은 물론이지만 자국 관민에 대하여 살상과 약탈을 마음대로 하였으므로 한국 해당 관헌의 심리에 부치도록" 서울로 압송한 민종식을 경무청으로 이첩하였다.[59] 홍주의병 와해 직후 '홍주9의사'나 태인의병장 최익현과 임병찬 등을 '군율 위반죄'로 일제측으로부터 약식재판 후 대마도에 끌려갔던 전례에 비추어 민종식의 처리방안은 큰 차이를 노정한 것이다. 그 결과 민종식은

---

58 『대한매일신보』 1906년 6월 28일자, 「閔宗植夫人自裁」
59 내부 경찰국 편, 『고문경찰소지』(1910. 3) 제1편 제5장 제1절 「민종식」

앞의 전례와 달리 대한제국의 법정인 평리원에서 재판을 받았다.

민종식은 경무청에서 취조를 받은 후 평리원으로 이송되었다. 그리하여 심리가 끝난 뒤 1907년 7월 2일 최종적으로 민종식 의병장은 사형을 선고받았고, 이용규·박윤식·김덕진·곽한일·정재호·황영수 등 6명의 동지들은 종신유형을 선고받았다. 이 때 민종식 등의 죄목은 "정사를 변경하기 위하여 난을 작作"했다는 것이었다.[60]

교수형을 선고받았던 민종식은 곧 내각회의를 거쳐 종신 유형으로 감형되었다. 감형의 이유는 "오해시의誤解時宜에 망동군중妄動群衆하고 자의거사 藉義擧事에 자속죄려自速罪戾가 단유우매亶由愚昧요 비위영사非爲營私"라는 것이었다. 그리하여 민종식은 경인철도 편으로 인천으로 간 뒤, 인천항에서 다시 대한제국의 근대식 군함으로 1904년 취역했다가 1905년 이후 연안 감시와 등대 순시 임무를 맡고 있던 탁지부 소관의 광제호廣濟號를 타고 진도로 가 그곳에서 유배생활을 했다.[61] 진도에 유배된 지 5개월 뒤인 1907년 12월에 민종식은 융희황제 즉위기념으로 특사 방면되었다. 한편, 나머지 종신 유형을 선고받은 6명의 간부들은 호남의 지도로 유배되었다. 그리고 이를 전후하여 피체된 홍순대와 김재신은 전북 옥구군의 고군산도로 유배되었다.

진도 유배지에서 민종식이 지도에 유배되어 있던 중군장 정재호에게 보낸 편지의 일단을 보면 다음과 같다.

> 몇 달 동안 함께 고생하고 마침내 유배도 같이 하였으니, 낯선 땅 다른 고을에 처량한 심정은 산과 바다같이 측량키 어렵습니다. 뜻밖에 편지 주시

---

60 「판결선고서 18호」
61 『황성신문』 1907년 7월 24일, 「流刑諸氏發配」

니, 반가운 마음은 한이 없습니다. 일기가 점차 서늘한데 신체 만승하시고 고향 소식도 가끔 듣는다고 하시니 더욱 기쁩니다. 저는 죽지 않았을 따름입니다. 우리의 지내온 여정은 만 리 길에 짚신을 처음 맺는 격이니 와신상담하고 음식을 달게 드시어 보중하시기를 천만 바랍니다.[62]

목포에서 잠시라도 대화하고자 했는데 그렇지 못했으니 한탄합니다. 세전歲前에 혜한惠翰을 받고 즉시 회답치 못한 것은 매우 죄송합니다. 정성스럽게 묻자오니, 초여름에 모신 기체 편안하시고 집안이 두루 태평합니까. 천만 축원합니다. 저는 세전에 곧바로 천장天庄에 와서 수일간 머물다가 서울로 와서 천식喘息을 보전하다가 정월에 가족을 데리고 올라와서 북장동北壯洞에 정착하여 사당을 모셨습니다. 그러나 모든 일이 근심걱정이 아닌 것이 없으니 한편으로 부끄럽습니다. 대저 초목군생草木群生도 다 스스로 즐거움이 있는데, 우리는 어느 때 즐거움을 얻을 수 있겠습니까. 주야로 한번 만나고자 함은 피차가 일반일 것이니 서울에 한번 오실 기회가 없습니까. 기다리겠습니다.[63]

그는 유배지에서 석방된 후 서울로 올라왔다. 일경은 그의 행적을 철저히 감시하고 있었다.[64] 민종식은 이후 10년간 여생을 보내다가 1917년 작고하였다.

---

62 『홍주의병 정재호 시서집』(독립기념관 소장. 필사본, 자료번호 1~012129~000), 「退樵子 閔參判宗植在珍島寄書(정미 8월 1일)」
63 『홍주의병 정재호 시서집』, 「閔參判宗植寄書(무신 4월)」
64 『공립신보』 1908년 2월 26일, 「지사곤상」

맺음말

경기도 포천 출신으로 화서 이항로의 문인이던 면암 최익현은 문과급제 후 출사하였지만, 퇴관 후 1900년 충남 청양의 정산으로 내려와 정착하였다. 그가 청양에 정착한 것은 앞서 이곳에 정착한 민종식과의 연계를 도모하기 위한 것으로 보인다. 면암은 이곳에서 의병투쟁의 전략을 수립하였고, 1906년 호남으로 내려가 태인에서 의병을 일으키게 된다.

한편, 민종식은 경기도 여주의 명문인 삼방파 출신으로 문과에 급제한 뒤 출사하였으며, 1895년 을미사변 직후 퇴관하여 정산의 천장리로 내려가 정착하였다. 그의 정산 이주는 부친이 앞서 충청감사를 지낸 지역적 연고가 그 배경이 되었던 것으로 보인다. 즉 민종식의 집은 부친이 충청감사를 지낸 시절부터 천장리에 일정한 거주지를 확보하고 있었으며, 그 뒤 민종식 퇴관 후 그곳으로 내려가 항일투쟁의 방략을 모색하고 있었다. 그리하여 그는 항일의 거두 최익현을 그곳으로 불러들여 결과적으로 연합전선을 펴게 되었던 것이다. 곧 최익현과 민종식은 의병투쟁을 전개해가는 과정에서 어떤 형태로든 상호 협의가 이루어졌을 것으로 인정된다.

최익현을 비롯한 정산의 지도자들은 큰 틀에서 의병투쟁의 전략을 수립하였다. 즉 호서, 호남, 영남 등 삼남의 여러 지사들과 연계하여 동시에 항일의병을 일으켜 상호 연합전선의 구축을 통해 항일전을 전개하겠다는 전략을 계획하고 있었던 것이다. 이와 같은 투쟁 전략에 따라 최익현은 호남의 태인으로 내려가 그곳의 우국지사들을 규합하여 태인의병을 일으켰으며, 민종식은 내포지방을 중심으로 하는 호서지방의 항일세력을 동원하여 홍주의병을 일으켰다. 그리고 양 진영간의 연락·연계 임무는 면암의 문인들인 곽한일과 남규진 두 사람이 담당한다는 것이다. 한편, 영남지방에는 그곳 출신의 문인들인 조재학과 이양호를 보내어 거사를 도모하도록 하고 또 각지에 편지를 보내 거의를 독려하였지만, 미처 거의에 이르지는 못하였다. 이런 관점에서 볼 때, 청양의 정산은 한말 의병전쟁사에서 중기의병을 상징하는 두 의진, 곧 최익현의 태인의병과 민종식의 홍주의병이 발원한 연원지라는 점에 큰 의의가 있다.

수당 이남규의
항일투쟁과 수난

머리말

한말 격동의 수많은 인물 가운데 수당 이남규처럼 그 역사적 형상이 정형화되어 있는 경우는 많지 않다. 정통 명문대가에서 태어나 학자로, 문인으로, 관인으로, 그리고 지사로서 격조 있게 불같은 투혼으로 한 시대를 살았던 그는 명분과 의리를 생명으로 한 조선조 성리학 사회가 배양해낸 한 결정結晶이었다. 여말선초의 역사적 혼란기에 의리와 충절의 화신으로 응축된 '삼은三隱'의 한 사람인 목은牧隱 이색李穡(1328~1396)이 설정한 역사적 형상이 일제 침략으로 야기된 한말 격동기에 다시 수당으로 형상화되기에 이른 것이다.

구한말에 수당과 흡사한 역사적 이미지를 남긴 인물로는 면암 최익현, 그리고 매천梅泉 황현黃玹(1855~1910) 등을 들 수 있을 것이다. 이들은 출신 가문, 사승師承이나 학문적 연원도 달리 하며, 삶의 역정도 크게 달랐다고 생각된다. 그럼에도 불구하고 이들이 하나같이 올곧은 선비의 이미지로 선명하게 형상화된 데는 순국으로 귀결되었던 자기시대의 모순된 역사에 대한 양심의 절규, 곧 철저한 책임의식에 기인하는 것이다.

남인의 명문가에서 태어난 수당은 임오군란이 일어나던 해인 1882년 문과에 급제하여 처음으로 출사出仕한 이래 1900년 비서원승을 끝으로 낙향할 때까지 내, 외의 요직을 두루 거치면서 일제 침략의 실상을 생생하게 경험하였다. 이러한 참담한 경험 위에 또 충의에 철저하였던 가학家學의 전통은 그로 하여금 적과의 일체의 타협을 불허케 하고, 오직 의리와 명분이라는 가치기준이 행위의 준거가 되는 형극의 길을 가게 하였다. 그리하여 1905년 을사조약 늑결 이후 반일투쟁의 물결이 전국을 휩쓸 무렵, 홍주의병으로 상징되는 충남지방 항일세력의 정점에는 곧 수당이 자리잡게 되었다. 일제가 수당을 '제거'하지 않을 수 없었던 근본적 요인이 여기에 있었던 것이다.

  수당에 대해서는 그동안 2차에 걸쳐 자료집이 발간되었고, 이를 바탕으로 그의 생애와 학문, 사상, 그리고 의병투쟁 등 다양한 면을 조망하는 수편의 논고가 발표되었다. 1971년에 독립운동사편찬위원회에서 한말 의병 관련 자료를 모아 간행한『독립운동사자료집』제3책에 수당의 편지류를 묶은『만수졸사晩修卒辭』를 번역 수록한 것을 필두로, 특히 1973년 성균관대학교 대동문화연구원에서『수당집』이 영인 출간되어 수당 연구의 토대를 마련하였다. 1977년에는『나라사랑』28집이 '수당 이남규 특집호'로 발간되어 천관우·홍이섭·이가원·윤병석 등 쟁쟁한 당대 학자들의 논고를 싣게 됨으로써 수당의 생애와 업적에 대한 다각적인 조망이 이루어지게 되었다. 이어 1997년 9월에는 '이 달의 독립운동가'로 선정되었고, 이를 계기로 민족문화추진회에서 문집 전부를 완역하고 또 후손이 가장家藏해 오던「갑오일기甲午日記」와「을미일기乙未日記」등을 추가하여『국역 수당집』3책을 간행하기에 이르렀다.

가계와 수학

이남규는 철종 6년(1855) 11월 3일(음) 서울 미동尾洞(현 서대문구 미동 일대)에서 아버지 이호직李浩稙과 어머니 청송심씨 사이에서 맏아들로 태어났다. 그의 본관은 한산韓山이며, 초명은 만규萬珪라 불렸고, 자는 원팔元八, 호를 수당修堂이라 하였다. 그 부친이 용을 사는 꿈을 꾸고 수당을 낳았다고 전해진다.

수당의 가문은 고려, 조선 양조에 걸쳐 사림에 명망이 있고, 누대에 걸쳐 문과 급제자를 배출한 현달한 명문대가였다. 고려 말에 문장과 절의로 이름 높던 가정稼亭 이곡李穀, 목은 이색 부자를 직계 선조로 하였으며, 조선조에 들어와서는 선조대의 명상名相 아계鵝溪 이산해李山海(1539~1609), 아계의 아들이며 문과 출신으로 형조판서를 지낸 석루石樓 이경전李慶全(1567~1644) 등을 직계 조상으로 두고 있었다. 수당의 조부인 이종병李宗秉도 문과 출신으로 병조참판을 지냈다.

기호 남인의 명망 높던 수당의 가문은 역시 남인 대가인 채씨 문중과 깊은 관계를 누대에 걸쳐 맺어 왔던 점도 특기할 만하다. 수당의 6대조 이성李成이 채제공蔡濟恭(1720~1799)의 조부인 채성윤蔡成胤과 사돈간이었고, 5세조 이수일李秀逸은 채제공과 가깝게 교유하던 사이였다. 또 수당 역시 채씨 문중의 채동석蔡東奭의 따님을 맞아드렸다.

어려서 부친으로부터 가학家學을 전수받던 수당은 곧 기호유림의 권위로 알려진 성재性齋 허전許傳(1797~1886)의 문하에 나아가 유학을 공부하였다. 성재는 명종조의 명유인 초당草堂 허엽許曄의 후손으로, 한성부 판윤과 형조, 이조판서를 역임한 뒤 90세에 숭록대부에 올라 판돈녕부사가 된 기호남인계의 중심인물이었다. 그의 학맥은 이황李滉 - 정구鄭逑 - 허목許穆 - 이익李瀷 - 안정복安鼎福 - 황덕길黃德吉로 사승師承되는 퇴계학파의 일맥을 정통으로 계승하고 있었다. 기호 남인의 명문에서 태어난 수당은 곧 학통상으로도 정통 남인의 학맥을 계승하였던 것이다. 한편, 왕산旺山 허위許蔿의 형으로 경북 선산의 명유였던 방산舫山 허훈許薰이나 1896년에 진주를 중심으로 서부 경남 일대를 석권하였던 의병장 신암愼菴 노응규盧應奎(1861~1907) 등도 성재의 문하를 출입하던 인물들이다.[1]

수당이 이익(1681~1763)이나 안정복(1712~1791) 등의 학문을 깊이 연구하였던 것은, 그리하여 안정복이 지은 『동사강목』의 서문을 쓰고 이익의 예설에 관한 '변의辨疑'를 논한 것은 모두 그 학통의 계승자였던 데 그 이유가 있다. 수당이 사림을 대표하여 선사先師인 성재 허전의 제문을 지은 것 역시도 허전이 당시 남인 사림의 종장이었기 때문이다.[2] 당대의 명사들과 폭넓게 교유하였다. 교우 관계에서 가장 친한 이는 물헌勿軒 이명상李明翔(?~1903)이며, 하정荷亭 여규형呂圭亨(1849~1922), 무정茂亭 정만조鄭萬朝(1858~1936) 등과도 교분이 두터운 사이였다. 이들 가운데 하정과 무정은 유감스럽게도 일제하에서 식민지 지배정책에 순응한 훼절자들로 알려져 있다.[3] 또 문장으로서뿐만 아니라 곧은 절개로 이름높던 영재寧齋 이건창李建昌(1852~1898), 창강滄江 김택영金澤榮(1850~1927) 등과는 문우文友로서 깊이 교유하며 함께 명절名節을 남겼다. 소론의 명문이었던 이건창과는 당색을 초월하여 지우로서 깊게 사귀었고, 이러한 연고로 「수당기修堂記」[4]를 남

---

1   박민영, 「愼菴 盧應奎의 진주의병 항전 연구」, 『한국독립운동사의 인식』, 白山朴成壽敎授華甲紀念論叢, 삼화인쇄, 1991, 212쪽.
2   강주진, 「수당의 정치적 경륜」, 『나라사랑』 28, 외솔회, 1977, 42쪽.
3   이가원, 『수당 이남규의 사상과 문학』, 『나라사랑』 28, 68쪽 참조.
4   『국역 수당집』 3, 민족문화추진회, 1997, 210~213쪽; 李建昌, 『明美堂集』 권10, '記'

겼다. 수당과 교분이 두터웠던 김택영 역시 1894년 동학농민전쟁 당시 수당이 올린 상소문을 보고 그 감회를 「독이승지소讀李承旨疏」 3수로 읊었다. 그 가운데 의리로 보아 수당을 '남조제일인南朝第一人'으로 비유한 첫째 수를 소개하면 다음과 같다.[5]

> 온갖 생각에 뒤척이다 눈 오는 새벽에 앉았노라니
> 허둥대는 조정의 신하들 이 무슨 때인고
> 호전[6]같이 힘쓰는 그대의 의리가 느꺼우이
> 또다시 남조의 제일인을 이루었어라

수당의 문하에서는 발군의 역사학자이자 독립운동가인 신채호申采浩(1880~1936), 법률가이자 학자였던 변영만卞榮晩(1889~1954)을 비롯하여 강기선姜驥善, 이장직李章稙 등 문명재사 다수가 배출되었다.[7]

수당은 약관 무렵까지 경사經史와 제자백가에 정통하였고, 글을 읽다가 충의와 효성을 논급하는 대목이 나오면 책을 덮고 감격의 눈물을 흘렸다고 한다. 뿐만 아니라 그의 학문은 민족의 원류, 국조의 고사故事, 학통, 당론, 관방關防, 풍토 등의 분야에 이르기까지 통달하지 않은 데가 없었을 정도였다.

수당의 사상은 조선조 정통 유학인 성리학적 기반 위에서 성립한 것이며, 성리학은 조선 전통사회와 깊이 밀착되어 있었다. 그러므로 수당이 당

---

5 『국역 수당집』 3, 209쪽. "百念徘徊坐雪晨 / 紛紛倒笏此何辰 / 感君辛苦胡銓義 / 又就南朝第一人"
6 중국 남송 사람. 오랑캐 금나라에 대해 강경책을 쓸 것을 역설하고, 주화파인 秦檜와 금의 사신 王倫 등을 처단할 것을 주장하여 조야를 진동케 한 인물이다.
7 『三千百日紅』 平洲李昇馥先生八旬記, 인물연구소, 1974, 81쪽; 강주진, 「수당의 정치적 경륜」, 47쪽.

그림 5 수당 이남규 고택(충남 예산군 대술면 상항리)

시 개화 풍조가 범람하는 가운데서 끝까지 구체제를 옹호하는 편에 섰던 것은 당연한 일이었다. 그가 견지한 수구적 입장은 민중의 요구에 일치될 수는 없었고, 역사의 방향에 배치될 수밖에 없었다. 그러나 그는 객관적 입장에서 어디까지나 자기 이념에 충실하였다. 당시 집권욕에 어두워 전진적 개혁을 거부하던 보수파 위정자들과는 본질적으로 달랐다. 더구나 개화라는 이름 밑에 외세에 영합하여 권력을 쟁취하려는 조변석화朝變夕化의 정상배와는 처음부터 인간형을 달리하였다. 결국 수당의 태도는 단순히 개화를 반대하는 그의 보수적 입장만을 가지고 시국에 대한 몰인식으로 간주할 것이 아니라, 한 걸음 더 나아가 그의 종래의 의연한 주체적 자세에서, 그리고 나라의 앞날을 위한 깊은 사려에서 나온 것임을 긍정적으로 이해해야 할 것이다.[8]

---

8   이우성, 「해제」, 『국역 수당집』 1, 7쪽.

관력과 절의정신

관력官歷

수당이 태어나 성장하던 19세기 중반기는 나라 안팎에서 위기와 모순이 중첩되면서 장차 다가올 엄청난 민족적 시련을 예고하던 시기였다. 이 시기에 한민족은 대내외적인 시련과 도전에 직면하였으며, 이를 슬기롭게 극복하여 자주적이고도 능동적인 역사발전을 도모해야 하는 시대적 과제를 안고 있었다. 이 점은 제국주의 침략을 맞이한 19세기 전반기의 동북아 정세와 헌종조 이후 계속되어온 세도정치하의 조선의 사회상을 살펴보면 더욱 분명하게 인식할 수 있다.

중국의 경우 1840년 아편전쟁에서 영국에 패배한 뒤 1842년 남경조약 체결로 서구 제국주의 침략을 본격적으로 받게 되었다. 그 뒤 1856년 애로우호사건을 계기로 영불 연합군의 공격을 받아 북경이 함락되어 원명원圓明園이 불타고 황제가 열하熱河로 몽진하는 등 수난을 당하였다. 대내적으로도 이 무렵 태평천국의 난(1851~1864)으로 남경이 함락되는 등 양자강 이남 거의 전역이 일시 반란세력의 점령하에 들어가 난관에 봉착해 있었다. 조선의 종주국이었던 중국은 이처럼 심각한 위기상황에 직면해 있었기 때문에 조선 문제에 깊이 개입할 수 있는 처지나 입장이 아니었다.

19세기 중엽에 일본은 대외침략을 표방하는 제국주의의 길을 걷고 있었다. 미국의 함포위협에 굴복하여 1854년에 미일화친조약을 체결한 일본은 적극적인 개항으로 정책을 급선회하게 되었던 것이다. 새로 등장한 명치정부는 대외적으로 개방정책을 채택하여 '탈아외교脫亞外交'를 지향하고, 대내적으로는 부국강병, 문명개화를 모토로 정치 · 경제 · 군사 · 교육 등 여러 방면에서 적극적으로 서양문물제도 모방운동을 벌였다. 중국, 일본 등 인접국들의 이와 같은 개항-근대화 방향과 노력에 대해 조선의 위정자들은 대체로 무감각하였고, 나아가 그러한 시도 자체를 위험시 내지 경멸시하는 경향을 보이고 있었다. 배타성과 독존성을 강하게 드러내던 조선후기 주자학사회가 19세기 중엽 제국주의 침략에 직면하게 되자 체제수호를 위해 더욱 안으로 고착화된 결과였다.

조선의 국내 사정 역시 19세기에 들어와 악화일로를 걸어 불안한 상태가 지속되었다. 영정조 이후 노론이 득세하면서 순조·헌종·철종 3대에 걸쳐 안동김씨와 풍양조씨 등 외척이 정권을 농단하는 세도정치가 계속되고 있었다. 그 결과 왕실의 권위는 실추되고 국가기강은 날로 해이해져 왕조의 존립 자체가 위협받는 상황까지 직면하였던 것이다. 이 무렵 역사의 전면에 등장하였던 대원군은 이러한 대내외적 위기상황을 타개하기 위해 10여 년간 일련의 급진 개혁정책을 시도하였으나, 여러 가지 제약으로 말미암아 권좌에서 물러나고, 민비를 정점으로 한 민씨척족세력이 정권을 전단하기에 이르렀다. 이러한 상황에서 1876년 2월, 일제가 조선 침략의 교두보를 확보하게 되는 이른바 병자수호조약을 강제로 체결하게 됨으로써 일제침략이 개시되기에 이르렀다.

수당은 한민족의 전도상 안위와 흥망이 걸려 있던 바로 이 시기에 태어나고 성장하였다. 그러므로 수당에게는 그만큼 파란만장한 앞날이 예고되어 있었던 셈이다. 수당은 일제 침략의 신호탄인 강화도조약이 체결되기 전년인 1875년, 21세 되던 해에 처음으로 소과小科인 사마시司馬試에 합격하였으며, 임오군란이 일어나던 해인 1882년 4월 드디어 정시문과庭試文科에 합격하여 처음으로 출사出仕하였다. 1883년 29세 때 승문원承文院 권지부정자權知副正字로 관인 생활을 시작한 그는 주로 홍문관, 사헌부, 그리고 성균관 등 문한文翰과 사법, 그리고 교육을 담당하는 기관의 요직을 두루 거친 뒤, 1892년 통정대부에 올라 공조참의를 제수받았다. 그 후 승문원 동부승지, 첨지중추부사를 거치고, 1894년 형조참의와 우승지에 오른 뒤에는 영흥부사永興府使에 제수되어 처음으로 외직에 나갔다.

수당이 일반 백성의 고달픈 삶을 가장 가까이에서 체인體認할 수 있었던 시기가 바로 처음 외직으로 나갔던 영흥부사 시절이었던 것으로 보인다. 그 시절에 남긴 「영흥잡영永興雜咏」19수는 주로 관북지방의 고단한 민정을 묘사한 것으로, 민생의 곤궁과 관가 수탈의 가혹을 탄식하였고, 광산개발 문제, 특히 원산 개항을 계기로 이 지방 곡가의 등귀와 외국 상인의 앞잡이 노릇을 하는 간민奸民이 날뛰던 모습을 사실적으로 그려내고 있다.[9] 그 가운데 서민의 고난을 가장 잘 표현한 세 수를 소개하면 다음과 같다.[10]

앞산의 호랑이 발자국이 사발만 해라	虎跡前林椀似圓
방 안의 늙은 부부 얼굴빛이 처연하다	閉門翁媼色悽然
산중에는 이런 것을 흔히 보는 일이지만	山中見此尋常事
내일이면 독촉받을 향렵전[11]이 걱정일세	奈又明朝餉獵錢
소잃고 도둑을 쫓은들 흔적 찾기 어렵구나	失牛逐盜跡難搜
관가에 호소한들 자유롭지 못하다네	欲訴官門不自由
도둑 잡으러 온 자가 되레 도둑이 되니	詗盜人來還是盜
소 잃은 재앙이 이웃소에 미칠까 두려워라	失牛災恐及隣牛

---

9 이우성, 「해제」, 4쪽.
10 『국역 수당집』 1, 98~101쪽.
11 호랑이 사냥을 명분으로 민간에서 거두는 경비를 말한다.

한 필 베가 백성에겐 보배보다 귀하다네	閨寒匹帛惜稀珍
한 조각인들 언제 자기 몸에 둘렀던가	尺寸何曾君近身
이웃 장에 팔아서 세금을 내고 나니	貿得隣錢纔畢稅
때도 없이 다그치는 수탈이 또 걱정이어라	不恒催斂又愁人

그 후 1895년에 국모였던 민왕후(1851~1895)가 일제에게 시해되는 을미사변이 발생하자, 여기에 충격을 받은 수당은 사변 직후 영흥부사를 사직하고 곧바로 낙향하였다. 하지만, 낙향한 지 얼마 되지 않은 1896년 3월 4일, 그는 다시 안동부 관찰사에 임명되어 임지로 떠나게 되었다.[12]

당시 안동은 의병의 소용돌이 속에 휘말려서 지방행정이 거의 마비되어 치안 질서가 혼미한 상태에 놓여 있었다. 전 관찰사 김석중金奭中은 그 해 2월 23일 문경에서 이강년李康秊 의병에게 체포되어 농암 장터에서 처형되었기 때문에, 수당이 그 후임으로 부임하게 되었던 것이다.

수당은 국왕의 명을 거역하지 못하고 임지로 내려갔다. 하지만, 그는 상주를 지나 안동 경계 지점에서 서상렬徐相烈 의병에 의해 길목을 차단당하고 말았다. 그는 이 때의 상황을 다음과 같이 기술하고 있다.

명을 받들어 상주 경계에 다다르니 서상렬이라는 자가 스스로 호좌소모토적대장湖左召募討賊大將이라 칭하고 3천여 명의 무리를 거느리고 예천군에 머물면서 전 관찰사와 군수 3인을 살해하였다고 합니다. 신이 전진해 안동 경계에 이르니 서상렬 등이 신에게 (중략) 자기들과 동맹하기를 협박하였습

---

12 『고종실록』 권34, 1896년 3월 4일조.

니다. 앞에서는 수레를 막고 뒤에서는 귀로를 차단하여 진퇴를 할 수가 없습니다.[13]

이처럼 대치해 있던 상황에서 안동을 장악한 일본군은 4월 1일 민가 1천여 호를 불태우는 만행을 저질렀다. 이에 수당은 즉시 관찰사를 사직하는 상소를 올렸다.

> 이 달(2월-필자주) 19일(양. 4월 1일)에 순검巡檢으로 도피했던 자들과 일본병이 갑자기 본부에 쳐들어와 관청 건물을 부수고 가옥에 불을 질러서 민호 수천 채가 지금 열에 한둘도 남아 있지 않습니다. 이졸吏卒들은 산골짜기로 흩어져 달아나고 사민들은 구학溝壑에서 고통을 당하고 있는데, 그 참담한 광경을 차마 눈으로 볼 수가 없습니다.[14]

그는 일본군의 만행을 규탄하였으며, 나아가 의병이 일어날 수밖에 없었던 상황을 자세히 보고하였다. 그리고 그는 관찰사를 사직하고 귀향하였다.[15] 이듬해 수당은 다시 중추원의관에 발탁되어 내직으로 들어갔고, 그 해 10월 궁내부특진관에 올랐다.[16] 그 뒤 1900년, 46세 때는 함경남북도 안렴사按廉使에 임명되기도 하였다. 수당은 왕명을 거역하지 못하고 그때그때 직임을 맡아 직분에 충실하였지만, 자신의 뜻이 관철되지 않으면

---

13 『고종실록』 권34, 1896년 4월 28일조.
14 『국역 수당집』 1, 「안동관찰사를 사직하는 상소」, 171쪽.
15 김상기, 「수당 이남규의 학문과 홍주의병투쟁」, 『조선시대의 사회와 사상』, 조선사회연구회, 1998, 659쪽.
16 『독립신문』 1897년 10월 9일자, 「관보」

과감히 사직하였던 것이다. 그리하여 중추원의관 시절에는 만민공동회 개최를 반대하고 여기에 참석한 관리들을 탄핵하였으며, 함경남북도 안렴사로 있을 때는 덕원부윤 윤치호尹致昊(1865~1945)가 소요를 불러일으킨 죄와 영흥군수 이윤재李允在가 재물을 긁어모아 원성을 산 죄상을 탄핵하는 등 소임을 다하였다. 뒤이어 수당은 비서원승에 임명되었으나 곧 사직하고 1900년 7월 예산 향제로 낙향하였으며, 이후로는 일체의 관직에 나아가지 않았다.[17]

애민·절의정신

수당의 의식 속에는 일제 침략으로 야기된 민족적 울분과 주체의식이 강하게 자리잡고 있었다. 병자호란 후 삼전도에 세운 청태종의 이른바 송덕비가 일제에 의해 쓰러진 것을 보고 지은 「삼전도탄三田渡歎」이라는 시에 이러한 수당의 민족자존, 절의의식이 잘 드러나 있다.[18]

전에는 삼전도에	昔時三田渡
빗돌이 우뚝했는데	有碑屹如植
지금은 삼전도에	今日三田渡
빗돌이 쓰러져 묻혔네	有碑沙中踣
쓰러진 것이야 통쾌하지 않으랴만	踣豈非更快
핍박을 받아 한 것이 다만 슬프다네	所嗟由人逼

---

17 김상기, 「수당 이남규의 학문과 홍주의병투쟁」, 660쪽.
18 『국역 수당집』 1, 116쪽.

묵은 한과 새 울분을 씻지 못하고	舊恨新憤難洗盡
강물만 밤낮없이 흘러간다네	江流日夜無終極
창 자루를 꼬나들고 선봉이 되어	願言執殳爲前驅
연운 땅을 짓밟고 일본 땅을 짓이겼으면	北踏燕雲東日域
돌아와 한 길짜리 옥돌을 다듬어서	歸來斲得丈餘珉
임금의 덕을 새겨 일만 년을 전하리라	銘我萬年君王德

이 시의 전반부에서는 민족수치의 상징인 병자호란을 기념하는 청태종의 송덕비가 근일 모래바닥에 쓰러져 있음을 말하고, 이 비가 쓰러진 것은 통쾌하게 여겨야 할 일이지만, 일제의 압력으로 쓰러졌기 때문에 이를 슬프다고 탄식하였다.[19] 후반부의 '구한舊恨'은 곧 청나라 오랑캐가 침입한 병자호란을 가리키는 것이며, 또 '신분新憤'이란 당시 조선을 침략하고 있던 일제를 일컫는 것이다. 오랫동안 쌓인 분기憤氣를 가지고 자신이 앞장서서 북쪽으로는 만주, 곧 청나라의 구지舊地를 짓밟고, 동쪽으로는 일제의 본토로 들어가 일본을 평정한 뒤, 옥돌에다 군주의 위업을 새겨 만세토록 전하게 하고 싶다는 내용이다.[20] 한민족의 자주와 자존을 유린한 오랑캐 청과 일제에 대한 수당의 강렬한 적개심이 잘 드러나 있다.

---

[19] 비의 원명은 '大淸皇帝崇德碑'이며, 원래는 석촌호수 주변에 세워져 있었을 것으로 추정된다. 비문은 白軒 李景奭이 지었으며, 앞면에는 한문, 뒷면에는 만주문·몽골문으로 번역해 새겼다. 그 치욕적인 의미 때문에 여러가지 역사적 상황과 결부되어 수차에 걸쳐 땅속에 매몰되었다. 수당의 시는 1896년 2월 일제에 의해 이 비가 땅속에 매몰되는 것을 소재로 한 것이다. 그 뒤 일제 강점기에 다시 세운 것을 1956년 문교부가 국치의 기록이라 해서 또 땅 속에 묻었다가, 재차 지금의 위치에 세워 놓았다. [추기] 이 비는 2010년 서울 송파구 잠실동 석촌호수공원 서호 언덕으로 이전되어 오늘에 이르고 있다.

[20] 이가원, 「수당 이남규의 사상과 문학」, 69쪽.

수당 가문의 가훈은 학문이나 문학을 다른 데서 구한 것이 아니라 가학家學의 전통 속에서 찾아서 구현하고 계승한다는 것이었다. 조선조 정통 사대부 집안의 법도와 성리학의 원류를 계승한 집안에서 태어나 명분과 충절을 핵심으로 하는 가학을 전수傳受한 수당은 조선 왕조가 쓰러져갈 때 그 모습을 마지막으로 보여준 사례라 할 수 있다.[21]

수당이 견지한 사상은 근대 개화사상과는 거리가 멀었고, 오히려 성리학적 질서를 재확립하려는 위정척사 사상이었다. 그러나 한 가지 확실한 것은 변화하는 사회의 새로운 모습을 지켜보면서도, 그것을 지켜나갈 하나의 원칙을 제시한 점이다. 역사가 아무리 급격히 변하고, 사회발전이 아무리 괄목할 만한 것이라 할지라도, 어디까지나 스스로의 힘으로 스스로의 방법과 이론에 따라 해결하지 않으면 안 된다는 생각에서 나라를 누구보다 사랑하는 원칙을 제시한 인물이 수당이나 그 계열의 인물들이었다고 생각한다.[22]

수당이 1894년에 일어난 동학농민전쟁에 대해 상당히 예민한 반응을 보였던 것도 그의 수구적 입장에 기인한다. 그는 조선조 정통 이데올로기인 성리학적 가치관에 입각해, 만민 평등과 구질서 개혁을 주창한 동학과 천주교 양자를 모두 '사학邪學'으로 규정하고 성리학적 구체제를 수호하기 위해서는 이를 물리쳐야 한다고 역설하였다. 이러한 논리는 특히 그가 올린 상소「척동서사학소斥東西邪學疏」에 잘 나타나 있다.[23] 상소에서 언급한 '동서사학'은 동학과 천주교를 지칭하는 말이다. 수당의 척사사상은 준열하였다. 궁성과 지척간에 있으면서 사학 괴수의 죄를 사해 줄 것을 성언하는

21　윤병석,「수당 이남규의 생애」,『나라사랑』28, 27~28쪽.
22　윤병석,「수당 이남규의 생애」, 29쪽.
23　『국역 수당집』1,「동서의 邪學을 배척하는 상소」, 148~151쪽.

상황이 공공연히 벌어지고 있다고 개탄하였다. 이어 그는 이와 같이 망칙한 작태를 보고서도 법관이 이를 힐문하지 않고, 언관이 이를 탄핵하지 않고, 성균관 유생들이 이를 성토하지 않고 있고 있으니, 이처럼 한심스러운 일이 또 어디 있겠느냐고 반박하고 나섰다. 이와 같은 수당의 논지와 주장은 당시 양반 사대부사회의 입장을 대변하는 것으로서, 그들의 전폭적인 지지를 받았다.[24]

한편, 수당은 동학농민전쟁을 야기한 원인이 농민층의 가중된 고통과 원한에 있고, 나아가 그러한 작폐는 궁성과 정부의 낭비, 그리고 탐관오리배의 탐학에서 비롯되었다고 정면에서 통렬하게 비판하였다.

> 백성에게서 거둔 재물이 십중팔구는 사사로운 호주머니로 들어가고 공적으로 들어오는 것은 겨우 그 하나나 둘일 것이며, 백성으로부터 듣는 원망은 십중팔구는 위로 돌아가고 아랫사람이 나누어 가지는 것은 겨우 그 하나나 둘일 것입니다.[25]

그는 백성이 품고 있는 원망과 겪고 있는 고통이 결국 국왕과 조정으로 향하는 일반적 상황을 정확하게 간파하기에 이르렀다. 하지만, 동학농민전쟁은 사회변혁을 지향하고 있었다는 점에서, 나아가 외국군대, 특히 일본군의 개입을 초래하였다는 점에서 '비요匪擾'로 규정할 수밖에 없었으며, 일제 침략군의 퇴치를 정부가 당면하고 있는 가장 절급한 과제임을 역설하고 나섰다.

---

24 강주진, 「수당의 정치적 경륜」, 48쪽.
25 『국역 수당집』 1, 「匪賊의 소요와 왜병의 도성 진입을 논한 상소」, 152쪽.

그러나 일제는 한민족의 힘으로 감내하기에는 너무나도 벅찬 상대였다. 급기야 러일전쟁 이후 대한침략이 가속화되고, 민족사의 정통성이 단절되려는 절박한 위기상황에서 수당은 자신이 견지한 신념과 의리를 구현하는 데 더욱 철저하였다. 내면적으로도 그에 따르는 고통이 매우 컸다. 그가 남긴 자료 가운데 이러한 노력의 흔적들이 곳곳에서 산견되고 있다. 그 가운데 하나가 1906년 지우였던 여규형에게 보낸 편지에서 을사조약 늑결 이후에는 외부 인사를 접견하지도 않고 지친간에도 축하나 위문의 인사도 다니지 않았다고 토로한 다음과 같은 대목이다.

저(수당-필자주)는 수많은 고초를 겪은 뒤로 저의 정성이 부족하여 종전에 임금을 도와 보필하지 못한 까닭에 드디어 오늘의 변란이 있게 되었음을 스스로 한탄하고 있습니다. (중략) 매일같이 마음을 에이면서 입을 봉하고, 문을 닫고 이불을 뒤집어쓰고서 바깥일을 사절謝絶하여 비록 지친간의 경조사慶弔事라도 일체 간여하지 않고 있습니다. 이는 그저 자폐自廢하고자 하는 것일 뿐, 다른 뜻이 있는 것은 아닙니다. 원근에서는 서로 전하기를, "이러다가는 필시 병이 나서 죽을 것이다."라고도 하고, 혹은 "죽기로 작정했다."고도 하며, 심한 경우에는 심지어 "일부러 죽을 길을 찾고 있다."고까지 합니다. 이는 모두 저를 사랑해서 하는 말이지만, 역시 저의 마음을 아는 자들이라고는 할 수 없습니다. 세상의 모든 일은 그 경솔함을 바로잡기가 어렵습니다만 죽고 사는 문제에 이르면 아무리 칼날을 두려워하지 않는 용기가 있더라도 그것이 경솔한 것이 아닌지에 대해 신중하게 생각하지 않는 자가 드뭅니다. (중략) 진정 제가 가슴속에 지닌 것이 참으로 기어코 죽겠다는 마음이고 밖으로 보이는 것이 참으로 기어코 죽기 위한 것들이라면, 단지 걱정할 만한 것이 아닐 뿐 아니라 오히려 기뻐해야 할 것입니다.[26]

또, 수당은 을사조약 늑결 직후 무렵에 그의 삼종형에게 보낸 편지에서도 다음과 같이 '때 끼고 찌든 모습으로 죽지 못했다'고 절규하며 괴로워하였다.

갑신년(1884)에 죽지 못하고, 갑오년(1894)에 죽지 못하고, 을미년(1895)에 죽지 못하고, 오늘에 또 차마 못 볼 변을 보았으되 오히려 때 끼고 찌든 모습으로 죽지 못하고 있습니다. 임금이 욕을 당하면 신하가 죽어야 하는 도리에 어찌해야 할지 서럽고 부끄러워 가슴이 불타는 것 같습니다.[27]

조약 늑결 직후에 자결한 조병세趙秉世(1827~1905)와 민영환閔泳煥(1861~1905) 등 두 충신을 위해 지은 제문에서도 수당은 심하게 자책하고 있다.

아, 슬픕니다. 두 분 공께서 의당 죽어야 할 날이 여러 번 있었습니다만 그런데도 죽지 않고 있다가 오늘에 이르러서야 비로소 죽었으니, 이것은 대저 장차 유위有爲한 일을 하려 했지만 끝내 이를 할 수가 없어서였습니다. 그런데 이 남규 같은 자는 또한 장차 무슨 유위한 일을 하려고 해서 죽지 못하고 남아 있단 말입니까. 끝내 할 수가 없는 것인데도 죽지 않고 남아 있는 것이란 말입니까. 아, 통탄스럽습니다.[28]

수당은 을사조약 이후의 참담한 역사 현실에서 곧 자결을 영광스럽게 여

---

26 『국역 수당집』 1, 「여교리에게 답함」(1906), 213쪽.
27 『국역 수당집』 1, 「삼종형에게 답함」(을사년), 310쪽.
28 『국역 수당집』 2, 「의정 조병세와 참정 민영환을 제사하는 글」, 372쪽.

기고 이를 동경하고 있었던 것이다. 의리와 명분에 철저하였던 수당으로서는 일제 침략으로 인해 민족사의 정통성이 철저하게 유린당한 참담한 현실에서 더 이상 삶을 유지한다는 그 자체가 곧 치욕이었다. 이런 맥락에서 볼 때, 곧이어 다가오는 수당의 순국은 결코 우연이 아니라 역사적 필연이었으며, 최익현이나 황현의 경우에서 보듯이 역사 앞에 스스로를 책임지우려는 추상같은 결단이었다.

항일투쟁과 순국

수당의 반일투쟁

수당은 갑신정변(1884), 청일전쟁(1894), 을미사변(1895) 등 일제가 침략의 마수를 뻗어오는 현실을 목도하며 관인생활을 하였다. 충효와 절의를 요체로 하는 가학을 전수받은 수당이 관직에 있는 동안 항일의식을 견지하게 된 것은 자연스러운 현상이었고, 나아가 당연한 일이었다.

수당이 항일의지를 분명하게 드러낸 것은 김옥균金玉均 등 청년 개화파들이 일본 세력과 결탁하여 정부 전복을 기도한 1884년의 갑신정변을 계기로 해서이다. 일제가 침략 야욕을 노골적으로 드러낸 이 사건으로 인해 수당은 큰 충격을 받았다. 뒷날 갑신정변 때 죽지 못한 것을 자주 한탄[29]하는 것도 이런 맥락에서이며, 갑신정변 때 죽은 민태호閔台鎬(1834~1884)를 사제賜祭할 때의 조문에서 그 서두를 "아, 갑신년의 일을 차마 입으로 말할 수

---

29 『국역 수당집』 1, 「도적 토벌을 청하는 상소」, 197쪽; 「三從兄에게 답함」, 310쪽.

있겠습니까."[30]라고 시작하는 것도 역시 같은 맥락에서 이해할 수 있을 것이다. 곧 수당은 갑신정변을 계기로 일제의 대한침략이 본격화되는 것으로 인식하였으며, 나아가 이 정변을 과거의 임진왜란과 침략의 속성에서 일치하는 것으로 파악하기도 하였다.[31]

수당은 그 뒤 1894년 동학농민전쟁을 계기로 야기되는 일련의 침략사건으로 말미암아 반일감정이 극단적으로 고조되었다. 특히 1894년 6월 21일(양 7. 23) 새벽에 일본군이 무단으로 경복궁을 점거한 갑오변란은 당시 유생들에게 큰 충격을 주었다.[32] 재야 유생을 주축으로 한 을미의병이 전국 각지에서 봉기하게 된 요인 가운데 하나가 바로 이 갑오변란이었던 것이다. 제천의병장 유인석柳麟錫(1842~1915)은 갑오변란이 일어나던 "6월 21일 새벽에 조선이 망했다"고 격분하였으며, 전봉준全琫準(1854~1895)의 공초에서 "일본군이 경복궁을 침범한 사건에 항거하여 그 책임을 묻고자 재봉기하였다"고 한 것도 갑오변란을 곧 '국망'으로 인식한 결과였다.

수당도 일제의 무력침략의 신호탄이 된 갑오변란에 대해 심각한 국가적 위기상황으로 인식하고 있었다. 그는 국왕에게 상소(「論匪擾及倭兵入都疏」)를 올려 일본군이 경복궁을 무단 점거한 일을 국권을 유린한 명백한 '침략행위'로 다음과 같이 성토하였다.

---

30 『국역 수당집』 2, 「충문공 閔台鎬에게 賜祭하는 글」, 336쪽. "嗚呼甲申 尙忍泄口".
31 『국역 수당집』 1, 「왜와의 절교를 청한 상소」, 161쪽. "저들은 신세력을 이용하여 구세력을 이간질하고, 작은 나라를 윽박질러 큰 나라를 배반케 하고, 저쪽을 공략하는 척하면서 이쪽을 도모하고, 겉으로는 보호하는 척하면서 안으로는 공격합니다. 이처럼 한결같이 교활한 작태는 본디 대대로 전해오는 기법이 있으니, 기어코 남의 나라를 망치고야 말려고 하고 있습니다. 멀리는 임진년의 왜란이 있고 가까이는 갑신년의 왜변이 있습니다."
32 갑오변란의 전말과 그 침략적 의미에 대해서는 김상기, 『한말의병연구』(일조각, 1997), 52~59쪽에 자세히 기술되어 있다.

지금 일본인이 군사를 이끌고 도성의 문을 들어왔는데, 외무外務 부서의 신하가 힘써 막았으나 듣지 않았다고 합니다. 신은 그 의도가 어디에 있는 것이며 그 병력의 명분이 무엇인지를 알지 못하겠습니다. 만일 이웃 나라의 환난을 도우려는 것이라면 우리가 일찍이 구원을 청한 일이 없으며, 만일 상민商民을 보호하려는 것이라면 그들이 걱정 없도록 우리가 보호하고 있습니다. 구원을 청하지 않았는데도 도와주겠다고 한다면 이는 양심을 속이는 말이며, 보호할 걱정거리가 없는데도 보호하겠다고 한다면 이는 우리를 의심하는 것입니다.[33]

그리하여 한민족의 절급한 당면과제가 곧 일제 축출이며, 이를 위해서는 무력을 동원한 전쟁까지도 불사해야만 한다고 다음과 같이 대일 강경론을 역설하였던 것이다.

우리가 이미 저들과 화친하였으니, 지금 갑자기 힘으로 물리치는 것은 옳지 않겠습니다. 응당 이치와 의리, 신의와 성실로써 이와 같이 깨우칠 일이거니와, 그래도 깨치지 못한다면 이것은 결국 우리를 무시하는 것이니, 우리 역시 무기를 손질하고 군대를 정비해서 대응해야겠습니다. 외국의 군대가 도성에 들어와 있는데도 아무런 대비도 없이 태연히 있는 법이 어디에 있겠습니까.[34]

외국 군대가 서울 도성 안에 주둔해 있는 상황에서 이에 대한 대비 없이

---

33 『국역 수당집』 1, 「匪賊의 騷擾와 倭兵의 도성 진입을 논한 상소」, 153쪽.
34 『국역 수당집』 1, 「匪賊의 騷擾와 倭兵의 도성 진입을 논한 상소」, 155쪽.

는 결단코 평안히 지낼 수 없다는 것이다. 의리와 사리에 입각한 대화를 통해서, 나아가 국제 외교를 펴서 일제 침략군을 몰아내야 하고, 만약 끝까지 물러나지 않으면 군사력을 동원한 무력전을 펴서라도 침략군을 끝까지 구축해야 한다고 강력하게 주장한 것이었다.

수당은 갑오변란과 청일전쟁으로 일제의 침략이 한층 강화되는 현실에서 일제와의 절교를 주장하는 「청절왜소請絶倭疏」를 올려 일제 구축의 당위성과 그 방책을 다시 한번 역설하였다. 그는 국왕 이하 전 민족이 단결하여 국력을 집중시키면 일제를 축출할 수 있을 것으로 확신하였다. 또 유능한 인재를 기용하여 정치나 국방을 맡게 하면 국력이 크게 신장될 것이며, 일제와 결탁된 반민족 세력을 몰아내고 형국을 관망하는 기회주의자들을 숙청하여 국가의 기강을 바로잡으면 어떠한 난국도 극복할 수 있다고 누차에 걸쳐 역설하였던 것이다.[35]

갑오변란에 이어 그 이듬해에는 을미사변이 발발하였다. 1895년 8월 20일(양 10. 8) 일제는 삼국간섭 이후 조선 정부의 반일정책에 쐐기를 박기 위해 비상수단으로 국모를 무참히 시해하였던 것이다. 이 사건으로 말미암아 그 동안 누적되어온 한민족의 반일감정이 일시에 폭발하기에 이르렀다. 홍성을 비롯하여 진주·안동·제천·춘천·강릉·원주 등지에서 동시다발적으로 봉기한 항일의병이 그것이다.

수당은 국모 시해의 변이 발생하자 즉시 영흥부사를 사직하고 예산 향제鄕第로 내려가 일제의 만행을 규탄하고 왕후 복위를 역설하는 「청복왕후위호토적복수소請復王后位號討賊復讐疏」를 올렸다.

---

35 『국역 수당집』 1, 「왜와의 절교를 청한 상소」, 158~163쪽 참조.

삼가 아룁니다. 8월 20일의 일을 차마 다시 어찌 말을 하겠습니까. 이는 참으로 천지의 대변이며 종사의 더할 수 없는 모욕인 바, 우리 동국의 신자臣子들이 기필코 갚아야 할 수치입니다. 전해 오는 말에, "임금이 욕을 당하면 신하는 목숨을 바친다." 하였으며, 『춘추』에는 도적을 토벌하지 않는 것을 나라에 신하가 없다고 흠을 보았습니다. 지금 나라가 이처럼 더할 수 없는 변고와 모욕을 당했으니, 군신상하가 의당 울분을 터뜨리고 증오심을 발동하여 울음을 삼키고 피눈물을 흘려야 할 것입니다.[36]

1895년 9월에 올린 이 상소에서 그는 격분에 찬 서두를 시작한 뒤, 일본군이 궁성을 불법으로 침입하여 왕후를 시해한 것은 천인공노할 야만행위이므로 이를 결코 묵과할 수 없다는 점을 말하고, 하루속히 일제의 만행을 세계만방에 알려 그 죄상을 국제적으로 성토해야 한다고 역설하였다. 그리고 국왕은 전국에 '애통조哀痛詔'를 내리어 전 국민이 토적복수의 기치를 들고 일어서게 해야 한다고 주창하였다.[37]

그 후 수당은 예산 향제에 퇴거해 있으면서 인근의 여러 인사들과 긴밀한 관계를 맺으면서 항일투쟁을 전개하게 되었다. 특히 1906년에 일어났던 홍주의병에는 깊이 관여되어 있었다.

---

36 『국역 수당집』 1, 「왕후의 위호를 회복하고 왜적을 토벌하여 원수를 갚을 것을 청한 상소」, 165쪽.
37 『국역 수당집』 1, 「왕후의 위호를 회복하고 왜적을 토벌하여 원수를 갚을 것을 청한 상소」, 165~169쪽.

수당과 홍주의병

1906년 3월 무렵이 되면 홍주의병의 결성 움직임은 가시화된다. 이 무렵에 안병찬安炳瓚(1854~1929)을 중심으로 박창로朴昌魯, 채광묵蔡光黙(1850~1906) 등이 주축이 되어 군사를 모으고 작전구상에 들어가는 등 거의擧義를 도모하였던 것이다. 그러나 이들 세력은 불행히도 일제 헌병대의 공격을 받고 곧 패산하고 말았다. 이 거사의 주모자였던 안병찬은 동지들과 함께 일제 군경에게 잡혀 공주감옥에 갇히고 말았다.

이 때 향리에 있던 수당은 공주관찰사 서리 곽찬郭瓚에게 두 번이나 편지를 보내 의리와 사리에 입각하여 의사들의 석방을 종용하였다. 투옥 후 얼마 되지 않은 5월 5일에 안병찬이 석방되어 민종식閔宗植이 이끄는 홍주의병에 참모사로 참여할 수 있었던 것은 수당의 이러한 노력의 결과이기도 하다.[38] 곽찬에게 의사들의 석방을 직설적으로 요구한 편지의 내용을 소개하면 다음과 같다.

> 변란(을사조약 늑결 - 필자주)을 당한 이래로 형(곽찬 - 필자주)께서 벼슬을 그만두리라 여겼는데 그대로 부지런히 도신道臣의 일을 대리하시는군요.

---

[38] 독립운동사편찬위원회 편, 『독립운동사』 1, 1971, 348쪽. 수당이 곽찬에게 의사들의 석방을 요청하는 편지를 보낸 사실은 林翰周의 「洪陽記事」에도 자세히 언급되어 있다. 이 때 곽찬은 안병찬의 석방 요청 편지에 대해 "안병찬의 사건은 비록 진지하신 훈계가 없을지라도 어찌 사람치고 春秋의 義가 없겠습니까. 일본 헌병에게 교섭하고 內部에 명확히 보고하고 警視(일인 - 필자주)와 언쟁을 벌여 모든 역량을 기울여서 간신히 빼내 왔으나 內部에서 문초를 받아 보고하라는 훈령이 있으니 일이 상부에 매었으며 또한 어찌하겠습니까"라고 답신하여 안병찬 석방에 힘을 쏟게 했던 사실을 확인할 수 있다. (독립운동사편찬위원회 편, 『독립운동사자료집』 2, 1971, 296~7쪽)

(중략) 주사主事 이붕림李鵬林(이세영李世永을 가리키는 듯함 - 필자주)이 자살을 기도했으나 죽지 못하고 감옥에 갇힌 몸이 되어 죽을 수도 없이 온갖 고초를 겪고 있으니, 길가는 사람도 모두 울분을 토하며 눈물을 흘립니다. 저 간악한 오랑캐마저 역시 어쩔 도리가 없어서 우리측 경청警廳에 넘겨서 우리의 재결에 맡겼으니, 이 사람에게는 죽지 못하는 것이 진실로 불행이지만, 우리의 도리로 보면 만약 죽지 않게 할 수만 있다면 죽지 않도록 하는 것이 가당한 일일 것입니다. 부디 차가운 감옥 안에서 곤욕을 당하게 하지 말고 속히 방면되어 돌아오게 해서 형제와 처자들에게 원통한 한을 남기지 않게 한다면, 그 또한 의리를 부지하고 억울함을 풀어주는 하나의 일이 될 것입니다.[39]

안병찬 형이 참으로 어떤 사람입니까. (중략) 하늘이 대체 무슨 까닭에 이런 분을 진작에 그 뜻(자결 - 필자주)을 이루게 하지 못하고 이 비린내 나는 더러운 세상에 그 몸을 남겨 두어서 이처럼 말할 수 없는 고통을 계속 받게 하는지 모르겠습니다. 죽이고 살리는 권한이 오랑캐 놈의 손안에 들어 있으니 형께 어떤 힘이 될 수 있는 방도가 없겠습니다만, 설사 있다 하더라도 원수에게 목숨을 구걸하는 것이 또한 깨끗한 죽음을 지연시키는 데 불과하겠으니, 그 사랑하는 것이 도리어 괴롭히는 것이며 아끼는 것이 도리어 누를 끼치는 것이라, 저는 사실 말을 하고 싶지 않습니다. 그러나 그렇지 않고 그 감단勘斷의 권한이 형에게 있고 오랑캐에게 있지 않다면 저는 또 굳이 말을 할 필요가 없다 하겠습니다. 왜냐하면 형의 마음이 곧 저의 마음이기에 그

---

[39] 『수당집』 1, 「郭粲玉(璨)에게 보냄」(1906), 292쪽.

대처함에 있어 말을 기다릴 필요가 없기 때문입니다. (중략) 만일 이런 분을 죽게 한다면 우리가 참으로 황보장군皇甫將軍처럼 청류淸流의 당인黨人을 돕지 못한 부끄러움을 당하지 않겠습니까.[40]

안병찬 등의 거사 실패에 뒤이어 곧 민종식을 주장으로 한 홍주의병이 일어나 기세를 크게 떨치게 되었다. 민종식을 주장으로 삼고 이용규李容珪, 이세영李世永, 채광묵 등 홍주를 중심으로 하는 충청남도 일대의 항일세력이 총결집된 홍주의병이 1906년 5월 19일 홍주성을 장악하고 편제를 새롭게 하였을 때, 수당은 박영두朴永斗와 함께 선봉장에 이름이 올랐다.[41]

하지만 수당이 직접 홍주성에 들어가 전투에 참여하였던 것으로는 보이지 않는다. 황현이 기록한 『매천야록梅泉野錄』에서도 이 문제와 관련하여 "처음에 민종식이 이남규와 함께 거의하고자 하였다. 이남규는 단지 앉아서 힘써 주선하였으며, 끝내 홍주성에는 들어가지 않았다"[42]고 기록한 것이나, 또는 당시의 여러 정황으로 보아, 수당이 직접 홍주성전투에 합류하였을 개연성은 많지 않은 것으로 판단되기 때문이다.

그럼에도 불구하고, 민종식이 의진의 편제를 정할 때 상징적 역할이나 영향을 기대하고 수당을 선봉장으로 삼았던 것은 사실로 짐작된다. 이 점은 수당이 홍주의병에 뜻을 같이 하여 묵시적으로 동참했던 사실을 암시해 주는 증좌이기도 하다. "이남규를 제거하지 않으면 내포지역이 편안한 날이 없을 것이라고 다투어 말하였다"고 한 일진회원의 지적도[43] 수당과 홍

---

40 『수당집』 1, 293~4쪽.
41 兪鳳在, 「義士李容珪傳」(독립운동사편찬위원회 편, 『독립운동사자료집』 2, 1971), 317쪽.
42 황현, 『매천야록』, 국사편찬위원회, 1955, 435쪽.
43 황현, 『매천야록』, 436쪽.

주의병 세력간의 상호 긴밀한 연계성을 보여주는 대목이라 할 수 있다.

홍주 일대에서 의병의 활동이 이처럼 활발해지자, 일제는 홍주의병 탄압에 전력을 기울였다. 일제의 한국주차군사령관 하세가와長谷川好道는 서울 주재 남부수비대사령관에게 명령하여 홍주의병 탄압을 위한 이른바 토벌대를 편성, 현지로 급파시켰다. 이에 보병 2개 중대와 기병 1개 소대를 주축으로 한 일본군은 제60연대 제1대대장 다나카田中新條 소좌의 인솔하에 기관포 2문을 앞세우고 29일 밤 홍주 부근에 당도하였다. 또한 전주 수비대 소속의 보병 1개 소대도 동원되었다. 뿐만 아니라 공주와 전주 등지에 주둔하고 있던 일제의 헌병·경찰대도 가세하게 되었으니, 홍주의병을 탄압하기 위한 일제 군경의 전력과 규모는 상당히 컸다. 5월 31일, 일제는 드디어 대규모 공격을 가하여 홍주성을 함락시켰다.

이 날의 홍주성 전투는 의병전쟁 전기간에 전국 각지에서 벌어진 수많은 전투 가운데 큰 참화를 입은 대표적인 사례로 기록되고 있다. 일제의 주차군 참모장이 홍주의병 탄압작전의 결과를 정리해 6월 14일자로 자국 참모총장에게 보고한 내용에 의하면, 총 83명의 의병이 전사 순국했으며, 모두 154명이 체포되어 그 가운데 82명은 서울로 이송 수감되었다. 그리고 대포와 소포 79문, 무라다총村田銃 및 모젤식 총 16정, 화승총 226정, 칼 71자루, 화약 71관, 탄환 150관 등의 무기를 일제 군경에게 빼앗겼다.[44]

그뒤 예산에 있던 수당은 홍주의병의 재기를 계획하였다. 1906년 10월 수당의 집에 이용규, 곽한일郭漢一 등의 의사들이 집결하였다. 이들은 예산 관아를 공격하여 활동의 근거지로 삼기로 하고 11월 20일을 거사일로 하여 민종식을 다시 대장으로 추대하기로 뜻을 모았다.

---

44 독립기념관 한국독립운동사연구소 편, 『한말의병자료』 3, 2002, 76~77, 82~83쪽 참조.

그림 6 수당 이남규 조난 순국비(충남 아산시 송악면 외암리 평촌)

유봉재俞鳳在가 지은 「의사이용규전義士李容珪傳」에서는 수당을 주축으로 한 재거 계획에 대해 다음과 같이 말했다.

(1906년) 9월 보름께 예산 한곡閒谷에 있는 족형 전 참판 이남규의 집에 이르러 동지 민종식·곽한일·박윤식·김덕진·김운락·황영수·정회규·박창로·이만식 등 수십 인과 협의하고 꾀를 내어 다시 의병을 일으키려 하였다.[45]

성덕기成德基가 지은 같은 제목의 「의사이용규전」에서도 홍주의병의 재거 계획과 수당이 밀접하게 연계되어 있음을 밝히고 있다.

---

45 독립운동사편찬위원회 편, 『독립운동사자료집』 2, 1971, 318~319쪽.

9월 그믐에 먼저 정장精壯 수백 명을 비밀리에 예산 근처 동리에 매복시키고 맹주 민종식과 함께 한곡閒谷의 전 참판 이남규의 집으로 달려갔다. 이들은 먼저 맹주(민종식 - 필자주)를 다른 곳에 숨겨놓고 며칠 동안 머무르면서 서로 상의하여 무리를 모아 예산을 습격하려 하였다.[46]

그러나 곽한일 등의 주모자들은 그 해 11월 17일 새벽, 일진회원의 밀고를 받고 출동한 일제 군경에게 체포되었으며, 이어 20일에는 주장 민종식이 체포됨으로써 홍주의병의 재거 계획은 수포로 돌아가고 말았다. 이 때 수당도 민종식을 은익시킨 혐의로 일제 군경에게 체포되어 공주로 끌려가 한동안 갇혔다가 풀려났다. 함께 끌려갔던 수당의 아들 이충구李忠求는 하룻밤 사이에 세 차례나 흉형兇刑을 당했지만, 민종식의 거처를 끝내 발설하지 않았다고 한다.[47]

순국 수난

홍주를 중심으로 충청도 일대에서 강력한 항일세력이 형성되어 조직적으로 활동을 벌이게 되자, 불안을 느낀 일제는 그 정점에 있던 수당을 그대로 둘 수 없었다. 1907년 9월 26일(음 8. 19), 일제 기마병 1백여 명이 예산에 있던 수당의 집을 급습하였다. 일본군이 포박하려 하자, 수당은 "선비는 죽일 수는 있어도 욕보일 수는 없다[士可殺 不可辱]"[48]고 하며 가마에 올라 집을

---

46 독립운동사편찬위원회 편, 『독립운동사자료집』 2, 333쪽.
47 『삼천백일홍』, 56·83~84쪽.
48 이 구절은 수당의 선조인 고려말의 목은 이색이 정몽주가 왜에 사신으로 갈 때 읊은 아래의 「東方辭」에 나온다.(『삼천백일홍』, 37~38쪽)

나섰다.

서울로 압송해가던 일본군은 수당을 회유하며 그에게 귀순할 것을 강요하였다. 그러나 수당은 이를 완강하게 거부하였다. 이에 일본군은 온양 평촌坪村에 이르러 수당과 그를 따르던 장자 이충구, 그리고 노복 김응길金應吉 등을 무참히 위해하였다.[49] 그 날 수당을 방어하다가 중상을 입고 요행히 목숨을 건졌던 또 다른 노복 가수복賈壽福은 당시의 참변을 다음과 같이 생생하게 증언으로 남겼다.

(일본) 병정들이 고의로 느릿느릿 걸어서 날이 저문 뒤에야 평촌 앞길, 인적이 없는 곳에 이르렀습니다. 통역관이 주인어른께 "공은 평소에 일본을 원수로 대해 왔으니 그래 앞으로 의병장이 되시겠소이다. 만약 머리를 깎고 귀순한다면 살려주지만 그렇지 않으면 죽게 될 뿐이외다."라고 지껄이

이 몸 스러져도	盖此身兮漸盡
이름만 길이 남거니	羌名譽兮求存也
선비는 죽일 수 있어도 욕보일 수는 없도다	士可殺不可辱兮
의관 욕하기는 그 치욕 나라에 있어	辱衣冠痛在國也
백성 보살피고 풍속 고쳤기에	蠲于民而陶俗兮
이 또한 마땅한 데 무엇을 책망하랴	亦其宜而何責也

[49] 수당 부자의 순국 지점은 지금의 행정구역상으로는 아산시 송악면 외암리 평촌 냇가 부근이다. 현재 이곳에는 1987년 충청남도에서 세운 '修堂李南珪先生殉節碑'가 서 있다. 한편, 수당의 가문에서는 아들뿐만 아니라 그의 손자도 얼마 후 독립운동을 벌이게 된다. 결국 수당 이후 3대에 걸쳐 독립운동에 투신하였으므로, 이 점도 특기할 만하다. 수당의 아들인 唯齋 李忠求는 1874년 서울에서 출생하여 부친의 지우인 물헌 이명익의 문하에서 한학을 수학하였다. 한편, 수당의 손자이며 유재의 아들인 平洲 李昇馥(1895~1978)은 1915년 러시아 연해주로 망명하여 박은식, 조완구 등과 함께 『青邱新報』를 발간하였다. 그 뒤 1921년 상해로 건너가 임정에 참여한 뒤, 1923년에는 김상옥 의거에 연루되어 투옥되기도 하였으며, 신간회가 창립될 때 여기에 주도적으로 참여하여 본부 선전부의 총무간사 등을 지냈다.

더군요. 이에 공께서는 "의거는 참으로 기다리고 있던 참인데 죽으면 죽었지 내 뜻을 굽힐 수는 없는 일이다."라고 하면서 매도하기를 그치지 않으셨습니다. 여기에 대하여 왜적은 칼날을 함부로 휘둘렀습니다. 공의 아드님과 우리 두 소인네는 황급히 몸으로 가로막았지만, 팔은 비틀리고, 앞으로 몇 발자국 나가서 칼로 난도질을 당했사오며, 그리고는 이내 움직임이 없이 잠잠했습니다. 아드님께서 공을 대신하여 죽기를 애원하자 역시 모진 칼끝을 받으셨습니다.[50]

수당의 참화 소식은 전국적으로 급속히 퍼져나갔다. 그 전년인 1906년에 면암 최익현의 순국이 민족적 공분公憤을 불러일으켰듯이, 수당의 순국도 당시 격화되어가던 항일투쟁의 전선에 커다란 영향을 주었고 일종의 기폭제로 작용하였던 것이다. 당시 대표적인 민족지였던 『대한매일신보』도 다음과 같이 수당의 순국 소식을 2회에 걸쳐 자세히 전하였다.

예산군에 사는 전 참판 이남규씨는 본시 문학재상으로 여러 해에 두문불출하고 있는 고로 사림에서도 흠앙하더니 무슨 사단이 있던지 일병에게 포박하여 해씨該氏는 보교를 타고 그 아들은 도보하여 쫓아가더니 온양군 외암동巍巖洞에 이르러서 이씨의 부자가 일시에 피살하였다더라.[51](맞춤법 및 한자 첨자 - 필자)

---

50 『삼천백일홍』, 57쪽. 한편, 수당의 손자 이승복이 그 조부의 행장을 기록한 「家狀」인 이 기록에는 뒤이어 수당의 장자 이충구가 수당에 앞서 해를 당했다는 설이 실려 있기도 하다.
51 『대한매일신보』 1907년 10월 2일자, 「잡보」.

이씨는 본래 문학이 고명한 사람으로 명예가 있고 벼슬이 아경亞卿에 이른 자이라, 이제 집탈執奪할 만한 끝이 없이 불문곡직하고 삼부자를 일시에 포살하였으니 이런 행위로 한국 인심이 분울격동憤鬱激動하는 것을 책망할까.⁵²(맞춤법 및 한자 첨자 - 필자)

맺음말

수당 이남규는 고려 말에 절의로 이름 높던 목은 이색을 직계 선조로 하는 명문대가에서 태어났다. 조선 건국의 토대를 구축한 정몽주나 정도전, 권근 등 여말의 실세들이 모두 목은의 문하에서 배출되었던 까닭에 목은은 조선 건국의 연원이었다고 해도 과언이 아니다. 이러한 이색이 조선 건국에 끝까지 합류하지 않았던 것은 스스로 견지하던 절의정신 때문이었다.

  수당은 명분과 의리를 요체로 하는 충절의 가학家學을 철저하게 전수하였다. 기호 남인의 명문가에서 태어난 그는 역시 남인계의 대학자였던 성재 허전의 문하에서 학문을 닦았으며, 물헌 이명상을 비롯하여 영재 이건창, 창강 김택영 등 명절로 이름난 지사들과 깊이 교유하였다. 그는 임오군란이 일어나던 해인 1882년 4월 정시문과에 합격하여 처음으로 출사하였다. 그 후 1894년 형조참의와 우승지에 오른 뒤에는 영흥부사에 제수되어 처음으로 외직에 나갔다. 수당이 일반 백성의 고달픈 삶을 가장 가깝게 감지했던 시기가 바로 이 시절이었던 것으로 보인다. 주민의 삶의 고통과 애환을 노래한「영흥잡영永興雜咏」19수가 이 무렵 수당의 대민관을 대변해

---

52 『대한매일신보』1907년 10월 8일자,「시사평론」.

주고 있다.

그는 1894년에 발발하는 동학농민전쟁과 갑오변란으로 인해 큰 충격을 받았다. 만민 평등과 구질서 개혁을 주장한 동학에 대해서는 조선조 정통 이데올로기인 성리학적 가치관에 입각하여 천주교와 동일시하며 '사학邪學'으로 규정하고 구체제 수호를 위해서는 이를 물리쳐야 한다고 역설하였다. 하지만, 동학농민전쟁이 야기된 원인이 농민층이 겪는 가중된 고통과 원한에 있고, 나아가 그러한 작폐는 궁성과 정부의 낭비, 그리고 지방관의 탐학에서 비롯되었다는 점을 명확하게 지적하였다. 그는 갑신정변, 청일전쟁, 을미사변 등 일제가 침략의 마수를 뻗어오는 현실을 목도하며 관인생활을 하였다. 충효와 절의를 요체로 하는 가학을 전수받은 수당이 관직에 있는 동안 항일의식을 견지하게 된 것은 당연한 일이었다. 특히 수당이 항일의지를 분명하게 드러낸 것은 김옥균 등 청년 개화파들이 일본 세력과 결탁하여 정부 전복을 기도한 1884년의 갑신정변을 계기로 해서이다. 곧 수당은 갑신정변을 계기로 일제의 대한침략이 본격화되는 것으로 인식하였으며, 나아가 갑신정변을 과거의 임진왜란과 침략의 속성에서 일치하는 것으로 파악하기도 하였다.

1894년 6월 21일(양 7. 23) 새벽에 일본군이 무단으로 경복궁을 점거한 갑오변란이 발발하자, 이로 인해 큰 충격을 받았다. 일제의 무력침략의 신호탄이 된 갑오변란을 심각한 국가적 위기상황으로 인식하고 있었던 것이다. 그리하여 그는 한민족의 절급한 당면과제가 일제 축출에 있으며, 이를 위해서는 무력을 동원한 전쟁까지도 불사해야 한다고 대일 강경론을 역설하기에 이르렀다. 갑오변란에 이어 이듬해에는 을미사변이 발발하였다. 국모였던 민왕후가 일제 낭인에게 무참히 시해된 이 사건으로 인해 전국적으로 항일의병이 봉기하는 등 반일감정이 극도로 고조되고 있었다. 수당은 국모 시해의 변이 발생하자 즉시 영흥부사를 사직한 뒤 예산으로 낙향하여, 일제의 만행을 규탄하고 왕후 복위를 역설하는 상소를 올렸다.

그 후 수당은 일시 관직에 나가기도 하였지만, 1900년 이후 예산 향제에 퇴거해 있으면서 홍주 일대의 항일세력과 긴밀한 관계를 맺으면서 항일투쟁 전선에 동참하게 된다. 특히 1906년에 일어났던 홍주의병에 깊이 관여되어 있었다.

1906년 3월 무렵이 되면 홍주의병의 결성 움직임은 가시화된다. 이 무렵에 안병찬을 중심으로 박창로, 채광묵 등이 주축이 되어 군사를 모으고 작전 구상에 들어가는 등 거의를 도모하였던 것이다. 그러나 이들 세력은 불행히도 일제 헌병대의 공격을 받고 곧 패산하고 말았다. 거사의 주모자였던 안병찬은 동지들과 함께 일제 군경에게 잡혀 공주감옥에 갇히고 말았다. 이 때 수당은 공주관찰사 서리 곽찬에게 두 번이나 편지를 보내 의리와 사리에 입각하여 의사들의 석방을 종용하였다. 투옥 후 얼마 되지 않은 5월 5일에 안병찬이 석방되어 민종식이 이끄는 홍주의병에 참모사로 참여할 수 있었던 것은 수당의 이러한 노력의 결과이기도 하다.

이를 이어 민종식을 주장으로 한 홍주의병이 일어나 기세를 크게 떨치게 되었다. 민종식이 이끄는 홍주의병은 1906년 5월 19일 홍주성을 장악하였다. 그 직후 민종식은 의진의 편제를 새롭게 하였는데, 수당은 이 때 박영두와 함께 선봉장에 이름이 올랐다. 여러 정황으로 보아 수당이 직접 홍주성에 들어가 전투에 참여하였던 것으로는 보이지 않지만, 수당의 상징적 역할이나 영향을 기대하고 그를 선봉장으로 삼았던 것으로 짐작된다. 이 점은 동시에 수당이 홍주의병에 뜻을 같이 하여 묵시적으로 동참했던 사실을 암시해 주는 증좌이기도 하다.

수당은 또한 5월 31일 홍주성이 함락되어 홍주의병이 패산하고 난 뒤,

의병 재기에 심혈을 기울였던 것으로 보인다. 그리하여 10월경 예산에 있던 수당의 집에는 이용규, 곽한일 등의 의사들이 집결하여 구체적으로 재거를 구상하기에 이르렀다. 이들은 우선 예산 관아를 장악하여 활동 근거지로 삼기로 하고, 민종식을 다시 대장으로 추대하기로 뜻을 모았다.

그러나 곽한일 등의 주모자들은 그 해 11월 17일 새벽, 일진회원의 밀고를 받고 출동한 일제 군경에게 체포되었으며, 이어 20일에는 주장 민종식이 체포됨으로써 홍주의병의 재거 계획은 수포로 돌아가고 말았다. 이때 수당도 민종식을 은닉시킨 혐의로 일제 군경에게 체포되어 공주로 끌려가 한동안 갇혔다가 풀려났다. 함께 끌려갔던 수당의 아들 이충구는 갖은 악형에도 불구하고 민종식의 거처를 끝내 발설하지 않았다고 한다. 홍주를 중심으로 충청도 일대의 강력한 항일세력의 동향에 불안을 느낀 일제는 그 중심에 있던 수당을 그대로 두지 않았다. 1907년 9월 26일 일제 기마병 1백여 명이 예산에 있는 수당의 집을 급습하였다. 서울로 압송해가던 일본군은 수당을 회유하며 그에게 귀순할 것을 강요하였다. 그러나 수당은 이를 완강하게 거부하였다. 이에 일본군은 온양 평촌에 이르러 수당과 그를 따르던 장자 이충구, 그리고 노복 김응길 등을 무참히 위해하기에 이르렀던 것이다.

수당의 순국은 한민족이 처한 참담한 현실을 그대로 반영한 것이었다. 충청도 일대에서 증폭되던 강경 분위기의 항일투쟁을 탄압하려던 일제는 그 선결요건으로 수당 제거를 상정하게 되었다. 다시 말해 이 지역 항일세력의 정점에 있던 수당을 그대로 방치할 수 없었던 것이다. 한편, 절의정신에 철저하였던 수당의 입장에서는 을사조약 이후 국망과 다름없던 시대상황에서 국권수호투쟁이 한계에 봉착하였을 때, 운신할 수 있는 폭이 극히 한정될 수밖에 없었다. 실질적 국망이 현실화된 상황에서 수당은 스스로가 역사와 민족 앞에 준엄한 책임을 묻고 또 책임을 졌던 것이다. 후대에게 내리는 수당의 역사적 교훈은 바로 여기에 있다.

고성高城 의병장 권형원의
단두 '부전釜煎'¹ 수난

머리말

한말 의병전쟁은 구국의 성전이었다. 역사와 민족의 존엄을 수호하기 위해 무수한 희생을 가져온 의병전쟁을 민족주의 역사학자 박은식朴殷植이 나라의 정수, 곧 '국수國粹'로 정의한 것은 이런 이유에서였다. 1894년 청일전쟁 이후 시작되어 경술국치 후인 1915년에 이르기까지 전후 20년간 전개된 이 전쟁에는 민족 구성원 전체가 참여하였고, 그 전장戰場은 한반도 전역은 물론 압록강, 두만강 대안의 간도, 연해주까지 걸쳐 있었다. 그 결과 한민족은 무려 '50만 명 이상'의 커다란 인적 희생을 치렀다.²

의병전쟁에 참여한 한인들은 이를 탄압하는 데 동원된 일제 군경으로부

---

1 제목에서 '가마솥에 삶는다'는 의미로 '釜煎'을 제시한 것은 후술할 박은식의 『韓國痛史』 관련 기록에서 취한 것이다. 참고로 1962년 高碩柱가 지은 권형원의 한문 행장에서는 역시 같은 의미에서 '烹鑊'이라 하였다.
2 대한민국임시정부 선전위원회 편, 『韓國獨立運動文流』 제1집(1942), 「광복군총사령부성립보고서」, 88~89쪽. 의병전쟁 시기 한인 희생자 규모에 대해 박은식은 "무장한 의병으로 피살된 자가 10여만 명이고, 무고한 촌민으로 학살당한 자는 독립된 이후가 아니면 그 통계를 구비할 수도 없을 것이다."(박은식, 『한국독립운동지혈사』 하편; 백암박은식전집편찬위원회 편, 『백암박은식전집』 2, 2002, 144쪽)라고 하여 무장 의병의 희생자 수를 10여만 명으로 추산하였다.

터 대량학살을 당하였다. 의병 학살의 실상을 밝히는 일은 일본 군국주의의 반인륜 야수적 속성을 폭로하는 작업일 뿐만 아니라, 이 시기 한민족이 처한 고단한 형세와 그로 인한 민족적 수난의 한 단면을 생생하게 드러내는 작업이 된다는 점에서 그 의의가 적지 않다.[3]

강원도 고성에서 활동했던 의병장 권형원權亨源은 이런 점에서 그 시사하는 바가 큰 연구 대상의 인물이라 할 수 있다. 전, 후기에 걸쳐 고성지방에서 의병장으로 활동한 그는 1907년 10월 일본군에 의해 피살 순국하였고, 그를 총살한 일본군은 시신에서 두부頭部를 절단하여 가마솥에 넣고 삶았으며, 살을 파헤쳐낸 그 두골을 일본으로 강제 반출한 것이다. 이 참상은 군국주의 일본의 야수적 속성이 가장 적나라하게 드러난 생생한 사례일 뿐만 아니라, 이 시기 일제의 국권침탈로 야기된 한민족의 참담한 수난의 한 증좌라 할 수 있다.

여기서 다루는 권형원은 그동안 알려지지 않은 인물이었다. 그의 활동 행적에서 특기할 만한 역사적 의미를 찾을 수 있는 단서가 없었고, 더욱이 관련 자료가 거의 남아 있지 않기 때문이라 짐작된다. 고성군청에서 향토사를 정리한 가운데 권형원의 의병 활동을 간략히 언급한 것이 그 전부라

---

[3] 이러한 견지에서 김상기 교수의 「한말 일본군의 의병 학살」(『제노사이드연구』 3, 한국제노사이드연구회, 2008)과 홍순권 교수의 「한말 일제의 침략과 의병 학살」(『역사와 담론』 52, 호서학학회, 2009) 등의 논고는 그 의의가 크다고 할 수 있다. 두 논문은 모두 『제노사이드와 한국근대』(충남대학교 충청문화연구소 편, 경인문화사, 2009)에 수록되었다. 김상기 교수는 이 글에서 특히 1906~1911년간 일본군이 자행한 의병 학살의 숫자를 일제의 『朝鮮暴徒討伐誌』에 의거하여 17,779명으로 구체적으로 제시하였고, 홍순권 교수도 "후기의병기에 희생된 의병의 숫자는 일제측의 통계에는 2만 명 미만이지만 적어도 그보다 3~4배에 달할 것으로 보인다."고 기술하였다. 이런 분석과 수치는 의병만을 대상으로 삼았기 때문이며, 의병전쟁 20년 전 기간에 걸쳐 희생된 한인의 수를 총괄하면 여기서 제시된 수치를 훨씬 상회할 것이다.

할 수 있다.⁴

권형원과 관련된 자료는 매우 영성한 실정이다. 우선 전기의병 당시 강릉의병을 이끌었던 민용호閔龍鎬 의병장이 남긴 『관동창의록關東倡義錄』에 고성 유진장留陣將 관련 단편적 기록이 들어 있다. 관변측 자료로는 1891년 고성민란과 관련된 『고종실록』과 『승정원일기』, 그리고 고성 의병장으로 일본 상인들을 단죄한 기록이 단편적으로 들어 있는 『주한일본공사관기록』, 『강원도래거안江原道來去案』 등이 있다. 이러한 동시기 자료나 관찬 자료와는 달리 1907년 후기의병 시기 권형원의 의병투쟁과 순국 수난 등을 알려주는 구전·증언 자료도 상당수 남아 있다. 그 내용과 성격에 대해서는 후술하겠지만, 이러한 자료는 1962년과 1977년, 그리고 1982~1983년 세 차례에 걸쳐 유족들이 독립유공자 포상을 위한 근거 자료로 제시한 것으로 당시까지 생존했던 노인들의 구전·증언이라는 점에서 특기할 만하다.⁵

이 글은 이상과 같이 현전하는 단편적인 자료를 토대로 권형원의 의병투쟁 사실과 그로 인한 피살 순국의 적나라한 수난의 실상을 구명하는 데 그 목적을 두었다. 이를 위해 권형원의 가문 및 1891년 고성민란과 권형원의 관계에 대해 우선 살펴보고, 이러한 기반 위에 1896년 전기의병 당시 강릉의병의 고성 유진장으로 활동한 사실을 논급하였다. 다음으로 이 글의 주된 내용이라 할 권형원의 순국 수난의 경위와 내용을 그의 후기의병 참여

---

4 『高城郡誌』, 고성군청, 1998(보정판), 138쪽. 권형원 외에 후기(정미)의병 시기 고성지방에서 활동한 의병으로는 金伯龍(43세)·魚得水(40세)·金海石 등의 의병장을 비롯하여 소모장 金玉培, 군사 權錫根(23세)·李德根(22세) 등을 거론하고 있을 따름이다.
5 본고의 작성과 관련되어 권형원의 의병활동과 순국 수난을 담은 구전·증언 자료 일체는 권형원의 증손 權純第(성균관대 명예교수)로부터 제공받았다.

사실과 함께 구명해 보았다.

이 글은 자료의 제약을 심하게 받았다는 점을 실토하지 않을 수 없다. 특히 1907년 후기의병 시기에는 의병 참여 문제로부터 항일전, 순국, 시신 수난 등에 이르기까지 일체의 관련 사실을 구전자료 외의 여타 자료에서는 확인하지 못한 한계가 있음을 자인한다. 향후 이러한 한계를 보완하기 위해서는 한국, 일본측 관련 자료의 발굴이 더 필요하다는 점을 상기하고, 이를 과제로 남겨두지 않을 수 없다. 그럼에도 불구하고 현 시점에서 이 논고를 발표하는 것은 현전하는 풍부한 구전자료를 검토한 결과 권형원의 순국 수난의 사실은 가공의 허구가 아니라 당시 한민족이 처했던 참담한 역사의 실상을 극명하게 대변해주는 사실史實로서 귀중한 역사적 자산이라는 결론에 일단은 도달했기 때문이다. 이런 견지에서 이 글은 역사학자로서 필자가 가진 일종의 소명감의 발로라는 점도 첨언하고 싶다.

출신가문과 고성민란

출신가문과 성장과정

권형원은 1854년(철종 5) 1월 21일[6] 강원도 고성군 서면西面 송탄리松灘里[7]에

---

[6] 권형원의 출생일이 『安東權氏大同譜』에는 1월 23일로 기록되어 있어 후손 등이 작성한 「殉國義士行蹟推薦書」에 명기된 1월 21일과 차이가 있다. 여기서는 두 자료의 신뢰도를 비교하여 후자의 기록을 따랐다.

[7] 1914년 행정구역 개편 때에 고성군 남면의 七松里와 서면의 矢灘里를 병합하여 간성군 서면에 신설한 리로서 칠송리의 '송' 자와 시탄리의 '탄' 자를 따서 송탄리라 하였다. 1927년경 고성군 서면 송탄리로 변경되었다가 남북분단 후인 1952년 행정구역 통폐합

서 출생하였다. 그는 본관이 안동으로, 자를 하경夏卿, 호를 회정晦亭이라 하였다. 그의 가문은 고려 말, 조선 초의 문신인 권진權軫(1357~1435)의 후예로 알려져 있다.[8] 7대조 탄촌灘村 권구權絿(1658~1731)는 명재明齋 윤증尹拯의 문하에서 공부한 예학禮學의 대가였다.[9] 그의 선대가 고성에 정착한 시기가 언제인지는 자료 부족으로 알 수 없지만, 안동에 세거했던 권구 이후 적어도 수대에 걸쳐 고성에 정착해 온 것으로 짐작된다. 증조부 권집權煠(1769~1811)과 조부 권지인權址仁(1798~1845)의 묘가 모두 고성군 서면 일대에 조성된 점으로 미루어 그러한 정황을 짐작할 수 있다. 부친 권석화權錫和(1828~1909)는 자를 치중致中, 호를 송은松隱이라 하였는데, 권집의 둘째 아들인 권지의權址儀에게 났으나 장자 권지인에게 입양되었다. 권석화는 82세로 장수를 누려 수직壽職으로 정3품 통정대부의 반열에 올랐는데, 이런 점으로 미루어 향촌사회에서 일정한 영향력을 가진 인물이었던 것 같다. 권형원의 모친, 곧 권석화의 부인은 충원안씨忠原安氏로 충원군忠原君 안치기安置器의 후예인 안광덕安光德의 딸이었다. 이처럼 권형원의 가문은 증조부 권집이 학식이 있었다고 한 점과 누대에 걸쳐 모두 자호字號를 지닌 점, 그리고 부친의 수직 사실 등으로 미루어 당시 향촌사회에서 상당한 영향력을 행사하던 향반鄕班이었다고 믿어진다.[10]

향반으로서 권형원 가문이 지닌 상당한 위상과 분위기는 1977년에 그의 증손 권순문權純文이 구전으로 내려왔을 일화를 다음과 같이 기술하고 있는 점으로도 넉넉히 짐작할 수 있다.

때 고성군 순학리에 편입되면서 폐지되었다.(『조선향토대백과』, 2008)
8 權純文, 「大關東義兵軍 義兵大將 權夏卿 抗日義兵活動」(국가보훈처 소장, 필사본, 1977)
9 高碩柱, 「權義士行狀」(증손 권순제 소장, 한문 필사본, 1962)
10 『안동권씨대동보』에 의거함.

권형원의 세계도世系圖 [11]

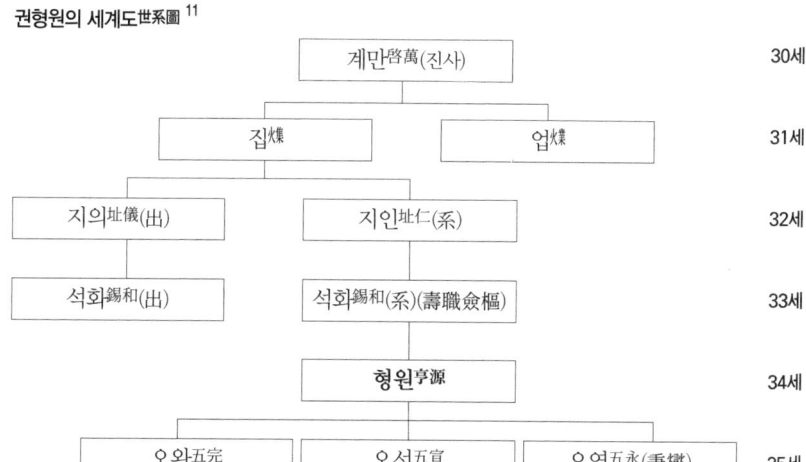

증조부 권하경 의병대장은 경기도 광주 퇴촌면에 위치한 선조 권진權軫의 후손이다. 정3품 통정대부이신 고조부 권석화(권하경의 엄친)를 모시고 계셨으며, 윗대를 올라가면서 연년 진사 벼슬은 맡아 하시고, 학자를 많이 배출한 토박이 사대부집 양반이었습니다. 추수 때 도지를 받을 때면 칠송(권형원의 고향마을 - 필자주)에서 고성까지 10리 길이 연줄 이어졌으며, 더욱이 송탄리 입구 멀리 하마비下馬碑가 서 있어 고성 고을 사또가 말을 타고 와도 여기서 내려 걸어서 올라와야 하고 심지어는 사또(원)가 부임하면 증조부 권하경에게 하정배(下庭拜 - 필자주) 인사를 드리지 아니하면 고을살이를 하지 못하고 쫓겨가게 한 정도의 인품이 뛰어나고 권세를 가지고 계셨습니다. 이 칠송 반촌班村은 권가權哥 투성이어서 약 2백 호 정도가 인근에 살고 있었으며 인척·친지 등을 합하면 대단한 세력이었습니다. 이 때 집은 돌기와 집에다 어마어마하였고 금강산에 위치한 유점사 중 몇 백 명이 가을이면 꿀을 날라

---

11 『안동권씨대동세보』, 『안동권씨대동보』에 의거해 작성하였다.

와 큰 독에 가득 채우고 갔으니, 가히 짐작할 수 있지 않겠습니까.[12](한글-필자)

향반 가문이던 권형원의 집안은 고성 일대에서 단연 출중한 부와 권세를 갖고 있었다는 것이다. 가을 추수 시에는 도지를 바치기 위한 소작인 행렬이 고성읍에서 고향 칠송七松 마을까지 10리 길이 이어졌으며, 고성군수를 능가하는 권세를 갖고 있었고, 금강산 유점사 승려 수백 명이 꿀을 따와서 바쳤다는 사실 등을 구체적으로 예거하고 있다. 표현의 과장과 사실적 오류 등을 감안하더라도 권형원의 가문이 당대에 갖고 있던 상당한 위망威望을 짐작케 하는 대목이다. 이러한 가문의 위상과 권위는 권형원의 성장과 활동에 일정한 배경으로 작용하였고, 출세할 수 있는 사회적, 문화적 바탕이 되기도 하였을 것이다. 그렇지만, 권형원은 일생 관직생활을 한 적은 없었던 듯하다. 뒷날 강릉의병장 민용호가 의진 해산 후 고종에게 올린 상소에서 의병 동지들을 열거할 때 권형원의 직함을 '유학幼學'으로 소개한 사실로 보아도 이를 짐작할 수 있다.[13] 유학은 곧 벼슬하지 않은 재야 유생을 일컫는 말이다. 이로 보아 권형원은 조선조 정통 선비로 처신하면서 일생을 지냈음을 짐작할 수 있다.

권형원의 출생지인 송탄리는 고성읍에서 서남방으로 불과 10여 리 떨어져 있는 교통이 편리한 곳으로 금강산에 인접해 있었다. 태백산맥의 고산준령이 근접해 있는 곳이었음에도 불구하고 고성군을 관류하는 남강南江의 강반에 자리잡고 있었던 까닭에 분지가 형성되어 삶의 여건이 다른 지역에

---

12 권순문, 「대관동의병군 의병대장 권하경 항일의병활동」
13 閔龍鎬, 『關東倡義錄』, 국사편찬위원회, 1984, 「疏」, 198쪽.

비해 양호한 편이었다. 현재는 휴전선 북방한계선 바로 너머의 북한 영역에 들어 있기 때문에 내왕할 수 없는 곳이 되었다.[14]

권형원의 성장과정을 알려주는 자료는 현전하지 않는다. 또한 그의 수학내용과 사승관계, 사상 등을 알려주는 자료도 확인하지 못하였다. 이런 점을 감한하더라도, 다만, 권형원의 위인爲人에 대해서 어렴풋이나마 그 분위기를 짐작케 하는 기록이 있다. 곧 집안의 구전에 의거해 내용을 정리한 것으로 믿어지는, 후손이 남긴 기록의 다음 대목이 그것이다.

> 독립운동가 권하경 의병대장은 키가 8척 내지 9척이며, 키가 크다고 하는 어느 누구도 올려다보아야 하는 큰 키에 기골이 장대하여 감히 누구도 맞쳐다 보지도 못한 위품威品을 갖고 계셨습니다. 더욱이 강원도 일대는 말할 것도 없고 서울 대가大家 집까지 그 명성이 큰 데다 모 정승 아들이 왔다가 면회도 못하고 돌아간 일도 있어 안팎으로 이름이 입에 오르내리곤 하였던 시절입니다.[15](한글 – 필자)

위의 인용문은 권형원의 증손 권순문權純文(1927년생)이 1977년에 남긴 기록이다. 후대에 정리된 만큼, 기억의 습합으로 인한 사실적 오류를 감안하더라도, 위 내용은 권형원이 지녔을 외형적 풍모와 향촌사회에서 행세한 권위 등을 짐작케 한다. 8, 9척의 장신으로 기골이 장대한 체격에 서울의 대가大家까지 명성이 미쳤다고 할 만큼 상당한 위세를 지니고 있었다는 것이다.

---

14 금강산 관광단지로 통하는 도로를 따라 북상하여 휴전선을 넘을 때 그 북쪽 접경지 부근이 바로 송탄리에 해당된다.
15 권순문, 「대관동의병군 의병대장 권하경 항일의병활동」

권형원은 여러 가지 정황상 학문도 또한 상당한 성취가 있었을 것으로 인정되지만, 안타깝게도 그 내용과 실상은 알 수 없다. 다만, 8세 때 금강산에 들어가 옛 사람이 남긴 제명題名을 보고 아래와 같은 시를 지었다고 전한다.[16]

  높은 봉우리 장군 서니   高峯將軍立
  대신 엎드려 이름 댄다   屈伏大臣名

금강산의 자연 산세를 읊은 간결한 이 시를 통해 권형원의 빼어난 시상詩想을 짐작할 수 있다. 이 시는 그 뒤 금강산 유점사 뒤에 있는 구룡폭포九龍瀑布의 암벽에 새겼다고 한다.[17] 이와 같은 시작詩作의 정황으로 보아 유년기부터 공부를 시작하여 장성한 무렵에는 상당한 수준에 이르렀을 것으로 짐작된다. 조선 말기 향반 가문의 일반적 예에 비추어 권형원도 어린 시절 부조父祖로부터 가학家學을 공부했을 것으로 짐작되며, 어느 정도 성장해서는 향촌사회의 일반 학자(훈장)들로부터 역사와 문학, 그리고 4서와 같은 경학經學을 공부하였을 것으로 합리적으로 추정한다. 하지만, 더 이상 그의 공부와 사승 관계는 짐작할 수 없다.

고성민란과의 관계

현재 남아 있는 자료상 권형원이 최초로 역사의 전면에 부상되는 시기는

---

16 『안동권씨대동보』에 의거함.
17 권순문, 「대관동의병군 의병대장 권하경 항일의병활동」

1891년 여름 고성지방에서 발생한 민란 때이다. 고성민란이란 당시 고성군의 주민들이 일제히 읍내에 모여 승려 기월機越이 서울에서 내려간 박일원朴一源, 군민郡民 장응조張應祚 등과 공모하여 주민을 잡아다가 재물을 빼앗는 등 여러 가지 토색질을 하였다는 죄목으로 기월과 박일원 두 사람을 모래에 파묻어 죽이고 관청을 파괴하고 좌수座首를 끌어내는 등의 사단을 일으킨 것을 말한다. 조사 결과 민란이 일어나게 된 실상을 보면, 장응조가 향임鄕任 등에게 돈을 빌려주었으나 돌려받지 못하자, 기월·박일원 등과 더불어 받지 못한 돈을 군민들에게 토색하여 충당하려는 데서 일어난 것이었고, 이러한 과정에 군수와 좌수도 관련되어 있었다. 이로 인해 주민들이 조직적으로 행동을 취해 관청을 파괴하고 민간인을 사적으로 단죄하여 민란을 일으킨 만큼 그 파장이 조정에까지 미쳤던 것이다. 그 결과 이 사건을 담당한 의정부에서는, 통문을 돌려 주민을 모아 소요를 주도한 권환權煥·정상용鄭尙鎔·심학로沈學潞·최종화崔鍾華 등 주범 4명과 민란이 일어나도록 원인을 제공한 장응조를 효수토록 하였으며, 그 아래 종범인 김윤택金允澤·박수영朴守榮·조성구趙聖九 등 3명을 멀리 귀양보내도록 조치하였다. 이상 언급한 내용이 고성민란 사건의 대강이다.[18]

이와 같은 민란이 발생하는 과정에 권형원이 개입되었다. 이 사건을 조사한 강원감사 이원일李源逸이 의정부에 올린 장계狀啓에 "권형원은 중간에서 소개를 하고 이익을 취하였으니, 참으로 더없이 교활하고 악독하다."[19] 라고 한 대목을 통해 그러한 사실을 짐작할 수 있다. 향반이던 그가 승

---

18 『승정원일기』 고종 28년 8월 27일조; 『일성록』 고종 28년 8월 27일조; 『비변사등록』 고종 28년 7월 23일조, 8월 6·30일조; 『고종실록』 고종 28년 6월 23일조, 8월 27일조, 12월 29일조.
19 『고종실록』 권28, 고종 28년 8월 27일조. "權亨源之紹介 要利 誠萬萬狡惡"

려 기월, 군민 장응조 등과 연루되어 민란의 사단을 제공했으니 징벌해야 한다는 주장인 것이다. 하지만 이러한 사단이 일어나는 데 그가 구체적으로 어떻게 연관되어 있었는지 그 실상은 명확히 알 수 없다. 앞의 인용문에서 보듯이 민란 발생에 연루된 만큼, 당시 권형원이 처한 입장은 매우 곤란했을 것으로 넉넉히 짐작된다. 하지만, 권형원이 이 사건으로 인해 처벌이나 불이익을 받았다는 기록이 확인되지 않는 점으로 미루어 중죄가 아니었을 개연성도 있다. 요컨대, 1891년 민란 발생과정에 연루된 사실의 성격으로 미루어 권형원은 이 무렵 고성 향촌사회에서 상당한 권위와 영향력을 행사할 수 있는 지위에 있었음을 확인할 수 있다.

1896년 강릉의진의 고성 유진장

강릉의진의 편성과정

권형원이 의병투쟁에 투신한 것은 1896년 전기의병 시기이다. 강릉을 거점으로 활동한 민용호 의병부대에 고성 유진장留陣將으로 참여한 것이 그것이다. 1907년 순국의 단초가 여기서부터 비롯되었다고도 할 수 있다. 이에 강릉의병이 편성되는 과정의 대강을 언급하면 다음과 같다.[20]

강릉의병을 이끈 민용호(1869~1922)는 자를 문현文賢, 호를 복재復齋라 하

---

[20] 강릉의병의 편성과정은 졸고 「민용호의 강릉의병 항전에 대한 연구」(『한국민족운동사연구』 3, 한국민족운동사연구회, 1990) 제2장 '거의과정'과 제3장 '강릉 점령'의 내용을 축약 정리하였다.

였으며, 본관은 여흥驪興이다. 세거지인 경남 산청의 오곡梧谷에서 한사寒士 민치겸閔致謙의 아들로 태어났다.[21] 그가 일생의 전기를 마련하게 되는 시기는 1894년 청일전쟁 전후에 산청을 떠나 상경한 직후이다. 여흥민씨 가운데 최고의 가문을 자랑하는 삼방파三房派에 속하는 민치우閔致禹의 양자로 입양되는 것이 이즈음의 일로 보이기 때문이다. 이로써 민용호는 두터운 양가의 문벌을 배경으로 출세하였다. 특히 민유중閔維重의 후손인 명성황후와는 14촌간으로, 혈통 중심의 사회통념상 한 집안으로 간주될 만큼 가까운 관계에 있었다.

여주에 거주하던 민용호가 의병을 일으킨 것은 단발령 공포를 계기로 1896년 1월 15일(음 1895.12.1) 원주로 내려간 직후이다. 이곳에서 이병채李秉埰를 비롯하여 송형순宋炯淳·안성호安聖鎬 등과 함께 군사를 모아 의진을 편성하였다. 원주는 이 무렵 이춘영李春永과 안승우安承禹 등이 김백선金伯先의 포군을 주축으로 지평에서 의병을 일으킨 뒤 곧장 이곳으로 내려와 군사와 무기를 수합하면서 의병의 기세를 충천시켜 놓은 곳이었으므로 인심이 크게 고무된 상태였다. 이에 민용호는 원주 일대에 의병을 소모하기 위한 격문을 발표하고 1월 17일 신림神林(현 원주시 신림면)으로 행군하여 이곳에서 동지들의 추대로 의병대장에 올랐다.

민용호가 거느린 의병은 거의擧義 당일 영동지방을 향해 원주를 떠난 뒤 평창·방림·진부를 거쳐 1월 29일에는 대관령을 넘어 강릉을 목전에 둔 구산邱山(현 강릉시 성산면 구산리)까지 진출하였다. 원주에서 강릉까지 진군해 오는 동안에 도처에서 의병을 소모하고 여러 인물들을 영입한 결과 이 때에 와서는 의진의 규모가 커지고 그만큼 성세도 두드러졌다. 곧 원주에서

---

21 민용호, 『관동창의록』, 「行狀」(申師亮撰), 294쪽.

강릉에 이르는 여정은 의진의 정비과정인 동시에 군사소모 등 충원단계이기도 하였다. 이에 민용호는 강릉 진입을 눈앞에 두고 좌군장 김원섭金元燮, 전군장 강우서姜禹瑞, 우군장 이병채李秉埰, 후군장 박한옥朴漢玉 등으로 의진을 편제한 뒤 그 면모를 일신하였다.²²

민용호 의진은 2월 1일 강릉에 무혈 입성하였다. 입성 후 민용호는 즉시 강릉 토착세력을 흡수하기 위하여 도사都事 이승학李承學, 유학幼學 김노원金魯元 등 유력 관민에게 군무첩軍務帖을 내려주었다.²³ 민용호가 강릉의 토착세력을 포용한 것은 강릉을 근거지로 삼아 의병투쟁을 전개할 수 있는 토대를 구축하기 위한 정지작업의 일환이었다. 이에 강릉의병은 근거지 강릉을 중심으로 남북에 걸친 영동지방에서 한동안 세력을 떨칠 수 있었다.

고성 유진장 활동

강릉의병은 군사 모집을 위해 북쪽의 함남으로부터 남쪽의 경북에 이르기까지 동해안 각지로 소모사召募使를 파견하였다. 영동지방 북쪽 각 읍의 소모사로 임명된 권익현權益顯은 원산항의 정세를 탐지하면서 양양·간성·고성·통천·흡곡·안변 등 여섯 고을의 군사를 모았고, 영서지방 북쪽 여러 고을의 소모사로 선임된 권명수權明洙는 인제·양구·화천·회양·평강·금화·금성 등 7읍의 군사를 모았다. 그리고 이경환李景煥과 김윤희金允熙 두 사람은 남부 영동지방으로 파견되어 정선·삼척·울진·평해·흥해 등 다섯

---

22 민용호, 『관동창의록』, 12쪽.
23 민용호, 『관동창의록』, 15쪽.

고을의 소모사가 되어 의병을 모았던 것이다.[24]

이처럼 세력을 확대한 강릉의병은 인천, 부산과 함께 침략 근거지 가운데 한 곳인 원산 공략을 위해 3월 2일 북정北征에 올랐다. 이 때 동원된 의병은 총 2천 3백여 명이었다고 한다.[25] 강릉의병은 양양과 간성을 지나 3월 9일 고성에 닿았다.

권형원이 고성 유진장의 직책으로 강릉의병에 합류한 것은 바로 이 즈음이었다. 이 때 그의 나이 43세였다. 민용호는 당시 상황을 다음과 같이 기록하였다.

> (1월) 25일. (대진이) 간성에 이르렀고 다음날 고성에 도착하였다. 유진장 권형원이 (고성) 항구의 왜인 8명을 잡아와서 바쳤다.[26]

곧 강릉의병의 본진은 간성을 경유하여 3월 9일 고성에 도착하였는데, 이 때 유진장이던 권형원이 일본인 8명을 잡아 본진에 와서 바쳤다는 것이다. 의진이 고성에 도착하던 때에는 군수 홍종헌洪鐘憲이 직접 의병을 영접했을 정도로 그 위세가 충천해 있었다. 의진은 이틀을 머문 뒤 3월 11일 고성을 떠나 원산으로 발정發程하였다.

그런데 위 인용문이나 또 그간의 의병활동 정황으로 보아 권형원이 고성 유진장에 임명된 것은 그 구체적 시기를 확단할 수 없지만 이보다 다소 앞선 때였을 것으로 생각된다. 권익현이 북읍 소모사로 임명되어 고성 등

---

24 민용호, 『관동창의록』, 19쪽.
25 민용호, 『관동창의록』, 26쪽.
26 민용호, 『관동창의록』, 26쪽. "二十五日 到杆城 翌日到高城 留陣將權亨源 捕港倭八人 來獻"

지에서 군사를 모으던 2월 초순 무렵이었을 것 같다. 권익현의 소모사 임명 이후인 2월 17~21일간의 『관동창의록』 기록에서 "이에 남쪽으로는 평해·울진으로부터 북쪽으로 고성·통천·흡곡에 이르기까지 각기 유진·수성守城의 임무를 청하였으니 의진에 참여한 여러분으로 반드시 위망 있는 사람 3, 40명을 선발하였다."라고 한 대목도 이 점을 뒷받침해 준다. 또 이러한 정황은 관변측 기록인 『강원도래거안』에서 권형원과 관련된 단편적 기록에서도 드러난다. 1896년 2월 8일(음 1895. 12. 25) 직후 권형원의 직책으로 이 자료에 명기된 '고성 의병 참모'는 의진의 간부를 일반적으로 지칭하는 말로서 구체적으로는 '유진장'을 의미한다고 간주할 수 있다.[27]

조선조 각 군현의 진陣에 근무하던 무관의 명칭에서 유래한 유진장은 전기의병 시기 강릉의진에서 자주 등장하던 직책이었다. 활동권역이 상대적으로 넓었던 강릉의병의 경우, 영동·영서 각지에서 널리 활용되었던 것 같다. 이 무렵 고성 이외에도 영서의 평창[李元廈]을 비롯하여 삼척[金憓卿], 양양[李佑烈], 간성[崔龍珏][28] 등지에 유진장이 선임되어 있었다. 유진장의

---

27 『江原道來去案』(규장각 17985), 강원도관찰사 趙鍾弼이 의정부찬정 외부대신 朴齊純에게 올린 보고서 제8호(1899년 5월 31일).
28 간성 유진장 崔龍珏은 본관이 강릉으로 1827년 태어나 1880년 增廣 진사시에 합격한 인물이었다(한국학중앙연구원 소장 『崇禎紀元後五庚辰增廣別試司馬榜目』 참조). 1896년 당시 60세의 고령이었다. 그런데 후술할 권형원 의병활동 관련 구전자료인 「청원서」 가운데 1982년 당시 91세이던 尹夏炯의 진술 가운데 "(전략) 을사조약 후 왜적이 우리나라에 상륙하자 팔도 의사들의 애국정신으로 의병이 방방곡곡에서 봉기하자 권의사 형원씨도 역시 동조하여 간성의 崔昆珏 의사를 소모장으로 하여 고, 간성 양읍에 의병을 모집하여 (하략)"라고 하여 간성의 최곤각과 함께 항일전을 전개한 것으로 기술하였다. 하지만 최곤각이라는 인물의 신상이 확인되지 않기 때문에 이 구전 내용이 전기의병 때 최용각이 간성 유진장으로 활동한 사실을 지칭하는 것인지, 후기의병 때 최용각과 다른 최곤각이라는 인물이 권형원과 협력한 것으로 기술한 것인지 여부는 현재로서는 불분명하다. 최곤각은 최용각의 이명으로 같은 인물이거나, 아니면 다른 인물이라고 하더라도 같은 문중의 사람으로 인정되기 때문에 권형원과 일정한 관련성을 지니고 있었을 것으로 짐작

임무와 역할은 본진과 유기적인 관계 아래에서 현지의 의병 소모와 활동 등 군무 일체를 관장하면서 본진의 활동을 지원하는 것이었다.

유진장 권형원이 구체적으로 활동한 내용은 현재 자료 부족으로 세세히 확인할 수는 없다. 다만 몇 가지 단편적인 기록을 통해 그 윤곽을 파악해 보고자 한다. 우선 위의 인용문에서 보듯이 고성읍의 일본인 8명을 나포하여 의병 본진에 넘겼다는 것이다. 이러한 사실은 처단 인원과 날짜 등에서 약간의 편차는 있으나 4월 9일 일본 고무라小村 공사가 외부대신 이완용에게 보낸 공문에서 다음과 같이 고성지방 일본인 처단사건에 대한 진상 규명과 가해자 처벌을 요구한 데서 더 구체적으로 확인된다.

원산 영사 후타쿠치二口美久의 보고에 의하면 우리나라 야마구치현山口縣에 사는 평민 이마히로今弘重吉 이하 별지에 기재한 4명이 어업을 목적으로 어선 2척에 승선하여 지난 3월 10일 귀국 강원도 고성군 영진靈津[29]에 정박하였는데, 이 마을 지도자 김순서金順書와 포수 김치수金致手가 고성에 있는 폭도의 우두머리인 권화경權化景(權夏卿의 오류 - 필자주)에게 알려서 동월 12일 그들의 무리인 박성칠朴星七 외 12명을 이끌고 전기 4명의 일본인을 붙잡아 고성으로 송치하였습니다. 이 때 4명 중 기소木曾與右衛門는 총상을 입고 같은 달 14일 고성에서 사망하였습니다. 다른 3명은 그곳에 구류해 두고, 폭도는 일단 안변으로 떠났다가 같은 달 20일 다시 돌아와 전기 3명을 납치하여 강릉 방면으로 끌고 가서 그 날 간성군 경계에 이르러 이들을 총

된다.
29 해방 전 행정구역으로 고성군 외금강면에 속해 있었으며 삼일포 동북쪽 해안가에 있는 마을이다.

살하고 목을 베었습니다. 위와 같은 사실은 우리 원산 영사관 소속 순사 히로코梅崎辰太郎와 도요시마豊島重衡가 귀국의 순검 2명과 함께 이에 대한 조사를 하기 위하여 3월 23일 영진에 출장, 그 곳 주민 권경희柳敬希 및 고성군 주사 김관식金寬植을 면회하여 심문한 결과 확실한 것으로서 나타났으니, 전기 가해자들을 빨리 체포하여 이에 상응하는 처분이 있기를 조회합니다.[30]

권형원 휘하의 고성 의병이 3월 12일 고성의 영진靈津 포구에서 일본인 어부 기소木曾與右衛門 등 4명을 체포하였는데, 그 가운데 부상을 입은 기소는 14일 고성읍에서 사망하고 나머지 3명을 3월 20일 강릉 지경으로 끌고 가 총살함으로써 4명 모두를 처단했다는 것이다. 여기서 권형원 의병이 일본인 어부들을 체포했다고 하는 날짜 3월 12일은 앞의 『관동창의록』에서

---

30 『주한일본공사관기록』 9권, 一. 本邦人被害에 關한 件 三·四, (9) [高城地方에서의 일본인 살해사건에 대한 진상규명과 가해자 엄벌 요구](1896년 4월 9일). 이 문서의 별지에 첨부된 처단 일본인 4명은 다음과 같다.

성명	생년	原籍
今弘重吉	1846년	山口縣 熊毛郡 麻里府 村字別府 137번지
川添秀助	1862년	山口縣 熊毛郡 麻郷村 139번지
中村熊市	1859년	長崎縣 南高來郡 島原南大江町 1,360번지
木曾與右衛門	1837년	廣島縣 御調向島 西村 1162번지

한편, 1896년 3월 29일 원산 주재 후타쿠치(二口) 이등영사가 자국에 보고한 문건에도 "폭도의 거괴 權化京(權夏卿의 오류-필자주)이라는 자는 23일 고성부에서 관계 당국의 손에 포박되었다고 합니다."(『韓國各地暴動雜件』(일본 외무성 외교사료관 소장, 청구기호; 5門3類2項8號], 「朝鮮各地暴徒蜂起의 件 6」, '1896년 3월 29일 원산 주재 二口 이등영사의 보고'; 『한말의병자료』 3, 독립기념관 한국독립운동사연구소, 2002, 27쪽)라고 하여 권형원의 피체 사실이 언급되었다.

강릉의병 본진이 고성에 도착한 것으로 제시한 날짜 3월 9일과 근접하고, 또 이들을 고성으로 끌고 갔다고 한 사실 등에 비추어 『관동창의록』의 내용과 큰 윤곽에서 비슷하게 일치하고 있다. 이에 일본 공사는 일본인을 처단한 권형원의 체포와 처벌을 정부측에 강력히 요구한 것이다.

권형원의 일본인 단죄 사실은 일제의 또 다른 기록과도 일정한 관련성을 갖고 있다. 1896년 2월 18일자로 원산 이등영사 우에노上野專一가 본국 외무차관 하라原敬에게 보고한 정보기록에서 "우리 어민인 야마구치현 평민 기하라木原源藏라는 자가 간성에서 고기잡이 중에 폭도의 손에 체포되어 강릉에 보내졌다는 소문이 있어 현재 사실 유무를 조사 중에 있다."[31]고 한 대목이 그것이다. 여기에 기록된 날짜(2월 18일)가 『관동창의록』의 기록(3월 9일)보다 20여 일 앞서 있다는 점, 그리고 일본인이 강릉으로 보내졌다는 점에서 그대로 일치시키기에는 한계가 있지만 그러한 정황을 짐작하고 이해하는 데는 도움이 된다. 이 기록이 설령 위에서 언급한 일본인 단죄 거사와는 다른 사실을 언급한 것이라 하더라도, 이 시기 권형원의 활동과 일정한 연관성을 가지고 있었을 것으로 짐작된다. 이런 견지에서 보아 권형원이 단죄했던 일본인은 그곳 수산자원 수탈이나 상권 침탈 등 경제 침탈에 앞장선 부류로 간주할 수 있다.

위 내용 외에 고성 유진장으로서 권형원이 보인 또 한 가지 활동 사실이 현존 자료에서 확인된다. 민용호의 강릉의병이 원산 진공작전을 위해 북정에 올라 고성에 이르렀을 무렵, 권형원이 일본인 화물을 압류함으로써 일본 상인의 상권 침탈 행위를 단죄하였던 것이다. 권형원이 결행한 이러한

---

31 「在元山領事報告」(일본 외무성 외교사료관 소장), 「公 제10호」(1896년 2월 25일 접수); 『한말의병자료』 2, 독립기념관 한국독립운동사연구소, 2001, 80쪽.

단죄활동은 압류당한 일본인 화물과 관련되어 1899년 뒤늦게 일어난 송사訟事로 인하여 노정되었다. 전후의 정황과 사건의 경위를 이해하기 위해 다소 장황하지만 그 대강의 내용을 소개하면 아래와 같다.[32]

1896년에 일본인 가토加藤重吉가 간성군 아야진鵝也津에서 김양신金良身에게 탈취당한 화물을 간성군 거민 최순서崔順瑞 등이 매매하고 있는 사실을 1898년 6월 일본인 후지모토藤本兼吉가 확인하고 그 사실 조사를 의뢰하고 배상금 823원元 38전錢을 청구한 사건에 대하여 사핵査覈한 결과 김양신은 1896년 강릉 의병장인 민용호가 군대를 이끌고 북상할 때 최종항崔宗恒·이대강李大江 등과 함께 그 포군들에게 잡혀 일본인의 화물을 매득한 하치덕河致德을 찾는 데에 동원된 바 있었다. 김양신 등에 의해 의병에게 발각된 하치덕은 김계명金啓明·최창선崔昌善·김관서金寬西 등과 함께 일본인 오이카와及川久次郎로부터 매입한 화물을 비도에게 탈취당하였다. 그 뒤 1897년(정유년) 5월에 오이카와가 본읍으로 와 물건값을 청함에 김양신이 전일의 일로 인하여 5백 냥을 변통해 주었으나 김계명이 이를 가지고 행방을 감추어 결국 돌려받지 못했을 뿐 아니라 일본인에게 물품값을 납부해야 하는 처지가 되었다. 그 외에는 가토의 화물에 대해서는 들어본 바가 없다고 진술하였다. 한편, 최순서는 1895년(을미년) 12월 25일 밤에 이름을 알 수 없는 일본인과 그 통사通辭 원산인 문경순文京順이 찾아와 비도에게 쫓기고 있으니 화물을 잠시 맡아달라고 하여 이를 보관 중이었다. 당시 일본인의 화

---

32 『강원도래거안』(규장각 17985) 의정부찬정 외부대신 박제순이 강원도관찰사 조종필에게 내린 훈령 제6호(1899년 4월 13일); 조종필이 박제순에게 올린 보고서 제5호(1899년 4월 17일); 조종필이 박제순에게 올린 보고서 제8호(1899년 5월 31일) ; 의정부찬정 외부대신 박제순에게 올린 보고서 제1호(1899년 9월 4일).

물은 석유 28바리[駄], 편목화片木花 4바리, 당목 10필, 양승洋升 10필, 백목白木 110필 등이었는데 고성 의병 참모인 권하경權夏敬(權夏卿의 오류-필자 주)의 성화를 이기지 못하고 그 일부의 품목을 권하경에게 내어주었고 백목 22필은 문경순에게 돌려주었다고 한다. 권하경에게 출급出給한 물품은 양승 10필, 백목 50필, 편목화 4바리, 석유 25바리였고 그 후에 의병들이 패하여 돌아갈 때 최순서에게 들러 당목 10필, 석유 3바리, 백목 38필을 탈취하여 갔다. 이렇게 탈취당한 액수는 모두 340냥 정도가 되었다. 후에 문경순이 찾아와 이르기를 탈취당한 물품값 340원을 일본인에게 주어야 하는데 대진大津에 사는 김양신이 일본인 오이카와에게 빚을 지고 있으니 그에게 가서 오이카와의 물건값을 받으러 왔다고 말하고 340원을 받아 일본인에게 갚으면 어떻겠느냐 하여 김양신을 찾은 적이 있었다. 그러므로 이들은 이번 사건에는 상관이 없고 문경순·권하경 등을 찾아 사핵하여야 할 터인데 문경순은 원산 일본인 통사인 고로 사판查辦하기 어려움이 있는 실정이다.

일본 상인의 일방적 주장에 근거한, 곧 일제측 입장을 대변하는 정부측 기록인 만큼, 사건에 대한 시각뿐만 아니라 내용상 기술이 일방적으로 왜곡되어 있다. 강릉의병은 민간에 자행하는 작폐로 인해 조선에 침투한 일본 상인을 일제 군경과 거의 동일한 수준으로 적대시하였고, 그런 만큼 관동지방 도처에서 그들을 처단하였다. 『관동창의록』에서 "이 때에 왜노가 장사를 칭하고 열읍의 포구, 항구에 출몰하여 몰래 의진 중의 허실을 탐지하였다. 전후로 111명을 잡아 죽였다."[33]라고 한 대목이 그러한 분위기를

---

33 민용호, 『관동창의록』, 25쪽. "時倭奴稱商 出沒列邑浦港 暗探陣中虛實 前後捉得

잘 보여준다.

일본 상인의 화물을 의병이 압류 수거한 것은 두 건이었다. 첫번째는 강릉의병이 북정하던 중, 간성을 지날 때 일본인 오이카와及川久次郞가 취급한 화물을 압류했다는 것이다. 강릉의병이 7~8월 서간도로 북상할 때에는 동해안이 아닌 금성·평강·곡산 등 내륙으로 올라갔기 때문에 간성을 지나지 않았다. 이러한 사실로 미루어 오이카와의 물품을 압류 수거한 시기는 강릉의진이 원산 공략을 위해 북정하던 3월 초순이었음을 알 수 있다. 그런데 이 사건에는 권형원이 직접 가담하였다는 기록이 보이지 않기 때문에 그 관련 여부는 알 수 없다.

두 번째는 강릉의병이 두 차례에 걸쳐 카토加藤重吉로 인정되는 일본상인의 화물을 압류하였다는 것이다. 1차는 의진이 북정을 결행하기 전 권형원이 직접 압류하였고, 2차는 원산 진공작전에 실패한 의진이 패퇴, 강릉으로 귀환할 때 나머지 물류를 모두 압류하였다는 것이다. 그 압류된 물목을 구체적으로 예거하면 석유 28바리, 편목화片木化 4바리, 당목 10필, 양승洋升 10필, 백목 88필 등이었다. 그리고 1차 압류한 화물의 가치는 5백 원, 2차 압류 화물의 경우는 340원 정도에 상당하는 것으로 인정되었다.

요컨대, 위의 사건은 고성·간성 일대에서 활동하던 권형원이 상권 침탈 등 현지에 침투한 일본인의 작폐 등에 매우 강한 적개심을 갖고 그들을 단죄한 사실을 입증하는 생생한 사례가 된다는 점에서 특히 주목되고 그 역사적 의의를 확인할 수 있다.

一百十一人盡誅之"

안변 신평전투新坪戰鬪와 권형원의 투옥

고성을 출발한 강릉의병의 본진은 3월 17일 안변군 신평新坪[34]에 도착하였다. 원산으로부터 7, 80리 떨어진 이곳은 원산 진공을 위한 요충지였다. 이 때 의병의 군세는 자료마다 상이하나 대체로 2천여 명 규모로 추산된다. 『관동창의록』에서는 앞서 북정을 시작할 때 군세를 2천 380명으로 기록해 놓았으며[35], 안변군수 임면호任冕鎬가 함흥관찰사 김유성金裕成에게 올린 보고에서는 1천 7백 명으로 기록하였다.[36] 일본군 정보 보고에서는 "집합한 폭도의 수는 이 달 8일부터 10일까지 춘천에서 170명, 고성·간성의 2개소에서 240명과 그 외에 기병 30여 명으로 총수 440명이 이미 집합한 폭민 3백 명과 합쳐"라고 하여 3월 초순에 740명 정도가 모인 것으로 파악하였고[37], 이어 전투 직전인 3월 17일 원산수비대장이 올린 보고문에서는 "강릉에서부터 점차 모여든 폭도 약 1천 7, 8백 명이 신평장에 진입하였는데, 그 중에 총을 든 자가 약 1천 명이고 칼을 휴대한 자가 약 7, 8백 명이라 한다."[38]라고 하여 총 1천 7, 8백 명 규모로 파악한 것으로 보아 그러하다.

그런데 권형원은 강릉의병의 북정에 동참하지 않았고, 따라서 신평전투

---

34 격전이 벌어진 지명에 대해 『관동창의록』에서는 '仙坪市'로, 그리고 일제측 자료에는 '新坪場'으로 서로 다르게 표기되었다. 여기서는 1918년 조선총독부에서 편찬한 5만분의 1 지형도에 '新坪場'으로 표기되어 있는 점을 근거로 후자를 따랐다. 해방 전 행정구역상 함남 안변군 新茅面 신평리로 인정된다.
35 민용호, 『관동창의록』, 26쪽.
36 『독립신문』 제19호, 1896년 5월 19일자, 「잡보」
37 「재원산영사보고」, 「公 제27호」(1896년 3월 21일 접수); 『한말의병자료』 2, 88쪽.
38 「재원산영사보고」, 「海參 제61호」(1896년 3월 19일 보고); 『한말의병자료』 2, 95쪽. 그런데 전투 직후 보고한 문건에서는 의병의 군세를 1천 명으로 파악하기도 하였다.(『한말의병자료』 2, 97쪽)

에도 참여하지 않은 것으로 보인다.[39] 그럼에도 불구하고 고성 유진장의 직책에 있었기 때문에 신평전투와 무관해 보이지는 않는다. 앞에서 보았듯이 고성·간성으로부터 240명이 모였다고 한 기록으로 보아 고성 의병이 다수 신평전투에 합류한 것으로 파악되기 때문이다. 곧 고성에서 합류해 신평전투에 참여한 의병은 유진장 권형원이 소모하여 휘하에 거느리던 의병으로 간주되는 만큼, 그 자신은 직접 합류하지 않았지만 휘하 의병을 본진에 가담시켜 북정에 참여토록 한 것으로 믿어진다.

강릉의병은 안변의 신평에서 폭우를 만나 유진하지 않을 수 없었다. 원산에서 출동한 일본군 수비대는 이 틈을 타 3월 19일 의병을 공격하였다. 진눈개비가 내리는 가운데 벌어진 전투에서 의병은 결사 항전을 벌였다. 그러나 화력의 열세로 인해, 더욱이 의병들이 가진 화승총은 비가 올 때에는 방총放銃이 불가능했으므로 전투가 계속될수록 전황이 의병측에 불리해졌고 끝내 사방으로 패주하고 말았다.[40]

신평전투에 투입된 일본군은 원산 주둔 수비병 2백여 명이었다. 이 부대를 지휘한 나카가와中川 소좌는 전투 직후 긴급히 아래와 같이 전황을 보고하였다.

> 안변에서 우회한 병사는 어제 19일 오전 3시 출발하여 신천동新泉洞을 지나 신평장의 측면으로 나가 오전 8시 서왕동西王洞 마을 끝에 도착하여 적군

---

39 권형원의 손부 沈小淸의 구전 증언[국가보훈처 소장 필사자료「義兵大將 權夏卿의 功績證言」(1977. 3. 18)]에서 "울진서부터 시작하여 함경도 무산까지 올라가셨으며(하략)"라는 대목이 있는 점으로 보아, 같은해 여름 강릉의병의 북상시 합류했을 개연성도 완전히 배제할 수는 없다.
40 민용호,『관동창의록』, 28쪽.

의 함성을 듣고 소대를 세 등분하여 그 두 분대를 양쪽 산 정상으로 올려 보내고 한 분대는 중앙에 위치하여 8시 40분에 교전을 시작해 두 시간을 소비하여 우리 병사는 삼면을 돌파하여 11시 30분 신평장을 점령하였다. 우리 연안沿岸 전진대前進隊는 신평장 북방의 언덕길을 올라가자 마침 싸움이 시작되었다. 진격하여 신평장에 도달하였을 때는 안변으로 우회한 병사들이 이미 신평장을 점령하여 적은 동쪽 산맥 회양으로 도망갔다. 또 흡곡 쪽으로 퇴각한 자가 적지 않았다. 적의 총 군사 1천 명, 아병 사상자 없음, 적의 사망자 30여 명, 포로 5명 (하략)[41]

일본군은 신평에 유진 중이던 의병을 공격하기 위해 안변에서 우회하는 부대, 그리고 연안에서 접근하는 전진대 등 두 부대로 나누어 진격하였고, 그 가운데 안변 우회 부대가 단독으로 의병을 공격했다는 것이다. 이 부대는 3월 19일 새벽 신평장에 접근한 뒤 양쪽 산 정상으로 각기 한 분대를 올려보내고 또 정면에 한 분대를 배치하여 세 방면에서 의진을 포위한 형세로 아침 8시 40분에 전투를 개시한 뒤 교전 끝에 11시 30분 신평을 점령하였다. 그리고 연안 전진대는 전투가 종료된 후 도착했다는 것이 그 요지이다.

신평 패전은 강릉의병이 이전의 능동적, 적극적 공세에서 이후 피동적, 소극적 수세로 몰리는 분수령이 되었다. 이에 회양 지경으로 후퇴한 뒤 양구를 지나 설악산 오색령을 넘어 양양을 거쳐 4월 초순에 근거지 강릉으로 회군하였다. 강릉을 떠나 북정에 오른 지 꼭 한 달만이었다.

그런데 권형원은 의병 본진이 태백산맥을 넘어 양구 방면으로 철수하고

---

[41] 「재원산영사보고」, 「海參 제62호」(1896년 3월 23일 보고); 『한말의병자료』 2, 97쪽.

난 뒤 일제 군경의 압력을 받은 고성군수에 의해 투옥되는 고초를 겪었다. 우선 민용호의 기록은 다음과 같다.

고개를 넘어 양양에 이르니 유진장 이우열李佑烈이 와서 맞이하였으니 군용이 다시 일어났다. 이 때에 고성 유진장 권형원의 아들이 와서 호소하여 말하기를 '원산 왜인들이 장군(민용호-필자주)이 영서로 넘어갔다는 말을 들었기에 13일 순검 및 왜병 5, 6명이 고성읍에 들어와 군수를 협박하였고, 군수는 어른(권형원-필자주)을 잡아가두고 의병소의 여러 성원을 해산시키고자 하는데, 싸움에 나간 포병(의병-필자주)이 아직 완전히 모이지 않았다.'고 하였다. 이에 별영장別營將 김연상金演常을 불러 이르되 "저들이 대진이 불리해졌음을 들었기에 그러한 것이다. 그대는 5백 명을 거느리고 가서 권형원이 갇힌 것을 풀어주고 빨리 흩어진 병사들을 모아 북방에서 오는 우환을 막으라."고 하였다.[42]

민용호가 이끈 의병 본진이 양양으로 철수한 뒤 원산에서 내려온 일제 군경들이 고성군수를 협박하였고, 이에 군수는 고성 의병 유진소를 탄압하고 유진장 권형원을 감금하였다는 것이다. 이러한 수난 사실을 권형원의 아들이 양양의 본진에 급히 알려왔고, 이에 별영장 김연상이 이끄는 의병 5백 명이 권형원 구출과 유진소 수습을 위해 고성으로 급파되었다는 것이 그 요지이다.

---

42 민용호, 『관동창의록』, 28~29쪽. "踰嶺到襄陽 留陣將李佑烈來迎 軍容復振 時高城留陣將權亨源之子來訴曰 元倭聞將軍之踰嶺西 十三日巡檢及倭兵五六名入府 恐喝本倅 則本倅捉囚老爺 謀散義所諸員 而赴戰砲兵 姑未完聚 乃召別營將金演常曰 彼聞大陣之失利然也 汝率五百人 往釋亨源之囚 速聚散兵 以防北來之患"

권형원이 고성 관아에 투옥된 사실은 앞 절에서 본 원산 주재 후타쿠치二口 이등영사의 3월 29일자 보고에서도 확인되고 있다. 즉 후타쿠치 이등영사는 고성 해안에서 일본인 어부 4명이 의병에게 체포되어 처단당한 이른바 피해상황을 보고하면서 "(일인 어부 4명을 처단한) 이 폭도의 거괴 권화경權化京(權夏卿의 오류 - 필자주)이라는 자는 23일 고성부에서 관계 당국의 손에 포박되었다."[43]고 언급한 대목이 그것이다. 이로써 볼 때 권형원은 신평에서 패전한 강릉의병 본진이 양구읍으로 들어가던 무렵인 3월 23일경 관원들에 의해 투옥되었음을 알 수 있다. 또 고무라 일본공사가 권형원의 처벌을 요구한 데 대해 외부대신 이완용이 4월 10일자로 회신한 공문에서도 권형원의 구금과 관련되어 아래와 같이 밝히고 있다.

이달 9일 접수한 바 있는 귀하의 공문에 기재된 귀국인 이마히로今弘重吉 이하 4명의 피살사건 등에 대하여 조사한 바 각 지방 비류匪類가 한결같이 포악한 행위로 귀국인을 살해한 것이 전후하여 많은 수에 달하였고 그 참혹한 상황에 경악하였으며 참으로 미안한 마음 그지없습니다. 곧 우리 내부內部에 이첩하여 해당 지방관에게 훈령을 발해 이들 범인을 체포하도록 조처하였습니다. 이어 고성군 경계에서 권화경權化京을 체포하였으며, 또 그 군에 명령하여 범인을 체포하여 법부로 압송, 법부에서는 적법하게 엄중히 징벌하도록 하였으니 청컨대 귀 공사께서는 그리 아시기를 바라며 이에 회답합니다.[44]

---

43 『한국각지폭동잡건』, 「조선각지폭도봉기의 건 6」, '1896년 3월 29일 원산 주재 二口 이등영사의 보고'; 『한말의병자료』 3, 27쪽.
44 『주한일본공사관기록』 9, 一. 本邦人被害에 關한 件 三·四, (10) [高城地方에서의 일본인 집단살해사건 처리에 대한 회답]

위 인용문에서는 피체된 권형원을 서울의 법부로 압송하도록 조처하였다고 밝혔지만, 그 뒤 관련 기록은 확인할 수 없다. 하지만 여러 정황으로 보아 그가 실제로 서울로 압송된 것 같지는 않다. 또 언제 석방되었는지도 알 수 없다. 그를 석방시키기 위해 출동한 김연상 의병에 의해 바로 석방되었는지, 또는 그 이후 상당 기간 옥고를 치렀는지 여부를 알려주는 자료가 없기 때문이다. 다만 여타 의병들의 사례나 권형원의 위망 등 여러 가지 정황으로 미루어 머지않은 기간 내에 석방되었을 것으로 짐작된다.

이상 언급한 내용이 현존 자료를 통해 확인 가능한 권형원의 전기 의병활동의 실상의 전부라 할 수 있다. 비록 자료의 부족으로 그 활동 내용을 세밀하게 파악할 수 없는 한계는 있으나, 대체적인 견지에서 이 시기 그가 의병투쟁에 참여하여 활동한 역사적 의의는 확인할 수 있을 것 같다. 곧 고성지방의 향반으로서 향촌사회에 상당한 영향력과 권위를 가지고 있던 그가 전국적으로 항일 적개심이 고조되는 상황에서 고성지방의 항일 의병세력을 규합하는 구심체 역할을 함으로써 이 지방 항일투쟁을 선도하였다는 점에서 그 역사적 의의를 적극적으로 평가할 수 있을 것이다. 그에게 부여된 고성 유진장이라는 직함은 그가 이 시기 고성지방의 대표적인 항일투쟁가임을 상징하는 증좌라 할 수 있다. 요컨대, 권형원은 고성지방의 항일투쟁, 독립운동을 선도한 인물이었다.

후기의병 투쟁과 단두 '부전' 수난

구전·증언 자료

1896년 전기의병 참여 이후 권형원의 활동과 행적을 추적하기는 어려운 실정이다. 더 이상 관련 자료가 보이지 않기 때문이다. 곧 전기의병 이후 10년간의 행적이 자료상 단절되어 있다. 그런데 놀랍게도 권형원이 1907년 후기의병 시기에 항일전에 동참하였고, 그로 인해 피살 순국한 수난 사실 등 말기 행적을 알려주는 구전·증언 자료가 매우 풍부하게 남아 있다. 주로 그의 후손들과 고향 인근의 노인들에 의해 구전된 내용을 모은 이 자료는 크게 네 종류로 유형화할 수 있다.

먼저 고성·양양 일대의 생존 노인들에 의해 1962년 3월 7일자로 필사되어 내각 사무처장 [金炳三] 앞으로 보낸 「순국의사행적추천서殉國義士行蹟推薦書」(전 11면, 이하 「추천서」)가 있다. 권형원의 독립유공자 포상 신청을 위해 작성되었지만, 당시까지 생존했던 70~80대 노인 8명이 연명으로 작성한 자료라는 점에서 그 신뢰도가 높다고 할 수 있다.[45] 이들은 의병전쟁 상황을 직접 목격하고 또 전문傳聞하였을 개연성이 큰 인물들이기 때문이다. 「추천서」 내용 가운데 '(권형원의 의병투쟁과 순국사실 등은) 세인이 공지하는 바로서' 또는 '(연명인) 본인 등은 당시의 사실을 목격한 입장에서'라고 한

---

45 「추천서」에 서명한 연명자 8명의 명단은 다음과 같다. 韓興雲(83세, 양양군 강현면 물치리 155번지)/崔浩集(70세, 양양군 양양면 사천리 94번지)/崔慶集(83세, 양양군 속초읍 무번지)/張明俊(72세, 고성군 고성읍 서리 102번지)/崔庠集(77세, 양양군 양양면 조산리 254번지)/金春起(81세, 양양군 양양면 포월리 178번지)/咸京植(74세, 고성군 간성면 하리 23번지 2)/李在榮(86세, 고성군 간성면 하리 2번지 6)

표현도 그러한 정황을 뒷받침해 준다.[46] 「추천서」에는 권형원의 의병투쟁 공적과 순국 수난 등의 사적을 담은 '순국의사행장문殉國義士行狀文'(이하 '행장문')이 첨록되어 있는데, 그 '행장문' 가운데 중요 대목을 소개하면 아래와 같다.

(전략) 1907년(정미) 의병은 전국 각지에서 자연 봉기하게 되었거니와 본도(강원도 - 필자주)에는 유인석柳麟錫을 중심으로 영서지구에는 민긍호閔肯鎬씨와 영동지구 5개 군(통천·고성·간성·양양·강릉)에는 선생(권형원 - 필자주)이 총참모總參謀가 되어 왜적을 구척驅斥하고 조국을 광복하려는 대절大節을 품고 분기奮起하였던 것이다. 그리하여 왜적과 싸우기를 십유여회十有餘會에 긍亙하는 동안 승승장구로 혁혁한 전과를 거두었음은 별지別紙 전과중요내용戰果重要內用에 소개하거니와 특히 양양전투에서 적병 52명을 섬멸하고도 자아의 피해는 하나도 없었음은 전투사상 초기록을 남기어 지휘력과 지략의 소유자였음을 가히 추상推想할 수 있는 것이다. 그러나 대세 앞에는 감당할 수 없는 것이 사실이었다. 그 후 몇 달 안 되는 9월 고성 남강전투南江戰鬪에서 적병 대부대와 교전하다가 과약寡弱이 강중强衆을 대적할 수 없는 환경과 조건에서 애석하게도 참패를 당하게 되자 선생은 적에게 생포되어 고성 남강 송림松林에서 총살형을 당하고 말았는데 (하략)[47] (맞춤법 및 한글 - 필자)

권형원은 1907년 의병전쟁이 전국적으로 격화되어 가던 시기에 통천·

---

46 그런데 이 자료에는 권형원이 전기 강릉의병에 참여하여 고성 유진장으로 활동한 사실은 명기되어 있지 않다. 그 이유는 연명한 촌로들이 그러한 사실을 구체적으로 세밀하게 분간하여 인지할 수 있는 수준이 아니었기 때문으로 짐작된다.
47 「殉國義士行蹟推薦書」(증손 권순제 소장), '殉國義士行狀文'

고성·간성·양양·강릉 등 영동 5개 군 의병의 '총참모總參謀'로 항일전에 투신한 뒤 수개월 동안 일제 군경을 상대로 양양전투 등 10여 회의 전투를 수행하던 중 음력 9월 고성 남강전투南江戰鬪에서 참패하여 일본군에 의해 피살 순국하였다는 것이다. 5개 군 총참모라는 직책이라든지, 양양전투에서 적병 52명을 섬멸했다는 등 그 구체적인 내용에서 그대로 신뢰할 수 없는 한계가 있다는 점은 감안하더라도, 권형원이 1907년 후기의병에 참여하였고 그로 인해 순국한 사실은 위의 기록을 통해 적어도 확인할 수 있다고 생각한다.

「추천서」 외의 또 다른 구전자료로는 권형원의 장자 권병섭權秉燮의 둘째 아들인 권혁수權赫壽(1900년생)가 1982년 12월부터 1983년 2월 사이에 문중 후손, 그리고 권형원과 지역적 연고가 있던 고성·간성 출신의 고령자 등 모두 49명 각각의 구전 기록을 모은 「청원서請願書」가 있다. 독립유공자 포상 신청을 위해 작성된 총 52면에 달하는 풍부한 구전자료집의 성격을 띤 이 문건은 증언자 각인이 자필 기록한 것으로, 그 대부분이 증언자가 유년 성장시에 (조)부모와 친인척 어른, 동네 노인, 서당 훈장 등으로부터 반복적으로 들었던 구전을 정리해 놓았다는 점에서 신뢰할 수 있는 자료라고 생각한다.[48]

「청원서」의 주된 내용은 전술한 '행장문'과 큰 틀에서는 대동소이하다. 전체 구전을 유형화하여 그 주된 내용과 요지를 정리하면, 첫째, 국권 피탈 시기에 권형원이 고성·양양 일대에서 의병투쟁을 전개했다는 사실, 둘째, 고성 (남강)전투에서 패전한 뒤 일본군에 의해 피살 순국한 사실, 셋째, 일

---

48 국가보훈처에서 권형원을 독립유공자로 인정하여 포상(1990년 애국장)할 수 있었던 것도 이러한 구전 증언 자료류의 사료적 가치와 신뢰도를 인정하였기 때문이다.

본군이 시신에서 두부頭部를 절단하여 (장전항에서) 가마솥에 삶는 만행을 자행한 일, 넷째, 두골을 일본으로 가져갔다는 사실 등이다. 곧 앞서 본「추천서」의 '행장문'과 마찬가지로 「청원서」도 권형원이 (후기)의병에 참여하여 고성·양양지역에서 항일전을 전개하던 중 고성전투에서 패전하여 일본군에게 피살 순국하였고 사후에는 시신조차 모진 수난을 당했다는 내용을 담고 있다. 이러한 「청원서」에 들어있는 사례 한 건, 곧 1908년 고성읍에서 태어난 심정섭沈鼎燮이 1982년 12월에 쓴 '애원서哀願書'를 소개하면 다음과 같다.

> 고성군 서면 송탄리 권혁수씨 조부 권하경權夏卿씨는 의병대장으로 왜병과 항전타가 고성 남강 송림松林에서 왜병이 총살시켜 목을 베어 왜병이 일본으로 보냈다는 가친께서 말씀하신 말을 들은 기억이 귀에 쟁쟁한 기억이 잊지 않고 있습니다.[49] (한글 및 맞춤법 – 필자)

권형원과 긴밀한 관계 아래에서 의병의 항일전을 실제로 보았거나 또는 전문傳聞한 노인들이 남긴 풍부한 구전·증언 기록을 통해 권형원이 전기의병(강릉의병) 외 후기의병에 참여하여 순국한 사실만큼은 확인할 수 있다고 생각한다. 권형원은 곧 1907년 현재 54세의 노구를 이끌고 항일전에 참여했던 것이다. 「추천서」, 「청원서」외에 권형원의 행적과 관련하여 유족들이 직접 작성한 구전·증언 자료도 있다. 이 역시 독립유공자 포상 신청을 위해 1977년에 작성되었다. 권형원의 손부인 심소청沈小淸(1905년생)의 명의로 정리된 「의병대장義兵大將 권하경權夏卿의 공적증언功績證言」, 「의병대장권

---

49 「請願書」(증손 권순제 소장), 沈鼎燮(1908년생, 고성군 고성읍 감월리 출신) 구전자료.

하경義兵大將權夏卿 총살입증서銃殺立證書」(1977. 4. 16)를 비롯하여, 손자 권혁명權赫鳴(1904년생)의 명의로 된 「의병대장권하경義兵大將權夏卿의 공적입증功績立證」(1977. 3. 18), 증손 권순문權純文(1927년생)이 정리한 「대관동의병군大關東義兵軍 의병대장권하경義兵大將權夏卿 항일의병활동抗日義兵活動」, 「의병대장권하경義兵大將權夏卿 공적입증功績立證」(1977. 3. 19) 등이 그것이다. 이 자료의 대부분은 후손들의 입장에서 주변과 집안에서 내려오거나 전해들은 권형원의 독립운동 등 행적을 정리한 것이다. 그 가운데 특기할 자료는 손부 심소청의 명의로 정리된 「의병대장권하경 총살입증서」라 할 수 있다. 권형원의 순국 수난 사실과 관련하여 집안에서 내려오는 구전·증언이 구체적이고도 명료하게 가장 잘 정리되어 있기 때문이다.

끝으로, 구전·증언류의 자료 외에 권형원의 의병투쟁 사실과 순국 수난의 실상을 기술한 것으로는 순한문으로 된 「권의사행장權義士行狀」과 「권의사조위문權義士弔慰文」이 있다.[50] 이 두 문건은 1962년 음력 9월의 주기週忌를 맞아 추도행사의 일환으로 함께 작성된 것으로 보인다. 고성지방의 학자로 짐작되는 고석주高碩柱가 음력 9월 상순에 지은 「권의사행장」은 권형원의 의병투쟁 사실과 그로 인한 순국, 시신의 수난, 장자인 권병섭의 항일투쟁 내역 등을 담고 있고, 권형원과 세의世誼가 깊었던 최몽필崔夢弼이 9월 하순에 지은 「권의사조위문權義士弔慰文」 역시 의병투쟁 사실과 순국 수난을 애도하는 내용이 주류를 이루고 있다. 하지만 이 두 자료의 내용은 앞의 구전·증언 자료에서 담고 있는 활동과 수난의 요지를 정리한 정도이기 때문에 이 자료를 통해 새로운 사실을 확인할 수는 없다.

위에서 네 가지 유형으로 나누어 언급한 자료는 모두 권형원의 의병투

---

50 이 두 자료는 증손 權純第가 소장하고 있다.

쟁과 순국수난의 사실을 중심으로 대체로 비슷한 내용을 반복적으로 담고 있다. 또한 행장과 조위문 두 건 외에 이들 자료 모두가 독립유공자 포상 신청이라는 동일한 목적을 지향하고 있다는 점에서도 짐작되듯이 큰 틀에서 볼 때 이들 구전·증언 자료는 그 성격과 내용에서 유사성을 갖고 있다. 이들 자료는 증언자 모두가 의병투쟁 시기의 사실을 견문한 고로古老이거나 집안의 내력에 비교적 정통한 후손이라는 점에서, 그리고 비교적 이른 시기인 1962년부터 1980년대 초반에 걸쳐 기록되었다는 점에서 신뢰할 만한 자료로 평가할 수 있다.

후기의병 투쟁

권형원이 후기의병에 참여했다는 사실은 순한문의 행장과 조위문을 포함하여 위에서 언급한 모든 구전·증언 자료에 반복적으로 기술되어 있다. 이에 의거하여 후기의병 시기에 권형원이 수행한 항일전의 내력을 추적해 보면 아래와 같다.

손자 권혁수 등이 남긴 자료에 의하면 권형원은 음력 1907년 9월 19일 피살 순국했다고 한다.[51] 이 날을 양력으로 환산하면 10월 25일에 해당된다. 이 순국 일자는 권형원의 기일忌日과 직결되는 만큼 신뢰도가 높다고 할 수 있다. 곧 그는 1907년 10월 25일 이전까지 항일전을 벌였던 것이다.

---

51 권형원의 순국일은 자료에 따라 음력 9월 18일과 19일 두 가지로 기록되어 있다. 『안동권씨대동보』와 손부 심소청의 명의로 1977년에 작성된 「義兵大將權夏卿銃殺立證書」 등에는 18일로, 그리고 1962년 3월에 작성된 전기 「추천서」와 손자 권혁수가 정리한 문건 등에는 19일로 나타난다. 여기서는 기록 연대가 가장 앞서는 「추천서」에 의거하여 9월 19일을 순국일로 간주하였다.

권형원이 전개한 항일전의 대체적인 윤곽을 파악하기 위해 그가 활동했을 것으로 인정되는 기간, 곧 전국적으로 의병전쟁이 격화되기 직전인 1907년 7월 이후부터 순국 일자인 10월 25일까지 4개월간 고성·간성 일대에서 벌어진 의병의 항일전 내역을 일제측 자료에 의거해 파악하면 다음과 같다.

원산 주둔 일본군 수비대에서는 1907년 8월 30일경 고성군 장전점長箭店과 고성읍 방면의 의병을 탄압하기 위해 원산에서 보병 1개 소대를 파견하였으며, 9월 2일 고성 부근에서 1백 명(총기 소지자 50명)의 의병이 장전점으로 상륙한 이들 일본군을 만나 교전하였다.[52] 이어 10월 20일에는 350명의 의병이 고성의 일본군 이른바 수비지를 습격하여 교전하였다.[53] 이상에서 언급한 내용이 1907년 7~10월 4개월간 고성·간성 일대에서 의병이 수행한 항일전의 전부라 할 수 있다.

한편, 앞에 든 「추천서」의 '행장문'에서는 '10여 회' 전투를 벌였다고 하고, 그 첨부된 별지에는 권형원이 수행한 항일전 내역을 다음 네 건으로 정리해 놓았다.[54]

(1) 1907년 5월(이하 일자 미상) : 강릉 경포 전투에서 적군 30여 명 부대를 격퇴

(2) 1907년 6월 : 양양군 대포항에 입항하려는 적군을 격퇴

(3) 1907년 7월 : 양양읍 남대천 전투에서 적군 52명을 섬멸하고도 자아

---

52 「參1發 제88호」(일본 방위성 방위연구소 소장) 한국주차군사령관 보고(1907년 8월 30일); 「參1發 제106호」 한국주차군사령관 보고(1907년 9월 8일).
53 「參1發 제181호」(일본 방위성 방위연구소 소장) 한국주차군사령관 보고(1907년 10월 28일); 독립운동사편찬위원회 편, 『독립운동사』 1, 1971, 714쪽.
54 「순국의사행적추천서」, '순국의사행장문'

의 피해는 하나도 없음

(4) 1907년 9월 19일 : 순사殉死 전일인 9월 18일 고성 남강전투에서 적 병 대부대와 교전하다가 참패를 당하게 되자 본제本第에 잠입 투숙 중 적병 16명의 추종追從 포위에서 생포되어 19일 정오 고성 남강 송림松 林에서 총살형을 당하였는데 놈들은 두부頭部를 자절刺切하여 정확鼎鑊 에 팽숙烹熟하여 자국으로 보냈음.

권형원이 수행했다는 위 네 건의 전투 가운데 마지막 전투를 제외한 세 건은 전투 일자가 없기 때문에 그 구체적인 내용을 파악하기가 곤란한 실 정이다. 다만, 위의 기록을 통해 권형원이 활동한 지역을 고성·양양·강릉 등지로 유추할 수 있는 정도이다. 이러한 기록과 동일한 궤적에서 순한문 으로 된 행장에서도 권형원의 항일전을 소개하면서 "(을사조약 늑결 후에) 의 병을 일으켜 향응하게 되니, 강릉의 적을 토벌하고 양양의 적을 섬멸하였 으니 이르는 곳마다 이기지 않은 적이 없었다."라고 하여 강릉과 양양 전투 를 대표적인 승첩으로 예거하였다.[55] 또 앞에 든 자료에서 1907년 7월(음) 에 벌어졌다고 하는 양양 남대천 전투는 권형원이 수행한 전투 가운데 가 장 큰 승전으로 구전되어 온 것으로 짐작되지만, 52명의 일본군을 섬멸한 반면 의병측 피해는 전무한 것으로 밝힌 전황 등은 실상과 거리가 있는 과 장된 기록으로, 세월의 경과에 따른 구전과 기억의 착종錯綜으로 인한 오류 가 아닐까 한다. 앞서 언급한대로 이러한 강릉, 양양 전투는 현재로서는 전 투 일자와 구체적 전황 기록이 뒷받침되지 않기 때문에 더 이상 그 실체를 추적, 확인할 수 없는 실정이다.

---

55 高碩柱,「權義士行狀」(증손 권순제 소장, 한문 필사본, 1962.9)

위 전투 기록 가운데 주목되는 것이 네 번째이다. 순국으로 귀결되는 고성 남강전투가 벌어진 일자를 위 기록에서는 순국 앞날인 음력 9월 18일, 곧 양력으로 10월 24일이라고 하였다. 순국을 기준으로 기산했을 것으로 짐작되는 전투 날짜인 점을 감안하면 이 날짜는 사실에 근접할 것으로 인정된다. 하지만 위에서 보았듯이 1907년 10월 24일에는 고성 일대에서 의병이 전투를 수행한 사실이 확인되지 않는다. 그런데 일제의 의병 탄압 자료에서 10월 20일 350명의 의병이 고성읍의 일본군 수비지를 습격하여 교전이 벌어졌다고 하는 대목이 눈에 띈다. 일본군의 의병 탄압 전투상보戰鬪詳報에는 이 날 벌어진 고성전투의 전황이 다음과 같이 자세히 기록되었다.

보병 제51연대 제9중대 고성분견대 전투

10월 20일 미명에 적 약 350명은 서남으로부터 몇 무리로 나누어 각 방향으로 전진해 와서 오전 5시 고성을 포위하고 고성 부락 안으로 침입하여 방화하였다. 적은 나팔을 붊과 동시에 사격을 개시하였다. 분견대는 즉시 병사를 분산시켜 참호에서 이들을 방어하였다. 적은 완강히 저항하였을 뿐만 아니라 더욱 전진하여 왔고 분견대는 용전勇戰 5시간 후에 완전히 적을 격퇴하였다. 적의 유기遺棄한 사체 2, 포로 1, 노획품 한마韓馬 1두, 화승총 4정 외 잡품 약간, 우리 사상자 없음.[56]

10월 20일 새벽 몇 갈래로 나뉘어 습격한 350명의 의병이 무려 다섯 시간 동안 고성 읍내를 점령한 채 그곳에 주둔 중이던 일본군 분견대와 교전

---

56 「韓國駐箚軍戰鬪詳報의 件」(일본 방위성 방위연구소 소장자료), 「密受 제421호」(1907년 11월 22일 접수, 한국주차군 참모장이 육군차관에게 보고한 문건).

을 벌인 뒤 퇴각하였다는 것이다. 위 인용문의 전체적인 문맥과 내용으로 보아 이 전투에서 의병들은 수세에 몰렸던 것이 아니라 오히려 고성읍을 5시간 동안 점령, 유린할 만큼 기세를 올렸던 것으로 인정된다. 그 결과 고성전투에서 의병의 기세에 눌려 수세에 몰렸던 일본군은 상당한 타격을 입었고, 의병 퇴각 후 보복에 나섰을 것으로 짐작된다. 구전·증언 자료에 의병이 고성전투에서 패전한 것으로 기록한 것은 전투 후 보복에 나선 일본군에 의해 의병들에게 큰 희생이 따르게 된 결과론적인 평가였다고 인정해도 무리가 없을 것이다.

구전·증언「추천서」'행장문'의 기록(10.24)과 일제측 자료(10.20) 사이에 4일간이라는 간극을 제외한다면 두 기록 사이에는 남강이 관류하는 고성 읍내(수비지)라는 교전 장소를 비롯하여 350명의 의병이 투입된 대규모 전투상황 등에 이르기까지 정황과 내용이 대체로 일치하고 있다. 곧 '행장문'에 기록된 10월 24일의 고성 남강전투가 일제 의병탄압 자료에 나타난 10월 20일의 고성전투와 동일한 것으로 보이기 때문에 권형원이 참여한 전투였을 개연성이 크다고 생각된다. 교전 날짜가 서로 일치하지 않는 문제가 있지만, 일제측 자료가 전투 당시 기록인 점을 감안할 때, '행장문'의 교전 일자에 약간의 오차가 있는 것으로 생각된다. 곧 권형원 의병이 실제 전투를 벌인 날짜는 10월 20일이고, 교전 후 은닉해 있다가 4일 뒤인 10월 25일(음 9월 19일) 일본군에게 피체되어 순국한 것으로 보는 것이 합리적인 추론이라 할 수 있다.

10월 20일 고성에서 의병과 교전한 일본군 부대는 서울에 사령부를 두고 있던 한국 침략 일본군 이른바 한국주차군韓國駐箚軍 소속 제13사단 예하의 보병 제51연대 제9중대 고성분견대였다. 그리고 이 고성분견대는 장전점長箭店에 주둔하던 수비대의 예하 부대였다. 곧 장전점에는 수비대 본부

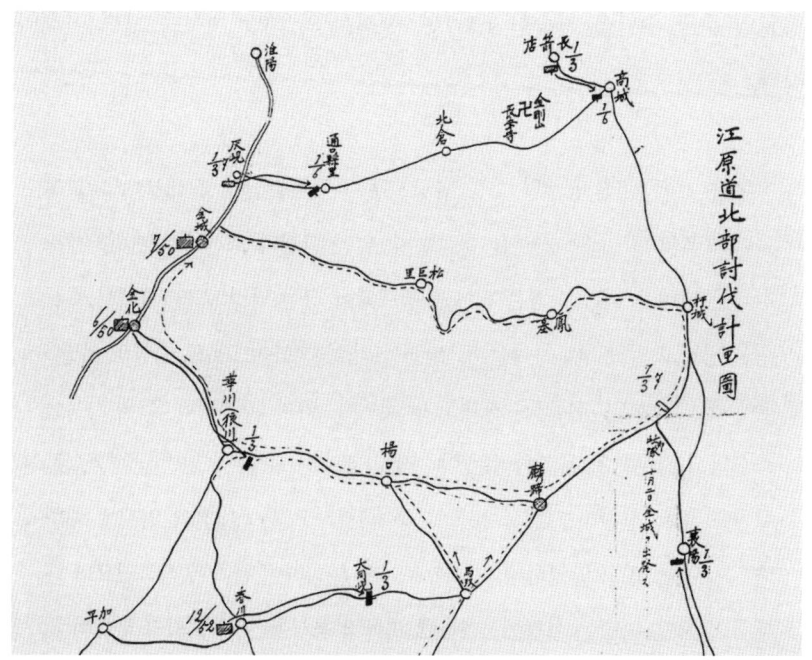

그림 7 일본군의 강원도 북부지방 의병 탄압 계획도(한국주차군 참모부 작성, 1907년 10월 1일). 장전점에 수비대가, 고성에 분견대가 각기 주둔했던 사실을 알려준다.

가 설치되었고, 그 휘하에 고성에는 소대 규모의 분견대, 곧 책응부대策應部隊가 주둔해 있었던 것이다.(〈그림 7〉 '일본군의 강원도 북부지방 의병 탄압 계획도' 참조)

순국과 단두 '부전' 수난

「추천서」의 '행장문'과 「청원서」에는 권형원이 고성전투 후 일본군에 의해 피살 순국하였고, 더욱이 그들에 의해 시신의 두부가 잘려 가마솥에 삼기어 훼손되는 목불인견의 참혹한 수난을 당한 것으로 기록되었다. 우선 권형원의 순국 수난을 기술한 1962년 '행장문'의 해당 대목을 보면 아래와 같다.

> (전략) (1907년 음력) 9월 고성 남강전투南江戰鬪에서 적병 대부대와 교전하다가 과약寡弱이 강중强衆을 대적할 수 없는 환경과 조건에서 애석하게도 참패를 당하게 되자 선생은 적에게 생포되어 고성 남강 송림松林에서 총살형을 당하고 말았는데 놈들은 두부頭部를 자절刺切하여 100도 이상의 비발沸潑에 팽증烹蒸하여 자국으로 보내고 만 것이다. 어찌 그 뿐이랴. 그의 가옥을 소실하고 자손까지 몰살하려는 야수적 만행에서 그 장남 권병섭權秉燮씨는 두골도 없는 선친의 시체를 눈물로 봉매奉埋하고 불공대천의 일제에 대한 숙원宿怨을 풀려고 망명하여 민긍호 부대에 투입하여 절치 투쟁하였으나 대세를 방어할 수 없는 실정에서 민긍호씨마저 참사를 당하게 되자 부득이 지하적 투쟁공작으로 들어가게 되었다. (하략)[57] (맞춤법 및 한글 – 필자)

권형원은 1907년 10월 고성 남강전투에서 패한 뒤 곧장 본가로 가서 은신했으나 일본군에 의해 피체되어 남강 송림松林에서 총살을 당해 순국하였고, 일본군은 그의 시신에서 두부를 절단하여 가마솥에 넣고 삶는 천인공노할 만행을 자행하였으며, 그 장남 권병섭은 두골 없는 시신을 장사지낸 뒤 절치부심 민긍호 의병부대에 투신하여 항일전을 벌였다는 것이다. 일본군이 권형원을 살해한 후 두부를 절단하여 가마솥에 삶았다는 구전의 요지는 위 '행장문' 외에도 「청원서」 대부분의 주된 내용이라는 점에서 결코 간과할 수 없다. 앞에서 인용한 구전·증언 자료 외에 순국 수난의 전후 상황

---

57 「순국의사행적추천서」, '순국의사행장문'.

에 대한 이해를 돕기 위해 1982년 「청원서」 가운데 몇 건을 인용하면 다음과 같다.

(1) (전략) 의병대장義兵隊長이 되어 의병 수백을 거느리고 선전 분투 중 불고가사不顧家事하고 더욱이 놈들(일본군 - 필자주)에게 가옥까지 소멸消滅(燒滅의 오류인 듯 - 필자주) 당하고 거사하던 중 (중략) 결국 패전하고 목숨까지 바친 후 그 악랄한 왜적이 목까지 베어 장전長箭 어느 곳에서 가마에 삶아 탈육脫肉하여 일본 어느 신사神社에 봉안함을 강릉 계신 관동병원장關東病院長 권증원權增源씨가 수학여행 때 강원도江原道 권형원權亨源이라고 쓴 것을 보았는데 지금 그 분 사망으로 인해 두골도 찾지 못하고 있는 사실입니다. 본인은 그 때 어린 나이로 사실을 들은 것이 아직 귀에 쟁쟁합니다.[58] (맞춤법 및 한글 - 필자주)

(2) 권혁수씨의 조부 권하경權夏卿씨가 의병대장으로 왜병과 항전하다가 고성군 남강전투에서 전사한 것을 유시幼時에 동중洞中 노인들한테 듣고 두골을 고성 장전에서 삶아 일본으로 지거持去했다는 것을 전설傳說에 의하여 들은 것을 인증認證함.[59] (맞춤법 및 한글 - 필자주)

(3) 권혁수씨의 조부인 권형원씨가 의병대장으로 왜병과 항전하시다가 생포되어 이북 고성 남강 송림에서 총살당하고 두부까지 일본군이 잘라 고성 장전에서 가마에 삶아 일본으로 지거持去했다는 엄친의 말

---

58 「청원서」, 韓聖相(1906년생, 고성군 고성읍 상리 출신) 구전자료.
59 「청원서」, 權五用(1908년생, 고성군 간성읍 신안리 출신) 구전자료. 항렬로 보아 권형원의 문중 조카로 생각되는 이 구전 증언자는 원적을 춘천시로, 주소를 고성군으로 기록하였는데, 이는 원적과 주소가 바뀐 것으로 인정된다.

씀을 들었으며 일본 암수의대학岩手醫大學(이와테 의과대학-필자주)에 재학 중이던 고故 권증원(강릉 관동병원장)께서 수학여행 당시 일본 어느 신사에 두골에 강원도 권형원 봉안되었더라는 말씀(을) 직접 본인이 들었습니다.60 (맞춤법 및 한글-필자주)

일일이 소개할 수는 없지만 나머지 「청원서」 문건의 내용과 주장도 대개 위 인용문의 범주 안에 들어 있다. 이런 정황을 고려하고 위 세 인용문의 내용을 정리해 보면 다음과 같다.

　가. 권형원 의병이 고성 남강전투에서 패한 뒤 일본군에 의해 피살 순국하였음.
　나. 일본군은 권형원 시신의 두부를 잘라 장전에서 가마솥에 넣어 삶았음.
　다. 일본군은 두부의 살을 발라낸 뒤 두골만 자국으로 가져갔음.
　라. 강릉 관동병원장 권증원權增源이 이와테 의과대학 재학시 일본 모 신사에서 '강원도 권형원'이라 새겨진 두골을 직접 보았음.

한편, 이러한 구전·증언 자료에 나타난 권형원의 순국 및 시신 수난 사실과 관련하여 권형원의 손부 심소청은 집안에서 견문한 사실을 1977년에 다음과 같이 정리하였다.

　권하경은 저에게는 '시할아버님'이 되시고 자식인 권순문한테는 증조부가 됩니다. 의병대장으로 활약하셨음은 온 세상이 다 알고 있는 사실입니다. 왜

---

60 「청원서」, 權曦源(1909년생, 고성군 서면 송탄리 출신) 구전자료.

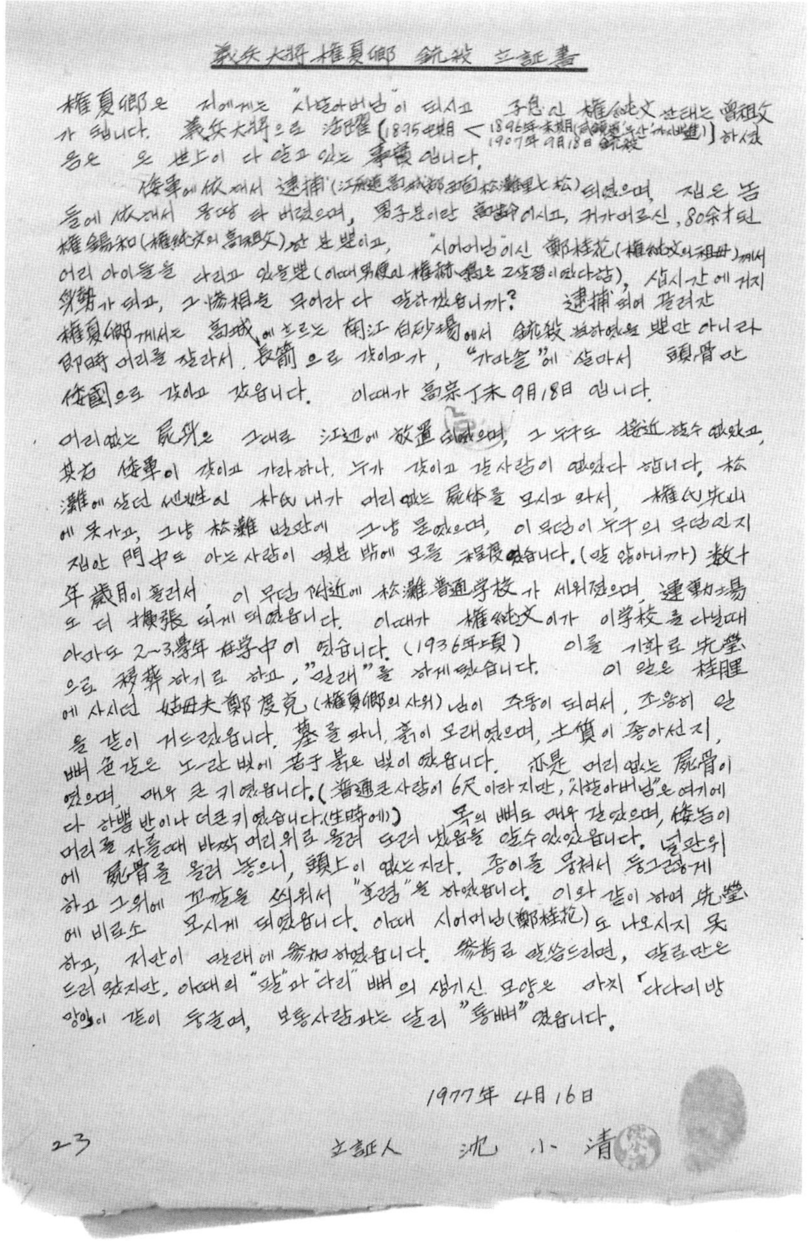
義兵大將 權夏卿 銃殺 立證書

權夏卿은 저에게는 "시할아버님"이 되시고 子息인 權純文 한테는 曾祖父
가 됩니다. 義兵大將으로 活躍[1895年末期 < 1896年末期(咸鏡道 무산 "가시벌") 1907年 9月 18日 銃殺] 하셨
음은 온 世上이 다 알고 있는 事實 입니다.
倭軍에 依해서 逮捕(江原道 高城郡 五台面 松瀞里 七松) 되였으며, 집은 놈
들에 依해서 몽땅 타 버렸으며, 男子분이란 高齡이시고, 귀가 어두신, 80余才 된
權錫和(權純文의 高祖父) 한 분 뿐이고, "시어머님"이신 鄭桂花(權純文의 祖母)께서
어린 아이들을 다리고 있을뿐(이때 男便인 權[illegible]는 그살정이였다 함), 삽시간에 거지
신세가 되고, 그 慘相을 무어라 다 말하겠읍니까? 逮捕되어 끌려간
權夏卿께서는 高城에 흐르는 南江 白沙場에서 銃殺 당하였을 뿐만 아니라
卽時 머리를 잘라서, 長箭으로 갖이고 가, "가마솥"에 삶아서 頭骨만
倭國으로 갖이고 갔읍니다. 이때가 高宗 丁未 9月 18日 입니다.
머리없는 屍身은 그대로 江邊에 放置되였으며, 그 누구도 接近 할수 없었고,
其后 倭軍이 갖이고 가라하나, 누가 갖이고 갈 사람이 없었다 합니다. 松
瀞에 살던 心姓인 朴氏 내가 머리없는 屍体를 모시고 와서, 權氏先山
에 못가고, 그냥 松瀞 밭산에 그냥 묻었으며, 이 무덤이 누구의 무덤인지
집안 門中도 아는 사람이 몇분 밖에 모를 程度였습니다.(말 않아니까) 數十
年 歲月이 흘러서, 이 무덤 附近에 松瀞普通学校가 세워졌으며, 運動場
도 더 擴張되게 되였읍니다. 이때가 權純文이가 이学校를 다닐때
아마도 2~3學年 在学中이 였습니다.(1936年頃) 이를 기화로 先塋
으로 移葬하기로 하고, "면래"를 하게 됐습니다. 이 일은 桂里
에 사시던 姑母夫 鄭慶克(權夏卿의 사위)님이 주동이 되여서, 조용히 일
을 같이 거드렸읍니다. 墓를 파니, 흙이 모래였으며, 土質이 좋아선지,
뼈 色갈은 노란 빛에 若干 붉은 빛이 였읍니다. 亦是 머리 없는 屍骨이
였으며, 매우 큰 키였읍니다.(普通 큰 사람이 6尺 이라지만, "시할아버님"은 여기에
다 한뼘 반이나 더 큰 키였습니다.(生時에)) 목의 뼈도 매우 길었으며, 倭놈이
머리를 자를때 바짝 머리위로 올려 도려 냈음을 알수 있었읍니다. 널판위
에 屍骨를 올려 놓으니, 頭上이 없는지라, 종이를 뭉쳐서 둥그렇게
하고 그위에 고깔을 씌워서 "호령"을 하였읍니다. 이와 같이 하여 先塋
에 비로소 모시게 되였읍니다. 이때 시어머님(鄭桂花)도 나오시지 못
하고, 저만이 면래에 參加 하였읍니다. 參考로 말씀드리면, 말로만은
드러 왔지만, 이때의 "팔"과 "다리" 뼈의 생기신 모양은 마치 「다다미방
망이」 같이 둥글며, 보통사람과는 달리 "통뼈" 였읍니다.

1977年 4月 16日

2-3

立證人 沈小清

그림 8 권형원의 손부 심소청心小淸 증언록(1977년)

군에 의해서 체포(강원도 고성군 서면 송탄리 칠송七松)되었으며, 집은 놈들에 의해서 몽땅 타버렸으며, 남자 분이란 고령이시고 귀가 멀으신 80여 세 된 권석회權錫和(권순문의 고조부) 한 분 뿐이라고, '시어머님'이신 정계화鄭桂花(권순문의 조모)께서 어린 아이들을 데리고 있을 뿐(이 때 남편인 권혁명은 2살 쯤이었다 함[61]), 삽시간에 거지 신세가 되고, 그 참상을 무어라 다 말하겠습니까? 체포되어 끌려간 즉시 머리를 잘라서 장전으로 가지고 가 '가마솥'에 삶아서 두골만 왜국으로 가지고 갔습니다. 이 때가 고종 정미 9월 18일입니다. 머리없는 시신은 그대로 강변에 방치되었으며, 그 누구도 접근할 수 없었고, 그 후 왜군이 가지고 가라 하나, 누가 가지고 갈 사람이 없었다 합니다. 송탄에 살던 타성他姓인 박씨네가 머리 없는 시체를 모시고 와서, 권씨 선산에 못가고 그냥 송탄 벌판에 그냥 묻었으며, 이 무덤이 누구의 무덤인지 집안 문중도 아는 사람이 몇 분밖에 모를 정도였습니다. 수십 년 세월이 흘러서 이 무덤 부근에 송탄보통학교松灘普通學校가 세워졌으며, 운동장도 더 확장되게 되었습니다. 이 때가 권순문이가 이 학교를 다닐 때 아마도 2~3학년 재학 중이었습니다.(1936년경) 이를 기화로 선영으로 이장하기로 하고 '밀래(내용불명-필자주)'를 하게 되었습니다. 이 일은 계월리桂月里에 사시던 고모부 정도곤鄭度袞(권하경의 사위)님이 주동이 되어서 조용히 일을 같이 거들었습니다. 묘를 파니 흙이 모래였으며 토질이 좋아선지 뼈 색깔은 노란빛에 약간 붉은 빛이었습니다. 역시 머리 없는 시골屍骨이었으며 매우 큰 키였습니다. 목의 뼈도 매우 길었으며, 왜놈이 머리를 자를 때 바짝 머리 위로 올려 도려냈음을 알 수 있었습니다. 널판 위에 시골을 올려 놓으니 두상이 없는지라, 종이를 뭉쳐서 둥그렇게 하고 그 위에 고깔을 씌워서 '호렴(내용불명-필자주)'을 하였습니다.

---

61 제적부상으로 1904년생인 권혁명은 당시 4세였음.

그림 9 장전항 전경. 일본군 고성분견대의 본부가 있던 이곳에서 권형원의 두골이 '부전'수난을 당하였다.

이와 같이 하여 선영에 비로소 모시게 되었습니다. 이 때 시어머님(鄭桂花)도 나오시지 못하고 저만이 밀래에 참가하였습니다.(하략)[62]

위 인용문의 전반부는 앞에서 예거한 자료와 마찬가지로 권형원의 순국 수난과 집안의 참화에 대하여 구전되어 온 사실을 정리한 것이다. 권형원을 끌고 간 일본군은 집까지 불태웠고 권형원의 목을 자른 뒤 장전으로 가져가 가마솥에 삶아 자국으로 반출해 갔다는 것이 그 주지이다. 이어 후반부에는 방치된 시신의 임시매장과 선산으로의 이장과정이 비교적 구체적으로 기술되었다. 곧 총살 후 방치되어 있던 권형원의 시신은 주변 사람에 의해 수습되어 송탄 벌판에 임시 매장되었고, 그 뒤 무덤 부근에 송탄공립보통학교가 설립되고 운동장이 확장되면서 묘역이 잠식되자, 권하경의 사위 정도곤鄭度袞의 주도하에 1936년경 선산에 이장하였다는 것이다. 이장시 목뼈가 온전한 형태로 남아 있었던 점으로 보아 일본군이 목 위쪽을 잘라

---

62 沈小淸,「義兵大將權夏卿銃殺立證書」(국가보훈처 소장, 필사본, 1977.4.16)

단두한 사실을 짐작할 수 있었고, 종이로 두부 형상을 만들고 그 위에 고깔을 씌워 안장하였다는 것이다.

이상에서 논급하였듯이, 일본군이 권형원을 총살하고 그 시신에서 두부를 절단하여 가마솥에 넣고 삶은 다음 살을 발라낸 뒤 두골만 일본으로 가져가 신사에 전시(안치?)했다는 기록은 우선 그 사실 여부를 떠나 가히 충격적이다. 그 행위의 야만성, 잔학성은 인간의 본성, 이성 자체를 의심케 할 만하다. 이런 이유 때문에 구전·증언 자료에서 두골 수난 기사를 처음 보았을 때 그 사실의 개연성을 의심하였다. 그런데 민족주의 역사학자 백암白巖 박은식朴殷植이 1915년에 발간한 『한국통사韓國痛史』에 나오는 다음 대목은 위 구전 내용을 다시금 상기시켜 그 사실성을 결코 간과할 수 없게 하였다.

> 지방의 참화로 말할 것 같으면, 일본병은 강원도 고성군에서 마을에 돌입하여 의병의 종적을 탐색하자 동리 사람들이 겁에 질려 알지 못한다고 대답하자 바로 7인을 참수하여 머리를 저자에 돌려가며 보였으며, 또한 한 마을에 들어가 의병을 색출하다 찾아내지 못하자 즉시 촌민 두 명을 사살하고 그 시체를 끌고 시중 가마솥에 넣어 삶아서 익은 뼈와 살을 여러 사람에게 보였다.[63]

박은식이 무엇에 근거하여 이 사실을 기록했는지는 확실치 않다. 하지만 역사학자로서 믿을 수 있는 근거자료에 의거해 『한국통사』를 저술한 점에

---

63 朴殷植, 『韓國痛史』, 上海 大同編譯局, 1915, 150쪽; 백암 박은식선생 전집편찬위원회 편, 『白巖朴殷植全集』 1, 동방미디어, 2002, 1031쪽. "以地方之慘禍言之 日兵在江原道 高城郡 突入村閻 査探義兵踪跡 居民驚怖答以不知 卽斬七人頭 徇于市 又入一村 索義兵 不得 卽鎗殺村民二名 挈其尸 入市中用釜煎之 以其骨肉之爛者示衆"

비추어 위 기록은 사실로 인정하지 않을 수 없다.

권형원 관련 구전 기록은 여러 정황으로 보아 박은식의 『한국통사』와 전혀 무관한 상태에서 별개로 정리된 자료이다. 수난 요지만 간략히 기술한 『한국통사』와는 다르게 구체적으로 수난 과정과 내용이 기술된 점, 권형원의 손부와 손자, 증손 등을 비롯하여 대부분의 구전 기록자들이 일제 강점기를 거친 고성·간성 출신의 촌로들인 점, 구전의 투박한 문체와 문장 등으로 미루어 그러한 정황을 충분히 짐작할 수 있다.

박은식이 기록한 위의 고성 의병 탄압 건과 앞에서 본 구전자료의 권형원 수난 건은 큰 틀에서 보면 일치하기 때문에 일견一見에 양자가 동일한 사건임을 감지할 수 있다. 참변이 일어난 장소가 강원도 고성으로 같고, 일본군이 학살 후 시체(두부)를 가마솥에 삶는 만행의 참상이 같으며, 권형원 수난 외에 고성 주민 다수를 동시에 학살했다는 기사가 거의 일치하기 때문이다. 주민 7명을 이 때 함께 학살했다는 위 박은식의 기록은 구전자료에서 "고성 남강에서 격전이 끝날 때 왜적은 서면 일대의 12개 마을에서 평소 의병에게 식사 등을 제공하였다는 이유로 12개 마을 존위尊位들을 남강가의 송림에서 총살하였는데 수일 후에 시체를 각 손孫이 거두어 매장하니 12인의 제삿날이 모두 같다."[64]고 한 대목과 깊은 연관이 있다. 학살당한 마을 주민의 수는 서로 다르지만, 권형원의 피살 수난과 거의 같은 시기에, 의식衣食을 제공하는 등 의병과 긴밀한 연관성을 가진 고성 (서면) 여러 마을의 대표자인 존위들이 동시에 희생되었다는 점에서 박은식의 기록은 이 사건을 기술한 것으로 인정된다. 박은식의 『한국통사』 기록과 권형원 관련 구전·증언 기술의

---

[64] 「殉國義士 權亨源」(증손 권순제 소장); 杆城鄉校 典校 李白圭, 「殉國義士 行蹟에 對한 同意書」(증손 권순제 소장, 1983년 4월 13일)

내용이 큰 틀에서 거의 일치하고 있다는 사실은 권형원의 시신 수난이 일본군에 의해 실제로 일어났던 만행임을 확신시켜 주는 증좌가 된다.

이상의 논의에 의거하여 권형원은 1907년 10월 20일 벌어진 고성(남강) 전투 후 남강 송림에서 피살 순국한 것으로 인정되고, 또 그를 학살한 일본군이 시신에서 두부를 잘라내어 가마솥에 넣고 삶는 만행을 저질렀던 사실도 확인할 수 있었다. 나아가 구전·증언 기록에는 권형원의 두골을 가마솥에 넣고 삶은 장소를 고성과 인접한 포구인 장전이라고 명확히 하였다. 장전은 앞에서 언급한대로 당시 고성분견대를 관할하던 상급의 일본군 수비대가 주둔했던 곳이라는 점에서 그 개연성이 크다고 할 수 있다. 이처럼 참혹하게 '부전' 수난을 당한 이유나 배경으로는 그의 의병투쟁 전력과도 무관하지 않았을 것으로 짐작된다. 앞서 보았듯이 1896년 고성 유진장으로서 권형원은 다수의 일본인을 체포하여 처단하였다. 이러한 활동 전력은 일본군에 의해 그가 모진 수난을 당하는 데 일정한 작용을 하였을 것으로 인정되기 때문이다.

일본군이 권형원의 두골을 자국으로 가져갔다는 후손, 구전 노인들의 주장과 관련하여 일본 북해도대학의 동학東學 유골 방치사건을 참고로 언급할 필요가 있다. 1995년 북해도대학 문학부 후루카와古河 강당 인류학교실 구 표본고 정리작업 중에 종이상자 속에 방치되어 있던 두골 6구가 발견되었는데, 그 가운데 한 구가 1906년 전남 진도에서 채집된 동학군 유골로 밝혀졌던 것이다. 현재 일본에는 구 제국대학을 계승하고 있는 7개 국립대학 박물관에 국권 침탈, 강점기에 탈취해간 한인 두골이 1천 구 이상 '표본'으로 정리되어 있다고 한다.[65] 이러한 한인 두골은 대부분 1900년 이후 1945년

---

65 박맹수, 「동학군 유골과 식민지적 실험 - 일본 홋카이도대학의 동학군 유골 방치 사

일제 패망 때까지 불법으로 인류학자, 고고민속학자, 해부학자, 농학자, 하급관리 등 다양한 직종의 일본인들에 의해 무단으로 채집되어 반출된 것이다.[66] 이런 실정을 감안할 때 일본군에 의해 권형원의 두골이 일본으로 강제 반출되었을 개연성이 크다고 할 수 있다.

또 권형원 두골의 일본 강제 반출 문제와 관련하여 위 구전 기록에는 강릉 관동의원關東醫院[67] 원장 권증원權增源이 사립 이와테의학전문학교岩手醫學專門學校[68] 재학 때 수학여행에서 모 신사에 전시된 권형원의 두골을 직접 보았다고 밝혀 놓았다. 목격자 권증원은 권형원과는 7대조 권유權維에서 내려온 14촌 종인宗人이기 때문에 그 진술의 신빙성은 높은 편이다. 그는 의학교를 졸업한 뒤 1935년 1월경 강릉 관동의원 원장으로 부임하여 1939년 8월 현재까지 재임 중이었고, 1939년 5월에 실시된 강릉 지방의회 의원 선거에서는 수위로 당선된 이른바 강릉의 유지였다.[69] 1935년 초 관동의원장에 부임한 것으로 미루어 그가 이와테의학전문학교를 다닌 시기는 1930년 전후였을 것으로 보인다. 하지만 일본 재학시 그의 신상이 구체적으로 확

건-」, 『한국독립운동사연구』 23, 독립기념관 한국독립운동사연구소, 2004, 31쪽.
66 『동학농민혁명 지도자 유골봉환을 위한 학술연구 및 동학농민혁명 역사공원 조성계획(최종보고서)』, 전라남도 진도군·(사)동학농민혁명기념사업회, 2005, 142~144쪽. 여기에는 일본인에 의해 이루어진 한인 두골 불법채취의 여러 사례가 구체적으로 소개되어 있다.
67 위 구전자료에 나오는 '관동병원'은 '관동의원'의 오류이다.
68 현 岩手醫科大學의 전신이다. 이 대학은 1897년 출범한 사립 岩手病院의 醫學講習所를 모체로 하여 1901년 私立岩手醫學校를 거쳐서 1928년 私立岩手醫學專門學校, 그리고 1947년 岩手醫科大學으로 발전되었다(이와테의과대학 홈페이지 http://www.iwate-med.ac.jp. 참조). 여기서는 권증원이 1930년 전후 재학했을 것으로 상정하여 이와테의학전문학교로 표기하였다.
69 『매일신보』 1935년 2월 4일자, 「地方人事」; 『매일신보』 1939년 5월 22일자, 「지방총선거의 개표결과」; 『동아일보』 1939년 8월 7일자, 「江陵排英大會」.

인되지 않기 때문에 안타깝게도 두골을 목격한 시기와 신사 이름을 더 이상 추적할 수는 없다.

권형원의 수난 후 그의 장남 권병섭은 민긍호 의진에 투신한 것을 시작으로 김진권金眞權, 권오섭權五燮 등으로 변성명하고 서울, 황해도 해주, 충북 음성, 경기도 안성 등지를 전전하며 지하공작활동을 펼치며 항일투쟁을 이어간 것으로 전해진다.[70] 하지만 그 사실 여부는 관련 자료의 부족으로 확인할 수 없는 형편이다.

맺음말

1854년 강원도 고성읍 외곽의 송탄리에서 출생한 권형원은 향촌사회에 상당한 영향력과 권위를 행사하던 향반 가문 출신이었던 것으로 짐작된다. 1891년 고성민란 당시 그가 군수와 좌수 등 지배층과 연계되었던 것도 향

---

70 「순국의사행적추천서」의 '순국의사행장문'에 장자 권병섭의 항일투쟁과 관련하여 다음과 같이 기술한 대목이 그러한 정황을 알려준다. "(권형원 수난 후) 그의 가옥을 燒失하고 자손까지 몰살하려는 야수적 만행에서 그 장남 권병섭씨는 두골도 없는 선친의 시체를 눈물로 奉埋하고 不共戴天의 일제에 대한 숙원을 풀려고 망명하여 민긍호 부대에 투입하여 切齒 투쟁하였으나 대세를 방어할 수 없는 실정에서 민긍호씨마저 참사를 당하게 되자 부득이 지하적 투쟁공작으로 들어가게 되었다. 먼저 서울 남대문 밖에서 잡화상을 경영하고 있으면서 오고가는 거래처에 심지를 통해 가면서 광범위한 배일사상을 침투시켜 오던 중 1921년(기미, 1919년의 오류 - 필자주) 만세운동 당시를 기회로 '성냥'통에 삐라를 삽입하여 은근한 선전공작을 계속하여 오다가 사전에 발각되어 돌연 해주지방으로 도주하여 '金眞權' 가명하고 청년자제층에게 배일사상을 고취하려는 의도로서 한문 훈장을 하고 있다가 그 亦 불리한 사정으로 멀리 만주 방면으로 피신하였다가 다시 충북 음성, 경기 안성 등지로 '權五燮'이라 가명하고 방황하다가 물같이 흐르는 광음은 뜻이 없어 강개 지사의 한을 풀지 못한 채 그만 백발이 성성하게 되어 부득이 환향하여 半狂半醉의 餘年을 보내고 말았다."

반으로서 그의 가문이 지녔던 신분상 사회적 지위를 반영하는 것으로 이해할 수 있다.

권형원은 1896년 2월 초 민용호가 이끈 강릉의진에서 고성 유진장으로 선임되어 항일투쟁의 전면에 나섰다. 현존 자료상 고성 유진장으로 활동한 내용은 주로 고성·간성 일대에서 수산자원을 수탈하던 일본 어부, 그리고 상권을 침탈하던 일본 상인 등을 단죄하는 데 주력한 것으로 드러난다. 이 시기 권형원의 활동과 직, 간접으로 관계되는 것으로 보이는 사례는 3월 12일 고성 영진靈津 포구에서 일본 어부 기소木曾與右衛門 등 4명을 체포 처단한 것을 비롯하여 두 차례에 걸쳐 일본 상인 카토加藤重吉의 화물을 압류한 것 등이다. 이러한 사례는 고성·간성 일대에서 의병투쟁을 전개하던 권형원이 이 지역에 침투한 일본 상인들의 상권 침탈을 결코 좌시하지 않고 단호하게 단죄한 사실을 여실히 보여주고 있다는 점에서 주목된다.

권형원이 후기의병에 참여한 사실은 구전자료 외에는 확인되지 않는다. 그럼에도 불구하고 1907년 그가 일본군에게 피살 순국하여 수난을 당한 사실을 염두에 둘 때 그 개연성을 인정할 수 있다고 판단된다. 1962년에 기술된 권형원 행적 관련 구술 자료 등에 따르면 그는 1907년 의병전쟁이 전국적으로 격화되어 가던 시기에 통천·고성·간성·양양·강릉 등 영동 5개 군 의병의 '총참모'로 항일전에 투신하였고, 수개월 동안 일제 군경을 상대로 10여 차례 전투를 수행하였다. 그리고 10월에 들어와 고성 남강전투 후 일본군에 의해 피살 순국하였다고 한다. 그런데 권형원과 관련된 고성전투는 일본군 정보기록에서 1907년 10월 20일 350명의 의병이 고성읍을 습격해서 일본군 분견대를 상대로 벌인 전투와 여러 가지 정황상 일치하는 것으로 판단된다. 이러한 내용을 통해 권형원이 1907년 후기의병에 참여한 정황과 그로 인해 순국한 사실을 확인할 수 있다.

피살 후 권형원의 시신은 일본군에 의해 무참히 유린되는 모진 수난을 당하였다. 일본군은 그의 시신에서 두부頭部를 절단하여 그들 수비대가 주둔해 있던 장전점에서 가마솥에 넣고 삶았던 것이다. 권형원의 후손과 고성·간성 출신의 노인들이 남겨놓은 풍부한 구전자료의 내용으로 보아 당시 고성을 중심으로 하는 관동 북부지방에는 이러한 수난 사실이 널리 인구에 전파되어 있었던 것으로 짐작된다. 또한 박은식이 남긴『한국통사韓國痛史』에서도 권형원의 구전 수난 사실과 대동소이한 기록이 있어 그 신뢰성을 높여준다. 그 뒤 권형원의 두골은 일본군에 의해 일본으로 강제 반출된 것으로 인정된다. 일본 북해도대학에서 진도 출신의 동학군 유골을 방치해둔 사건 등을 보더라도 그러한 개연성이 크다고 할 수 있다. 더욱이 권형원과 14촌 종인宗人인 권증원權增源이 1930년 전후 일본 이와테의학전문학교 재학 시절 어느 신사에 안치된 두골을 직접 목격한 증언이 남아 있는 것으로 보더라도 사실일 가능성이 매우 높다.

한편, 권형원을 살해하고 그 시신을 유린한 일본군은 이른바 한국주차군 예하의 보병 제51연대(13사단 소속) 제9중대 고성 분견대였다. 그리고 이 고성 분견대는 고성 북방의 장전점에 주둔하던 수비대의 예하 부대였다. 곧 장전점에는 1개 소대 규모의 수비대 본부가 설치되었고, 그 아래에 고성에는 분견대가 주둔해 있었다.

요컨대, 구국의 성전인 의병전쟁에 참여하여 항일전을 벌였던 권형원의 순국 수난의 참상은 대한제국의 국권을 강탈하던 일본 군국주의의 야수적 속성을 그대로 드러냈을 뿐만 아니라, 일제 침략으로 야기된 민족수난의 고단한 형세와 참담한 실상을 생생하게 보여주고 있다는 점에서 결코 간과할 수 없는 한국 근대사의 한 단상이라 할 수 있다.

남상목 의병장의
경기 남부지역 항일전

머리말

한말 의병전쟁은 국권수호를 위해, 나아가 인류 보편의 가치인 정의와 자유를 구현하기 위해 무도한 일제 침략세력을 상대로 벌인 전쟁이었다. 일제가 도발한 1894년 청일전쟁을 시대적 배경으로 시작된 의병전쟁은 1905년 을사조약 늑결, 1907년 광무황제 강제퇴위와 군대 강제해산 등을 계기로 수차 증폭 격화되면서 대일 전면전으로 발전하였다. 20여년간에 걸쳐 전국 각지에서 벌어진 의병전쟁 시기에 대일전선에 뛰어든 의병들은 최신 화기로 무장한 일제 군경의 강포한 탄압으로 인해 대학살을 방불케 할 만큼 무수히 희생되었다. '성패이둔불고成敗利鈍不顧', 곧 전황의 유, 불리를 따지지 않고 오직 살신성인의 의리정신으로 전선에 뛰어든 이들 의병은 한민족 역사의 존엄을 수호해낸 민족의 정수라 할 수 있다.

전선이 형성되지 않았던 의병전쟁은 전국 각지에서 동시다발적으로 일어났다. 의병전쟁의 실체를 파악하기 어려운 이유가 여기에 있다. 참여인원, 전투상황, 중심인물 등 의병전쟁의 실상을 파악하는 데 반드시 선결해야 할 과제들이 각 지역별로 실로 다양한 모습을 보이고, 또 상당한 편차를 드러내고 있기 때문이다. 의병전쟁사 분야에서 각 지방사 연구가 진작되어

야만 하는 소이이기도 하다.

동천東泉 남상목南相穆(1876~1908)은 경기도 성남 출신의 대표적인 의병장으로 알려져 있다. 그의 생애와 항일전의 개략적 윤곽은 그동안 이루어진 단편적 연구에서 어느 정도 밝혀졌다. 특히 2008년 11월 '이달의 독립운동가'로 남상목이 선정된 것을 계기로 그의 공적에 대한 평가가 학문적으로 이루어진 것은 특기할 만한 일이다.[1] 그 결과 그의 출신과 의병 투신의 배경 혹은 동기, 활동지역 등에 대한 연구가 어느 정도 축적될 수 있었다. 그렇지만 극히 한정된 자료의 제약으로 인해 그 실상을 접근하는 데는 많은 한계가 있었던 것도 사실이다.

여기서는 남상목 의병장이 펼친 항일전의 실상을 이해하기 위해 분석적인 접근을 시도해 보았다. 그의 활동을 감지할 수 있는 단편적인 자료들을 분석하고 합리적으로 해석함으로써 남상목이 수행한 항일전의 실상을 파악하고 그 성격을 도출해 보고자 하는 것이다. 이러한 작업은 그 동안 알려진 「통고문通告文」과 그의 휘하에서 활동하던 김재선金在善 등의 판결문 외에, 김재선·송주상宋柱祥의 피체 당시 보고서, 그리고 '동지인同志人' 정철화鄭哲和의 판결문 등을 추가로 발굴함으로써 가능한 일이었다. 이 두 문건은 남상목 의병장의 활동영역과 관련 의병(장)들을 무리없이 파악하는 데 크게 기여할 수 있었다.

이 글의 구성은 다음과 같다. 먼저 남상목의 출생과 성장, 의병 투신 배경 등을 언급하고, 다음으로 남상목 의병장이 펼친 항일전의 실상을 활동영역과 양상이라는 면에서 살펴보았다. 이어 남상목의 항일전과 관련하여 중요한 한 과제라 할 수 있는 이강년 의병장과의 관련성에 대해 언급하고,

---

1　김상기, 「남상목 의병장의 항일투쟁」(2008년 11월 이달의 독립운동가 학술회의 발제문)

끝으로 남상목과 함께 활동했던 의병(장)을 일람함으로써 그가 펼친 항일전을 이해하는 데 자료로 삼고자 했다.

하지만, 한정된 자료를 재구성하여 반복적으로 활동하는 과정에서 내용과 논지상 다소 중복되는 대목은 피할 수 없었다. 또 자료를 해석하고 논지를 전개하는 과정에서 가능한 한 합리적인 추론을 견지하려 했지만 자의적인 억측으로 비춰질 여지도 있다고 자인한다. 이러한 한계는 의당 필자의 부족한 역량의 소치이지만, 무엇보다 자료의 제약에 기인한다는 점도 상기하고 싶다.

출생과 성장

남상목은 고종 13년(1876) 4월 12일 경기도 광주군 낙생면樂生面 하산운리下山雲里(현 성남시 분당구 하산운동)에서 부친 남진희南晉熙와 모친 광주이씨 사이에 장남으로 태어났다. 본관은 의령으로 시조인 밀직공密直公 군보君甫의 24세손이며 부정공파副正公派에 해당한다. 호는 동천東泉, 자를 문일文一이라 하였다.[2]

남상목의 유년기와 성장과정을 알려주는 자료는 거의 남아 있지 않다. 다만 현재 남아 있는 「통고문」 등 단편적 자료를 통해서 그의 성품과 가풍, 그리고 수학내용 등을 짐작할 수 있을 것 같다. 남상목은 한학을 숭상하던 유학적 가풍의 집안에서 태어난 것으로 짐작된다. 천성이 총명하였을 뿐만 아니라 인품 또한 뛰어났으며, 유학의 가장 중요한 덕목인 충효정신에 깊

---

2 김상기, 「남상목 의병장의 항일투쟁」

이 경도되어 있었던 것으로 보인다. 그는 가학으로 경서를 배웠고, 나아가 역서易書와 병서兵書에 이르기까지 폭넓게 공부했던 것으로 보인다. 하지만, 그가 공부한 내용과 성취 결과는 현재로서는 알 수 없다. 이와 같이 유학적 가풍에서 인의仁義를 중시하며 충효사상에 배양되어 있었기 때문에 국권을 유린하던 일제의 침략을 결코 좌시할 수 없었고, 급기야 살신성인의 의병 전선에 투신하게 되었던 것이다.

남상목이 국권을 침탈하던 일제에 대해 적개심을 품게 되는 것은 그 동안의 연구에서 지적된 대로 일제가 자행하던 삼림벌채 반대투쟁에 나서면서부터였다. 일제는 1904년 초부터 한국 영토를 강점할 계획을 세우고 황무지 개척권을 요구하여 한국민의 강력한 반발을 야기하였다. 일제는 러시아와의 전쟁 수행을 위해 한일의정서를 체결하고 강제로 한인의 인력과 재원을 수탈하였던 것이다.

일제의 국권 침탈은 남상목의 고향 낙생면까지 뻗쳐왔다. 그가 29세 되던 1904년 5월경 일제는 낙생면 하산운리의 울창한 수목을 무기 자재로 사용하기 위해 낙생면과 언주면, 돌마면 등 3개 면민을 동원하여 무단으로 벌채하였다. 이때 일제는 주민들을 동원하여 목재 운반을 시키고는 노임을 지불하지 않았다. 일제의 이러한 만행에 대해 남상목은 일본인 감독관을 폭행하는 등 강력하게 항거한 것으로 전해진다. 이로 인해 그는 일제 헌병대에 끌려가 갖은 체형을 당하고 풀려났다. 곧 이 사건은 남상목이 항일의병에 투신하게 되는 계기로 작용한 것으로 믿어진다.[3] 그 동안 집안에서 유전되어 오던 내용을 토대로 하여 남상목 의병장의 후손이 전하는 다음 증언이 그러한 정황을 잘 보여준다.

---

3 김상기, 「남상목 의병장의 항일투쟁」

청계산 기슭 아래의 마을 뒤쪽 '드물골'이란 곳이 원래 수백 년 자란 울창한 원시림 수풀이었다고 하는데, 그 좋은 거목을 군목軍木으로 쓰고자 일본군과 헌병들 감독 아래 마을 주민들이 혹사당하면서 마구 잘라내는 작업이 여러 날 계속되었답니다. 그 같은 벌채과정에서 마을 주민들과 일본 작업대 군관 사이에 감정대립이 생겨 쌍방이 팽팽하게 맞서던 때에 그 사건의 주동자로 저의 할아버지가 앞장서신 것 같아요. 욕설과 매질을 당하면서 억울한 고문을 받고 얼마 후에 가출옥되신 거죠. 이 사건 연루를 계기로 하여 의협심이 특출나셨던 제 조부는 가사를 제쳐두고 오로지 항일의병 대열에 한 몫을 하신 겁니다.[4]

활동영역과 항일전

남상목이 의병전선에 투신하여 항일전을 수행하던 실상을 살펴보면 다음과 같다. 이 문제를 해결할 수 있는 자료도 역시 현재 절대 부족한 실정이어서 그 실상을 구체적으로 확인하기가 결코 쉽지 않다. 이런 점을 감안하고, 남상목의 의병투쟁과 관련된 내용을 정리해 보면 다음과 같다. 우선, 남상목의 항일전 사실을 알려주는 자료 가운데 가장 중요한 것은 동시대에 의병 '동지인'이 발포한 아래 「통고문」이다.[5]

---

4 남기형(남상목 의병장 손자)의 증언(한춘섭, 「성남지역 의병사 연구」, 『성남문화연구』 3, 성남문화원, 1995, 326쪽에서 재인용)
5 김상기, 「남상목 의병장의 항일투쟁」에서 재인용.

통고문通告文

이에 통고한다. 남상목 의병대장은 고종 13년 병자 4월 12일에 경기도 광주군 낙생면 하산운리에서 출생하였다. 아호는 동천東泉이요, 이명이 문일文一이다. 유가儒家에서 성장하여 천성이 총명하고 인품이 출중하였다. 한학에 전념하여 충효의 길에 힘을 다했다. 역학과 병서에 능통했으며, 힘이 출중하여 장수가 될 재목으로 칭송되어 세인의 추앙을 받았다. 섬나라 오랑캐가 침입함에 백성을 위하는 길이라 하여 왜적의 횡포를 당하여 왜적에 항거하여 일본 헌병에 구속되어 곤욕을 당한 후 석방되었다. 이후 낙생樂生·언주彦州·대왕大旺·돌마突馬·용인龍仁 등지에서 의병 수백 명을 소모하여 서울로 진군하던 중 안성 죽산의 칠정사七亭寺에서 왜적을 만나 격전한 후 광주 일대의 의병 김동선金東善, 송주상宋柱祥, 김태동金泰東, 강춘선姜春善 등 50여 명과 함께 병오년 2월 단양으로 가서 운강 이강년 선생을 만나 참모관參謀官이 되어 조령 탈환전에 종군한 뒤 경기도 광악산光岳山[6]으로 이진하던 중 피체되어 서대문형무소에 투옥되어 옥중에서 순국하였으니, 이를 한으로 여겨 전국의 의막義幕에 통고한다.

융희 2년 무신 11월 4일

동지인同志人 정철화鄭哲和, 허달許達,
김재선金在善, 송주상, 김태동, 강춘선 등

이「통고문」은 남상목 의병장이 서대문형무소에서 옥중순국한 사실을 전국 의진에 알리기 위해 1908년 11월 27일(음 11. 4) 발포한 것이다. 이「통고문」을 발포한 주체인 정철화·허달·김재선·송주상·김태동·강춘선 등은

---

6 용인시 수지에 있는 광교산(해발 582m)의 원래 이름.

위 「통고문」에서 '동지인'이라고 밝혔듯이 남상목 의병장과 생사고락을 함께 한 의병 동지들이었다고 인정된다. 그러므로 「통고문」은 신뢰도가 높은 사료적 가치를 지니고 있다고 할 수 있다. 그런데, 후술하겠지만, 위의 '동지인' 가운데 정철화·김재선·송주상·김태동 등은 「통고문」이 발포될 당시에 이미 일제에게 피체 수감되어 있었다. 그러므로 「통고문」은 나머지 허달과 강춘선 등이 작성하여 수감된 '동지인'들의 성명을 함께 병기하여 발포한 것으로 짐작된다. 그중 남상목 휘하에서 활동했다는 강춘선은 그 이력이 잘 드러나지 않는 데 비해, 허달은 『운강선생창의일록雲崗先生倡義日錄』에 "자는 사성士盛이며, 죽산에서 살았고, 본은 양천이다."고 하여 「장임록將任錄」의 '좌종사부坐從事部'에 그 성명이 올라 있다. 남상목이 후술할 이강년과 상호 긴밀한 관계에 있었다는 사실을 감안한다면, 「통고문」을 작성한 인물을 상정할 때 허달이 가장 가능성이 큰 것으로 짐작된다.[7]

위 「통고문」의 내용을 토대로 남상목의 의병투쟁 과정을 분석적으로 구명해 보면 남상목이 의병에 투신한 시기는 그가 앞에서 언급한대로 1904년에 국권침탈에 항거하다가 일제 헌병대에 끌려가 수난을 당한 이후임은 분명하지만, 이를 확단하기가 쉽지 않다.[8] 위의 인용문에서 남상목이 낙생·언주·대왕·돌마·용인 등 그의 고향을 중심으로 한 경기 남부 일대에서 수백 명의 의병을 모아 안성 죽산의 칠장사로 이동하였다고 한 정황으로 보아 적어도 1907년 음력 7월 이전에는 일단의 의병을 모아 항일전을 수행

---

[7] 남기형씨의 증언에 따르면 「통고문」이 이강년의 후손 집에서 나왔다고 한다. 이러한 사실도 「통고문」과 허달, 그리고 이강년과 남상목의 상호 긴밀한 관계를 입증해주고 있다고 할 수 있다.
[8] 그동안의 연구에서 남상목이 의병에 투신한 시기를 대체로 1907년 8월 군대해산 때를 추정한 것(김상기, 「남상목 의병장의 항일투쟁」)도 擧義와 관련되어 그 시기를 입증할 만한 구체적인 자료가 없기 때문이었다.

하고 있었던 것으로 보인다. 위의 「통고문」을 발포한 동지 가운데 정철화·김재선·송주상·김태동 등이 후술하겠지만 판결문에서 자신들이 의병에 투신한 시기를 음력 7월로 밝힌 대목을 통해서 그러한 정황을 짐작할 수 있다. 즉 남상목은 적어도 1908년 8월 군대해산 이전 시기, 곧 을사조약 늑결 이후 1906년 중, 하반기 이래 1907년 전반기에 걸쳐 전국적으로 의병이 재기 항일전을 펼치던 시기에 고향 인근에서 의병들을 규합하여 항일전에 돌입한 것으로 보인다. 이어 군대해산을 계기로 의병전선이 격화되어 갈 때 해산군인들을 흡수하는 등 의병 소모를 통해 전력을 더욱 강화하고 활동영역을 넓혀갔던 정황을 감지할 수 있다. 곧 남상목 의병장은 을사조약을 계기로 하는 중기의병 시기에 의병을 일으켜 후기의병 때까지 항일전을 지속해 갔던 것이다.

다음으로, 남상목이 항일전을 수행하면서 이동한 경로와 활동영역에 대해 살펴보고자 한다. 이 문제에 접근하기 위해서는 앞의 「통고문」 외에 아래와 같은 판결문을 통해 동지들의 남긴 증언을 세밀하게 고찰할 필요가 있다. 남상목 휘하에서 활동한 의병 가운데 일제에게 피체되어 재판을 받고 관련기록을 남긴 인물로는 정철화를 비롯하여 김재선·송주상·김태동 등이 있다. 이들 가운데 김재선과 송주상은 일제 군경의 극심한 압박을 받고 전력고갈로 더 이상 항일전을 수행하기가 어렵게 되자 대일전선에서 이탈하여 서울로 가 은닉해 있던 중 1908년 4월 함께 피체되었다. 통감부 경시총감警視總監 마루야마 시게토시丸山重俊가 내부 경무국장 마쓰이 시게루松井茂에게 이들을 체포한 직후인 5월 2일 그 정황과 간단한 신문내용을 다음과 같이 보고하고 있어 주목된다.

폭도 체포의 건

경상남도 진주군 옥후동玉後洞 현주現住 경성 북서北署 삼청동 4통 9호 원 시위대병 좌익군장左翼軍將 김재선金在善

경성 중서中署 대사동大寺洞 20통 7호 은장업銀匠業 송주상宋柱祥

우 폭도 체포의 건에 관하여 구리개[銅峴] 분서장分署長의 보고요지는 좌와 여如하다. 전기 양인 중 김재선은 객년 음력 7월 해대解隊 후 송주상 외 3명에 대하여 의병에 간여할 것을 종용하여 드디어 피등彼等과 약속하고 함께 경성을 출발하여 이래 수원산성사水原山城寺의 지地에서 의병에 가담하고 또 동지자를 모집하는데 초려焦慮 중 용인군 천곡泉谷에서 50여 명으로 이루어진 폭도의 한 부대와 조우하여 이와 합하여 다시 동월 29일 경기도 광주군에 있어서의 적괴 남상목·정철리鄭哲利[9]의 부하에 투신投身하여 김은 좌익군장이 되어 부하 수십을 지휘하고 송은 신체가 이약羸弱한 고로 잡역에 종사하였다. 동 8월 초순 경기도 용인군에서 적괴 김군필金君弼의 부하 수백 명과 육력戮力하여 누차 일본병과 충돌 교전하였으나 하나도 이롭지 못하였다. 점차 도당은 궤열사산潰裂四散하여 피등은 부득이 경성에 잠복하여 시기가 지至함을 기다리고 있음을 탐지하고 체포하여 형사소추에 부附하기 위하여 취조 중. 우 통보함.[10]

두 의병의 피체 사실을 보고한 일제의 위 문건은 앞에서 본 「통고문」과 함께 남상목이 전개한 항일전의 실상을 가장 생생하게 보여주는 증좌라 할

---

9 鄭哲和의 오기이다.
10 『暴徒에 關한 編冊』 「警 제1701호의 1」(융희 2년 5월 2일); 국사편찬위원회 편, 『한국독립운동사 - 자료10』, 1981, 469쪽.

수 있다. 대한제국 군대가 강제 해산된 1908년 8월 후 의병전선에 투신하기 위해 서울을 나선 김재선과 송주상 등은 '수원산성의 절[水原山城寺]'[11]에서 의병에 가담하여 동지들을 규합하는 데 전력을 기울였고, 이어 이들이 용인군 천곡泉谷(혹 龍泉谷)[12]으로 이동했을 때 50여 명으로 이루어진 의병부대와 합류하였다는 것이다. 그리고 이들 의병은 광주 일대에서 활동하고 있던 남상목과 정철화 의병장의 휘하에 들어가게 되었으며, 이때 해산군인 출신의 김재선은 좌익군장으로 중용되었다는 것이다. 뿐만 아니라 이들 의병이 인근 용인군에서 활동하던 김군필金君弼 의병부대와 연합전선을 구축하여 항일전을 공동으로 수행한 사실을 짐작할 수 있다. 이상과 같이 이재선과 송주상의 궤적과 활동을 중심으로 살펴볼 때, 남상목 부대는 광주를 중심으로 인근 수원과 용인 등지를 주요한 활동영역으로 설정하고 있었음을 짐작할 수 있다.

이때 서울에서 피체된 김재선과 송주상은 거의 같은 시기에 피체된 김태동과 함께 재판에 회부되기에 이르렀다. 의병에 투신하게 되는 1907년 8월부터 1908년 4월 일경에 피체될 때까지 10여 개월에 걸친 이들의 행적이 기록된 판결문(1908년 7월 13일)을 보면 아래와 같다.

> 피고 김재선, 피고 송주상, 피고 김태동의 안건을 검사 공소에 의하여 이를 심리한즉, 피고 김재선은 시위대의 퇴역병으로 피고 김태동 집에 매일

---

11 현재 어느 사찰을 지칭하는지 확실치 않다. 사찰명 산성사는 수원 일대에는 현재 확인되지 않고, 華城 안에도 산성사에 비정될 만한 절이 없다. 판결문의 문맥으로 '水原山城寺'는 '수원의 산성사'가 아닌 '수원산성' 곧 '화성 안에 있는 절'을 의미하는 것 같다.
12 천곡, 또는 용천곡으로 표기되어 나오는데, 현재 위치를 정확히 알 수 없고, 경기도 용인시 처인구 이동면 천리 샘골 일대로 추정된다.

가서 놀던 바, 그 집에서 피고 송주상, 피고 김태동, 김경화金景化·이시영李時永 등과 함께 신문을 열람하다가 각처에서 의병이 일어난다는 말을 듣고 피고가 발언하기를 '이 때에 나라의 형세가 위미萎靡하고 국권이 기울어져가니 국민 된 자로 잠잠히 보아 넘길 수 없다' 하고 그 도당에 투입할 계획으로 음력 지난해 7월경에 위에 기재된 모든 사람과 더불어 경성에서 출발하니 지나다가 수원산성사水原山城寺에서 지새고, 또 그 고을에 거주하는 강춘선姜春善과 함께 용인군 용천곡龍泉谷으로 간즉, 소위 의병장 남상목이 50여 명을 인솔하고 왔었는데 대장은 환도를 패용하였고, 그 도당 중에 구식총이 40정이요 양총이 10정이라. 피고 등이 마침내 참가하여 피고는 좌익이 되고, 피고 송주상·김태동은 종사가 되고, 강춘선은 후군장이 되며 김경화·이시영은 포군이 되어 동월경에 일본병과 음성 땅에서 교전하여 패하고 피고가 그 흩어진 패병 30여 명과 같이 죽산 칠정사七亭寺[13]에 이른즉 1백여 명을 거느린 전봉규全奉奎·민병찬閔丙贊 등이 내도하여 패병에게 힐문하다가 말하기를 '우리들은 안성을 습격할 터이니 그대들도 역시 함께 가자' 하기로 피고 등이 따라 가서 총을 발사할 무렵에 일본병이 패주하기에 그 유실한 기계를 습득한 바 전봉규·민병찬 등이 말하기를 '우리들이 전승하여 습득한 기계를 그대들에게 나누어 줄 필요가 없다' 하고 본래 가졌던 총기까지 빼앗아 간지라, 피고가 이로부터 도피하여 동년 8월 초에 상경하였다가 음력 본년 3월에 체포되었다 하며, 피고 송주상은 추심할 돈이 있어서 김산金山 조상철曺尚哲 집으로 음력 지난해 7월경에 내려갔다가 천안 땅으로 돌아와서 파수 보는 포군에게 붙들려서 따라간즉, 대장은 신씨申氏라 하는데 신씨가 말하기를 '그대는 아직 여기 있어라' 하기로 부득이 붙들려 있다

---

13 七長寺의 오기이다.

가 그 다음날 저녁에 기회를 엿보다가 도주하여 상경 후 영업(은공) 하다가 음력 본년 3월에 체포되었다 하며, 피고 김태동은 독일어를 공부하는 학생으로 음력 지난해 7월경에 충주 유치계愈致桂 집에 추심할 돈이 있어서 내려가는 길에 용인 천곡泉谷에 이르러 남상목에게 붙들려서 따라가다가 4일째 되는 날 청안군淸安郡 못미쳐 위치한 탄동灘洞에서 일본병이 총을 쏘고 습격해오므로 도주하여 상경하고 다시 독일어를 배우는 어학교에 입학하였다가 뒤에 또 명동에 있는 한일인쇄사韓日印刷社에 고용하고 있던 중 본년 음력 3월에 체포된 바, 피고 송주상·피고 김태동은 모두 지나는 길에 위협을 받고 잠시 의병에 참가된 것처럼 꾸며댔으나 피고 김재선과 공모하고 행동한 종적이 경시 취조와 피고 김재선의 공술에 증하여 명백한지라, (중략) 피고 김재선은 본율에서 1등을 감하여 유형 10년에 처하며, 피고 송주상·김태동은 김재선에게 선동을 받고 응종 투입한 자요 또 김재선에 비하여 나이도 더 어리니 정상을 고려하여 또 감 1등하여 유형 10년에 처한다.[14]

위 판결문은 앞에서 본 피체 당시의 일제 보고문건보다 더 구체적으로 남상목의 활동내용을 알려주고 있다. 특히 김재선 관련 내용이 그러하다. 우선, 남상목 휘하에서 활동하고 포고문을 발한 '동지인' 가운데 한 사람인 강춘선姜春善이 수원산성, 곧 화성의 한 사찰 인근 마을 출신이라는 사실도 이를 통해 알 수 있고, 수원 천곡泉谷(혹 龍泉谷)에서 조우한 50명의 의병이 남상목 부대임도 확인시켜 주고 있다. 나아가 남상목 의병부대의 무장은 화승총(구식총)이 40정, 근대식 소총인 양총이 10정으로, 다른 의진에 비해 상당히 뛰어난 전투력을 갖추고 있었던 정황도 알려준다. 위 판결문에서는

---

14 독립운동사편찬위원회 편, 『독립운동사자료집 - 별집1』, 1974, 121~122쪽.

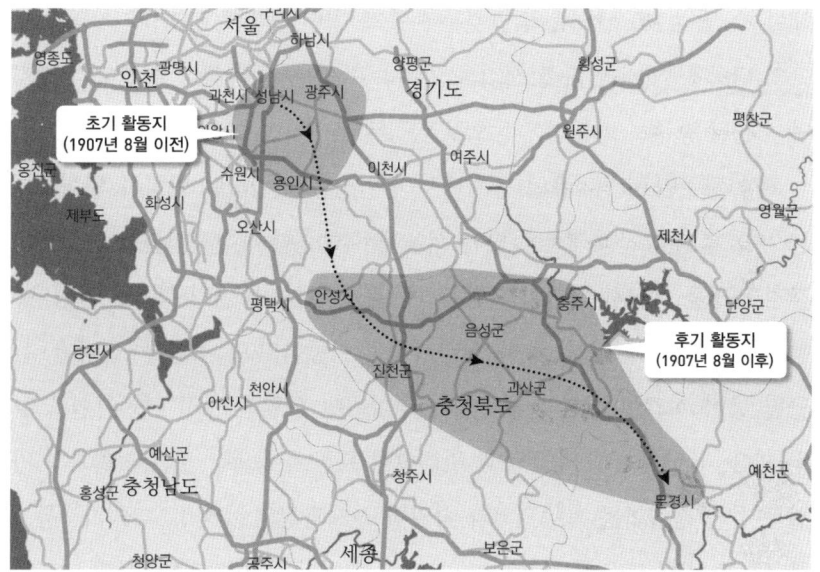

그림 10 남상목 의병부대의 활동영역

또 남상목 부대의 편제를 언급하고 있는데, 의병장 남상목 아래에 김재선이 좌익장, 강춘선이 후군장, 송주상과 김태동이 종사從事로 활동한 사실을 알 수 있다. 이어 남상목 의병은 1907년 8월 무렵 수원·광주 일대에서 남하하여 음성·안성·괴산(청안) 등 경기 남부, 충북 내륙 일대에서 활동한 정황을 포착할 수 있고, 죽산 칠장사가 경기 남부지방에서 활동하던 의병의 본거지였던 사실도 감지하게 해준다. 또 위 판결문은 남상목이 인근 각지의 의병세력을 통합하거나 또는 부단히 연계를 모색하여 연합전선을 구축하고 있었던 사실도 알려준다. 김재선 의병을 흡수하고, 나아가 안성·죽산 일대에서 활동하던 전봉규全奉奎(이명 全炳奎, 全秉奎), 민병찬閔丙賛 부대 등과 연합전선을 구축하여 항일전을 벌였던 사실이 그것이다. 앞의 일제 보고문건에서 언급한 용인의 김군필 의병과의 연합 사실도 같은 맥락에서 이해할 수 있다. 또 김태동의 판결문에 충북 청안군淸安郡(현 괴산군 청안면) 부근의 탄동灘洞까지 남하한 사실을 기록하고 있는데, 탄동은 확실하지 않지만 오늘날 충주시 이류면 탄동으로 인정된다.

고향 광주와 수원, 용인 등지에서 항일전을 수행하던 남상목 의병부대는 1907년 8월 군대해산을 맞아 서울에서 탈출한 해산군인들을 흡수하고 각지 의병을 소모하여 전력을 강화하는 한편, 남동 방면의 경기도 안성, 충북 음성·괴산 등 경기, 충북 접경지대로 이동하였고, 전봉규·민병찬·김군필 등이 이끄는 현지 의병부대와 연합하여 항일전을 전개한 사실을 알 수 있다. 남상목 부대의 활동과 관련하여 특히 주목되는 것은 정철화의 판결문이다. 정철화는 활동권역과 항일전 전개과정의 유사성, 나아가「통고문」의 '동지인' 가운데 가장 먼저 올라있는 정황 등을 고려해 볼 때 남상목과 시종일관 항일전을 함께 했을 것으로 짐작되는 인물이다. 그런데, 그는 의병전쟁이 전국적으로 최고조에 이른 1907년 9월 말 서울에서 피체됨으로써 유감스럽게도 다른 의병 동지들에 비해 비교적 이른 시기에 투옥되고 말았다.

(상략) 음력 상년上年(1907년 - 필자주) 7월경에 충주 주현走峴 [15] 족인가族人家로 향왕向往하는 차 이천 입비장碑立場[16]에 지포하여 장호원에서 폭도와 일병이 교전함으로 도로 조절阻絶하다는 설說을 문聞하고 간로間路를 종종從하여 여주군 청안동靑安洞[17]에 지하여 파수하는 포군에게 피집被執하여 지견해진至見

---

15 '달래고개'를 한자식으로 표기한 지명으로 짐작되나 확실하지 않다.
16 이천시 부발읍 '비석거리'를 가리키는 지명으로 짐작된다.
17 현 여주시 점동면 청안리.

該陣한즉 격퇴일인擊退日人하고 복아국권復我國權한다는 해도該徒 두목 방인관 方仁觀이 일인의 정탐이라 지척指斥하기(에) 불연不然하다 발명發明한즉 방왈 方曰 차역국사此亦國事니 여기수아汝其隨我하라 하고 서기지임書記之任을 수授하기(에) 세부득거절勢不得拒絶하여 동류이일同留二日타가 음죽읍陰竹邑에 지하니 방지부하方之部下 도중徒衆이 약 90명이라 피고가 포군 14명을 영솔하고 혹 촌간에 투숙하며 혹 상산경야上山經夜하고 동군同郡 이모산二毛山[18]에서 일병이 내격來擊함에 패산도귀敗散逃歸라가 죽산 칠장사七長寺에서 방인관을 우봉又逢하여 잉불사거仍不捨去이기(에) 청안군 반야동半夜洞에서 일병의 습격을 우피又被하여 방인관은 피신부지처避身不知處하고 피고는 전병규全炳奎 도당에게 투부投附하여 30명 두령으로 수입안성隨入安城하여 일병과 교전하였고 (중략) 피고가 동년(1907년 - 필자주) 9월 15일경에 솔가率家 상경하여 (중략) 동월(9월 - 필자주) 회경晦頃에 신문新門 외에 이접移接하였다가 일사령부에 피착被捉하였다. (하략)[19]

위 정철화의 판결문에서 특히 주목되는 인물은 방인관方仁寬이다. 정철화는 여주에서 방인관 의병부대에 투신한 뒤 안성, 죽산의 칠장사 등지를 근거지로 활동하였고, 이어 괴산(청안)으로 내려가 항일전을 펼쳤던 것으로 확인된다. 그뒤 정철화는 방인관에 이어 전봉규(위 인용문 전병규) 의병부대에 다시 투신하여 안성 일대에서 활동했다는 것이다. 정철화가 활동한 시기인 1907년 8월 군대해산 직후에 이동한 경로(여주 - 죽산 - 괴산 - 안성), 활

---

18 경기도 여주시 율면 월포리와 충북 음성군 생극면 임곡리 경계에 있는 임오산(해발 339m)을 가리키는 듯하다. 장호원 서남방에 있다.
19 「判決書 刑 제27호(1908년 5월 29일)」(정철화 평리원 판결문); 독립운동사편찬위원회 편, 『독립운동사자료집 - 별집1』, 1974, 60쪽.

동 거점(칠장사) 등으로 미루어 그는 남상목과 항일전을 이 시기에 함께 수행하고 있었다고 인정된다. 앞의 김재선은 칠장사에서 전봉규, 민병찬 부대에 합류했다고 한 데 비해, 정철화의 경우에는 거의 같은 시기에 칠장사에서 방인관 부대에 합류한 것으로 각기 다르게 진술하고 있다. 이러한 현상은 결국, 남상목이 거느리는 부대에 정철화 이하 김재선 등이 참여해 있던 상황에서 여주, 안성에서 방인관과 전봉규·민병찬 부대 등과 연합하여 항일전을 수행한 사실을 반증하는 것이다. 남상목 부대가 한때 연합했던 것으로 보이는 방인관은 1907~1909년간에 청주·음성·안성·여주·이천·원주 등 중부지방에서 항일전을 폭넓게 수행한 의병장이었다. 1907년 12월 이인영 의병장을 정점으로 전국의병 연합체인 13도창의군이 결성될 때 관서창의대장으로 참전한 것[20]으로 미루어 그의 출신이 관서지방이었을 것으로 추정된다.

이강년 의병장과의 관계

남상목은 경북 문경 출신의 저명한 의병장인 운강雲岡 이강년李康秊(1858~1908)과 한때 연합했던 것으로 인정된다. 앞에서 본 「통고문」에서 "병오년 2월 단양으로 가서 운강 이강년 선생을 만나 참모관이 되어 조령 탈환전에 종군"했다는 대목을 통해서 그러한 정황을 짐작할 수 있는 것이다. 그런데, 병오년, 곧 1906년 음력 2월경에 그가 단양의 이강년을 찾아간 것을 인정한다면, 그는 의병을 일으키기 이전에 이강년과 사전에 거의를 협의했을

---

20 『대한매일신보』 1909년 7월 30일자.

것이다. 하지만, 그 개연성은 크지 않다고 본다. 이강년 의진에 참모관으로 참여했다는 것도 이강년 관련 여타 자료에서는 확인되지 않기 때문에 그 사실 여부를 확단할 수 없는 실정이다. 다만 조령전투(탈환전)에 참전했다는 것은 사실적인 면에서 아래와 같은 이유에서 의미가 있는 대목이라고 생각한다.

1907년 5월경 재기항전에 들어간 이강년은 9월 중순경 문경 북방의 조령 일대에서 일본군을 상대로 치열한 접전을 벌였다. 조령의 제1관문인 주흘관主屹關을 비롯하여 모항령毛項嶺·갈평葛坪, 그리고 대승사大乘寺·김룡사金龍寺 등지에서 전개한 일련의 전투가 그것이다. 이때 이강년 의병을 탄압하기 위해 문경으로 들어간 일본군 제14연대(연대장 菊志 대좌)는 조령 일대 의병의 규모를 1천 5백 명 정도로 파악하고 있었다.[21]

이처럼 이강년이 조령전투를 벌인 시기, 곧 1907년 9월 중순은 남상목 부대가 동남방으로 남하한 8월과 선후로 연계되어 있는 점이 특기할 만하다. 곧 남상목 부대는 음성·괴산 등지로 남하한 뒤 인접한 문경 일대에 포진해 있던 이강년 의병과 연합하기 위해 조령으로 이동한 것으로 합리적으로 이해할 수 있는 것이다. 『운강선생창의일록』 1907년 7월 30일(양 9. 7) 기사에 "여주 군사가 와서 모였다. 여주의병장 김현규金賢圭가 군사를 거느리고 왔는데 군사들 중에는 해산된 병정이 많이 섞여 있다"[22]라고 한 대

---

21 토지주택박물관 편, 『陣中日誌』 1, 2010, 207~231쪽. 일본군 14연대의 의병탄압 기록인 이 자료에 의하면 1907년 9월 10일부터 20일에 걸쳐 약 10일 동안 문경 북방 외곽 조령의 산악지대에서 수차에 걸쳐 치열한 전투가 벌어진 것으로 확인된다. 일본군 자료의 이러한 전투 일자는 이강년의 창의기록인 『운강선생창의일록』(독립운동사편찬위원회 편, 『독립운동사자료집』 1, 229~234쪽)에 기록된 9월 7일(음력 7월 30일) - 10일과는 수일간의 차이가 있다.
22 독립운동사편찬위원회 편, 『독립운동사자료집』 1, 230쪽.

목이 있는데, 이 기록이 남상목 부대의 합류와 연관성을 가지고 있을 개연성을 배제할 수 없다. 하지만, 남상목이 이강년과 연합했을 경우에 그가 수행했을 항일전의 내용과 성과에 대해서는 자료부족으로 더 이상 추적할 수 없는 실정이다.

한편, 이강년과의 관계에서 주목되는 인물로 허달許達이 있다. 앞에서도 언급했지만 「통고문」에 나오는 '동지인' 가운데 한 사람인 허달은 『운강선생창의일록』의 '좌종사부'에 성명이 올라 있다. 그가 이강년 휘하에서 실제 항일전에 참전했는지 여부는 확인할 수 없지만, 「통고문」의 '동지인'에 포함된 정황으로 보거나, 또 그의 출신지가 남상목의 활동영역이었던 죽산인 점으로 보아 적어도 남상목과는 함께 항일전을 수행했던 인물임을 알 수 있다. 이러한 그가 '좌종사부'에 명단이 오른 것은 남상목 의병이 문경으로 들어가 운강 이강년과 일시 항일전을 공동으로 전개했다는 사실을 알려주는 단서가 되는 것이다. 남상목의 순국 사실을 알리는 「통고문」이 이강년의 후손 집에 유전遺傳되어 온 것으로 전해지는 사실은 양인의 이와 같은 관련성에 비추어 가능한 일이었다고 할 수 있다.

여러 가지 정황으로 비추어 남상목은 이강년과 오랫동안 연합해 있지는 않고 조령전투가 끝난 뒤 곧바로 결별했던 것으로 보인다. 이강년 기록에 남상목과 관련된 내용이 잘 확인되지 않는 것도 이를 뒷받침해준다. 남상목 부대는 그 시기를 확단할 수 없지만 대체로 보아 1907년 말경 원래의 활동 본거지인 경기 남부지방으로 돌아와 일정기간 항일전을 지속했던 것으로 짐작된다. 하지만, 현재로서는 더 이상 남상목의 행적과 그가 전개한 항일전의 내용을 구명하기는 어려운 실정이다. 나아가 그의 순국과 관련해서도 「통고문」에서 이강년과 결별한 뒤 이진하던 중 용인시 수지에 있는 광교산(일명 光岳山)에서 일제 군경에 피체되어 '경성감옥'(1912년 서대문감옥,

1923년 서대문형무소로 개명)에서 옥중 순국했다는 기록이 거의 유일한 실정이다.

의병 동지들

남상목 의병장이 거느렸던 의병부대의 규모는 정확히 알 수 없다. 그의 부대 규모에 대해 「통고문」에서는 '수백 명'으로, 또 판결문에서는 1908년 8월 현재 50여 명 규모로 밝혀 놓았다. 이러한 기록과 기타 여러 가지 활동 정황으로 보아 남상목 의병장은 많게는 1~2백 명, 작게는 50여 명 정도의 소규모 부대를 이끌었던 것으로 짐작된다. 물론 시기에 따라 어느 정도 부대 규모의 편차는 있었겠지만, 이 점을 감안하더라도 그가 거느렸던 부대의 규모는 크지 않고 비교적 작았던 것으로 보인다. 그러므로 남상목은 경기 남부지방과 호서 내륙지방, 그리고 영남지방 등지를 부단히 전전하면서 현지 의병부대와 끊임없이 이합집산하면서 연합전선 구축을 통해 전력을 극대화하고자 한 것이다. 곧 부단한 이진과 각지 의병과의 연합 추진이 항일전을 수행하는 과정에서 남상목 의병장이 보여준 가장 두드러진 특징이었다. 이러한 견지에서 항일전 수행과정에서 남상목이 휘하에 거느렸거나 연계를 맺었던 의병(장)들의 면모를 일람해 보는 것도 남상목의 항일전을 이해하는 데 유용할 것으로 생각된다. 휘하 의병 또는 그가 연합했던 의병장이 수행한 항일전의 궤적과 양상을 통해 남상목 부대의 활동을 유추할 수 있기 때문이다.

남상목의 휘하에서 활동했을 것으로 인정되는 인물로는 앞의 판결문에 나오는 김재선·송주상·김태동 등이다. 먼저 김재선은 서울 출신으로 시위대 군인으로 있던 중 1907년 8월 1일 서울 시위대가 강제 해산되자 경기도 용인, 광주 방면으로 내려가 남상목 부대에 투신한 뒤 좌익장으로 활동한 인물이다. 1908년 4월 서울에서 피체된 뒤 10년을 선고받아 옥고를 치루었다. 역시 서울 출신인 송주상은 김재선과 함께 군대해산 직후 서울을 탈출하여 남상목 의진에 가담하였으며, 1908년 4월 김재선과 더불어 서울에서 피체되어 10년형을 선고받았다. 김태동 또한 김재선, 송주상 등과 함께 군대해산 직후 서울을 벗어나 용인, 광주 일대에서 남상목 부대에 가담하게 되었으며, 송주상과 함께 종사로서 활동하였다. 서울에서 독일어학교에 다녔으며, 1908년 4월 역시 서울에서 피체된 뒤 10년 유형을 선고받았다.[23]

경기도 용인 출신의 정철화(1878~1943)는 「통고문」의 '동지인' 수위首位에 올라 있는 인물이다. 그가 남상목 휘하에서 활동했다는 명백한 증거는 없지만, 앞에서도 언급했듯이 여러 가지 정황으로 보아 남상목 휘하에서 활동했거나 아니면 적어도 긴밀한 관계를 갖고 활동한 의병으로 짐작된다. 1907년 8월 군대해산 후 여주 방면으로 내려가 방인관 의병부대에 들어가 비서로 활동한 것으로 진술하였는데, 이 무렵 남상목은 방인관 부대와 연합전선을 구축하고 있었던 것으로 인정된다. 안성 방면으로 남하한 뒤에는 죽산의 칠장사를 근거지로 삼았고 안성·괴산 등지에서 수차에 걸쳐 항일전을 벌였던 것으로 확인된다. 구체적인 이유는 알 수 없지만, 그 직후 의진을 떠나 서울에 은닉해 있던 중 1907년 9월 30일 일경에 피체되어 15년형을 선고받았다. 그뒤 특사로 석방된 그는 1913년 9월 임병찬林炳瓚 등이 조직한 대한독립의군부大韓獨立義軍府의 일원으로 국권회복을 위해 일본의

---

23 독립운동사편찬위원회 편, 『독립운동사자료집-별집1』, 121~122쪽.

내각총리대신과 조선총독에게 국권반환요구서를 보내려는 계획을 세우고 군자금 모금운동을 벌이다 1914년 4월 다시 일경에 피체되어 13년형을 선고받고 옥고를 치렀다.[24]

「통고문」의 '동지인' 허달은 안성 출신으로 남상목 휘하에 있었던 것으로 보이며, 남상목과 이강년 의진의 연관성을 강하게 시사하는 인물로 추정된다. 강춘선은 수원 출신으로 김재선·송주상 등과 함께 남상목의 휘하에 들어가 활동했던 의병이다. 하지만, 그의 이력에 대해서는 알 수 없다.

운강 이강년 이외에 남상목이 연합했던 의병들을 살펴보면 다음과 같다. 먼저, 정철화가 여주에서 합류했다는 방인관 의병장은 그 이력이 잘 알려져 있지 않은 인물이다. 1907~1909년간에 주로 원주·여주·이천·음성·안성·충주 등 중부지방에서 폭넓은 항일전을 수행한 것으로 자료상 나타난다. 특히 그는 1907년 12월 이인영 의병장을 정점으로 전국의병 연합체인 13도창의군이 결성될 때 관서창의대장에 선임되어 휘하 80여 명을 이끌고 여기에 참가한 것이 특기할 만하다. 이러한 정황으로 미루어 그는 관서지방 출신으로서 호서지방에 내려와 활동했던 것으로 짐작된다.

1907년 음력 8월 초순 김재선과 송주선이 용인에서 연합했다는 김군필 의병장도 남상목 부대와 연합했거나 긴밀한 관련성을 갖고 항일전을 전개한 인물이다. 하지만, 그의 자세한 이력은 잘 드러나지 않는다. 다만, 그의 휘하 의병 8백 명이 충주 목계牧溪에서 1907년 11월 12일 일제 군경을 상대로 대규모 접전을 벌였다고 하는 점으로 미루어 충청도, 경기도 일대를 전전했던 유력한 의병장임을 알 수 있다.[25]

---

24 정철화 판결문(1915. 7. 23, 경성복심법원)
25 김재선 등 판결문(1908년 7월 13일); 독립운동사편찬위원회 편, 『독립운동사』 1, 1971,

남상목이 김재선·송주상 등 휘하 의병을 거느리고 안성 죽산의 칠장사에서 조우했던 의병장 전봉규와 민병찬을 들 수 있다. 그 가운데 전봉규는 1907년 7월 동지를 규합하여 거병한 후 의병장이 되었다. 이후 그는 안성·죽산·용인·여주 일대를 전전하면서 적어도 1908년 전반기까지는 항일전을 지속했던 것으로 인정된다. 그리고 전봉규와 함께 활동했던 것으로 기록된 민병찬도 그 이력이 잘 드러나지 않는 의병장이다. 그는 죽산·안성 등지에서 의병 1백여 명을 이끌고 일본군 수비대와 교전을 벌였던 것으로 앞의 판결문에는 기록되어 있다. 전봉규와 민병찬이 칠장사를 무대로 삼고 있었던 정황과, 앞의 또다른 기록에서 방인관 의병장이 칠장사를 출입했다고 한 정황 등을 고려한다면, 전봉규와 민병찬이 방인관 의병장 휘하에서 한 부대를 거느리고 활동했던 인물들이 아니었을까 짐작되기도 한다.

맺음말

남상목은 성남 출신으로 의병전쟁에 투신했던 대표적인 인물이다. 국권을 침탈하던 일제에 대해 항일 적개심을 품게 되는 것은 1904년 일제가 자행하던 삼림벌채에 대한 반대투쟁을 벌이면서부터였다. 이 사건은 남상목이 항일의병에 투신하게 되는 계기로 작용한 것으로 믿어진다.

남상목의 항일전을 알려주는 가장 중요한 자료는 '동지인' 6명의 명의로 발포된 「통고문」이다. 이 「통고문」은 남상목 의병장이 경성감옥(후일의 서대문형무소)에서 옥중 순국한 사실을 전국 의진에 알리기 위해 1908년 11월

534·715쪽.

27일(음 11. 4) 발포된 것으로, '동지인' 가운데 한 사람인 허달이 지은 것으로 추정된다. 그는 1908년 8월 군대해산 이전 시기, 곧 을사조약 늑결 이후 1906년 중, 하반기 이래 1907년 전반기에 걸쳐 고향 인근에서 의병들을 규합하여 항일전에 돌입하였고, 1907년 8월 군대해산을 계기로 해산군인들을 규합하는 등 전력을 강화함으로써 가일층 활발한 항일전을 전개할 수 있었다. 곧 그는 을사조약을 계기로 일어나는 중기의병 시기부터 후기의병 때까지 항일전을 지속해 갔던 것이다.

고향 광주와 수원·용인 등지에서 활동하던 남상목은 1907년 8월 군대해산을 맞아 김재선 등 서울에서 탈출한 해산군인들을 규합하고 각지 의병을 소모하여 전력을 강화한 뒤, 남동 방면의 안성·음성·괴산 등 경기·충북 접경지대로 이동하였고, 전봉규·민병찬·김군필 등이 이끄는 현지 의병부대와 연합하여 항일전을 전개하였다. 또 남상목이 남하하는 과정에 안성 죽산의 칠장사에서는 얼마 뒤 13도창의군이 결성될 때 관서창의대장에 선임되는 방인관 의병부대와도 연합했던 것으로 보인다. 남상목의 의병 동지 정철화가 진술한 내용을 통해서 그러한 정황이 짐작되고 있다.

그는 안성·음성·괴산 방면에서 활동한 뒤 곧바로 문경의 조령으로 이동하여 이강년 의진과 연합한 것으로 보인다. 이강년 의병이 조령 일대에서 일본군과 수차에 걸쳐 대접전을 벌이던 시기인 1907년 9월 중순은 남상목 부대가 동남방으로 남하한 8월과 선후로 연계되어 있는 점으로 보아, 「통고문」에서 언급한 이강년관의 연합 개연성을 인정할 수 있는 것이다. 하지만, 남상목이 이강년과 연합했을 때 그가 수행한 항일전의 내용과 성과에 대해서는 자료부족으로 더 이상 추적할 수 없다. '동지인' 가운데 한 사람으로『운강선생창의일록』'좌종사부'에 등재된 허달도 남상목과 이강년 양인 간의 긴밀한 관계를 이해하는 데 중요한 단서가 되는 인물이다.

남상목 의병장 휘하에서 활동했던 의병으로 판단되는 인물로는 판결문에 나오는 김재선·송주상·김태동 등이 있으며, 용인 출신의 정철화는 남상목과 가장 가깝게 활동했던 의병으로 짐작된다. 「통고문」의 '동지인' 허달은 안성 출신으로 남상목 휘하에서 활동했던 것으로 보인다. 또 다른 '동지인' 강춘선은 수원 출신으로 김재선과 함께 남상목의 휘하에 들어가 활동했던 의병이다. 이들 외에 현재로서는 남상목 휘하에서 활동했던 의병의 면모를 더 이상 파악하기 곤란한 실정이다.

남상목이 경기도, 충청도, 경상도 각지를 전전하면서 현지에서 연합전선을 구축했거나 그 개연성이 인정되는 의진으로는 전국의 의병전쟁을 선도했던 저명한 의병장인 이강년이 이끄는 의진을 필두로 13도창의군의 관서창의대장인 방인관 의병부대, 김재선과 송주상이 용인에서 연합했다는 김군필 부대, 그리고 안성 죽산의 칠장사에서 조우했던 전봉규와 민병찬이 거느렸던 의병부대 등을 들 수 있다. 이들 부대는 대체로 경기 남부, 충북 내륙, 경북 북부, 강원 서부 일대에 걸쳐 1907~1909년간 의병의 항일전을 이끌었던 주역들이었다.

대한제국 시위대의 시가전과 이충순의 순국

머리말

한국근대사의 전개과정에서 정국이 가장 긴박했던 시기가 1907년 여름이었다. 그 해 6월 헤이그사행을 계기로 일제는 병탄을 향해 막바지 정지작업을 진행하였다. 일제의 국권 침탈은 7월 19일 광무황제 광제퇴위, 7월 23일 정미7조약 늑결을 거쳐 8월 1일 대한제국군 강제해산으로 그 절정에 이르렀다. 한국 병탄을 시도하는 과정에서 군대의 반발 우려를 사전에 제거하기 위한 포석이었던 셈이다. 이런 점에서 본다면 군대해산은 일제의 한국병탄 감행을 알리는 신호탄이었다고 해도 과언이 아니다. 한편, 군대해산은 광무황제 강제퇴위사건과 더불어 1910년 국망을 목전에 두고 한민족 독립운동의 기폭제로 작용하였다. 거족적으로 반일 적개심이 증폭되는 가운데 해산군인들이 의병으로 전환되면서 1907년 하반기에 접어들어 의병전쟁이 국민 총력전에 의한 대일전면전의 단계로까지 확대 발전되었던 것이다. 군대해산은 이런 점에서 한국근대사에서 중요한 사건으로 평가되고 또 큰 의의를 갖고 있다.

대한제국군 강제해산은 1907년 8월 1일 서울 시위대侍衛隊의 해산부터 개시되었다. 하지만 이 날 해산을 거부하고 시위대 군인들이 일본군을 상대로 치열한 시가전을 벌임으로써 구국의 간성干城으로서 역할과 소임을 다하였고 이후 전국 항일투쟁을 선도할 수 있게 되었다.

이충순李忠純은 서울 시위대의 시가전에서 순국한 대한제국 육군 견습참위見習參尉였다. 군대해산 당시 자결 순국함으로써 항일전의 신호탄이 된 시위대 제1연대 제1대대장 참령 박승환朴昇煥을 예외로 한다면, 시위 제2연대 제1대대에 배속되었던 그는 같은 부대, 같은 계급의 남상덕南相悳과 함께 시위대의 시가전을 언급할 때 회자되어 온 인물이라 할 수 있다.

여기서는 이충순의 생애 전반과 그의 순국에 대해 살펴보고자 한다. 그동안 이충순에 대해서는 여러 논저에서 단편적 순국 사실만 언급되어 왔을 뿐이다. 순국 사실 외에는 그의 삶의 궤적을 알려주는 관련 자료가 거의 없었을 뿐만 아니라, 역사적 인물로서 이충순이 지닌 특기할 역사성을 확인할 수 없었기 때문이라고 생각한다. 그럼에도 불구하고 이충순은 몇 가지 점에서 주목할 만한 연구대상의 인물이라 할 수 있다. 우선 부친 이병제李秉濟가 1894년 동학농민전쟁 당시 연산군수連山郡守로 농민군의 입장을 옹호하면서 반일적 성향을 보여 학계의 주목을 받는 인물이라는 점이다.[1] 다음으로, 육군무관학교를 졸업한 하급 장교로 충군애국의 정신을 철저하게 체인體認한 군인이었다. 끝으로, 앞서 언급했듯이 시위대 시가전을 형상화하여 언급되는 대표적인 인물이라는 점이다. 이렇게 볼 때 이충순의 생애와 순국에 대한 연구는 비단 이충순 한 개인의 삶의 궤적을 추적하는 데 머물지 않고 군대해산을 계기로 의병전쟁, 독립운동의 길을 걷게 되는 대한제

---

1 박맹수, 「연산현감 李秉濟와 제2차 동학농민혁명 – 제2차 동학농민혁명 당시 連山전투를 중심으로 –」, 독립기념관 한국독립운동사연구소 2017년 5월 월례연구발표회 발제문 참조.

국 군대의 속성을 이해하는 한 단초가 될 수 있을 것으로 기대한다.

　이와 같은 연구 목적과 범위를 상정하고 우선 이충순의 삶의 바탕이 된 가세家勢와 그의 성장과정을 살펴볼 것이다. 이와 같은 토대 위에서 육군무관학교 수학과 친위대·진위대·시위대 등 군무에 봉직한 내용을 구명하고, 끝으로 이충순의 순국과 그 논찬論贊 등을 살펴볼 것이다.

　이 글을 작성하는 데는 이충순이 남긴 일차 자료가 다행스럽게 활용될 수 있었다.[2] 이충순이 부친에게 보낸 서신 5통(1906.2~1907.2)을 비롯하여 모친과 형에게 보낸 서한이 각 1통씩 남아 있고, 기타 이충순이 수령한 편지 두 통이 현전한다. 또 이충순 순국 직후에 작성된 제문, 행장, 그리고 약전 등도 중요한 자료로 활용되었다. 그밖에 『관보』, 승정원일기 등 동시대에 간행된 관찬류 자료를 비롯하여 신문류 등도 입론立論의 중요한 근거가 되었다.

가세와 성장과정

이충순은 1877년(고종 14) 2월 8일 충청도 홍주에서 부친 이병제李秉濟와 모친 한양조씨 사이에서 3남 가운데 막내아들로 태어났다. 자를 경삼景三이라 하였고, 본관은 전주로 태조의 셋째 아들인 익안대군益安大君 방의芳毅의 17대 손이다. 위로 12살 많은 큰형 홍순弘純(1865년생)과 7살 위의 작은형 영순英純(1870년생)이 있었다. 연일정씨延日鄭氏와 혼인하여 두 아들 부래富來,

---

[2] 이충순 자료 일체는 그의 외외증손 李鎔淇가 제공한 것으로, 본고를 작성하는 데는 그의 誠力이 큰 도움이 되었음을 밝혀둔다.

귀래貴來와 딸 하나를 두었다.[3]

원래 이충순의 집안이 호서지방에 정착한 것은 증조부 이창하李昌夏가 결성結城의 장촌長村(현 홍성군 은하면 장곡리 장말)에 삶의 터전을 마련하면서부터였다.[4] 이충순의 출생지는 자료상 명확하게 확인되지는 않는다. 다만 1904년 10월 현재 그의 본가 주소는 홍주군 홍안송면洪安松面 하소下所 '서근터'(현 홍성군 홍동면 문당리 안말)로 되어 있고, 이충순이 순국하기 직전인 1907년 6월 현재 주소가 결성군結城郡 용천면龍川面 구수동九水洞(구시울, 현 홍성군 결성면 형산리 구수동)으로 확인되는 점으로 미루어, 그의 집안이 정착한 곳이 홍주, 결성 일대였음을 짐작할 수 있다.[5] 그리고 이충순이 순국하기 직전, 곧 서울 시위대 근무 당시의 주소는 한성부 '북서北署 홍련弘璉'으로 나타난다.[6] 광무 7년(1904년)에 작성된 호적초본에도 이충순 본가의 주소가 '홍주군 홍안송면 하소리'로 명기되어 있다. 또 일제 강점기에 작성된 제적부에는 본적이 '충남 홍성군 구항면龜項面 태봉리胎封里 186번지'로 기재되어 있다.[7] 이렇게 보면 이충순이 순국할 당시에는 서울 북서의 '홍련'에서 살고 있었고, 그의 본가는 결성 구수동에 있었다. 그 뒤 이충순이 순국한 뒤, 구체적인 시기는 알 수 없지만 일제 강점기를 전후하여 그의 본가는 구수동

---

3 鄭圓敎,「殉節李參尉行狀」(필사본, 1907년 음력 7월, 이충순 후손 소장). 그런데 어린 두 아들은 이충순이 순국한 지 얼마 뒤 괴질에 걸려 연이어 죽고 말았다. 혈육으로는 오직 친딸 李己亥만 생존해 후일 풍양조씨 趙東珏과 혼인하여 외손녀 趙姸九를 낳았다. 필자에게 이충순 관련 家傳 자료를 제공해준 이용기는 외손녀 조연구의 아들이다.
4 鄭圓敎,「殉節李參尉行狀」
5 이충순이 보낸 편지봉투(1904. 10. 9; 1907. 6. 22, 이충순 후손 소장)
6 『大韓帝國官員履歷書』 18책, 491쪽. 그런데 北署의 '弘璉'이 오늘날 어디에 해당되는 지명인지 확인되지 않는다.
7 『독립유공자공훈록』에 이충순의 출생지가 '홍성군 구항면 태봉리 186번지'로 기록되어 있는데, 위 제적부를 근거로 한 것으로 짐작된다.

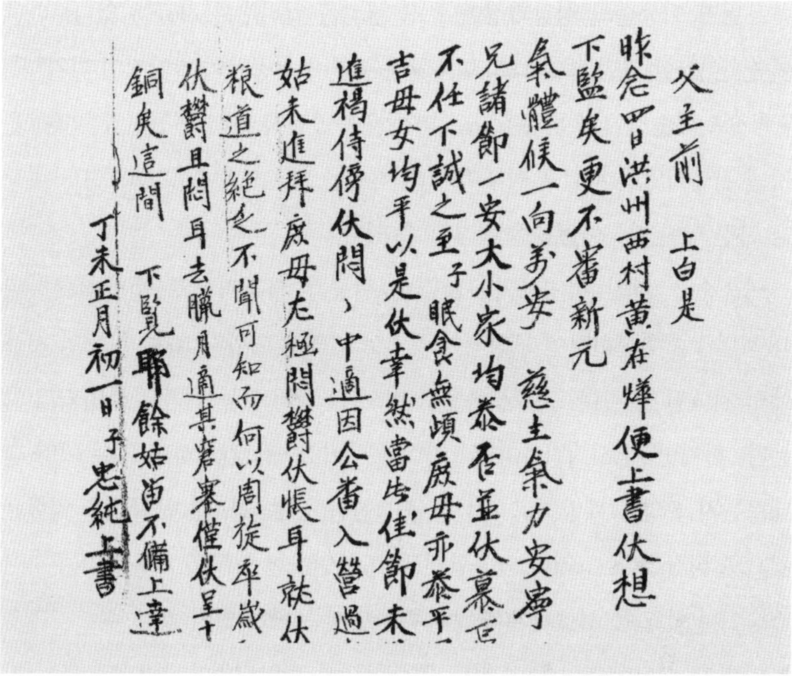

父主前 上白是
昨念四日洪州西村黃在燁便上書伏想
下監矣更不審新元
氣體候一向萬安 慈主氣力安寧
兄諸節一安大小家均泰否並伏慕區
不任下誠之至子 眠食無頃庶母亦泰平
吉母女均平以是伏幸然當告佳節未
進謁侍傍伏悶、中適因公番入營過
姑未進拜庶母左極悶鬱伏悵耳就伏
粮道之絶乏不聞可知而何以周旋卒歲
伏鬱且悶耳去臘月適其窘塞伏呈十
銅矣這間 下覽耶餘姑留不備上達
丁未正月初一日子忠純上書

그림 10 이충순의 필적. 1907년 설날에 부친에게 문안인사를 드리는 편지이다.(후손 李鎔淇 소장)

을 떠나 태봉리로 옮겨갔음을 알 수 있다.

이충순의 집안은 홍주군 관내에서 수차 거처를 옮겼다. 이곳은 충남 내포지역의 항일세력이 집결하여 의병을 일으킨 홍주의병의 본고장이기도 하다. 1896년 전기의병 시기부터 1906년 중기의병 때에 이르기까지 항일의병의 기세가 가장 두드러졌던 대표적인 고장 가운데 한 곳이다. 이충순과 그의 부친 이병제가 이러한 의병세력과 관련되는 단서는 현 자료상 확인되지 않기 때문에 그 상관성을 추단할 수는 없다. 그렇지만, 이들 부자의 성향과 주변 환경으로 보아 의병세력과 직간접으로 상관성을 가졌을 개연성도 배제할 수는 없다.

유년기 이충순의 성장과정이나 그 행적을 알려주는 자료는 없다. 다만 이충순이 6살 되던 해인 1882년 4월에 부친이 선공감의 말단직인 가감역假監役으로 벼슬길에 오른 뒤[8] 1894년 동학농민전쟁 당시 연산현감連山縣監을 지낸 관인이었던 사실로 미루어 그의 가문은 향촌사회에서 어느 정도 비중을 가진 향반 가문이었음을 짐작할 수 있다.

이충순은 부친 이병제가 1882년 선공감 가감역으로 출사出仕한 뒤 1894년 1월 연산현감에 보임되어 임지로 내려갈 때까지 10여 년 동안 서울에서 지냈던 것 같다. 자료부족으로 이 기간 그의 활동 궤적은 확인되지 않는다. 하지만 이 시기가 10대의 연소한 나이였음을 감안하면 그는 어떤 형태로든지 교양을 배양하고 지식을 축적하는 공부, 곧 신, 구학문을 익혔을 것으로 짐작된다. 그러나 안타깝게도 그가 연마한 학문의 내용을 비롯하여 스승이나 학교 등 사승관계를 알려주는 단서는 남아 있지 않다.

이병제는 1894년 1월 충청도 연산현감에 보임되었다. 아마도 그는 가족을 거느리고 임지로 갔을 것으로 짐작된다. 이충순의 나이 18세 때의 일이다. 그 전후 이충순은 진천 출신의 영일정씨를 부인으로 맞이하였던 것으로 보인다. 부친의 연산현감 부임 직후 일어난 동학농민전쟁이 삼남지방을 휩쓸었고, 연산지역도 예외없이 엄청난 격랑에 휘말렸다. 이때 부친은 일본군이 동학군을 탄압하는 잘못을 인식하고 여기에 불만을 품고 동학군 탄압에 공조를 함께 하지 않았다. 큰아들 홍순은 오히려 동학농민군의 투쟁목표에 공감하여 여기에 가담하였다. 이 무렵 이충순도 작은형 영순과 함께 농민군의 활동에 유리한 정보를 제공하는 등 내정개혁과 반제투쟁을

---

8 『일성록』 1882년 4월 12일조.

목표로 한 동학농민군의 활동을 원조하였던 것으로 알려져 있다. 이러한 반일투쟁, 친동학군 활동으로 말미암아 이병제는 그 해 11월 25일(음) 현감직에서 파출罷黜되고 말았다.[9]

동학농민전쟁이 남긴 직, 간접의 커다란 여파는 혈기왕성하던 이충순에게 매우 큰 영향을 주었을 것으로 짐작된다. 자료부족으로 이와 관련된 사실은 구체적으로 확인할 수 없지만, 이충순이 구국의 간성인 군인의 전도를 걷게 되는 데는 이 시기 동학농민전쟁의 여파를 상정하지 않을 수 없다. 이충순의 집안은 경제적으로 매우 곤궁하였다. 출사한 그의 부친이 연산현감의 지위에 올랐을 정도로 향촌사회에서 어느 정도 권위를 가지고 있었을 것으로 짐작되는 점에 비추어 의외라 할 수 있다. 그의 집안의 경제적 궁핍은 서울에 올라온 이충순이 1906년 세모와 1907년 설날에 그의 부친에게 보낸 편지의 아래 구절에서 생생하게 확인된다.

(1906년) 세모를 맞이하여 살림형편이 어려움은 말씀하지 않으셔도 잘 압니다. 땔감이며 양식을 어찌 마련하여 견디시는지요. 민망하고 또 민망할 따름입니다.[10]

양식이 부족한 것은 듣지 않아도 알겠거니와 어찌 주선하여 한 해를 보내고 계시는지요? 안타깝고 답답할 뿐입니다.[11]

---

9 『일성록』 1894년 11월 25일조.
10 이충순이 부친에게 보내는 편지(1906년 12월 23일, 이충순 후손 소장). "當此歲末 窘塞之度 不言可知 而柴粮凡節 何以周旋堪耐耶 伏悶伏悶"
11 이충순이 부친에게 보내는 편지(1907년 1월 1일, 이충순 후손 소장). "糧道之絶乏 不問可知 而何以周旋卒歲耶 伏鬱且悶耳"

이충순의 집안형편은 식량과 땔감 부족으로 심한 고통을 받을 정도로 몹시 가난하였던 것이다. 이러한 가난은 부친 이병제가 반일투쟁의 노선을 견지한 관인 출신으로 받았을 핍박과 청렴한 관리 출신이었음을 동시에 보여주는 증좌로도 이해할 수 있지 않을까 한다.

대한제국 군무 봉직

육군무관학교 수학

이충순은 1900년 10월 4일 대한제국 육군무관학교에 제2회로 입교하였다.[12] 연산현감에서 해직된 부친은 아들이 무관으로 성장하기를 기대하였던 것 같다. 전술하였듯이 부친 이병제는 1894년 동학농민전쟁 당시 연산현감으로 재임하던 중 동학농민군의 처지와 입장을 깊이 이해하고 공감하는 정서를 가지고 있었다. 관직에서 물러난 이병제는 1895년 7월에 다시 한 번 죽음을 무릅쓰고 국왕에게 상소를 올렸다. 상소의 내용은 일제와 결탁하여 권세를 훔쳐 나라를 팔아먹고 병들게 하는 개화파를 비난하는 동시에, 시정개혁施政改革을 통한 부국의 방책을 구체적으로 제시하는 것이었다.[13] 이러한 애국애족 정신의 토대 위에 그는 1901년 차관도입을 반대하는 헌의서獻議書를 올려 그 폐단을 지적하고 시정을 요구하게 되었고, 이

---

12 『대한제국관원이력서』 18책, 491쪽.
13 박맹수, 「연산현감 李秉濟와 제2차 동학농민혁명 – 제2차 동학농민혁명 당시 連山전투를 중심으로 – 」, 16쪽.

는 정부의 무사안일적 태도와 입장을 비판하는 결과를 가져왔다. 부친이 올린 헌의서는 1901년 5월 전 도사 송헌섭宋憲燮, 전 의관 이덕하李德夏, 9품 조선하趙先夏, 전 주사 김인식金寅植 등과 연명으로 중추원의장에게 제출한 것이었다.[14] 육군무관학교 입교와 그뒤 순국으로 귀결되는 이충순의 충군애국 정신은 이와 같이 강한 민족적 성향을 가진 부친의 교양과 지도에 힘입은 바 컸을 것으로 짐작된다.

대한제국의 사관을 양성하는 중추기관인 육군무관학교는 아관파천 직전인 1896년 1월 11월 칙령 제2호로 공포된 「무관학교관제」에 따라 설립되었다.[15] 그러나 육군무관학교는 출범 후 불과 1개월이 지나자 고종이 러시아 공사관으로 파천하는 비상사태가 발생함에 따라 그 영향을 받지 않을 수 없었다. 따라서 이 학교는 유명무실해질 수밖에 없었던 것으로 보여, 1896년에 입교하여 1897년에 참위로 임관한 장교로는 뒷날 군대해산 때 자결 순국한 박승환 등 5명만이 확인될 뿐이다.

그후 육군무관학교가 다시 원래의 기능을 회복하게 되는 것은 1898년에 이르러서이다. 그 해 5월 14일에 칙령 제11호로 반포된 육군무관학교 관제에 의거하여 학교 기능을 정상적으로 회복할 수 있었던 것이다.[16] 그 뒤 육군무관학교는 두 차례 부분적인 개정작업을 거쳐 1899년 11월에 이르러 획기적인 변화를 맞게 되었다.[17] 이 때 군대를 총괄하는 원수부元帥府가 설치됨에 따라 그 동안 학교를 관장하던 정부기구가 군부軍部에서 원수부로

---

14 『각사등록』 조회원본 1, 「獻議書」(광무5년 5월 15일); 『照會原本』(근대정부기록류, 奎 17234) 제1책, 「전현감 이병제 등의 헌의서 등을 접수하여 送交한다는 조회 제2호」 (1901년 5월 16일)
15 『관보』 제222호, 건양 원년 1월 15일자.
16 『관보』 제952호, 광무 2년 5월 18일자.
17 『관보』 제1443호, 광무 3년 12월 13일자.

바뀌었고, 전체 직원이 21명에서 39명으로 대폭 증원되었던 것이다.

이로부터 2개월이 경과한 1900년 1월 19일에 장연창張然昌 등 128명이 육군무관학교 제1회 졸업시험을 통과하자, 원수부는 같은 달 24일부로 이들을 참위로 임관시켰다. 즉 1898년 7월경부터 약 200명이 무관학교에 입교하여 1년 6개월 동안 러시아식의 군사교육을 받고 128명만이 졸업시험에 합격하여 참위로 임관한 것으로 보인다. 이들은 특별한 경우를 제외하고는 주임관 6등을 받았다. 따라서 이들은 1897년 2월부터 5월 사이에 참위 내지 부위로 임관한 5명과는 차별되어 육군무관학교 제1회 졸업생으로 불렸던 것이다. 육군무관학교는 이들 제1회 졸업생의 배출과 함께 비로소 명실공히 제 기능을 발휘하는 사관 양성기관으로 자리잡게 되었다.[18]

육군무관학교는 이듬해인 1900년 9월 4일 관제가 다시 개정되면서 더욱 확대 개편되었다. 이는 그 해 봄에 육군무관학교를 관할하던 원수부의 관제가 개정된 데 따른 후속조치이기도 하였다. 무엇보다 혁신적인 변화는 육군무관학교의 양적, 질적 팽창이었다. 설립 이후 줄곧 20여 명 안팎의 수준을 유지해 오던 직원 수가 1899년 말에 39명으로 증가되었다가 이때에 와서는 무려 70명으로 대폭 늘어났던 것이다. 그리하여 육군무관학교는 14명의 교관과 30명의 조교를 주축으로 한 교관단敎官團과, 학도대장를 비롯하여 그 이하 학도대 중대장 및 학도대부學徒隊附를 중심으로 한 학도대學徒隊를 양대 축으로 하여 생도 양성체계를 비교적 잘 갖추었다. 곧 육군무관학교는 교관단이 교육을 전담하고, 학도대가 훈육을 담당하는 이원화 체계로 운영되는 새로운 전기를 마련하게 되었다. 이를 계기로 학도들에 대한

---

18 서인한, 『대한제국의 군사제도』, 혜안, 2000, 153쪽.

교육 및 훈육이 효과적으로 이루어질 수 있었을 것으로 생각된다.[19]

그 뒤 육군무관학교는 1904년 러일전쟁 개전과 함께 급격히 그 위상을 잃어갔다. 특히 1907년 8월 군대해산 이후 그 명맥만 유지하던 육군무관학교는 1909년 7월 30일 대한제국 군부와 함께 폐지됨으로써 종막을 고하고 말았다.[20]

이충순이 입학하여 수학하던 시기는 그 동안 유명무실하던 육군무관학교가 제1회 졸업생을 배출한 뒤 양적, 질적으로 성장을 거듭하여 사관 양성 본래의 기능에 충실을 기하던 때였다. 이충순이 입학하여 수업하던 당시 육군무관학교 재직 교원을 보면 다음과 같다.[21] 교장은 육군참장 이학균李學均이고, 무관생도를 총괄하던 학도대장은 육군참령 이희두李熙斗였다. 교관으로는 참령 김인수金仁洙를 비롯하여 신태근申泰根·이인팔李仁八(이상 정위), 그리고 권상현權商鉉·왕유식王瑜植(이상 부위) 등 5명이었다. 제1중대 중대장 교관은 정위 신우균申羽均이었고, 그 아래 제1소대장 부위 최두연崔斗淵, 제2소대장 참위 백창기白昌基, 제3소대장 참위 조남희趙男凞가 있었다. 제2중대 중대장 교관은 정위 민영재閔泳宰였고, 그 아래 제1소대장 부위 김교형金敎瀅, 제2소대장 참위 장연창張然昌, 제3소대장 참위 안철영安喆永, 제4소대장 참위 정해영鄭海英이 있었다. 제3중대 중대장 교관은 정위 조희범趙羲範이었고, 그 아래 제1소대장 부위 오진영吳璡泳, 제2소대장 참위 김수언金洙彦, 제3소대장 참위 정현鄭炫, 제4소대장 참위 오유영吳惟泳이 있었다. 곧 생도 전체를 3개 중대로 편제하였고, 그 아래 제1중대는 3개 소대, 제2, 3중

19　차문섭, 『조선시대 군사관계 연구』, 단국대출판부, 1996, 312쪽.
20　『관보』 제4443호, 융희 3년 7월 31일자.
21　大韓帝國陸軍武官學徒隊 『集英』(光武四年庚子至月日, 필사본, 이충순 후손 소장)

대는 각각 4개 소대로 편제하였음을 알 수 있다. 그리고 부관에 정위 안종환安鍾煥, 향관餉官에 정위 김규한金奎漢이 장교로 재직하고 있었다.

이충순이 입학한 직후인 1900년 11월 현재 육군무관학교에 재학중인 생도 수는 총 499명으로 파악된다. 이 무렵 실시한 시험 결과에 등재된 총원으로 미루어 이러한 사실을 짐작할 수 있다. 현전 자료에 따르면, 이 무렵 실시된 제1기 제1과課 시험에서 제1중대 생도 가운데 '최우등'이 14명, 우등 67명, 중등 33명으로 기재되어 1중대 총원은 114명으로 나타난다. 그리고 제2, 3중대는 그 구체적인 이유는 알 수 없지만, 시험 결과 성원을 합산하여 최우등 102명, 우등 194명, 중등 89명으로 기재하였기 때문에 제2, 3중대 총원이 385명으로 파악된다. 이로써 보건대, 이충순이 입학하여 재학하던 1900년 11월 당시 육군무관학교 재학생도 수는 총 499명으로 확인되는 것이다.[22] 그 가운데 이충순은 제2, 3중대에 편제되어 있었으며, 성적은 '우등'으로 기록되어 있는 점으로 보아 중간 정도였던 것으로 짐작된다. 한편, 이충순과 같은 동기로 입학한 생도 수는 1902년 7월 6일 재학시 함께 임관한 207명으로 추산된다.[23] 동기 중에는 만주 독립군의 지도자로 성장하는 신팔균申八均(1882~1924)[24]과 이장녕李章寧(1881~1932) 두 사람이 포함되어 있는 것이 특기할 만하다.

육군무관학교의 교수과목은 교련, 마술·체조·검술·군용문장 및 제근

---

22 대한제국육군무관도대『집영』. 위 생도수는 신입 생도만이 아니라 재학 중인 생도 전체를 파악한 것이다. 하지만, 3개 중대 편제가 어떤 체계에 의해 이루어졌는지는 구체적으로 드러나지 않는다.
23 『일성록』 1902년 6월 2일조(양 7월 6일조)
24 신팔균 관계 자료는 현재 독립기념관에 소장되었다. 그 가운데 육군무관학교 졸업증서(자료번호 2~000088~000)는 이충순의 졸업증서와 동일하게 광무 7년 9월 20일 육군무관학교장 李學均의 명의로 발급되었다.

무의 훈해 등이었고, 학술과목으로는 학과, 응용작업, 술과, 기술 등이 있었다. 그런데 육군무관학교 시절 이충순이 사용하던 교재 일부가 남아 있어 이를 통해 당시 무관 양성 교육의 일단을 짐작할 수 있다. 1902년(광무 6년)에 편찬한 『전술학교정戰術學敎程』의 제8편인 「경계근무警戒勤務」를 비롯하여 전투시 승전의 필수요소인 『지형학地形學』, 진지구축을 다루는 『축성학築城學』, 포병전술에 필수적인 수학교재인 『근이산술서近易算術書』 등이 그것이다.[25] 또 방정식과 분수, 인수분해와 응용문제 등 수학을 연습하던 공책도 남아 있어 이러한 자료를 통해 당시 육군무관학교 생도의 학습 분위기를 짐작케 한다.[26]

이충순은 육군무관학교 재학 중인 1902년 7월 6일 대한제국 육군 보병 참위로 임관되었다.[27] 그가 육군무관학교를 졸업한 것은 참위 임관 1년여 후인 1903년 9월 20일이었다.[28] 이러한 정황을 고려한다면, 그 이유는 정확히 알 수 없지만, 육군무관학교 생도의 임관은 졸업 전년에 먼저 이루어졌음을 짐작할 수 있다.

---

25 후손이 소장중인 이충순 자료 가운데 들어 있는 것으로 「警戒勤務」(『戰術學敎程』 제8편)와 『近易算術書』 등 2종은 납활자본이며, 나머지 『地形學』과 『築城學』은 필사본의 형태로 되어 있다.
26 이충순이 모필로 필사한 수학 연습 공책은 대한제국 시기 수학 교육과 관련되어 그 실상을 알려주는 귀중한 자료로 생각된다. 특히 육군무관학교에서 배우던 수학의 내용과 수준을 가늠케 해준다는 점에서도 그 사료적 가치는 결코 작지 않은 것 같다.
27 『일성록』 1902년 6월 2일조(양 7월 6일조); 이충순 보병참위 임명 칙명(광무 6년 7월 6일, 이충순 후손 소장). 이때 전술하였듯이 207명의 동기생이 동시에 임관되었다.
28 『대한제국관원이력서』 18책, 491쪽; 이충순 육군무관학교 졸업증서(광무 7년 9월 20일, 이충순 후손 소장)

군무 봉직

이충순은 육군무관학교 졸업 후 1년이 지난 1904년 6월 21일 친위보병 제1연대 제3대대 '견습참위'로 보임되었다.[29] 이 시기는 한반도를 점령하기 위해 일제가 러시아와 전쟁을 도발한 직후로 국권이 급전직하 기울어가던 무렵이었다. 그 이유와 경위는 알 수 없지만, 이충순은 1903년 9월 육군무관학교 졸업 후 친위 제1연대 제3대대에 배속되는 1904년 6월까지 근 9개월 동안 보직 없이 지냈음을 알 수 있다. 이 기간이 실제 군무에 임하는 현장실습 기간이 아니었을까 짐작되기도 하고, 러일전쟁 개전 와중에 대한제국 군대가 급격히 해체되는 과정에서 보임이 늦어졌으리라 생각되기도 한다. 또, 부친의 항일이력이 문제가 되어 보임이 늦어졌을 개연성도 완전히 배제할 수 없다.

대한제국 시기 서울에 주둔한 중앙군은 친위대親衛隊와 시위대侍衛隊를 양대 근간으로 하였다. 1895년 을미사변을 계기로 편성된 친위대는 서울 도성 수비를 주로 담당하던 경군京軍이었다. 이에 비해 시위대는 1896년 아관파천의 여파로 러시아군의 지도하에 편성된 부대로 황궁수비를 전담하던 정예군이었다. 두 부대는 이후 정치적 지형 변화에 기인한 군부의 변천에 따라 수차에 걸쳐 편제가 개편된 끝에 1902년 10월에 이르러 일단 정형화된 편제로 안착되었다. 그 해 9월 12일 반포된 조칙과 이어 10월 30일 내려진 칙령 제16호에 의거하여 이루어진 두 부대의 편제는 각기 2개 연대 편성이 그 골자였다고 할 수 있다. 즉 시위대와 친위대는 각기 2개 연대로, 또 각 연대는 2개 대대로 편제한다는 것이었다. 이로써 시위대와 친위

---

29 『대한제국관원이력서』 18책, 491쪽.

대는 각기 4천 명의 병력을 유지함으로써 총 8천여 명의 중앙군이 서울 도성에 주둔해 있었다. 한편, 전국 각지의 정치, 교통, 군사적 요충지에 주둔하던 지방군인 진위대 역시 수차에 걸쳐 편제를 개편하며 군세 확장에 힘쓴 결과 1901년 8월에 이르러서는 '제주진위대대'를 포함하여 총 6개 연대, 18개 대대로 편제되어 편제상 18,000명에 이르렀다.[30]

이러한 군세는 1904년 러일전쟁 개전 이후 확연히 달라졌다. 일제의 적극적 간섭에 의해 군대의 규모가 대폭적으로 감소하였다. 대한제국 군부 조직을 축소한 일제는 1905년 급기야 서울 주둔 중앙군을 비롯하여 전국 각지에 주둔한 지방군에 이르기까지 대한제국 군인을 대폭 감축하기에 이르렀던 것이다. 중앙군의 양대 주력 가운데 친위대 2개 연대(4개 대대) 4천여 병력은 칙령 제27호(「시위보병 제1연대 편제」) 부칙 제4조에 근거하여 아예 폐지되고 말았다.[31] 중앙군 가운데 오직 시위대만이 남아 명맥을 유지하였다. 군대해산 직전인 1907년 5월에 이르러 서울 시위대는 칙령 제22호에 의거하여 여단사령부 아래 보병 2개 연대와 기병 1개 대대, 야전포병 1개 대, 공병 1개 대가 편성되었다.[32] 그 가운데 핵심 주력인 보병 2개 연대는 각기 3개 대대로 구성되었고, 각 대대는 다시 4개 중대로 이루어졌다. 그리고 각 연대당 소속된 병력은 1,852명으로 2개 연대에 총 3,704명의 병력만이 도성을 수비하고 있을 따름이었다.

중앙군과 더불어 지방 주둔 진위대 역시 일제의 간섭에 의해 대폭 감축되었다. 친위대가 폐지되던 무렵인 1905년에 이르러 진위대의 경우는 4개

---

30 서인한, 『대한제국의 군사제도』, 177·189쪽 참조.
31 서인한, 『대한제국의 군사제도』, 250쪽; 『관보』 광무 9년 4월 22일자 「호외」
32 『관보』 광무 9년 4월 22일자 칙령 제22호 「시위혼성여단사령부관제」

중대를 1개 대대로 하여 전국에 8개 대대로 감축되었다. 1개 대대는 대대 본부 병력을 합쳐서 총 634명으로 편성되었으므로 전국 8개 대대 총원은 규정상 5,072명에 불과하였다. 그나마 함남 북청에 주둔할 진위보병 제8대대의 설치가 유보되었으므로 실체로는 4,438명이 편성되었을 따름이었다. 이렇게 본다면, 1901년 8월 당시 6개 연대 17개 대대에 제주진위대대를 포함하여 총 18개 대대 18,000명으로 이루어졌던 진위대는 1905년 4월에 이르러 절반이 넘는 10개 대대가 감축되고 겨우 7개 대대만 존치되었을 따름이다.[33]

대한제국의 군대는 이충순이 육군무관학교에 재학하던 시기인 1901~1902년 무렵이 군세 확장이 절정에 이르던 때였음을 알 수 있다. 이어 그가 육군무관학교를 졸업하고 군무에 보임되던 시기는 러일전쟁의 발발 이후 전방위적 국권침탈이 자행되는 과정에 군대의 조직과 인원도 축소되거나 감축되지 않을 수 없었던 고단한 형세에 놓인 때였다. 이와 같은 격변의 와중에서 이충순을 비롯한 충직한 군인들은 상당히 큰 정신적 충격과 고통을 받았을 것으로 짐작된다.

이충순이 보병 장교로 군무에 임하던 1900년대 중반은 러일전쟁을 계기로 국권침탈을 자행하던 일제로 인해 대한제국 군대의 분위기가 이처럼 요동치던 격변기였다. 상술하였듯이, 이충순은 러일전쟁이 발발한 직후인 1904년 6월 21일 친위보병 제1연대 제3대대 '견습참위'로 보임되어 서울에서 근무하였다. 이듬해인 1905년 4월 26일에는 전남 광주에 주둔하던 진위보병 제4대대의 견습참위로 전임되어 봉직하게 되었다. 이처럼 서울의 중앙군인 친위대에서 광주의 지방군인 진위대로 전임된 이유나 배경은 자세

---

33 서인한, 『대한제국의 군사제도』, 252쪽.

그림 11 이충순의 육군무관학교 졸업증서(1909년 9월 20일, 후손 李鎔淇 소장)

히 알 수 없다. 이 시기에 이충순은 의당 서울을 떠나 부대가 주둔해 있던 광주로 내려가 거처하였을 것으로 인정되지만, 관련 자료가 전무한 실정이어서 그 실상을 확인할 수는 없다. 하지만, 광주의 객지생활이 낯설고 어려웠을 것으로 짐작된다. 광주로 내려간 지 불과 6개월만에 9월 15일자로 수원 주둔 진위보병 제1대대의 견습참위로 재차 전임된 것도 그러한 이유와 일정한 연관이 있을 것으로 짐작된다.[34]

수원 진위보병 제1대대 가운데 이충순이 배속된 부대는, 그 이유는 알 수 없지만 그 뒤 징상대徵上隊로 서울에 올라와 주둔했던 것으로 짐작된다. 이충순이 배속된 이듬해인 1906년(광무 10년) 6월 2일자 관보에, 군부로부터 5월 30일자로 그가 처분을 받은 기사가 실린 사실을 통해 그러한 정황을 알 수 있다.

---

34 『대한제국관원이력서』 18책, 491쪽.

징상徵上 제1대대 견습육군보병참위 이충순 우右는 해원該員이 군규軍規에 위월違越함이 유有하기 1주일 중근신重勤愼에 처한 사[35](맞춤법 – 필자)

1906년 서울에 주둔하던 중 이충순이 위의 인용문과 같이 '군규 위월'로 인해 '일주일 중근신' 처분을 받게 된 이유가 무엇인지 불분명하다. 관련 자료에 그 구체적 경위가 드러나 있지 않기 때문이다. 1905년 11월 을사조약 늑결 이후 충직한 군인들이 견지한 반일적 애국성향과 일정한 연관을 가진 행위에 기인하는 것이 아닌지 짐작할 따름이다. 그런데 이충순이 수원 진위대에 배속되어 있으면서 서울에 올라온 것이 소속부대 단위로 징상된 것인지 또는 특정인물 단위로 징상된 것인지 그 여부는 불분명하다. 그가 수원 진위보병 제1대대로 전임된 다음 달인 1905년 10월 7일(음 9. 9) 시골 부친에게 보낸 서한에서 "서모께서 초 5일 육로로 여주에 내려가셨기에[下 최]"라고 표현한 구절의 어감으로 보아 이 시기에 이미 그는 징상병으로 서모 박씨와 함께 서울에 거주하고 있었던 것으로 짐작되기도 한다. 이렇게 본다면, 1905년 11월 을사조약이 늑결될 때 이충순은 수원에 주둔해 있었는지, 아니면 이미 서울에 올라와 있었는지 여부는 불분명하다.

이충순이 군무에 봉직하던 4년(1904~1907) 동안, 그가 활동한 내용은 자료상 확인할 길이 없다. 다만, 그의 유품 자료 가운데 「군인구락부취지軍人 俱樂部趣旨」가 현전하는 사실로 미루어 '군인구락부'에 가입하여 활동한 것으로 보인다. 군인구락부는 1906년 10월 군부의 관변 친밀기관으로서 훈련원 내에 창설한 단체로서 거기에 소요되는 자금 7만 환圜을 군인들의 녹봉에서 일정금을 출연한 의연금으로 수집하였으며, 이전 훈련도감에 소속

---

35 『관보』 제3469호, 1906년 6월 2일자.

된 관청인 하도감下都監 자리에 2층 양옥으로 사옥을 짓기로 하였다.[36] 그런데 실제로 군인구락부가 태동된 것은 그 전년인 1905년 하반기였던 것으로 짐작된다. 이충순이 남긴 군인구락부의 취지서 끝에 '광무 9년 10월 21일 등번等繙'이라 명기한 점으로 미루어 군인구락부를 설립하기 위한 취지서가 그전에 이미 작성되었음을 알 수 있기 때문이다. 그리고 앞의 날짜에 취지서가 다량으로 작성, 반포되었고, 이를 이충순이 소지한 것으로 짐작된다. 이 무렵부터 기산할 때 1906년 10월 군인구락부가 창설될 때에 이르면 그동안 장교 부원들이 월급에서 일정 금액을 나누어 출연한 총액이 7만 환에 도달할 수 있었을 것이다. 이후 군인구락부의 활동내용 등 연혁에 대해서는 잘 드러나지 않지만 군대해산 이후 1908년 9월까지 존속한 이력은 확인된다.[37] 또 조성근趙性根·이희두李熙斗와 같은 친일 성향의 군부 실세들의 주도하에 설립된 정황으로 미루어 민족적, 애국적 성향을 띠고 조직된 단체는 아닌 듯하다.[38] 군인구락부가 설립된 뒤 "근일에 구락부가 성행하여 한일구락부와 대한구락부와 군인구락부와 관인구락부을 설시設施하였으니 구락이라 명칭하면서 쟁경爭競은 층생層生하니 하사何事를 구락하는지"[39]라는 조소 기사가 실리는 것도 이런 맥락에서 이해할 수 있을 것이다.

이충순이 군인구락부에 가담한 이유는 참위 계급의 장교 신분이었기 때문으로 짐작된다. 현전하는 취지서에서 부원 자격을 규정한 제3조에 "본 구락부원은 제국육해군 장령관將領官 급 현역위관 동 상당관"이라고 명기한 대목이 장교의 부원 가입이 의무적이었던 정황을 알려준다. 다른 한편으로

---

36 『황성신문』 1906년 8월 20일자, 「잡보」.
37 『황성신문』 1908년 9월 4일자, 「잡보」
38 『대한매일신보』 1907년 1월 24일자, 「잡보」
39 『대한매일신보』 1907년 2월 12일자, 「잡보」

하급 장교로서 이충순은 충군애국의 충일한 군인정신의 발로로 군인구락부의 취지에 찬동하여 능동적으로 활동하였을 개연성도 있다. 군인구락부에서 밝힌 다음 설립 취지로 보아 그러한 분위기를 감지할 수 있다.

> 황실의 신성神聖을 옹호하고 제국의 위엄을 한위捍衛하여 대한인민의 충군애국하는 원기元氣를 대표한 오인吾人은 정신을 분려奮勵하고 지식을 연마하여 영구히 제국의 영화榮華를 세계에 발양하기를 기期치 아님이 불가한지라 대저 오인의 정신은 성칙聖勅 6개 조에 재在하고 오인의 지식은 군사학 일점一點에 불과하니 (중략) 정신을 면려勉勵하며 지식을 교환하여 오인을 주재하시는 대원수 폐하에 대하여 직책을 완전케 하기를 기망企望하노라.[40] (맞춤법, 한글 - 필자)

곧 군인구락부 설립을 주도한 군부 장령들과 달리 이충순과 같은 하급 장교들은 군인에게 필요한 올곧은 정신과 전문 군사지식을 면려하고 배양하는 모임으로 군인구락부에 참여한 면도 있었을 것으로 생각되는 것이다.

---

40 「俱樂部趣旨」(1905년 10월 20일 等繙, 이충순 후손 소장)

시위대의 시가전과 순국

시위대의 시가전

1905년 11월 망국조약인 을사조약이 늑결된 뒤 1907년 7월 19일 일어난 광무황제 강제퇴위 사건은 실질적 국망을 의미하였다. 중국 상해에서 발행되던 유력 신문 『신보新報』는 광무황제 강제퇴위 다음 날 일제 침략을 규탄하며 통탄하는 내용의 논설을 실었는데, 이는 강제퇴위의 역사적 속성과 그 실상을 간파했기 때문이었다.

> 대청 광서 33년(1907년 - 필자주) 여름 6월 10일(양 7월 19일 - 필자주) 아시아의 독립국 조선이 망했다. (중략) 한국황제가 이미 9일 밤에 손위遜位하였으니 한국황제의 모든 직분은 즉시 소멸되었고, 일본에서 파견된 이토 히로부미伊藤博文가 한국의 모든 정무를 총괄하게 되었다. 오호라, 수천 년간 이어진 오랜 나라가 하루 아침에 망하였도다.[41]

이와 같이 '망국'과 다름없는 광무황제의 강제퇴위 사건에 즈음하여 한국민의 분노는 극에 달해 전국 각지에서 반대투쟁이 물끓듯 일어났다. 서울 도성의 격분한 군중은 7월 18, 19일 양일간에 걸쳐 도성 한 복판에서 대중시위의 형태로 강제퇴위 반대투쟁을 격렬하게 전개하였다. 이와 같은 대중투쟁의 대열에 시위대의 일부 군인들이 가세함으로써 강제퇴위 반대투쟁은 한층 격화되는 양상을 보였다. 19일 오후 시위보병 제1연대 제2, 제3대

---

41 『新報』1907년 7월 20일자, 「警中國文」.

대의 완전무장한 일부 군인들이 일본 교관의 제지를 물리치고 병영을 탈출하여 시위군중과 합류한 것이 그 대표적인 사례이다.[42] 이 날 시위에 가담한 부대는 이충순 소속 부대는 아니었지만, 이러한 시위는 곧이어 일본군을 상대로 시위대 군인들이 벌인 8월 1일 시가전의 전초전의 성격을 가진 것으로 이해할 수 있다.

일제가 한국군대를 해산시키기 위해 마련한 '법적 근거'는 정미7조약의 시행세목으로 규정한 비밀 각서였다. 즉 5개 항으로 이루어진 이 각서에다 조약상에는 명시되어 있지 않은 군대해산 항목을 제3항에 포함시켰던 것이다.[43] 이 각서의 요지는 결국 황궁 수비를 담당하는 명목하에 1개 대대 병력만 존치하고 나머지 대한제국 군대를 전부 해산한다는 것이었다.

이 각서의 내용은 공개되지 않았지만, 사실 대부분의 군인들은 머지않아 자신들의 신변에 어떤 조치가 취해질 것으로, 곧 군대해산을 감지하고 있었다. 그만큼 군인들의 반일감정은 폭발 직전으로 팽배해 있었다. 군대해산 직전, 군인들의 반일정서가 어느 정도였는지는 7월 25일 서울에서 자국으로 보낸 일제 전문에서 "한국군대는 대장隊長 이하 모두가 반란을 일으킬 징조다."[44]라고 우려한 대목이 잘 보여주고 있다.

이때 시위혼성여단장이 예하 부대장을 소집하여 시국 대책회의를 가진 자리에서도 시위보병 제2연대 제1대대장 참령 이기표李基豹는 이른바 불순한 언동으로 소란을 피웠다는 죄목으로 면관당하였을 정도였다.[45] 이충

---

42 『뮈텔주교일기』, 4 (한국교회사연구소 역주, 1998), 170쪽, 1907년 7월 19일조.
43 독립기념관 한국독립운동사연구소 편, 『헤이그특사100주년기념자료집』 2, 2007, 「한국정부와의 왕복문 및 韓日協約·覺書案 송부의 건」, 116쪽.
44 국사편찬위원회 편, 『한국독립운동사』 1, 1968, 240~241쪽.
45 『관보』 광무 11년 8월 1일자.

순이 소속된 이 부대는 얼마 뒤 벌어지는 시위대의 시가전을 주도한 부대였다는 점에서 이 때 고조된 항일 분위기가 표출된 것으로 이해할 수 있다.

8월 1일 서울 시위대 해산 당일, 남대문 일대에서 벌어진 도심 시가전은 시위보병 제1연대 제1대대장 참령 박승환의 자결이 그 도화선이 되었다. 널리 인구에 회자되는 "군인으로서 나라를 지키지 못하고 신하로서 충성을 다하지 못하였으니, 만번 죽어도 애석할 것이 없다.[軍不能守國 臣不能盡忠 萬死無惜]"라는 말이 이 때 그가 남긴 유서이다. 1일 오전 8시 30분경 대대장 박승환이 자결하자, 연병장에 도열해 있던 군인들은 극도의 비분에 차 일제히 고함을 지르며 무기고로 몰려가 문을 부수고 총기와 탄약을 되찾아 옥상과 창문에서 최초로 사격을 개시하였다. 이때부터 시위 제1연대 제1대대(591명) 군인은 전원 재무장하고 일본군과 교전에 들어갔다.

한편, 이충순이 소속된 제2연대 제1대대는 제1연대 제1대대와 병영이 이웃해 있었다. 전술했듯이 항일민족적 언행으로 대대장 이기표가 면관된 상태였기 때문에 정위 민중식閔仲植이 대대장을 대리하여 부대를 지휘하고 있었다. 연병장에 모인 전 부대원은 일본군 배속교관 이케 스미우오池淸魚 대위와 함께 해산식장인 훈련원으로 향하려던 중 이웃 대대 봉기 소식을 듣고 즉시 무기고를 파괴하고 총기를 되찾은 뒤 봉기하였다.

양 대대가 봉기하자 먼저 남대문 안에 주둔해 있던 일본군 보병 제51연대 제3대대 제9중대와 제10중대의 각 1소대가 가장 먼저 투입되었다. 양 소대는 이 날 아침 해산될 시위대 제1연대와 제2연대의 각 1대대 병영을 접수할 임무를 띠고 출발하려 할 즈음 총성을 듣고 급히 출동했던 것이다. 그리하여 일본군 제9중대의 1소대는 시위 제2연대 제1대대를, 제10중대의 1소대는 시위 제1연대 제1대를 각기 분담하여 다가왔다. 시위대 군인들은 적군이 접근해오자 맹렬한 사격을 가해 접근을 차단시켰다. 이에 일본군

제3대대장 사카베坂部 소좌는 전황이 '위험'하다는 사실을 감지하고는 9시 30분 제10중대 병력 전원을 투입하기에 이르렀다.

시위대 2개 대대의 도심 항일전은 압도적 화력을 지닌 일본군에 의해 두 병영이 완전히 장악당하는 11시 40분까지 3시간 동안 치열하게 벌어졌다.[46] 이 날의 전투에서 양측이 입은 피해상황을 정리하면 대체로 다음과 같다.

일본군은 중대장 카지하라梶原義久 대위, 특무조장 구마모토熊本爲次郎, 조장 히라노平野正二郎, 1등졸 카지梶條治[47] 등 4명이 전사하였고, 소위 후지에 藤江伊泰郎, 특무조장 후지타藤田耕作 등 총 38명은 부상을 입었다. 일본군 제51연대의 역사를 정리한 자료에서는 이 날 전투에서 전사한 카지하라 대위 이하 전사자 3명의 사진을 게재하면서 이들의 이른바 용전勇戰을 기렸다.[48]

이러한 기록은 역으로 시위대 군인들이 얼마나 분전하였는지를 생생하게 반증하는 증좌라고도 할 수 있다.

일본군에 비해 시위대군의 희생은 매우 컸다. 준사관 이상 장교 13명[49],

---

46 구체적인 전투상황 기술은 본고의 논지에서 다소 벗어나기 때문에 생략하였다. 이에 대해서는 졸고, 「시위대의 시가전」(서울특별시사편찬위원회 편, 『서울항일독립운동사』, 2009, 159~165쪽)을 참고할 수 있다.
47 전투 당시 전사자 보고에는 1등졸 梶條治가 누락되어 있었다. 그런데 1925년 간행한『步兵第五十一聯隊史』(78쪽)에 그 명단이 올라 있는 점으로 미루어 이 자는 부상으로 인해 추가 사망한 것으로 짐작된다.
48 帝國聯隊史刊行會, 『步兵第五十一聯隊史』, 1925(대정14), 畵報. 이 자료에 의하면, 그 해 말에는 시가전을 치른 주력부대인 제41연대 제9중대에 대해 사단장 시상도 이루어졌다.
49 일제측 원자료에는 12명으로 기록되었으나 관보에 13명의 희생자 명단이 게재되었으므로 이를 따랐다.

하사 이하 병졸 56명 등 모두 79명이 전사 순국하였다. 부상자는 장교 이하 90명이었다. 그리고 560명이 일본군에 피체된 것으로 집계되었다. 이 전투에서 일본군이 소총탄 7,573발, 기관총탄 1,138발, 황색 화약 1.6 Kg을 소모했다고 한 사실로 보아 얼마나 치열한 교전이 벌어졌는지 짐작할 수 있다. 전투 결과 일본군에게 압수당한 시위대 군인들의 무기는 30년식 보병총 1,512정, 동 총검 1,377개, 동 탄약 18,991발, 단발총 139정, 동 총검 127개, 단도 17개 등이었다.[50]

시위대군 가운데서도 이 날 전투를 주도한 제2연대 제1대대 장졸의 희생이 특히 컸다. 준사관 이상 장교 전사자가 무려 13명에 달한 사실이 이 날 전투의 성격을 그대로 드러내준다. 곧 이충순을 포함한 지휘관들이 솔선수범 선두에 서서 전투를 지휘 독려함으로써 구국의 간성으로서의 마지막 소임을 다하였던 것이다. 특무정교 이상 순국한 제2연대 제1대대 소속 장교 명단은 다음과 같다.[51]

정위(중대장) : 오의선吳儀善, 권중협權重協

참위 : 장세정張世禎, 노덕세盧德世, 이준영李峻永, 이규병李圭丙, 이한승李漢承

견습참위 : 이긍주李肯周, 이충순李忠純, 백보용白普鏞, 남상덕南相悳

특무정교 : 김순석金順錫, 고희순高喜淳

서울 시위대의 시가전은 큰 여파를 남겼다. 전국 각지에 주둔하던 지방

---

50 독립기념관 한국독립운동사연구소 편, 『한말의병자료』 4, 2002, 31쪽. 8월 2일 한국주차 군사령관이 자국의 참모총장에게 보고한 자료에 의거한 것이다.
51 『관보』 융희 원년 9월 21일자, 「휘보」

진위대의 군인들도 무장해제를 거부하고 의병으로 전환함으로써 곧 해산 군인들은 구국 성전의 중심에 서게 되었다. 다음은 매천 황현이 평가한 대목이다.

성외로 달아난 자는 모두 의병에 합류했다[其直走城外者 皆全與義兵合].[52]

또한 아래와 같이 송상도가 지적한 대목도 그러한 역사적 현상을 반영한 것이라 할 수 있다.

남은 군대는 각자 흩어졌으니, 정미년에 전국에서 의병이 다시 일어나게 된 것은 이것 때문이었다[餘軍各自散去 丁未八路義旅之更起 乃以此也].[53]

나아가 군대해산으로 촉발된 박승환의 순국과 서울 시위대의 시가전이 지닌 역사적 의의는 다음과 같은 기록에서 더 구체적으로 확인된다. 1940년 중국 중경重慶의 대한민국임시정부 산하에 한국광복군이 창설될 때 경과보고를 위해 작성된 「광복군총사령부성립보고서光復軍總司令部成立報告書」라는 문건에서 박승환의 순국과 시위대의 항일전에 대해 다음과 같이 적극적으로 평가한 대목이 그것이다.

박승환 장군의 자결 총성이 일어나자 한국군은 용기를 떨쳐서 싸워 한국에 주둔한 적군을 크게 사살하였으니 시가가 온통 붉게 물들었다. 수일

---

52 황현, 『매천야록』, 국사편찬위원회, 1955, 427쪽.
53 송상도, 『기려수필』, 국사편찬위원회, 1955, 121쪽.

이 되지 않아 전국의 의병이 이 소문을 듣고 다시 일어나 국군과 민병이 서로 섞여 몰아붙였으니 성세가 널리 크게 퍼지게 되었다. 전쟁 10여 년에 한국 전토는 포연탄우 중에 있어 비무장 한인 남녀노소로 처참히 적에게 피살된 자가 50만 명을 내려가지 않으며, 한국 주둔의 적군으로서 한국군에 사살당한 자도 역시 그 수를 헤아릴 수가 없다. 요컨대, 한국광복군은 일찍이 1907년 8월 1일 국방군이 해산되던 때에 곧 성립된 것이다. 환언한다면, 적이 우리 국군을 해산하던 날이 곧 우리 광복군 창설의 때이니, 금년 (1940년 - 필자주) 8월은 마땅히 33주년에 해당하는 것이다.[54]

박승환의 자결 순국이 해산군인들의 격분을 동태화시켜 시가전으로 승화시켰으며, 동시에 이 의거를 계기로 전국 의병전쟁이 대일전면전의 단계로 승화되었다는 것이다. 그리고 이와 같이 국권 수호를 위해 결사 항전한 대한제국군의 전통은 1940년 한국광복군으로 그대로 계승 발전된 것으로 평가하고 있다.

전사 순국

진위보병 제1대대에 배속되어 있던 이충순이 서울의 시위 제2연대 제1대대로 전임된 시기는 명확히 드러나지 않는다. 관련 자료가 없기 때문이다. 다만 그가 소속된 진위 보병부대가 징상대로 서울에 주둔해 있던 1906년

---

54 대한민국임시정부 선전위원회 편, 『韓國獨立運動文類』 제1집(1942,), 「韓國光復軍總司令部成立報告書」, 88~89쪽. "(上略) 總而言之 韓國光復軍 早於一九〇七年八月一日國防軍解散時 仍即成立 換言之 敵人解散我國軍之日 即我光復軍創設之時 今年八月適值三十三週年"

6월 이래 줄곧 서울에 머물던 중 시위대로 전임되었을 것으로 짐작된다. '중근신'을 당한 그 무렵부터 이듬해 8월 순국할 때까지 기간은 1년여에 불과하다. 이러한 점을 고려한다면 그가 시위보병 제2연대 제1대대에 보임되는 시기는 1906년 6월부터 1907년 7월에 이르는 기간이었다.

이충순이 시가전 당일 활약한 내용과 맡았던 역할, 곧 전투과정에서 이루어진 세세한 활동상은 파악할 수 없다. 이충순 외 나머지 사병들의 경우도 거의 동일한 실정이다. 집단적 교전 형태로 진행된 전투였기 때문에 이 전투에 참여한 사병들 개개인의 특기할 역할을 분별적으로 파악하기란 거의 불가능한 것이다. 그런데, 앞에서 언급하였지만 장교 13명을 포함하여 79명에 달하는 남대문 시가전의 전사자 가운데 이 날의 전투를 형상화하면서 충직·용감한 군인의 표상으로 언필칭 이야기되는 인물로는 남상덕과 이충순 두 사람이 있다. 양인은 모두 제2연대 제1대대에 배속되어 있었고, 계급도 견습참위로 같았다. 이 양인에게 나머지 특기할 점은 발견되지 않는다. 그럼에도 불구하고 황현과 정교 등 동시대의 기록자들은 남대문 시가전을 기술하면서 특별히 이 양인을 명기하였다.[55]

남상덕을 특기特記하는 이유는 그가 바로 일본군 중대장 카지하라 대위를 사살하는 큰 전과를 올린 장본인이라는 데 있다. 그 역사적 사실 여부를 떠나 러일전쟁 이래 역전의 맹장으로 위세를 떨치던 카지하라는 남대문 전투 당시 적 일본군을 상징하는 인물로 부상되었고, 이러한 그가 남상덕에 의해 사살되었다는 것이다. 『매천야록』에서 "이에 이르러 (카지하라 대위

---

55 송상도가 지은 『기려수필』에는 이충순이 빠지고 남상덕의 활약만 소개되어 있다. 그 이유는 알 수 없지만 송상도의 자료수집 범위의 한계에 기인하는 결과로 보인다.

가) 남상덕에게 사살되었으니 왜는 병영마다 통곡하였다."[56]라고 기술한 대목이 그것이다. 한편,『기려수필』남상덕 조에는 "남상덕은 그들을 맞아 싸웠다. 일본군 사망자는 300여 명이었고, 적장 미원梶原 또한 아군이 사살하였다. 미원은 적의 날랜 장수로 일찍이 만주 전역戰域에서 여러 번 승리한 자이다."[57]라고 하여 카지하라 대위를 사살한 인물로 남상덕을 직접 지목하지는 않았지만, 정황으로 보아 양자간에 밀접한 상관관계가 있는 것으로 언급하였다. 한편, 정교의 『대한계년사』에서도 "참위 남상덕과 이충순 등 7인, 하사 40명 전사 (하략)"[58]라고 하여 전사자 가운데 두 사람만을 대표적으로 명기하였다.

다음으로, 남상덕과 더불어 이충순이 항상 시위대의 남대문전투에서 언급되는 이유는 무엇일까? 이 의문점을 푸는 열쇠는 이충순이 지극한 효성과 충군애국의 강직한 정신을 겸비한 참된 군인상으로 부상된 데 있다고 생각된다.

이충순은 순국 전날인 7월 31일(음 6.22) 홍성 구시울에 있는 부친에게 편지를 썼다.[59] 내용은 확인되지 않지만, 자신의 죽음을 예감한 듯한 예사롭지 않은 느낌이 드는 편지이다. 광무황제 강제퇴위 이후 군대해산과 같은 대변고를 예견한 그는 이즈음 또 함께 지내던 서모 박씨에게 다음과 같이 결사항전의 각오를 밝힌 것으로 전해진다.

---

56 황현,『매천야록』, 427쪽.
57 송상도,『기려수필』, 121쪽.
58 鄭喬,『大韓季年史』하, 국사편찬위원회, 1957, 285쪽.
59 이충순이 결성 구시울 부친에게 보내는 편지(정미 6월 22일) 봉투(이충순 후손 소장). 이 편지는 이충순이 전사 순국한 뒤에 본가에 배달된 것으로 확인된다.

군대를 기르는 날은 나라를 보존하는 것이요, 군대가 해산되는 때는 나라가 망하는 것입니다. 저의 직분은 비록 낮으나 몸을 이미 나라에 허락하였습니다. 이러한 국가 망극의 변고를 당하였으니 부모가 계시다는 이유로 살기를 도모할 수 없는 것입니다.[60]

군대해산에 즈음하여 이충순이 자신이 모시고 있던 서모庶母에게 영결한 위 이야기는 다음과 같이 『매천야록』에도 비슷하게 전한다.

참위 이충순은 병대兵隊를 해산한다는 소식을 듣고 그의 서모와 결별하면서 가로되 "저의 직책이 비록 하찮지만 나라에 난리가 났으니 죽지 않을 수 없습니다."라고 하며 돌진하는 군진으로 달려가 죽었다.[61]

위의 『매천야록』 기록은 아래와 같은 『대한매일신보』 기사에 근거한 것이 아닐까 짐작된다.

시위대 참위 이충순씨는 전 연산군수 이병제씨지자李秉濟氏之子로 육칠년 견습과見習窠의 재在하더니 거월 23일(음력 - 필자주) 병정 해산시에 통국치지 망극통국지망극痛國之罔極 이기부재향而其父在鄕 고여기서모故與其庶母로 읍이결왈泣而訣 曰 오직吾職이 수미雖微나 신기허국身旣許國 당차국가변란지시當此國家變亂之時

---

60 鄭喬敎,「殉節李參尉行狀」. "樹兵之日存國也 罷兵之時亡國也 吾職雖卑 身旣許國 當此國家罔極之變 不可以親在而圖免" 한편, 임한주가 지은 傳記에도 위의 문구와 대동소이한 내용이 들어 있음을 참고로 밝혀둔다.
61 황현, 『매천야록』, 427쪽. "參尉李忠淳 聞解兵 訣其庶母曰 吾職雖微 國亂不可不死 遂馳往突陣而死"

하여 불가이친재이도면不可以親在而圖免이라 하고 (하략)[62](맞춤법 – 필자)

결사항전에 임하는 군인의 충직한 성품을 서모 박씨에게 영결하는 이야기로 가탁하여 인구에 회자되었던 것이다. 이충순은 적어도 육군무관학교 졸업한 뒤인 1904년 3월 이후부터 줄곧 서모 박씨를 모시고 함께 살았던 것으로 인정된다. 이충순의 형이 1904년 3월 18일(음 2. 2)자로 서울의 이충순에게 보내는 편지에서 그와 함께 지내는 서모의 안부를 묻고 있는 점으로 미루어 그 사실을 짐작할 수 있다.[63] 명확한 자료는 없지만, 여러 정황을 고려하여 합리적으로 추론해 볼 때 그의 서모는 이충순이 육군무관학교에 입학하는 1900년 이래 늘 함께 지냈던 것으로 생각된다. 처자를 고향 본가에 두고 단신으로 서울로 올라온 이충순을 뒷바라지하기 위해 함께 기거했을 것으로 짐작되기 때문이다.

이충순은 각별한 효성으로 서모를 봉양한 것으로 짐작된다. "서모께서 이번 (1905년 9월 – 음력) 초 5일 육로로 여주에 내려가셨기에 아직 모시지 못하고 있어 울적합니다.[未得承候 伏鬱鬱]"[64] 또는 "공교롭게도 부대에서 근무하게 되어 서모를 모시고 설을 쇨 수 없어 안타깝고 답답하여 서운합니다."[65] 등의 애절한 표현을 실어 고향으로 보내는 편지마다 서모의 안부를 반드시 전했던 점으로 그의 효성을 짐작할 수 있다. 서모 또한 이충순을 자애롭게 대한 것으로 생각된다.

---

62 『대한매일신보』 1907년 8월 20일자, 「李氏殉節」.
63 이충순 숨兄이 이충순에게 쓴 편지(1904년 2월 2일, 이충순 후손 소장)
64 이충순이 부친에게 보낸 편지(1905년 9월 9일, 이충순 후손 소장)
65 이충순이 부친에게 보낸 편지(1907년 1월 1일, 이충순 후손 소장). 이 편지로 이충순은 1907년 생애 마지막 설날을 당직으로 군문에서 쓸쓸하게 보냈음을 알 수 있다. 설날 그는 부친 외에 형에게도 별도로 편지를 보냈다.

그림 12
서울 동대문 밖에 버려진 시위대 전사자 시신을 찾는 유가족들(독립기념관 소장)

이충순이 전사한 직후인 1907년 8월 27일(음 7. 19)에 그의 부형의 부탁으로 정은교鄭圖敎가 지은 행장에서는 이충순의 최후 순국 장면과 서모가 시신을 수습한 사실이 아래와 같이 기록되어 있다.

마침내 탄환에 맞게 되니, 혹 적에게 잡혀 죽지 못하고 욕을 받게 될까 염려하여 스스로 오른쪽 옆구리를 찔러 자결하였으니 때는 정미년 여름 6월 23일(양 8월 1일 - 필자주)이라. 아! 만고에 누가 그와 견줄 수 있으리오. 놀랍도다! 그의 서모 역시 시석矢石을 피하지 않고 쌓인 시체더미 중에서 시신을 수습하여 시골에 있는 부형과 처자에게 이를 알렸다. (중략) 순절 후 거의 30여 일이 되었는데도 시신의 얼굴은 살아 있는 듯했고 총검 자리에 피 한 방울 흐르지 않았다.[66]

---

66 鄭圖敎,「殉節李參尉行狀」. "竟至中丸 而慮或遲斃受辱 遂自刃其右脅而死 歲丁未夏六月 二十三日也 嗚呼 萬古誰將與儔 猗歟 其庶母亦不避矢石 收斂於積屍之中 以聞於在鄉之父兄妻子 (中略) 殉後幾浹三旬 屍面如生 砲劒其血點不洩漏"

이충순이 순국한 지 30년이 지난 1936년에 지은 이충순의 전기에도 순국 장면과 서모의 시신 수습 내용이 들어 있다. 이 전기는 국치 이전 홍주의병에 참여한 뒤 1915년에 그 견문을 바탕으로 『홍양기사洪陽紀事』를 지은 청양 출신의 지사 임한주林翰周(1871~1954)가 당시 칠순에 가까운 이충순의 중형 이영순李英純의 청으로 지은 것이다.

중과부적으로 마침내 총탄에 맞게 되자 혹 저들의 포로가 되는 치욕을 당할까 염려하여 드디어 칼을 뽑아 옆구리를 찔러 죽었으니 나이가 31세였다. 어찌 그리도 장렬한가! (서모) 박씨는 시석矢石을 무릅쓰고 전장터에서 시체를 찾았는데 면모가 기운찬 것이 생시와 같았다. 총검에 상한 곳에는 피 한 방울 흐르지 않았고 20여 일이 지나도 부패되지 않았으니, 아! 참으로 괴이하도다.[67]

큰 틀에서 보면 두 인용문의 내용은 시신 수습 시기를 순국 후 '30일[三旬]'과 '20일[兩旬]'로 기록한 차이를 제외한다면 거의 같다. 이를 토대로 이충순의 최후 순국 장면을 다음과 같이 정리할 수 있다. 전투 중 적탄에 맞아 부상을 당하여 운신할 수 없게 된 이충순은 포로가 되는 수모를 면하고자 스스로 왼쪽 옆구리를 칼로 찔러 자결 순국하였다는 것이다. 여러 정황으로 보아 이러한 장면은 전투 후 오래지 않은 시간 내에 일어난 일로 생각된다. 이처럼 장절하게 순국한 지 '20여 일 후' 그의 서모 박씨는 전장터를

---

67 林翰周, 「笆邊集」 속권5 하, '傳', 「侍衛隊參尉李忠純傳」(丙子). "衆寡不敵 竟至中丸 而慮或爲彼俘虜之辱 遂拔刃劃其脇而死 年方三十一 何其烈也 朴氏冒矢石 覓屍體于原隰中 面貌勃勃如生時 其砲劍所傷無一點血漏 閱兩旬不變 嗚呼異哉" 林翰周, 「侍衛隊參尉李忠純傳」. 임한주가 지은 이 약전은 후손이 그 원본을 소장하고 있기도 하다.(1936년 3월, 필사본)

뒤진 끝에 '시체더미 속에서' 시신을 찾았다는 것이다.[68] 그의 유해는 고향 홍성으로 운구할 수가 없던 형편에 부득이 한강 너머 과천의 호현狐峴[여우고개, 현 남태령]의 문중 종산에 권장權葬하였다.

관련된 여러 자료에서는 서모 박씨가 이충순의 시신을 수습한 사실을 비중 있게 다루고 있다. 이는 이충순이 서모에게 다한 효성이 자연히 귀결된 것으로, 곧 이충순의 효성에 대한 보답이라는 것이다. 이충순의 외숙 조종형趙鐘衡이 지은 제문은 그러한 정황을 잘 보여준다.

> 너의 서모가 전장터 시체더미 속에서 너의 시신을 수습하였으니, 규중閨中의 정리情理만으로 어찌 능히 그리할 수 있겠느냐! 충성과 효도는 본시 함께 온전히 행하는 것이니, 네가 친부모를 모시는 그 정성으로 서모를 섬겼으니 그 성의에 감동한 까닭이니라.[69]

순국에 대한 논찬

이충순이 전사했다는 소식을 들은 그의 부친은 즉시 상경하여 아들의 시신을 수습하기 위해 백방으로 노력하였던 듯하다. 순국한 지 얼마 되지 않아 나온 『대한매일신보』의 아래 기사가 그러한 정황을 알려준다.

---

68 [추기] 서모가 이충순의 시신을 수습한 때는 순국 직후이고, 고향에서 상경한 부형이 시신을 장사한 것이 순국 후 2, 30일이 지난 뒤였을 것으로 보는 것이 더 합리적일 것 같다.
69 趙鐘衡,「祭文」(일자미상, 이충순 후손 소장). "汝之庶母 收積屍之中 以若閨闈若情 豈能如此乎 忠孝本是俱全之行 汝以事親之誠 事其庶母 誠意感動故也"

기부친其父親이 문기흉보聞其凶報하고 자향상경自鄉上京하여 욕위반장欲爲返葬이나 가소빈구家素貧窶하여 경기經紀가 무로無路한 고로 호읍도로呼泣道路하는데 기정상其情狀이 영인가민令人可憫이라더라.[70] (맞춤법 – 필자)

이병제가 아들의 시신을 고향으로 반장하고자 하였으나 집안이 빈한하여 경비를 마련할 길이 없어 길 위에서 울부짖고 있다는 것이다. 이와 같이 처절한 정경은 순국 2년이 지난 1909년 3월의 기사에도 '의탁할 데 없는 충혼'이라는 뜻의 「충혼무의忠魂無依」 제하에 다시 한 번 소개되었다.

전 시위 2연대 참위 이충순씨 등 10여인이 거去 정미년 6월분에 자並히 난포중亂砲中에 순사殉死하였으니 그 정경이 참불인언慘不忍言인 바 거개 엄시반장掩屍返葬이되 유독 이충순씨의 시신이 토롱중土壟中에 상재尙在하여 반장고토返葬故土가 전무全無 기도其道는 해씨의 본가가 지빈至貧하여 반구返柩의 비費를 판출辦出키 난함이라 해씨의 부친 이병제씨가 휼금恤金을 특하特下하라고 군부軍部에 청원하였더니 제지題旨에 정수가민情雖可悶이나 본무정례本無定例하니 불가지급不可支給이라 하였는데 정례유무定例有無는 고사하고 □ 구정민究情憫하□ 공근박애恐近迫隘□□여론이 유有하니라.[71] (□ 판독불가, 맞춤법 – 필자)

위 기사로 보아 부친 이병제는 아들이 전사한 지 2년이 지난 1909년까지도 유해를 고향으로 반장하지 못하여 애태웠고, 반장에 소요되는 경비를 국

---

70 『대한매일신보』 1907년 8월 20일자, 「李氏殉節」.
71 『대한매일신보』 1907년 8월 20일자, 「忠魂無依」.

가[군부]에서 지급해줄 것을 요청하였음을 알 수 있다. 매천 황현도 이병제의 이러한 포충褒忠 투쟁을 소개하여 "참위 이충순은 집안이 가난하여 그때까지 고빈藁殯을 하고 있는 형편이므로 그의 아버지 이병제가 군부에 호소하여 첨휼금沾恤金을 요청하자, 군부에서는 전례가 없다는 이유를 들어 허락하지 않았다."[72]라고 기록하였다. 이처럼 이병제가 아들의 장사비용을 국가에 청구한 것은 가난으로 인한 경제적 이유도 있겠지만, 아들 이충순이 국가를 위해 싸우다가 전사하였음을, 곧 그의 죽음이 의로운 순국임을 인정해 달라는 포충 투쟁과 주장을 함축하고 있는 것이다. 요컨대, 그의 부친은 아들의 죽음이 의로운 순국이라는 사실을 깊이 인식하고 있었음을 알 수 있다.

이충순의 순국 후 부친 외에 가족친지들도 그의 죽음을 애도하며 의로운 기상을 칭탄하였다. 먼저 큰형 이홍순은 다음과 같은 조시를 지어 아우의 애국충정을 기렸다.[73]

참위는 높은 벼슬 아니거늘	參尉將非重賞官
외로운 충성심은 해를 뚫고 높이 솟았네	孤忠貫日上高干
하루아침에 검부러기처럼 몸을 버렸으니	捐軀一早如纖芥
천추에 절개 지켜 고난 피할 줄 모르더라	伏節千秋不避難

이 조시에는 아우의 죽음에 대한 다소간의 원망도 배여 있는 듯하다. 그럼에도 그의 형은 말단 계급에 지나지 않던 아우가 보여준 애국충정이 '해를 뚫는다[孤忠貫日]'고 칭탄하였음을 알 수 있다.

---

72 황현, 『매천야록』, 490쪽.
73 伯兄弘純永訣二韻(이충순 후손 소장)

이충순의 외삼촌 조종형趙鐘衡도 생질의 순국을 기리는 제문을 지으면서 지어 그의 죽음을 사생취의한 것으로 평가하였다.

> 살기를 좋아하고 죽기를 싫어하는 것은 인지상정이고, 목숨을 버리고 의를 취함은 선비의 높은 품격이기에 사람마다 가진 정리情理에서 벗어나 선비의 높은 품격을 따른 것이라. 물고기와 웅장熊掌 가운데 웅장을 취한 것이로다. 호랑이는 죽어서 가죽을 남기고 사람은 죽어서 이름을 남긴다고 했거늘 이미 아름다운 이름을 가졌으니 죽어서도 또한 무슨 여한이 있겠느냐.[74]

또 외사촌 누이의 남편인 유필로柳弼魯는 「고군무참위순충문故軍務參尉殉忠文」이라는 애도문을 지었는데, 그 가운데서 "감히 잔약殘弱한 병사로서 끓는 물에 뛰어들고 불구덩이를 밟아 이 한 몸 돌보지 않고 나라를 위해 목숨을 바쳐 죽어서 절개를 지켰으니, 장하고 위대하도다."[75]라고 하여 충절에 따른 그의 고고한 애국기상을 기렸다.

한편, 이충순이 순국한 뒤 행장과 약전의 형태로 그의 일생을 간결하게 정리하면서 그의 애국충절을 기리기도 하였다. 그가 전사한 직후에, 구체적인 신상은 잘 드러나지 않지만 이충순의 지근에 있던 인물로 생각되는 정은교鄭圓敎라는 사람은 이충순의 행장을 지었는데, 그 가운데서 "곧은 충정과 탁월한 절개는 천하 후세에 전해질 것이요 아름답고 강의한 혼백은 문천상文天祥과 더불어 회자될 것"이라고 하여 그의 충절과 기백을 높이 평

---

74 趙鐘衡이 지은 이충순 제문(이충순 후손 소장). "好生惡死 人之常情 捨生取義 士之高標 違人常情 遵死高標 魚與熊掌 取其熊掌 虎死遺皮 人死遺名 旣有令名 死亦何恨"
75 柳弼魯, 「故軍務參尉殉忠文」(이충순 후손 소장)

가하고 기렸다.[76] 이충순이 순국한 지 30여 년이 지난 1936년에는 청양의 의사 임한주가 약전을 지었다. 그는 이충순의 고고한 충절을 기리는 글의 말미에 지조를 버리고 사욕을 쫓는 매국적의 패악을 다음과 같이 열렬히 성토하였다.

> 예로부터 충신과 열사는 지위가 낮고 거친 사람들에게서 많이 나왔다. 이충순은 지위가 낮고 나이가 어려 노성한 사람에 비할 수 없는데도 능히 큰 절의를 세우고 큰 대의를 떨치어 일월과 빛을 다투도다. 저 높은 벼슬에 많은 녹봉을 타먹으며 늙어 꼬부라지도록 죽지도 않고 달게 매국적이 된 자들은 도대체 어찌 그러할 수 있을까! 오호라 아아!![77]

맺음말

이충순은 1877년 충청도 홍주(또는 결성?)에서 후일 연산현감을 지낸 이병제의 3남 가운데 막내 아들로 태어났다. 그의 집안은 그의 증조부가 결성의 장촌長村에 이거하면서부터 호서지방에 정착하였다. 그의 출생지는 확인되지 않지만, 그의 본가는 홍주와 결성 일대를 삶의 터전으로 삼아왔다. 1907년 순국 당시에 이충순은 서울 북서의 '홍련弘連'에 살고 있었고, 그의 본가는 결성 구수동에 있었다.

---

76 鄭圍敎,「殉節李參尉行狀」
77 林翰周,「笹邊集」속권5 하, '傳',「侍衛隊參尉李忠純傳」(丙子). "自古忠烈之士 多出於卑疎之人 若忠純者 位卑年少 非耆成人之比 而乃克立大節闡大義 與日月爭光 彼高官重祿老黃馘 不死而甘爲賣國之賊者 亦獨何哉 嗚呼噫噫"

그의 가세는 경제적으로 매우 곤궁하였던 것으로 확인된다. 연산현감 등 부친의 관력으로 보아 향촌사회에서 어느 정도 권위를 가지고 있었을 것으로 짐작되지만, 양식 부족으로 끼니를 걱정해야 할 만큼 극심한 경제적 고통을 받았다. 이러한 가난은 부친 이병제의 반일 민족적 성향의 활동으로 인해 일제와 정부측으로부터 가해진 핍박과 제약 때문으로 생각되기도 한다.

1900년 10월 대한제국 육군무관학교에 입교하여 1902년 7월 보병 참위로 임관되었으며, 다시 1년여 후인 1903년 9월 졸업하였다. 졸업 1년 후인 1904년 6월에 친위보병 제1연대 제3대대 '견습참위'로 보임되었다. 러일전쟁 개전 중 대한제국 군대가 급격히 해체되는 과정에서 일어난 현상이거나, 부친의 항일이력이 문제가 되어 보임이 늦어졌을 개연성도 완전히 배제할 수 없다. 이듬해인 1905년 4월에는 전남 광주에 주둔하던 진위보병 제4대대의 견습참위로 전임되어 봉직하게 되었다. 이어 광주로 내려간 지 불과 6개월만에 9월 15일자로 수원 주둔 진위보병 제1대대의 견습참위로 재차 전임되었다.

수원 주둔 진위보병 제1대대 가운데 이충순이 배속된 부대는 1906년 징상대徵上隊로 서울에 올라와 주둔했던 것으로 보인다. 이 무렵 그는 '군규 위월'로 인해 '일주일 중근신' 처분을 받았다. 그 이유는 분명하지 않지만, 1905년 11월 을사조약 늑결 이후 충직한 군인들이 견지한 반일적 애국성향과 일정한 연관을 가진 행동에 기인하는 것은 아닌지 짐작할 따름이다.

이충순이 진위보병 제1대대에서 서울 시위대 제2연대 제1대대로 전임된 시기는 명확히 드러나지 않지만, 여러 정황으로 보아 1906년 6월부터 1907년 7월에 이르는 기간이었을 것으로 인정된다. 1907년 8월 1일 서울 시위대가 강제 해산될 때 이충순은 제2연대 제1대대 견습참위로 재직하였다. 해산 반대 대일시가전에서는 시위대군 전사자는 모두 79명으로 이충순도 그 가운데 한 사람이었다. 그는 남상덕과 함께 남대문 시가전의 전사자 가운데 이 날의 전투를 수행한 시위대군의 표상으로 언급되는 인물이다. 남상덕을 특기하는 이유가 일본군을 대표하던 카지하라[梶原義久] 대위를 사살하는 큰 전과를 올린 장본인이라는 데 있는데 비해, 이충순은 지극한 효성과 충군애국의 강직한 정신을 겸비한 참된 군인상으로 부상된 데 있다고 생각된다. 이러한 과정에서는 서모 박씨가 가탁되어 이충순이 남긴 영결사永訣辭와 효행 등이 인구에 회자된 결과라고 할 수 있다.

 한편, 이충순 전사 순국 후 그의 부친 이병제가 아들의 유해를 고향으로 반장하기 위해 대한제국 군부를 상대로 1909년까지도 장례비 지급을 요구한 사실이 주목된다. 이병제가 아들의 장사비용을 국가에 청구한 것은 가난으로 인한 경제적 이유도 있겠지만, 아들이 국가를 위해 싸우다가 전사하였음을, 곧 그의 죽음이 의로운 순국임을 인정해 달라는 포충襃忠 투쟁과 주장을 함축하고 있는 것이다. 이충순은 부친이 가진 항일 민족의식을 계승하였을 것으로 짐작된다. 여러 정황으로 보아 이겸제가 1894년 동학농민전쟁에서 보여준 반일민족 활동과, 아들 이충순이 1907년 서울 시위대 시가전에서 보여준 애국충정의 항일전은 13년간의 세월을 넘어서 동일한 궤적을 가지고 있다는 생생한 역사적 사실을 확인할 수 있다.

5부

의병 자료

송상도 『기려수필』의
의병 기술

머리말

일제의 침략과 강점으로 한민족은 두 가지 소중한 자산을 잃었다. 역사적 전통과 권위의 소산인 국권, 그리고 고귀한 문화적 전통에 기반을 둔 민족자존이 그것이다. 하지만 한민족은 일제의 무도한 침략과 지배에 결코 굴종하지 않았으며, 이를 치욕으로 여기고 아픔으로 느꼈을 따름이다. 잃어버린 국권과 민족자존을 회복하기 위해 백절불굴의 거족적 노력이 경주될 수 있었던 역사적 동인은 여기에 있었다.

일제 침략기에 민족자존과 국권회복을 위해 민족 구성원 전체가 동참한 항일투쟁이 곧 의병전쟁이었다. 백암 박은식이 한민족의 정수精髓로 표현한 의병은 그들 스스로 '조선 5백 년 배양지물培養之物'이므로 국가와 민족의 위기상황을 결코 외면할 수 없기 때문에 언필칭 '승패이둔불고勝敗利鈍不顧', 곧 승패나 유, 불리를 따지지 않은 채 구국전선에 동참한다고 밝혔다. 의병은 명분과 의리의 당위성에 따라 일어나 고귀한 생명을 희생한 것이다. 이들이 보여준 백절불굴의 의리정신은 독립운동이 장기지속적으로 전개될 수 있도록 한 원동력인 동시에 근원이었다. 의병전쟁은 독립운동의 시작이었고, 의병정신은 독립정신의 근간이 되었다.

독립운동 당대에 의식 있는 우국지사들은 이와 같은 의병전쟁의 역사적 의의와 고귀한 가치를 깊이 인식하고 다양한 기록들을 남겼다. 항일전에 직접 투신했던 의병 당자들이 남긴 창의록이나 전기류 외에 황현의 『매천야록梅泉野錄』, 조희제의 『염재야록念齋野錄』, 박은식의 『한국독립운동지혈사韓國獨立運動之血史』, 그리고 기술 형식은 다르지만 계봉우가 남긴 「의병전義兵傳」 등은 모두 의병에 대한 깊은 이해와 애착을 갖고 심혈을 기울인 소중한 기록들이다.

송상도宋相燾(1871~1946) 역시 애국선열들의 뜨거운 의열과 올곧은 충절을 기리기 위하여 『기려수필騎驢隨筆』을 남겼다. 『기려수필』에는 의병을 포함한 독립운동의 전 분야에 걸쳐서 총 207명의 항일애국지사의 약전이 수록되어 있다. 주지하다시피 송상도는 일제 강점기의 고단하고도 암울한 시기에 장장 30여 년간에 걸친 장구한 세월 동안 애국지사들의 족적을 찾아 전국 각지를 전전하면서 전문傳聞하고 자료를 수집한 결정結晶이 『기려수필』이라 할 수 있다. 그러므로 자료적 가치와 더불어 『기려수필』이 가지고 있는 정신사적 의미는 대단히 큰 것이다. 곧 『기려수필』은 기록자로서의 송상도와 기록 대상자로서의 독립운동 당자 모두가 동시에 남긴 고심혈통苦心血痛의 기록인 셈이다.

물론 『기려수필』이 의병만을 수록 대상으로 한 것은 아니었다. 하지만, 송상도는 위에서 논급한 의병의 가치와 역사적 의의를 누구보다 깊이 인식하고 있었으며, 그 결과 상당수 의병의 약전을 남겼던 것이다. 그러므로 『기려수필』에 수록된 의병의 약전만을 추출하여 그 관점과 성격을 살펴보는 것은 사서史書로서 지니고 있는 『기려수필』의 가치와 성격, 나아가 사가史家로서의 송상도의 역사인식 등을 구명하는 데 크게 도움을 줄 것이다. 이를 위해 여기서는 우선 『기려수필』에 수록된 의병 약전만을 먼저 추출하여 제시해 보고, 이어 약전 수록 의병을 지역 및 의진을 기준으로 몇 가지로 분류하여 살펴본 뒤, 마지막으로 그 가운데 나타나는 수록 약전의 특징과 의미를 분석해 보고자 한다.

약전 수록 의병

『기려수필』은 알려져 있듯이 편집된 정고본整稿本 5책과 미처 정리되지 못한 미정고未整稿 한 뭉치로 이루어져 있으며, 여기에는 총 207명의 항일독립운동가 약전이 수록되어 있다. 국사편찬위원회에서는 『기려수필』의 고본稿本을 '가능한 한 연대순, 사건별로 정리하고 거듭 나오는 사람의 전기는 가장 적당한 것을 택하여' 1955년에 한국사료총서 제2권으로 번각飜刻 간행하였다.[1] 수록의 대상 시기는 위정척사운동의 시각에서 1866년 병인양요 때 강화도에서 순절한 이시원李是遠, 1882년 신사척사운동 때 참형을 당해 순절한 홍재학洪在鶴 등을 필두로 1934년 국내에서 의열투쟁을 시도하다 피체된 비행사 출신의 사회주의운동가 윤공흠尹公歆에 이르기까지 근 70여 년에 걸쳐 있으며, 수록 분야는 의병전쟁을 비롯하여 의열투쟁, 자결순국투쟁, 사회주의운동, 광주학생운동, 군자금 모집 등 독립운동의 제방면에 걸쳐 있다.

안중근·이강년 등과 같이 5책의 정고본의 경우에도 특정 인물의 약전이 2~3회 중복 수록된 사례가 있다. 이로 미루어 『기려수필』의 정고본도 간행을 전제로 편집을 완전히 마무리한 상태가 아닌 것임을 짐작할 수 있다. 하

---

1 송상도, 『기려수필』, 국사편찬위원회, 1955, 「凡例」.

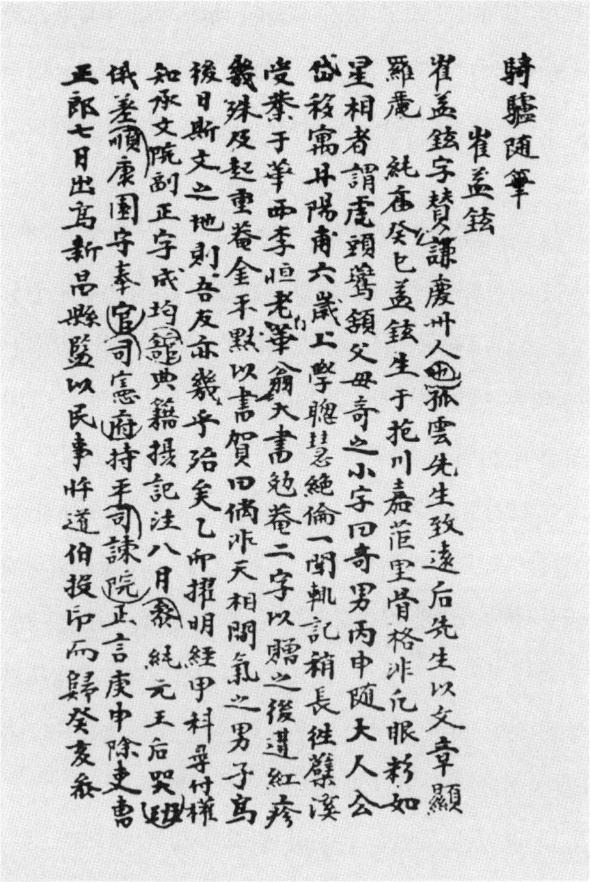
騎驢隨筆
崔益鉉
崔益鉉字贊謙慶州人孤雲先生致遠后先生以文章顯
羅麗 純廟癸巳益鉉生于抱川嘉莅里骨格非凡眼彩如
星相者謂虎頭鷰頷父母奇之小字曰奇男丙申隨大人公
徙移寓丹陽甫六歲上學聰慧絕倫一聞輒記稍長往蘗溪
受業于華西李恒老先生翁大書勉菴二字以贈之後遭紅疹
幾殊及起重菴金平默以書賀曰倘非天相間氣之男子焉
後日斯文之地則吾友亦幾乎殆矣乙卯擢明經甲科尋付權
知承文院副正字成均館典籍掇記注八月陞 純元王后哭班
供差順康園守奉官司憲府持平司諫院正言庚申除吏曹
正郎七月出爲新昌縣監以民事忤道伯投印而歸癸亥秋

그림 1 『기려수필』 초고
(독립기념관 소장)

지만 송상도가 발문에서 “엮어 놓은 책을 살펴보니, 국내에서 활동한 사람들에 대해서는 비록 5책에 거의 다 기록하였지만, 해외에서 활약한 사람들에 대해서는 아직 다 수집하지 못하였다. 이에 서울에 와서 이런 사실을 구하게 되었다. 마침 아무아무 지사들이 서울에 와 있었다. 이 사람들은 모두 오랫동안 해외에 있었기에, 이 사람들을 통해 해외에서 활약한 사람들의 사실에 대해서 물어보았다. 이에 곧 책을 완성할 것이다. 또한 여러 사람들이 돈을 갹출하여 곧 간행할 것이다."² 라고 편집 상태에 대해 언급한 대목으로 보아서는 인쇄를 전제로 편집을 완성해 놓은 상태임을 짐작할 수 있다. 그러므로 책별로 인물이 중복된 경위와 이유는 현재로서는 더 이상 예단豫斷하기 어려운 실정이다.

송상도는 『기려수필』 정고整稿를 봉화의 저명한 학자인 권상익權相翊 (1863~1935)에게 보내어 서문을 부탁하고 교정을 요청하였다.³ 이에 권상익은 『기려수필』 서문을 쓰고 원고를 검토하고 부분적으로 교정을 보았다. 봉화 닭실[酉谷]의 권상익은 예안의병장 향산 이만도의 문인으로 스승이 1910년 경술국치에 항거해 24일 동안 단식 순국할 때 그 침통한 현장을 지켰으며, 향산 사후 그의 묘지명을 지었던 인물이다. 그는 또한 스승의 유지를 받들어 1919년 김창숙金昌淑·곽종석郭鍾錫 등과 함께 파리 강화회의에 독립을 청원하는 파리장서巴里長書에 서명하였으며, 이듬해에는 중국 광동정부의 손문에게 보낼 독립청원서를 짓기도 했던 반일지사였다.⁴ 송상도가 권상익에게 원고 교정을 청한 것은 권상익의 출중한 학문과 드높은 지기志氣를 잘 알고 있고 이를 높이 평가하였기 때문이라고 생각된다.

『기려수필』의 편집 및 배열은 특별한 순위나 원칙이 없는 것으로 보이며, 필자인 송상도가 다년간에 걸쳐 현지조사를 진행하고 관련 자료를 수집 정리한 순서대로 배열한 것으로 짐작된다. 수록 인물의 활동분야, 지명도, 또는 역할의 경중과 무관하게 뒤섞여 배열되어 있는 점으로 미루어 그러한 정황을 짐작할 수 있다. 다만 홍주의병, 제천의병 등과 같이 활동 분

---

2   송상도, 『기려수필』, 433쪽.
3   송상도, 『기려수필』, 433쪽.
4   박민영, 『거룩한 순국지사 향산 이만도』, 지식산업사, 2010, 152·185쪽.

야와 지역이 동일한 범주에 속한 인물의 약전은 거의 동일한 시기에 정리되었을 것으로 짐작되며, 그 결과 동일한 활동 범주의 인물들은 대체로 같은 책에 수록되어 있다.

각 책별로 약전이 수록된 독립운동가 명단은 〈표 1〉과 같다. 〈표 1〉에 나타나 있듯이 『기려수필』에 약전이 수록된 명단은 사건·단체의 약기略記를 포함하여 모두 230명(건)이다. 그 가운데 안중근安重根이 3회(1·3·4책) 중복 수록되어 있으며, 홍사구洪思九(2·3책)·김지섭金祉燮(2·4책)·나석주羅錫疇(2·4책)·이시원李是遠(1·2책)·송병선宋秉璿(2·3책)·송병순宋秉珣(1·2책)·

표 1 『기려수필』 약전 수록 독립운동가[5]

책수	의병	비의병	총수
제1책	崔益鉉 金尙台 柳濬根 石昌文 盧炳大 閔肯鎬 李麟榮 李殷瓚 安重根 禹德淳(10명)	洪在鶴 張在學 白樂寬 李鳳煥 洪萬植 洪範植 宋宙勉 朴世和 潘夏慶 宋秉珣 朴永哲 金濟煥 申泰學 柳臣榮 李耕稙 韓圭卨 張志淵 趙秉世 李建奭 李漢膺 潘宗禮 金台根 權在學 金河苑 奇山濤 義婢 金奉學 李儁 張仁煥 朴星煥 南相德 李在明 李是遠 安明根 梁槿煥 白成欽(36명)	46명
제2책	洪思九 全德元(2명)	李成宇 李晩煃 金祉燮 尹應念 金一山 李壽興 金昌均 高麗革命黨 朴俊赫 金昌淑 金澤榮 羅錫疇 李壽澤 趙明河 全用才 張鎭弘 呂運亨 張秉晦 田明雲 金佐鎭 共産黨 李是遠 宋秉璿 李載允 張泰秀 金志洙 金永相 鄭東植 朴炳夏 鄭在健 金根培 宋秉珣(32명)	34명
제3책	柳麟錫 李春永 安承禹 洪思九 羅時雲 朱庸奎 李範稷 徐相烈 李晉應 金慶達 權珹一 權繼述 鄭煥直 李韓久 李錫 李康秊 安重根 閔肯鎬 李晩燾 蔡光默 李國善 李根周 李偰 金福漢 安炳瓚 金德鎭(26명)	宋秉璿 金鳳學 李承熙 金舜欽 黃玹 李冕宙 鄭東稙 李中彦 張基錫 崔宇淳 安孝濟 劉秉憲 金聲振 李儁 張仁煥 鄭在洪 李在明 朴泰泳 李興宰 閔泳煥 柳道發 趙章夏 吳剛杓 李學純 金氏婦人 李鉉燮 李承七 河錫煥 曺氏婦人 宋秀萬 李喆榮(31명)	57명

책수	의병	비의병	총수
제4책	李康秊 李世永 金顯奎 石昌文 盧炳大 金薰鉉 安重根(7명)	李承熙 禹龍澤 金益相 姜宇奎 朴能一 全協 金瑪利亞 李耕植 宋賢根 崔一浩 權龍河 金聖祚 李昌德 安敬信 徐相漢 朴治毅 朴在赫 崔敬鶴 全仁學 金道源 金相玉 趙鼎九 楊承雨 朴殷植 盧伯麟 李始榮 宋學先 朴烈 金始顯 金祉燮 李鍾巖 金禮鎭 張鎭元 金光善 崔昌善 丙寅萬歲 方漢相 羅錫疇 尹又烈(39명)	46명
제5책	金百先 梁漢奎 李錫庸 全垂鏞 林炳纘(5명)	李振武 邊洛奎 趙鏞夏 李奉昌 尹奉吉 己巳萬歲光州學生事件(6명)	11명
未整稿		李來修 李喆榮 朴武祚 金奭鎭 李相高 申圭植 白南俊 金奇順 大韓民國臨時政府 李承晩 徐日甫 宋振鐸 金昇鉉 金俊寬 李容甲 李得壽 玄淳乙 吳學洙 朴善一 黃東律 尹誼炳 鮮銀會寧支店事件 梁愛心 金信根 安昌男 梁泰成 李浩源 張元濟外三名 崔汝貞 李冑奭 李德柱 池靑天 愼秉恒 金邦佑 盧錫聖 尹公欽	36명
	의병 총 50명	비의병 총 180명(건)	계 230명 (건)

석창문石昌文(1·4책)·노병대盧炳大(1·4책)·민긍호閔肯鎬(1·3책)·이경직李耕植(1·4책)·이준李儁(1·3책)·이재명李在明(1·3책)·이강년李康秊(3·4책)·이승희李承熙(3·4책)·이철영李喆榮(3책·미정고) 등 15명은 2회 중복해서 실려 있다. 그리고 사건·단체로는 고려혁명당·공산당(이상 2책), 병인만세丙寅晩歲(4책), 기사만세己巳萬歲(5책), 대한민국임시정부·조은회령지점사건鮮銀會寧支店事件(이상 미정고) 등 6건이 실려 있다. 그러므로 중복 수록된 숫자(17회)와 사건·단체(6건)를 제외할 때, 『기려수필』에 약전이 실린 항일지사는 총 207명으로 파악된다.

---

5 신석호, 「해제」, 『기려수필』, 2~3쪽 수록명단 참조. 독립기념관에 소장된 手筆 원본의 경우, 그 이유는 알 수 없지만, 권상익이 쓴 서문과 범례가 제1책이 아닌 제2책 서두에 수

『기려수필』에 약전이 수록된 의병은 중복 사례를 포함하여 모두 50명(건)으로 파악된다. 이렇게 볼 때 『기려수필』 전체 수록 약전(230건) 가운데 건수를 기준으로 보면 약 22% 정도를 의병이 차지하고 있는 셈이다. 또, 의병 약전 50건 가운데 앞에서 보았듯이 안중근이 3회, 그리고 민긍호·이강년·홍사구·석창문·노병대 등 5명이 각각 두번씩 중복되어 있으므로, 그 중복 횟수(7회)를 제하면 『기려수필』에는 총 43명의 의병 약전이 수록되어 있는 셈이다. 결국 『기려수필』에 실린 의병 명수(43명)는 전체 항일지사 수록 명수(207명)의 약 20%를 차지한다고 할 수 있다.

이렇게 볼 때, 『기려수필』 전체 기록에서 의병 약전이 차지하는 분량과 비중이 독립운동의 다른 분야에 비해 특히 높다는 사실을 알 수 있다. 이 점은 송상도가 의병의 가치나 비중을 비교적 적극적으로 평가하였을 뿐만 아니라, 일제 강점기의 암울한 시대상황에서도 한민족의 흉중에 의병의 고귀한 정신과 가치가 내재해 유전되고 있었던 결과가 아닌가 짐작된다. 송상도가 전국 각지를 전전하며 여러 항일독립운동가들의 자료를 수집하고 현지를 답사할 때, 지사들로부터 수집한 자료와 전문傳聞을 토대로 이처럼 다수 의병의 약전을 수록할 수 있었던 것으로 보인다. 특히 제3책의 경우에는 전체 수록 약전 57명 가운데 의병이 26명으로 거의 반수를 차지하고 있다. 그 의병 약전의 대부분은 후술하겠지만 전국 의병 가운데 가장 중추적 의병이라 할 수 있는 제천의병과 홍주의병 성원들이다. 이러한 점으로 보아 송상도는 거의 같은 시기에 집중적으로 이 의병에 대한 조사 정리

록되어 있다. 이로 미루어 제1책과 제2책은 순서가 오기된 것으로 보이므로, 여기서는 책의 순서를 바꾸어서 기술하였다. 즉 위 본문의 표에 나오는 제1책과 제2책은 원본의 제2책과 제1책에 각각 해당된다. 또, 국사편찬위원회 번각본 말미에 수록되어 있는 저자의 발문은 수필 원본 5책 속에는 들어 있지 않은데, 원자료의 행방은 확인하지 못하였다.

를 진행했음을 알 수 있다. 여기에 비하여 뭉치로 남아 있는 미정고에는 의병 약전이 한 건도 들어 있지 않다는 점도 주의를 끈다. 그 이유는 명확하지 않으나, 송상도가 의병에 대한 조사 정리를 상대적으로 이른 시기에 진행하였기 때문에 비교적 후기에 조사 정리한 것으로 추정되는 미정고에는 포함되어 있지 않은 것으로 짐작된다.

『기려수필』에 나타난 의병관

지역·의진별 유형화

『기려수필』에는 의병으로 파악할 수 있는 항일지사 43명의 약전이 수록되어 있다. 이들 의병 약전은 다른 인물의 경우와 마찬가지로 특별한 계통이나 기준 없이 오직 조사 정리된 순서에 따라서 산발적 형태로 수록되어 있다. 그러므로 수록 의병 43명을 편의상 소속 의진의 활동권역을 기준으로 충북, 충남, 경북, 강원, 전북, 그리고 연해주·북한지역 등으로 분류해 도표로 제시하면 〈표 2-1~6〉과 같다.

『기려수필』에 수록된 의병 명단 가운데 경북지역의 이만도와 김도현, 그리고 기타 지역으로 분류한 안중근, 우덕순, 전덕원 등 5명은 송상도가 의병 활동의 관점에서가 아니라, 의병 이후 또다른 독립운동의 공적에 관점을 두고 수록한 사례이다. 이만도(1910년 순국)와 김도현(1914년 순국)의 경우에는 의병 해산 이후 경술국치에 항거하여 순국한 사실에 더 큰 비중을 두고 기술하였으며, 하얼빈의거의 주역인 안중근과 우덕순, 그리고 만주 독립군의 저명한 지도자로 1923년에 신의주 주재소를 습격했던 전덕원 등

표 2-1 충북지역

	성명	소속의진	직위/전직	출신지/활동지	인용자료	所收	서거유형	비고
1	柳麟錫	제천의진	의병장/유생	춘천/제천	昭義新篇	제3책	병사	
2	李春永	〃	중군장/유생	양평/제천	倡義錄(朴貞洙)	3	전사순국	
3	安承禹	〃	전군장/유생	양평/제천	倡義錄	3	전사순국	
4	洪思九	〃	종사/유생	영주/양평 제천	〃	2·3	전사순국	長文/중복
5	金百先	〃	선봉장/포수	양평/제천		5	참형순국	
6	羅時雲	〃	都領將/포수	평창/제천	倡義錄	3	전사순국	
7	朱庸奎	〃	참모/유생	단천/제천	〃	3	전사순국	
8	徐相烈	〃	참모/유생	단양/제천	〃	3	전사순국	
9	李範稷	〃	소모장/유생	충주/제천	〃	3	피살순국	
10	李國善	속리산의진	의병/농업	안동/속리산		3	전사순국	
11	盧炳大	〃	의병/유생	상주/속리산		4	옥중순국	
12	石昌文	〃	의병/상업	보은/속리산		4	피살순국	

표 2-2 충남지역

	성명	소속의진	직위/전직	출신지/활동지	인용자료	所收	서거유형	기타
1	金福漢	홍주의진(전기)	의병장/성균관대사성	홍성/홍성	洪陽日記(林翰周)	제3책	병사	
2	李偰	〃	의병장/사헌부지평	홍성/홍성	金福漢記錄	3	병사	
3	李根周	〃	의병/유생	홍성/홍성	家狀	3	자결순국(경술국치)	

송상도『기려수필』의 의병 기술   543

	성명	소속의진	직위/전직	출신지/활동지	인용자료	所收	서거유형	기타
4	李世永	홍주의병 (전기·중기)	참모장/ 무반가문	아산/ 청양	李承熙 記錄	4	병사	長文
5	安炳瓚	〃	참모/ 유생	홍성/ 홍성	洪陽日記	3		
6	蔡光默	홍주의진 (중기)	참모장/ 유생	홍성/ 홍성	安炳瓚 記錄	3	전사순국	
7	金德鎭	〃	참모/ 유생	청양/ 홍성		3		
8	劉濬根	〃	儒兵將/ 유생	보령/ 홍성	墓誌銘 (金福漢)	1		대마도 被囚

표 2-3 경북지역

	성명	소속의진	직위/전직	출신지/활동지	인용자료	所收	서거유형	기타
1	權珽一	안동 의진	의병/아전	안동/안동	野錄	제3책	전사순국	
2	權繼述	〃	中營執事/ 아전	안동/안동	野錄·權相翊記錄	3	피살순국	
3	李晚燾	예안 의진	의병장	안동/안동	權相翊 記錄	3	단식순국 (경술국치)	
4	金道鉉	영양 의진	의병장	영양/영양	柳寅植 記錄	4	자결순국	
5	金顯奎	울진 의진	의병장	김해/ 울진	〃	4	피살순국	
6	李康秊	이강년 의진	의병장	문경/ 제천		3·4	사형순국	중복
7	金尙台	〃	중군장	단양/ 제천		1	옥중순국	
8	鄭煥直	산남 의진	의병장	영천/ 영천		3	전사순국	
9	李韓久	〃	중군장	포항/ 영천		3	전사순국	
10	李錫	〃	左領將	청송/ 영천		3	사형순국	

표 2-4 강원지역

	성명	소속의진	직위/전직	출신지/활동지	인용자료	所收	서거유형	비고
1	李晉應	춘천의진	의병장/유생	춘천/춘천	倡義錄	제3책	전사순국	
2	金慶達	〃	의병/포수	춘천/춘천	〃	3	피체순국	
3	閔肯鎬	관동창의군	의병장	서울/원주		1·3	전사순국	중복
4	李麟榮	관동창의대	의병장	여주/원주		4	사형순국	
5	李銀瓚	〃	중군장	원주/원주		4	사형순국	

표 2-5 전북지역

	성명	소속의진	직위/전직	출신지/활동지	인용자료	所收	서거유형	기타
1	崔益鉉	태인의진	의병장	포천/태인	年譜		옥중순국	長文
2	林秉瓚	〃	참모장	옥구/태인				長文
3	梁漢奎	남원의진	의병장	남원/남원			전사순국	
4	李錫庸	이석용의진	의병장	임실/진안			옥중순국	長文
5	全垂鏞	전수용의진	의병장	임실/영광			사형순국	

표 2-6 북한·연해주지역

	성명	소속의진	직위/전직	출신지/활동지	인용자료	所收	서거유형	기타
1	全德元	전덕원의진	의병장	용천		2	옥중순국	
2	安重根	연해주의병	우익장	해주/연해주		1·3·4	사형순국	長文/중복
3	禹德淳	〃	중대장(?)/주사	청주/연해주		1		

3명의 경우에는 의열투쟁의 시각에서 각각의 약전을 기록한 것이다. 이들 모두에 대하여 의병활동의 전력前歷을 기록하고 있기는 하지만, 송상도는 의병의 관점보다는 의열투쟁의 시각에서 이들을 파악한 셈이다. 이러한 시각과 기술은 또한 이들에게 내재되어 있던 의병의 계기적 계승 방략의 실상보다 결과론적 의열투쟁의 성과를 더 비중있게 인식한 결과라 할 수 있다.

〈표 2-1~6〉를 통해서 볼 때, 송상도는 일정한 지역에서 활동한 특정 의진과 관련된 의병들의 약전을 집중적으로 남겼음을 알 수 있다. 먼저, 지역적으로 보면 충북(12명), 충남(8명), 그리고 경북(10명) 지역에 특히 집중되어 있다. 이러한 현상은 전국 의병전쟁의 개략적 전개상황을 고려할 때, 일부 편중된 경향이 있음에도 불구하고, 의병전쟁이 중부권을 주요 무대로 전개되던 일반적 양상과 비슷하게 일치하고 있다는 점에서 아주 예외적인 현상은 아니다.

먼저, 충북지역의 경우에는 의병장 유인석을 필두로 하는 제천의병의 사례가 단연 두드러진다. 『기려수필』에는 단위의진의 성원으로는 가장 많게, 제천의병에서 활동한 의병 9명의 약전이 수록되어 있다. 충북지역에서 특기할 사항은 속리산의진에서 활동한 의병 3명의 약전이 수록되어 있다는 점이다. 이것은 송상도가 약전 수록의 준거인 충절과 의리의 관점에서 이들 3인의 행적과 관련된 자료나 전문을 함께 수집한 결과이기도 한 것으로 보인다.

충남의병의 경우에는 전기, 중기의병 단계에 걸쳐 특히 두드러진 활동을 보였던 홍주의병의 인물 8명의 약전이 실려 있다. 『기려수필』 의병 약전 가운데 홍주의병의 경우가 사실史實의 관점에서 가장 객관적으로 활동 공적과 주도 인물들을 선록選錄한 사례로 인정된다. 즉 전기 홍주의병을 주도했던

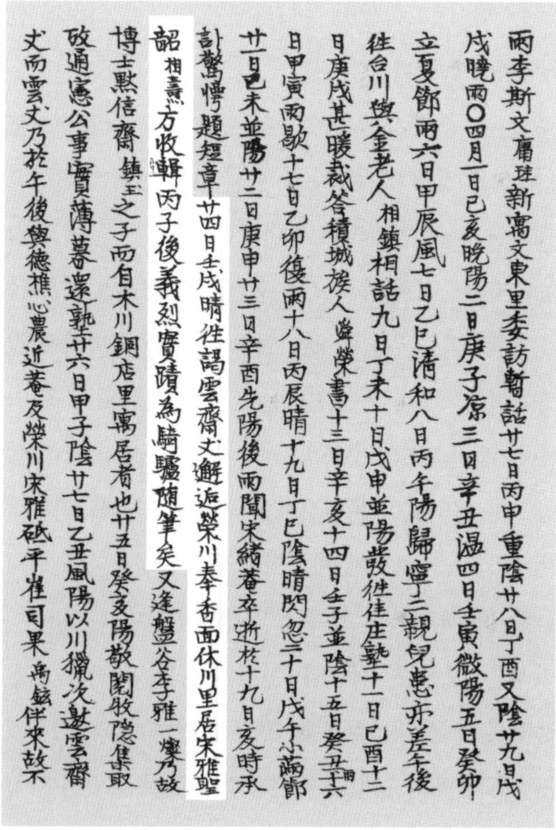

雨李斯文庸瑾新寓文東里委訪暫話廿七日丙申重陰廿八日丁酉又陰廿九日戊
戌晩雨○四月一日己亥晩陽二日庚子凉三日辛丑温四日壬寅微陽五日癸卯
立夏節雨六日甲辰風七日乙巳清和八日丙午陽歸寧二親兒患亦差午後
往台川與金老人相鎭相話九日丁未十日戊申並陽蔵往佳庄塾十一日己酉十二
日庚戌甚暖裁答積城族人舜榮書十三日辛亥十四日壬子並陰十五日癸丑十六
日甲寅雨歇十七日乙卯後雨十八日丙辰晴十九日丁巳陰晴閃忽二十日戊午小滿節
廿一日己未並陽廿二日庚申廿三日辛酉先陽後雨聞宋緒菴卒逝於十九日亥時承
訃驚慟題短章廿四日壬戌晴往謁雲齋丈邂逅榮川奉香面休川里居宋雅聖
韶相壽方收輯丙子後義烈實蹟為騎驢隨筆矣又逢盤谷李雅一燦乃故
博士默信齋鎭玉之子而自木川銅店里寓居者也廿五日癸亥陽敬閱牧隱集取
攷通憲公事實薄暮還塾廿六日甲子陰廿七日乙丑風陽以川獵次邀雲齋
丈而雲丈乃於午後與德樵心農近菴及榮川宋雅砥平崔司果禹鉉伴來故不

그림 2 송상도가 최익현의 사적을 조사하기 위해 모덕사를 찾은 사실을 알려주는 기록(곽한소의 1916년 4월 24일자 일기)

김복한과 이설을 비롯하여 전기, 중기 두 시기에 걸쳐 두드러진 활약을 보였던 안병찬과 이세영, 그리고 채광묵, 유준근 등 중기 홍주의병 주역의 약전이 비교적 고르게 수록되어 있는 것이다. 이러한 점을 통해 송상도는 전국 단위의진 가운데 제천의병과 함께 홍주의병에 대해 특히 관심을 가지고 자료를 수집, 정리하였음을 짐작할 수 있다.

경북지역의 경우에는 전기의병 단계에서는 안동·예안·영양·울진 등지에서 활동한 의병의 약전이 실려 있고, 1905년 을사조약 이후 일어난 중기, 후기 단계의 의병으로는 역시 그 활동이 두드러졌던 이강년 의진과 산남의진 성원들의 약전을 수록하고 있다.

송상도는 그의 『기려수필』에 충북(제천의병), 충남(홍성의병), 그리고 경북 지역에서 활동한 의병의 약전을 집중적으로 수록해 놓았다. 이러한 현상은 자료수집의 난이難易 문제와도 깊이 연관되어 있다고 생각된다. 일제 강점기의 살벌한 조건에서 항일지사들의 활동자료를 수집 열람한다는 것은 목숨을 담보로 하지 않을 수 없을 만큼 위험한 일이었다. 그만큼 극비리에 관련 자료를 수집하였을 것이며, 그에 따라 수집되는 자료의 범위도 극히 한정될 수밖에 없었을 것이다. 제천의병의 수록 약전의 경우, 자료가 남아 있지 않은 김백선을 제외하고는 예외없이 문헌자료에 의거해 약전을 기록하였다. 유인석의 경우에는 유인석을 비롯한 제천의병의 활동내용과 관련되는 문건들을 수록한 『소의신편昭義新篇』의 기록에 의거하였으며, 나머지 이춘영·안승우·홍사구·나시운·주용규·서상렬·이범직 등의 약전은 제천의병의 활동기록으로 정리해 놓은 '창의록倡義錄'[6]에 의거하여 기술한 것이다. 나아가 창의록은 춘천의진에서 활동한 이진응과 김경달 양인의 약전을 정리하는 데까지 인용되었다. 그리고 홍주의병의 경우에는 '홍양일기洪

---

6 송상도가 제천의병과 춘천의병의 약전을 정리할 때 참고한 자료인 '창의록'의 기록자는 李正奎와 朴貞洙 두 명으로 확인된다. 곧 이춘영의 약전에는 '朴貞洙倡義錄'으로, 김백선의 약전 가운데는 '見李貞奎所撰倡義錄'이라 하고 그 속에 기록되어 있는 유인석·이춘영·안승우·서상렬·나시운의 행적을 보았다고 밝혔다. 그리고 나머지 인물들의 약전에는 '창의록'으로만 표기되어 있다. 이런 정황으로 보아 송상도는 이정규가 편집한 『倡義見聞錄』과, 박정수가 기록하고 원용정이 교열한 『下沙安公乙未倡義事實記』 등 제천의병의 활동전말을 기록한 대표적인 자료들을 모두 열람하고 이를 토대로 약전을 기술했음을 알 수 있다. 특별하게 박정수의 기록으로 명기한 이춘영의 약전 외에, 송상도는 일반적으로 위 두 가지 자료를 並稱하는 의미에서 '창의록'으로 기록한 것으로 생각된다.

陽日記'[7]와 김복한·안병찬 등이 남긴 관련기록을 수집하여 이를 토대로 약전을 정리하였다. 다른 지역에 비해 자료를 수집하고 전문을 채록하는 데 가장 유리했던 경북지역 의병의 사례도 마찬가지였다. 안동·예안 등지의 의병에 깊숙이 관여되어 있던 권상익이나 유인식이 남긴 기록 등이 바탕이 되었으며, 호남의병의 총수인 면암 최익현의 경우에는 그의 연보를 정리하여 약전으로 수록하였다. 또한 안중근의 경우에는 창강 김택영이 지은 안중근 전기를 수집하여 열람하고 이를 정리한 것이다. 이처럼 송상도는 수집 가능한 범위내의 자료를 총괄적으로 모아 이를 정리하여 약전으로 수록하였던 것이다.

『기려수필』에는 충북·충남·경북 세 지역 외에 강원지역과 전북지역 의병의 약전이 수록되어 있다. 강원지역의 경우에는 전기에 활동한 춘천의병과, 후기에 활동한 민긍호 및 이인영 의병이 실려 있으며, 전북지역의 경우에는 전기의 태인의병, 그리고 중, 후기에 활동하는 양한규·이석용 의병장의 약전이 수록되어 있다. 그밖에 전남의병으로는 활동영역으로 보아 유일한 사례라 할 수 있는 전해산 의병장을 비롯하여 연해주의병으로 하얼빈의거의 주역인 안중근과 우덕순, 북한의병으로는 유일한 평북 용천의 전덕원 의병장의 약전이 실려 있는 것이 특기할 만하다.

그밖에 경남, 경기도 지역에서 활동한 의병은 한 명도 수록되어 있지 않으며, 황해·평안·함경도 등 서북지방 의병의 사례도 전덕원을 제외하면 수록되어 있지 않다. 뿐만 아니라, 1907년 군대해산 이후 확대된 후기의 병 단계에서 전국의병을 주도했던 호남의병, 특히 전남의병의 사례가 매우

---

[7] '洪陽日記'는 林翰周가 홍주의병의 활동 전말을 정리하여 기록해 놓은 『洪陽紀事』를 일컫는 것으로 보인다.

드문 점도 극히 이례적인 현상이다. 이와 같은 지역적 편중 현상은 송상도가 활동지역이나 단위의진을 기준으로 삼지 않았기 때문에 지역별, 의진별 안배가 전혀 고려되지 않았고, 후술하겠지만 의열義烈과 충의忠義라는 그의 일관된 관점에 따라 항일지사들의 약전을 정리하여 수록한 결과라 할 수 있다.

의병 약전의 특징

송상도는 자신의 일정한 관점에 따라 항일지사들의 약전을 기술하였다. 그는 자신이 『기려수필』을 저술하는 이유로 두 가지를 들었다. 하나는 절의節義를 세운 인물을 선양하기 위해서이고, 다른 하나는 세인에게 풍교風教를 장려하고 충의忠義를 권면하기 위해서였다. 이 두 가지는 조선시대 일반적인 선비들이 견지하는 저술 목적이었으며 동시에 지향점이기도 하다. 송상도 역시 대한제국이 망한 뒤에 애국충절에 뛰어난 인물을 정리하여 후세에 전하는 것을 선비로서 자신의 책무로 받아들인 것이다. 이는 선비로서 당시 일제의 침탈에 대한 저항정신의 표출이기도 하다. 수집 대상자의 기준은 애국충절이 어떠한가에 두었을 뿐 대상자의 신분 여하는 상관이 없었다. 대개 초야에서 미천하게 지낸 인물의 경우 나라를 향한 애국심만큼은 세신世臣이나 벌열閥閱 못지않지만 역사에 채록되지 못한 채 아무 흔적 없이 사라진다. 이를 안타깝게 여긴 송상도는 명망 있는 고관보다는 이름 없이 죽어간 애국지사들을 더욱 발굴하려고 노력하였다. 실제로 『기려수필』에는 다른 역사서에 기록이 미미하거나 남아있지 않은 인물들의 행적이 많이 수록되었다. 이는 숨겨진 사실을 밝혀주는 입장에서 춘추를 지은 공자의 저술 태도에서 영향을 받았음을 알 수 있다. 송상도는 거리에 상관없이 전국 각지를 돌아다니며 애국지사에 관한 자료라면 모두 수집하였다. 신분의 귀천도 가리지 않으며 남녀의 차별도 하지 않고 그는 오직 나라를 위해 순절한 사람이라면 모두 입전立傳하려는 공평한 태도를 견지했다. "무릇 의義는 하늘이 부여한 성품이니 어찌 귀천, 남녀의 차별이 있겠는가. 매우 미천한 사람이라도 차이를 두지 않고 모두 기록하였다."라는 송상도의 말이 이를 증명해 준다.[8]

송상도는 의병의 경우도 다른 항일지사의 사례와 마찬가지로 철저하게 위의 관점에 따라 기록을 남겼다. 이런 관점을 감안해서 본다면, 수록 의병을 각 의진별 또는 지역별로 분류하거나 분석하는 것은 그 자체의 의미로는 일정한 한계를 지닐 수밖에 없다.

포수 출신으로 제천의병의 이춘영 휘하에 도령장都領將으로 참가한 뒤 끝내 전사 순국하게 되는 나시운羅時雲의 약전을 기록한 것을 비롯하여, 속리산의병에 참가하여 순국하게 되는 이국선李國善과 석창문石昌文 등 하층 신분 출신을 소개한 것 등은 그 두드러진 사례에 속한다. 또 명문거족이 즐비한 안동지역에서 아전 출신으로 의진에 가담하였다가 순국하게 되는 권대일權玳一·권계술權繼述 등의 약전을 수록한 것도 오직 의리와 충절의 관점에 따른 송상도의 역사인식의 결과라 할 수 있다. 물론 전국의병을 상징하는 제천의병의 유인석, 홍주의병의 김복한, 호남의병의 상징 최익현, 그리고 안동 성리학의 본산인 퇴계 가문의 이만도 등의 전기를 수록한 것도 앞에서 든 사례와 동일한 관점에서 그들의 애국충절을 높이 평가하였기 때문이다.

---

8 이향배, 「기려수필의 편찬과 사료적 가치」, 『기려수필의 사료적 가치 재조명』(충청문화연구소 기려수필 세미나강독회 발표문, 2010. 3. 27), 2~3쪽.

호남의병의 경우, 기록이 소략한 것은 상대적으로 지리적으로 멀리 떨어져 있어 관련 자료와 전문을 수집하기 어려웠기 때문으로 보인다. 이 점은 서북지역과 경기도의 경우도 마찬가지였을 것이다. 다만 추측컨대, 임실 출신의 이석용과 전수용, 그리고 임실과 인접한 남원의 양한규 등의 약전을 수록한 것은 송상도와 동일한 역사인식을 갖고 있던 임실의 선비 염재念齋 조희제趙熙濟(1873~1939)와 일정한 교감이 있었기 때문이 아닌가 짐작되기도 한다. 조희제는 송상도와 같은 생각에서 초야에 묻힌 애국지사들의 행적을 역사에 남기기 위해 『염재야록念齋野錄』을 저술한 지사였다. 그는 야록 편찬을 위해 황현의 『매천야록』, 박은식의 『한국통사』 등 당대 사서들도 두루 섭렵하고 그 장단점을 비교 검토하였다. 그러한 과정에서 조희제는 송상도가 자신과 비슷한 처지와 입장, 그리고 동기에서 항일독립운동가의 약전을 집필하고 있던 정황을 비교적 자세히 파악한 것으로 짐작된다. 조희제가 언급한 "진산珍山의 김경중金曔中, 예천의 선비 송상도, 김제의 선비 강진형姜震馨 등 여러 사람의 경우는 다년간 열심히 편집했으나 아직까지 탈고하지 못했다"고 한 대목을 통해서도 두 사람 사이에 일정한 교분이 있었음을 알 수 있다.[9] 참고로 6권으로 된 『염재야록』에는 유인석과 김복한을 비롯하여 박원영·정상섭·최익현·임병찬·민종식·이남규·이강년·허위·민긍호·노병대·이석용·김준·전해산·안제원·고광순·문태수·기삼연·김익중·정시해·한정호·기우만·안중근 등의 의병 약전이 실려 있다. 『기려수필』과는 달리 이석용·전해산·고광순·기삼연·문태수 등 호남의병을 이끈 발군의 의병장들이 대거 수록되어 있는 점이 『염재야록』의

---

9 변주승, 「염재 조희제와 염재야록」, 『국학연구』 15, 한국국학진흥원, 2009, 437쪽.

두드러진 특징 가운데 하나이다.[10]

『기려수필』에 수록된 의병 약전 가운데 제천의병의 홍사구를 비롯하여 전북의병의 최익현·임병찬·이석용, 충남의병의 이세영, 그리고 연해주의병의 안중근의 경우에는 특히 장문으로 이루어져 있다. 홍사구의 경우, 의병 사적보다 절의의 관점에서 오히려 그의 사후에 부인 성씨가 보여준 의행義行 및 양자 입적과정에 상당한 비중을 두고 있는 것이 특징이다.[11] 최익현의 사례에서는 올곧은 선비의 기개를 바탕으로 한 사환활동仕宦活動 및 반제투쟁의 행적을 세밀하게 소개하였다.[12] 최익현의 참모였던 임병찬 사적의 경우에는 낙안군수 시절 보여준 세수행정稅收行政의 치적治績을 자세하게 소개한 대목이 특기할 만하다.[13] 또한 이석용의 경우에는 그와 함께 연합을 시도한 김동신 의병에 대해 "싸울 의사는 없고 다만 미적거리고 있었다. (중략) 김동신은 조금도 싸울 의사가 없었고 다만 군권을 장악하려 하였다. 용담과 고산 지역의 의병을 지칭한 무뢰배들이 모두 김동신을 추대하여 대장으로 삼았다. (중략) 김동신이 공포감에 싸우지 않고 달아나 버리자 병사들도 두려워하였다."라고 하여 신랄하게 비난한 대목이 특기할 만하다. 나아가 항일전 과정에서나 피체 후 순국과정에서 이석용이 보여준 고고한 기상을 높이 평가한 것도 두드러진다.[14] 송상도가 이석용을 극찬하고 김동신 의병장을 신랄하게 비판한 이유가 무엇인지 구체적으로 드러나지는 않지만, 현지 조사와 문헌 및 전문을 수집하는 과정에서 김동신에 대한 부정적 인

---

10 趙熙濟, 『念齋野錄』 권2~3, 1950, 열전 참조.
11 송상도, 『기려수필』, 34~36쪽.
12 송상도, 『기려수필』, 95쪽.
13 송상도, 『기려수필』, 104~111쪽.
14 송상도, 『기려수필』, 134쪽.

식이 자리잡게 된 것으로 보인다. 그리고 홍주의병의 이세영에 대해서는 이순신 장군의 후손으로서 전기, 중기 홍주의병에 연이어 참여한 행적과 그로 인한 유배형의 실상을 자세히 기술한 점이 두드러진다.[15] 이처럼 장문으로 이루어진 항일지사들 약전의 공통된 특징은 역시 충절과 의리의 관점에서 특기할 기적奇績과 행적을 기술한 점이라 할 수 있다.

또한 그 동안 학계에서 흔히 인용되어 온 대목이기도 하지만, 김백선의 약전은 독립운동가를 대하는 송상도의 인식의 한 단면을 잘 보여주고 있다는 점에서 특기할 만하다.[16] 송상도는 제천의병의 선봉장으로 용맹을 떨치던 김백선이 의로운 기상을 가진 인물임에도 불구하고 하층 신분이라는 이유로 억울하게 죽임을 당하고 끝내 그 사적이 묻히게 된 현실을 개탄하면서 그의 출신지를 탐방하고 세밀하게 조사하여 그의 사적을 자세하게 기록으로 남겼다. 송상도가 "옛날 을묘년(1915) 가을에 내가 지평의 상석리에 가서 이정규가 지은 창의록倡義錄을 보았는데 그 안에 유인석·이춘영·안승우·서상렬·나시운 등 여러 사람의 사적이 소상하게 기록되어 있었다. 그런데 김백선에 대해서는 다만 사실을 기록하지 않았을 뿐 아니라 이름 세 글자도 빠트리고 싣지 않은 상황이었으니, 이것이 탄식하고 애석하게 여길 것이 아닌가. 내가 그곳에서 들은 그의 약력을 앞에 보인 것처럼 기록하여 잘 드러나지 않은 사실을 밝히고자 한다."라고 기록한 대목을 통해서도 그러한 정황을 충분히 짐작할 수 있다.[17]

송상도가 충절과 의리의 관점에서 의병 약전을 수록했다는 사실은 전체

---

15 송상도, 『기려수필』, 48~50쪽.
16 김상기, 「송상도의 행적과 기려수필」, 『기려수필의 사료적 가치 재조명』(충청문화연구소 기려수필 세미나강독회 발표문, 2010. 3. 27) 29~30쪽.
17 송상도, 『기려수필』, 39쪽.

수록 의병 가운데 순국 사례가 절대 다수를 차지하고 있는 현상을 통해서도 이해할 수 있다. 전체 수록 의병 43명 가운데 순국으로 분류할 수 있는 의병 수는 위의 표에서 모두 34명으로 나타나며, 나머지 9명은 병사했거나 서거 유형을 확인할 수 없는 경우이다. 결국 전체 수록 의병 가운데 약 80%가 순국한 것으로 확인되며, 순국 가운데 가장 많은 유형을 차지하고 있는 것은 일제 군경과의 전투과정에서 전사한 사례이며, 그 나머지는 일제에 항거하여 자결 순국하였거나, 피체 후 투옥당해 옥사 순국했거나, 아니면 재판을 거쳐 사형을 당해 순국한 것으로 나타난다. 이처럼 약전 수록 의병 대부분이 순국한 것으로 나타나는 현상은 순국이 항일지사들의 강경한 의열과 고매한 충절을 드러내는 객관적 준거가 된다는 점에서 송상도가 이를 높게 평가하였음을 알려주는 증좌가 되고 있다.

맺음말

경북 영주의 선비 송상도가 남긴 『기려수필』은 의열과 충절의 관점에서 필자가 선명한 역사인식을 갖고 집필한 야사이다. 일제 침략과 강점으로 점철된 오욕의 근대사의 흐름 가운데서도 민족의 자존을 수호하고 역사의 책임을 다하고자 했던 애국지사들의 의혈義血 행적을 후세에 전하기 위해 송상도는 30년 인고의 모진 세월을 견디며 일생의 소중한 삶을 역사기록에 희생하였다. 이런 면에서 송상도의 숭고한 역사정신은 그 자체로도 위대한 민족혼의 표상인 셈이며, 그가 남긴 『기려수필』은 역사적 소명의식의 소산인 동시에 백절불굴의 기상으로 시대를 수호한 뜨거운 의혈의 생생한 기록인 셈이다. 1910년 경술국치에 항거하여 순국한 황현의 『매천야록』을 한국

사료총서 제1권으로 발간한 데 이어 국사편찬위원회에서 1955년에 제2권으로 『기려수필』을 일찍이 발간한 것도 송상도와 그의 저작물이 갖는 숭고한 역사의식과 귀중한 사료가치를 높이 평가한 때문이었다.

『기려수필』에는 모두 207명의 항일투사들의 약전이 수록되어 있고, 그 가운데는 독립운동을 선도한 의병 43명의 약전이 포함되어 있다. 『기려수필』 전체 약전에서 의병이 차지하는 분량과 비중이 독립운동의 다른 분야에 비해 특히 두드러지는 사실은 송상도가 의병의 가치나 비중을 비교적 적극적으로 평가하고, 나아가 일제 강점기의 암울한 시대상황에서도 한민족의 흉중에 의병의 고귀한 정신과 가치가 내재해 유전되던 결과가 아닌가 생각된다.

『기려수필』에 약전이 실린 의병은 다른 항일지사들의 경우와 마찬가지로 특별한 계통이나 기준 없이 오직 조사 정리된 순서에 따라서 산발적 형태로 수록되었다. 이들 43명의 의병을 지역별, 계통별로 편의상 나누어 분류해 보면, 송상도는 일정한 지역에서 활동한 특정 의진과 관련된 의병들의 약전을 집중적으로 남겼음을 알 수 있다. 지역적으로는 충북(12명), 충남(8명), 그리고 경북(10명)에 특히 집중되어 있다.

충북지역의 경우에는 유인석을 필두로 한 제천의병(9명)이, 충남지역에서는 홍주의병(8명)이 단연 두드러진다. 이러한 경향은 송상도가 전국 단위 의진 가운데 제천의병과 홍주의병 두 의진에 대해 특히 관심을 두고 자료를 수집 정리하였음을 짐작케 한다. 한편, 경북지역의 경우에는 전기의병 단계에서는 안동·예안·영양·울진 등지에서 활동한 의병의 약전이 실려 있고, 1905년 을사조약 이후 일어난 중기, 후기 단계의 의병으로는 역시 그 활동이 두드러졌던 이강년 의진과 산남의진 성원들의 약전을 수록하고 있다. 이와 같은 입전立傳 분포가 한말 의병전쟁의 전국적 개황의 추이와 부분적으로 일치하는 경향을 보인다는 점도 아주 간과할 수는 없을 것이다.

송상도가 충북(제천의병), 충남(홍성의병), 그리고 경북지역에서 활동한 의병의 약전을 집중적으로 정리한 것은 자료 수집의 난이도와 깊이 연관되어 있다고 생각된다. 제천의진 성원의 경우, 자료가 남아 있지 않은 김백선을 제외하고는 예외없이 문헌자료에 의거해 약전을 기록하였다. 『소의신편』에 의거한 유인석 외에 이춘영·안승우·홍사구·나시운·주용규·서상렬·이범직 등의 약전은 이정규와 박정수가 기록한 창의록류에 따라 기술하였다. 홍주의병의 경우에는 임한주·김복한·안병찬 등이 남긴 기록을 수집하여 이를 토대로 약전을 정리하였다. 다른 지역에 비해 자료를 수집하고 전문傳聞을 채록하는 데 가장 유리했던 경북지역 의병의 사례도 마찬가지였다. 안동·예안 등지의 의병에 깊숙이 관여되어 있던 권상익이나 유인식이 남긴 기록 등이 바탕이 되었으며, 호남의병의 총수인 면암 최익현의 경우에는 그의 연보를 정리하여 약전으로 수록하였다. 이처럼 송상도는 수집 가능한 범위내의 자료를 총괄적으로 모아 이를 토대로 정리하여 약전을 수록하였던 것이다.

충북·충남·경북지역 외에 경남, 경기도 지역에서 활동한 의병은 한 명도 수록되어 있지 않으며, 기타 황해·평안·함경도 등 서북지방 의병의 사례도 전덕원을 제외하면 수록되어 있지 않다. 뿐만 아니라 1907년 군대해산 이후 고조된 후기의병 단계에서 전국의병을 주도했던 호남의병, 특히 전남의병의 사례가 매우 드문 점도 극히 이례적이다. 이와 같은 지역적 편중 현상은 송상도가 입전立傳의 기준을 활동지역이나 단위의진이 아니라 오직 의열과 충의로만 삼은 결과라 할 수 있다. 뿐만 아니라 자료수집의 한계로 이들 지역에서 활동한 의병의 족적을 파악하는 데는 일정한 제약이 있었을 것으로도 짐작된다.

송상도가 항일지사들의 입전 준거로 삼았던 충절과 의리관은 의병의 경우에도 그대로 적용되었다. 지역과 계통, 신분과 지위는 전혀 고려되거나 안배하지 않고 오로지 충의관에 따랐기 때문에 미천한 신분과 일반 의병들의 약전도 다수 수록될 수 있었다. 포수 출신으로 제천의병에 참여하였다가 끝내 전사 순국한 나시운을 비롯하여 속리산의병의 성원으로 순국한 이국선·석창문 등의 하층 의병, 또 명문거족이 즐비한 안동지역에서 아전 출신으로 의진에 가담하였다가 순국한 권대일·권계술 등의 약전을 수록한 것이 그 사례가 된다. 물론, 전국의병을 상징하는 제천의병의 유인석, 홍주의병의 김복한, 그리고 호남의병의 상징 최익현, 그리고 조선조 성리학의 본산인 퇴계 가문의 이만도 등의 전기를 수록한 것도 역시 그들이 보여준 애국충절의 정신과 행적을 높이 평가하였기 때문이다. 송상도의 충절·의리관은 『기려수필』 약전 수록 의병 43명 가운데 절대다수를 차지하는 34명이 순국한 것으로 확인되는 점으로 보아도 짐작할 수 있다. 곧 순국이 항일지사들의 강경한 의열과 고매한 충절을 드러내는 객관적 준거가 된다는 점에서 송상도가 이를 높게 평가하였던 것이다.

창의일기류와
『적원일기』

머리말

다양한 형태와 내용으로 산재하는 여러 자료를 수집하고 정리하는 일은 역사 연구에서 가장 기초가 되는 작업이라 할 수 있다. 관련 자료를 파악하고 정리하는, 곧 자료 취급 능력은 해당 분야 연구에서 연구자의 연구 능력을 가늠하는 척도의 하나라 해도 과언이 아닐 것이다. 역사 연구에서 자료문제는 그만큼 큰 비중을 차지하고 있다.

한말 의병전쟁에 관해서는 그 동안 다양한 형태와 내용의 수많은 자료가 발굴 이용되어 왔다. 의병전쟁 관련 자료들을 정리, 편찬한 다양한 형태의 자료집도 의병전쟁 연구의 수준과 정도에 상응하여 그 동안 꾸준하게 발간되어 왔다.

한말 의병전쟁에 관한 자료는 의병 자신들과 그 관련 인사들이 남긴 의병측 자료와, 의병을 탄압한 일제측(대한제국 정부측 포함) 자료 등 크게 두 가지로 나눌 수 있다.[1] 의병을 탄압한 일제측의 방대하고도 체계적인 자료 역시 의병전쟁의 성격과 내용을 이해하는 데 유용한 가치를 지니고 있음을 부인할 수는 없다. 하지만 의병측이 남긴 일차 자료가 절대적인 사료적 가치를 지니고 있음은 말할 나위도 없다. 의병전쟁과 관련해 일반적 견지에서 볼 때, 의병 자신들이 남긴 기록은 주로 전기의병과 중기의병에 편중되어 있고, 이에 반해 일제측 기록은 후기의병에 집중된 경향이 있다.

의병측이 남긴 자료의 주종은 의병장이나 의병참모 등의 중심인물들이 자신의 창의 내역을 정리한 것이 대부분이다. 창의록, 거의록, 일록, 사실기, 창의일기, 거의전말 등 여러 이름하에 편집 및 기술 내용도 다양하게 정리되어 있다. 그 가운데서도 창의일기류가 상당한 양을 차지하고 있으며, 이러한 일기류는 창의 당시 또는 의병활동 종료 직후에 기록 정리된 것이 대부분이다. 의병전쟁 연구에서 창의일기류의 사료적 가치는 그만큼 비중이 크다고 할 수 있다.

여기서는 먼저 1894년 청일전쟁 이후부터 1910년 경술국치 직후까지 전개된 의병전쟁 전 시기에 걸쳐 전국 각지에서 활동한 의병이 남긴 창의일기류의 전반적 내용과 체제 및 그 사료적 가치 등을 총체적으로 개관하고자 한다. 의병측이 남긴 창의일기류는 전술하였듯이 의병전쟁 연구에서 절대적인 사료적 가치를 지니고 있으며, 또한 가장 기초가 되는 자료라 할 수 있다. 이러한 자료들을 일목요연하게 살펴봄으로써 의병전쟁과 관련된 자료의 전국적 개황을 파악할 수 있을 것이다. 다음으로는 근년에 발굴된 경북 청송의진의 창의일기인 『적원일기赤猿日記』의 체제와 구성, 그리고 내용 등을 살펴보고자 한다. 이러한 작업을 통해 청송지방 『적원일기』의 내재적 사료 가치를 평가할 수 있을 것이며, 동시에 전국 창의일기류에서 『적원일기』가 차지하는 위상과 의의를 규정할 수 있을 것이다.

---

1   의병 자료에는 그밖에도 일제와 유기적 관계를 맺고 의병을 탄압하던 입장에 있던 대한제국 정부측 문서나 『『독립신문』, 『대한매일신보』 등 당시에 발간된 신문류도 있다. 의병 관련 자료에 대한 총목록과 간단한 해제는 홍순권 외, 『한말의병관계문헌해제집』(민음사, 1993)이 있다.

창의일기류에 대한 일반적 검토

1876년 조선의 문호를 강제로 개방시킨 일제는 1910년 국망 때까지 34년 동안 대한침략정책을 시종일관 집요하게 펼쳐갔다. 특히 일제는 1894년 동학농민전쟁을 계기로 조선 침략을 위해 도발한 청일전쟁 직후부터는 그들의 침략 야욕을 노골적으로 드러내면서 식민지 지배의 발판을 구축해 나갔다. 의병전쟁은 이러한 일제 침략세력을 축출하고 국가와 민족을 수호하기 위해 일으킨 성전聖戰이었다. 1894,5년 최초로 의병이 봉기한 이래 국망 이후까지 전후 20여 년 동안 일제 침략의 여러 단계와 그 양상에 상응해 항전의 강도를 더해 갔던 의병은 곧 한국 근대사의 전개과정에서 한민족이 보여준 민족 주체성의 정화였다.[2]

한말의 의병은 투쟁의 강도나 성격 등을 기준으로 1894, 5년의 전기의병(갑오·을미의병), 1905년 을사조약 늑결 이후의 중기의병(을사의병), 나아가 1907년 대한제국군대 강제해산 직후 대일전면전의 양상으로 확대 발전된 후기의병(정미의병) 등 세 단계로 구분해 이해할 수 있다.

1895~1896년간에 일어난 전기의병 시기의 전국 규모의 의진으로는 제천의병을 비롯해 이천의병·강릉의병·춘천의병·홍주의병·진주의병 등이 대표적이다. 그 가운데 춘천의병과 진주의병을 제외하면, 나머지 의병은 각기 몇종의 창의일기류를 남기고 있다. 이들 의병에 대한 연구는 이러한 창의일기류의 기록이 일차 자료로 일찍부터 활용되었기 때문에 그 동안 연구성과가 비교적 충실하게 축적될 수 있었다.

---

2   박민영, 『대한제국기 의병연구』, 한울, 1998, 9쪽.

1905년 이후의 중기의병 단계에서도, 신돌석 의병과 같이 예외적인 경우도 있지만, 최익현이 이끈 태인의병이나 민종식을 중심으로 하는 홍주의병 등의 경우에서와 같이 여전히 양반 유생이 주축이 되어 있었다. 그러므로 이들이 남긴 창의일기류가 전국 각지에 상당수 남아 있어 이 시기의 의병 연구에 귀중한 자료로 활용되고 있다. 1907년 8월 군대해산 이후에 전개된 후기의병 단계에서는 농민, 상인 등 평민 이하 피지배 신분층이 대거 가담하면서 민족의 역량이 총결집된 대일전면전의 성격을 띠게 된다. 이 시기에도 역시 전국 각지에서 활동하던 의병들에 의해 자신들의 투쟁 전말을 기록한 창의일기류가 상당수 남아 있다. 한편, 후기의병 단계에서는 그동안 제2선에서 의병 탄압을 조종하던 일제가 그들의 군경을 직접 전면에 내세우게 됨으로써, 의병전쟁과 관련된 일제측 탄압 정보기록을 풍부하게 남기고 있다. 『폭도에 관한 편책』을 비롯해 『조선폭도토벌지』, 『폭도사편집자료』 등이 그것이다. 일제측 기록이 이 시기 의병전쟁의 실상을 접근하는 데 더욱 큰 효용성을 가지게 되는 배경이 여기에 있다고 할 것이다. 그러므로 이 시기에는 의병 자신들이 남긴 창의일기류의 기록과, 의병을 탄압한 일제측의 기록 등 양측의 자료를 면밀하게 검토함으로써 상호 보완적 관계에서 의병전쟁의 실상에 접근할 수 있을 것이다.

　의병측 자료에는 의병 자신들의 투쟁 내역을 기록한 각종 창의록을 비롯해 일기류·문집류 등이 주류를 이루고 있다. 창의일기류는 『적원일기』 등과 같이 별개의 책으로 엮어져 있기도 하며, 의병에 참여한 인물들이 남긴 문집 속에 포함되어 있는 경우도 있다. 이러한 자료들은 주로 개인에 의해 비장秘藏되어 오다가 의병전쟁 연구가 본격화되던 1960년대부터 학계에 공개되기 시작하였다. 개인 소장의 비중있는 자료는 현재 대부분 공개된 것으로 생각되지만, 자료 수집에 지속적인 관심과 정성을 기울인다면 의외의 새로운 자료가 발굴될 개연성은 상존해 있다. 『적원일기』도 그러한 사례 가운데 하나인 것이다. 현재까지 공개된 의병 일기류 가운데 중요한 것들을 각 지역별로 구분해 살펴보면 다음과 같다.

경기도지역

경기도지역의 경우, 전기의병 시기에는 광주·이천 등지에서 의병의 활동이 두드러졌고, 후기의병 단계에서는 특히 양주·연천 등 경기 북부지역에서 의병이 활발한 활동을 벌였다.

이천의병의 경우에는 김하락金河洛이 남긴 『정토일록征討日錄』이 있다.[3] 이천의병의 도지휘都指揮를 맡았던 김하락은 1895년 11월 5일부터 1896년 6월 4일까지 이천의병의 활동상황을 진중에서 기록으로 남겼던 것이다. 여기에는 경기도에서부터 충청도를 거쳐 경상도 청송·경주까지 남하하는 과정과 투쟁내역이 생생하게 기술되어 있다.

전기의병 시기에 경상북도 김천 일대에서 거병한 뒤 후기의병 때에는 경기 북부지역에서 재기했던 왕산旺山 허위許蔿의 의병투쟁 과정에 대해서는 그의 족손族孫되는 허복許馥이 행장식으로 기록한 「왕산허위선생거의사실대략旺山許蔿先生擧義事實大略」이 있다.[4] 이 자료가 기록된 연대는 불분명하나, 1908년 허위가 순국한 직후에 정리된 것으로 보인다. 허위가 이은찬·조동호·이기하 등과 함께 거병하는 1896년 3월 10일부터 그가 순국한 뒤

---

[3] 「김하락 진중일기」(독립운동사편찬위원회 편, 『독립운동사자료집』 3, 1971); 『해운당 김하락 정토일록』, 계몽사, 1978.
[4] 독립운동사편찬위원회 편, 『독립운동사자료집』 3.

1909년 5월 김천 지천芝川의 방암산舫巖山에 안장되기까지 일생의 내역이 기록되어 있다.

강원도지역

강원도의 경우에는 전기의병 당시 강릉을 거점으로 동해안 일대에서 활동한 강릉의병의 기록이 남아 있다. 강릉의병을 이끌었던 민용호 의병장이 자신의 투쟁내역을 일기식으로 기록한 『관동창의록關東倡義錄』이 그것이다.[5]

민용호는 1895년 12월 창의 이후 이듬해 8월 백두산 아래에서 의진을 해산할 때까지 9개월 동안 그때그때의 일들을 단편적으로 기록해 놓았으나, 이 기록은 원산 진격전인 신평전투新坪戰鬪 때 진중에서 분실하고 말았다고 한다. 하지만 그는 이후에도 계속 기록을 남겨 삼척 유천柚川(현 원덕읍 산양리)과 양구 필례동必禮洞에 보관해 두었다고 한다. 의병활동을 종료한 직후에 민용호는 평북 태천에서 이러한 기록들을 바탕으로 『관동창의록』 2책을 편찬하였다.[6] 이 자료는 민용호 자신이 당대에 남긴 기록이라는 점에서는 사료적 가치가 크다고 할 수 있으나, 내용 기술상 기록자의 입장이 일방적으로 편중되었다는 점이 한계로 지적될 수 있다.

5 　민용호, 『관동창의록』, 국사편찬위원회, 1995.
6 　박민영, 『대한제국기 의병연구』, 84쪽.

충청도지역

홍주의병에 관한 창의일기류로는 이 의진에 참가하였던 임한주가 남긴 『홍양기사洪陽紀事』가 있다. 이 자료는 매일매일 남긴 기록은 아니지만, 김복한金福漢과 안병찬安炳瓚 등이 주축이 되었던 1896년 홍주의병의 활동내역을 날짜순으로 기록하였다.

홍주의병 관련 기록으로는 『홍양기사』 외에도 『을병록乙丙錄』이 있어 주목된다. 이 자료는 「간호일기艮湖日記」와 「규당일기規堂日記」의 두 부분으로 되어 있다. 「간호일기」는 안창식安昌植이 1895년 4월부터 이듬해 1월까지의 홍주의병에 대한 기록을 일기 형식으로 기술한 것으로, 의병 봉기의 동기 및 배경을 자신을 중심으로 기록해 놓은 것이다. 「규당일기」는 안병찬이 1895년 8월 20일부터 다음해 3월 3일까지의 일을 일기식으로 기록한 글이다. 여기에는 홍주의병의 봉기, 김복한과 이설 등을 구하려다 체포되어 구금된 일, 한성재판소에서 재판을 받는 과정 등에 관한 기록이 있다.[7]

전기의병을 상징하는 제천의병은 창의일기류의 기록을 가장 많이 남긴 의진이다. 의병에 직접 가담하였거나 활동 사실을 목도한 인물들이 당시에 경험하고 견문한 사실들을 기록으로 남겼던 것이다. 제천의병의 종사從事였던 이정규가 남긴 『종의록從義錄』과 『창의견문록倡義見聞錄』, 『육의사열전六義士列傳』 등을 비롯해 박정수가 엮은 『안공하사실기대략安公下沙實記大略』, 『하사안공을미창의사실下沙安公乙未倡義事實』, 원용정 및 종사들이 기록

---

[7] 홍순권 외, 『한말의병관계문헌해제집』, 민음사, 1993, 227~228쪽. 전기, 중기의병 시기에 걸친 홍주의병 관련 자료는 『洪州義兵實錄』(송용재 편저, 1986)에 모두 수록되어 있다.

한 『의암유선생서행대략毅菴柳先生西行大略』[8] 및 제천의병의 사객司客이었던 장충식의 『산거만록山居漫錄』과 장익환의 『일기日記』 등이 모두 제천의병의 활동 사실을 기록한 자료들이다. 그 가운데서도 특히 『하사안공을미창의사실』과 『의암유선생서행대략』, 그리고 『산거만록』과 『일기』 등은 일기식으로 기술된 자료들이다.[9]

이정규는 제천의병의 활동 전말을 정리한 중요한 인물이라 할 수 있다. 그가 지은 『종의록』은 한말 의병측 기록의 상징이라 할 만큼 널리 알려져 있으며, 그 내용 또한 유인석을 주축으로 한 제천의병의 활동 전모를 담고 있다. 이밖에도 그가 정리한 『창의견문록』과 『육의사열전』은 비록 일기식의 기술은 아니라 할지라도 제천의병의 활동과 관련하여 중요한 사료적 가치를 지니고 있는 자료들이다. 그리고 박정수가 남긴 『안공하사실기대략』과 『하사안공을미창의사실』 등은 비록 제천의병의 창도자 가운데 한 사람인 안승우의 창의 전말을 기록한 것이기는 하지만, 제천의병 연구의 기초 자료가 되고 있다.

박정수가 남긴 『하사안공을미창의사실』은 1896년 1월 12일 원주 안창安昌에서 의병을 결성하던 시기부터 5월 26일 제천성이 함락될 때까지의 제천의병의 활동 전말을 기록한 것으로 제천의병 연구에서 가장 중요한 자료 가운데 하나로 평가된다. 이 자료에 뒤이어 제천성 함락 이후 서간도로 들어가 의진을 해산할 때까지의 이동 여정과 활동 전말을 기록한 자료가 원용정 등이 기록한 『의암유선생서행대략』이다. 이 두 자료는 제천의진의 공

---

8   이상의 제천의병 관련 자료는 독립운동사편찬위원회 편, 『독립운동사자료집』 1(1971)에 원문과 함께 번역 수록되어 있다.
9   「日記」, 「山居漫錄」은 박성수·손승철 편, 『한국독립운동사자료집 - 의병편 - 』(한국정신문화연구원, 1993)에 영인 수록되어 있다.

식적 입장에서 의병활동 전말을 기록한 것으로, 제천의병 연구의 가장 기초가 되는 자료라 할 수 있다.[10]

그리고 비교적 최근에 공간된 장충식의 『산거만록』과 장익환의 『일기』 등도 제천의병의 활동을 파악하는 데 상당한 도움을 주고 있다.[11] 『산거만록』은 앞부분에서는 의병이 일어나게 된 배경으로서 갑신정변에서부터 갑오변란·을미사변 등을 언급한 뒤 제천의병의 봉기과정을 기술하였으며, 제천의병이 서행하고 기록자가 귀가하게 되는 1896년 5월 17일(음)까지 제천의병의 동정에 대해 기술한 것이다. 『일기』는 제천의병의 활동에 참여하였던 필자가 1895년 12월 3일부터 1896년 4월 말까지 충주·제천전투의 상세한 전황을 기록하였고, 그 후 제천의병이 서북지방으로 이동한 이후의 제천 부근의 의병 상황을 기록하여 잔류 의병세력의 활동에 관해서도 알려주고 있다.[12]

제천의병의 일파로 후기의병 단계에 중부지역 일대에서 폭넓게 활동한 이강년 의병의 투쟁 전말을 기록한 자료로는 박정수와 강순희가 함께 편집해 남긴 『운강선생창의일록雲崗先生倡義日錄』이 있다. 이 자료는 현재 필사본의 『운강선생유고雲崗先生遺稿』(간행시기 미상)와 공간된 『운강선생문집雲崗先生文集』(1949년) 속에 들어 있다.[13] 하지만 이들 두 자료간에는 내용 기술상 상

---

10 이상에서 언급한 제천의병 관련 기록들은 독립운동사편찬위원회 편, 『독립운동사자료집』 1(1971)에 모두 수록되어 있다.
11 위의 두 자료는 박성수·손승철 편, 『한국독립운동사자료집 - 의병편 - 』에 모두 영인 수록되어 있다.
12 박성수·손승철 편, 『한국독립운동사자료집 - 의병편 - 』, 3쪽.
13 『운강선생문집』 속에 들어 있는 「운강선생창의일록」은 1948년에 별도로 간행된 적이 있다. 독립운동사편찬위원회에서 1971년에 발간한 『독립운동사자료집』 제1권에 수록된 것은 이 자료를 대본으로 한 것이다. 그 동안의 이강년 의병 연구에서는 이 자료가 특히 널리 활용되어 왔다.

당한 차이를 보이고 있어 세밀한 분석과 신중한 접근이 요구된다. 결론적으로, 이 두 자료 가운데 시기적으로 제일 먼저 정리된 『운강선생유고』의 『창의일록』이 『운강선생문집』의 『창의일록』의 저본이 된 것으로 믿어지기 때문에 더 큰 사료적 가치를 지니고 있다고 판단되는 것이다.[14]

경상도지역

경북지방에는 특히 유생들이 주축이 되어 의진을 결성한 까닭에 다른 지역에 비해 상대적으로 이들이 남긴 일기류가 풍부한 실정이다. 안동의병의 경우에는 최근에 발굴 보고된 이긍연李肯淵의 『을미의병일기』가 있다. 이긍연은 안동의병의 결성 당시 봉정사의 모임은 물론 창의 때에도 직접 참여하였으며, 후에 김도화金道和로부터 종사관의 첩지를 받는 등 안동의병에 깊숙이 관여한 인물이다. 총 42면으로 된 이 자료 가운데 30면까지는 일기로, 안동의병이 일어난 1895년 12월부터 의병이 해산한 직후인 1896년 10월까지의 안동의병의 활동상을 세밀하게 기록하고 있어 특히 주목되는 자료라 할 수 있다.[15]

안동을 중심으로 한 경북 내륙지방의 전기의병 관련 자료 가운데 주목되는 것으로는 영양의 김도현이 기록한 『벽산선생창의전말碧山先生倡義顚末』이 있다.[16] 이 자료는 1895년 12월 3일부터 9월 5일까지 10여개월에 걸친 의

---

14 구완회, 「이강년 관련 문헌에 대한 비판적 검토 - 『雲崗先生遺稿』解題에 대신하여 - 」 (『제천을미의병100돌기념학술논문집』, 백산출판사, 1996) 참조.
15 김상기, 「1895~1896년 안동의병의 사상적 연원과 항일투쟁」, 『史學志』 31, 단국사학회, 1998.
16 독립운동사편찬위원회 편, 『독립운동사자료집』 2, 1971.

병활동 기록이다. 여기에는 안동지역을 중심으로 하는 경북 내륙지역의 의병 동향을 비롯해 김하락 의병 및 강릉의병과의 관계까지 기술되어 있다.

청송의 『적원일기』도 경북 내륙지역에서 활동하던 의병에 관한 중요한 기록의 하나라 할 수 있다. 또한 김천 일대에서 허위를 비롯해 여영소·양제안 등이 주축이 되어 활동한 김산의진金山義陣의 여중룡 일기 등도 영남지역 의병 연구의 기초자료가 되고 있다.

전라도지역

한말 전라도지역의 의병을 상징하는 대표적인 의진이 태인에서 일어난 최익현 의병이다. 최익현 의병 관련 자료로는, 그의 의병동지이자 문인인 최제학崔濟學이 남긴 『면암선생창의전말勉菴先生倡義顚末』과 임병찬林炳瓚이 기록한 『창의일기倡義日記』가 대표적이다. 그 가운데 「면암선생창의전말」은 1906년 4월 1일부터 6월 26일까지의 기록으로, 태인의 무성서원에서 의병을 일으켜 순창까지 행군한 뒤 이곳에서 체포되기까지의 전말을 세밀하게 그날그날 기록한 것이다.[17] 최제학의 『습재실기習齋實記』 속에 실려 있는 이 기록은 그 동안 최익현 의병 연구의 기초적인 자료로 활용되어 왔다. 임병찬이 기록한 『창의일기』는 1904년 1월부터 1906년 윤4월 29일까지의 기록으로, 일제의 대한침략 과정과 여기에 상응하는 한민족의 투쟁 내역을 시기순으로 기술한 것이다. 그 중심되는 내용은 역시 최익현을 중심으로 하는 의진의 결성과 투쟁내역, 그리고 관군의 탄압과정에 대한 것이다.[18]

---

17 독립운동사편찬위원회 편, 『독립운동사자료집』 2.
18 『遜軒遺稿』 권6, 「倡義日記」.

전라도지역에서는 1907년 군대해산 이후에 전개된 후기 단계의 의병전쟁에서 특히 그 활동이 두드러졌다. 1907~1909년 무렵 의병전쟁을 계량화한 통계수치로 보더라도 호남지역은 교전 횟수와 참여 의병 수에서 전국 의병 가운데 25%와 24.7%(1908년), 47.3%와 60.1%(1909년)를 차지하고 있어 이러한 사실을 입증하고 있다. 여기에 따라서 이 시기에 활동한 전라도 의병 가운데는 자신들의 투쟁일기를 남겨놓은 경우가 상당수에 이른다.

그 가운데서도 영광·함평·나주 등 주로 호남 서부지역에서 활동한 전해산은 진중에서 자신의 투쟁과정을 기록으로 남겼는데, 진중일기 5책 가운데 2책 분량이 현전한다. 현재의 『전해산진중일기』는 1908년 8월 13일부터 1909년 윤2월 23일까지 7개월간에 걸친 기록이다.[19]

함평과 강진을 축으로 하는 호남 남부지역에서 활동하였던 심남일의 의병활동에 관한 기록으로는 『토왜일기討倭日記』가 있다. 국한문혼용으로 된 이 자료의 기록자가 누구인지 또 그 근거도 명확치 않지만, 1977년 그의 유고를 모아 간행한 『盡至錄』 속에 들어 있다.[20] 1908년 3월 7일 벌어진 강진 오치동전투梧治洞戰鬪 이후 1910년 순국 직전의 옥중투쟁에 이르기까지의 항전과정을 전투 중심으로 기술한 것이다.

진안을 중심으로 한 전북 일대에서 주로 활동한 이석용의 일기식 투쟁기록도 남아 있다. 『정재선생호남창의일록靜齋先生湖南倡義日錄』이 그것으로, 여기에는 1907년 8월 26일부터 1908년 4월 29일까지 8개월간에 걸친 활동상황이 일기식으로 기록되어 있다.[21]

---

19 독립운동사편찬위원회 편, 『독립운동사자료집』 2.
20 박성수·손승철 편, 『한국독립운동사자료집 - 의병편 - 』.
21 독립운동사편찬위원회 편, 『독립운동사자료집』 2.

그밖에도 호남지역 각지 의병에 대한 일기체의 기록으로는 나주지역 의병의 동향을 기록한 『금성정의록錦城正義錄』[22], 익산·진안 등지에서 활동한 이규홍李圭弘 부대의 부장副將 박이환朴駬桓의 활동기록인 『오하일기梧下日記』[23], 그리고 함평·나주·보성·강진 등지의 의병 활동기록인 『거의일기擧義日記』[24] 등이 남아 있어 호남의병 연구의 기초자료가 되고 있다.

서북지역

서북지방, 곧 함경도·평안도·황해도 일대에서 활동한 북한지역 의병에 관한 기록은 대개의 경우 일제측 정보기록에 크게 의존하고 있는 실정이다. 무엇보다 남북분단의 현실적 상황으로 인해 이 지역에서 활동한 의병들이 남긴 기록을 확보하기가 곤란하기 때문이다.

현재 서북지역 의병에 관한 의병측 기록으로는 백범 김구의 의병활동과 관련된 『노정약기路程略記』를 비롯해 황해도 평산의병의 전말을 기록한 『창의록정미의요彰義錄丁未義邀』, 함북 경성의병의 관련기록인 김정규金鼎奎의 일기체 『야사野史』, 그리고 구술자료인 『홍범도일지』 등이 있다.

『노정약기』는 1895년 5월부터 1896년 1월 4일까지의 백범 김구의 행적에 관한 기록이다. 공주 출신의 김형진이 황해도 신천에서 백범을 만나 시국문제를 토론한 후 함께 서간도를 다녀오기까지의 과정을 기술한 일기체의 자료이다. 여기에는 그 동안에 이들이 서간도에서 포수를 모아 강계를

---

22 독립운동사편찬위원회 편, 『독립운동사자료집』 3.
23 박성수·손승철 편, 『한국독립운동사자료집 – 의병편 – 』.
24 박성수·손승철 편, 『한국독립운동사자료집 – 의병편 – 』.

습격하는 등 의병활동을 전개한 전말이 비교적 소상하게 언급되어 있다.[25]

『창의록정미의요』는 박정빈朴正彬(본명 朴箕燮)을 주장으로 1907년 평산의 병이 일어났을 때 여기에 가담한 중심인물들의 약전과 그 활동전말을 기술한 것이다.[26] 이 자료는, 일기체의 기록은 아니지만, 평산의병의 실체를 이해하는 데 귀중한 자료이다. 다만 해방 후 평산의병 관련 인물들이 남하한 뒤, 자신들의 활동 내역을 정리하여 박치석朴治奭이라는 인물이 1947년에 편집하였기 때문에, 의병활동 당시로부터 상당기간이 경과된 이후에 정리된 자료라는 한계를 갖고 있다.

『야사』는 함북 경성 출신의 김정규가 1907년부터 1921년 11월까지 전후 15년 동안 거의 매일 기록해 놓은 18책에 달하는 방대한 분량의 일기이다.[27] 필자 김정규는 1908년 경성의병에 동참한 뒤 이듬해 북간도로 망명한 우국지사이다. 그러므로 그의 일기는 이 기간에 두만강 양안의 관북지방과 북간도·연해주 일대에서 전개된 의병과 독립군 항전을 비롯한 항일독립운동의 실상을 구체적으로 그때그때 기록하고 있기 때문에 사료적 가치가 매우 높다. 특히 서북지역에서 활동한 의병 관련 자료가 상대적으로 영성한 남북분단의 현실에 비추어, 이 지역 항일독립운동의 전선에 투신하였던 인물이 동시대에 남긴 기록이라는 점에서 특히 귀중한 자료라 할 수 있다. 한편, 김정규는 『야사』외에도 창의 때부터 망명 직전까지 경성의병의 전체적인 활동내용을 별도로 정리하여 『의무일기義務日記』라는 이름으로 남겼지만, 안타깝게도 현전하지 않아 그 내용을 확인할 수 없는 실정

---

25 박성수·손승철 편, 『한국독립운동사자료집 - 의병편 - 』.
26 박성수·손승철 편, 『한국독립운동사자료집 - 의병편 - 』.
27 독립기념관 한국독립운동사연구소 편, 『龍淵金鼎奎日記』, 1994.

이다.[28]

서북지방 의병활동에서 가장 뛰어난 활약을 보였던 홍범도는 자신의 항일투쟁 역정에 대해 구술기록을 남겼다. 『홍범도일지』[29]가 그것으로, 관북지역 산포수 의병의 주역이었던 홍범도 자신이 직접 구술하였기 때문에 그 사료적 가치는 크다. 다만, 실제 항일전을 기술한 내용에서는 과장된 부분이 많을 뿐만 아니라, 당시 기록이 아니고 만년 중앙아시아에서 지내면서 정리되었던 까닭에 연월일 기록에 다소 착오가 있기도 하다. 그리고, 구술인 까닭에, 더욱이 함경도 방언을 그대로 구술한 까닭에 문맥 이해에 까다로운 대목이 많은 것이 흠이다.

『적원일기』의 사료적 가치

작성 경위

심성지沈誠之(1831~1904)를 의병장으로 한 청송의병은 안동을 중심으로 한 경북 내륙지방에서 봉기한 여러 의진 가운데 하나이다.[30] 풍기·예천·봉화·영양·진보·영해 등지에서도 을미의병이 전국적으로 가장 성세를 떨치던 1896년 초에 역시 의진이 지역별로 결성되어 각기 활동에 들어갔다.

---

28 박민영, 『대한제국기 의병연구』, 232쪽.
29 「홍범도의 일지」는 1995년 한국정신문화연구원에서 발간한 『한국독립운동사자료집 – 홍범도편 – 』에 그 전문이 번각되어 실려 있다.
30 『적원일기』의 자료소개 및 청송의병의 편성·활동과정에 대해서는 권대웅, 「1896년 청송의진의 조직과 활동」(『한국근현대사연구』 9, 한국근현대사연구회, 1998)을 참조할 수 있다.

『적원일기』는 이 때 청송군 관내에서 편성된 의진의 활동 전말을 기록한 것이다.

청송의병장 심성지의 6세손인 심봉섭沈鳳燮씨가 소장하고 있는 『적원일기』는 1책의 필사본으로, 가로 16cm, 세로 25cm의 한지에 면당 8행, 행당 20~25자가 들어 있으며, 총 60면 분량으로 되어 있다. 이 자료는 1996년 처음으로 공개된 이래로 그 동안 두 차례에 걸쳐 전문이 번역 공간 되었다.[31]

『적원일기』는 1896년 청송의병의 활동을 자체적으로 기록한 일기식의 진중 기록물이다. 앞에서 보았듯이 유생들이 주축이 되었던 전기의병 시기에는 여러 의병들이 대개의 경우 다양한 형태의 기록을 남겼으나, 의진의 활동내용을 공식적인 기록으로 남긴 예는 제천의병과 더불어 청송의병이 대표적이라 할 수 있다.[32] 이는 의진이 결성되기 직전인 1896년 1월 19일(양 3.2)부터 의진이 '분진分陣'하면서 사실상 활동이 종료되는 4월 13일(양 5.25)까지 85일간에 걸친 기록이다. 기록자는 4인 이상으로 추정되지만, 심의식沈宜植과 오세로吳世魯, 그리고 서효격徐孝格 외에는 확인되지 않고 있다.[33]

---

31 청송문화원에 의해 1997년 12월 『赤猿日記』라는 전문이 번역되어 영인 원본과 함께 발간되었으며, 2001년에는 심성지의 문집인 『小流集』 등의 관련 자료를 첨부하여 역시 『赤猿日記』(金炳木 편역, 아이북, 2001)라는 이름으로 공간되었다. 그러나 두 책 모두 정치한 번역본이 아니기 때문에 이 분야 연구에 활용하기에는 한계가 있다.

32 제천의병의 경우는 앞에서 언급한 박정수가 편찬한 『下沙安公乙未倡義事實』과 원용정 및 여러 종사들이 정리한 『毅菴柳先生西行大略』이 의진의 활동내용을 공식적으로 기록한 자료라 할 수 있다. 이 자료들은 의병활동 당시에 진중에서 단편적으로 기록한 자료를 토대로 일정시간이 경과한 뒤 다시 편집 정리한 것으로 보인다.

33 『적원일기』 3월 15일자 기록 말미에 "以下書記沈宜植所記"라고 적기된 것으로 보아, 그 이전은 다른 인물에 의해 기록된 것임을 알 수 있다. 단 3월 15일자 이전의 일기 내용에서는 일기 기록자에 관한 언급이 없기 때문에 몇 사람에 의해 기록된 것인지는 확인할 수

1896년 1월 19일부터 3월 15일까지 거의 두 달에 걸친, 곧 전체의 3분의 2에 해당되는 일수의 기록자가 현재로서는 불분명하다. 3월 16일부터 4월 1일까지는 심의식이, 4월 2일부터 4월 4일까지는 오세로가, 그리고 4월 5일부터 4월 13일까지는 서효격이 각각 기록하였다.

이들 가운데 심의식과 서효격은 서기書記로 의진에 참여하였으며, 오세로는 참모參謀를 맡았던 인물이다. 서기의 직책은 일반적으로 의진의 문서를 관장하는 일이었으므로 진중일기가 서기에 의해 그때그때 기록된 것으로 이해된다. 그러나 참모였던 오세로가 진중기록을 맡았던 것은 다소 예외로 생각된다.

『적원일기』가 편집 정리된 시기 또한 현재로서는 확단하기 어려운 문제로 생각된다. 현존하는 의병 기록류의 대개가 진중에서 활동하던 당시에 메모식으로 남긴 기록을 토대로 뒷날 일정한 체제하에서 정리된 것들이다. 『적원일기』도 진중기록을 토대로 의병활동이 종료된 뒤 일정한 시점에서 몇 사람(의 합의)에 의해 정리된 것으로 보인다. 『적원일기』의 기록 서체도 이 문제와 관련해 세밀하게 검토해야 할 과제라 할 수 있다.

『적원일기』가 의병활동 당시로부터 일정한 시간이 경과한 후 정리되었을 가능성은 '초기抄記'가 별도로 존재하였다는 기록을 통해서도 짐작할 수 있다. 1월 29일자 기록에 안동격문이 도착한 사실을 기록한 끝에 "격문은 '초기' 안에 갖추어 실었다[檄辭具在抄記中]"라고 부기한 문구를 통해『적원일기』와는 별도의 기록이 있었음을 알 수 있는 것이다. 이 '초기'가 의병활동 당시 그날그날 기록한 원자료로 짐작되지만, 현전하지 않기 때문에 이를 확인할 수는 없는 실정이다.

없는 실정이다.

주요 내용

『적원일기』는 청송의진이 후세에 활동 전말을 남기기 위해 자체적으로 기록한 진중일기이다. 그러므로 의진의 조직과 중심인물들의 활동 등을 비롯한 청송의진의 그날그날의 동정이 주된 내용을 이루고 있다. 즉 청송의병의 결성과정, 의진편제, 전투상황 등을 비롯해 인근지역 의진과의 관계 등이 비교적 세밀하게 기록되어 있는 것이다. 그 가운데서도 특히 다음과 같은 내용은 경북 내륙지역 의병의 동향, 나아가 한말 의병 연구와 관련해 주목되고 있다.

일기의 내용 가운데는 안동을 중심으로 한 경북 내륙지역에서 편성되어 활동하던 여러 의진의 동향과, 나아가 의진 상호간의 관련성에 대한 기록이 상당 부분을 차지하고 있다. 청송의진이 안동의병 등 인근지역 의병이 청송 지경 안에 들어와 활동하는 데 충격을 받고 그 여파로 결성되었고, 활동과정에서도 부단히 상호 연관을 가지고 있었기 때문에, 인근지역 의병과의 관계나 그 동향에 대해 상대적으로 많이 기술되어 있다고 생각한다.[34] 특히 안동의병의 동향에 대해서는 거의 매일 기술하고 있는데, 그 가운데 한 사례를 들면 다음과 같다.

> 안동 서기소書記所에서 사통私通이 왔는데, 말하기를 이른바 새로 온 관찰사(이남규 – 필자주)가 연호를 건양이라 하고 달을 3월(양력을 사용하였음을 뜻

---

34 『적원일기』의 시작인 1896년 1월 19일자에 "청량산에서 격문이 도착하였으며, 이튿날 안동에서도 격문이 또한 도착하였다"라고 기록한 사실도 청송의병의 결성 배경과 관련해 시사하는 바가 크다.

함-필자주)이라 칭하고 호장에서 전령하기를 내일 도임한다고 하는 고로 인근지역 의진과 상응하는 처지에서 통고하기를 유생과 포정 다수를 보내서 군용軍容을 도와달라고 하였다. 유생 심의봉沈宜鳳을 정해서 밤을 달려가서 사실을 탐지케 하였다.[35]

신임 안동관찰사 이남규의 도착 사실을 안동의진으로부터 통보받은 청송의진에서는 그 사실 여부를 확인하고 새로운 상황에 대처하기 위해 심의봉을 안동으로 파견한 사실을 적기하고 있는 것이다. 이러한 의진 상호간의 관계는 전기의병 연구에서 특히 중요한 의미를 갖고 있다. 전기의병 단계에서는 전국 각지에서 활동한 의진은 대체로 일정한 활동범위, 즉 활동권역을 가지고 있었다. 그리고 각 권역을 확보한 의진간에는 각기 독자적인 형태로 항전을 지속하던 것이 일반적인 현상이었다.[36] 이러한 일반적 견지에 비추어 『적원일기』에 보이는 안동을 중심으로 한 경북 내륙지역 의진 상호간의 빈번한 인적, 물적 교류 현상은 시사하는 바가 크다고 할 수 있기 때문이다.

『적원일기』에는 또한 상대적으로 자료가 희귀한 하층 병사부의 구성과 그들의 지향성을 알려주는 내용이 사실적으로 기술되어 있다. 청송의진의 병사부를 구성하고 있던 신분층은 포군砲軍을 비롯해 보부상, 그리고 농민이었다. 특히 실질적인 전투력을 구비하고 있던 포군의 용병적 성격을 『적원일기』에서는 명확하게 기술하고 있다. 3월 12일자의 기록에서 군비 절약

---

35 『적원일기』 2월 18일자.
36 박민영, 「제천·강릉·춘천의병의 상호관계에 대한 검토(1895~6)」, 『淸溪史學』 15, 청계사학회, 2001, 85쪽.

을 위해 포군의 급료를 1냥 5전에서 1냥으로 삭감하려 하자 포군들이 "이제 이처럼 급료를 감하여 소인들의 가솔들이 굶어죽을 처지에 이르렀으니 소인 등은 의거를 따를 수 없다"고 하면서 이에 집단적으로 강력히 반발하고 있는 대목이 그 대표적인 예이다.

다음으로 여타 기록에서는 명확하게 잘 드러나지 않는 군자금 조달 문제에 대해서도 『적원일기』에는 구체적이고도 사실적으로 기록되어 있는 점이 특기할 만하다. 다음과 같은 기록들은 그 대표적 사례라 할 수 있다.

> 의진을 처음 세울 때 군량 모으는 일이 가장 급했던 까닭에 모량도감募糧都監으로 하여금 각 문중에 배전配錢한 것이 무릇 3,540여 금金이었다.[37]
>
> 각 면 요호饒戶의 차출이 이미 오래되었으나 아직 납부하지 않으므로 전령을 보내 엄히 신칙申飭하였다.[38]
>
> 울산인 김주민金柱敏이 청송에 우거할 뜻으로 월초에 청송에 들어와 의연금 100금을 내어 도우니, 그 뜻이 가상하다.[39]

이 자료에서 볼 수 있는 문배전은 각 문중에 배당된 것으로, 대체로 마을을 단위로 형성된 동족촌락이 공동으로 부담하는 원천적인 징수였다. 반면 차출금은 의진이 지주, 부호층에 대해서 군수금 명목으로 금전을 강징強徵하는 형태였다. 그리고 의연금은 창의에 앞장서거나 동조하고 있던 양반유

---

37 『적원일기』 2월 5일자.
38 『적원일기』 2월 28일자.
39 『적원일기』 3월 13일자.

생들의 자발적인 후원금의 성격을 갖고 있었다.⁴⁰ 『적원일기』에는 이러한 군자금 조달방법과 그 시행과정을 명확하게 기술하고 있다는 점에서 특히 주목되는 것이다. 또한 『적원일기』 가운데는 다른 지역에서 활동하던 의진의 동향에 대해서도 견문을 통한 정보를 토대로 비교적 세밀하게 기록하고 있다. 서상렬이 주축이 된 연합의진의 태봉전투台峰戰鬪, 그리고 경남 진주 의병의 동정 등에 대한 기록이 그 대표적인 사례이다.

> 안동진은 영월진(서상렬 의진 - 필자주)과 더불어 예천에 나아가 예천군수를 포박하고 문경으로 향하였다. 함창 태봉에 이르러서 적을 만나 접전을 벌이는데 영월진에서는 힘을 다해 전진하여 30여 명이나 포살하였으나 안동진에서는 겁을 먹고 후퇴하여 본진으로 돌아왔다.⁴¹

> 영덕 사람 김주곤金周坤이 (중략) 진주에 도착하여 20여 일을 묵으며 성 안팎의 의진을 살폈다. 성 밖의 대장은 오천정씨烏川鄭氏(鄭漢鎔 - 필자주)로 거느린 포군이 8백여 명으로 용맹이 있어서 누각을 뛰어넘는 재주가 있는데 나이가 겨우 28세이다. 성 안의 대장은 안의노씨安義盧氏(盧應奎 - 필자주)로 포병수가 성 밖의 수보다 배나 되며 이 달 16일에 촉석루 바깥 강 건너 큰 들에서 병정들을 훈련시켰는데 그 중에 기병이 3백 명이나 되었다. (하략)⁴²

---

40 권대웅, 「1896년 청송의진의 조직과 활동」, 『한국근현대사연구』 9, 한국근현대사연구회, 1998, 65~66쪽.
41 『적원일기』 2월 19일자.
42 『적원일기』 3월 11일자.

태봉전투에 관한 위의 기록은 안동의진에 대해 대체로 불편한 관계에 있던 청송의진의 기술 시각에 기인하는 현상인지, 실제 전투상황에 대한 객관적 기술인지 여부는 명확치 않으나, 연합의진의 전투 형태에 대한 당시 기록이라는 점에서 중요한 의미를 가지고 있다. 또한 뒤의 진주의병의 동정에 관한 기록 역시 새로운 내용들을 알려주고 있다. 그 동안 베일에 싸여 있던 정한용鄭漢鎔에 대한 단편적인 내용이라든지, 의진의 규모, 나아가 의진내의 기병의 존재 등에 대한 기록은 시사하는 바가 적지 않다.

그럼에도 불구하고 『적원일기』 내용에는 청송의진의 전투 사실에 대한 기록이 너무 빈약하다는 내재적 한계를 가지고 있다. 의병이 기본적으로 전투행위를 목적으로 한 군사집단이라는 점에 비추어 여타 자료들이 전투상황 기록에 치중하고 있는 일반적 현상에 비해, 『적원일기』에는 전투기록이 4월 2일자의 감은리전투 외에는 거의 나타나 있지 않다.

사료적 가치

『적원일기』는 진중일기로서 청송의진에서 공식적으로 기록한 자료라는 점에서 사실에 대한 신뢰도는 크다고 할 수 있다. 특히 청송지역에서 조직되어 활동한 청송의병의 참여자가 진중일기로 남겼다는 것은 지역을 단위로 표방한 전기의병의 사례 연구에 큰 도움을 준다. 『적원일기』가 가지고 있는 일차적 사료 가치는 여기에 있다. 반면에 『적원일기』는 청송을 비롯한 안동 등 인근지역의 의병 활동에 국한된 기록이기 때문에, 한말 의병전쟁사에서 차지하는 안동·청송지역의 지역적 위상과 역할·성격 등에 비추어 사료적 한계와 제약성이 어떤 면에서는 내재되어 있다고도 할 수 있다. 이 점은 의병전쟁사상 『적원일기』가 갖고 있는 사료적 가치 및 비중 문제와 자연히 연계될 수밖에 없는 것이다. 『적원일기』는 수명의 기록자에 의해 기록되었다. 이처럼 기록자가 변경된 이유가 무엇인지 확실하게 파악할 수 없지만, 자료의 신뢰도와 지향하는 관점의 문제로 부상할 수 있기 때문에 신중히 검토해야 한다. 이를 위해서는 본문 내용에 대한 면밀한 검토가 요구된다. 더불어 가필 혹은 삭제 여부도 확인해야 한다.

청송의병의 입체적 전모를 파악하기 위해서는 『적원일기』의 분석작업이 절대적이라 할 수 있다. 하지만, 청송의병의 활동내용에 대해서 신뢰도를 높이기 위해서는 방증자료의 뒷받침이 반드시 있어야만 한다. 『적원일기』와 관련하여 검토 가능한 자료로는 안동의진의 이긍연이 기록한 『을미의병일기』, 참모 오세로의 『인산선생문집仁山先生文集』, 조성길趙性吉의 『백운시집白雲詩集』, 김하락의 『정토일록』, 의성의병의 『망금성백오십운望金城百五十韻』 등이 특히 대표적이라 할 것이다.

『적원일기』가 유생의진의 전형인 청송의병의 전모를 기록한 것이라는 점에서, 유생의병 연구의 한 전형을 보여주는 자료라 할 수 있다. 『적원일기』에는 30여 명에 가까운 향촌사회의 중심인물들이 등장하고 있다. 이들은 거의 모두 향촌 유생들로 파악할 수 있다. 그러므로 이 자료에는 청송이라는 특정지역의 인맥과 학맥의 현상을 살필 수 있게 한다. 곧 의병 연구 외에 향촌유생이 중심이 된 향토사 연구에 훌륭한 자료가 될 수 있을 것이다.

맺음말

한말 창의록류의 기록은 대개의 경우 자료적 가치가 높고, 그만큼 의병전쟁 연구의 기초자료로 활용되고 있다. 의병전쟁은 구국의 성전으로서, 여기에는 일진회원, 친일관료, 일제 보조원 등 소수의 친일분자들을 제외한 전 민족 구성원이 직접, 간접으로 참여하였다. 그러므로 의병 참여자들이 남긴 다양한 형태의 구국 창의록은 전국 각지에서 생산되었으며, 그 하나하나의 기록물이 소중한 정신적 가치를 지니고 있는 것이다. 이 글은 창의록 가운데서도 특히 가장 중심이 되는 창의일기류를 위주로 살펴본 것이다. 현존하는 창의일기류의 기술내용, 체제, 그리고 자료의 성격 등 전반적 개황을 지역별로 개관함으로써 이러한 '고심혈통'의 기록물이 의병전쟁의 실상을 후세에 생생하게 전해주는 증좌가 되고 있음을 알 수 있는 것이다.

경북 청송의진의 활동내역을 기록한 『적원일기』는 그러한 수많은 창의일기류 가운데 하나이다. 한말 의병은 거의 대부분의 경우에, 특정 지역을 중심으로 활동할 수밖에 없었던 이른바 지역성을 가지고 있었다. 특정 지역을 근거지로 활동하던 의병은 특히 유생의 경우, 대개 자신들의 활동 내역과 그 정당성을 기록한 창의록류의 기록을 남겼던 것이다. 또 이러한 창의일기류는 일반적으로 활동 당대에 기록된 것일 뿐만 아니라 기록자가 의병활동에 깊이 관여한 의병장 혹은 참모, 종사였다는 점에서 의병 연구의 기초자료로서 사료적 가치를 지니고 있다. 『적원일기』 역시 청송의병 연구에서는 큰 가치를 지니고 있음은 자명한 사실이다.

그러나 한말 의병은 각기 특정 지역을 중심으로 고립 분산되어 있었음에도 불구하고, 인근지역의 다른 의병과 끊임없는 관계를 설정하고 있었다. 의병모집을 비롯해 군자금모집, 활동과정에서의 연합 혹은 협력 등의 문제에서 의진 상호간에 일정한 관계가 지속되고 있었던 것이다. 이러한 관계가 긍정적, 발전적 측면에서든지, 혹은 부정적 측면에서든지 하는 문제는 차치하고, 지속적인 관계를 가지고 있다는 점은 염두에 두어야만 한다.

경상북도 안동을 중심으로 의성·진보·청송·영양·봉화·순흥·풍기 등 내륙지방의 경우, 그러한 경향성은 더욱 두드러지는 것으로 보인다. 여기에다 영월·제천으로부터 남하한 유인석 의병의 일파인 서상렬 의병, 그리고 경기도에서부터 남하한 김하락의 이천의병 등이 이곳에서 활동하고 있었다는 점도 특기할 만하다. 그러므로 특정지역의 의병 연구는 그 지역만 한정할 수 없으며, 앞으로는 유기적인 상관관계를 설정하고 있는 안동권역 전체를 커다란 지역적 범주로 설정하고 그 안에서 움직이는 의병의 활동 전모를 입체적으로 파악해야만 할 것이다. 상당한 노력과 시간이 소요되더라도 이러한 작업이 수행되어야만 경북의병의 역사적 위상과 그에 따른 성격이 분명히 드러날 것이기 때문이다.

참고문헌

신문·잡지류

『開闢』,『共立新報』,『大東共報』,『大韓每日申報』,『大韓協會會報』,『독립신문』,『獨立新聞』上海版.
『東亞日報』,『每日申報』,『서울신문』,『漢城新報』,『皇城新聞』,『東京朝日新聞』.

문집·일기류

李偰,『復菴集』延安李氏忠靖公派宗中(영인본, 1990);『국역 복암집』, 복암선생기념사업회, 2006.
李晩燾,『響山日記』, 국사편찬위원회, 1985.
한국국학진흥원 편,『響山全書』, 2007; 이만도 지음, 정선용 옮김,『향산집』, 한국고전번역원, 2010.
金奎聲 譯,『金河洛征討日錄』, 계몽사, 1968.
金允植,『續陰晴史』, 국사편찬위원회, 1960.
독립기념관 한국독립운동사연구소 편,『龍淵金鼎奎日記』, 영인본, 1994.
독립기념관 한국독립운동사연구소 편,『韓末義兵資料集』, 영인본, 1989.
김상기 편,『韓末義兵資料』1~2, 독립기념관 한국독립운동사연구소, 2001.
독립기념관 한국독립운동사연구소 편,『韓末義兵資料』3~6, 2002~2003.
奇宇萬,『松沙集』.
文奭煥,『馬島日記』, 독립기념관 한국독립운동사연구소, 2006.
閔龍鎬,『關東倡義錄』, 국사편찬위원회, 1985.
『愼懼堂年記』(필사본, 후손 소장, 1919).
申輔均,『同苦錄』(필사본, 후손 소장).
김희곤·권대웅 편,『한말의병일기』, 국가보훈처, 2003.

林炳瓚, 『遯軒遺稿』; 林秉瓚, 『義兵抗爭日記』, 한국인문과학원, 영인본, 1986.
林翰周, 『笆邊集』.
鄭喬, 『大韓季年史』, 국사편찬위원회, 1957.
『昭義新編』, 국사편찬위원회, 1975.
黃玹, 『梅泉野錄』, 국사편찬위원회, 1955.
『勉庵集』, 청양군, 영인본, 2006; 『국역 면암집』 1~3, 민족문화추진회, 1978.
『국역 수당집』 1~3, 민족문화추진회, 1997.
한국교회사연구소 역주, 『뮈텔주교일기』, 4, 1998.
柳濬根, 『馬島日記』(필사본, 후손 소장).

관찬·일제 자료

『高宗實錄』, 『純宗實錄』, 『日省錄』, 『官報』, 『承政院日記』, 『備邊司謄錄』.
『江原道來去案』(규장각 소장자료).
『大韓帝國官員履歷書』.
『崇禎紀元後五庚辰增廣別試司馬榜目』(한국학중앙연구원 장서각 소장).
『駐韓日本公使館記錄』.
『統監府文書』 3·8, 국사편찬위원회, 1998·1999.
『顧問警察小誌』, 내부 경찰국, 1910.
統監府 警務局 編, 『暴徒에 關한 編冊』(1909); 國史編纂委員會 編, 『韓國獨立運動史 – 資料 8~18』, 1981~1990.
朝鮮駐箚軍司令部 編, 『朝鮮暴徒討伐誌』(1913); 독립운동사편찬위원회 편, 『독립운동사자료집』 3, 1971.
朝鮮總督府 警務局 編, 『暴徒史編輯資料』(1910); 독립운동사편찬위원회 편, 『독립운동사자료집』 3, 1971.
『陣中日誌』(일본군 14연대) 1~3, 토지주택박물관, 영인본, 2010.
『韓國統監府 韓國暴徒處刑に關する件』(일본 방위연구소 소장 '密 제184호').
『韓國暴徒首領者處刑ニ關スル件公文別錄·陸軍省·明治19年 – 大正7年·第1卷』(일본 국립공문서관 소장).
帝國聯隊史刊行會, 『步兵第五十一聯隊史』, 1925.

개인·기관·단체 자료

국학진흥연구사업추진위원회 편,『韓國獨立運動史資料集 - 洪範圖篇 - 』, 한국정신문화연구원, 1995.

국학진흥사업추진위원회 편,『韓國獨立運動史資料集 - 趙素昻篇 - 』 2, 한국정신문화연구원, 1996.

대한민국임시정부 선전위원회 편,『韓國獨立運動文類』제1집, 1942; 趙一文 譯註,『韓國獨立運動文類』, 건국대학교 출판부, 1976.

독립기념관 한국독립운동사연구소 편,『헤이그특사100주년기념자료집』, 2007.

독립운동사편찬위원회 편,『독립운동사』1, 1971.

독립운동사편찬위원회 편,『독립운동사자료집』1~3, 1971.

독립운동사편찬위원회 편,『독립운동사자료집』별집 1, 1974.

뒤바보,「義兵傳」(1~10),『獨立新聞』1920년 4월 27일 - 5월 27일자.

박성수·손승철 편,『韓國獨立運動史資料集 - 義兵篇 - 』, 한국정신문화연구원, 1993.

朴殷植,『韓國痛史』, 上海 大同編譯局, 1915; 백암박은식전집편찬위원회 편,『백암박은식전집』1, 2002.

朴殷植,『韓國獨立運動之血史』, 上海 維新社, 1920; 백암박은식전집편찬위원회 편,『백암박은식전집』2, 2002.

백범김구선생전집편찬위원회 편,『백범김구전집』8, 대한매일신보사, 1999.

안중근의사숭모회 편,『안중근의사 자서전』, 1979.

李九榮 編譯,『湖西義兵事蹟』, 修書院, 1993.

李純久 編,『山南義陣史(山南倡義誌 上)』(독립운동사편찬위원회 편,『독립운동사자료집』3, 1971);『山南倡義誌 下』(『한국독립운동사연구』4, 독립기념관 한국독립운동사연구소, 1990, 影印所收).

李一龍 譯,『韓末 全南義兵戰鬪史』, 全南日報印書館, 1977.

一記者,「戰史上으로 본 忠淸南道」,『개벽』제46호, 1924년 4월.

蔡洪奭 編,『黃海道丁未義擧』(필사본, 1947); 박성수·손승철 편,『韓國獨立運動史資料集 - 義兵篇 - 』, 한국정신문화연구원, 1993.

靑吾,「湖西雜感」,『開闢』제46호, 1924년 4월.

『勉菴先生事實記』(1933년 1월 轉寫, 독립기념관 소장자료, 한글 필사본).

『丙午抗日義兵大將閔公宗植略歷』; 송용재,『홍주의병실록』, 홍주의병유족회, 1986.

『三千百日紅』平洲李昇馥先生八旬記, 인물연구소, 1974.

『昭義新編』, 국사편찬위원회, 1975.
『赤猿日記』, 청송문화원, 1997; 金炳木 편역, 『赤猿日記』아이북, 2001.
『洪州義兵鄭在鎬詩書集』(필사본, 독립기념관 소장).

李忠純 資料.

柳弼魯, 「故軍務參尉李公忠殉忠文」(이충순 후손 소장).
鄭圍敎, 「殉節李參尉行狀」(필사본, 1907년 음력 7월, 이충순 후손 소장).
大韓帝國陸軍武官學徒隊『集英』光武四年庚子至月日(필사본, 이충순 후손 소장).
「俱樂部趣旨」(1905년 10월 20일 等編, 이충순 후손 소장).

權亨源 資料.

「殉國義士行蹟推薦書」(증손 권순제 소장), '殉國義士行狀文'.
「請願書」(증손 권순제 소장).
高碩柱, 「權義士行狀」(증손 권순제 소장, 한문 필사본, 1962).
權純文, 「大關東義兵軍 義兵大將 權夏卿 抗日義兵活動」(국가보훈처 소장, 필사본, 1977).
沈小淸, 「義兵大將權夏卿銃殺立證書」(국가보훈처 소장, 필사본, 1977.4.16.).

저서류

金祥起, 『韓末義兵硏究』, 일조각, 1997.
금장태, 『동서교섭과 근대한국사상』, 성균관대출판부, 1984.
金正明 編, 『朝鮮駐箚軍歷史』, 巖南堂書店, 東京, 1967.
김희곤, 『안동 사람들의 항일투쟁』, 지식산업사, 2007.
박민영, 『大韓帝國期 義兵硏究』, 한울, 1998.
박민영, 『한말 중기의병』, 독립기념관 한국독립운동사연구소, 2009.
박민영, 『거룩한 순국지사 향산 이만도』, 지식산업사, 2010.
朴成壽, 『獨立運動史硏究』, 창작과비평사, 1980.
서울특별시사편찬위원회 편, 『서울항일독립운동사』, 2009.
서인한, 『대한제국의 군사제도』, 혜안, 2000.
宋容縡, 『洪州義兵實錄』, 洪州義兵遺族會, 1986.
안동청년유도회 편, 『민족 위해 살다간 안동의 근대인물』, 2003.
愛國同志援護會 編, 『韓國獨立運動史』, 1956.

尹炳奭,『韓國近代史料論』, 일조각, 1979.
尹炳奭,『李相卨傳』, 일조각, 1984.
윤병석,『한말 의병장 열전』, 독립기념관 한국독립운동사연구소, 1991.
이동석 편,『東方의 횃불 三代 그날 그 세월』, 향산고택, 2007.
전북향토문화연구회 편,『전북의병사』하, 1992.
정제우,『운강 이강년 의병장』, 독립기념관 한국독립운동사연구소, 1997.
조동걸,『한국민족주의의 성립과 독립운동사연구』, 지식산업사, 1989.
차문섭,『조선시대 군사관계 연구』, 단국대출판부, 1996.
충남대학교 충청문화연구소 편,『제노사이드와 한국근대』, 경인문화사, 2009.
한국근현대사연구회 엮음,『한국근대사강의』, 한울, 1997.
한국민족운동사연구회 편,『의병전쟁연구(상)』, 지식산업사, 1990.
홍순권 외,『한말의병관계문헌해제집』, 민음사, 1993.
홍영기,『대한제국기 호남의병 연구』, 일조각, 2004.
『高城郡誌』, 고성군청, 1998(보정판).
『동학농민혁명 지도자 유골봉환을 위한 학술연구 및 동학농민혁명 역사공원 조성계획
　　(최종보고서)』, 전라남도 진도군·(사)동학농민혁명기념사업회, 2005.
『조선근대반일의병운동사』, 과학백과사전종합출판사, 1988.

논문·논설류
강주진,「수당의 정치적 경륜」,『나라사랑』28, 외솔회, 1977.
구완회,「이강년 관련 문헌에 대한 비판적 검토 -『雲崗先生遺稿』解題에 대신하여 - 」,
　　『제천을미의병100돌기념학술논문집』, 백산출판사, 1996.
권대웅,「1896년 청송의진의 조직과 활동」,『한국근현대사연구』9, 한국근현대사연구
　　회, 1998.
권영배,「산남의진의 조직과 활동」,『역사교육논집』16, 한국역사교육학회, 1991.
권영배,「구한말 원용팔의 의병항쟁」,『韓國民族運動史研究』, 于松趙東杰先生停年紀
　　念論叢 2, 나남출판, 1997.
權珍龍,「響山 李晩燾의 漢詩 研究 - 憂國詩를 중심으로 - 」, 한국학중앙연구원 한국학
　　대학원 석사학위논문, 2010.
김강수,「한말 의병장 碧山 金道鉉의 의병활동」,『北岳史論』2, 국민대 국사학과,
　　1990.

김상기, 「1895~1896년 안동의병의 사상적 연원과 항일투쟁」, 『史學志』 31, 단국사학회, 1998.
김상기, 「수당 이남규의 학문과 홍주의병투쟁」, 『조선시대의 사회와 사상』, 조선사회연구회, 1998.
김상기, 「1906년 홍주의병의 홍주성전투」, 『한국근현대사연구』 37, 한국근현대사학회, 2006.
김상기, 「한말 일본군의 의병 학살」, 『제노사이드연구』 3, 한국제노사이드연구회, 2008.
김정미, 「한말 경상도 영해지방의 의병전쟁」, 『大丘史學』 42, 대구사학회, 1991.
박맹수, 「동학군 유골과 식민지적 실험 - 일본 홋카이도대학의 동학군 유골 방치 사건 -」, 『한국독립운동사연구』 23, 독립기념관 한국독립운동사연구소, 2004.
박민영, 「민용호의 강릉의병 항전에 대한 연구」, 『한국민족운동사연구』 3, 한국민족운동사연구회, 1990.
박민영, 「愼菴 盧應奎의 진주의병 항전 연구」, 『韓國獨立運動史의 認識』, 白山朴成壽敎授華甲紀念論叢, 삼화인쇄, 1991.
박민영, 「1908~9년 鏡城義兵의 항전과 북상도강」, 『仁荷史學』 3, 인하역사학회, 1995.
박민영, 「1908년 鏡城義兵의 편성과 鏡城 대한협회」, 『한국근현대사연구』 4, 한국근현대사연구회, 1996.
박민영, 「구한말 관북지방 山砲手義兵의 항전과 北上渡江」, 『한국학연구』 6·7합집, 인하대학교 한국학연구소, 1996.
박민영, 「구한말 관북지방 山砲手義兵의 擧義와 編制」, 『淸溪史學』 13, 한국정신문화연구원 청계사학회, 1997.
박민영, 「을사의병」, 『신편 한국사』 43, 국사편찬위원회, 1999.
박민영, 「제천·강릉·춘천의병의 상호관계에 대한 검토(1895~6)」, 『淸溪史學』 15, 청계사학회, 2001.
박민영, 「한말 의병의 대마도 被囚 경위에 대한 연구」, 『한국근현대사연구』 37, 한국근현대사학회, 2006.
박민영, 「연해주 의병 명부 '의원안'」, 『한국독립운동사연구』 45, 한국독립운동사연구소, 2013.
박민영, 「敬菴 郭漢紹의 생애와 항일투쟁」, 『한국근현대사연구』 74, 2015.

배용일, 「산남의진고」, 『한국민족운동사연구』 5, 한국민족운동사연구회, 1991.
변주승, 「염재 조희제와 염재야록」, 『국학연구』 15, 한국국학진흥원, 2009.
신용하, 「洪範圖 의병부대의 항일무장투쟁」, 『한국민족운동사연구』 1, 한국민족운동사연구회, 1986.
안병걸, 「해제-한일병탄에 죽음으로 항거한 유림의 사표」, 『향산집』 1, 한국고전번역원, 2010.
오길보, 「홍범도 의병대에 대한 연구」, 『력사과학』 6, 평양, 1962.
오영섭, 「화서학파의 보수적 민족주의 연구」, 한림대학교 대학원 박사학위논문, 1996.
유영렬, 「大韓協會의 애국계몽사상」, 『李載龍博士還曆紀念 韓國史學論叢』, 1990.
유한철, 「김하락의진의 의병활동」, 『한국독립운동사연구』 3, 독립기념관 한국독립운동사연구소, 1989.
유한철, 「중기의병사(1904~1907) 연구의 성과와 과제」, 『한국근현대사연구』 1, 한국근현대사연구회, 1994.
윤병석, 「면암 최익현의 위정척사론과 호남의병」, 『한민족독립운동사논총』, 박영석교수화갑기념논총, 1992.
윤병석, 「수당 이남규의 생애」, 『나라사랑』 28, 외솔회, 1977.
윤병석, 「의병의 항일전」, 『한국사 19』, 국사편찬위원회, 1984.
윤천근, 「향산 이만도 선생의 절의정신」, 『퇴계학』 9, 안동대 퇴계학연구소, 1997.
이가원, 『수당 이남규의 사상과 문학』, 『나라사랑』 28, 외솔회, 1977.
정제우, 「한말 황해도지역 의병의 항전」, 『한국독립운동사연구』 7, 독립기념관 한국독립운동사연구소, 1993.
조동걸, 「쌍산의소(화순)의 의병성과 무기제조소 遺址」, 『한국독립운동사연구』 4, 독립기념관 한국독립운동사연구소, 1990.
조동걸, 「의병운동의 민족주의사상의 위치(하)」, 『한국민족운동사연구』 3, 한국민족운동사학회, 1989; 『의병전쟁연구(상)』, 지식산업사, 1990.
조동걸, 「향산 이만도의 독립운동과 그의 유지」, 『동방의 횃불 삼대 그날 그 세월』, 향산고택, 2007.
한춘섭, 「성남지역 의병사 연구」, 『성남문화연구』 3, 성남문화원, 1995.
홍순권, 「한말 일제의 침략과 의병 학살」, 『역사와 담론』 52, 호서학회, 2009.
홍영기, 「채응언 의병장의 생애와 활동」, 『한국독립운동사연구』 26, 독립기념관 한국독립운동사연구소, 2006.

원제목 및 게재지

제1부 **의병전쟁, 구국의 성전**

- 한말 구국성전으로서의 의병전쟁

  『한국민족운동사연구』 화양신용하교수정년기념논총, 2003.

- 한말 의병 참여자의 국가의식 변화

  『나라사랑 독립정신』, 국가보훈처 학술논문집 1, 2005.

제2부 **의병전쟁의 양상과 기술**

- 제천·춘천·강릉의병의 상호관계에 대한 검토(1895~1896)

  『청계사학』 16·17, 한국정신문화연구원 청계사학회, 2002.

- 경기 남부지역의 을미의병투쟁과 그 성격

  『다시 보는 명성황후』, 역사만들기, 2007.

- 을사의병

  『한국사』 43, 국사편찬위원회, 1999.

- 서북지방 정미의병의 활동과 성격

  『지역문화연구』 6, 세명대학교 지역문화연구소, 2007.

제3부 **대마도에 유폐된 의병**

- 한말 의병의 대마도 피수 경위에 관한 연구

  『한국근현대사연구』 37, 한국근현대사학회, 2006.

- 한말 대마도 피수 의병의 유폐생활

  『한국독립운동사연구』 27, 독립기념관 한국독립운동사연구소, 2006.

제4부　의병 참여자의 항일투쟁과 수난
- 향산 이만도의 생애와 순국

  『한국독립운동사연구』 37, 2010.
- 최익현과 민종식의 연합의병투쟁 구상과 청양

  『충청문화연구』 6, 충남대 충청문화연구소, 2011.
- 수당 이남규의 절의와 항일투쟁

  『만해학보』 6, 만해학회·만해사상실천선양회, 2003.
- 한말 高城 의병장 權亨源의 단두 '釜煎' 수난

  『한국독립운동사연구』 55, 2016.
- 동천 남상목 의병장의 항일전에 대한 분석적 고찰

  『성남문화연구』 22, 성남문화원, 2015.
- 대한제국 군인 이충순의 생애와 순국

  『한국독립운동사연구』 59, 2017.

제5부　의병 자료
- 송상도의 『기려수필』에 나타난 의병관

  『충청문화연구』 7, 2012.
- 한말 창의일기류와 청송 창의록 『적원일기』

  『안동사학』 8, 안동사학회, 2003.

찾아보기

ㄱ

가수복賈壽福 411
가와무라川村盆直 214, 273, 274
가와카미川上春治 216, 244, 251, 284~288
가흥창嘉興倉 110
「간호일기艮湖日記」 565
갈평葛坪 485
감은리전투甘隱里戰鬪 580
갑신정변 400
갑오변란 401
강계의병 13
강기선姜驥善 387
강기순姜基順 60
강두찬姜斗鑽 60
강릉의병 14, 39, 61, 88, 76, 77, 79
강만석康萬石 149, 174
강무경姜武景 28
강순희姜順熙 567
강우서姜禹瑞 430
강재천姜在天 221
강종회姜鍾會 142
강진형姜震馨 552
강춘선姜春善 474, 480, 481, 489
강택희姜宅熙 163
강화도조약 346
개마고원 22, 59

『거의일기擧義日記』 571
겐리原理策 278
「격고팔도열읍檄告八道列邑」 71
경단慶端 108
경성의병鏡城義兵 164
경술국치 36, 335
경시총감警視總監 476
계당산桂棠山 148
계봉우桂奉瑀 15, 16, 37, 40, 70, 535
계정역鷄井驛 176, 179
계행건桂行寋 149
고광순高光洵 19, 47, 57, 147, 221, 327, 339
「고군무참위순충문故軍務參尉殉忠文」 529
고문정치 17
고석주高碩柱 449
고석진高石鎭 51, 142, 144, 208, 349
고성민란高城民亂 427
고성분견대高城分遺隊 453, 454, 464
고성유진장高城留陣將 430
고성전투 454
고세이지光淸寺 270
고익균高盆均 149, 174
고제량高濟亮 47, 147
고지마小島摠九郞 283
고하라小原傳 214
고희순高喜淳 517

찾아보기 593

곽종석郭鍾錫 349, 538
곽찬郭瓚 405
곽한일郭漢一 134, 139, 350, 352, 374, 377, 379
관동의원關東醫院 465
관동창의대장 24
『관동창의록關東倡義錄』 420, 564
광나루[廣津] 101
광무농민운동 18, 46
광무황제 강제퇴위사건 493
「광복군총사령부성립보고서光復軍總司令部成立報告書」 518
광양의병 19, 47
광제호廣濟號 379
교관단敎官團 502
구마모토熊本爲次郞 516
구암사龜岩寺 142, 357
구연영具然英 17, 91, 92, 94, 97
「구월십일九月十日」 265, 281
군대해산 22, 26, 53
군사장軍師長 25
군인구락부 510
「군인구락부취지軍人俱樂部趣旨」 510
권계술權繼述 551
권구權絿 422
권규섭權奎燮 129, 130
권대일權玳一 551
권명수權明洙 430
권병섭權秉燮 447, 456, 466
권상익權相翊 324, 538
권상현權商鉉 503
권석화權錫和 422, 460
권세연權世淵 40
권순문權純文 422, 425
권승하權承夏 309
권연하權璉夏 309

권오섭權五燮 466
「권의사조위문權義士弔慰文」 449
「권의사행장權義士行狀」 449
권익현權益顯 430
권재훈權載勳 334
권중협權重協 517
권증원權增源 457, 458, 465
권진權軫 422
권혁수權赫壽 447
권형원權亨源 419
궐리사闕里祠 141, 348
귀둔전투鬼屯戰鬪 78
귀암龜厓 270
「규당일기規堂日記」 565
『근이산술서近易算術書』 505
금봉열琴鳳烈 322
금산錦山 144
『금성정의록錦城正義錄』 571
금창金昌 전투 163
『기려수필騎驢隨筆』 534, 535
기삼연奇參衍 57, 147
기우만奇宇萬 15, 39, 40, 141, 221, 306, 339, 355
기월機越 427
「기일본정부寄日本政府」 51
기정진奇正鎭 15, 40, 339
기하라木原源藏 435
김갑술金甲述 142
김경성金敬誠 92, 94, 97
김경중金暻中 552
김광우金光祐 133, 134
김광현金光鉉 135
김교형金敎瀅 503
김구金九 13
김구성金龜性 92, 94, 97, 98, 101
김구현金龜鉉 122

김군필金君弼 478, 489
김규식金奎植 28
김규한金奎漢 504
김규현金奎鉉 14
김기룡金起龍 60
김기술金箕述 144, 208
김기영金璣泳 160
김기한金起漢 175
김노원金魯元 430
김덕순金德順 161, 162
김덕제金悳濟 28
김덕진金德鎭 139, 377, 379
김도현金道鉉 62, 124, 325, 339, 542, 568
김도화金道和 17, 40, 568
김동신金東臣 23, 553
김두섭金斗燮 148, 149, 154
김두행金斗行 149, 174
김락金洛 339
김룡사金龍寺 485
김백선金伯先 72, 81, 548, 554
김범호金範浩 62
김병진金秉振 172
김복한金福漢 14, 17, 40, 45, 131, 565, 551
김봉구金奉九 146
김봉학金奉學 304
김사정金思鼎 72, 74
김산의진金山義陣 40, 569
김상기金相璣 145
김상덕金商悳 138
김상렬金相烈 127
김석정金石井 129
김석중金奭中 325, 392
김석진金奭鎭 315
김성서金成瑞 163
김성호金醒浩 177

김수민金秀敏 22, 28
김수언金洙彦 503
김순석金順錫 517
김양신金良身 436
김영규金永圭 220
김옥균金玉均 400
김원교金元喬 13, 38, 154
김원섭金元燮 430
김유성金裕成 439
김윤식金允植 364
김윤희金允熙 430
김응길金應吉 374, 411
김이언金利彦 154
김인수金仁洙 503
김재구金在龜 142
김재선金在善 474, 477, 481, 487
김정규金鼎奎 165, 167, 172, 173, 571
김정섭金鼎燮 323
김정환金貞煥 178, 179
김정환金正煥 175
김준언金俊彦 165
김지섭金祉燮 539
김진권金眞權 466
김창숙金昌淑 538
김창호金昌浩 177
김천화金千華 60
김치헌金致憲 126
김태동金泰東 474, 481, 488
김태원金泰元 90~92, 94, 96, 103, 128
김택수金宅洙 79
김택영金澤榮 386
김하규金夏奎 18, 47, 124
김하락金河洛 90, 92, 94, 104, 563
김학진金鶴鎭 349
김해춘金海春 60
김현규金玄圭 108

찾아보기 595

김현규金賢圭 485
김현규金順奎 124
김현극金賢極 129
김흥락金興洛 40
까치성[鵲城] 140

ㄴ

나기덕羅基德 144, 208
나리아이지成相寺 270
나석주羅錫疇 539
나시운羅時雲 551
나카지마中島高 284
나카지마中島牛松 282
낙경민직洛敬閔直 344
『난정첩蘭亭帖』 261, 292
남강전투南江戰鬪 447, 454, 456
남경조약 389
남계원南啓元 135
남궁억南宮檍 166
남규진南奎振 50, 138, 199, 207, 219, 222, 225, 252, 290, 350, 352, 372
남당학파南塘學派 45
남대南大 46
『남도기행南道紀行』 260
남상덕南相悳 494, 517, 520, 521
남상목南相穆 470, 479, 481
남원의병 19, 47
남학당南學黨 18, 46
남한산성의진南漢山城義陣 90
남한폭도대토벌작전 32
내장사內藏寺 142, 357
널고개 93
노덕세盧德世 517
노루목[獐項] 93
노병대盧炳大 22, 540

노병희魯炳憙 219
노원집盧元執 145
노응규盧應奎 14, 17, 19, 40, 45, 47, 139, 221, 386
『노정약기路程略記』 571

ㄷ

다나카田中茂 281
다카하시高橋淺水 376
단발령 91
총포 및 화약류 단속법 21
단지동맹斷指同盟 26, 60
대동산大同山 144
대마경비대對馬警備隊 197, 208
대마경비대사령부對馬警備隊司令部 214
대마경비보병대對馬警備步兵大隊 208, 213, 215, 216
대승사大乘寺 485
『대한계년사』 521
대한군정서 167
대한독립군단 167
대한독립단大韓獨立團 33
대한독립의군부大韓獨立義軍府 488
『대한매일신보』 62
대한민국임시정부 518
대한의군부大韓義軍府 33
대한의군 참모중장 26
대한협회大韓協會 166
데라우치 마사다케寺內正毅 193, 218, 234
도령장都領將 72, 91, 551
도마치圖馬峙 147, 148
도평리桃坪里 175
『독립신문獨立新聞』 37
『동고록同苦錄』 191
「동맹록同盟錄」 141, 356

『동사강목』 386
동의단지회同義斷指會 26
동의원同義員 173
동의회군同義會軍 170
동학농민전쟁 18, 145, 322, 353, 397,
　　401, 498
동학당東學黨 46
뒤바보 15, 37, 70

ㄹ

러일전쟁 12, 17, 18

ㅁ

『마도일기馬島日記』 191
마루야마 시게토시丸山重俊 476
마쓰나가松永房七 374
마쓰다松田喜尉 274
마쓰이 시게루松井茂 476
마키노牧野務 282
『만국여지도萬國輿地圖』 261
『만수졸사晚修卒辭』 384
『망금성백오십운望金城百五十韻』 581
매착동梅着洞 98
『매천야록梅泉野錄』 407, 535
맹순량孟順良 139
맹영재孟英在 77
메가다目賀田生五郞 213, 215, 276
『면암선생창의전말勉菴先生倡義顚末』 569
명천전투 169
명치유신明治維新 12
모리구치森口政行 278
모항령毛項嶺 485
모화사상慕華思想 45
목유신睦裕信 79

무라세村瀨勝十郞 283
무성서원武城書院 141, 208, 354, 356
문달환文達煥 144, 208
문석환文奭煥 50, 135, 138, 191, 199, 207,
　　216, 219, 222, 225, 251, 252, 262,
　　290, 370, 372
『문장궤범교본文章軌範校本』 261
문태서文泰瑞 23, 25
미사와三澤增治 283
미일화친조약 389
민긍호閔肯鎬 22~24, 28, 32, 456, 540, 549
민병욱閔丙郁 373
민병찬閔丙贊 479, 481, 490
민승천閔承天 92
민영규閔泳奎 354
민영상閔泳商 360
민영재閔泳宰 503
민영환閔泳煥 304, 399
민용호閔龍鎬 14, 17, 39, 45, 70, 74, 420,
　　428
민의식閔義植 81
민정식閔廷植 135
민종식閔宗植 19, 20, 47, 62, 132~134,
　　138, 139, 343, 350, 364, 372,
　　374~377, 379
민중식閔仲植 515
민치록閔致祿 361
민치병閔致秉 361
민태호閔台鎬 400

ㅂ

박규朴珪 207
박기덕朴基德 147
박기섭朴箕燮 175
박덕일朴德一 374

박두영朴斗榮 125
박봉석朴鳳錫 60
박봉양朴鳳陽 146
박석여朴錫汝 123
박세화朴世和 122
박수창朴受昌 122
박승환朴昇煥 22, 53, 494, 515, 518
박시림朴始林 135
박양래朴樑來 149
박양섭朴陽燮 175
박영두朴永斗 135, 407
박용근朴容根 133
박우일朴禹日 139
박운서朴雲瑞 72, 74
박윤식朴潤植 132, 135, 139, 374, 377, 379
박윤필朴允弼 82
박은식朴殷植 418, 462, 534, 535
박이환朴駬桓 571
박일원朴一源 427
박장호朴長浩 33, 123
박재홍朴在洪 146
박정빈朴正彬 150, 572
박정수朴貞洙 566, 567
박제현朴濟賢 135
박주영朴周英 92, 94, 95, 101, 103, 111
박준성朴準成 28
박준필朴準弼 40
박창로朴昌魯 132, 133, 135, 139, 368, 374, 375
박충보朴忠保 157
박치석朴治奭 572
박태종朴泰宗 129
박한옥朴漢玉 430
박현성朴賢成 76
『반고내이견反故酒裏見』 240
반쇼인萬松院 270

방인관方仁寬 25, 483, 488, 489
방춘식方春植 91
백낙구白樂九 19, 47, 145, 146, 221
백남규白南奎 60, 140
백남수白南壽 126
백남신白南信 128
백년산百年山 183
백동서당柏洞書堂 317
백보용白普鏞 517
『백운시집白雲詩集』 581
백창기白昌基 503
백현魄峴 93
벌업산[寶納山] 77
벌업산전투 100
벽계蘗溪 344
『벽산선생창의전말碧山先生倡義顚末』 568
변석현邊錫玄 150, 175
변영만卞榮晚 387
변태균邊台均 324
변해룡邊海龍 163
『병오항일의병대장민공종식약력丙午抗日義兵大將閔公宗植略歷』 373
병인양요 310
복수보형復讐保形 20, 64
복평福坪 124
봉명조양鳳鳴朝陽 345
북대北大 46
북로소모관北路召募官 80
북부수비관구 32
북해도대학 464
불당곡佛堂谷 98

ㅅ

사고佐護質 284
사이온지 긴모치西園寺公望 196, 218, 234

사카베坂部 516
사카이酒井玉一 280
『산거만록山居漫錄』 566
산남의진山南義陣 19, 47, 127
산두재山斗齋 149, 175
산포수의병 30, 155, 168
삼신당리三神堂里 134, 370
「삼전도탄三田渡歎」 394
「삼천만 동포에게 읍고泣告함」 33
『삼체천자문三體千字文』 292
상무사 220
상원의병祥原義兵 13, 14, 38, 39
서병희徐炳熙 22
서상렬徐相烈 38, 392
서상욱徐相郁 167, 172, 173
서상철徐相轍 13, 38, 319
서상희徐相喜 133
서석화徐石華 81
서은구徐殷九 139
서일徐一 167
서종락徐鍾洛 128
서태순徐泰順 180
서효격徐孝格 574
석암사石岩寺 138
석창문石昌文 540, 551
석회당石會堂 98
선성의병宣城義兵 322
선유위원宣諭委員 51, 346
섬암蟾岩 전투 163
성낙승成樂升 375
성덕기成德基 409
성명회聲明會 173
성우영成祐永 375, 377
성익현成益賢 76, 78
성재한成載翰 132
소네 아라스케曾禰荒助 225

소노다園田茂作 282
소에지마副島以辰 213, 274~276
『소의신편昭義新篇』 548
소중화론小中華論 43, 64
손병호孫秉浩 141, 357
손영각孫永珏 128, 130
송명진宋明鎭 108
송병선宋秉璿 304, 539, 352
송병순宋秉珣 539
송상도宋相燾 534, 535, 552
송상봉宋相鳳 22
송순묵宋淳黙 135
송시열宋時烈 43
『송원화동사합편강목宋元華東史合編綱目』 264
송종면宋鍾冕 142, 357
송주상宋柱祥 474, 477, 481, 488
송진옥宋振玉 142
송탄보통학교松灘普通學校 460
송형순宋炯淳 73, 429
수금거실收禁居室 242
「순국의사행적추천서殉國義士行蹟推薦書」 445
슈센지修善寺 220
스야마陶山傳 283
『습재실기習齋實記』 569
시마오 쇼스케島雄莊介 207, 213, 238, 289
시위대侍衛隊 22, 53, 493, 506
「시일야방성대곡是日也放聲大哭」 17
시카와矢川求馬 265, 280
신경빈申敬彬 178
신군선申君善 178
신기선申箕善 346
신돌석申乭石 19, 20, 22, 47, 49, 124, 130
신무섭申懋燮 83
『신보新報』 513
신보균申輔均 50, 138, 191, 199, 207, 219, 222, 224, 246, 252, 264, 372

찾아보기 599

신복균申復均 135
신석호申錫鎬 128
신용희申龍熙 91, 92, 94, 96
신우균申羽均 503
신지수申芝秀 113
신창교辛昌敎 377
신채호申采浩 387
신태근申泰根 503
신팔균申八均 504
신평전투新坪戰鬪 439, 564
신혁희申赫熙 175
신현두申鉉斗 50, 135, 138, 199, 207, 219, 222, 225, 251, 252, 262, 264, 290, 372
신협申埉 348
심남일沈南一 23, 57, 570
심노술沈魯術 175
심상희沈相禧 93~95, 105, 108, 111, 121
심성지沈誠之 573
심소청沈小淸 458, 448
심영택沈瀯澤 95
심의식沈宜植 574
심정섭沈鼎燮 448
심종만沈鍾萬 92
심진원沈鎭元 94, 95
십삼도유약소十三道儒約所 148
십삼도창의군十三道倡義軍 23, 33, 62, 173
십삼도창의대진소十三道倡義大陣所 25, 62
쌍산의소雙山義所 19, 47, 148

ㅇ

아라비 파샤Arabi Pasha 193, 194
아비루阿比留 284
아사다淺田信興 201, 210, 214, 215, 273
아오키靑木銀吾 278
아편전쟁 389

『안공하사실기대략安公下沙實記大略』 565, 566
안교헌安敎憲 135
안규홍安圭洪 23, 28, 57
안동의병安東義兵 13, 38, 39, 324
안무安武 167
안병림安炳琳 135
안병찬安炳瓚 14, 19, 40, 62, 131~133, 135, 139, 207, 367, 368, 375, 565
안석로安奭老 207
안성해安成海 140
안성호安聖鎬 73, 429
안승우安承禹 72, 74, 566
안종환安鍾煥 504
안중근安重根 26, 60, 542, 539, 549
안창식安昌植 565
안철영安喆永 503
안치명安致命 146
안항식安恒植 50, 134, 135, 138, 199, 207, 219, 222, 372
애로우호사건 389
야나기하라柳原 282
야마타山田德茂 280
『야사野史』 571, 572
약진환藥津丸 220
양명학楊命學 78
양문순梁文淳 146
양양전투 447
양윤숙楊允淑 142, 221
양잠전습소養蠶傳習所 239
양재해梁在海 208
양한규梁漢奎 47, 19, 146, 549
양혁진梁爀鎭 161
양회일梁會一 47, 148, 221
엄순영嚴淳榮 135
엄원갱산장嚴原梗産場 213, 238
엄원위수병원嚴原衛戍病院 238, 242

엄원팔경嚴原八景 271
엄해윤嚴海潤 139
엄현리奄峴里 98
에비야海老屋 219
여규형呂圭亨 386, 398
『여자잡지女子雜誌』 261, 292
연곡사 147
연기우延基羽 22, 28
연해주의병 23, 26, 60, 168
「열부이씨전烈婦李氏傳」 263
『염재야록念齋野錄』 535, 552
「영남만인소嶺南萬人疏」 322
영동嶺洞 전투 163
영릉의병장寧陵義兵將 124
영학당英學黨 18, 46
「예안통문禮安通文」 322
오세로吳世魯 574
오우라大浦茂太 284
오유영吳惟泳 503
오의선吳儀善 517
오이카와及川久次郎 438
오진영吳璡泳 503
오치동전투梧治洞戰鬪 570
오칠성吳七星 170
오토미야신사乙宮神社 270
『오하일기梧下日記』 571
온정원溫井院 176
왕산로旺山路 25
「왕산허위선생거의사실대략旺山許蔿先生擧義事實大略」 563
왕유식王瑜植 503
용추사龍湫寺 141, 355
우각牛角 128
우덕순禹德淳 542, 549
우동선禹東鮮 149, 154, 174
우병렬禹炳烈 33, 175

우에노上野專一 435
우에하라上原增吉 268, 279
우재룡禹在龍 130
우종하禹鍾夏 175
우치야마內野雲 240
『운강선생문집雲崗先生文集』 567
『운강선생창의일록雲崗先生倡義日錄』 475, 485, 567
원기풍元基豊 163
원석택元錫澤 163
원수부元帥府 501
원숙상元肅常 108
원용석元容錫 108
원용팔元容八 17, 18, 19, 47, 119, 122
월정사月精寺 149, 174
위정척사론衛正斥邪論 42
유기영柳耆永 334
유기호柳基鎬 317
유달수柳達秀 175, 177
유병두柳秉斗 146
유병우柳秉禹 145
유봉재俞鳳在 409
유시연柳時淵 18, 19, 47, 127, 130
유인석柳麟錫 14, 33, 39, 44, 73, 173, 401, 548
유인식柳寅植 324
유장환兪章煥 345
유종규柳鐘奎 144
유준근柳濬根 50, 132, 133, 135, 138, 199, 207, 214, 222, 226, 227, 252, 262, 372
유중교柳重敎 38, 73
유진장留陣將 75
유창식柳昌植 324
유치경兪致慶 150, 175
유치홍劉致弘 60

유태근柳台根 207
유필로柳弼魯 529
유필영柳必永 334
유해용柳海瑢 144, 208
유호근柳浩根 45
유홍근柳洪根 207
유화실柳花實 129
유회군儒會軍 133
육군무관학교 500, 501
『육의사열전六義士列傳』 565, 566
윤공흠尹公歆 536
윤병일尹炳日 135
윤병일尹炳一 374
윤상배尹相培 135
윤석봉尹錫鳳 134, 138, 372
윤성호尹聖鎬 82
윤영기尹永淇 147
윤일창尹一昌 108
윤치호尹致昊 394
윤필구尹必求 374
윤필구尹弼求 135
윤효정尹孝定 166
『율리계첩栗里契帖』 323
을미사변 335, 362, 392, 403
『을미의병일기』 568
『을병록乙丙錄』 565
『을병일기乙丙日記』 90
을사조약 16, 47, 117, 130, 131, 192, 377
「의병전義兵傳」 15, 37, 40, 70, 535
「의사이용규전義士李容珪傳」 409
『의암유선생서행대략毅菴柳先生西行大略』 90, 566
의치제술소義齒製術所 265
이가순李家淳 307, 308
이강년李康秊 17, 19, 22, 23, 25, 32, 47, 127, 140, 484, 540

이강호李綱鎬 335
이건용李建鎔 142, 357
이건창李建昌 386
이겸성李謙性 108
이경구李景久 128
이경욱李慶郁 172
이경응李景應 77, 78
이경재李馨載 319
이경전李慶全 385
이경직李耕種 540
이경환李景煥 430
이광선李光先 221
이교석李敎奭 369
이구서李龜書 307
이구채李求采 111
이국선李國善 551
이규병李圭丙 517
이규석李圭錫 122
이규필李圭弼 128
이규홍李圭弘 571
이근주李根周 139
이긍연李肯淵 568
이긍주李肯周 517
이긍직李肯稙 167, 170
이기표李基豹 514
이남규李南珪 135, 139, 326, 349, 363, 374, 377, 385
이남기李南基 23, 33, 172, 173
이노우에井上光 214
이대강李大江 436
이도재李道宰 143, 346, 349, 358
이돈우李敦禹 317
이동규李東珪 135
이동근李東根 207
이동휘李東輝 28
이동흠李棟欽 339

이두규李斗圭 128
이만걸李晩杰 317
이만교李晩嶠 307, 317
이만규李晩煃 307, 328
이만기李晩耆 316
이만도李晩燾 304, 538, 542, 551
이만손李晩孫 322
이만식李晩植 135, 139
이만윤李晩胤 322
이만응李晩應 77
이만응李晩鷹 322
이명상李明翔 386
이민수李敏洙 108
이범구李範九 135
이범윤李範允 26, 33, 163
이범주李範疇 123
이병년李秉年 135
이병제李秉濟 494, 495, 498, 500, 527
이병채李秉埰 73, 429, 430
이병화李秉和 72
이빈호李彬鎬 325
이산해李山海 385
이상구李相龜 135, 370, 372
이상두李相斗 50, 138, 199, 207, 214, 217, 222, 226, 227, 252
이상룡李相龍 17
이상설李相卨 33
이상철李相哲 304
이색李穡 383
이석호李錫庸 23, 57, 58, 221, 549, 553
이설李偰 14, 19, 40, 45, 131, 367
이성렬李聖烈 349
이성택李成澤 161, 162
이세기李世紀 128, 130
이세사李世師 307, 324
이세선李世善 374

이세영李世永 17, 19, 132~134, 368, 370, 373, 554
이소응李昭應 14, 39, 45, 73, 77, 80, 102
이수일李秀逸 385
이승규李承奎 211
이승학李承學 430
이승희李承熙 540
이시다 기이치石田義一 224, 288, 290
이시다 키요스케石田淸助 291
이시원李是遠 536, 539
이식李伒 50, 134, 135, 138, 199, 207, 214, 219, 222, 226, 227, 252, 372
이양호李養浩 351, 352
이여규李如珪 172
이영순李英純 525
이영욱李英郁 172
이와타岩田勇五郎 374
이와테의학전문학교岩手醫學專門學校 458, 465
이완용李完用 364
이용규李容珪 133, 139, 363, 370, 377, 379
이용길李容吉 144, 208
이용원李容元 349
이용준李容俊 172
이용호李容鎬 320
이원일李源逸 427
이원하李元廈 75
이윤재李允在 394
이은식李殷植 363
이은찬李殷瓚 22, 23
이인영李麟榮 23, 24, 62, 105, 111, 549
이인팔李仁八 503
이인화李仁和 323, 325
이장녕李章寧 504
이장직李章稙 387
이재명李在明 540
이정규李正奎 81, 565, 566

찾아보기 603

이제마李濟馬 79
이조승李肇承 81
이종곤李鍾崑 128
이종병李宗秉 385
이종석李鍾奭 133
이종욱李鍾郁 172
이종흠李棕欽 339
이준李儁 540
이준영李峻永 517
이중린李中麟 323, 325
이중목李中穆 325
이중언李中彦 325, 338
이중업李中業 325, 331, 339
이중엽李中燁 325
이중집李中執 328
이중철李中轍 339
이즈하라嚴原 202, 207, 220
이진규李珍珪 377
이진룡李鎭龍 33, 173, 177, 179
이진응李晉應 77
이진태李振台 149, 174
이창하李昌夏 496
이천수창의소利川首倡義所 89, 90, 92, 93
이철영李喆榮 540
이최응李最應 315
이춘영李春永 72, 81
이충구李忠求 139, 374, 411
이충순李忠純 494, 517, 526
이케 스미우오池淸魚 515
이토 히로부미伊藤博文 21, 26, 61, 135, 192, 203, 233
이학균李學均 503
이한구李韓久 127, 128, 130
이한승李漢承 517
이항로李恒老 69, 140, 344
이항선李恒善 145

이현梨峴 91, 93
이현규李鉉圭 130
이호직李浩稙 385
이홍직李鴻稙 172
이휘준李彙濬 307
이휘철李彙澈 307, 308
이흥기李興基 172
이희덕李義德 167
이희두李熙斗 511, 503
『인산선생문집仁山先生文集』 581
『일기日記』 566
『일록日錄』 323
일진회 160
임면호任冕鎬 439
임병대林炳大 211
임병찬林炳瓚 50, 51, 141, 144, 208, 210, 219, 222, 237, 245, 264, 347, 349, 353, 488, 569
임봉송林鳳松 165
임응철林應喆 211
임재춘林在春 163
임중호林中虎 129
임창근林昌根 157
임창모林昌模 148
임한주林翰周 45, 525
임현주林顯周 144, 208
입암리立巖里 130

ㅈ

잠상실蠶桑室 208, 213, 238
잠성역岑城驛 179
장구동長龜洞 347
장기렴張基濂 94
장동찬張東燦 149, 174
장석회張錫會 167

장세정張世楨 517
장연창張然昌 502, 503
장영도소將營都所 130
장응조張應祚 427
장의군종사壯義軍從事 173
장의군총재壯義軍總裁 173
장익환 566
장전점長箭店 451, 454
장지연張志淵 17
장충식張忠植 566
『적원일기赤猿日記』 559, 560, 573, 574
전귀석全貴錫 92, 94
전규석全圭錫 108
전덕원全德元 19, 48, 148, 154, 549
전봉규全奉奎 479, 481, 483, 490
전봉준全琫準 401
전수용全垂鏞 221
『전술학교정戰術學教程』 505
전우田愚 349
전해산全海山 23, 57
『전해산진중일기』 570
정내의鄭來儀 128
정도곤鄭度袞 460, 461
정도익鄭道益 163
정도현鄭道玄 40
정동의려대장正東義旅大將 149, 174
『정로시집征露詩集』 260
정만원鄭萬遠 377
정만조鄭萬朝 386
정미칠조약 21
정순기鄭純基 127, 128
정시해鄭時海 144, 208
정완성鄭完成 128
정용기鄭鏞基 19, 47, 127, 128, 130
정운경鄭雲慶 17~19, 47, 122
정원식鄭元植 60

정은교鄭圓教 524, 529
정인회鄭仁會 76, 77
정일환鄭日煥 163
정재규鄭載圭 349
『정재선생호남창의일록靜齋先生湖南倡義日錄』 570
정재호鄭在鎬 134, 139, 370, 374, 379
정철화鄭哲和 474, 482, 483, 488
정치우鄭致宇 128
정태해鄭泰海 172
『정토일록征討日錄』 90, 563, 581
정한용鄭漢鎔 580
정해도鄭海燾 135
정해영鄭海英 503
정현鄭炫 503
정환직鄭煥直 19, 20, 47, 127
제천의병 14, 18, 39, 47, 61, 68
조남희趙男熙 503
조동호趙東鎬 40
조문현趙汶鉉 264
조병세趙秉世 304, 399
조병순趙炳舜 135
조상갑趙尙甲 26
조성근趙性根 511
조성학趙性學 90, 92
조순응趙順應 60
조영선趙泳善 144, 208
조우식趙愚植 144, 208
조윤봉趙允奉 149, 174
조의수趙義洙 374
조인승曺寅承 73
조재학曺在學 264, 351, 352
조종익趙鍾益 175
조종형趙鍾衡 526, 529
조희범趙羲範 503
조희수趙羲洙 133, 134

조희제趙熙濟 535, 552
존화양이尊華攘夷 42, 45, 46
종석산鍾石山 141, 353
『종의록從義錄』 81, 565
주도익朱道翼 158
주흘관主屹關 485
준보화맥론尊保華脈論 43
중평장仲坪場 160
「지부상소持斧上疏」 314
지우범池禹範 135
지장회池章會 167, 172
지치芝峙 133, 369
지평의진砥平義陣 72
『지형학地形學』 505
진동본진분파대장鎭東本陣分派大將 181
진동창의대장鎭東倡義大將 181
진위대 507
진주의병 579
『진지록盡至錄』 570
「진회대죄소陳懷待罪疏」 51

ㅊ

차도선車道善 22, 28, 155, 157, 158, 161, 162
차상찬車相瓚 364
차호균車鎬均 172
참모중장參謀中將 27
『창의견문록倡義見聞錄』 565, 566
『창의록정미의요彰義錄丁未義擾』 571, 572
『창의일기倡義日記』 569
「창의토적소倡義討賊疏」 141
창의회군倡義會軍 169
채경도蔡景燾 135
채광묵蔡光黙 132, 134, 138, 205
채동석蔡東奭 385

채상설蔡相說 175
채상순蔡相淳 145
채성윤蔡成胤 385
채영찬蔡永贊 142
채응언蔡應彦 180
채제공蔡濟恭 385
채홍두蔡洪斗 175
「척동서사학소斥東西邪學疏」 396
「척화거의사실대략斥和擧義事實大略」 102
천장리天庄里 132, 362, 368
철도鐵島 138, 373
「청복왕후위호토적복수소請復王后位號討賊復讐疏」 403
청산령靑山嶺 84
「청원서請願書」 447
청일전쟁 12, 36, 38, 322
「청토오적소請討五賊疏」 141, 348
초토관招討官 145
총독소모장總督召募將 72
총포급화약류단속법銃砲及火藥類團束法 59, 156
최건호崔建鎬 376
최경희崔瓊熙 165, 169, 172
최기락崔基洛 108
최기보崔基輔 128
최도환崔道煥 123
최두연崔斗淵 503
최두원崔斗元 40
최만식崔萬植 211
최몽필崔夢弼 449
최문환崔文煥 79, 80
최봉한崔鳳煥 307
최상집崔相集 50, 135, 138, 199, 207, 225, 252, 290, 372
최선재崔璇在 135, 375
최세윤崔世允 130
최순거崔淳巨 177

최순서崔順瑞 436
최영설崔永卨 211
최영조崔永祚 207, 211
최영학崔永學 211
최우서崔禹瑞 211
최우익崔于翼 173
최익현崔益鉉 19, 20, 47, 50, 51, 140, 141, 207, 208, 210, 218, 237, 252, 263, 313, 339, 343, 344, 353, 383, 551
최재형崔才亨 26
최제태崔濟泰 211
최제학崔濟學 51, 141, 144, 208, 211, 349, 569
최종항崔宗恒 436
최중봉崔中奉 83
최학선崔學善 163
「추강조어秋江釣魚」 260
『축성학築城學』 505
춘천의병 14, 39, 68, 76, 78, 79
충의대忠義隊 166
「충의안忠義案」 166
친위대親衛隊 506
칠장사七長寺 488, 490

ㅋ

카리하라桐原彦吉 376, 377
카지梶條治 516
카지하라梶原義久 516, 520
카토加藤重吉 438
케치鶏知 273
코쿠분지國分寺 270

ㅌ

태봉전투台峰戰鬪 326, 327, 579

태양욱太陽郁 22, 158, 161
태인의병 19, 47
태평천국의 난 389
테라오寺尾吾 289, 292
『토왜일기討倭日記』 570
「통고문通告文」 470, 473, 474
특설순사대特設巡查隊 31
특파독립대 26

ㅍ

파리장서巴里長書 538
파저강波瀦江 84
평산의병 150, 174, 572
평촌坪村 411
「포고만국문布告萬國文」 58
풍정楓亭 122
피상국皮相國 79
필례동必禮洞 564

ㅎ

『하사안공을미창의사실下沙安公乙未倡義事實』 565, 566
『하사안공을미창의사실대략下沙安公乙未倡義事實大略』 90
하세가와 요시미치長谷川好道 135, 197, 205, 234, 408
하얼빈의거 26
하치덕河致德 436
하치만구신사八幡宮神社 270
학도대學徒隊 502
한계석韓桂錫 134, 139
한국광복군 518
『한국독립운동지혈사韓國獨立運動之血史』 535
한국주차군 32

한국주차군사령관 197, 203, 205
한국주차군사령부 17, 118, 198, 199, 202, 206, 208, 216
『한국통사韓國痛史』 462
한봉수韓鳳洙 22
한수동韓守東 319
한원진韓元震 45
한인석韓麟錫 319
한일의정서 17, 18
한일협약 17, 18
한정만韓貞萬 175, 177, 179
한진국韓鎭國 111
한진창韓鎭昌 143, 358
「해루간월海樓看月」 260
향교리鄕校里 98
허달許達 474, 486, 489
허복許馥 563
허엽許曄 385
허위許蔿 17, 22, 23, 25, 32, 40, 62, 386, 563
허전許傳 385, 386
허훈許薰 386
헤이그사행 493
현천묵玄天黙 167
홍구섭洪龜燮 128
홍범도洪範圖 22, 28, 33, 59, 155, 157, 173
『홍범도일지』 571, 573
홍병찬洪丙贊 79
홍사구洪思九 539

홍순대洪淳大 132, 135, 139, 375
『홍양기사洪陽紀事』 39, 525, 565
홍재구洪在龜 83
홍재학洪在鶴 536
홍종헌洪鐘憲 78, 431
홍주9의사 207, 236, 237, 377
홍주의병 19, 45, 47, 61, 133, 366, 377
「화동사합편발華東史合編跋」 263
화맥불가단론華脈不可斷論 43
화서학파華西學派 42, 45, 73, 150, 175
화승총火繩銃 29, 55, 56, 440
화포군火砲軍 91
활빈당活貧黨 18, 46
황간의병黃澗義兵 19, 47
황균창黃均昌 142
황길병黃吉炳 60
황영수黃英秀 134, 139, 374, 377, 379
황청일黃淸一 18, 47, 124
황현黃玹 15, 40, 383, 535
회인현懷仁縣 83
후지에藤江伊泰郎 516
후지타藤田耕作 516
후지토藤戶朋藏 278
후치령厚峙嶺 59, 157, 159
후치령전투厚峙嶺戰鬪 157
히구치樋口 227
히구치 코타로樋口幸太郎 290
히라노平野正二郞 516